U0366704

汽车电子嵌入式功能
安全微处理器
——原理及应用

杨 林 赵明宇 编著

上海交通大学出版社
SHANGHAI JIAO TONG UNIVERSITY PRESS

内容提要

汽车电子嵌入式控制系统及功能安全是现代汽车的核心技术之一。本书介绍了汽车电子嵌入式系统及功能安全的基础理论，以 Renesas RH850/P1x 系列的 32 位微控制器为基础，系统地阐述了该微控制器的系统结构、工作原理、片内各功能模块的应用开发技术，包括面向嵌入系统的高级语言程序设计与代码自动生成技术，RSCAN、FlexRay、LIN 总线通信系统技术，RSENT 和 PSI5 传感器接口技术，外设互联、定时管理技术，功能安全原理及设计应用技术，基于 AUTOSAR 的汽车嵌入式操作系统设计与实现技术，以及在汽车电控系统中的应用技术。书中介绍了大量经调试验证的硬件电路模块和应用软件程序模块在新能源汽车电子控制系统中的综合应用实例。

本书简明扼要，深入浅出，知识面宽，实用性强，可作为高等院校相关专业本科生和研究生、企事业技术人员培训的教材或参考书，也适合汽车电子控制系统开发和单片机相关系统开发的研究人员、工程技术人员学习和参考。

图书在版编目(CIP)数据

汽车电子嵌入式功能安全微处理器原理及应用/杨林,赵明宇编著.—上海:上海交通大学出版社,2023.5
ISBN 978－7－313－26783－2

Ⅰ.①汽…　Ⅱ.①杨…②赵…　Ⅲ.①汽车—电子技术—微处理器—研究　Ⅳ.①U463.6

中国版本图书馆 CIP 数据核字(2022)第 072803 号

汽车电子嵌入式功能安全微处理器原理及应用
QICHE DIANZI QIANRUSHI GONGNENG ANQUAN WEICHULIQI YUANLI JI YINGYONG

编　　著：杨　林　赵明宇
出版发行：上海交通大学出版社　　　　　　地　　址：上海市番禺路 951 号
邮政编码：200030　　　　　　　　　　　　电　　话：021－64071208
印　　制：上海万卷印刷股份有限公司　　　经　　销：全国新华书店
开　　本：787mm×1092mm　1/16　　　　印　　张：30
字　　数：746 千字
版　　次：2023 年 5 月第 1 版　　　　　　印　　次：2023 年 5 月第 1 次印刷
书　　号：ISBN 978－7－313－26783－2
定　　价：128.00 元

前言

　　当前汽车技术的发展已经进入汽车电子化、电动化和智能网联化时代。电子控制技术在汽车上得到越来越广泛的应用,汽车电子市场也随之迅猛增长。一些高档汽车上应用的汽车电子嵌入式微控制器(microcontroller unit,MCU)甚至达到 100 多个。汽车的电子产品成本占整车成本的 30%～50%,一些豪华轿车甚至达 50%以上。由于汽车对其电子产品的高性能和低成本要求,及其在硬件和软件上的复杂性、实时性、安全可靠性要求,嵌入式技术在汽车电子产品中得到了广泛的研究和应用,功能安全正在成为强制标准。

　　瑞萨(Renesas)公司作为全球主要的汽车电子产品企业之一,其微控制器(MCU)产品十分丰富。针对汽车电子产品的特点,Renesas 公司的 RL78 系列、RH850 系列等 MCU 可以覆盖整个汽车电子的系列产品,从车身控制、底盘控制、发动机系统控制、电机系统控制、音响控制、图像处理、导航通信系统到自动驾驶、智能网联系统等一应俱全,故该公司被世界许多汽车制造商,如 Daimlerchrysler、BMW AG 集团、PSA、福特等认证为首选的半导体器件供应商和战略微控制器供应商。瑞萨公司的 RH850/P1x 系列 32 位 MCU 是全球率先采用 40nm 工艺的汽车底盘 MCU,在全球汽车电子行业中的应用十分广泛,具有汽车安全完整性(ASIL)D 级功能安全,可为汽车底盘系统的电子控制提供创新的解决方案。本书主要结合 Renesas 公司重点针对汽车底盘控制用的 RH850/P1x 系列 MCU,阐述汽车电子嵌入式系统及功能安全的原理、设计及应用。

　　全书共分 7 章,除了 RH850/P1x 系列 MCU 的内容外,作者结合近 10 多年来在该领域的研发经验,提供了包含 RH850/P1x 系列 MCU 每个功能模块的应用开发技术及大量硬件电路和程序实例、基于 C/Matlab 等高级语言的程序设计及代码自动生成技术、基于 AutoSAR 的汽车电子嵌入式系统开发应用技术,以及在新能源汽车整车电子控制中的综合应用实例。以上内容分享给读者不仅能帮助读者快速掌握该 RH850/P1x 系列 MCU 的应用技术,更能很快地进行实际系统的开发与应用。本书内容系统且深入,知识面宽,实用性强,可供相关专业的学生、老师及研究技术人员参考和使用。

　　本书的出版得到了瑞萨电子(中国)有限公司、瑞萨电子管理(上海)有限公司、Renesas—上海交通大学汽车电子联合实验室的大力支持。参与编著的几届研究生的出色工作为本书增加了丰富的内容,周维、袁静妮、邓忠伟、杜茂、李冬冬、应天杏、邓昊、李济霖、杨洋、李阳等参与了本书部分章节的编写。瑞萨上海公司的王伟谷、郭双骖等为本书的编写提供了大量帮助,赵坤、周振齐等还参与了本书部分内容的校对。在此一并向上述单位和个人以及本书所列参考文献的作者深表谢忱。

由于本书涉及面宽,不完善之处肯定不少,望读者不吝指正。

杨 林

目 录

第1章　汽车嵌入式系统与功能安全基础理论 1

1.1　嵌入式系统的定义与汽车电子嵌入式系统的发展 1

1.2　汽车电子系统功能安全完整性要求 2

1.3　汽车电子嵌入式实时操作系统 4

1.4　瑞萨在汽车电子中的微控制器产品 7

1.5　瑞萨 RH850/P1x 微控制器基本结构及最小系统电路设计 9

第2章　汽车电子嵌入式控制系统的架构 25

2.1　嵌入式系统的组成 25

2.2　CPU 系统、工作模式及地址空间 26

2.3　时钟控制器 45

2.4　中断与异常处理 51

2.5　DMA 控制器及其应用 77

2.6　定时管理系统及其应用 83

2.7　PIC 外设互联及其应用 131

2.8　A/D 模块及应用 166

2.9　电源电压监测与温度传感器 177

第3章　汽车电子嵌入式控制系统的通信 189

3.1　嵌入式控制系统的通信需求 189

3.2　串行通信 189

3.3　LIN/UART 通信 219

3.4　RS-CAN 通信 243

3.5　FlexRay 通信 301

3.6　RSENT 传感器通信 346

第4章　汽车电子嵌入式控制系统的功能安全 359

4.1　微控制器的功能安全机制与实现 359

4.2　功能安全开发流程 386

第5章　汽车电子嵌入式控制系统的软件设计 390

　5.1　面向嵌入系统的高级语言程序设计与代码自动生成 390

　5.2　FLASH 存储器与编程技术 407

　5.3　基于 AUTOSAR 的汽车嵌入式操作系统设计与实现 429

第6章　综合应用例：新能源汽车整车电控单元开发 438

　6.1　控制系统功能与结构 438

　6.2　整车电控单元模块设计与应用 442

　6.3　模块化的软件流程与设计 448

　6.4　基于多任务实时操作系统的程序设计 450

　6.5　基于 dSPACE 的 V 模式开发流程 451

第7章　面向未来的高性能域控单片机 455

　7.1　面向未来的域控单片机 456

　7.2　瑞萨域控控制器 U2A 457

　7.3　U2A 的应用案例 463

参考文献 472

第1章

汽车嵌入式系统与功能安全基础理论

1.1 嵌入式系统的定义与汽车电子嵌入式系统的发展

电子技术的快速发展,特别是跟随大规模集成电路的产生而出现的微型机,使现代科学技术得到了质的飞跃,而嵌入式微控制器技术的出现则给现代工业控制领域带来了一次新的技术革命。

嵌入式系统的定义:以应用为中心,以计算机技术为基础,且软硬件可裁剪,适合工程应用的并且对功能、可靠性、成本、体积、功耗有严格要求的专用计算机系统。嵌入式系统最大的特色在于"多元性":专为某项产品所设计的特殊用途;拥有类比计算机的软硬件功能,但不需要具备计算机那样强大的运算或储存功能,故软硬件复杂度也相对较低。嵌入式系统是高效且具有低开发成本的应用系统,是将先进的计算机技术、半导体技术、电子技术与各个行业的具体应用相结合的产物。这些特点决定了嵌入式系统必然是一个技术密集、资金密集、高度分散、不断创新的知识集成系统。嵌入式系统在汽车、航空、工业控制、智能机器人等领域都得到了广泛应用。现在,世界范围内由嵌入式系统带来的工业年产值已超过了1万亿美元。

汽车电子产品可分为两大类:①汽车电子控制装置,包括动力总成控制、底盘和车身电子控制、舒适和防盗系统,以及智能驾驶控制系统。②车载汽车电子装置,包括汽车信息系统、导航系统、汽车视听娱乐系统、车联网系统、车载网络等。如图 1.1 所示为汽车电子系统的构成。

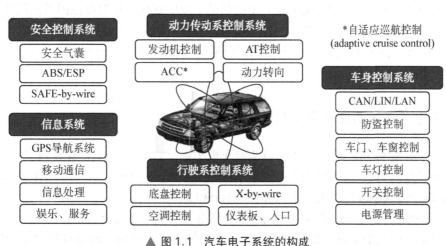

▲ 图 1.1 汽车电子系统的构成

随着汽车技术的发展以及微处理器技术的不断进步,嵌入式系统在汽车电子技术中得到了广泛应用,早在 2002 年,有些豪华车上使用的微控制器数量就已超过 100 个,并且数量正在进一步增加。目前,从车身控制、底盘控制、发动机管理、主被动安全系统到车载娱乐、信息系统的功能实现都离不开嵌入式技术的支持。车用嵌入式系统集成 ROM、RAM、CPU、I/O 于同一芯片。从基本架构来看,嵌入式处理器大致可分为精简指令集(reduced instruction set computer,RISC)与复杂指令集(reduced instruction set computer,CISC)两大主流。与嵌入式微处理器的发展类似,汽车嵌入式系统也可以分为如下三个发展阶段。

第一阶段:单芯片微处理器(single chip microcomputer,SCM)系统。以 4 位和低档 8 位微处理器为核心,将 CPU 和外围电路集成到同一芯片上,配置了外部并行总线、串行通信接口、SFR 模块和布尔指令系统。该阶段,SCM 的硬件结构和功能相对单一、处理效率低、存储容量小、软件结构也比较简单,不需要嵌入操作系统。这种底层的汽车 SCM 系统主要用于任务相对简单、数据处理量小和实时性要求不高的控制场合,如雨刷、车灯系统、仪表盘以及电动门窗等。

第二阶段:微处理器(micro controller unit,MCU)系统。以高档的 8 位、16 位、32 位以及多核微处理器为核心,集成了较多外部接口功能单元,如 A/D 转换、脉冲调制(PWM)、主成分分析(PCA)、看门狗(Watchdog)、高速 I/O 口等,配置了芯片间的串行总线;MCU 系统软件结构比较复杂,程序数据量有明显增加。第二阶段的 MCU 系统能够完成简单的实时任务,其在当前汽车电控系统中得到了最广泛的应用,如 ABS 系统、智能安全气囊、主动悬架以及发动机管理系统等。

第三阶段:片上系统(system on chips,SoC)。SoC 以性能极高的 32 位甚至 64 位嵌入式处理器为核心,在对海量离散时间信号要求快速处理的场合,SoC 使用数字信号处理(digital signal processing,DSP)作为协处理器。为满足汽车系统不断扩展的嵌入式应用需求,SoC 不断提高处理速度,增加存储容量与集成度。在嵌入式操作系统的支持下 SoC 具有实时多任务处理能力,同时与网络的耦合更为紧密。汽车 SoC 是嵌入式技术在汽车电子的高端应用,满足了现代汽车电控系统功能不断扩展、逻辑渐趋复杂、子系统间通信频率不断提高的要求,它代表着汽车电子技术的发展趋势。汽车嵌入式 SoC 主要应用在动力总成、底盘综合控制、汽车定位导航、车辆状态记录与监控等领域。

汽车级电子产品与工业级、民用级电子产品的主要区别在工作温度范围及使用性能、稳定性方面。由于汽车中的环境比较特别,安全要求高,对汽车级芯片在性能、稳定性等方面要求也较高,且要求产品有较宽泛的工作温度范围:汽车级,$-40\sim+125℃$;工业级,$-40\sim+85℃$;民用级,$0\sim+70℃$。

1.2 汽车电子系统功能安全完整性要求

汽车电子系统的功能安全性,正在成为汽车电子系统的基本要求,以保证可能存在的残余安全风险能控制在可接受的范围内。为此,国际标准化组织(ISO)成立了工作组,研究并制定了《汽车电子电气系统的功能安全国际标准》(ISO 26262)。

ISO 26262 基于《安全相关电气/电子/可编程电子系统功能安全》(IEC 61508)制定,为汽车电子电气系统的整个生命周期中与功能安全相关的工作流程和管理流程提供了指导。ISO

26262 中定义了汽车安全生命周期和汽车安全完整性等级(automotive safety integrity level, ASIL) 两个关键概念。

1.2.1 汽车安全生命周期

如图 1.2 所示为 ISO 26262 中定义的汽车安全生命周期,包含了从概念设计、产品开发到发布生产后各阶段的主要安全活动。汽车功能安全的概念设计必须与整个系统的概念设计同步进行。

▲ 图 1.2 汽车安全生命周期

在概念设计阶段,要基于系统定义和系统初步架构,分析可能存在的功能安全风险并评估风险的等级。然后根据功能安全风险定义安全目标和针对每个安全目标的功能安全概念。

在产品开发阶段,ISO 26262 标准根据汽车工业中常用的"V 形开发流程"定义相关安全活动(见图 1.2):V 形的左侧是技术安全需求(功能安全概念的技术实现途径)的制定、系统设计;V 形的右侧则是系统集成、安全确认和发布。硬件和软件的开发也需遵循相似的 V 形开发流程。

在发布生产之后的阶段,需要提供必要的文档及方法,以保证在生产、售后服务和报废等环节中安全目标不被破坏。同时,需要监控产品售后,发现有违背安全目标的案例要采取相应措施。

1.2.2 汽车安全完整性等级(ASIL)

IEC 61508 中通过失效概率的方式定义了安全完整性等级(SIL),但在汽车领域的应用实践中,只有随机硬件失效可以通过统计数据评估失效概率,对软件失效则难以量化评估。因此,ISO 26262 中根据汽车行业的特点定义了 ASIL。ASIL 在概念设计阶段通过对功能安全风险的评估得到。如果系统的功能安全风险越大,对应的安全要求就越高,则具有更高等级的

ASIL(见表 1.1)。

表 1.1 ASIL 分级

		C1	C2	C3
S1	E1	QM	QM	QM
	E2	QM	QM	QM
	E3	QM	QM	A
	E4	QM	A	B
S2	E1	QM	QM	QM
	E2	QM	QM	A
	E3	QM	A	B
	E4	A	B	C
S3	E1	QM	QM	A
	E2	QM	A	B
	E3	A	B	C
	E4	B	C	D

如表 1.1 所示,ASIL 分为 A、B、C、D 四个级别,ASIL D 为最高汽车安全完整性等级,对功能安全的要求最高。ISO 26262 中定义的 ASIL 使用 3 个参数进行评估,分别是危险对驾驶员或其他交通参与人员造成伤害的严重程度(S),危险所在工况的发生概率(E),危险涉及的驾驶员和其他交通参与人员及时采取控制行动避免特定伤害的能力(C)。其中 S 分为 0～3 级,S0 代表无伤害,S3 代表危及生命的重伤或致命伤;E 分为 0～4 级,E0 代表工况不可能发生,E4 代表工况是常见的;C 分为 0～3 级,C0 代表完全可控,C3 代表非常难于控制。对于每一个识别到的危险,按表 1.1 评估风险等级(即汽车安全完整性等级),其中 QM 表示与安全无关。目前,国际汽车电子芯片企业已推出了符合不同安全等级要求的集成电路芯片,以供设计人员进行系统的功能安全性开发。例如,本书将要重点介绍的达到 ASIL D 级的微处理器 RH850/P1x 系列。

1.3 汽车电子嵌入式实时操作系统

1.3.1 汽车电子控制系统中使用嵌入式实时操作系统的必要性

目前,在汽车电子控制系统中存在着两种控制系统软件结构:前后台软件系统结构和实时多任务软件系统结构。

前后台软件系统被广泛应用于现有的大多数汽车电子控制系统中,整个系统软件框架如图 1.3 所示:即把计算比较复杂、运行周期较长以及实时性要求较低的程序作为后台程序,而把实时性要求高、处理时间短的程序作为前台程序。后台程序采用顺序执行的方法,前台程序

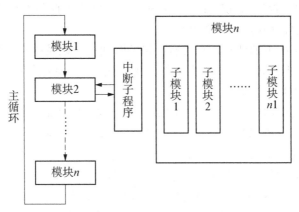

▲ 图1.3 前后台软件系统框架

由 CPU 采用中断的形式完成。在大部分时间内 CPU 运行后台程序,当中断发生后,CPU 暂时挂起后台程序而去响应前台程序,等前台程序结束后,再转入后台程序处理。在实际的控制系统中,控制策略算法程序被定义为后台程序,实际控制信号采样和信号驱动被定义为前台程序。后台程序在 ECU 系统中称为主程序,其中有若干个模块,且每个模块中有多个子程序(根据不同使能条件进入不同的子程序执行),每个模块计算输出一个控制参数。这种程序框架控制系统至少存在两大问题:

(1) 每个控制模块执行的周期和时刻具有不确定性,直接取决于主程序的循环周期。这主要影响到实际控制系统中闭环控制系统的控制参数。以发动机控制为例,因为实际电控系统的控制输出为输入的函数,而依据经典控制理论,闭环系统的控制参数也应该为输入的函数,由于系统执行周期具有不确定性,使闭环系统的控制参数成为转速和主程序循环周期的函数,从而直接影响到整个系统的扩展。

(2) 直接影响重要控制参数的数据刷新的实时性。由图1.3可见,整个控制系统可以近似地看作为一个控制参数单速率更新的控制系统,由于每个控制参数的刷新速率直接取决于整个主程序的执行周期,且所有的控制参数几乎具有相同的刷新速率,从而将直接影响实际控制系统的实时性要求,当存在较大的控制延时,会直接影响到实际的控制效果。

鉴于上述前后台系统中存在的缺陷,单纯通过提高处理器速度是无法彻底解决这个问题的。实时多任务操作系统能够提高复杂系统的实时性。因此,OSEK[①] 嵌入实时操作系统在当前汽车电子控制技术中得到了广泛应用。

由于实现汽车电子控制复杂逻辑的嵌入式系统一般都要进行多任务处理和调度,对重要性各不相同的任务进行统筹兼顾的合理调度是保证每个任务及时执行的关键,单纯通过提高处理器速度是无法完成这些功能的。因此在控制系统中使用实时操作系统(real-time operating system,RTOS)是非常有必要的。其主要原因基于以下几方面:

① 基于优先级的控制系统的多任务划分和调度机制可以保证实时性要求高的任务具有较高优先级的 CPU 使用权(实时性要求高的任务赋以较高优先级,实时性较低的任务赋以较

① OSEK,是指德国的汽车电子类开放系统和对应接口标准,德文全称:offene systeme und deren schnittstellen für die elektronik im kraftfahr-zeug。

低优先级),从而在保证控制系统控制精度的同时有效优化了控制器 CPU 的资源,大大提高了 CPU 的执行效率(执行有效代码的能力)。

② 实时多任务系统下的任务运行具有严格的时间机制以及拥有对事件的实时响应能力,从而使任务的执行周期和进入时刻具有较好的可确定性,满足控制系统具有确定的执行规律以及执行效果可预测性的要求。

③ 提倡在嵌入式应用中使用 RTOS 的最主要原因是提高系统的可靠性。控制系统的"不死机"是最起码的要求。在系统的硬件设计上尽量提高抗干扰能力,满足电磁兼容性要求只是一方面,另一方面就是在软件上采取的措施。汽车电控控制软件的传统开发方式是针对某一应用,画程序流程图,然后再编制应用程序。这种程序可以称之为线性程序。在遇到强干扰时,程序在任何一处产生死循环或破坏都会引起死机,受到强干扰时只能依靠硬件的最后防线——看门狗复位,重新启动系统。而对于 RTOS 管理的系统,这种干扰可能只是引起若干进程中的一个被破坏,可以启用另外的进程对其进行修复。不仅可以将应用程序分解成若干独立的进程,而且可以另外启动一个监控进程,监视各进程运行状况,遇到异常情况时采取一些措施,例如在 UNIX 中将有问题的进程终止(kill)掉。在 UNIX 的讨论中,普遍使用进程(process)这一概念,而在嵌入式 RTOS 的讨论中使用任务(task)的概念则更明确。另一方面,人们往往只注意到 32 位 MCU 比 8 位、16 位 MCU 运行快这一特点,而忽略了其另一重要特征:32 位 CPU 本来是为多用户、多任务操作系统(如 UNIX)而设计的,特别适于多任务实时系统。一些独具匠心的设计使其能够做到不死机。例如,将 CPU 系统态和用户态分开,一些要害指令只能在系统态下运行。将系统堆栈和用户堆栈分开,以及实时地给出 CPU 运行的状态,如 CPU 是在读程序还是在读写数据、在系统态还是用户态,允许用户在系统设计中从硬件和软件两方面对实时内核的运行予以保护。如果仍以通常线性程序的方式使用这类MCU,32 位 CPU 最突出的优势就没有发挥出来。

④ 使用 RTOS 有助于提高开发效率,缩短开发周期。一个复杂的应用程序,可以通过RTOS 分解成多个任务,每个任务模块的调试、修改几乎不会影响其他模块。用户编程时不需要考虑复杂程序之间的调度问题,因为系统提供一个操作系统,应用程序的运行是在操作系统之上,程序的不同任务之间的调度由操作系统来完成。同理,由于 RTOS 的引入,对整个实时软件进行适当的任务扩展以及代码添加,并不会影响到整个控制系统的实时性和控制效果。

从某种意义上说,没有操作系统的计算机(裸机)是没有用的。在嵌入式应用中,只有把 CPU 嵌入到系统中,同时又把操作系统嵌入进去,才是真正的计算机嵌入式应用。

1.3.2 国外商用实时多任务操作系统简介

目前在汽车控制系统领域,符合 OSEK/VDX 标准的嵌入式实时操作系统被普遍采用,如:OsekWorks、Nucleus Osek、Oscan 等。如图 1.4 所示为典型的 OSEK 实时操作系统架构,整个控制系统可以分成 3 层结构:硬件平台、实时多任务操作系统和嵌入式应用程序。常规的 OSEK 实时操作系统具有如下功能:任务的管理与调度、时间管理、内存管理、网络管理、通信管理等。

如图 1.5 所示为实时操作系统的多任务运行机制,由图可见,通过对实际控制系统进行基于优先级的任务划分以及事件触发机制,即高优先级的任务可以随时中断低优先级任务的执

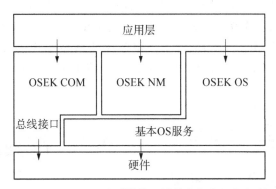

▲ 图1.4　OSEK实时操作系统的多任务运行机制

行(任务B中断任务C的执行,任务A中断任务B或C的执行),从而使整个控制系统每个任务模块具有确定的执行周期,且控制系统的控制参数具有多速率的刷新特点,从而在保证整个控制系统控制精度的基础上,满足了重要控制参数刷新速率的实时性要求。

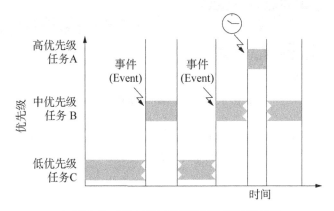

▲ 图1.5　实时操作系统下多任务运行机制

　　嵌入式实时操作系统(RTOS)其实是指嵌入式实时内核,它的引入使得实时应用程序的设计和扩展变得容易,不需要大的改动就可以增加新的功能。实际上,如果用户给系统增加一些低优先级的任务,那么用户系统对高优先级任务的响应时间几乎不受影响。通过将应用程序分割成若干个独立的任务,RTOS使得应用程序的设计过程大为简化。使用可剥夺型内核时,所有时间要求苛刻的事件都可以尽可能快捷、有效地处理。通过有效的系统服务,如邮箱、时间延时等,RTOS使得资源更好地被利用。

　　如果应用项目使用的嵌入式计算机对额外的需求可以承受,应该考虑使用实时内核。这些额外的需求包括额外的ROM/RAM开销,2%~5%的CPU额外负荷以及内核的价格。在众多的因素中,实时内核的内存开销、产品的性能及安全性成为其被应用于控制系统中一个非常重要的因素。

1.4　瑞萨在汽车电子中的微控制器产品

　　瑞萨(Renesas)电子作为全球领先的微控制器供应商、模拟功率器件和SoC产品的领导者,为汽车、工业、家居(HE)、办公自动化(OA)、信息通信技术(ICT)等各种应用提供专业的技术支持、品质保证和综合的解决方案。瑞萨有非常完整的 MCU 产品线,从低端到高端产品一应俱全,自成体系。其 MCU 产品包含了 4 位单片机、8 位单片机、16 位单片机 RL78 族以及 32 位单片机 RX 族和 RH850 等,如图 1.6 所示是 MCU 产品发展历程。

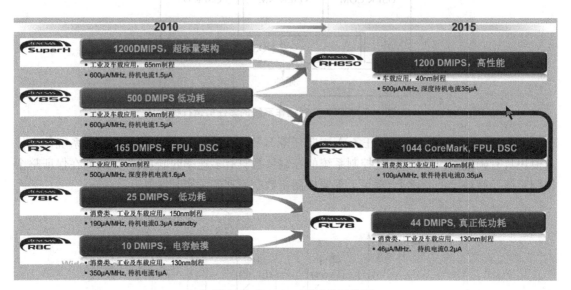

▲ 图 1.6　Renesas MCU 发展蓝图

瑞萨电子针对汽车电子的特点,其电子产品涉足领域遍布车辆的各个环节。比如从车身控制、底盘控制到传动系统控制等,如图 1.7 所示。

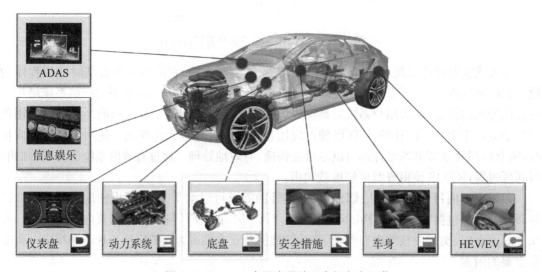

▲ 图 1.7　Renesas 电子产品涉足车辆各个环节

Renesas 单片机在全球汽车电子领域的市场份额正快速增长,被许多汽车制造商认证为首选的半导体器件。2012 年瑞萨电子在中国汽车电子市场的份额占比高达 43%。瑞萨电子致力于降低自动驾驶汽车及其他驾驶辅助系统开发的设计复杂度,这些系统可为使用者带来安全性、防护性与便利性兼具的驾驶体验。

随着消费者对于防护性及安全性的要求逐渐提高,汽车制造商开始致力打造兼顾愉悦、便利及安全驾驶体验的车款。虽然汽车安全系统早已采用驾驶辅助系统,但在迈向自动驾驶的过程中,驾驶辅助系统也越趋复杂。为了彻底实现自动驾驶的愿景,Renesas 公司认为需要解决包括安全性、防护性、感测器及网络方面的关键问题,并充分运用身为全球 MCU 领导厂商的丰富经验,开发了 RH850/P1x 系列微控制器产品,将上述四项需求整合于单一芯片中,实现了驾驶辅助系统的多合一解决方案。本书后续章节将主要结合 RH850/P1x 系列阐述汽车电子嵌入式系统的开发和应用。

RH850/P1x 系列 32 位 MCU 是全球首款采用 40 nm 工艺的汽车底盘 MCU。Renesas 将 40 nm 工艺与其独有的 MONOS 内存结构相结合,功能安全设计具有 ASIL D 级,可为电动助力转向(EPS)、制动系统及其他底盘系统的电子控制提供创新的解决方案,从而降低功耗,并提高了底盘系统中安全系统的效率。

1.5　瑞萨 RH850/P1x 微控制器基本结构及最小系统电路设计

RH850/P1x 是瑞萨电子公司推出的 RH850 系列单片微控制器产品中一款典型的高效、高速、高精度的 32 位微控制器,主要包括 RH850/P1H-C、RH850/P1M-C、RH850/P1M、RH850/P1L-C 和 RH850/P1M-E 微控制器。RH850/P1x 集成了内核型号为 RH850G3M 的 RH850 系列中央处理器(central processing unit,CPU)、只读存储器(read-only memory,ROM)、随机存取存储器(random access memory,RAM)、直接存储器(direct memory access,DMA)控制器、定时器(包括 PWM 定时器)、多种串行接口(包括 CAN)以及 A/D 转换器(ADC)等功能,其资源配置及性能指标尤其适合于汽车电子控制(包括底盘控制)。该微处理器符合 ASIL D 级功能安全要求。RH850/P1x 系列采用双 CPU 设计,其中主 CPU 负责完成正常的工作,副 CPU 负责监控主 CPU,两个 CPU 工作在锁步模式下。

表 1.2 对比了 RH850/P1x 系列下不同型号微控制器的特征。本节将以 RH850/P1M 微控制器为例,主要介绍 RH850/P1x 的基本功能模块、引脚配置、系统时钟、系统复位、工作模式以及功能安全机制,最后给出 RH850/P1x 的最小系统电路设计以作硬件设计参考。

表 1.2　RH850/P1x 系列微控制器对比

产品型号	闪存(Flash)/kB	RAM/kB	引脚数量	工作电压/V	最大频率/MHz
RH850/P1H-C	4 096~8 192	1 088	292	3~3.6	240
RH850/P1M-C	2 048	448	144~292	3~3.6	240
RH850/P1M	512~2 048	64~128	100~144	3~5.5	160
RH850/P1L-C	512~1 024	64~100	144	3~5.5	120
RH850/P1M-E	1 024~2 048	192	100~144	3~5.5	160

1.5.1 功能模块配置

RH850/P1x 微控制器资源配置如表 1.3 所示,功能模块配置如图 1.8 所示。

表 1.3　RH850/P1x 的资源配置

产品型号	RH850/P1M		
CPU	RH850G3M core(锁步双核) 支持内存保护单元(MPU) 单/双精度浮点运算单元(FPU) 支持时间保护定时器(TPT) 工作频率:160 MHz	A/D 转换器	12 位×2 个模块 支持温度传感器 ADCD0:模拟量输入×9 个通道②, 跟随保持×6 ADCD1:模拟量输入×10 个通道②, 跟随保持×4
内存	程序 Flash:512 KB~2 MB, 1 MB~2 MB① 数据 Flash:32 KB/64 KB 本地 RAM:64 KB/128 KB 跟踪 RAM:32 KB 模拟 RAM:8 KB/32 KB 指令高速缓存:8 KB 4Way	定时器	16 位定时器阵列×3 单元 32 位定时器阵列×3 单元 电机控制定时器×2 单元 定时器选择×4 单元 编码器定时器×2 单元 操作系统定时器×7 单元 看门狗定时器×1 单元 定时器模式缓冲区×2 单元 外设互联:支持 时钟输出:支持
中断控制器 (INTC)	INTC1 (CPU 核)×32 通道 INTC2×352 通道		
DMA	DMAC×16 通道 DTS×128 通道	串行接口	RS-CAN×2/3 通道 FlexRay×2 通道 PSI5×2 通道 RSENT×5 通道/6 通道① SCI3(USART)×3 通道 RLIN3×2 通道 CSIG (SPI)×1 通道 CSIH (SPI)×4 通道
安全机制	支持错误控制模块(ECM) 支持内核电压监控(CVM) 支持状态标志的内置自检(BIST) 支持错误输出 支持时钟监控		
数据 CRC 校验	4 通道	调试	NEXUS-JTAG:支持 LPD:支持 AUD-RAM Monitor:支持① 跟踪 RAM:支持 内存读取:支持
电源	CPU:1.5 V, I/O:3-5.5 V		
工作温度	−40℃ ～ +150℃		
封装	LFQFP:100 引脚,144 引脚		

注:①仅对封装 LFQFP144 适用;②对于封装 LFQFP144,为 12 通道。

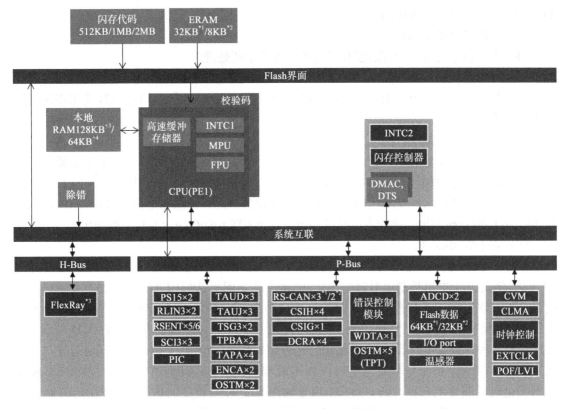

▲ 图 1.8 RH850/P1x 功能模块配置

注：＊1 仅适用 2 MB Flash 内存的芯片；＊2 仅适用 1 MB 和 512 KB Flash 内存的芯片；＊3 仅适用 1～2 MB Flash 内存的芯片；＊4 仅适用 512 KB Flash 内存的芯片。

(1) RH850G3M CPU。

RH850/P1x 采用 RH850G3M CPU。RH850G3M CPU 支持 RISC 指令集，通过采用可在单时钟周期内执行的基本指令和优化的 7 段流水线配置，使指令执行速度显著提高。该CPU 通过使用 2 字节的基本指令及与高级语言对应的指令，使程序更简洁，C 编译器的目标代码效率提高，中断响应也非常迅速。此外，该 CPU 还集成了单/双精度 32 位浮点运算单元（FPU），使用 32 位硬件乘法器的乘法指令、饱和运算指令和位操作指令，可更好地支持数字伺服控制方面的应用。

(2) 闪存代码(Code Flash)。

RH850/P1X 片上集成有 512 KB/1 MB/2 MB 的 Code Flash，可在一个取指令操作过程中，闪存代码可以在 1 个时钟周期内被 CPU 访问。

(3) RAM。

RH850/P1X 片上集成有 64 KB/128 KB 的 RAM，可在一个取指令或数据访问操作过程中，RAM 可以在 1 个时钟内被 CPU 访问。

(4) DMA。

直接存储器存取（direct memory access，DMA）是计算机科学中的一种内存访问技术。它允许某些 CPU 外设可以独立地直接读写系统存储器，而不需通过 CPU。DMA 由 DMAC

和 DTS 等 2 个 DMA 传输模块组成。

（5）中断控制器（INTC）。

每个中断通道具有 16 个优先级，可以进行多重中断处理。

（6）A/D 转换器（ADC）。

片上集成有 19/24 个模拟输入引脚的高速高分辨率的 12 位 A/D 转换器，使用逐次近似法进行转换。

（7）时钟发生器（CG）。

时钟发生器用于生成和控制内部单元（如 CPU）所使用的系统时钟。时钟发生器由一个时钟振荡器和一个锁相环频率合成器（phase-locked loop frequence synthesizer）、PLL 合成器组成。通过在芯片的 X1 和 X2 引脚上连接一个 16 MHz 的外部振荡电路，可以在系统内部生成 160 MHz 的系统时钟。此外内部时钟还可通过 EXTCLKnO（$n = 0, 1$）引脚输出。

（8）定时器（timer）。

具有 3 个 16 位 16 通道的定时器阵列（TAUD）单元、3 个 32 位 4 通道的定时器阵列（TAUJ）单元、2 个电机控制定时器（TSG3）单元、4 个定时器选择（TAPA）单元、2 个编码器定时器（ENCA）单元、7 个操作系统定时器（OSTM）单元、1 个看门狗定时器（WDTA）单元和 2 个定时器模式缓冲区（TPBA）单元，并支持外设互联和时钟输出。其中，TAUD 与 TAUJ 用于执行各种计数或定时器运算，并输出与运算结果相关的信号，支持多通道同时运算与单通道独立运算；TSG3 单元是增强型电机控制定时器，在 RH850/P1x 中是专为提高汽车底盘系统的电机控制性能而设计的；OSTM 用于输出给定时间长度的信号，也可在定时器自由运行并在达到寄存器中设定的值时输出相应信号而产生中断；WDTA 用于监控主程序的运行；TPBA 则是一个带占空比设置缓冲器的 16 位脉冲宽度调制（pulse width modulation，PWM）定时器，能够产生周期匹配检测中断、占空比匹配检测中断、模式匹配检测中断等中断请求。

（9）串行接口（SI）。

包括一组 3 通道同/异步可选串行接口 UART，5 通道时钟控制串行接口（1 个 CISG，4 个 CISH），2 通道 RLIN，2/3 通道 RS-CAN，2 通道的 FlexRay，2 通道的 PSI5 和 5/6 通道的单边半字节传输（RSENT）。

1.5.2　引脚配置、功能和注意事项

1）引脚配置和功能

RH850/P1M 系列器件的引脚配置如图 1.9 和图 1.10 所示，按功能分为端口引脚和非端口引脚，引脚名称和功能如表 1.4 和表 1.5 所示。其共有 7 组端口引脚：P0～P5 和 JP0。给出的端口寄存器地址是相对端口基地址的偏移量，计算实际的地址时需要加上基地址，其中基地址为 PORT_base＝FFC1 0000H 和 JPORT0_base＝FFC2 0000H。

微控制器的各个引脚可以工作在以下三种模式。

（1）通用 I/O 端口模式，此时端口控制寄存器 PMCn. PMCn_m ＝ 0，其中 n 代表哪组端口，m 代表该组端口下的具体引脚编号。例如，PMC1. PMC1_0 ＝ 0，代表将 P1_0 设置为通用 I/O 口。用 PMn. PMn_m 选择端口是输入还是输出。

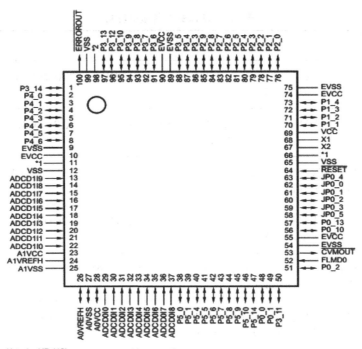

Note 1. eVR: VCL
　　　DPS: VDD
Note 2. eVR: VCC
　　　DPS: VDD

▲ 图 1.9　RH850/P1M 引脚配置图（100 – pin）

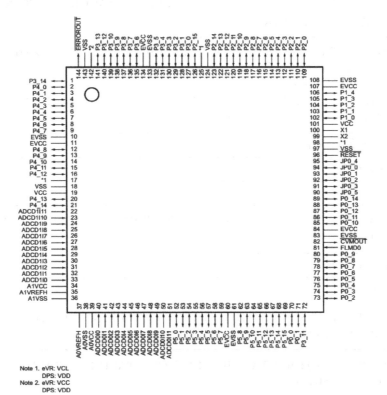

Note 1. eVR: VCL
　　　DPS: VDD
Note 2. eVR: VCC
　　　DPS: VDD

▲ 图 1.10　RH850/P1M 引脚配置图（144 – pin）

表1.4 端口引脚名称和功能

引脚名称	复用功能
P0_0	TAUJ0I1 / TAUJ0O1 / SENT3SPCO / TAUD1ODI14 / TAUD1O14 / ADCD0CNV2 / PSI50DOUT / RLIN30TX
P0_1	TAUJ0I2 / TAUJ0O2 / SENT4RX / SENT4SPCO / TAUD1ODI15 / TAUD1O15 / ADCD0CNV3 / RLIN31RX / INTP4
P0_2	SCI30RX / INTP0 / TAPA1ESO / INTP8 / TAUD2I0 / ADCD0CNV0 / TAUD2O0 / SENT5RX / SENT5SPCO
P0_3	SCI30TX / TAUD1ODI8 / TAUD1O8 / TAUD2I1 / ADCD0CNV1 / TAUD2O1 / SENT5SPCO/AUDATA1
P0_4	SCI30SCI / SCI30SCO / TAUD1ODI9 / TAUD1O9 / TAUD2I2 / ADCD0CNV2 /TAUD2O2 / SENT4SPCO/AUDATA2
P0_5	TAUJ1I0 / TAUJ1O0 / TAUD1ODI10 / TAUD1O10 / TAUD2I3 / ADCD0CNV3 / TAUD2O3 / SENT3SPCO/AUDATA3
P0_6	TAUJ1I1 / TAUJ1O1 / TAUD1ODI11 / TAUD1O11 / TAUD2I4 / TAUD2O4 / SENT2SPCO/AUDCK
P0_7	TAUJ1I2 / TAUJ1O2 / TAUD1ODI12 / TAUD1O12 / TAUD2I5 / ADCDTRG0 /TAUD2O5 / SENT1SPCO /$\overline{\text{AUDSYNC}}$
P0_8	TAUJ1I3 / TAUJ1O3 / TAUD1ODI13 / TAUD1O13 / TAUD2I6 / ADCDTRG1 /TAUD2O6 / SENT0SPCO /$\overline{\text{AUDRST}}$
P0_9	ADCD1CNV1 / TAUD1ODI14 / TAUD1O14 / TAUD2I7 / ADCD0CNV4 / TAUD2O7/ AUDATA0
P0_10	$\overline{\text{RESETOUT}}$/ ADCD1CNV0 / $\overline{\text{EVTO}}$
P0_11	ADCD1CNV2
P0_12	ADCD1CNV3
P0_13	OSTM0ODI / OSTM0O / TAUD1ODI15 / TAUD1O15 / TAUD2I7 / INTP9 /TAUD2O7/ $\overline{\text{EVTI}}$
P0_14	ADCD1CNV4
P1_0	RLIN30TX / CSIH3RYO
P1_1	TAUJ2I0 / TAUJ2O0 / TAUJ1I0 / TAUJ1O0 / TAUD2I12 / TAUD2O12 / RLIN30RX / INTP3 / CSIH2CSS0 / TAUD0I6 / CSIH3RYI
P1_2	TAUJ2I1 / TAUJ2O1 / TAUJ1I1 / TAUJ1O1 / TAUD2I13 / TAUD2O13 / CSIH2SI / TAUD0I8 / CSIH3SI

（续表）

引脚名称	复用功能
P1_3	TAUJ2I2 / TAUJ2O2 / TAUJ1I2 / TAUJ1O2 / TAUD2I14 / TAUD2O14 / CSIH2SO / TAUD0I10 / CSIH3SO
P1_4	TAUJ2I3 / TAUJ2O3 / TAUJ1I3 / TAUJ1O3 / TAUD2I15 / TAUD2O15 / CSIH2SCI / CSIH2SCO / CSIH3SCI / CSIH3SCO
P2_0	RSCAN0RX0 / INTP5 / CSIH2SI / TAUD2I11 / TAUD2O11 / CSIH3CSS6
P2_1	RSCAN0TX0 / CSIH2SO / TAUD2I12 / TAUD2O12 / CSIH3CSS7 / TSG30O7
P2_2	RSCAN0RX1 / INTP6 / CSIH2SCI / CSIH2SCO / TAUD2I13 / TAUD2O13 / TPB0O / TSG30O0 / CSIH0CSS5
P2_3	RSCAN0TX1 / CSIH2RYI / CSIH2CSS0 / TAUD2I14 / TAUD2O14 / TPB1O /TSG30ODI1 / TSG30O1
P2_4	CSIH2RYO / CSIH0CSS2 / RLIN31TX / TAUJ1I3 / TAUJ1O3 / CSIH0SI /TAUD2I11 / TAUD2O11
P2_5	SCI30RX / INTP0 / CSIH0CSS3 / RLIN31RX / INTP4 / CSIH3SO / TSG30ODI2 /TSG30O2 / CSIH0SO
P2_6	SCI30TX / OSTM1ODI / OSTM1O / CSIH0SCI / CSIH0SCO / CSIH3SI /CSIH0CSS4 / TSG30ODI3 / TSG30O3 / TAUD1I0 / TAUD1O0
P2_7	SCI30SCI / SCI30SCO / CSIH0CSS5 / CSIH1SI / CSIH3SCI / CSIH3SCO /TSG30ODI4 / TSG30O4 / TAUD1I1 / TAUD1O1
P2_8	SCI31RX / INTP1 / CSIH3RYO / CSIH0CSS6 / CSIH1SO / CSIH3RYI /CSIH3CSS0 / TSG30ODI5 / TSG30O5 / TAUD1I2 / TAUD1O2
P2_9	SCI31TX / CSIH0CSS7 / CSIH1SCI / CSIH1SCO / CSIH3CSS1 / TSG30ODI6 /TSG30O6 / TAUD1I3 / TAUD1O3
P2_10	TAUD2I10 / TAUD2O10 / CSIH0RYI / CSIH0CSS6 / OSTM1ODI / OSTM1O
P2_11	TAUD1I0 / TAUD1ODI0 / TAUD1O0 / TAUD1I1 / TAUD1ODI1 / TAUD1O1 /CSIH0CSS5 / CSIH1RYI / CSIH0RYO
P2_12	TAUD1I2 / TAUD1ODI2 / TAUD1O2 / TAUD1I3 / TAUD1ODI3 / TAUD1O3 /CSIH0CSS4 / CSIH0SO
P2_13	TAUD1I4 / TAUD1ODI4 / TAUD1O4 / TAUD1I5 / TAUD1ODI5 / TAUD1O5 /CSIH0CSS3 / CSIH1RYO
P2_14	TAUD1I6 / TAUD1ODI6 / TAUD1O6 / TAUD1I7 / TAUD1ODI7 / TAUD1O7 /CSIH0CSS2
P2_15	TAUD1I8 / TAUD1ODI8 / TAUD1O8 / TAUD1I9 / TAUD1ODI9 / TAUD1O9 /CSIH0RYI

（续表）

引脚名称	复用功能
P3_0	TAUD1I10 / TAUD1ODI10 / TAUD1O10 / TAUD1I11 / TAUD1ODI11 / TAUD1O11 / CSIH0SO / CSIG0SI
P3_1	TAUD1I12 / TAUD1ODI12 / TAUD1O12 / TAUD1I13 / TAUD1ODI13 / TAUD1O13 / CSIH0SCI / CSIH0SCO / CSIG0SO
P3_2	TAUD1I14 / TAUD1ODI14 / TAUD1O14 / TAUD1I15 / TAUD1ODI15 / TAUD1O15 / CSIH0SI / CSIH0CSS7 / CSIG0SCI / CSIG0SCO
P3_3	CSIH0RYI / SCI32TX / TAUD1I0/CSIH2CSS1 /$\overline{\text{CSIH3SSI}}$/ CSIH3CSS4 /TAUD1ODI0 / TAUD1O0 / AUD1ODI1 / TAUD1O1
P3_4	SCI32RX / INTP2 / TAUD1I2 / CSIH2CSS2 / RLIN30RX / INTP3 / CSIG0RYO / CSIH3CSS3 / TAUD1ODI2 / TAUD1O2 / TAUD1ODI3 / TAUD1O3
P3_5	SCI31SCI / SCI31SCO / TAUD0I0 / CSIH2CSS3 / CSIG0RYI / RLIN30TX /CSIH3CSS2 / TAUD0ODI0 / TAUD0O0 / TAUD0ODI1 / TAUD0O1
P3_6	CSIH0SI / TSG31O0 / TAUD0ODI2 / TAUD0O2 / CSIH3RYI / CSIH2CSS4 /TAUD0ODI3 / TAUD0O3
P3_7	CSIH0SO / TSG31ODI1 / TSG31O1 / RSCAN0RX0 / INTP5 / SCI30RX / INTP0 / CSIH2RYI / CSIH2CSS5 / TAUD0ODI5 / TAUD0O5
P3_8	CSIH0SCI / CSIH0SCO / TSG31ODI2 / TSG31O2 / RSCAN0TX0 /TPB1O /$\overline{\text{CSIH0SSI}}$/ CSIH2CSS6 / TAUD0ODI7 / TAUD0O7
P3_9	SCI32SCI / SCI32SCO / TSG31ODI3 / TSG31O3 / CSIH3CSS5 / CSIH0RYI /CSIH2CSS7 / TAUD0ODI9 / TAUD0O9
P3_10	TSG31ODI4 / TSG31O4 / TAUD1I6 / TAUD0ODI11 / TAUD0O11
P3_11	TAUJ0I3 / TAUJ0O3 / SENT4SPCO / ADCD0CNV4 / RLIN31TX
P3_12	CSIH1RYO / TSG31ODI5 / TSG31O5 / RSCAN0RX1 / INTP6 / SCI30TX /TAUD1I8 / CSIH0CSS0 / TAUD0ODI13 / TAUD0O13
P3_13	CSIH1RYI / TSG31ODI6 / TSG31O6 / RSCAN0TX1 / SCI30SCI / SCI30SCO /TAUD1I10 / CSIH0CSS1 / TAUD0ODI15 / TAUD0O15
P3_14	CSIH1SI / TAPA0ESO / INTP7 / TPB1O / EXTCLK0O / NMI / FLX0CLK * 2 /TSG31O7/ FLMD1
P4_0	CSIH1SO / TAUJ0I0 / TAUJ0O0 / RLIN30RX / INTP3 / TSG30PTSI0 / ENCA0E0 / FLX0TXDA * 2 / ADCD1CNV0
P4_1	CSIH1SCI / CSIH1SCO / TAUJ0I1 / TAUJ0O1 / RLIN30TX / TSG30PTSI1 /ENCA0E1 / FLX0TXENA * 2 / ADCD1CNV1

（续表）

引脚名称	复用功能
P4_2	RSCAN0RX1 / INTP6 / CSIH1RYO / TAUJ0I2 / TAUJ0O2 / SCI30SCI / SCI30SCO / TSG30PTSI2 / ENCA0EC / FLX0RXDA * 2 / INTP11 / ADCD1CNV2
P4_3	CSIH2RYI / RSCAN0TX1 / TAUJ0I3 / TAUJ0O3 / OSTM1ODI / OSTM1O /TSG30CLKI / CSIH1CSS0 / FLX0RXDB * 2 / INTP12 / ADCD1CNV3 / TAUD2I0 / TAUD2O0
P4_4	CSIH2SI / TAPA1ESO / INTP8 / CSIH2CSS7 / TSG31PTSI0 / ENCA1E0 /CSIH1CSS1 / FLX0STPWT * 2 / ADCD1CNV4 / TAUD2I1 / TAUD2O1
P4_5	CSIH2SO / SCI30RX / INTP0 / RSCAN0RX0 / INTP5 / EXTCLK1O / TSG31PTSI1 / ENCA1E1 / CSIH1CSS2 / FLX0TXDB * 2 / TAUD2I2 / TAUD2O2
P4_6	CSIH2SCI / CSIH2SCO / SCI30TX / RSCAN0TX0 / TSG31PTSI2 / ENCA1EC /CSIH1CSS3 / FLX0TXENB * 2 / TAUD2I3 / TAUD2O3
P4_7	RSCAN0RX1 / INTP6 / CSIH2RYO / FLX0CLK * 2 / TAUD1O0 / ENCA0TIN0 / CSIH1SSI/ TSG31CLKI / CSIH1CSS4 / TAUD2I4 / TAUD2O4
P4_8	FLX0RXDA * 2 / INTP11 / TAUD1O1 / ENCA0TIN1 / CSIH2CSS1 / CSIH1SSI/ CSIH1CSS5 / TAUD2I5 / TAUD2O5
P4_9	FLX0TXDA * 2 / TAUD1O2 / ENCA1TIN0 / CSIH2CSS2 / CSIH1RYI / CSIH1CSS6 / TAUD2I6 / TAUD2O6
P4_10	FLX0TXENA * 2 / TAUD1O3 / ENCA1TIN1 / CSIH2CSS3 / CSIH1RYO /CSIH1CSS7 / TAUD2I7 / TAUD2O7
P4_11	FLX0RXDB * 2 / INTP12 / TAUD1O4 / CSIH2CSS4 / TAUJ1I0 / TAUJ1O0 /TAUD2I8 / TAUD2O8
P4_12	FLX0TXDB * 2 / TAUD1O5 / CSIH2CSS5 / TAUJ1I1 / TAUJ1O1 / TAUD2I9 /TAUD2O9
P4_13	FLX0TXENB * 2 / TAUD1O6 / CSIH2SSI/ TAUJ1I2 / TAUJ1O2 / TAUD2I10 / TAUD2O10
P4_14	FLX0STPWT * 2 / TAUD1O7 / CSIH2CSS6 / TAUJ1I3 / TAUJ1O3 / TAUD2I11 / TAUD2O11
P5_0	CSIG0SI / TAUD0ODI0 / TAUD0O0 / TAUD0I1 / TAUD0ODI1 / TAUD0O1 / CSIH2CSS1 / SCI30RX / INTP0
P5_1	CSIG0SO / TAUD0ODI2 / TAUD0O2 / TAUD0I3 / ADCD0CNV0 / TAUD0ODI3 / TAUD0O3 / TAUD0I2 / CSIH2CSS2 / SCI30TX
P5_2	CSIG0SCI / CSIG0SCO / TAUD0ODI2 / TAUD0O2 / TAUD0I14 / TAUD0ODI3 / TAUD0O3 / TAUD0I15 / SCI30SCI / SCI30SCO

（续表）

引脚名称	复用功能
P5_3	TAUD0I7 / TAUD0I6
P5_4	CSIG0SCI / CSIG0SCO / TAUD0ODI4 / TAUD0O4 / TAUD0I5 / ADCD0CNV1 / TAUD0ODI5 / TAUD0O5 / TAUD0I4 / CSIH2CSS3 / SCI30SCI / SCI30SCO
P5_5	SENT0RX / SENT0SPCO / TAUD0ODI6 / TAUD0O6 / TAUD0I7 / ADCD0CNV2 / TAUD0ODI7 / TAUD0O7 / TAUD0I6 / CSIH2CSS4 / SCI31RX / INTP1
P5_6	INTP10 / RSCAN0RX2 * 1 / SENT0SPCO / TAUD0ODI8 / TAUD0O8 / TAUD0I9 / ADCD0CNV3 / TAUD0ODI9 / TAUD0O9 / TAUD0I8 / CSIH2CSS5 / SCI31TX
P5_7	RSCAN0TX2 * 1 /TAUD0ODI10 / TAUD0O10 / TAUD0I11 / ADCD0CNV4 / TAUD0ODI11 / TAUD0O11 / TAUD0I10 / CSIH2CSS6 / SCI31SCI / SCI31SCO
P5_8	SENT1RX / SENT1SPCO / TAUD0ODI12 / TAUD0O12 / TAUD0I13 / TAUD0ODI13 / TAUD0O13 / TAUD0I12 / CSIH2CSS7 / SCI32RX / INTP2
P5_9	TAUD0I14 / SENT1SPCO / TAUD0ODI14 / TAUD0O14 / TAUD0I15 / TAUD0ODI15 / TAUD0O15 / PSI51DIN / SCI32TX
P5_10	RLIN30RX / INTP3 / ADCDTRG0 / ADCD0CNV0 / PSI51DOUT / SCI32SCI /SCI32SCO
P5_11	RLIN30TX / SENT3RX / SENT3SPCO / TAUD1ODI10 / TAUD1O10
P5_12	RLIN31RX / INTP4 / SENT2RX / SENT2SPCO / TAUD1ODI11 / TAUD1O11
P5_13	RLIN31TX / SENT2SPCO / TAUD1ODI12 / TAUD1O12 / TAUD0I13 / TAUD0I12
P5_14	TAUJ0I0 / TAUJ0O0 / SENT3RX / SENT3SPCO / TAUD1ODI13 / TAUD1O13 / ADCDTRG1 / ADCD0CNV1 / PSI50DIN / RLIN30RX / INTP3
JP0_0	FLSCI3RXD (FPDR) / FLSCI3TXD (FPDT)，FLSCI3RXD (FPDR) / DCUTDI / LPDI / LPDIO
JP0_1	FLSCI3TXD (FPDT) / DCUTDO / LPDO
JP0_2	FLSCI3SCKI (FPCK) / DCUTCK / LPDCLK
JP0_3	DCUTMS
JP0_4	DCUTRST
JP0_5	DCUTRDY/ LPDCLKOUT

（2）S/W I/O 控制的可选模式，此时端口控制寄存器 PMCn. PMCn_m＝1，PIPCn. PIPCn_m＝0。端口共有 6 种模式，通过 PFCn，PFCEn 和 PFCAEn 寄存器进行选择；而端口的输入/输出类型由 S/W 通过寄存器 PMn. PMn_m 来控制，PMn_m＝0 代表输出，PMn_m＝1 代表输入。

（3）直接 I/O 控制的可选模式，此时控制端口寄存器 PMCn. PMCn_m＝1，PIPCn. PIPCn_m＝1。与 S/W I/O 控制方式不同，此时的输入输出类型直接由可选功能决定。

选择可选模式的寄存器设置如表 1.5 所示。通过设置表中的寄存器,即可为每个端口的每个引脚选择表 1.4 中的一种复用功能。表 1.6 所示为 RH850/P1x 非端口引脚名称和对应功能。

表 1.5　选择可选模式的寄存器设置

功　能	寄　存　器				I/O
	PFCAE	PFCE	PFC	PM①	
可选输出模式 1(ALT - OUT1)	0	0	0	0	O
可选输入模式 1(ALT - IN1)	0	0	0	1	I
可选输出模式 2(ALT - OUT2)	0	0	1	0	O
可选输入模式 2(ALT - IN2)	0	0	1	1	I
可选输出模式 3(ALT - OUT3)	0	1	0	0	O
可选输入模式 3(ALT - IN3)	0	1	0	1	I
可选输出模式 4(ALT - OUT4)	0	1	1	0	O
可选输入模式 4(ALT - IN4)	0	1	1	1	I
可选输出模式 5(ALT - OUT5)	1	0	0	0	O
可选输入模式 5(ALT - IN5)	1	0	0	1	I
可选输出模式 6(ALT - OUT6)	1	0	1	0	O
可选输入模式 6(ALT - IN6)	1	0	1	1	I

注:①当 PIPCn. PIPCn_m=1 时, I/O 方向直接由外设(可选)功能控制,此时 PM 是被忽略的。

表 1.6　非端口引脚

引脚名称	功　能	引脚名称	功　能
EVSS	周边接口的电源地供给引脚	A0VREFH	与 ADCD0 连接(ADCD0 转换器的参考电压输入)
EVCC	周边接口的正电源供给引脚	A0VSS	ADCD0 转换器的模拟地
VCL	片上稳压器的电容连接引脚	A0VCC	ADCD0 转换器的模拟电源供给
VDD	内核电源(直接供电)	ADCD0 | 0 ～ ADCD0 | 11	ADCD0 输入通道
VSS	电源地供给引脚	FLMD0	主要工作模式的选择
VCC	正电源供给引脚	$\overline{\text{CVMOUT}}$	CVM 内部电压误差检测输出信号
ADCD1 | 0 ～ ADCD1 | 11	ADCD1 输入通道	$\overline{\text{RESET}}$	复位输入
A1VCC	ADCD1 转换器的模拟电源供给	X2	系统时钟的晶振连接引脚
A1VREFH	与 ADCD1 连接(ADCD1 转换器的参考电压输入)	X1	系统时钟的晶振连接引脚
A1VSS	ADCD1 转换器的模拟地	ERROROUT	错误输出信号

汽车电子嵌入式功能安全微处理器原理及应用

2）未用引脚的处理

建议对未用引脚采用不小于 1 kΩ 的电阻进行上拉或下拉处理，此时应用 1 个电阻连接 2 个引脚，而不要直接用线连接。未被使用引脚的连接处理方法如表1.7所示。

表 1.7　未被使用引脚的连接处理方法

引脚名称	可选功能	未使用引脚的处理方法
JP0_m(m 为 0～5) P0_m(m 为 0～14) P1_m(m 为 0～4) P2_m(m 为 0～15) P3_m(m 为 0～13) P4_m(m 为 0～14) P5_m(m 为 0～15)	GPI/O	输入： （1）在输入模式（JPIBC0_m＝0 and JPMC0_m＝0），当输入缓冲不允许时：开路。 （2）在输入模式当输入缓冲不允许或在 S/W I/O 控制可选模式选择输入时（JPIBC0_m＝1 or JPMC0_m＝1）：通过电阻连接到 EVCC or EVSS 输出：开路。
P0_10	$\overline{\text{RESETOUT}}$	
JP0_0	DCUTDI	通过电阻连接到 EVCC
	LPDIO	
	LPDI	开路
JP0_2	DCUTCK	开路
	LPDCLK	开路
JP0_3	DCUTMS	通过电阻连接到 EVCC
JP0_4	$\overline{\text{DCUTRST}}$	连接到 VSS
JP0_5	$\overline{\text{DCUTRDY}}$	开路
	LPDCLKOUT	开路
P0_3	AUDATA1	开路
P0_4	AUDATA2	开路
P0_5	AUDATA3	开路
P0_6	AUDCK	开路
P0_7	$\overline{\text{AUDSYNC}}$	开路
P0_8	$\overline{\text{AUDRST}}$	开路
P0_9	AUDATA0	开路
P0_10	$\overline{\text{EVTO}}$	开路
P0_13	$\overline{\text{EVTI}}$	开路
P3_14	FLMD1	通过电阻连接到 EVSS
FLMD0		通过电阻连接到 EVSS
$\overline{\text{CVMOUT}}$		开路
$\overline{\text{ERROROUT}}$		开路

1.5.3　电源配置和引脚电特性

RH850/P1x 微控制器具有两种供电模式:单电源供电模式(embedded voltage regulator,eVR)和双电源供电模式(dual power supply,DPS)。单电源下片上的稳压器直接向内核供电,双电源下由外部电源向内核进行供电。电源配置和引脚电特性额定值见表1.8,其他引脚一般不能直接与电源引脚连接。图1.11和图1.12所示分别为 RH850/P1x 微控制的两种供电模式。

表 1.8　电源配置和引脚电特性额定值

引脚名称	供电范围	用电模块
双电源模式(DPS)		
VCC	3.0～5.5 V	POF/LVI、PLL、晶振、Flash 编程
VDD	1.20～1.35 V	内核电源(直接供电)
EVCC	3.0～5.5 V	端口
A0VCC/A1VCC	3.0～5.5 V	A/D 供电
A0VREFH/A1VREFH	3.0～5.5 V	A/D 参考电压
单电源模式(eVR)		
VCC	3.0～5.5 V	POF/LVI、PLL、晶振、Flash 编程、片上稳压器
EVCC	3.0～5.5 V	端口
VCL	0.1 μF(±30%)	片上稳压器的电容连接引脚
A0VCC/A1VCC	3.0～5.5 V	A/D 供电
A0VREFH/A1VREFH	3.0～5.5 V	A/D 参考电压

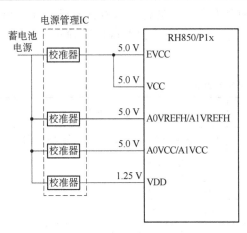

▲ 图 1.11　双电源供电方式

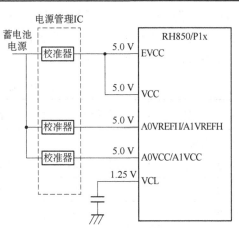

▲ 图 1.12　单电源供电方式

内核电压监控模块(core voltage monitor,CVM)可以监控 VDD 引脚的电平。当电平超过或低于参考电压时,可以复位(设置 CVMREN 寄存器的 CVMCIRREN[1:0]=11B)内核电源支持的工作范围,并通过 CVMOUT 引脚输出低电平信号;同时通过 CVMF 寄存器的相应标志位来表明电压过高还是电压过低。

低电压检查电路(low voltage interrupt,LVI)不断地比较外电源 VCC 和 LVI 参考电源

（可通过 LVICNT 寄存器将其设置为 4.5 V 或 3.1 V）的大小，当 VCC 过低时，会产生 $\overline{\text{LVIRES}}$ 错误信号发送的错误控制模块（ECM）。

1.5.4 系统时钟和外部时钟电路设计

RH850/P1x 微控制器系统时钟由外部振荡器和内部 PLL 模块组成。外部振荡器是一个 16 MHz 的晶体振荡器，它发出的信号被 PLL 合成器倍频，倍频后的信号作为系统时钟使用，而倍频系数则由 PLLSEL 引脚的状态决定。通过在芯片的 X1 和 X2 引脚上连接一个 16 MHz 的振荡电路，可以在系统内部生成所需系统时钟。对于 RH850/P1x MCU，可通过内部 10 倍频生成 160 MHz 的系统时钟。外部时钟电路如图 1.13 所示，其中 Y1 为晶振，电容 $C1$、$C2$ 和电阻 $R1$ 用来稳定晶振信号。任何的信号线都不能跨过晶振和 X1、X2 引脚相连的两条线，进而防止感应造成振荡频率异常。

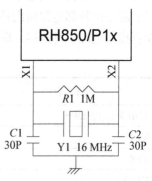

▲ 图 1.13　外部时钟电路

1.5.5 系统复位

当 $\overline{\text{RESET}}$ 引脚输入低电平时，系统进行复位，RH850/P1x MCU 各功能模块都将返回到各自的初始化状态。当 $\overline{\text{RESET}}$ 引脚输入高电平时，复位状态释放。在内部系统复位信号保持有效状态达到 $2^{14}/f_{xx}$ 秒（f_{xx} 为外部振荡器频率）后，CPU 跳转到复位中断的处理地址，并开始执行程序。在程序中需要对寄存器的内容进行初始化。$\overline{\text{RESET}}$ 引脚包括 1 个利用模拟延迟来防止由噪声产生的误操作的降噪电路。除 $\overline{\text{RESET}}$ 引脚复位外，RH850/P1x MCU 还有多种复位源，表 1.9 列出了各种复位源的类型和触发条件。通过读取寄存器（RESF），可以判断是何种复位源引发的复位。当任意复位产生时，通过引脚 RESETOUT 输出复位信号，可以实现外围设备的同步复位。

表 1.9　复位源类型和触发条件

类　型	复位源		缩写	触发条件
上电复位	POC		POCRES	供电电压（VCC）下降到 POC 参考电压以下
调试复位	Debug reset		DBRES	操作调试 GUI 软件
引脚复位	Pin reset		EXTRES	$\overline{\text{RESET}}$ 引脚接入低电平
内核电压监控复位	CVM reset		CVMRES	通过 CVM 检测到异常电压（过高或过低）
内部复位	软件复位		SWRES	通过软件设置进入复位
	BIST 复位		BISTRES	BIST 完成
	ECM 复位		ECMRES	ECM 检测出错误
		欠压	LVIRES	检测到供电电压低于 LVI 参考电压
		时钟监控	CLMRES	时钟监控模块检测到异常频率
		看门狗超时	WDTRES	看门狗超时喂狗

1.5.6　工作模式

RH850/P1x MCU 提供了 2 种工作模式可供用户选择,分别是正常工作模式和串联编程模式,通过 FLMD0 和 FLMD1 引脚来设置工作模式。串联编程模式下才能对 Flash 内存进行擦写。FLMD[0:1]＝0x 表示正常工作模式,FLMD[0:1]＝10 表示串联编程模式。当芯片复位时,FLMD0 和 FLMD1 引脚的状态被锁存,可决定芯片复位后的工作模式。

1.5.7　功能安全机制

ISO 26262 针对汽车产品完整的生命周期提出了功能安全的要求,在产品生命周期的每一个环节都需要相应的功能安全机制。瑞萨电子设计的 RH850/P1x-C 系列 MCU 提供的全部功能都支持功能安全,并符合 ISO 26262 功能安全标准中针对道路车辆规定的最高安全等级 ASIL D,图 1.14 总结了 RH850/P1x MCU 的功能安全机制。

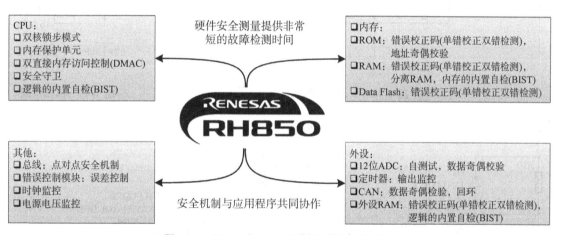

▲ 图 1.14　RH850/P1x 系列微控制器功能安全机制

RH850/P1x 系列具有故障诊断功能,非常适合汽车应用。其配置相同的两个 40 nm 工艺的 CPU 可在锁步模式下运行,执行相同的代码,并比较输出,当出现输出不同时会报错。错误校正(ECC)功能可检测并校正影响内存(如闪存)和内部总线的数据误差。CPU 具有的故障检测功能可对定时器、ADC、串行通信及其他模块进行系统级诊断。内置的自检(BIST)功能可检测各种故障检测功能本身存在的故障。错误控制模块(ECM)允许用户根据具体情况管理各功能发出的错误信号输入,收到错误信号后 ECU 可采取多种操作,包括设置错误管脚输出、生成中断或复位信号,进而帮助保持系统安全性和可靠性。

1.5.8　最小系统电路设计实例

本小节中的设计实例采用双电源(DPS)的供电方式,最小系统电路配置中所有的电源引脚均外接去耦电容(0.01 μF)。与最小系统配置引脚配置相关的模块,包括 5 V 电源模块、1.5 V 电源模块、晶振电路、复位电路、Debug 和编程电路、LED 电路分别如图 1.15～图 1.20 所示。有兴趣的读者可对照电路进行重复实验。

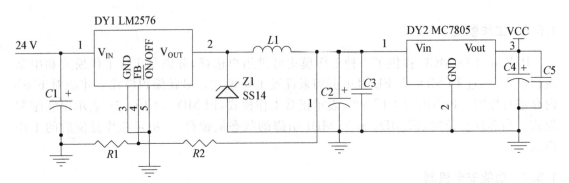

▲ 图 1.15　5 V 电源电路

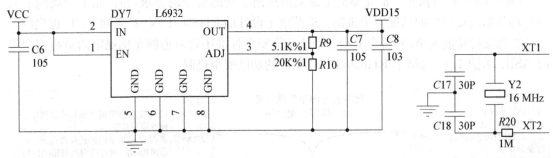

▲ 图 1.16　1.5 V 电源电路 　　　　　▲ 图 1.17　晶振电路

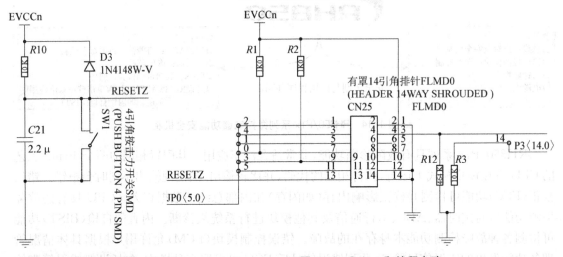

▲ 图 1.18　复位电路 　　　　　　▲ 图 1.19　Debug 和编程电路

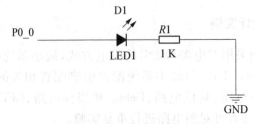

▲ 图 1.20　LED 电路

第2章

汽车电子嵌入式控制系统的架构

2.1 嵌入式系统的组成

嵌入式系统的基本结构包含3部分(见图2.1):①硬件平台,即嵌入式处理器,是整个嵌入式操作系统和应用程序运行的载体,不同的应用通常有不同的硬件环境,多样性是它的重要特点。②嵌入式操作系统,用于完成嵌入式应用的任务调度和控制等核心功能,具有内核较精简、可配置、与上层应用紧密关联等特点。③嵌入式应用程序,运行于操作系统之上,利用操作系统提供的机制完成特定功能的嵌入式应用,不同的系统需要设计不同的嵌入式应用程序。

如何简洁有效地使嵌入式系统能够应用于各种不同的应用环境,是嵌入式系统发展中必须解决的关键问题。经过不断的发展,原先嵌入式系统的3层结构逐步演化成4层结构,如图2.2所示,这个新增加的中间层次叫做硬件抽象层(也称板级支持包),是一个介于硬件与软件之间的中间层次。硬件抽象层通过特定的上层接口与操作系统进行交互,直接操作硬件。硬件抽象层的引入大大推动了嵌入式操作系统的通用化。

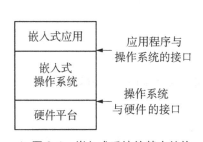

▲ 图2.1 嵌入式系统的基本结构

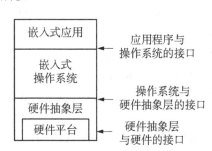

▲ 图2.2 引入硬件抽象层后的嵌入式系统结构

嵌入式系统按形态可分为设备级(工控机)、板级(单板、模块)、芯片级(MCU、SoC),它与对象系统密切相关,其主要技术发展方向是满足嵌入式应用要求,不断扩展对象系统要求的外围电路(如 ADC、DAC、PWM、日历时钟、电源监测、程序运行监测电路等),形成满足对象系统要求的应用系统。嵌入式处理器只有被用于构成一个计算机系统,并作为嵌入式应用时,才可称作嵌入式系统。

嵌入式处理器的应用软件是实现嵌入式系统功能的关键,对嵌入式处理器系统软件和应用软件的要求也和通用计算机有以下不同:

（1）软件要求固态化存储。为了提高执行速度和系统可靠性,嵌入式系统中的软件一般都固化在存储器芯片或嵌入式处理器中,而不是存储于磁盘等载体中。

（2）软件代码要求高质量、高可靠性。尽管半导体技术的发展使处理器速度不断提高、片上存储器容量不断增加,但在大多数应用中,存储空间仍然是宝贵的,而且存在实时性的要求。为此,对程序编写和编译工具的质量要求很高,以减小程序二进制代码长度、提高执行速度。

（3）操作系统(operating system, OS)软件的高实时性是基本要求。在多任务嵌入式系统中,对重要性各不相同的任务进行统筹兼顾的合理调度是保证每个任务及时执行的关键,这种任务调度只能由优化编写的系统软件来完成。

（4）多任务操作系统是知识集成的平台和走向工业化标准化道路的基础。嵌入式系统本身不具备开发能力,必须有一套基于通用计算机的软硬件设备以及各种逻辑分析仪、混合信号示波器等开发工具和环境才能进行开发。

（5）嵌入式系统软件需要实时多任务操作系统开发平台(RTOS)。通用计算机具有完善的操作系统和应用程序接口,是计算机基本组成不可分离的一部分,其应用程序的开发以及完成后的软件都在 OS 平台上运行,但一般不是实时的。嵌入式系统则不同,应用程序可以在没有操作系统的情况下直接在芯片上运行,但是为了合理地调度多任务、利用系统资源,用户需要自行选配或开发 RTOS 平台,这样才能保证程序执行的实时性、可靠性,并减少开发时间,保障软件质量。

（6）在嵌入式系统的软件开发过程中,采用 C 语言将是最佳和最终的选择。由于汇编语言是一种非结构化的语言,已经不能完全胜任大型的结构化程序设计了,这种情况需要采用更高级的 C 语言去完成。

2.2　CPU 系统、工作模式及地址空间

RH850/P1x 系列微处理器采用 RH850 G3M 内核,具有如下特点:

（1）领先的嵌入式 32 位体系结构。

（2）32 位内部数据总线。

（3）32 个 32 位通用寄存器。

（4）RISC 型指令集,包括长/短格式的加载/存储指令、三操作数的指令、基于 C 语言的指令集。

（5）4GB 的数据和指令的线性地址空间。

（6）SNOOZE 指令,通过关闭 CPU 时钟信号(clk_cpu)32 个时钟周期使指令暂停。

（7）浮点运算协处理器(FPU):支持单精度(32 位)和双精度(64 位)计算,支持符合 IEEE754 标准的数据类型和规则,舍入模式包括近邻法、0 方向、$+\infty$ 方向和 $-\infty$ 方向,向下舍入到 0 或异常通知处理功能符合 IEEE754 标准的非规范化数处理。

（8）对异常/中断,每个中断通道可设置 16 个中断优先级,并根据性能要求或内存使用采用矢量选择方法选择,包括直接分支异常向量、间接分支异常向量所指的地址表、在一个中断中支持程序上下文的高速保存/恢复处理。

（9）内存管理,具有存储器保护功能(MPU),可设置 12 个区域。

（10）指令缓存。

2.2.1 CPU 系统概述

RH850/P1x 系列微处理器的内部结构如图 2.3 所示。

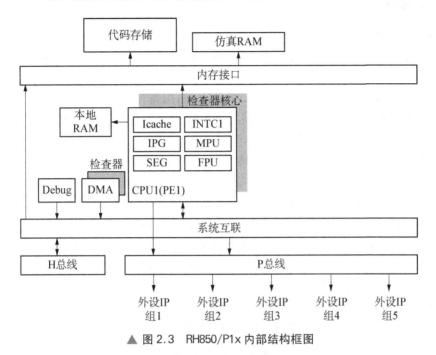

▲ 图 2.3 RH850/P1x 内部结构框图

（1）CPU1（PE1）：主 CPU 采用的是 RH850 G3M 内核，为保障安全，CPU1 同样采用该内核。

（2）本地随机访问存储器（random access memory，RAM）：包含一个可高速访问的本地内存。

（3）闪存存储：拥有一个较大的闪存内存用来存储程序。CPU1 和 code flash 通过 code flash 接口相互连接。

（4）仿真 RAM：作为模拟程序存储器 RAM，用户可以通过从外部工具来替换代码而不需要重新擦写代码 flash。

（5）数据闪存：可以被 CPU 写入的闪存区。

（6）P 总线与 H 总线：连接着外围的地址。P 总线被分为 5 个部分，对应着外部的第 0～3 组及第 5 组。

（7）INTC1 与 INTC2：共同组成中断控制器。其中，INTC1 与校验核（checker core）具有相同的冗余配置。

（8）直接存储器（direct memory access，DMA）：包含两个传输模块 DMAC 和 DTS，并具有检查器保证其安全性。

（9）从防御系统（slave guard）：主要用于防止特定主机未经授权的访问，包括以下两个结构。

① PE 防御系统（PEG）：主要用于防止外部主机对 PE 资源未经授权的访问。在跳出复位状态后，只允许来自 PE 自身的访问，其他任何访问都将被终止。

② 外围防御系统(PBG):主要负责防止外部主机对外围设备未经授权的访问。在跳出复位状态后,外围设备都处于无保护状态,总线上所有主机都可对其进行访问。

2.2.2 CPU 寄存器及操作

瑞萨 RH850/P1x 根据 CPU 寄存器的功能,分为程序寄存器、系统基本寄存器、中断功能寄存器、浮点计算功能寄存器、缓存操作功能寄存器组和数据缓冲功能寄存器。

2.2.2.1 程序寄存器

RH850/P1x CPU 程序寄存器组有 32 个 32 位通用寄存器(r0~r31)和 1 个程序计数器(PC),其名称和功能见表 2.1。所有通用寄存器可以用于暂存数据变量或变量的地址。使用通用寄存器时,需特别注意以下几点。

(1)复位后,通用寄存器 r0 值始终保持 0,r1~r31 值是不确定的。

(2)通用寄存器中 r0~r5, r30 和 r31 是用于软件开发环境中的特殊用途的寄存器。

(3)r0、r3 和 r30 隐式使用说明:其中,r0 是始终保持"0"值的寄存器,用于使用 0 值以及基础地址为 0 地址的赋值操作;r3 通常被用于"PREPARE","DISPOSE","PUSHSP"和"POPSP"指令操作;r30 作为 SLD 的指令或 SST 指令访问内存的基础指针。

(4)r1, r4, r5 和 r31 通常被用汇编器和 C 编译器工作中。使用这些寄存器时,必须首先保存寄存器的内容以防止寄存器恢复时内容丢失。

(5)在某些情况下 r2 寄存器可能会被实时操作系统所占用。当实时操作系统没有使用该寄存器时,其可以被用来当作数据和地址寄存器使用。

表 2.1 程序寄存器

程序寄存器	名称	功 能	描 述
通用寄存器	r0	零寄存器	总是保持 0 值
	r1	汇编寄存器	用来生成地址的工作寄存器
	r2	数据和地址寄存器(当使用的实时操作系统未使用该寄存器时可以使用)	
	r3	堆栈指针寄存器(SP)	当函数被调用时来生成一个堆栈框架
	r4	全局指针寄存器(GP)	在访问全局变量时使用该寄存器
	r5	文本指针寄存器(TP)	指明程序代码存放区域的起始位置
	r6~r29	地址和数据变量寄存器	
	r30	单元指针寄存器(EP)	访问内存时用来产生地址的基本寄存器
	r31	链指针寄存器(LP)	当汇编器调用函数时使用该寄存器
程序计数器	PC	程序执行时保留指令的地址	

程序计数器 PC 如图 2.4 所示,用于存放下一条即将要执行的指令的地址。在顺序执行指令时,读取一条指令后 PC 的值会自动累加。对于分支程序,则会将跳转的目的地址送入 PC 中。输入复位 RESET 信号后,其 1~31 位的值取决于是否调用复位向量函数。程序计数器 PC 的 0 位固定后值为 0,所以程序不能跳转到奇数地址处。在对 PC 直接操作时,若寄存器的 0 位被改写为 1,将会导致程序执行的结果变得不可预知。

31		1	0
下一条指令地址			0

▲ 图 2.4 程序计数器 PC

2.2.2.2 系统基本寄存器

系统基本寄存器控制着程序运行时 CPU 的状态和中断程序执行时的中断状态信息,一般由系统自动读写,但也可由专门的系统寄存器通过加载存储指令("LDSR"或者"STSR"指令)来进行读写,其中:

指令 LDSR Rx,SRx,将系统寄存器 SRx 的值送入到通用寄存器 Rx。

指令 STSR SRx,Rx,将通用寄存器 Rx 的值送入到系统寄存器 SRx。

与通用寄存器不同的是,系统寄存器的读写要通过相应的系统寄存器号进行。各系统基本寄存器及其编号见表 2.2。寄存器编号由寄存器 ID 和选择 ID 组成。

表 2.2 系统基本寄存器

寄存器编号(寄存器 ID 和选择 ID)	符号	用 途	访问权限
SR0,0	EIPC	EI 级异常状况时保存寄存器	SV
SR1,0	EIPSW	EI 级异常状况时保存寄存器	SV
SR2,0	FEPC	FE 级异常状况时保存寄存器	SV
SR3,0	FEPSW	FE 级异常状况时保存寄存器	SV
SR5,0	PSW	程序状态字	*
SR6,0	FPSR	指向浮点处理器寄存器	CU0,SV
SR7,0	FPEPC	指向浮点处理器寄存器	0CU0,SV
SR8,0	FPST	指向浮点处理器寄存器	CU0
SR9,0	FPCC	指向浮点处理器寄存器	CU0
SR10,0	FPCFG	指向浮点处理器寄存器	CU0
SR11,0	FPEC	指向浮点处理器寄存器	CU0,SV
SR13,0	EIIC	EI 值异常	SV
SR14,0	FEIC	FE 值异常	SV
SR16,0	CTPC	callt 执行状态保存寄存器	UM
SR17,0	CTPSW	callt 执行状态保存寄存器	UM
SR20,0	CTBP	CALLT 基础指针	UM
SR28,0	EIWR	EI 值异常激活寄存器	SV
SR29,0	FEWR	FE 值异常激活寄存器	SV
SR31,0	(BSEL)	(保留与 V850E2 系列的兼容性)	SV
SR0,1	MCFG0	机器配置	SV

（续表）

寄存器编号(寄存器 ID 和选择 ID)	符号	用　途	访问权限)
SR2，1	RBASE	复位或异常向量基地址	SV
SR3，1	EBASE	异常处理向量地址	SV
SR4，1	INTBP	中断处理程序表的基地址	SV
SR5，1	MCTL	CPU 控制	SV
SR6，1	PID	处理器标识	SV
SR11，1	SCCFG	系统调用的操作设置	SV
SR12，1	SCBP	系统调用的基础指针	SV
SR0，2	HTCFG0 SV	线程配置	SV
SR6，2	MEA	内存错误地址	SV
SR7，2	ASID	地址空间 ID	SV
SR8，2	MEI	内存错误信息	SV

注：＊表示访问权限取决于不同的位，具体参阅下文 PSW 部分内容。

（1）程序状态字 PSW。

程序状态字(program status word，PSW)是一个程序执行状态的标志位集合，标明了程序指令执行的结果和 CPU 的状态。如果用 LDSR 指令重写寄存器的位，CPU 会立即采用新写入的 PSW 的内容。如果令 ID 位置为 1，则在使用 LDSR 指令对 PSW 内容进行改写时，会屏蔽掉中断请求。PSW 的位 31、位 29～19、位 14～12 和位 8 被预留以备将来扩展使用。

当使用 LDSR 指令来改变 PSW 寄存器的第 7 到 0 位的内容时，改变的内容对 LDSR 指令之后的指令都有效。对于 PSW 寄存器的操作权限取决于不同的位。所有的位都可以读，但有一些位只能在一定条件下才能写入。PSW 各位的操作权限见表 2.3。整个 PSW 寄存器的访问权限是 UM，所以当 PSW. UM 为 1 时即使是使用 LDSR 指令来对该寄存器进行写入操作也不会出现 PIE 异常的现象。在这种情况下，写入是会被忽略的。

表 2.3　PSW 寄存器的操作权限

位的位置	位的名称	读取权限	写入权限
30	UM		SV
18～16	CU2～CU0		SV
15	EBV		SV
11～9	Debug	UM	Special
7	NP		SV
6	EP		SV
5	ID		SV
4	SAT		UM

（续表）

位的位置	位的名称	读取权限	写入权限
3	CY		UM
2	OV	UM	UM
1	S		UM
0	Z		UM

PSW 寄存器的组成如图 2.5 所示。复位后 ID 为 1,其余位均为 0。Debug 一般用作开发工具的调试函数,在正常运行时常被清除为 0,不需进行读写操作。保留位在进行读取时通常是读取其复位后的值,写入时则是写入复位后的值,只能进行读操作;其他位均可进行读写操作。PSW 的保留和 SAT、S 和 OV 标志位根据饱和操作指令的结果操作。但只有当 OV 位已经被置为 1 时,SAT 位才能被置为 1(见表 2.4、表 2.5)。

PSW　| 31 30 29 | | 19 18 | 16 15 14 | 12 11 | 9 8 7 6 5 4 3 2 1 0 |

| PSW | 0 | UM | 0 0 0 0 0 0 0 0 0 0 0 0 | CU2~CU0 | EBV | 0 0 0 | 调试 | 0 | NP | EP | ID | SAT | CY | OV | S | Z |

复位后的值 0000 0020

▲ 图 2.5　PSW 寄存器的组成

表 2.4　PSW 寄存器功能

位的位置	位的名称	功　能
30	UM	标识 CPU 运行的用户模式(UM): 0,主管模式; 1,用户模式。
18~16	CU2~CU0	标识协处理器的使用权限。当表示协处理器的位为 0 时,若与协处理器相关的指令正在执行或者协处理器的资源正在被访问,则会出现协处理器无法使用的错误报警
15	EBV	标识复位向量和异常向量运算,参见 RBASE 寄存器和 EBASE 寄存器
11~9	Debug	一般是用于开发工具的调试函数,在正常运行时常被清除为 0
7	NP	标识正在处理 FE 级异常的情况,当出现 FE 级异常时,会被置 1 以防止更多异常情况发生: 0,没有处理 FE 级异常; 1,正在处理 FE 级异常。
6	EP	标识处理的是中断还是异常情况,当相应的异常情况出现时它被置 1,但此时不影响对异常情况请求的接收: 0,处理的是中断; 1,处理的是异常。

(续表)

位的位置	位的名称	功　能
5	ID	标识正在处理 EI 级异常的情况并防止更多异常情况的发生。当执行一个普通程序或者中断时,该位也可以用来防止那些 EI 级异常的情况被当作紧急事件来处理。当执行 DI 指令时被置为 1,执行 EI 指令时被置为 0: 0,EI 级异常被处理或该部分不是重要部分(EI 指令执行后); 1,EI 级异常被处理或该部分是关键部分(DI 指令执行后)。
4	SAT	标识在一个累加饱和操作中结果是否产生了溢出。这是一个累加标志位,当结果溢出时,该位被置 1,即使下一次的操作结果没有饱和,用 LDSR 指令清除该标示位(执行算术运算指令既不能将该位清零也不能将该位置 1)。 0,没有饱和溢出; 1,饱和溢出。
3	CY	标识是否有进位、借位发生: 0,没有进位、借位发生; 1,进位、借位发生。
2	OV	标识是否在操作期间发生了溢出: 0,溢出没有发生; 1,溢出已发生。
1	S	标识操作的结果是否为负: 0,结果是正或 0; 1,结果是负。
0	Z	标识操作的结果是否为 0: 0,结果不是 0; 1,结果是 0。

表 2.5　PSW 标志位状态

操作结果状态	标志位状态			结果
	SAT	OV	S	
超过正最大值	1	1	0	7FFF FFFFH
超过负最小值	1	1	1	8000 0000H
正向值(没超过最大)	保留操作之前的值	0	0	操作结果自身
负值(没超过最小)			1	

(2) EI 级异常时状态保存寄存器组(EIPC,EIPSW)。

该寄存器组用于系统自动保存 EI 级软件异常或中断发生时的 PC 和 PSW 值(见图 2.6)。如果一个 EI 级软件异常或中断发生,程序计数器 PC 的内容将会被保存到 EIPC 寄存器,程序状态字(PSW)的内容被保存到 EIPSW 寄存器。当 EI 级软件异常或中断发生时,将正在执行指令或将要被执行的下一条指令的地址保存到 EIPC,当前的程序状态字(PSW)内容被保存到 EIPSW。值得注意的是,由于只有一对 EI 值异常状态保存寄存器,在处理多个异常时,这些寄存器的内容必须由程序进行保存,而且必须为 EIPC 寄存器设置一个偶数地址,不得指定奇数地址。

注意:位 11~9 的值与调试功能(debugging function)有关,因此一般不能改变。

▲ 图 2.6　EI 级异常时保存寄存器组(EIPC,EIPSW)

(3) FE 级异常时状态保存寄存器组(FEPC,FEPSW)。

该寄存器组用于系统自动保存 FE 级异常发生时的 PC 和 PSW 值(见图 2.7)。如果一个 FE 级异常发生,程序计数器 PC 的内容被保存到 FEPC 寄存器,程序状态字 PSW 的内容被保存到 FEPSW 寄存器。当 FE 级异常发生时,除一些指令外,将正在执行指令或将要被执行的下一条指令的地址保存到 FEPC,当前的程序状态字(PSW)内容被保存到 EIPSW。

由于只有一对中断状态保存在寄存器,所以当中断嵌套发生时,程序必须保存这些寄存器的内容。而且,必须为 FEPC 寄存器设置一个偶数地址,不得指定奇数地址。

注意:位 11~9 的值与调试功能(debugging function)有关,因此一般不能改变。

▲ 图 2.7　FE 级异常时保存寄存器组

(4) 异常引起原因寄存器组(EIIC,FEIC)。

当一个异常或中断发生时,异常引起原因寄存器组 EIIC、FEIC 会分别存储 EI 级异常、FE 级异常发生的原因,并且保存每个异常源的标识异常码,如表 2.6 所示。EIIC 和 FEIC 是 R/W 寄存器,复位后的值为 00000000H。

(5) CALLT 基地址指针及调用状态保存寄存器组(CTBP,CTPC,CTPSW)。

在调用查表指令 CALLT 时,基地址指针 CTBP 用来指定一个表基址,在基址的基础上产生目标地址。要确保设置 CTBP 寄存器为半字地址。基地址指针 CTBP 的 0 位总是 0。

表 2.6　异常引起原因寄存器组(EIIC,FEIC)功能

寄存器名称	位的位置	位的名称	功　　能
EIIC	31~0	EICC31~0	储存 EI 级异常码。 位 31~16 字段存储详细为每个异常情况定义的代码,如果没有特别制定,这些位将被置 0。
FEIC	31~0	FEIC31~0	储存 FE 级异常码。 位 31~16 字段存储详细为每个异常情况定义的代码,如果没有特别制定,这些位将被置 0

如果执行一个 CALLT 调用指令,PC 的内容会保存到 CTPC 寄存器,当前程序状态字(PSW)的内容会保存到 CTPSW 寄存器。其中,保存到 CTPC 寄存器的内容是调用 CALLT 指令的下一条指令的地址。一定要确保在 CTPC 中设置一个偶数地址,奇数地址无效。CTPSW 寄存器只保存 PSW 中的位 4~0,其他位全为 0,如图 2.8 所示。

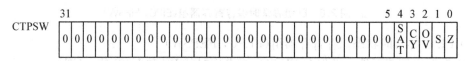

▲ 图 2.8　CALLT 调用程序状态保存寄存器(CTPSW)的构成

(6) 内存错误寄存器组(MEA,MEI)。

当未对齐 MAE 或者内存保护单元 MPU 出现错误时,MEA 寄存器会保存相应的地址,相关的指令信息则保存在 MEI 寄存器中,如图 2.9 所示。MEI 为 R/W 寄存器,其 REG 字段保存引起该异常的指令访问的源或目标寄存器的编码,2 位 DS 字段保存引起异常的指令所处理的数据的类型(如 0~8 位字节、1~16 位半字、2~32 位字、3~64 位双字),U 位保存符号扩展方法(0:有符号,1:无符号),5 位 TYPE 字段保存引起异常的指令,RW 位保存引起异常的指令对内存是读操作还是写操作(0:读,1:写)。利用该寄存器组,可以诊断内存错误,也可用来分析内存错误的原因。

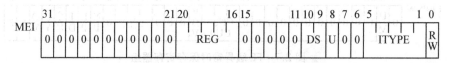

▲ 图 2.9　内存错误信息寄存器(MEI)

(7) 其他系统基本寄存器。

RH850/P1x 还设置有其他多个系统基本寄存器,包括:在 EI 级异常发生时可用于任何目的的 EI 级异常工作寄存器(EIWR)、标识地址空间 ID 的地址空间 ID 寄存器(ASID)、线程配置寄存器(HTCFG0)、标识复位或异常或中断的向量地址寄存器组(RBASE,EBASE,INTBP)、SYSCALL 指令寄存器组(SCCFG,SCBP)、显示 CPU 配置的机器配置寄存器(MCFG0)、用于控制是否使能异常的机器控制寄存器(MCTL)等。

2.2.2.3　中断功能系统寄存器

通过指定系统寄存器编号的方式来对中断功能系统寄存器进行写入或者读出的操作。其中,系统寄存器编号包括寄存器 ID 号及选择 ID 号,操作指令包括 LDSR 和 STSR 指令。表2.7 列出了 RH850/P1x CPU 的中断功能系统寄存器。

表 2.7　中断功能系统寄存器

寄存器编号(regID, selID)	符　号	功　　　能
SR7, 1	FPIPR	FPI 异常中断的优先级设置
SR10, 2	ISPR	在用中断优先级
SR11, 2	PMR	屏蔽中断优先级
SR12, 2	ICSR	中断控制状态
SR13, 2	INTCFG	中断函数设置

(1) FPI 异常中断优先级设置寄存器(FPIPR)。

RH850/P1x CPU 在执行浮点操作但不精确时,会引起浮点操作异常中断(FPI)情况,将根据事先规定的中断优先级处理 FPI 异常。FPI 的优先级可以使用 0～16 进行设置。在RH850/P1x 中 17 以及更高的优先级将被自动处理为 16。当同时产生相同优先级的中断时,RH850/P1x CPU 优先处理 FPI。FPIPR 寄存器用来指定 FPI 异常中断的优先级,如图 2.10所示,有效位为 4～0 的低 5 位,其他位则为保留位,复位后的值为 00000000H。

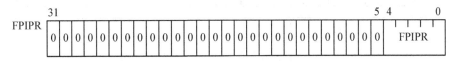

▲ 图 2.10　FPI 异常中断优先级设置寄存器(FPIPR)

(2) 当前服务中断优先级寄存器(ISPR)。

该寄存器用于保持当前响应的 EIINTn 中断的优先级,复位后的值为 00000000H,其位15～0 为有效位。当中断请求被响应后,该寄存器中与中断请求的优先级相对应的位被自动置 1,并且在中断服务处理过程中保持为 1。当发生多个中断时,该优先级的值被用来执行优先级处理。

在执行 EIRET 指令时,如果 PSW.EP 是 0,则在被设置的 ISP15～0 位中优先级最高的位被清 0(INTCFG.ISPC 位被置为 1 可禁止该清 0 操作,但不建议如此,故一般应将INTCFG.ISPC 位清零)。在该寄存器某位被置为 1 时,低优先级 EIINTn 中断和 FPI 异常中断会被屏蔽。另外,当使用 PMR 寄存器进行基于软件的优先级控制时,应确保通过INTCFG.ISPC 位清零该寄存器。当 RETI 指令被执行时,硬件将自动清除与最高优先级的中断请求相对应的位。但是,这些位在程序没有退出可屏蔽中断服务或异常处理例程之前不会被清零。可通过 INTCFG.ISPC 位将该寄存器设置为只读 R 或读写 R/W 寄存器,但建议设置为只读寄存器。可对该寄存器进行读或写操作,如图 2.11 所示。

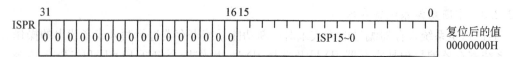

位地址	位名称	描 述
15～0	ISP15～ISP0	表示当前被响应的中断的优先级： 0，第 n 位相应的优先级为 n 的中断请求没有被响应； 1，第 n 位相应的优先级为 n 的中断请求正在被响应。

注：n 为 0～15(优先级)。

▲ 图 2.11　当前服务中断优先级寄存器（ISPR）

（3）中断优先级屏蔽寄存器（PMR）。

该寄存器用来决定是否屏蔽指定优先级的中断，复位后的值为 00000000H，其位 15～0 为有效位（见图 2.12）。当 PMR 寄存器的某位被置 1 时，因为 FPI 异常（优先级由 FPIPR 寄存器定义）与 EIINTn 中断有着相同的优先级，故而该位相应的优先级的 FPI 异常以及 EIINTn 中断会被屏蔽。当系统正在决定是否响应异常时不会执行优先级判断，即异常不会被响应。可对该寄存器进行读操作或写操作。

注意：定义屏蔽要从最低优先级位开始按顺序将位置为 1。例如，FF00H 可以设置，但 F0F0H 或 00FFH 不能。

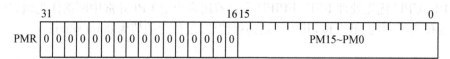

位地址	位名称	描 述
15～0	PM15～PM0	表示当前被响应的中断的优先级： 0，第 n 位相应的优先级为 n 的中断请求服务使能； 1，第 n 位相应的优先级为 n 的中断请求服务禁止。

注：n 为 0～15(优先级)。

▲ 图 2.12　中断优先级屏蔽寄存器（PMR）

（4）中断控制状态寄存器（ICSR）。

该寄存器表示 CPU 的中断控制状态，复位后的值为 00000000H，位 1、0 为有效位，其余位为保留位。对该寄存器只能进行读操作（见图 2.13）。

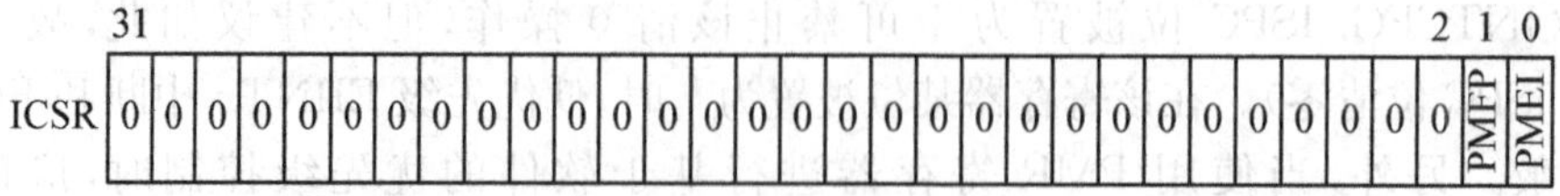

位地址	位名称	描 述
1	PMFP	表示有一个被 PMR 寄存器屏蔽的优先级的 FPI 异常。确保将该位清零
0	PMEI	表示有一个被 PMR 寄存器屏蔽的优先级的 EIINTn 中断

▲ 图 2.13　中断控制状态寄存器（ICSR）

（5）中断功能设置寄存器（INTCFG）。

该寄存器指定 CPU 内部中断功能的相关设置,复位后的值为 00000000H,其位 0 为有效位,如图 2.14 所示。通过设置该位的值对 ISPR 寄存器的写入进行控制。如果将该位清零,则当 EIINTn 中断被响应时,ISPR 寄存器的位被自动设置为 1,并在执行 EIRET 指令时自动清零。在这种情况下,该位不被 LDSR 指令更新。如果将该位置为 1,则 ISPR 寄存器的位不被 EIINTn 中断响应或执行 EIRET 指令而更新。在这种情况下,该位可被 LDSR 指令更新。

在正常情况下,应清除 ISPC 的值。但是,当执行基于软件的优先级控制时,设置该位为 1,采用 PMR 寄存器执行优先级控制。可对该寄存器进行读或写操作。

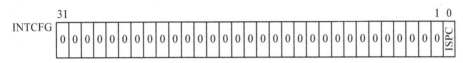

▲ 图 2.14　中断功能设置寄存器（INTCFG）的构成

2.2.2.4　浮点计算功能寄存器

（1）浮点计算寄存器。浮点处理单元（float point unit,FPU）使用 CPU 通用寄存器（r0～r31）作为浮点计算寄存器。其中：

单精度浮点指令,可以使用 32 个 32 位通用寄存器 r0～r31。

双精度浮点指令,可以使用 16 个 64 位寄存器。该 64 位寄存器通过对通用寄存器组对（{r1, r0}, {r3, r2}…{r31, r30}）构成。但因为 r0 是零寄存器（始终为“0”）,所以原则上{r0, r1}不能作为双精度浮点指令使用。

（2）浮点系统寄存器。FPU 可以使用表 2.8 所列的系统寄存器控制浮点运算。通过系统寄存器编号（由寄存器的编号 ID 和选择 ID 组成）方式,采用“LDSR”和“STSR”指令,进行对浮点系统寄存器的写入或读出操作。

表 2.8　FPU 系统寄存器功能

寄存器编号（regID, selID）	标识符	功　能	访问权限
SR6, 0	FPSR	浮点操作设置或者状态	CU0 and SV
SR7, 0	FPEPC	浮点操作异常程序计数器	CU0 and SV
SR8, 0	FPST	浮点状态	CU0
SR9, 0	FPCC	浮点运算结果	CU0
SR10, 0	FPCFG	浮点功能设置	CU0
SR11, 0	FPEC	浮点异常操作控制	CU0 and SV

2.2.2.5　缓存操作功能寄存器

通过系统寄存器编号（由寄存器的编号 ID 和选择 ID 组成）方式,采用 LDSR 和 STSR 指令,对缓存控制系统寄存器进行写入或读出的操作。表 2.9 所列为 RH850/P1x 的缓存控制系统寄存器及功能。

表 2.9　缓存控制系统寄存器功能

寄存器编号（rcgID，selID）	符号	功　能	访问权限
SR16，4	ICTAGL	指令缓存标记 Lo 访问	SV
SR17，4	ICTAGH	指令缓存标记 Hi 访问	SV
SR18，4	ICDATL	指令缓存数据 Lo 访问	SV
SR19，4	ICDATH	指令缓存数据 Hi 访问	SV
SR24，4	ICCTRL	指令缓存控制	SV
SR26，4	ICCFG	指令缓存配置	SV
SR28，4	ICERR	指令缓存报错	SV

（1）指令缓存访问寄存器组（ICTAGL，ICTAGH，ICDATL，ICDATH）。

该寄存器组的构成如图 2.15 所示，包括指令缓存标记 Lo 访问寄存器（ICTAGL）、指令缓存标记 Hi 访问寄存器（ICTAGH）、指令缓存数据 Lo 访问寄存器（ICDATL）和指令缓存数据 Hi 访问寄存器（ICDATH），都是用来为缓存指令中的"CIST"和"CILD"指令服务的。ICTAGL 寄存器保留通过执行 CIST 指令而被保存到缓存标记 RAM 区域内的数据，以及通过执行"CILD"指令而从缓存标记 RAM 区域中读取出的数据；ICDATH 寄存器保留在执行"CIST"指令时保存到缓存标记 RAM 区域内的数据，以及在执行"CILD"指令时从缓存标记 RAM 区域中读取的数据；ICDATL 寄存器保留通过执行"CIST"指令而保存到缓存数据 RAM 区域内的数据，以及通过执行"CILD"指令而从缓存数据 RAM 区域中读取出的数据；ICDATH 寄存器保留那些在执行"CIST"指令时保存到缓存数据 RAM 区域内的数据，以及在执行"CILD"指令时从缓存数据 RAM 区域中读取的数据。该指令缓存寄存器组中各寄存器的功能见表 2.10，复位后寄存器的值是不确定的。各寄存器除表 2.10 中所列的位外，其他位为保留位，用于今后功能扩展。

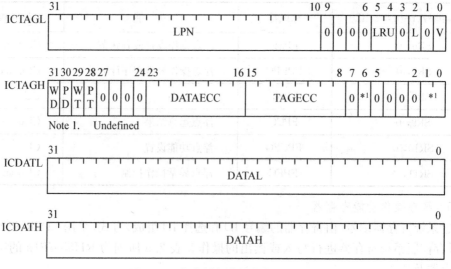

▲ 图 2.15　指令缓存访问寄存器组的构成

表 2.10　指令缓存寄存器组各寄存器的功能

寄存器名称	位的位置	位的名称	功　　能
ICTAGL	31～10	LPN	保存位 24～11 的值,即物理页号;写入时,位 31～25 以及位 10 总是写入 0
	5,4	LRU	表示指定的缓存线的 LRU 信息;CIST 指令不能用来将 LRU 信息改为期望值
	2	L	保存时钟信息
	0	V	保存指定的缓存行是启用还是禁用
ICTAGH	31	WD	当被设置为 1 时,执行 CIST 指令更新缓存数据 RAM
	30	PD	当在 CIST 指令执行期间被置为 1 时,DATAECC 段的值将被数据 RAM 中的 ECC 的值所覆盖;当该值为 0 时,ECC 的值会通过写入的数据自动生成
	29	WT	该位被置为 1 时,会在 CIST 执行之前更新缓存标记 RAM
	28	PT	当在 CIST 指令执行期间该位的值被置为 1 时,TAGECC 段的值将被数据 RAM 中的 ECC 的值所覆盖;当该值为 0 时,ECC 的值会通过写入的数据自动生成
	23～16	DATAECC	保存数据 RAM 中的 ECC
	15～8	TAGECC	保存标记 RAM 中的 ECC,确保第 15 位被清零
ICDATL	31～0	DATAL	保存来自指定的高速缓存行中的块的指令数据的位 31～0 或位 95～64 的值。 索引的偏移量指定位编号的目标范围: 索引偏移量＝ 0000,位 31 到 0 索引偏移量＝ 1000,位 95 到 64
ICDATH	31～0	DATAH	保存来自指定的高速缓存行中的块的指令数据的位 63～32 或位 127～96 的值。 索引的偏移量指定位编号的目标范围: 索引偏移量＝0000,位 63 到 32 索引偏移量＝1000,位 127 到 96

（2）指令缓存控制寄存器（ICCTRL）。

该寄存器控制的操作包括指令缓存功能是否启用、在数据 RAM 发生错误时的处理、清除指令缓存以及在缓存发生错误后如何处理等功能的实现。该寄存器的位 31～18、位 16、位 15～9 和位 7～3 为保留位,用于今后功能扩展。复位后,位 16 和位 1～0 为 1,其他位均为 0。可以对该寄存器进行读或写操作,该寄存器构成和功能分别如图 2.16 所示和表 2.11 所列。

▲ 图 2.16　指令缓存控制寄存器（ICCTRL）的构成

表 2.11 指令缓存控制寄存器功能

位的位置	位的名称	功　　能
17	D1EIV	该位用于选择在数据 RAM 中 1 位错误时的操作： 0,更正错误,然后继续处理。但是出错的入口地址被保留下来； 1,错误没有得到更正,入口被清除,重复抓取。
8	ICHCLR	将此位设置为 1,选择在单个操作中清除整个指令缓存。将此位设置为 1 之后,直到清除完成之前,该值都一直被读取为 1。一旦清除缓存完成,该位被清零。
2	ICHEIV	设置该位为 1,则当发生缓存错误时,将会自动禁用指令缓存（ICHEN 被清零）。
1	ICHEMK	将此位设置为 1 后,当遇到缓存错误时,会屏蔽掉对 CPU 缓存错误异常的通知。
0	ICHEN	该位来启用或者禁用指令缓存： 0,指令缓存被禁用； 1,指令缓存被启用。

（3）指令缓存配置寄存器（ICCFG）。

该寄存器显示指令缓存的配置为只读寄存器,如图 2.17 所示。复位后,ICHSIZE 为 08H、ICHLINE 和 ICHWAY 均为 4H。ICHSIZE 在位 14～8,显示指令缓存的容量（以千字节为单位）（0001000:8K 字节）；ICHLINE 在位 7～4,显示指令缓存中每 1 种方式的行数（0100:128 行）；ICHWAY 在位 3～0,显示指令缓存的方式数目（0100:4 种方式）。其他位为保留位,用于今后功能扩展。

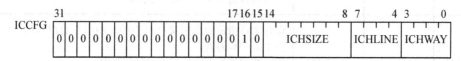

▲ 图 2.17 指令缓存配置寄存器（ICCFG）的构成

（4）指令缓存错误寄存器（ICERR）。

该寄存器存储指令缓存产生的错误信息。若其第 0 位的 ICHERR 位被置为 1,则随后的缓存错误信息将无法储存到该寄存器中,除非将 ICHERR 位清零（见图 2.18）。该寄存器保存的缓存错误信息及对应含义,如表 2.12 中功能栏所列。除位 30、23、22、15、1 为保留外,其他各位均为有效位且可读或可写。由于在复位后位 29～24、位 14～5 的值不确定,尽管其他位在复位后都为 0,但复位后该寄存器的值是不确定的。

▲ 图 2.18 指令缓存错误寄存器（ICERR）的构成

表 2.12　指令缓存错误寄存器功能

位的位置	位的名称	功　　能
31	CISTW	主要用于指示 CISTI 指令指定的目标方式是错误的。输入的信息将被重写,以便完成写入操作,此位的设置不会发生 CPU 异常
29	ESMH	错误状态:多重命中
28	ESPBSE	错误状态:方式错误
27	ESTE1	错误状态:标记 RAM 中 1 位出错
26	ESTE2	错误状态:标记 RAM 中 2 位出错
25	ESDC	错误状态:数据 RAM 中 1 位校正
24	ESDE	错误状态:数据 RAM 中 2 位出错
21	ERMMH	错误异常通知掩码:多重命中
20	ERMPBSE	错误异常通知掩码:方式错误
19	ERMTE1	错误异常通知掩码:标记 RAM 中 1 位出错
18	ERMTE2	错误异常通知掩码:标记 RAM 中 2 位出错
17	ERMDC	错误异常通知掩码:数据 RAM 中 1 位校正
16	ERMDE	错误异常通知掩码:数据 RAM 中 2 位出错
14,13	ICHEWY	保存缓存错误发生时的方式编号
12~5	ICHEIX	保存缓存错误发生时的缓存索引
4	ICHERQ	将此位设置为 1 则表示 CPU 正在被通知缓存错误异常;但是,如果缓存错误异常被掩盖,即使在该位被设置为 1 时,也不会通知 CPU 异常
3	ICHED	标识数据 RAM 中出现了一个错误
2	ICHET	标识标记 RAM 中出现了一个错误
0	ICHERR	当出现一个缓存错误时该位被置为 1

2.2.2.6　数据缓冲操作功能寄存器(CDBCR)

通过指定系统寄存器编号来完成对一个数据缓冲控制系统寄存器的读取或者写入,包含通过 LDSR 指令和 STSR 指令指定的寄存器的编号和选择标示 ID。CDBCR 寄存器编号为 SR24、选择标示 ID 为 13,复位后为 00000000H。除位 1 和位 0 外,位 31~2 均为保留位(用于今后功能扩展),如图 2.19 所示。其中,当 CDBCLR 位被置为 1 时,数据缓冲区将被一次性清空,但读取该位的值则总是 0;CDBEN 位用于控制启用或者禁用数据缓冲区,CDBEN 为 0 时禁用数据缓冲区,CDBEN 为 1 时启用数据缓冲区。

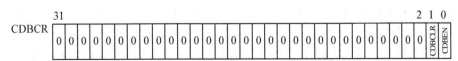

▲ 图 2.19　数据缓冲控制系统寄存器(CDBCR)

2.2.3 CPU 指令缓存和数据缓冲区

指令缓存和代码闪存(code flash)通过 128 位专用总线相互连接,以减少缓存丢失带来的损害。数据缓冲区位于 CPU1 和代码闪存(code flash)之间,可实现高速数据访问,如图 2.20 所示。从 0000 0000H 至 01FF FFFFH 共 32 MB 的地址空间区域都用于指令缓存和数据缓冲。

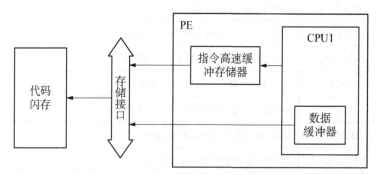

▲ 图 2.20　指令缓存和数据缓冲区

2.2.3.1　指令缓存

指令缓存共 8K 字节,其 4 路组相联的高速缓存由每条线 4 字节的 128 个入口模块组成。这 4 路(4 ways)被分为 2 组(2 groups),组 0 包含路 0 和路 1,组 1 包含路 2 和路 3。每组可以通过解码器访问目的地址信息来进行选择和使用。当发生缓存错误时,每条线都可以通过使用 LRU 的替换算法来重新填充。如图 2.21 所示,通过指令缓存来执行代码闪存的 CPU 指令。

标签阵列(tag array):该阵列有 V、L、TAG 和 ECC 4 个标签位。V 位标识存储在高速缓存行中的数据是否有效,将此位设置为 1 则使缓存行数据有效。在复位时 V 位被初始化为 0。L 位标识缓存线是否已锁定,将此位设置为 1(锁定高速缓存线)则不能用新数据替换它。L 位只有在 V 位为 1 时才有效,并在复位时不被初始化。TAG 位在要缓存的数据线的可操作地址的 32 位中,位 24~11 存储在该位中,在复位时不被初始化。标签阵列的 ECC 存储在 ECC 位,在复位时不被初始化。

数据阵列:该阵列有 DATH_H、DATL_H、DATH_L、DATL_L、ECC_H 和 ECC_L 6 个寄存器。128 位的缓存线数据是按照每 32 位进行存储的:位 [127:96]、位[95:64]、位 [63:32]和位[31:0],分别存储在 DATH_H、DATL_H、DATH_L 和 DATL_L 中。在对缓存指令"CIST"和"CILD"的操作中,ICDATH 寄存器被用于 DATH_H 和 DATH_L,而 ICDATL 寄存器则被用于 DATL_H 和 DATL_L。在位[127:64]和位[63:0]数据中的 ECC 分别存储在 ECC_H 和 ECC_L 中。

LRU:相同组的 LRU 信息存储在该数据阵列中。LRU 通过复位来初始化。

警告:① 在采用 CIST 指令将测试数据写入指令缓存的标签数组后,若从可用的线中提取一个指令时,必须同时向一个组单元中写入标记信息。例如,当向组 0 的路 0 写标签信息时,也会将同一线的标签信息写入路 1,然后执行指令提取。当对组 0(路 0 和路 1)进行写入操作时,通常是对 ICTAGL. LPN、ICTAGH. VM 中的一个或者两个进行写入操作,且

ICTAGH. VCID 位为 0。当对组 1(路 2 和路 3)进行写入操作时,通常是对 ICTAGL. LPN、ICTAGH. VM 中的一个或者两个进行写入操作,且 ICTAGH. VCID 位为 1。

② 如果未按照上述规则在完成对标签阵列的写入操作后进行提取指令操作时,则会引起一个路错误(way error),并将 ICERR. ESPBSE 位置为 1。在将同样的标签写入一个组内两路同样的线后进行提取指令的操作,会引起一个多重操作错误,并将 ICERR. ESMH 位置为 1。

2.2.3.2　数据缓冲

数据缓冲有四条数据线(见图 2.21),每条 128 位。从代码闪存读取的每线的 128 位数据存储在数据缓冲区中。再次对同一个地址进行访问时,数据从数据缓冲区中读出,而不再对代码闪存进行访问。

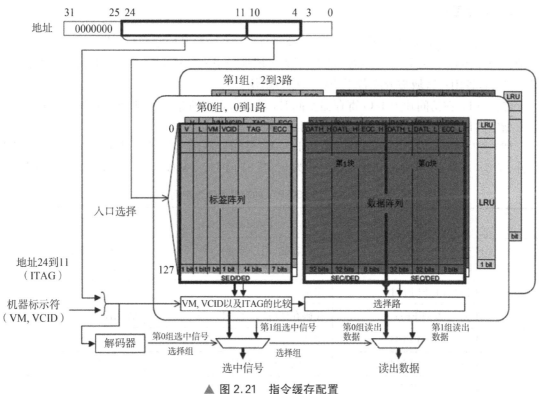

▲ 图 2.21　指令缓存配置

2.2.4　工作模式及设定

RH850/P1x 提供了 2 种工作模式可供用户选择,分别是正常工作模式和串行编程模式。

(1) 正常工作模式:此模式主要用于执行用户程序和片上调试功能。在该模式下,将 FLMD0 上拉到高电平,就可使用自编程功能,用户可以通过在 flash 存储器中内置一段程序,在线改写代码 flash 存储器中的内容。

(2) 串行编程模式:通过专用闪存编程器对 flash 存储器编程,包括对 flash 存储器的擦除、写入操作。

具体工作模式的选择由 FLMD0 与 FLMD1 的引脚状态决定(见表 2.13)。当产生外部复位时,RH850/P1x 会锁存 FLMD0 与 FLMD1 引脚的状态并决定复位取消后的工作模式。

说明:通过对寄存器 MODER(地址 FFCD 13F4H)进行 8 位读操作,通过读取位 3 到位 0 的值,可以获得当前的工作模式。

表 2.13 工作模式设定

FLMD0	FLMD1(P3_14)	工作模式
L	X	正常工作模式
H	L	串行编程模式
其他		禁止设置

2.2.5 地址空间

基于 RH850 G3M 内核的 32 位 CPU 支持 4 GB 的线性寻址空间(32 位:$2^{32}-1=4\,\text{GB}$),无论是内存还是外设、I/O 寄存器都被映射到这段地址空间。RH850/P1x 的存储器地址空间见表 2.14,各用户区域被分成若干块作为擦写单位。

注意:(1) 在访问片上 I/O 寄存器空间时,要访问表中所指定的地址,不要访问其中保留或未指定的地址,否则操作将无法得到保证。

(2) 程序 flash 内存空间为 00000000H~X。其中,X 随所选的具体型号而不同:512 KB 器件,X 为 0007 FFFFH;1 MB 器件,X 为 000F FFFFH;2 MB 器件,X 为 001F FFFFH。

表 2.14 RH850/P1x 的存储器地址空间

地　　址	地址空间类型	大　　小
0000 0000H 到 X (0001 7000H 到 00017FFFH)	代码存储(用户区域) (FCU 固件)	512 KB/1 MB/2 MB (4 KB)
0010 0000H 到 00FF FFFFH	保留	—
0100 0000H 到 0100 7FFFH	代码存储(扩展用户区域)	32 KB
0100 8000H 到 0FFF FFFFH	保留	—
1000 0000H 到 1FFF FFFFH	芯片的 I/O 寄存器	256 MB
2000 0000H 到 FEBD FFFFH	保留	—
FEBE 0000H 到 FEBF FFFFH	本地内存(PE1 区域)	128 KB
FEC0 0000H 到 FEDD FFFFH	保留	—
FEDE 0000H 到 FEDF FFFFH	本地内存	128 KB
FEE0 0000H 到 FEFF FFFFH	保留	—
FF00 0000H 到 FFFD FFFFH (FF20 0000H 到) (FFA1 2000H 到 FFA1 2FFFH)	芯片的 I/O 寄存器(数据存储) (FCU RAM)	15 MB 到 128 KB (32 KB/64 KB) (4 KB)
FFFE 0000H 到 FFFE DFFFH	保留	EI 值异常

（续表）

地　　　址	地址空间类型	大　　小
FFFE E000H 到 FFFE FFFFH	芯片的 I/O 寄存器	8 KB
FFFF 0000H 到 FFFF 4FFFH	保留	—
FFFF 5000H 到 FFFF FFFFH	芯片的 I/O 寄存器	44 KB

2.3　时钟控制器

　　RH850/P1x 是一款高速高精度的 32 位微控制器,不仅可以将外部晶振的时钟进行倍频,还具有高速的内部振荡器(HS IntOSC)。外部晶振输入 16 MHz 时钟,内部可达到 160 MHz 的系统时钟。高的时钟频率十分有利于系统资源及程序的合理利用及调配,便于实现多进程、多任务的实时管理。

2.3.1　时钟控制器的特征与类型

　　RH850/P1x 时钟控制器主要有以下特征:
　　(1) 外部振荡器频率为 16 MHz;
　　(2) 包含高速内部振荡器(HS IntOSC);
　　(3) 包含时钟监控器(CLMA0~CLMA3);
　　(4) 分电路设定的分时钟频率由 EXTCLKnO(n=0, 1)引脚输出。此外,寄存器设定中可以选择 MainOSC、HS IntOSC 或外设时钟。
　　外部晶振和内部高速晶振共同产生各种模块和外设需要的时钟,表 2.15 列出了时钟的名称、频率和应用模块。主振荡器 MainOSC 经 PLL 合成器倍频后可提供 160 MHz 的 CPU 时钟 CLK_CPU,用于 CPU、INTC、DMAC 和 DTS 模块。时钟控制器通过相应的寄存器设置,可以控制产生不同的高速外设时钟 CLK_HSB、低速外设时钟 CLK_LSB、A/D 转换器时钟 CLK_ADC、看门狗定时器时钟 WDTCLKI、外部输出时钟 EXTCLKnO 等,控制原理如图 2.22 所示。

表 2.15　RH850/P1x 时钟和相关应用模块

时钟名称	符号	时钟频率		应用模块
CPU 时钟	CLK_CPU	160 MHz		CPU、INTC、DMAC、DTS
高速外设时钟	CLK_HSB	80 MHz		RS - CAN、FlexRay、CSIH、CSIG、RLIN3、RSENT、PSI5、SCI3、WDTA、TAUD、TAUJ、TSG3、TPBA、TAPA、ENCA、OSTM、ECM、DCRA、PIC
低速外设时钟	CLK_LSB	40 MHz		TSN、RS - CAN、ADCD
看门狗定时器时钟	WDTCLKI	8 MHz	250 KHz	WDTA
主时钟	clk_xincan	16 MHz		RS - CAN
A/D 转换器时钟	CLK_ADC	40 MHz	20 MHz	ADCD

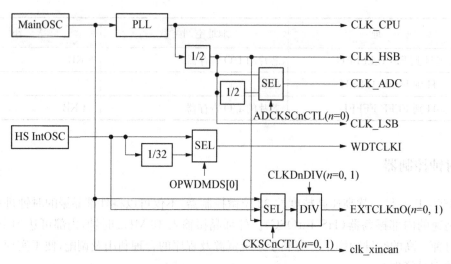

▲ 图 2.22　时钟控制原理图

2.3.2　输入/输出引脚

时钟控制器涉及的引脚名称和功能如表 2.16 所示。图 2.23 为 MCU 与外部晶振的连接图。晶振振子与微控制器的 X1 和 X2 引脚相连接。在使用推荐搭配的振子时，任何外围部件，如负载电容、电阻等，一般都是非必要配置；且使用前必须在实际条件下加以功能验证。

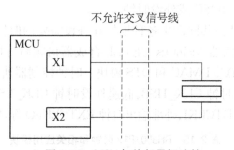

▲ 图 2.23　MCU 与外部晶振连接

注意：在电路板设计过程中，禁止任何信号线交叉穿过 X1 和 X2 引脚线。信号线的交叉可能会导致不必要的信号振荡。

表 2.16　时钟控制器的相关引脚及功能

定　义	引脚名称	输入/输出	功　能
外部时钟输入口	X1	输入	与主频晶振相连
晶振	X2	输出	与晶振振子相连
时钟输出	EXTCLKnO	输出	MainOSC、HS IntOSC 和外部时钟输出的分时钟频率

2.3.3 时钟输出功能

允许选择时钟并通过 EXTCLKnO(n=0，1)引脚输出，输出的时钟频率可以通过分频电路进行分频后输出。通过寄存器设置，可以将外部晶振时钟、高速内部振荡器时钟和外设时钟输出。图 2.24 所示为时钟输出功能的配置，通过寄存器时钟控制寄存器选择要输出的时钟，通过时钟分频寄存器决定输出时钟的分频因子。

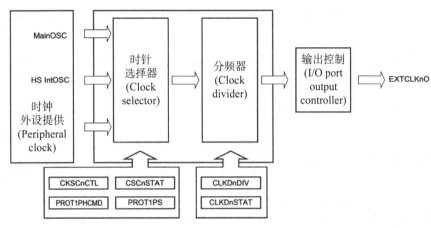

▲ 图 2.24 时钟输出配置

2.3.4 时钟控制寄存器及操作

表 2.17 中所列为所有的时钟控制寄存器，包括 6 个寄存器组。

表 2.17 时钟控制寄存器说明

寄存器名称	符号	R/W	复位后的值	地址
时钟选择控制寄存器 0	CKSC0CTL	R/W	0000 0000$_H$	FFF8 9080$_H$
时钟选择状态寄存器 0	CSC0STAT	R	0000 0000$_H$	FFF8 9084$_H$
时钟分频寄存器 0	CLKD0DIV	R/W	0000 0000$_H$	FFF8 9180$_H$
时钟状态寄存器 0	CLKD0STAT	R	0000 0000$_H$	FFF8 9184$_H$
时钟选择控制寄存器 1	CKSC1CTL	R/W	0000 0000$_H$	FFF8 90C0$_H$
时钟选择状态寄存器 1	CSC1STAT	R	0000 0000$_H$	FFF8 90C4$_H$
时钟分频寄存器 1	CLKD1DIV	R/W	0000 0000$_H$	FFF8 9188$_H$
时钟状态寄存器 1	CLKD1STAT	R	0000 0000$_H$	FFF8 918C$_H$
A/D 时钟选择控制寄存器 0	ADCKSC0CTL	R/W	0000 0002$_H$	FFF8 9200$_H$
A/D 时钟选择状态寄存器 0	ADCSC0STAT	R	0000 0003$_H$	FFF8 9204$_H$
保护命令寄存器	PROT1PHCMD	W	—	FFF8 B000$_H$
保护状态寄存器	PROT1PS	R	0000 0000$_H$	FFF8 B004$_H$

2.3.4.1 时钟选择控制寄存器(CKSCnCTL)(n=0,1)

该寄存器用于选择要输出的时钟,可以按 32 位读/写操作,如图 2.25 所示。CKSCnCTL 寄存器中只有 Bit1(CKCS0)和 Bit2(CKCS1)两位有效,其他位为保留位(用作今后功能扩展)。当 CKCS[1:0]=00 时,不输出时钟;CKCS[1:0]=01 时,输出主晶振时钟;CKCS[1:0]=10 时,输出内部振荡器时钟;CKCS[1:0]=11 时,输出高速外设时钟(80 MHz)。当寄存器 CLKDnDIV 的值不等于 0000 0000H 时,不允许对 CKSCnCTL 寄存器进行写操作。

	31	30	29	28	27	26	25	24	23	22	21	20	19	18	17	16
	—	—	—	—	—	—	—	—	—	—	—	—	—	—	—	—
复位值	0	0	0	0	0	0	0	0	0	0	0	0	0	0	0	0
R/W	R	R	R	R	R	R	R	R	R	R	R	R	R	R	R	R

	15	14	13	12	11	10	9	8	7	6	5	4	3	2	1	0
	—	—	—	—	—	—	—	—	—	—	—	—	—	CKCS1	CKCS0	—
复位值	0	0	0	0	0	0	0	0	0	0	0	0	0	0	0	0
R/W	R	R	R	R	R	R	R	R	R	R	R	R	R	R/W	R/W	R

注:读写,该寄存器可以使用32位单元进行读写;
   地址,CKSC0CTL:FFF8 9080H,CKSC1CTL:FFF8 90C0H;
   初始值为0000 0000H。

▲ 图 2.25 时钟选择控制寄存器(CKSCnCTL)

2.3.4.2 时钟选择状态寄存器(CSCnSTAT)(n=0,1)

该寄存器标识了时钟选择的状态,可按 32 位读(见图 2.26)。CSCnSTAT 寄存器中只有 Bit2(CLKSEL1)、Bit1(CLKSEL0)和 Bit0(CLKACT)有效,其他位为保留位。当 CLKSEL[1:0]=00 时,不输出时钟;CLKSEL[1:0]=01 时,选择的是输出主晶振时钟;CLKSEL[1:0]=10 时,选择的是输出内部振荡器时钟;CLKSEL[1:0]=11 时,选择的是输出高速

	31	30	29	28	27	26	25	24	23	22	21	20	19	18	17	16
	—	—	—	—	—	—	—	—	—	—	—	—	—	—	—	—
复位值	0	0	0	0	0	0	0	0	0	0	0	0	0	0	0	0
R/W	R	R	R	R	R	R	R	R	R	R	R	R	R	R	R	R

	15	14	13	12	11	10	9	8	7	6	5	4	3	2	1	0
	—	—	—	—	—	—	—	—	—	—	—	—	—	CLK SEL1	CLK SEL0	CLK ACT
复位值	0	0	0	0	0	0	0	0	0	0	0	0	0	0	0	0
R/W	R	R	R	R	R	R	R	R	R	R	R	R	R	R	R	R

注:读写,该寄存器可以使用32位单元进行读写;
   地址,CSC0STAT:FFF8 9084H,CSC1STAT:FFF8 90C4H;
   初始值为0000 0000H。

▲ 图 2.26 时钟选择状态寄存器

外设时钟(80 MHz)。CLKACT 位表明所选择的时钟是否被激活,以实现同步:CLKACT＝0,未激活;CLKACT＝1,激活。

2.3.4.3　时钟分频寄存器(CLKDnDIV)(n＝0,1)

该寄存器用于决定输出的时钟的分频因子,可以按 32 位读/写操作,如图 2.27 所示。CLKDnDIV 寄存器中只有位 8～0(CKCDnDIV8～CKCDnDIV0)有效,其他位为保留位。CLKDnDIV[8:0]决定了输出时钟的分频因子,CLKDnDIV[8:0]＝000000000 时,不输出时钟;CLKDnDIV[8:0]＝其他值时,输出时钟 EXTCLK＝CLKIN/ CLKDnDIV[8:0],其中 CLKIN 代表通过 CKSCnCTL 选择的时钟。CLKDnDIV[8:0]＝000000001B～111111111B。一般情况下,设置的 EXTCLK 时钟应该小于 20 MHz。

31	30	29	28	27	26	25	24	23	22	21	20	19	18	17	16
—	—	—	—	—	—	—	—	—	—	—	—	—	—	—	—

复位值　0　0　0　0　0　0　0　0　0　0　0　0　0　0　0　0
R/W　R　R　R　R　R　R　R　R　R　R　R　R　R　R　R　R

15	14	13	12	11	10	9	8	7	6	5	4	3	2	1	0
—	—	—	—	—	—	—	CLKDnDIV8	CLKDnDIV7	CLKDnDIV6	CLKDnDIV5	CLKDnDIV4	CLKDnDIV3	CLKDnDIV2	CLKDnDIV1	CLKDnDIV0

复位值　0　0　0　0　0　0　0　0　0　0　0　0　0　0　0　0
R/W　R　R　R　R　R　R　R　R/W　R/W　R/W　R/W　R/W　R/W　R/W　R/W　R/W

注:读写,该寄存器可以使用32位单元进行读写;
　　地址, CLKD0DIV:FFF8 9180H, CLKD1DIV:FFF8 9188H;
　　初始值为0000 0000H。

▲ 图 2.27　时钟分频寄存器

2.3.4.4　时钟状态寄存器(CLKDnSTAT)(n＝0,1)

该寄存器用于标识输出时钟分频是否被激活以及同步性,可按 32 位读/写操作,如图 2.28

31	30	29	28	27	26	25	24	23	22	21	20	19	18	17	16
—	—	—	—	—	—	—	—	—	—	—	—	—	—	—	—

复位值　0　0　0　0　0　0　0　0　0　0　0　0　0　0　0　0
R/W　R　R　R　R　R　R　R　R　R　R　R　R　R　R　R　R

15	14	13	12	11	10	9	8	7	6	5	4	3	2	1	0
—	—	—	—	—	—	—	—	—	—	—	—	—	—	CLKDnCLKACT	CLKDnSYNC

复位值　0　0　0　0　0　0　0　0　0　0　0　0　0　0　0　0
R/W　R　R　R　R　R　R　R　R　R　R　R　R　R　R　R　R

注:读写,该寄存器可以使用32位单元进行读写;
　　地址, CLKD0STAT:FFF8 9184H, CLKD1STAT:FFF8 918CH;
　　初始值为0000 0000H。

▲ 图 2.28　时钟状态寄存器

所示。CLKDnSTAT 寄存器只有位 1(CLKDnCLKACT)和位 0(CKCDnSYNC)有效,其他位为保留位。CLKDnCLKACT 决定分频的时钟是否有效:CLKDnCLKACT=0,分频时钟无效,EXTCLKnO 输出低电平;CLKDnCLKACT=1,分频时钟有效。CKCDnSYNC 决定分频的时钟的同步性:CKCDnSYNC=0,EXTCLKnO 脚输出的时钟与 CLKDnDIV 寄存器设置不一致;CKCDnSYNC=1,EXTCLKnO 脚输出的时钟与 CLKDnDIV 寄存器设置保持一致。

2.3.4.5 A/D 时钟选择控制寄存器(ADCKSC0CTL)

该寄存器用于选择 A/D 转换的时钟,可按 32 位读/写操作,如图 2.29 所示。ADCKSC0CTL 寄存器只有位 1(ADCKCS1)和位 0(ADCKCS0)有效,其他位为保留位。ADCKCS[1:0]=00 时,不允许进行设置;ADCKCS[1:0]=01 时,A/D 转换时钟为低速外设时钟(CLK_LSB);ADCKCS[1:0]=10 时,A/D 转换时钟为低速外设时钟的一半(CLK_LSB/2);ADCKCS[1:0]=11 时,不允许进行设置。

31	30	29	28	27	26	25	24	23	22	21	20	19	18	17	16
—	—	—	—	—	—	—	—	—	—	—	—	—	—	—	—

复位值
| 0 | 0 | 0 | 0 | 0 | 0 | 0 | 0 | 0 | 0 | 0 | 0 | 0 | 0 | 0 | 0 |
R/W
| R | R | R | R | R | R | R | R | R | R | R | R | R | R | R | R |

15	14	13	12	11	10	9	8	7	6	5	4	3	2	1	0
—	—	—	—	—	—	—	—	—	—	—	—	—	ADCKCS1	ADCKCS0	—

复位值
| 0 | 0 | 0 | 0 | 0 | 0 | 0 | 0 | 0 | 0 | 0 | 0 | 0 | 0 | 1 | 0 |
R/W
| R | R | R | R | R | R | R | R | R | R | R | R | R | R/W | R/W | R |

注: 读写,该寄存器可以使用32位单元进行读写;
地址, FFF8 9200H;
初始值为0000 0002H。

▲ 图 2.29　A/D 时钟选择控制寄存器

2.3.4.6　A/D 时钟选择状态寄存器(ADCKSC0STAT)

该寄存器用于表示 A/D 转换的时钟的选择状态,可按 32 位读操作,如图 2.30 所示。ADCKSC0STAT 寄存器中只有位 2(ADCLKSEL1),位 1(ADCLKSEL0)和位 0(ADCLKACT)有效,其他位都保留。当 ADCLKSEL[1:0]=01 时,输出低速外设时钟(CLK_LSB);ADCLKSEL[1:0]=10 时,选择的时钟为低速外设时钟的一半(CLK_LSB/2)。ADCLKACT 位表明所选择的时钟是否被激活,以实现同步:ADCLKACT=0,未激活;ADCLKACT=1,激活。

31	30	29	28	27	26	25	24	23	22	21	20	19	18	17	16
—	—	—	—	—	—	—	—	—	—	—	—	—	—	—	—

复位值

0	0	0	0	0	0	0	0	0	0	0	0	0	0	0	0

R/W

R	R	R	R	R	R	R	R	R	R	R	R	R	R	R	R

15	14	13	12	11	10	9	8	7	6	5	4	3	2	1	0
—	—	—	—	—	—	—	—	—	—	—	—	—	ADCLK SEL1	ADCLK SEL0	ADCLK ACT

复位值

0	0	0	0	0	0	0	0	0	0	0	0	0	0	1	1

R/W

R	R	R	R	R	R	R	R	R	R	R	R	R	R	R	R

注：读写，该寄存器可以使用32位单元进行读写；
　　地址，FFF8 9204H；
　　初始值为0000 0003H。

▲ 图2.30　A/D时钟选择状态寄存器

2.4　中断与异常处理

中断和异常处理是指 CPU 从正常工作状态转入中断服务程序或异常处理程序的工作，中断和异常处理服务结束后，可恢复到正常工作状态。中断是独立于程序运行而发生的事件，而异常是与程序运行相关的事件。一般来说，异常的优先级别要高于中断。RH850/P1x 器件为中断服务提供了一个专用的中断控制器（INTC），可以处理全部 386 个中断请求，包括从片上周边硬件、外部中断源及软件发出的中断请求信号。此外，异常处理程序通过在原始中断的地址上加上偏移地址来调用。中断处理可以为每个中断请求指定 16 种级别的软件可编程优先级。中断服务程序在中断请求产生后不少于 5 个时钟周期的时间内开始执行。

2.4.1　中断/异常源

（1）中断处理。

① 中断分为非可屏蔽中断和可屏蔽中断，在 RH850/P1x 器件中有非可屏蔽中断 1 个，可屏蔽中断 385 个。可屏蔽中断有 16 个可编程优先级级别，可按优先级进行多重中断控制。

② 所有可屏蔽中断请求都可以单独进行屏蔽处理，可对外部中断请求信号进行噪声消除、边沿监测以及有效沿指定操作。

③ 通过设置 2 类中断句柄地址设置寄存器，可选直接分支方法或表参考方法。

④ 通过设置软件中断寄存器，可以从程序产生期望优先级的中断。

（2）异常处理。

中断/异常源的详细信息，包括处理方法和优先级如表 2.18 所示。

表 2.18 中断/异常源的详细信息

功能模块	中断源	通道号	中断源编码	地址			默认优先级
				直接分支方法 Rint=0	直接分支方法 Rint=1	表参考方法	
非屏蔽中断	错误控制模块（非屏蔽）(FENMI)	E0H	+0E0H	+0E0H	—	
FE级中断	OSTM3～OSTM7 NMI 端口中断 (FEINT)	F0H	+0F0H	+0F0H	—	
错误控制模块	错误控制模块（可屏蔽）(INTECM)	8	1008			+020H	15
WDTA	看门狗 75% 中断 (INTWDTA0)	9	1009			+024H	15
DMA	DMA0 传输结束/计数匹配(INTDMA0)	16	1010	各通道偏移地址相同，取决于设定的优先级，范围在 +100H～+1F0H 间	各通道偏移地址相同，均为 +100H	+040H	15
	DMA1 传输结束/计数匹配(INTDMA1)	17	1011			+044H	15
	DMA2 传输结束/计数匹配(INTDMA2)	18	1012			+048H	15
	DMA3 传输结束/计数匹配(INTDMA3)	19	1013			+04CH	15
	DMA4 传输结束/计数匹配(INTDMA4)	20	1014			+050H	15
	DMA5 传输结束/计数匹配(INTDMA5)	21	1015			+054H	15
	DMA6 传输结束/计数匹配(INTDMA6)	22	1016			+058H	15
	DMA7 传输结束/计数匹配(INTDMA7)	23	1017			+05CH	15
	DMA8 传输结束/计数匹配(INTDMA8)	24	1018			+060H	15
	DMA9 传输结束/计数匹配(INTDMA9)	25	1019			+064H	15
	DMA10 传输结束/计数匹配(INTDMA10)	26	101A			+068H	15

（续表）

功能模块	中断源	通道号	中断源编码	地址			默认优先级
				直接分支方法 Rint＝0	直接分支方法 Rint＝1	表参考方法	
DMA	DMA11 传输结束/计数匹配(INTDMA11)	27	101B			＋06CH	15
	DMA12 传输结束/计数匹配(INTDMA12)	28	101C			＋070H	15
	DMA13 传输结束/计数匹配(INTDMA13)	29	101D			＋074H	15
	DMA14 传输结束/计数匹配（INTDMA14）	30	101E			＋078H	15
	DMA15 传输结束/计数匹配（INTDMA15）	31	101F			＋07CH	15
INTP	外部中断 0（INTP0）	32	1020	各通道偏移地址相同，取决于设定的优先级，范围在＋100H～＋1F0H间	各通道偏移地址相同，均为＋100H	＋080H	15
	外部中断 1（INTP1）	33	1021			＋084H	15
	外部中断 2（INTP2）	34	1022			＋088H	15
	外部中断 3（INTP3）	35	1023			＋08CH	15
	外部中断 4(INTP4)	36	1024			＋090H	15
TSG30	TSG30 比较匹配中断 0（INTTSG30I0）	40	1028			＋0A0H	15
	TSG30 比较匹配中断 1(INTTSG30I1)	41	1029			＋0A4H	15
	TSG30 比较匹配中断 2(INTTSG30I2)	42	102A			＋0A8H	15
	TSG30 比较匹配中断 3(INTTSG30I3)	43	102B			＋0ACH	15
	TSG30 比较匹配中断 4 (INTTSG30I4)	44	102C			＋0B0H	15
	TSG30 比较匹配中断 5 (INTTSG30I5)	45	102D			＋0B4H	15
	TSG30 比较匹配中断 6 (INTTSG30I6)	46	102E			＋0B8H	15

（续表）

| 功能模块 | 中断源 | 通道号 | 中断源编码 | 地址 | | | 默认优先级 |
				直接分支方法 Rint＝0	直接分支方法 Rint＝1	表参考方法	
TSG30	TSG30 比较匹配中断 7 (INTTSG30I7)	47	102F			＋0BCH	15
	TSG30 比较匹配中断 8 (INTTSG30I8)	48	1030			＋0C0H	15
	TSG30 比较匹配中断 9 (INTTSG30I9)	49	1031			＋0C4H	15
	TSG30 比较匹配中断 10 (INTTSG30I10)	50	1032			＋0C8H	15
	TSG30 比较匹配中断 11 (INTTSG30I11)	51	1033			＋0CCH	15
	TSG30 比较匹配中断 12 (INTTSG30I12)	52	1034	各通道偏移地址相同，取决于设定的优先级，范围在 ＋100H～ ＋1F0H 间	各通道偏移地址相同，均为 ＋100H	＋0D0H	15
	TSG30 周期中断/峰值中断 (INTTSG30IPEK)	53	1035			＋0D4H	15
	TSG30 谷中断 (INTTSG30IVLY)	54	1036			＋0D8H	15
	TSG30 定时器错误中断 (INTTSG30IER)	55	1037			＋0DCH	15
	TSG30 定时器警告中断 (INTTSG30IWN)	56	1038			＋0E0H	15
TSG31	TSG31 比较匹配中断 0 (INTTSG31I0)	57	1039			＋0E4H	15
	TSG31 比较匹配中断 1 (INTTSG31I1)	58	103A			＋0E8H	15
	TSG31 比较匹配中断 2 (INTTSG31I2)	59	103B			＋0ECH	15
	TSG31 比较匹配中断 3 (INTTSG31I3)	60	103C			＋0F0H	15
	TSG31 比较匹配中断 4 (INTTSG31I4)	61	103D			＋0F4H	15

（续表）

功能模块	中断源	通道号	中断源编码	地址			默认优先级
				直接分支方法 Rint＝0	直接分支方法 Rint＝1	表参考方法	
TSG31	TSG31 比较匹配中断 5(INTTSG31I5)	62	103E	各通道偏移地址相同，取决于设定的优先级，范围在 ＋100H～ ＋1F0H 间	各通道偏移地址相同，均为 ＋100H	＋0F8H	15
	TSG31 比较匹配中断 6(INTTSG31I6)	63	103F			＋0FCH	15
	TSG31 比较匹配中断 7(INTTSG31I7)	64	1040			＋100H	15
	TSG31 比较匹配中断 8(INTTSG31I8)	65	1041			＋104H	15
	TSG31 比较匹配中断 9(INTTSG31I9)	66	1042			＋108H	15
	TSG31 比较匹配中断 10(INTTSG31I10)	67	1043			＋10CH	15
	TSG31 比较匹配中断 11(INTTSG31I11)	68	1044			＋110H	15
	TSG31 比较匹配中断 12(INTTSG31I12)	69	1045			＋114H	15
	TSG31 周期中断/峰值中断(INTTSG31IPEK)	70	1046			＋118H	15
	TSG31 谷中断 (INTTSG31IVLY)	71	1047			＋11CH	15
	TSG31 定时器错误中断(INTTSG31IER)	72	1048			＋120H	15
	TSG31 定时器警告中断(INTTSG31IWN)	73	1049			＋124H	15
OSTM0	OSTM0 中断 (INTOSTM0)	74	104A			＋128H	15
OSTM1	OSTM1 中断 (INTOSTM1)	75	104B			＋12CH	15

（续表）

功能模块	中断源	通道号	中断源编码	地址			默认优先级
				直接分支方法 Rint＝0	直接分支方法 Rint＝1	表参考方法	
ADCD0	ADCD0 错误中断 (INTADCD0ERR)	76	104C	各通道偏移地址相同，取决于设定的优先级，范围在 ＋100H～ ＋1F0H 间	各通道偏移地址相同，均为 ＋100H	＋130H	15
	ADCD0 SG0 结束中断 (INTADCD0I0)	77	104D			＋134H	15
	ADCD0 SG1 结束中断 (INTADCD0I1)	78	104E			＋138H	15
	ADCD0 SG2 结束中断 (INTADCD0I2)	79	104F			＋13CH	15
	ADCD0 SG3 结束中断 (INTADCD0I3)	80	1050			＋140H	15
	ADCD0 SG4 结束中断 (INTADCD0I4)	81	1051			＋144H	15
CSIH0	CSIH0 通信错误中断 (INTCSIH0IRE)	82	1052			＋148H	15
	CSIH0 接收状态/ CS0 接收状态中断 (INTCSIH0IR0S)	83	1053			＋14CH	15
	CSIH0 通讯状态/ CS0 通讯状态中断 (INTCSIH0IC0S)	84	1054			＋150H	15
	CSIH0 CS1 接收状态中断(INTCSIH0IR1)	85	1055			＋154H	15
	CSIH0 CS1 通讯状态中断(INTCSIH0IC1)	86	1056			＋158H	15
	CSIH0 CS2 接收状态中断(INTCSIH0IR2)	87	1057			＋15CH	15
	CSIH0 CS2 通讯状态中断(INTCSIH0IC2)	88	1058			＋160H	15
	CSIH0 JOB 结束中断 (INTCSIH0IJC)	89	1059			＋164H	15

（续表）

功能模块	中断源	通道号	中断源编码	地址			默认优先级
				直接分支方法 Rint=0	直接分支方法 Rint=1	表参考方法	
CSIH1	CSIH1 通信错误中断（INTCSIH1IRE）	90	105A	各通道偏移地址相同，取决于设定的优先级，范围在 +100H～ +1F0H 间	各通道偏移地址相同，均为 +100H	+168H	15
	CSIH1 接收状态/ CS0 接收状态中断（INTCSIH1IR0S）	91	105B			+16CH	15
	CSIH1 通信状态/ CS0 通讯状态中断（INTCSIH1IC0S）	92	105C			+170H	15
	CSIH1 CS1 接收状态中断（INTCSIH1IR1）	93	105D			+174H	15
	CSIH1 CS1 通信状态中断（INTCSIH1IC1）	94	105E			+178H	15
	CSIH1 CS2 接收状态中断（INTCSIH1IR2）	95	105F			+17CH	15
	CSIH1 CS2 通信状态中断（INTCSIH1IC2）	96	1060			+180H	15
	CSIH1 JOB 结束中断（INTCSIH1JC）	97	1061			+184H	15
CSIH2	CSIH2 通信错误中断（INTCSIH2IRE）	98	1062			+188H	15
	CSIH2 接收状态中断（INTCSIH2IR）	99	1063			+18CH	15
	CSIH2 通信状态中断（INTCSIH2IC）	100	1064			+190H	15
	CSIH2 JOB 结束中断（INTCSIH2IJC）	101	1065			+194H	15
CSIH3	CSIH3 通信错误中断（INTCSIH3IRE）	102	1066			+198H	15
	CSIH3 接收状态中断（INTCSIH3IR）	103	1067			+19CH	15

（续表）

功能模块	中断源	通道号	中断源编码	直接分支方法 Rint=0	直接分支方法 Rint=1	表参考方法	默认优先级
CSIH3	CSIH3 通信状态中断 (INTCSIH3IC)	104	1068			+1A0H	15
	CSIH3 JOB 结束中断 (INTCSIH3IJC)	105	1069			+1A4H	15
SCI30	SCI30 接收错误 (INTSCI30ERI)	106	106A			+1A8H	15
	SCI30 接收数据已满 (INTSCI30RXI)	107	106B			+1ACH	15
	SCI30 传输数据为空 (INTSCI30TXI)	108	106C			+1B0H	15
	SCI30 传输结束 (INTSCI30TEI)	109	106D			+1B4H	15
SCI31	SCI31 接收错误 (INTSCI31ERI)	110	106E	各通道偏移地址相同，取决于设定的优先级，范围在 +100H～+1F0H 间	各通道偏移地址相同，均为 +100H	+1B8H	15
	SCI31 接收数据已满 (INTSCI31RXI)	111	106F			+1BCH	15
	SCI31 传输数据为空 (INTSCI31TXI)	112	1070			+1C0H	15
	SCI31 传输结束 (INTSCI31TEI)	113	1071			+1C4H	15
RLIN30	RLIN30 错误检测中断 (INTRLIN30UR2)	114	1072			+1C8H	15
	RLIN30 接收中断 (INTRLIN30UR1)	115	1073			+1CCH	15
	RLIN30 发送中断 (INTRLIN30UR0)	116	1074			+1D0H	15
RLIN31	RLIN31 错误检测中断 (INTRLIN31UR2)	117	1075			+1D4H	15
	RLIN31 接收中断 (INTRLIN31UR1)	118	1076			+1D8H	15

（续表）

功能模块	中断源	通道号	中断源编码	地址			默认优先级
				直接分支方法 Rint=0	直接分支方法 Rint=1	表参考方法	
RLIN31	RLIN31 发送中断（INTRLIN31UR0）	119	1077			+1DCH	15
SINT	软件中断 3（INTSINT3）	120	1078			+1E0H	15
	软件中断 4（INTSINT4）	121	1079			+1E4H	15
INTP	软件中断 5（INTP5）	128	1080			+200H	15
	软件中断 6（INTP6）	129	1081			+204H	15
	软件中断 7（INTP7）	130	1082			+208H	15
	软件中断 8（INTP8）	131	1083			+20CH	15
	软件中断 9（INTP9）	132	1084			+210H	15
TAUJ0	CH0 TAUJ0 中断（INTTAUJ0I0）	133	1085	各通道偏移地址相同，取决于设定的优先级，范围在 +100H～ +1F0H 间	各通道偏移地址相同，均为 +100H	+214H	15
	CH1 TAUJ0 中断（INTTAUJ0I1）	134	1086			+218H	15
	CH2 TAUJ0 中断（INTTAUJ0I2）	135	1087			+21CH	15
	CH3 TAUJ0 中断（INTTAUJ0I3）	136	1088			+220H	15
TAUJ1	CH0 TAUJ1 中断（INTTAUJ1I0）	137	1089			+224H	15
	CH1 TAUJ1 中断（INTTAUJ1I1）	138	108A			+228H	15
	CH2 TAUJ1 中断（INTTAUJ1I2）	139	108B			+22CH	15
	CH3 TAUJ1 中断（INTTAUJ1I3）	140	108C			+230H	15
TAUD0	CH0 TAUD0 中断（INTTAUD0I0）	141	108D			+234H	15
	CH1 TAUD0 中断（INTTAUD0I1）	142	108E			+238H	15

（续表）

功能模块	中断源	通道号	中断源编码	地址			默认优先级
				直接分支方法 Rint＝0	直接分支方法 Rint＝1	表参考方法	
TAUD0	CH2 TAUD0 中断 (INTTAUD0I2)	143	108F	各通道偏移地址相同，取决于设定的优先级，范围在 ＋100H～ ＋1F0H 间	各通道偏移地址相同，均为 ＋100H	＋23CH	15
	CH3 TAUD0 中断 (INTTAUD0I3)	144	1090			＋240H	15
	CH4 TAUD0 中断 (INTTAUD0I4)	145	1091			＋244H	15
	CH5 TAUD0 中断 (INTTAUD0I5)	146	1092			＋248H	15
	CH6 TAUD0 中断 (INTTAUD0I6)	147	1093			＋24CH	15
	CH7 TAUD0 中断 (INTTAUD0I7)	148	1094			＋250H	15
	CH8 TAUD0 中断 (INTTAUD0I8)	149	1095			＋254H	15
	CH9 TAUD0 中断 (INTTAUD0I9)	150	1096			＋258H	15
	CH10 TAUD0 中断 (INTTAUD0I10)	151	1097			＋25CH	15
	CH11 TAUD0 中断 (INTTAUD0I11)	152	1098			＋260H	15
	CH12 TAUD0 中断 (INTTAUD0I12)	153	1099			＋264H	15
	CH13 TAUD0 中断 (INTTAUD0I13)	154	109A			＋268H	15
	CH14 TAUD0 中断 (INTTAUD0I14)	155	109B			＋26CH	15
	CH15 TAUD0 中断 (INTTAUD0I15)	156	109C			＋270H	15

（续表）

功能模块	中断源	通道号	中断源编码	地址			默认优先级
				直接分支方法 Rint=0	直接分支方法 Rint=1	表参考方法	
TAUD1	CH0 TAUD1 中断（INTTAUD1I0）	158	109E	各通道偏移地址相同，取决于设定的优先级，范围在+100H～+1F0H间	各通道偏移地址相同，均为+100H	+278H	15
	CH1 TAUD1 中断（INTTAUD1I1）	159	109F			+27CH	15
	CH2 TAUD1 中断（INTTAUD1I2）	160	10A0			+280H	15
	CH3 TAUD1 中断（INTTAUD1I3）	161	10A1			+284H	15
	CH4 TAUD1 中断（INTTAUD1I4）	162	10A2			+288H	15
	CH5 TAUD1 中断（INTTAUD1I5）	163	10A3			+28CH	15
	CH6 TAUD1 中断（INTTAUD1I6）	164	10A4			+290H	15
	CH7 TAUD1 中断（INTTAUD1I7）	165	10A5			+294H	15
	CH8 TAUD1 中断（INTTAUD1I8）	166	10A6			+298H	15
	CH9 TAUD1 中断（INTTAUD1I9）	167	10A7			+29CH	15
	CH10 TAUD1 中断（INTTAUD1I10）	168	10A8			+2A0H	15
	CH11 TAUD1 中断（INTTAUD1I11）	169	10A9			+2A4H	15
	CH12 TAUD1 中断（INTTAUD1I12）	170	10AA			+2A8H	15
	CH13 TAUD1 中断（INTTAUD1I13）	171	10AB			+2ACH	15
	CH14 TAUD1 中断（INTTAUD1I14）	172	10AC			+2B0H	15

（续表）

功能模块	中断源	通道号	中断源编码	直接分支方法 Rint＝0	直接分支方法 Rint＝1	表参考方法	默认优先级
				地址			
TAUD1	CH15 TAUD1 中断 (INTTAUD1I15)	173	10AD			＋2B4H	15
CSIG0	CSIG0 接收错误中断 (INTCSIG0IRE)	174	10AE			＋2B8H	15
	CSIG0 发送状态中断 (INTCSIG0IC)	175	10AF			＋2BCH	15
	CSIG0 接收状态中断 (INTCSIG0IR)	176	10B0			＋2C0H	15
ADCD1	ADCD1 错误中断 (INTADCD1ERR)	177	10B1	各通道偏移地址相同，取决于设定的优先级，范围在＋100H～＋1F0H间	各通道偏移地址相同，均为＋100H	＋2C4H	15
	ADCD1 SG0 结束中断 (INTADCD1I0)	178	10B2			＋2C8H	15
	ADCD1 SG1 结束中断 (INTADCD1I1)	179	10B3			＋2CCH	15
	ADCD1 SG2 结束中断 (INTADCD1I2)	180	10B4			＋2D0H	15
	ADCD1 SG3 结束中断 (INTADCD1I3)	181	10B5			＋2D4H	15
	ADCD1 SG4 结束中断 (INTADCD1I4)	182	10B6			＋2D8H	15
RSCAN	通道错误中断 0 (INTRCAN0ERR)	183	10B7			＋2DCH	15
	COM RX FIFO 中断 0 (INTRCAN0REC)	184	10B8			＋2E0H	15
	通道 TX 中断 0 (INTRCAN0TRX)	185	10B9			＋2E4H	15
	通道错误中断 1 (INTRCAN1ERR)	186	10BA			＋2E8H	15
	COM RX FIFO 中断 1 (INTRCAN1REC)	187	10BB			＋2ECH	15

（续表）

功能模块	中断源	通道号	中断源编码	地址			默认优先级
				直接分支方法 Rint＝0	直接分支方法 Rint＝1	表参考方法	
RSCAN	通道 TX 中断 1（INTRCAN1TRX）	188	10BC			＋2F0H	15
	Global 错误中断（INTRCANGERR）	189	10BD			＋2F4H	15
	RX FIFO 中断（INTRCANGRECC）	190	10BE			＋2F8H	15
	通道错误中断 2（INTRCAN2ERR）	191	10BF			＋2FCH	15
	COM RX FIFO 中断 2（INTRCAN2REC）	192	10C0			＋300H	15
	通道 TX 中断 2（INTRCAN2TRX）	193	10C1			＋304H	15
FLEXRAY	FlexRay0 中断（INTFLX0LINE0）	194	10C2	各通道偏移地址相同，取决于设定的优先级，范围在 ＋100H～＋1F0H 间	各通道偏移地址相同，均为 ＋100H	＋308H	15
	FlexRay1 中断（INTFLX0LINE1）	195	10C3			＋30CH	15
	定时器 0 中断（INTFLX0TIM0）	196	10C4			＋310H	15
	定时器 1 中断（INTFLX0TIM1）	197	10C5			＋314H	15
	定时器 2 中断（INTFLX0TIM2）	198	10C6			＋318H	15
	FIFO 传输中断（INTFLX0FDA）	199	10C7			＋31CH	15
	FIFO 传输警告中断（INTFLX0FW）	200	10C8			＋320H	15
	输出传输警告中断（INTFLX0OW）	201	10C9			＋324H	15
	输出传输结束中断（INTFLX0OT）	202	10CA			＋328H	15

（续表）

| 功能模块 | 中断源 | 通道号 | 中断源编码 | 地址 | | | 默认优先级 |
				直接分支方法 Rint＝0	直接分支方法 Rint＝1	表参考方法	
FLEXRAY	输入队列已满中断（INTFLX0IQF）	203	10CB			＋32CH	15
	输入队列为空中断（INTFLX0IQE）	204	10CC			＋330H	15
SCI32	SCI32 接收错误（INTSCI32ERI）	218	10DA			＋368H	15
	SCI32 接收数据已满（INTSCI32RXI）	219	10DB			＋36CH	15
	SCI32 传输数据为空（INTSCI32TXI）	220	10DC			＋370H	15
	SCI32 传输结束（INTSCI32TEI）	221	10DD			＋374H	15
PSI50	PSI50 状态中断（INTPSI50SI）	226	10E2	各通道偏移地址相同，取决于设定的优先级，范围在＋100H～＋1F0H间	各通道偏移地址相同，均为＋100H	＋388H	15
	PSI50 接收中断（INTPSI50RI）	227	10E3			＋38CH	15
	PSI50 传输中断（INTPSI50TI）	228	10E4			＋390H	15
PSI51	PSI51 状态中断（INTPSI51SI）	229	10E5			＋394H	15
	PSI51 接收中断（INTPSI51RI）	230	10E6			＋398H	15
	PSI51 传输中断（INTPSI51TI）	231	10E7			＋39CH	15
SENT0	SETN0 状态中断（INTSENT0SI）	232	10E8			＋3A0H	15
	SETN0 接收中断（INTSENT0RI）	233	10E9			＋3A4H	15
SENT1	SETN1 状态中断（INTSENT1SI）	234	10EA			＋3A8H	15

功能模块	中断源	通道号	中断源编码	地址			默认优先级
				直接分支方法 Rint＝0	直接分支方法 Rint＝1	表参考方法	
SENT1	SETN1 接收中断（INTSENT1RI）	235	10EB			＋3ACH	15
SENT2	SETN2 状态中断（INTSENT2SI）	236	10EC			＋3B0H	15
	SETN2 接收中断（INTSENT2RI）	237	10ED			＋3B4H	15
SENT3	SETN3 状态中断（INTSENT3SI）	238	10EE			＋3B8H	15
	SETN3 接收中断（INTSENT3RI）	239	10EF			＋3BCH	15
SENT4	SETN4 状态中断（INTSENT4SI）	240	10F0	各通道偏移地址相同，取决于设定的优先级，范围在 ＋100H～＋1F0H 间	各通道偏移地址相同，均为 ＋100H	＋3C0H	15
	SETN4 接收中断（INTSENT4RI）	241	10F1			＋3C4H	15
SENT5	SETN5 状态中断（INTSENT5SI）	242	10F2			＋3C8H	15
	SETN5 接收中断（INTSENT5RI）	243	10F3			＋3CCH	15
DTS	DTS 传输结束中断 Ch0－31（INTDTSTC0）	244	10F4			＋3D0H	15
	DTS 传输结束中断 Ch32－63（INTDTSTC1）	245	10F5			＋3D4H	15
	DTS 传输结束中断 Ch64－95（INTDTSTC2）	246	10F6			＋3D8H	15
	DTS 传输结束中断 Ch96－127（INTDTSTC3）	247	10F7			＋3DCH	15
	DTS 计数匹配中断 Ch0－31（INTDTSCM0）	248	10F8			＋3E0H	15
	DTS 计数匹配中断 Ch32－63（INTDTSCM1）	249	10F9			＋3E4H	15

（续表）

功能模块	中断源	通道号	中断源编码	地址			默认优先级
				直接分支方法 Rint＝0	直接分支方法 Rint＝1	表参考方法	
DTS	DTS 计数匹配中断 Ch64－95（INTDTSCM2）	250	10FA			＋3E8H	15
	DTS 计数匹配中断 Ch96－127（INTDTSCM3）	251	10FB			＋3ECH	15
SINT	软件中断 0（INTSINT0）	252	10FC			＋3F0H	15
	软件中断 1（INTSINT1）	253	10FD			＋3F4H	15
	软件中断 2（INTSINT2）	254	10FE			＋3F8H	15
TAUJ2	CH0 TAUJ2 中断（INTTAUJ2I0）	256	1100			＋400H	15
	CH1 TAUJ2 中断（INTTAUJ2I1）	257	1101			＋404H	15
	CH2 TAUJ2 中断（INTTAUJ2I2）	258	1102	各通道偏移地址相同，取决于设定的优先级，范围在＋100H～＋1F0H间	各通道偏移地址相同，均为＋100H	＋408H	15
	CH3 TAUJ2 中断（INTTAUJ2I3）	259	1103			＋40CH	15
TAUD2	CH0 TAUD2 中断（INTTAUD2I0）	260	1104			＋410H	15
	CH1 TAUD2 中断（INTTAUD2I1）	261	1105			＋414H	15
	CH2 TAUD2 中断（INTTAUD2I2）	262	1106			＋418H	15
	CH3 TAUD2 中断（INTTAUD2I3）	263	1107			＋41CH	15
	CH4 TAUD2 中断（INTTAUD2I4）	264	1108			＋420H	15
	CH5 TAUD2 中断（INTTAUD2I5）	265	1109			＋424H	15
	CH6 TAUD2 中断（INTTAUD2I6）	266	110A			＋428H	15

（续表）

功能模块	中断源	通道号	中断源编码	地址			默认优先级
				直接分支方法 Rint＝0	直接分支方法 Rint＝1	表参考方法	
TAUD2	CH7 TAUD2 中断（INTTAUD2I7）	267	110B	各通道偏移地址相同，取决于设定的优先级，范围在＋100H～＋1F0H间	各通道偏移地址相同，均为＋100H	＋42CH	15
	CH8 TAUD2 中断（INTTAUD2I8）	268	110C			＋430H	15
	CH9 TAUD2 中断（INTTAUD2I9）	269	110D			＋434H	15
	CH10 TAUD2 中断（INTTAUD2I10）	270	110E			＋438H	15
	CH11 TAUD2 中断（INTTAUD2I11）	271	110F			＋43CH	15
	CH12 TAUD2 中断（INTTAUD2I12）	272	1110			＋440H	15
	CH13 TAUD2 中断（INTTAUD2I13）	273	1111			＋444H	15
	CH14 TAUD2 中断（INTTAUD2I14）	274	1112			＋448H	15
	CH15 TAUD2 中断（INTTAUD2I15）	275	1113			＋44CH	15
ENCA0	ENCA0 向上溢出中断（INTENCA0IOV）	276	1114			＋450H	15
	ENCA0 匹配/捕获中断 0（INTENCA0I0）	277	1115			＋454H	15
	ENCA0 匹配/捕获中断 1（INTENCA0I1）	278	1116			＋458H	15
	ENCA0 向下溢出中断（INTENCA0IUD）	279	1117			＋45CH	15
	ENCA0 编码器清零中断（INTENCA0IEC）	280	1118			＋460H	15
ENCA1	ENCA1 向上溢出中断（INTENCA1IOV）	281	1119			＋464H	15

（续表）

功能模块	中断源	通道号	中断源编码	地址			默认优先级
				直接分支方法 Rint＝0	直接分支方法 Rint＝1	表参考方法	
ENCA1	ENCA1 匹配/捕获中断 0 (INTENCA1I0)	282	111A	各通道偏移地址相同，取决于设定的优先级，范围在+100H～+1F0H间	各通道偏移地址相同，均为+100H	＋468H	15
	ENCA1 匹配/捕获中断 1 (INTENCA1I1)	283	111B			＋46CH	15
	ENCA1 向下溢出中断 (INTENCA1IUD)	284	111C			＋470H	15
	ENCA1 编码器清零中断 (INTENCA1IEC)	285	111D			＋474H	15
TPBA0	周期匹配检测中断 0 (INTTPBA0IPRD)	286	111E			＋478H	15
	占空匹配检测中断 0 (INTTPBA0IDTY)	287	111F			＋47CH	15
	模式匹配检测中断 0 (INTTPBA0IPAT)	288	1120			＋480H	15
TPBA1	周期匹配检测中断 1 (INTTPBA1IPRD)	289	1121			＋484H	15
	占空匹配检测中断 1 (INTTPBA1IDTY)	290	1122			＋488H	15
	模式匹配检测中断 1 (INTTPBA1IPAT)	291	1123			＋48CH	15
MPX	ADCD0 MPX 请求中断 (INTADCD0MPX)	294	1126			＋498H	15
	ADCD1 MPX 请求中断 (INTADCD1MPX)	295	1127			＋49CH	15
INTP	外部中断 10 (INTP10)	296	1128			＋4A0H	15
	外部中断 11 (INTP11)	297	1129			＋4A4H	15
	外部中断 12 (INTP12)	298	112A			＋4A8H	15

（续表）

功能模块	中断源	通道号	中断源编码	地址			默认优先级
				直接分支方法 Rint＝0	直接分支方法 Rint＝1	表参考方法	
FLASH	Flash 排序结束中断（INTFLENDNM）	379	117B	各通道偏移地址相同,取决于设定的优先级,范围在＋100H～＋1F0H 间	各通道偏移地址相同,均为＋100H	＋5ECH	15
	Flash 排序结束错误中断（INTFLERR）	383	117F			＋5FCH	15

注：① 对于任意一个优先级的中断,在软件处理中断的过程中应将中断状态寄存器清零。
② 中断源的名称有时与中断信号名称不同。
③ 默认优先级,当两个或更多可屏蔽中断同时发生时的优先级顺序:最高优先级为 0。

2.4.2　非可屏蔽中断

即使是在中断禁止状态下,非可屏蔽中断也会被无条件响应。非可屏蔽中断由 NMI 引脚输入。NMI 不会受优先级控制的影响,它的优先级高于所有其他中断。当 NMI 引脚被监测到滤波控制寄存器（FCLAnCTLm）的第 0 位（FCLAnINTRm）和第 1 位（FCLAnINTFm）所指定的有效沿（上升沿、下降沿或双边沿）时,将产生非可屏蔽中断。

2.4.2.1　非可屏蔽中断操作过程

首先在 FCLA0CTL0 寄存器中设置中断信号的边沿检测方法（包括上升沿、下降沿及双边沿触发）。检测 NMI 端口是否有输入,若检测到 NMI 端口的触发信号,中断请求被发送至中断控制器（INTC）,INTC 进入中断处理程序,恢复的 PC 值被保存在 FEPC 寄存器中,当前的 PSW 值被保存在 FEPSW 寄存器中,非可屏蔽中断的地址存储至 PC,将 PSW 寄存器的 NP 和 ID 标志置 1 并将 EP 标志清零。中断处理结束后继续检测 NMI 端口的信号。

非可屏蔽中断的处理流程如图 2.31 所示。

2.4.2.2　非可屏蔽中断恢复

中断处理结束后,中断控制模块发出指令恢复非可屏蔽中断,CPU 将进行下列处理并将控制权转移给恢复的 PC 的地址。FEPSW 的 EP 标志为 0,NP 标志为 0,从 FEPC 和 FEPSW 寄存器分别恢复 PC 和 PSW 的值。将控制权转移给恢复的 PC 和 PSW 的地址。

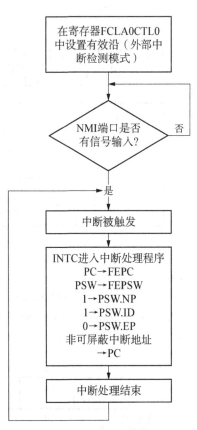

▲ 图 2.31　非可屏蔽中断的处理流程

图 2.32 描述了非可屏蔽中断恢复的处理过程。

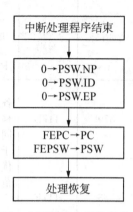

▲ 图 2.32　非可屏蔽中断恢复的处理过程

2.4.2.3　非可屏蔽中断状态标志(NP)

NP、EP 标志分别是 PSW 的第 7、6 位。NP 标志是表示 FE 级中断或异常[包括非可屏蔽中断(NMI)]服务程序正在被执行的状态标志位,NP 在 NMI 被响应后被置为 1,同时将其他所有中断和异常屏蔽以禁止多重中断的响应。EP 标志置 1 表示执行的是异常,置为 0 表示执行的是中断程序(见图 2.33)。

位地址	位名称	描　　　述
7	NP	表示 FE 级异常或中断程序是否正在进行: 0,未执行;1,正在执行。
6	EP	表示正在执行的是异常还是中断: 0,中断;1,异常。

▲ 图 2.33　非可屏蔽中断状态标志寄存器

2.4.2.4　边沿监测功能

滤波控制寄存器(FCLAnCTLm)用于指定非可屏蔽中断(NMI)的有效沿。可通过该寄存器的第 0 位(FCLAnINTRm)和第 1 位(FCLAnINTFm)指定有效沿为上升沿或下降沿。FCLAnINTFm 置 1 表示有效沿为下降沿,FCLAnINTRm 置 1 表示有效沿为上升沿(见图 2.34)。

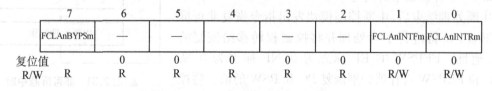

▲ 图 2.34　外部中断模式寄存器

2.4.3　可屏蔽中断

可屏蔽中断请求可以被中断控制寄存器屏蔽。RH850/P1x 具有 385 个可屏蔽中断源。如果两个可屏蔽中断同时发生,那么它们将按照默认优先级被响应。默认优先级可由中断控制寄存器(可编程优先级控制)指定 16 个级别。

当一个中断请求被响应时,其他可屏蔽中断的响应被屏蔽并且设置为中断禁止状态(DI)。

当 EI 指令在中断服务例程中被执行后,中断允许状态(EI)被设置,允许优先级高于当前中断处理的中断(由中断控制寄存器指定)被响应。只有具有较高优先级的中断才有嵌套的资格,同优先级的中断是不能被嵌套的。

2.4.3.1　可屏蔽中断操作

可屏蔽中断包括软件中断和外部中断,软件中断通过设置 INTC 寄存器中 SINTRn 为 1 触发,外部中断则由外部信号触发。可屏蔽中断被触发后,CPU 将执行以下操作并将控制权转移给处理例程。

恢复的 PC 值保存在 EIPC 寄存器中,当前的 PSW 值保存在 EIPSW 寄存器中,可屏蔽中断的地址存储至 PC,将 PSW 寄存器的 NP 和 ID 标志置位并将 EP 标志清零。中断处理结束后继续检测外部中断信号或等待软件中断标志位被置为 1。

可屏蔽中断的处理流程图如图 2.35 所示。ISPR 寄存器的详细介绍可参考 2.4.3.6 节当前服务优先级寄存器(ISPR)部分。

被中断控制器屏蔽的 INTP 输入和中断服务正在进行中(PSW. NP＝1 或 PSW. ID＝1)时产生的 INTP 输入将被中断控制器在内部挂起。这种情况下,如果中断被允许或者中断结束后 PSW. NP 和 PSW. ID 位被清零,那么被中断控制寄存器挂起的 INTP 输入将激活新的中断服务处理。但是当在保留中断状态时,同一屏蔽中断即使发生 2 次以上,PSW. NP＝0 且 PSW. ID＝0 后可接受的可屏蔽中断就变成 1 次了。

2.4.3.2　可屏蔽中断恢复

从可屏蔽中断服务程序中恢复的操作由 RETI 指令完成。

当 RETI 指令被执行时,CPU 将进行下列处理并将控制权转移给恢复的 PC 地址:

(1) 由于 PSW 的 EP 标志和 NP 标志均为 0,所以将 EIPC 和 EIPSW 寄存器中的值恢复到 PC 和 PSW 中。

(2) 将控制权转移给恢复的 PC 地址和 PSW。

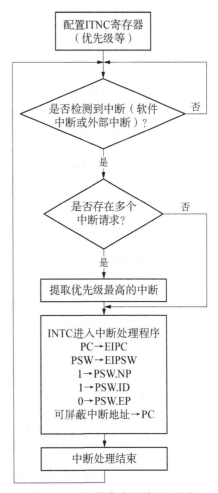

▲ 图 2.35　可屏蔽中断的处理流程

图 2.36 描述了可屏蔽中断恢复的处理过程。

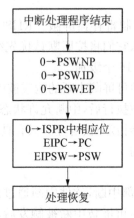

▲ 图 2.36　可屏蔽中断恢复的处理过程

2.4.3.3　可屏蔽中断的优先级

多重中断由优先级来控制。通常有两种优先级控制类型:根据默认优先级进行的控制和根据可编程优先级[由中断控制寄存器(EICn)的中断优先级指定位(EIP0n~EIP3n)指定]进行的控制。当具有相同可编程优先级(由 EIP0n~EIP3n 指定)的两个中断同时产生时,中断将按照通道号顺序被响应(通道编号较小的先被响应)。可编程优先级控制允许用户通过设置优先级指定标志自行将中断指定为 16 个优先级。

同时产生的多个中断请求的处理过程示例如图 2.37 所示。

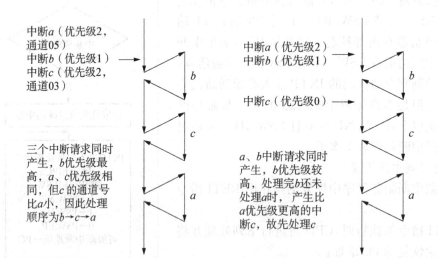

▲ 图 2.37　中断请求的处理过程示例

2.4.3.4　中断控制寄存器(EICn)

每个中断请求(可屏蔽中断)都有一个中断控制寄存器与之对应,它们用于设置可屏蔽中断请求的控制条件。可对该寄存器进行 16 位或 1 位的读写操作,中断控制寄存器构成如图

2.38 所示,相应的地址和位名称如表 2.19 所示。

15	14	13	12	11	10	9	8	7	6	5	4	3	2	1	0
EICTn	—	—	EIRFn	—	—	—	—	EIMKn	EITBn	—	—	EIP3n	EIP2n	EIP1n	EIP0n

复位值 *1

0	0	0	0	0	0	0	0	1	0	0	0	1	1	1	1
R/W	R	R	R/W	R	R	R	R	R/W	R/W	R	R	R/W	R/W	R/W	R/W

注:0,同步边缘检测;1,高电平检测。

位地址	位名称	描　述
15	EICTn	中断检测模式: 0,边沿检测;1,电平检测
12	EIRFn	中断请求标志位: 0,无中断请求;1,有中断请求
7	EIMKn	中断屏蔽标志位: 0,不屏蔽中断请求;1,正在处理中断,屏蔽其他中断请求
6	EITBn	中断向量方法选择: 0,基于优先级的直接分支方法;1,表参考方法
3～0	EIP3n～0n	中断优先级,共 16 个优先级: 0,优先级最高;15,优先级最低

▲ 图 2.38　中断控制寄存器

表 2.19　中断控制寄存器的地址和位名称

地　址	寄存器	寄存器全称	R/W	初始值	长度
FFFE EA00H～FFFE EA3EH(EIC0 to EIC31) FFFF B040H～FFFF B2FEH(EIC32 to EIC383)	EICn	EI 级中断控制寄存器	R/W	008FH(检测到同步边沿时) 808FH(检测到高电平时)	8/16
FFFE EAF0H(IMR0) FFFF B404H～FFFF B42CH(IMR1 to IMR11)	IMRn	EI 级中断屏蔽寄存器	R/W	FFFF FFFFH	8/16/32
FFFE EB00H～FFFE EB7CH(EIBD0 to EIBD31) FFFF B880H～FFFF BDFCH(EIBD32 to EIBD383)	EIBDn	EI 级中断绑定寄存器	R/W	$n = 0$ to 31:同 PEID 寄存器 $n = 32$ to 383:0000 0001H	32
FFFE EA78H	FNC	FE 级非屏蔽中断控制寄存器	R	0000H	8/16
FFFE EA7AH	FIC	FE 级中断控制寄存器	R	0000H	8/16

2.4.3.5 中断屏蔽寄存器(IMR0～IMR11)

IMR0～IMR11用于设置可屏蔽中断的中断屏蔽状态(见图2.39)。这些寄存器是EIC寄存器中EIMK位的汇总。对应的EIMK位的设置反映在IMRn寄存器的每个位中。可以对IMRm寄存器进行16位的读写操作(m＝0～11)。中断标志位说明如图2.40所示。

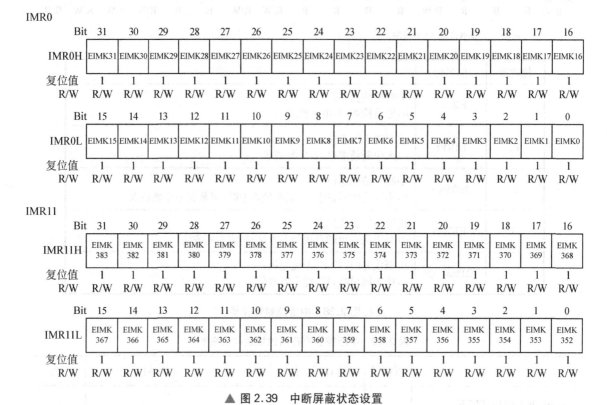

▲ 图2.39　中断屏蔽状态设置

(将指定的位置为1,如果这些位被设置为0,那么操作结果将不能保证)

位名称	描　述
EIMKn	中断屏蔽标志位: 0,允许中断; 1,禁止中断(中断请求被挂起)。

▲ 图2.40　中断标志位说明

2.4.3.6 当前服务优先级寄存器(ISPR)

该寄存器用于保持当前响应的可屏蔽中断的优先级。当中断请求被响应后,该寄存器中与中断请求的优先级相对应的位被置为1,并在中断服务处理过程中保持1。当中断恢复时,硬件将自动清除与最高优先级中断请求相对应的位。但是,它们在程序没有退出可屏蔽中断服务或异常处理例程之前不会被清零。可对该寄存器进行16位或1位的读写操作,该寄存器构成如图2.41所示。

▲ 图 2.41　可屏蔽中断优先级寄存器

2.4.3.7　可屏蔽中断状态标志(ID)

ID 标志位是 EIPSW 寄存器的第 5 位。该标志用于控制可屏蔽中断的操作状态并且保存控制信息(允许或禁止中断请求):1 表示有中断正在处理;0 表示无正在处理的中断,如图 2.42 所示。

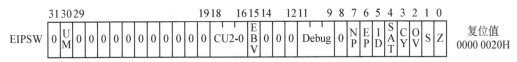

▲ 图 2.42　可屏蔽中断状态标志寄存器

2.4.3.8　外部中断模式寄存器

外部中断模式用于指定由外部引脚输入的中断请求信号(INTP0~INTP12)的有效边沿。各引脚的有效边沿(上升沿有效、下降沿有效或上升下降沿均有效)可分别指定。外部中断对应的寄存器属于可屏蔽中断寄存器。

2.4.4　中断响应时间

中断响应时间,即从中断产生到开始中断服务,具体如图 2.43 所示。

中断请求	中断处理时长(时钟周期数)			
INTC 连接	INTC2	INTC1[1]	CPU1	共计
直接输入至 INTC1	—	$2 \times I\phi$ 〈$1 \times I\phi$〉	详见下表	$7 \times I\phi$
通过 INTC2 输入	$3 \times P\phi + 1 \times I\phi$ 〈$2 \times P\phi + 1 \times I\phi$〉	—		$3 \times P\phi[2] + 6 \times I\phi$

矢量处理方法	CPU1(160 MHz)
固定矢量法	$5 \times I\phi$—$8 \times I\phi$
矢量表参考方法	$12 \times I\phi$—$15 \times I\phi$

注:① INTC1 处理的中断包括 EIC0~31,IMR0,EIBD0~31,FNC 与 FIC;INTC2 处理的中断包括 EIC32~383,IMR1~11 与 EIBD32~383。

② $P\phi$ 为一个高速外设时钟周期(CLK_HSB),$I\phi$ 为一个 CPU 时钟周期(CLK_CPU)。

▲ 图 2.43　中断响应时间

2.4.5 油门信号 A/D 读取中断程序示例

由于系统模块驱动均在中断程序中形成,所以在本书中很多章节的应用举例中都有中断程序说明。本小节仅以 ECU 系统中油门 A/D 信号读取程序为例,说明基于 RH850/P1x 实现定时中断中的 A/D 信号读取的过程。

程序清单:

示例 1　156 号中断是定时器 TAUD0 通道 15 产生的中断,运行于间隔定时器模式,每隔设定的时间产生一次中断,定时器配置会在后续章节阐述。这段程序用于指定中断的优先级和中断请求的使能。

```
__DI();                                 //禁止中断
INTC2.EIBD156.BIT.GPID= 0;
INTC2.EIBD156.BIT.PEID= 1;              //指定中断由 CPU1 处理
if( intlv < 16)                         //中断优先级范围 0～15 级
{
    INTC2.EIC156.BIT.EIRF156= 0;        //中断请求标志:无中断请求(复位后的值)
    INTC2.EIC156.BIT.EIP156= intlv;     //指定中断优先级
    INTC2.EIC156.BIT.EITB156= 0;        //直接跳转到优先级确定的中断地址,进入中断处理
    INTC2.EIC156.BIT.EIMK156= 0 ;       //使能中断处理
}
else
{
    INTC2.EIC156.BIT.EIMK156= 1;        //不响应中断
}
__EI();                                 //打开中断
```

示例 2　若指定中断优先级为 7,中断处理程序如下,在中断中读取油门的 A/D 转换结果,用于后续的处理。

```
void priority7_interrupt( unsigned long  regEIIC_value)
{
    APP[0]= ADCD0DR00;
    APP[1]= ADCD0DR00≫16;
    APP[2]= ADCD0DR02;
    APP[3]= ADCD0DR02≫16;
}
```

示例 3　77 号中断是 A/D 模块 ADCD0 扫描组 0 的扫描完成中断,以下程序段用于指定 ADCD0 SG0 中断的优先级和中断请求的使能。

```
__DI();                          //禁止中断
EIBD77= 0x00000001;              //指定中断由 CPU1 处理
if( intlv< 16)                   //中断优先级范围 0—15 级
{
    EIC77= intlv;                //指定中断优先级为 intlv
}
else
{
    EIC77= 0x0080;               //不响应中断
}
__EI();                          //打开中断
```

2.5　DMA 控制器及其应用

直接存储器访问(direct memory access，DMA)控制器可以直接访问数据而不需要 CPU 参与，RH850/P1x 系列微控制器的 DMA 具有两类直接存储器访问 DMA 传输模块:直接存储器访问控制器 DMAC 和直接数据传输系统 DTS。

2.5.1　DMA 的特点

DMA 模块包含 DMAC 和 DTS 两种传输方式。DMAC 包括用来存储被传输数据的多个寄存器，DTS 将被传输信息存储在外部 RAM 中。RH850/P1x 有两个 8 通道的 DMAC 模块和一个 128 通道的 DTS 模块。DMA 控制器具有单次传输和成批传输、块传输等传输模式，可通过系统互联传输数据，传输数据来源与目标如表 2.20 所示。

表 2.20　DMA 传输数据来源和目标

总　线	读取	写入
代码闪存	√	—
本地 RAM	√	√
全局 RAM	√	√
外围总线	√	√
FlexRay 总线	√	√
DMAC 寄存器和 DTS RAM	—	—

2.5.1.1　直接存储器访问通道(DMAC)的基本特点

RH850/P1x 系列微处理器的 DMAC 具有如下基本特点。

(1) 有两个 8 通道 DMAC 模块，分别由 DMAC0 和 DMAC1 寄存器控制。

(2) 传输数据长度:8 位、16 位、32 位、64 位或 128 位。

（3）传输数据特点：数据固定为从小到大次序，不支持未对齐的数据。

（4）最大传输计数：$65\,535(2^{16})$次。

（5）根据固定的优先级顺序进行通道仲裁。对DMAC0：通道0＞通道1＞通道2＞通道3＞通道4＞通道5＞通道6＞通道7；对DMAC1：通道8＞通道9＞通道10＞通道11＞通道12＞通道13＞通道14＞通道15。

（6）传输地址控制：有三种模式，即升序、降序或固定。

2.5.1.2 数据传输系统（DTS）的基本特点及与DMAC的比较

RH850/P1x系列微处理器的DTS具有如下基本特点：

（1）DTS的基础功能与DMAC相同。

数据从源地址被读取，写入到目标地址，不需要CPU核心的支持；且对控制信息（例如，数据大小和传输计数）也同样适用。

（2）DTS与DMAC的区别是传输信息的位置。

定义传输操作的信息设置被称为传输信息（TI）：

DMAC：传输信息位于本地专用寄存器。

DTS：传输信息位于专用的RAM区域中，且每个传输都可以读取。升级后的传输信息在传输后可以被重新写入到RAM中。

（3）DTS相对于DMAC性能更低。因为从RAM中读取传输信息需要更多的时间，但是DTS有较高的灵活性。

（4）DTS模块有128通道。

（5）传输数据长度：8位、16位、32位、64位或128位。

（6）传输地址控制：升序、降序、固定。

（7）最大传输计数：$65\,535(2^{16})$次。

（8）通道优先级控制：每个通道有四种优先级可供选择。

（9）支持如下传输模式：

单次传输模式，每个DTS请求进行一次传输。

成批传输模式，一批至多进行$65\,535$次传输。在成批传输中，总线没有被锁定，所以CPU可以中断成批传输。

（10）链功能：一个DTS请求之后进行多重DTS传输。

（11）中断发生器在传输的最后。

2.5.2 DMA控制器配置方法

在使用RH850/P1x系列微处理器的DMA功能时，为满足使用者对功能的需求，需要对一系列寄存器进行配置。本节首先介绍DMA操作，然后再从总体上介绍使用DMA功能时，需要配置的寄存器系列。而更多的细节，读者可以查阅相关产品的用户手册。

2.5.2.1 DMA操作

（1）传输模式。DAM有如下3种传输模式。

单次传输：收到一个DMA传输请求时，执行一次DMA循环。

块传输1：收到一个DMA传输请求时，执行传输计数寄存器中定义数量的DMA传输循环。

块传输2:收到一个DMA传输请求时,执行在地址重载计数中定义数量的DMA传输循环。

(2)执行一个DMA循环。DMA总是在完成读取周期后,执行一个写入周期。写入周期不会在读取周期的中间开始。

(3)更新传输信息。在执行一个DMA周期时,DMA更新如下的传输信息:①源地址与目标地址;②传输计数,地址重载计数;③其余传输信息。

(4)最后一个传输和地址重载传输,所谓最后一个传输,是指在传输技术寄存器中的值为1时执行的那个传输。当最后一个传输完成时,传输完成标志位(DCSTn. TC)被置1;当最后一个传输完成时,通道操作使能位(DCENn. DTE)被清除;当传输完成中断输出使能被置1时,在最后一个传输完成时,输出传输完成中断;当重载功能1使能时,在最后一个传输时刻会执行重载功能1。

2.5.2.2 DMA控制器配置方法

使用DMA控制器,控制通道优先级、控制DMAC通道和控制DTS通道等功能的实现需要配置如下的寄存器系列。

(1)通道优先级控制。配置该功能包含如下3个系列的必要寄存器:

① DTSPR0~DTSPR7;

② DM00CM~DM07CM,DM10CM~DM17CM;

③ DTS0CM~DTS127CM。

其中,在使用DMAC时,需要配置②系列寄存器;在使用DTS时,需要配置①和③系列寄存器。

(2)控制DMAC通道。配置该功能包含如下7个系列的必要寄存器:

① DSAn,设置传输源地址;

② DDAn,设置传输目标地址;

③ DTCn,设置传输计数;

④ DTCTn,传输控制;

⑤ DTFRn,硬件传输需求控制;

⑥ DCSTCn,传输状态清除;

⑦ DCENn,使能位。

另外,在使用重载功能时,应配置DRSAn(重载源地址配置)、DRDAn(重载目标地址配置)和DRTCn(重载传递计数)。在使用传输计数中断时,还应配置DTCCn(计数比较配置)。

(3)控制DTS通道。配置该功能包含如下5个必备的寄存器系列:

① DTSAnnn,设置传输源地址;

② DTDAnnn,设置传输目标地址;

③ DTTCnnn,设置传输计数;

④ DTTCTnnn,设置传输控制;

⑤ DTFSLnnn,使能位。

另外,在使用重载功能时,应配置DTRSAnn(重载源地址配置)、DTRDAn(重载目标地址配置)和DTRTCn(重载传递计数)。在使用传输计数中断时,还应配置DTTCCn(计数比较配置）。

2.5.3　DMA 寄存器

DMA 的寄存器众多，包括 DMA 全局寄存器和 DMAC、DTS 通道寄存器等，本书由于篇幅所限，不在此逐一描述。感兴趣的读者可以查阅 RH850/P1x 硬件手册中相关内容。

2.5.3.1　DMA 全局寄存器总览

表 2.21 列出了大部分的 DMA 全局寄存器，并给出了详细的信息（功能、名称等）。

表 2.21　DMA 全局寄存器列表

序号	控制/状态	功能描述	寄存器名称	寄存器描述	设置的必要性
1	控制	DMA 全局	DMACTL	DMA 控制	必须设置
2	控制	DTS 控制	DTSCTL1、2	DTS 控制	使用 DTS 时，必须设置
3	状态	DTS 状态	DTSSTS	DTS 状态	使用 DTS 时，必须设置
4	状态	DMAC 状态	DMACER	DMAC 错误	
5	状态	DTS 状态	DTSER1、2	DTS 错误	
6	控制	DTS 状态清除	DTSERC	DTS 错误清除	
7	状态	DMAC 非法访问标志	DM0CMV	DMAC0 保护违反	
8	状态	DMAC 非法访问标志	DM1CMV	DMAC1 保护违反	
9	状态	DTS 非法访问标志	DTSCMV	DTS 保护违反	
10	控制	DMA 状态清除	CMVC	保护违反清除	
11	控制	DTS 优先级设定	DTSPRn	DTS 通道优先级设置	使用 DTS 时，必须设置
12	控制	DTSRAM 相关	DTRECCTL	DTSRAM ECC 控制	使用 DTS 时，推荐设置
13	控制		DTRERINT	DTSRAM ECC 通知控制	使用 DTS 时，推荐设置
14	控制		DTRTSCTL	DTSRAM 测试控制	使用 DTS 时，推荐设置
15	控制		DTRTWDAT	DTSRAM 测试写数据	使用 DTS 时，推荐设置
16	状态		DTRTRDAT	DTSRAM 测试读数据	
17	控制	DMAC 控制	DMnnCM	DMAC 通道控制设置	使用 DMAC 时，必须设置
18	控制	DTS 控制	DTSnnnCM	DTS 通道主机设置	使用 DTS 时，必须设置

2.5.3.2　DMAC 通道寄存器总览

表 2.22 列出了大部分的 DMAC 通道寄存器，并提供了详细的信息（名称、功能、状态等）。

表 2.22　DMAC 通道寄存器列表

序号	控制/状态	功能描述	寄存器名称	寄存器描述	设置的必要性
1	控制	源地址设定	DSAn	DMAC 源地址	必须设置
2	控制	目标地址设定	DDAn	DMAC 目标地址	必须设置
3	控制	传输计数设定	DTCn	DMAC 传输计数	必须设置
4	控制	传输控制	DTCTn	DMAC 传输控制	必须设置
5	控制	重载设定	DRSAn	DMAC 重载源地址	使用重载时,必须设置
6	控制	重载设定	DRDAn	DMAC 重载目标地址	使用重载时,必须设置
7	控制	重载设定	DRTCn	DMAC 重载传输计数	使用重载时,必须设置
8	控制	计数比较设定	DTCCn	DMAC 传输计数比较	计数比较时,必须设置
9	控制	通道使能	DCENn	DMAC 通道操作使能	必须设置
10	状态	状态标志	DCSTn	DMAC 传输状态	
11	状态	状态标志	DCSTSn	DMAC 传输状态集	
12	控制	状态清除	DCSTCn	DMAC 传输状态清除	必须设置
13	控制	DTFR 设定	DTFRn	DTFR 设置寄存器	必须设置
14	状态	DTFR 请求	DTFRRQn	DTFR 传输请求状态	
15	控制	DTFR 请求清除	DTFRRQCn	DTFR 传输请求清除	推荐设置

2.5.3.3　DTS 通道寄存器总览

表 2.23 列出了大部分 DTS 通道寄存器,并提供了详细的信息(名称、功能、状态)。

表 2.23　DTS 通道寄存器列表

序号	控制/状态	功能描述	寄存器名称	寄存器描述	设置的必要性
1	控制	源地址设定	DTSAnnn	DTS 源地址	必须设置
2	控制	目标地址设定	DTDAnnn	DTS 目标地址	必须设置
3	控制	传输计数设定	DTTCnnn	DTS 传输计数	必须设置
4	控制	传输控制	DTTCTnnn	DTS 传输控制	必须设置
5	控制	重载设定	DTRSAnnn	DTS 重载源地址	使用重载时,必须设置
6	控制	重载设定	DTRDAnnn	DTS 重载目标地址	使用重载时,必须设置
7	控制	重载设定	DTRTCnnn	DTS 重载传输计数	使用重载时,必须设置
8	控制	计数比较设定	DTTCCnnn	DTS 传输计数比较	计数比较时,必须设置
9	控制	DTSFSL 设定	DTFSLnnn	DTSFSL 操作设置	必须设置
10	状态	DTSFSL 请求	DTFSTnnn	DTSFSL 传输请求	
11	状态	状态标志	DTFSSnnn	DTSFSL 传输请求集	
12	控制	状态清除	DTFSCnnn	DTSFSL 传输请求清除	推荐设置

2.5.4 DMA 通道优先级顺序

DMAC0 通道、DMAC1 通道和 DTS 通道独立工作和执行 DMA 传输。其中,DMAC0 和 DMAC1 通道的仲裁方法相同。因此,DMA 通道的仲裁分为 DMAC 通道仲裁和 DTS 通道仲裁。

2.5.4.1 DMAC 通道仲裁

DMAC 通过仲裁从 8 个通道中选择一个。仲裁根据固定的优先级顺序进行:对 DMAC1,优先级顺序为通道 0＞通道 1＞通道 2＞通道 3＞通道 4＞通道 5＞通道 6＞通道 7;对 DMAC2,优先级顺序为通道 8＞通道 9＞通道 10＞通道 11＞通道 12＞通道 13＞通道 14＞通道 15。

将对每个 DMA 周期都进行仲裁。但在一个 DMA 周期的读和写之间不进行仲裁。由于在 DMAC 执行块传输 1 或块传输 2 时,会对每个 DMA 周期进行 DMAC 通道仲裁,而且可能转而执行具有更高优先级的另一个 DMAC 通道的 DMA 周期。因此,在位于一个通道的块传输的中间的 DMA 周期完成时,如果有来自更高优先级通道的 DMA 传输请求作为仲裁结果,将执行具有更高优先级通道的 DMA 周期。如图 2.44 所示为 DMAC 通道仲裁示例。

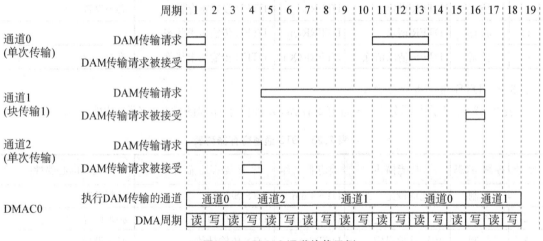

▲ 图 2.44　DMAC 通道仲裁示例

2.5.4.2 DTS 通道仲裁

如果从多重 DTS 通道收到 DMA 传输请求,则 DTSFSL 会根据以下原则进行 DTS 通道仲裁。

(1) 在 DTS 通道优先级设置寄存器中有更高优先级的通道具有更高的优先级。

(2) 在 DTS 通道优先级设置寄存器中,如果两个通道具有相同的优先级,则通道编号低的通道具有更高的优先级。

DTSFSL 为根据仲裁选择的通道,向 DTS 发送一个 DMA 请求。DTS 在接受 DMA 传输请求时,执行 DMA 传输。与采用 DMAC 的 DMA 传输不同,采用 DTS 的 DMA 传输不允许在块传输的中间进行 DTS 通道间的仲裁。也就是说,在具有较低优先级通道的块传输中,即使有更高优先级的 DMA 请求,在当前具有较低优先级通道的块传输没有完成前,也不会执行具有更高优先级的 DMA 传输。如图 2.45 所示为 DTS 通道仲裁示例。

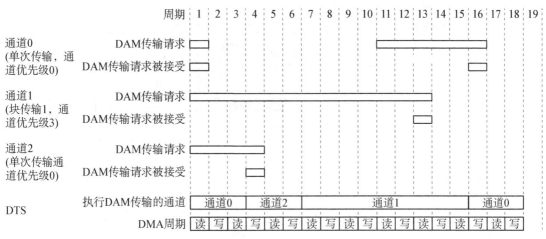

▲ 图 2.45　DTS 通道仲裁示例

2.5.5　DMA 中断

DMA 可对外部设备输出传输完成中断和传输计数匹配中断。

（1）传输完成中断输出。

当在传输控制寄存器中的传输完成中断输出使能位 DTCTn. TCE 被设置时，在最后一个传输完成时，DMAC 请求一个传输完成中断。

当在传输控制寄存器中的传输完成中断输出使能位 DTTCTn. TCE 被设置时，在最后一个传输完成时，DTS 请求一个 DTS 传输完成中断（when the transfer completion interrupt）。

（2）传输计数匹配中断输出。

当在传输控制寄存器中的传输计数匹配中断使能位 DTCTn. CCE 被设置时，在传输计数比较寄存器与传输计数具有相同的值的 DMA 周期完成时，DMAC 请求一个 DMAC 传输计数匹配中断。

当在传输控制寄存器中的传输计数匹配中断使能位 DTTCTn. CCE 被设置时，在传输计数比较寄存器与传输计数具有相同的值的 DMA 周期完成时，DTS 请求一个 DTS 传输计数匹配中断。

图 2.46 所示为 DMA 两种中断输出的示例。

2.6　定时管理系统及其应用

定时管理系统用来监控程序的运行、实现实时脉冲输入信号的捕捉与脉冲输出信号的比较以及精确定时控制、电机控制等，是汽车电控中最为核心的部分。RH850/P1x 系列微处理器的定时管理系统由看门狗定时器（WDTA）、操作系统定时器（OSTM）、定时器阵列单元（TAUD、TAUJ）、电机控制定时器（TSG3）、辅助电机控制定时器（TAPA）、PWM 输出单元（TPBA）、编码器定时器（ENCA）组成。

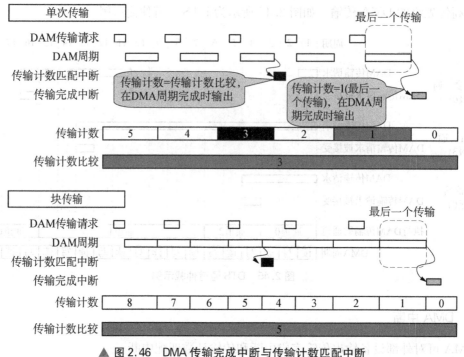

▲ 图 2.46　DMA 传输完成中断与传输计数匹配中断

2.6.1　定时管理系统的结构组成及功能概述

（1）看门狗定时器（WDTA）。

该定时器用于监控主程序的运行，当 WDTA 计数器达到溢出时间的 75% 而没有接收到激活码时，可以产生一个中断请求信号；当 WDTA 计数器达到溢出时间时，系统产生一个看门狗故障中断。可以为 WDTA 计数器设置窗口时间，在窗口打开时间内写入 WDTA 触发寄存器被认为是有效的，在窗口关闭时写入则报错。

（2）操作系统定时器（OSTM）。

操作系统定时器具有两种功能：一是作为时间间隔定时器，定时器每隔设定的时间被清零，用于输出给定时间长度的信号；二是用作比较器，定时器自由运行并在达到寄存器中设定的值时输出相应信号，产生中断。OSTM 输出模式包括软件控制模式和输出切换模式。

（3）定时器阵列单元（TAUD、TAUJ）。

定时器阵列单元 TAUD 与 TAUJ 用于执行各种计数器或定时器运算，并输出与运算结果相关的信号，支持多通道同步操作与单通道独立操作。TAUD 包含一个用于产生计数时钟的预分频器模块和 16 个通道，每个通道配有一个 16 位计数器 TAUDnCNTm 和一个 16 位数据寄存器 TAUDnCDRm 来保存计数器的启动或比较值。TAUJ 包含一个用于计数时钟生成的预分频器模块和 4 个通道，每个通道都配有一个 32 位计数器 TAUJnCNTm 和一个 32 位数据寄存器 TAUJnCDRm 来保存计数开始值或比较值。

（4）电机控制定时器（TSG3n）。

TSG3n 是具有各种电机控制功能的 18 位定时器。该定时器具有与各种电机控制模式相对应的运行模式，包括多种 PWM 输出模式、高阻抗输出与 AD 转换触发。

（5）辅助电机控制定时器（TAPA）。

当 CPU 控制下的电机控制定时器 TSG3 运行异常，导致外部连接的电机的旋转也出现异常时，该功能将电机控制输出强制设置为高阻抗异步 Hi－Z 状态，而不受 CPU 的控制。TAPA 相当于辅助的电机控制定时器。

（6）PWM 输出单元（TPBA）。

TPBAn 是一个带占空比设置缓冲器的 16 位 PWM 定时器，能够产生周期匹配检测中断、占空比匹配检测中断、模式匹配检测中断等中断请求。PWM 的输出有 64 种模式（16 位）或 128 种模式（8 位），根据模式的数量自动生成占空比，并通过软件控制输出。

（7）编码器定时器（ENCA）。

ENCA 的计数器控制信号来源于编码器的输入信号，ENCA 与系统时钟同步执行计数操作。ENCA 具有捕获功能、比较功能、中断屏蔽功能。该定时器产生的中断包含 2 个捕捉比较中断、1 个计数器清零中断、1 个溢出中断和 1 个下溢中断。

2.6.2　看门狗定时器（WDTA）

2.6.2.1　定时器电路结构与寄存器设置

1）看门狗定时器电路框图与工作过程

如图 2.47 所示，WDTA 首先通过设置启动设置寄存器 OPWDRUN、OPWDOVF、OPWDVAC、OPWDMDS 来选择 WDTA 复位后的操作模式。其中，OPWDRUN 用于选择软件触发启动或默认启动，OPWDOVF 用于指定溢出间隔时间的复位值，OPWDVAC 用于选择是否使用可变激活码（VAC），OPWDMDS 用于选择 WDTA 的时钟源。

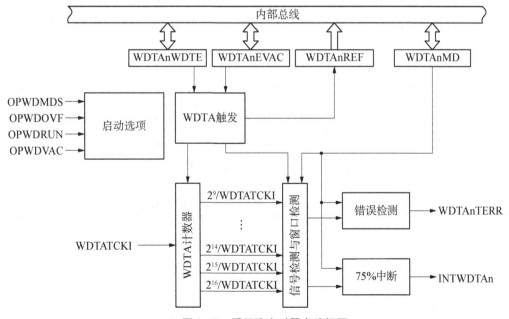

▲ 图 2.47　看门狗定时器电路框图

向 WDTA 触发寄存器写入激活码将启动 WDTA，并重新启动计数器。激活码包括固定激活码和可变激活码。在可变激活码中，与之前不同的值被写入 WDTA 触发寄存器时，计数器会重新启动。

当 WDTA 计数器达到溢出间隔时间的 75％时,可以产生中断请求信号 INTWDTAn。中断的使能和禁止由 WDTAnMD 寄存器设置。写入 WDTA 触发寄存器的有效期间(窗口打开)可以设置。在窗口打开时间以外的时间写入 WDTA 触发寄存器会导致错误。当检测到错误时,会产生错误信号 WDTAnTERR。该信号将连接到 ECM 模块。

2) WDTA 寄存器设置的主要内容如下。寄存器设置

(1) WDTA 使能寄存器(WDTAnWDTE)。

WDTAnWDTE 是一个 8 位的寄存器。当 VAC 没有启用时,这个寄存器即为 WDTA 触发寄存器。向其中写入固定的激活码(ACH)会触发 WDTAn 计数开始和重新启动。写入 ACH 以外的值会产生错误。

(2) WDTA 启用可变激活码功能寄存器(WDTAnEVAC)。

WDTAnEVAC 是一个 8 位的寄存器。当使用 VAC 功能时,该寄存器是 WDTA 触发寄存器。将正确的激活码写入该寄存器会产生 WDTA 触发,并启动或重启 WDTA 计数器。

(3) WDTA 参考值寄存器(WDTAnREF)。

WDTAnREF 是一个 8 位的寄存器。该寄存器存储用于计算 VAC 功能的激活代码的参考值。每次触发操作后 WDTAnREF 将自动更新,更新计算方法如下:

ExpectWDTE＝ACH－WDTAnREF(旧)

WDTAnREF(新)＝(将 ExpectWDTE 的值向左旋转 1 位)

(4) WDTA 模式寄存器(WDTAnMD)。

如图 2.48 与表 2.24 所示,该寄存器指定溢出间隔时间:75％中断允许/禁止和窗口打开周期。该寄存器的值只能在复位释放之后和第一个触发器生成之前更新一次。WDTA 触发寄存器写入后,更新后的值将生效。在 WDTA 启动后更新该寄存器会导致错误检测,但如果写入与已有值相同的值,则不会发生错误。

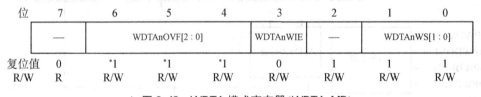

▲ 图 2.48　WDTA 模式寄存器(WDTAnMD)

表 2.24　WDTA 模式寄存器(WDTAnMD)功能

位地址	位名称	描　述
6～4	WDTAnOVF[2:0]	选择溢出间隔时间 间隔时间＝2^(9＋WDTAnOVF[2:0])/WDTA 时钟频率
3	WDTAnWIE	启用或禁用 75％的中断请求 INTWDTAn: 0,禁用;1,启用。
1～0	WDTAnWS[1:0]	选择窗口打开时长: 00:25％;01:50％;10:75％;11:100％

2.6.2.2　看门狗定时器(WDTA)的功能与中断操作

1) 错误检测

WDTA 检测到的错误,包括 WDTA 计数溢出、错误的激活码被写入 WDTA 触发寄存器或在窗口打开时间之外的时间写入触发寄存器。计数溢出导致错误信号生成时序如图 2.49 所示。当计数器溢出时,检测到错误,产生错误信号 WDTAnTERR,计数器值保持,直到执行系统复位。当系统复位时,计数器清零并停止,直到复位释放。

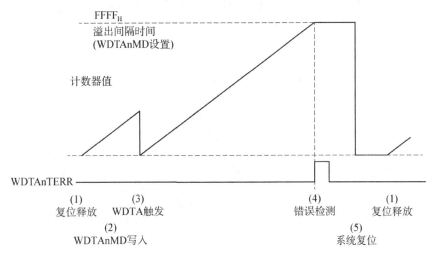

▲ 图 2.49　WDTA 错误信号生成时序图

2) 75%溢出中断

75%溢出中断生成的时序图如图 2.50 所示。当 WDTA 计数器达到设定溢出间隔时间的 75%时,产生中断请求 INTWDTAn。计数在 WDTA 触发时重新启动。当计数器溢出时,检测到错误。根据错误模式生成中断请求 WDTAnTNMI 或复位 WDTAnTRES。计数器值保

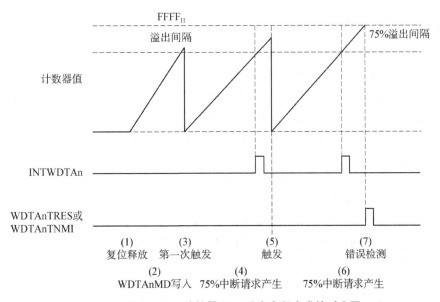

▲ 图 2.50　WDTA 计数器 75%溢出中断生成的时序图

持不变,直到执行系统复位。

3)窗口设置

可以设置 WDTA 触发有效期间(窗口打开期间)。如果窗口打开期间设置为小于100%的值,则 WDTA 触发器不会在窗口期间产生错误。复位释放后的开窗时间为100%。

窗口设置后的时序如图2.51所示。WDTA 计数在窗口打开期间且在 WDTA 触发下重新启动。在窗口关闭期间,在 WDTA 触发时检测到错误,系统根据错误模式生成中断请求 WDTAnTNMI 或复位 WDTAnTRES。计数器值保持不变,直到执行系统复位。当系统复位时,计数器清零并停止,直到复位被释放。

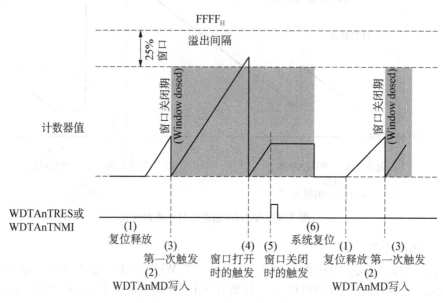

▲ 图2.51　WDTA 窗口设置后的时序图

2.6.3　操作系统定时器(OSTM)

2.6.3.1　定时器电路结构与寄存器设置

1)定时器电路框图与工作过程

OSTMn 是一个 32 位定时器/计数器,电路结构如图 2.52 所示。通过对寄存器 OSTMnCTL 的设置,OSTMn 可以在间隔定时器模式或自由运行的比较模式下使用,并可以根据运行结果产生 OSTMnTINT 中断,同时控制 OSTMnTO 的输出信号。

2)寄存器设置

OSTM 的寄存器设置主要包括如下寄存器的设置。

(1)比较寄存器(OSTMnCMP)。

该32位寄存器根据计数器的工作模式存储不同的值。在间隔定时器模式下存储计数器的起始值;在自由运行的比较模式下,存储与计数器进行比较的值。

(2)计数器(OSTMnCNT)。

该32位寄存器指示定时器的计数器值。

(3)输出与输出使能寄存器(OSTMnTO、OSTMnTOE)。

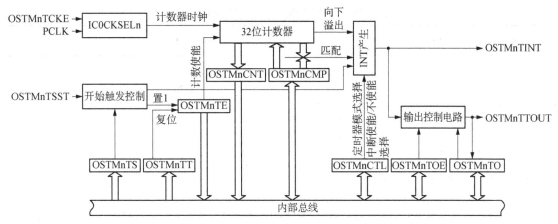

▲ 图 2.52 操作系统定时器电路结构图

OSTM 输出寄存器 OSTMnTO 的第 0 位用于指定和读取 OSTMnTTOUT 输出信号的电平:0 表示低电平,1 表示高电平。该寄存器的设置仅在 OSTMn(n=0,1)中有效。

OSTM 输出使能寄存器 OSTMnTOE 的第 0 位用于指定 OSTMnTTOUT 输出模式,0 表示软件控制模式,即将 OSTMnTO. OSTMnTO 输出到 OSTMnTTOUT。1 表示定时器输出切换模式,每当产生 OSTMnTINT 中断请求时切换 OSTMnTTOUT 的输出电平。

(4) 计数使能状态寄存器(OSTMnTE)、计数启动寄存器(OSTMnTS)、计数停止寄存器(OSTMnTT)。

计数使能状态寄存器(OSTMnTE)的第 0 位指示计数器启用还是禁用:0 表示禁用,1 表示启用。计数停止寄存器(OSTMnTT)的第 0 位用于停止计数器:0 表示禁用计数器,1 表示暂停计数器并将 OSTMnTE 寄存器的第 0 位清零。计数启动寄存器(OSTMnTS)的第 0 位用于启动或强制重启计数器:0 表示没有启动计数器,1 表示开启计数器,在间隔定时器模式下,若 OSTMnTE 状态已经启动,将 OSTMnTS 的第 0 位置为 1 则会使得计数器强制重启。

(5) 控制模式寄存器(OSTMnCTL)。

该 8 位寄存器指定计数器的工作模式,并在开始计数后控制产生 OSTMnTINT 中断。

当 OSTMnTE. OSTMnTE=0 时,该寄存器可读写操作,当 OSTMnTE. OSTMnTE=1 时,寄存器变为只读。OSTMnCTL 的第 1 位 OSTMnMD1 指定工作模式:0 表示间隔定时器模式,1 表示自由运行的比较模式。OSTMnCTL 的第 0 位 OSTMnMD0 表示 OSTMnTINI 中断的使能状态:0 表示不启用中断,2 表示在计数开始后启用中断。

(6) 时钟选择寄存器(IC0CKSEL0、IC0CKSEL1)。

IC0CKSEL0 寄存器选择 OSTM0 计数器的时钟源。IC0CKSEL1 寄存器选择 OSTM1 计数器的时钟源。以 IC0CKSEL0 为例,时钟选择寄存器的设置与功能分别如图 2.53 与表 2.25 所示。

位	15	14	13	12	11	10	9	8	7	6	5	4	3	2	1	0
	IC0TM EN0	—	IC0TMSEL0 [1:0]		IC0CKSEL03 [1:0]		IC0CKSEL02 [1:0]		IC0CKSEL01 [3:0]				IC0CKSEL00 [3:0]			
复位值	0	0	0	0	0	0	0	0	0	0	0	0	0	0	0	0
	R/W	R/W	R	R/W	R/W	R/W	R/W	R/W	R/W	R/W	R/W	R/W	R/W	R/W	R/W	R/W

▲ 图 2.53 时钟选择寄存器(IC0CKSEL0)

表 2.25　时钟选择寄存器(IC0CKSEL0)功能

位地址	位名称	描　述
15	IC0TMEN0	选择 OSTM0 时钟源： 0，PCLK；1，由 IC0TMSEL0[1：0]选择的外围模块
13，12	IC0TMSEL0[1：0]	选择 OSTM0 时钟源： 00，TAUD0；01，TAUD1；10，TAUJ0；11，TAUJ1
11，10	IC0CKSEL03[1：0]	选择 OSTM0 时钟源(当 IC0TMEN0＝1 且 IC0TMSEL0＝11 时有效)： TAUJ1 通道 n　　　n＝IC0CKSEL03[1：0]
9，8	IC0CKSEL02[1：0]	选择 OSTM0 时钟源(当 IC0TMEN0＝1 且 IC0TMSEL0＝10 时有效)： TAUJ0 通道 n　　　n＝IC0CKSEL02[1：0]
7～4	IC0CKSEL01[3：0]	选择 OSTM0 时钟源(当 IC0TMEN0＝1 且 IC0TMSEL0＝01 时有效)： TAUD1 通道 n　　　n＝IC0CKSEL01[3：0]
3～0	IC0CKSEL00[3：0]	选择 OSTM0 时钟源(当 IC0TMEN0＝1 且 IC0TMSEL0＝00 时有效)： TAUD0 通道 n　　　n＝IC0CKSEL00[3：0]

2.6.3.2　操作系统定时器操作模式与功能

1) 间隔定时器模式

设置 OSTMnCTL.OSTMnMD1 ＝ 0 即可选择间隔定时器模式，时序如图 2.54 所示。在该模式下，定时器从 OSTMnCMP 寄存器中指定的值开始递减计数。当计数器下溢(达到 0000 0000H)时，产生一个 OSTMnTINT 中断请求。在计数或停止计数时，可以随时将新值写入 OSTMnCMP 寄存器。当计数正在进行而写入新值时，新的 OSTMnCMP 值将仅在下一

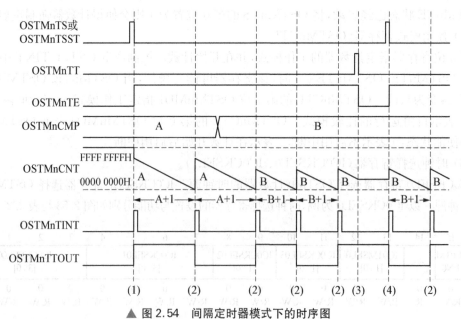

▲ 图 2.54　间隔定时器模式下的时序图

次计数器达到 0000 0000H 时被加载。然后计数器从新加载的值开始递减计数。
OSTMnTINT 和 OSTMnTTOUT 输出的间隔如下:

　　(1) OSTMnTINT 生成周期＝时钟周期×(OSTMnCMP＋1);

　　(2) OSTMnTTOUT 输出周期＝OSTMnTINT 生成周期×2。

　　当 OSTMnTT 将计数暂停时,计数器的值保持不变,输出值亦保持不变,直至 OSTMnTS 重新启动计数。

　　2) 自由运行的比较模式

　　设置 OSTMnCTL.OSTMnMD1＝1 即可选择自由运行的比较模式。图 2.55 为 OSTMn 在自由运行的比较模式下的基本操作和时序图。在该模式下,计数器从 0000 0000H 计数到 FFFF FFFFH。当 OSTMnCMP 寄存器的值与当前计数器值相匹配时,产生 OSTMnTINT 中断请求。当定时器被设置为输出切换模式(OSTMnTOE.OSTMnTOE＝1)时,每产生一次中断请求,计数器的输出值切换一次。在计数或停止计数时,可以随时将新值写入 OSTMnCMP 寄存器,且新的设置将在下一个时钟周期开始生效。

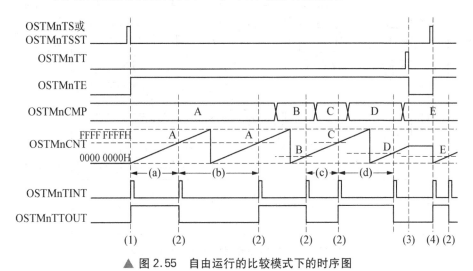

▲ 图 2.55　自由运行的比较模式下的时序图

2.6.4　定时器阵列单元(TAUD、TAUJ)

2.6.4.1　定时器电路结构与寄存器设置

　　1) 定时器阵列电路框图与工作过程

　　定时器阵列单元 TAUD 的结构如图 2.56 所示,主要部分介绍如下。

　　(1) 预分频器(prescaler)。

　　初始的时钟源经过预分频器后,变成 4 种不同频率的时钟信号(CK0～CK3),可用作所有通道的计数时钟。计数时钟 CK0～CK2 通过可设置的预分频器分频因子为 20～215 从 PCLK 导出。通过使用波特率设置 BRG 可以更精确地调整第四计数时钟 CK3,以设置不是 2 的幂的附加分频因子。

　　(2) 时钟选择器和计数时钟选择器(clock selector ＆ count clock selector)。

　　对于每个通道,计数时钟选择器从以下时钟中选择一个作为时钟源:CK0～CK3(由时钟

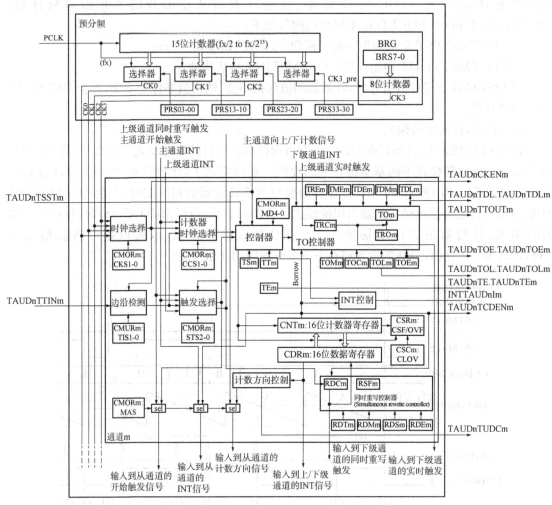

▲ 图 2.56　定时器阵列单元 TAUD 结构图

选择器选择)、主通道的 INTTAUDnIm 或是 TAUDnTTINm 输入信号有效沿。

（3）控制器(controller)。

控制器的主要功能包括设置工作模式(由 TAUDnCMORm. TAUDnMD[4:0]选择),计数器启动使能(TAUDnTS. TAUDnTSm)和计数器停止(TAUDnTT. TAUDnTTm),当计数器启动时,树立状态标志 TAUDnTE. TAUDnTEm,设置计数方向(向上/向下)。

（4）触发选择器(trigger selector)。

根据所选择的操作模式,计数器在使能(TAUDnTE. TAUDnTEm = 1)时自动启动,或等待外部启动触发信号。以下任何一种信号可用作触发信号:同步通道启动触发输入信号 TAUDnTSSTm、来自主通道或任何上级通道的 INTTAUDnIm、主通道的触发信号、TAUDnTTOUTm 的死区输出信号、TAUDnTTINm 输入信号有效沿。

（5）同时重写控制器(simultaneous rewrite controller)。

同步重写控制是可以在同步操作模式下使用的功能。通道组中所有通道的数据寄存器(TAUDnCDRm)可以随时重写。同时重写控制器确保所有通道的新数据寄存器值同时生效。

（6）TAUDnTO 控制器（TO controller）。

每个通道的输出控制使得能够产生诸如 PWM 信号或三角波的各种输出信号形式。

TAUJ 的结构与 TAUD 类似，但可选的输出模式较少。TAUJ 采用 32 位计数器，TAUD 采用 16 位计数器。TAUJ 的结构如图 2.57 所示。限于篇幅，以下主要以 TAUD 为例，分析阐述定时器阵列的寄存器设置、操作模式与功能等。

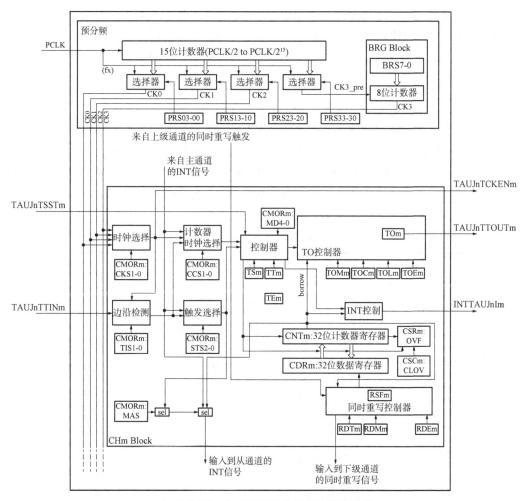

▲ 图 2.57　定时器阵列单元 TAUJ 结构图

2）寄存器

寄存器设置包括预分频寄存器、控制寄存器、输出寄存器和数据重载寄存器。

（1）预分频寄存器。

16 位的预分频时钟选择寄存器 TAUDnTPS 用于设置时钟 CK0，CK1，CK2 和 CK3_PRE 的频率。其中，CK3_PRE 除以 TAUDnBRS 寄存器中指定的因子得到 CK3。TAUDnTPS 寄存器的第 15～12 位对应 CK3_PRE，11～8 位对应 CK2，7～4 位对应 CK1，3～0 位对应 CK0，时钟频率计算如下：

$$CKm \text{ 时钟频率} = PCLK/2^n$$

式中，n 为 CKm 时钟对应的 4 位二进制数。

8 位的预分频波特率设置寄存器 TAUDnBRS 指定预分频器时钟 CK3 与 CK3_PRE 之间的分频系数。CK3 通过将 CK3_PRE 除以该寄存器中指定的因子加 1 而产生。CK3_PRE 预分频在 TAUDnTPS. TAUDnPRS3 [3：0] 中设定。

（2）控制寄存器。

根据 TAUDnCMORm. TAUDnMD [4：1] 中指定的工作模式，16 位的通道 m 数据寄存器 TAUDnCDRm 用作比较寄存器或捕获寄存器。通道 m 计数器 TAUDnCNTm 是一个 16 位的计数器。通道 m 模式寄存器 TAUDnCMORm 控制通道 m 的工作模式，其构成与功能分别如图 2.58 与表 2.26 所示。

Bit	15	14	13	12	11	10	9	8	7	6	5	4	3	2	1	0
	TAUDnCKS [1：0]		1TAUDnCCS [1：0]		TAUDn MAS	TAUDnSTS[2：0]			TAUDnCOS [1：0]		—	TAUDnMD[4：0]				
复位值	0	0	0	0	0	0	0	0	0	0	0	0	0	0	0	0
	R/W	R/W	R/W	R/W	R/W	R/W	R/W	R/W	R/W	R/W	R	R/W	R/W	R/W	R/W	R/W

▲ 图 2.58 控制寄存器（TAUDnCMORm）

表 2.26 控制寄存器（TAUDnCMORm）功能

位地址	位名称	描述
15	TAUDnCKS[1：0]	选择通道 m 的运行时钟源： 00，CK0；01，CK1；10，CK2；11，CK3
13，12	TAUDnCCS[1：0]	选择 TAUDnCNTm 的计数时钟： 00，TAUDnCKS[1：0] 指定的运行时钟； 01，TAUDnTTINm 输入的有效沿； 10，禁止设置； 11，主通道的 INTTAUDnIm 信号。
11	TAUDnMAS	设置当前通道是否为主通道： 0，从通道；1，主通道
10～8	TAUDnSTS[2：0]	选择外部触发方式： 000，软件触发； 001，由 TAUDnCMURm. TAUDnTIS [1：0] 指定的 TAUDnTTINm 输入信号的有效边沿； 010，TAUDnTTINm 输入信号的有效边沿用作起始触发，相反边沿用作停止触发； 011，同时重写触发； 100，主通道的 INT； 101，无论主通道如何设定，均使用上级通道（$m-1$）的 INT； 110，TAUDnTTOUTm 输出端的 TO 控制器的死区时间输出信号； 111，主通道的输出触发信号。

（续表）

位地址	位名称	描　　述
7，6	TAUDnCOS[1：0]	指定更新捕获寄存器 TAUDnCDRm 的时序和通道 m 溢出标志 TAUDnCSRm. TAUDnOVF 的时序。这些位仅在通道 m 处于以下捕获模式时才有效：捕获模式、捕获和单计数模式、捕获和门计数模式、计数捕获模式。 寄存器 TAUDnCDRm 的更新时刻： 00，01，在检测到 TAUDnTTINm 输入的有效边沿时更新； 10，11，在检测到 TAUDnTTINm 输入的有效边沿并发生计数器溢出时更新。 溢出标志 TAUDnCSRm. TAUDnOVF 的更新时刻： 00，通过检测 TAUDnTTINm 输入的有效边来更新（清除或设置），如果自上次检测到有效边缘以来发生了计数器溢出，树立 TAUDnCSRm. TAUDnOVF 标志；如果上次检测到有效边缘后没有发生计数器溢出，则清除 TAUDnCSRm. TAUDnOVF。 01，当计数器溢出发生时树立，当 TAUDnCSCm. TAUDnCLOV 设置为 1 时清零； 10，不更新溢出标志； 11，当计数器溢出发生时树立，当 TAUDnCSCm. TAUDnCLOV 设置为 1 时清零。
4～0	TAUDnMD[4：0]	4～1 位用于设置工作模式： 0000，间隔定时器模式； 0001，判断模式； 0010，捕捉模式； 0011，事件计数模式； 0100，单计数模式； 0101，禁止设置； 0110，捕捉和单计数模式； 0111，判断和单计数模式； 1000，禁止设置； 1001，上/下计数模式； 1010，脉冲单计数模式； 1011，计数捕捉模式； 1100，计数模式； 1101，捕捉和门计数模式。 在事件计数模式、上/下计数模式、单计数模式、脉冲单计数模式、门计数模式、捕获和单计数模式和捕获和门计数模式下第 0 位被设置为 0，此时不产生 INTTAUDnIm 信号。 在间隔定时器模式、捕获模式和计数捕获模式下，第 0 位置为 1 表示启用 INTTAUDnIm 信号，置 0 表示不产生 INTTAUDnIm 信号。 在判断模式和判断和单计数模式下，第 0 位用于设置 INTTAUDnIm 信号产生的时刻，0 表示在 TAUDnCNTm ≤ TAUDnCDRm 产生 INTTAUDnIm 信号，1 表示在 TAUDnCNTm ＞ TAUDnCDRm 产生 INTTAUDnIm 信号。 在单计数模式和脉冲单计数模式下，第 0 位置 0 表示不使用触发检测，置 1 表示使用触发检测。

通道 m 用户模式寄存器 TAUDnCMURm 用于指定 TAUDnTTINm 输入的有效边沿。第 1～0 位为 00 时表示下降沿有效;01 表示上升沿有效;10 表示下降沿开始触发,上升沿停止触发;11 表示上升沿开始触发,下降沿停止触发。

通道 m 状态寄存器 TAUDnCSRm 表示通道 m 计数器的上/下计数和溢出状态,第 1 位 TAUDnCSF 是计数方向,0 向上计数,1 向下计数。第 0 位 TAUDnOVF 表示计数器溢出状态:0 不发生溢出,1 发生溢出。

通道 m 状态清除寄存器 TAUDnCSCm 用于清除通道 m 的溢出标志 TAUDnCSRm. TAUDnOVF 的触发寄存器。位 0 TAUDnCLOV 用于清除通道 m 的溢出标志,将 1 写入该位清除溢出标志,写入 0 将被忽略。

通道启动触发寄存器 TAUDnTS 为 16 位,对应 16 个通道,控制每个通道计数器启动。

通道关闭触发寄存器 TAUDnTT 为 16 位,对应 16 个通道,控制每个通道计数器关闭。

通道使能状态寄存器 TAUDnTE 为 16 位,对应 16 个通道,显示每个通道计数器的使能状态。

(3) 通道输出寄存器。通道输出寄存器有如下十多种。

通道输出使能寄存器 TAUDnTOE 有 16 位,分别对应 16 个通道,启用/禁用由软件控制的独立通道输出模式。0:禁用独立定时器输出功能(软件控制),1:启用独立定时器输出功能。

通道输出寄存器 TAUDnTO 有 16 位,分别对应 16 个通道,指定并读取 TAUDnTTOUTm 电平:0,低电平;1,高电平。

通道输出模式寄存器 TAUDnTOM 有 16 位,分别对应 16 个通道,指定每个通道的输出模式:0,独立通道操作;1,同步通道操作。

通道输出设置寄存器 TAUDnTOC 有 16 位,分别对应 16 个通道,与 TAUDnTOM. TAUDnTOMm 一起指定的每个通道的输出模式。[TOMm,TOCm]为 00 时为输出切换模式,即当 INTTAUDnIm 发生时,进行切换操作;[TOMm,TOCm]为 01 时为置 1/复位模式,即 INTTAUDnIm 在计数开始时发生,此时输出置 1,当检测到 TAUDnCNTm 和 TAUDnCDRm 匹配时输出清零;[TOMm,TOCm]为 10 时,同步通道工作模式 1,即在主通道上发生 INT 时置 1,当从通道发生 INT 时清零;[TOMm,TOCm]为 10 时,同步通道工作模式 2,即在向下计数且发生 INTTAUDnIm 时置 1,向上计数且发生 INTTAUDnIm 时清零。

通道输出有效电平寄存器 TAUDnTOL 有 16 位,分别对应 16 个通道,指定通道输出位(TAUDnTO. TAUDnTOm)的输出逻辑:0,正逻辑(高电平有效);1,负逻辑(低电平有效)。

通道死区时间输出使能寄存器 TAUDnTDE 有 16 位,分别对应 16 个通道,启用/禁用每个通道的死区时间操作:0,禁止死区操作;1,启用死区时间操作。

通道死区时间输出模式寄存器 TAUDnTDM 有 16 位,分别对应 16 个通道,指定在死区输出期间增加死区时间的时刻:0,检测上级偶数通道的占空比(占空比中的死区时间);1,检测到下级奇数通道的 TAUDnTTINm 输入边沿(单相死区时间)。

通道死区时间输出电平寄存器 TAUDnTDL 有 16 位,分别对应 16 个通道,选择添加死区时间的模式:0,正常运行模式;1,反向运行模式。

通道实时输出寄存器 TAUDnTRO 有 16 位,分别对应 16 个通道,设置输出到 TAUDnTTOUTm 的值:0,低;1,高。

通道实时输出使能寄存器 TAUDnTRE 有 16 位,分别对应 16 个通道,启用/禁用实时输出:0,禁用实时输出;1,启用实时输出。

通道实时输出控制寄存器 TAUDnTRC 有 16 位,分别对应 16 个通道,指定触发通道 m 实时输出的信号来源:0,下一个上级通道且该通道该位设置为 1;1,通道 m。

通道调制输出使能寄存器 TAUDnTME 有 16 位,分别对应 16 个通道,启用/禁用定时器通道 m 的调制输出和实时输出:0,禁止调制;1,启用调制。

(4) 数据重载寄存器。

通道重载数据使能寄存器 TAUDnRDE 有 16 位,分别对应 16 个通道,启用/禁用 TAUDnCDRm / TAUDnTOLm 数据寄存器的同时重写:0,禁止同时重写(通过检测自己的通道匹配加载);1,同时进行重写。

通道重载数据模式寄存器 TAUDnRDM 有 16 位,分别对应 16 个通道,选择产生同时重写控制信号的定时:0,主通道计数器开始计数;1,三角波周期的峰值。

通道重载数据控制通道选择寄存器 TAUDnRDS 有 16 位,分别对应 16 个通道,选择一个控制同步重写的通道:0,主通道;1,另一个上级通道。

通道重载数据控制寄存器 TAUDnRDC 有 16 位,分别对应 16 个通道,指定生成 INTTAUDnIm 信号的通道,以触发同步重写:0,不作为同时重写触发通道;1,作为同时重写触发通道。

通道重载数据触发寄存器 TAUDnRDT 有 16 位,分别对应 16 个通道,将触发器指定为同时重写的启用状态:0,无功能;1,同时重写启用标志(TAUDnRSFm)设置为 1,系统等待同时重写触发。

2.6.4.2 定时器阵列操作模式与功能

1) 独立通道操作模式

(1) 间隔定时器模式。

用于定期产生定时器中断(INTTAUDnIm)的定时器。当产生中断时,TAUDnTTOUTm 信号切换,导致方波。每经过设定的时间间隔产生一次中断,两次中断的时间间隔为 TAUDnCDRm+1,输出方波的周期为 2×(TAUDnCDRm+1),占空比 50%。间隔定时器模式下的时序图如图 2.59 所示。

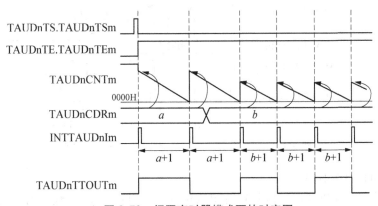

▲ 图 2.59 间隔定时器模式下的时序图

(2) 输入间隔定时器模式。

该模式用于定期产生定时器中断(INTTAUDnIm),功能与间隔定时器模式类似,不同之处是,当检测到 TAUDnTTINm 通道的上升沿输入时,产生 INTTAUDnIm 中断,同时计数器重新加载。输入间隔定时器模式下的时序图如图 2.60 所示。

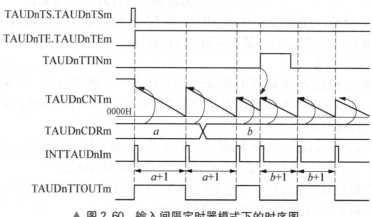

▲ 图 2.60 输入间隔定时器模式下的时序图

(3) 时钟分频模式。

该模式可用作分频器。

上升沿检测时:TAUDnTTOUTm 频率=TAUDnTTINm 频率/[(TAUDnCDRm+1)×2]

下降沿检测时:TAUDnTTOUTm 频率=TAUDnTTINm 频率/[(TAUDnCDRm+1)×2]

双边沿检测时:TAUDnTTOUTm 频率=TAUDnTTINm 频率/(TAUDnCDRm+1)

图 2.61 所示为采用上升沿检测时的时序,输入信号 TAUDnTTINm 的频率除以 (TAUDnCDRm+1)即为 INTTAUDnIm 中断产生的频率,并根据 INTTAUDnIm 信号切换 TAUDnTTOUTm 的输出电平。

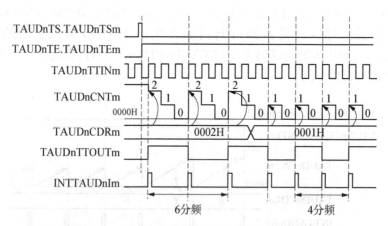

▲ 图 2.61 时钟分频模式下的时序图(上升沿检测时)

(4) 外部事件计数模式。

该模式用作事件定时器,当检测到特定数量的 TAUDnTTINm 输入有效沿时,事件的数量在 TAUDnCDRm 寄存器中定义,当检测到 TAUDnCDRm+1 个事件时,该定时器产生一个中断(INTTAUDnIm)。外部事件计数模式时序图如图 2.62 所示。

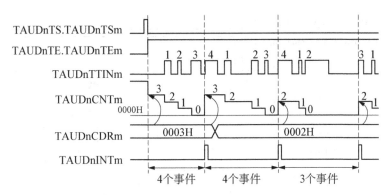

▲ 图 2.62　外部事件计数模式时序图

（5）延迟计数模式。

该模式在检测到 TAUDnTTINm 输入信号的有效沿时，会在指定的延迟时间后产生一个 INTTAUDnIm 中断。延迟时间由 TAUDnCDRm 指定，延迟时间等于 TAUDnCDRm＋1，若在检测到输入信号到产生中断之间的时刻再次输入外部信号，该模式不会做出响应，只响应第一个输入信号。图 2.63 所示为延迟计数模式的时序图，输入信号的有效沿为下降沿。

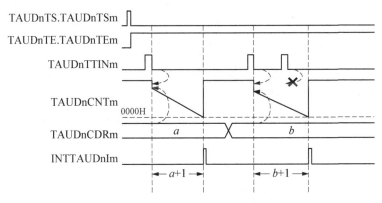

▲ 图 2.63　延迟计数模式时序图

（6）单脉冲输出模式。

当检测到有效的 TAUDnTTINm 输入边沿时，以及检测到有效沿后过了 TAUDnCDRm 指定的延迟时间时，单脉冲输出模式产生 INTTAUDnIm 中断。在定义的延迟间隔内发生的 TAUDnTTINm 输入信号脉冲将被忽略。当产生中断时，TAUDnTTOUTm 信号切换，从而产生方波，方波的高电平持续时间即为在 TAUDnCDRm 中指定的时长。单脉冲输出模式下的时序如图 2.64 所示。

（7）TAUDnTTINm 输入脉冲间隔测量模式。

此模式捕获计数值，并使用计数值和溢出位（TAUDnCSRm.TAUDnOVF）来测量 TAUDnTTINm 输入信号的间隔该模式下的时序如图 2.65 所示。设定的有效沿为下降沿，每检测到一次下降沿就产生 INTTAUDnIm 中断，每产生一次中断，计数器就开始重新计数，此前的计数值即为与上一次中断的间隔时间，若两次中断间隔时间比较长，计数器将溢出，则树立 TAUDnCSRm.TAUDnOVF 标志。

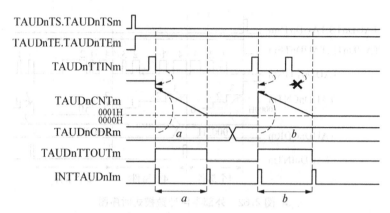

▲ 图2.64 单脉冲输出模式下的时序图

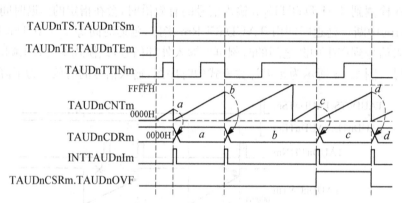

▲ 图2.65 TAUDnTTINm 输入脉冲间隔测量模式下的时序图

（8）TAUDnTTINm 输入信号宽度测量模式。

此模式通过在 TAUDnTTINm 的一个边沿启动计数并捕获另一边的计数值来测量 TAUDnTTINm 信号的宽度，如时序图 2.66 所示。检测到输入信号的上升沿时清零并启动计数器，在下降沿时停止计数器并保持计数值不变。若上升沿与下降沿间隔较大，则在计数期初溢出时树立 TAUDnCSRm. TAUDnOVF 标志。

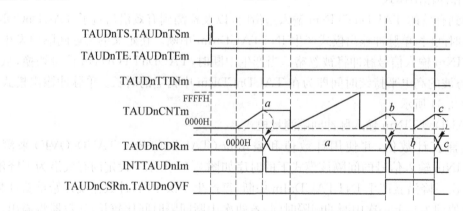

▲ 图2.66 TAUDnTTINm 输入信号宽度测量模式下的时序图

（9）TAUDnTTINm 输入位置检测模式。

该模式通过在 TAUDnTTINm 的有效边沿捕获计数值来测量输入信号持续时间,如图 2.67 所示。

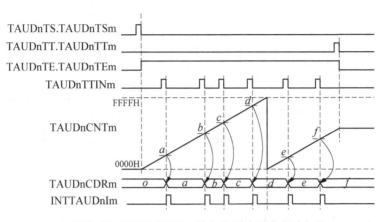

▲ 图 2.67　TAUDnTTINm 输入位置检测模式时序图

（10）TAUDnTTINm 输入周期计数检测模式。

此模式测量 TAUDnTTINm 输入信号的累积宽度,共时序图如图 2.68 所示。当输入信号为高电平时,计数器计数;当输入信号为低电平时,计数器计数值保持不变,从而统计每一次输入信号高电平的持续时间和高电平累计持续时间。

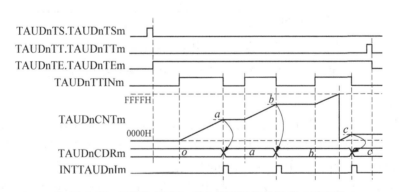

▲ 图 2.68　TAUDnTTINm 输入周期计数检测模式时序图

（11）TAUDnTTINm 输入脉冲间隔判断模式。

当发生 TAUDnTTINm 输入脉冲时,将该功能输出计数值(TAUDnCNTm)与通道数据寄存器(TAUDnCDRm)中的值进行比较。若 TAUDnCNTm＜TAUDnCDRm,则生成中断请求信号 INTTAUDnIm,时序图如图 2.69 所示。

（12）TAUDnTTINm 输入信号宽度判断模式。

该模式将 TAUDnTTINm 输入信号的高电平或低电平宽度的计数值(TAUDnCNTm)与 TAUDnCDRm 值进行比较,并用中断请求信号 INTTAUDnIm 输出判断结果,其时序图如图 2.70 所示。

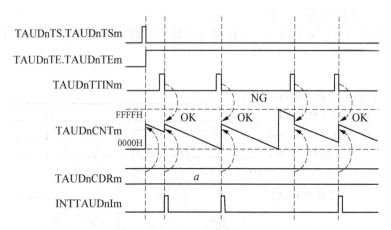

▲ 图2.69　TAUDnTTINm输入脉冲间隔判断模式下的时序图

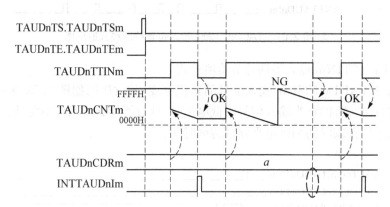

▲ 图2.70　TAUDnTTINm输入信号宽度判断模式下的时序图

（13）单相PWM输出模式。

该功能为TAUDnTTINm输入信号增加死区时间，产生的PWM信号通过当前通道的TAUDnTTOUTm和上级通道的TAUDnTTOUTm输出，其时序图如图2.71所示。在检测到输入信号高电平后，当前通道（lower channel）输出低电平，计数器加载TAUDnCDRm中的设定值并开始向下计数，当计数置变为0时，上级通道（upper channel）输出高电平。检测到输入信号低电平时，上级通道输出低电平，计数器加载TAUDnCDRm中的设定值并开始向下计数，当计数置变为0时，当前通道输出高电平。

（14）实时输出模式1。

当指定的通道产生中断（INTTAUDnIm）时，该模式将TAUDnTRO.TAUDnTROm位的值加载到TAUDnTTOUTm输出，其时序图如图2.72所示。在此模式中，以特定的间隔生成中断，间隔时间在TAUDnCDRm中设定。上级通道的TAUDnTRC.TAUDnTRCm位设置为1，是产生实时输出触发的通道，图2.72中的TAUDnTTOUT1为上级通道的输出。下级通道的TAUDnTRC.TAUDnTRCm位设置为0，是响应上级通道的触发与上级通道同时进行实时输出的通道，图2.72中的TAUDnTTOUT2为下级通道的输出。

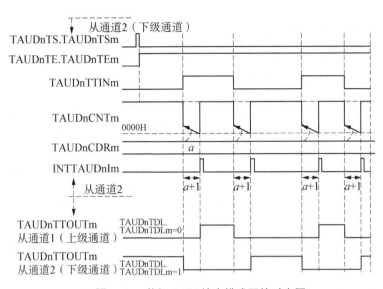

▲ 图 2.71 单相 PWM 输出模式下的时序图

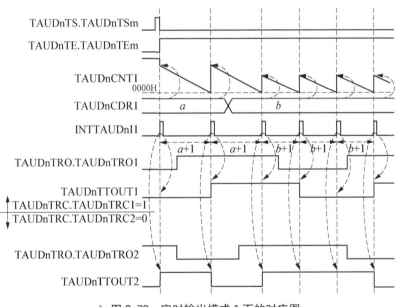

▲ 图 2.72 实时输出模式 1 下的时序图

（15）实时输出模式 2。

当指定的通道产生中断（INTTAUDnIm）时，该模式将从 TAUDnTTOUTm 输出 TAUDnTRO. TAUDnTROm 位的值。在此模式中，当检测到有效的 TAUDnTTINm 输入边沿或功能开始时，产生中断，如图 2.73 所示。上级通道的 TAUDnTRC. TAUDnTRCm 位设置为 1，是产生实时输出触发的通道，图中的 TAUDnTTOUT1 为上级通道的输出。下级通道的 TAUDnTRC. TAUDnTRCm 位设置为 0，是响应上级通道的触发与上级通道同时进行实时输出的通道，图 2.73 中的 TAUDnTTOUT2 为下级通道的输出。

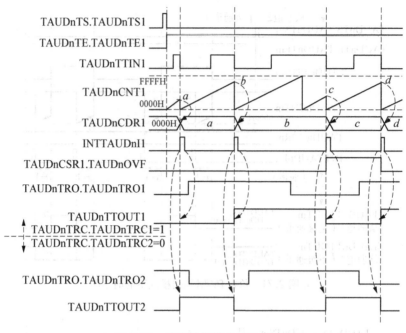

▲ 图 2.73　实时输出模式 2 下的时序图

（16）同时重写触发生成模式 1。

该功能在特定通道上产生一个中断，可以由下级通道用作同时重写触发。该通道按照 TADUnCDRm 中设定的间隔定期产生中断，每次中断发生时，将该通道和下级通道的 TAUDnCDRm 值同时写入 TAUDnCDRm buf。上级通道的 TAUDnRDC. TAUDnRDCm 位设置为 1，是产生同时重写触发信号的通道，如图 2.74 中的通道 1。下级通道是 TAUDnRDC. TAUDnRDCm 位设置为 0，是响应上级通道触发同时重写的通道，如图中通道 2。

2）同步通道操作模式

（1）PWM 输出模式。

该模式通过使用主通道和多个从通道产生多个 PWM 输出，如图 2.75 所示。它允许设置 TAUDnTTOUTm 的 PWM 周期（频率）和占空比，在主通道（Master）中设置脉冲周期，在从通道（Slave）中设置占空比。PWM 周期在主通道的 TAUDnCDRm 中设置，周期等于 TAUDnCDRm＋1，单个 PWM 波的高电平持续时间等于从通道的 TAUDnCDRm 设定值，因此占空比＝从通道 TAUDnCDRm/（主通道 TAUDnCDRm＋1）。

（2）单脉冲输出模式。

该模式通过主通道和从通道的配合，输出具有特定脉冲宽度、相对于输入信号具有特定延时的脉冲信号。延迟时间使用主通道指定，脉冲宽度由从通道指定。如图 2.76 所示，主通道检测到外部输入信号脉冲的有效沿时，计数器加载 TAUDnCDRm 中的值并向下计数，当计数值到达 0 时产生 INTTAUDnIm 中断，此时从通道输出变为高电平，从通道的计数器加载 TAUDnCDRm 中的值并开始向下计数，当从通道计数值到达 0 时，从通道输出变为低电平，从而得到了一个具有特定延时和特定宽度的单脉冲。

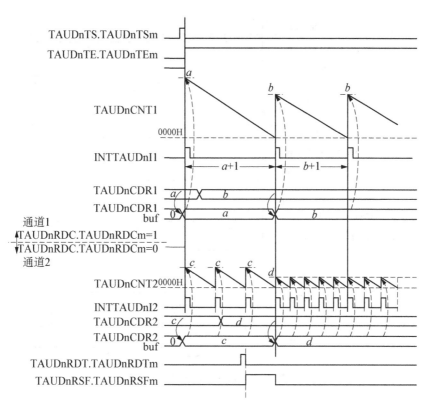

▲ 图 2.74　同时重写触发生成模式 1 下的时序图

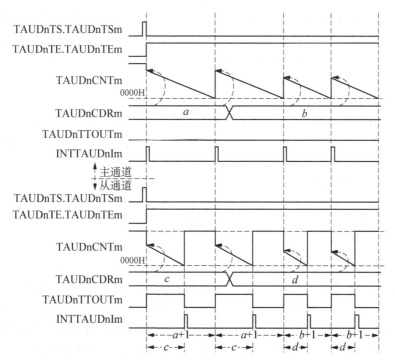

▲ 图 2.75　PWM 输出模式时序图

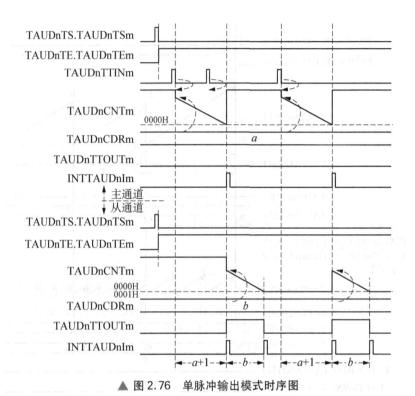

▲ 图 2.76　单脉冲输出模式时序图

（3）延迟脉冲输出模式。

该模式使用主通道和 3 个从通道输出两个信号，如图 2.77 所示。使用主通道和从通道 1 定义参考信号的脉冲宽度和脉冲周期，主通道与从通道 1 的工作模式与 PWM 输出模式相同，在从通道 1 的 TAUDnTTOUTm 中输出。从通道 2 和 3 以指定的延迟输出参考信号，从通道 2 用于设置参考信号的延迟时间，从通道 3 用于设置延迟后的信号的高电平持续时间，延迟后的信号在从通道 3 的 TAUDnTTOUTm 中输出。延迟后的信号与参考信号的周期是相同的。

（4）A/D 转换触发输出模式 1。

该模式与 PWM 输出模式相同，但不输出 TAUDnTTOUTm，只产生相应的 INTTAUDnIm 中断。这是通过将从通道输出模式设置为由软件控制的独立通道输出模式来实现的。其时序图如图 2.78 所示。

（5）三角 PWM 输出模式。

该模式通过使用主通道和一个或多个从通道产生多个三角 PWM 输出。它可以使用主通道和从通道分别设置 TAUDnTTOUTm 的 PWM 周期（频率）和占空比，时序图如图 2.79 所示。

主通道用于设定周期。在主通道第一个周期的起始时刻，从通道加载 TAUDnCDRm 中的值并开始向下计数，当主通道第一个周期结束时，从通道计数器保持当前计数值并开始向上计数直到主通道的第二个周期结束，第三个周期开始重复 1、2 个周期的流程。从通道计数过程中计数值到达 0 的时刻，从通道中产生 INTTAUDnIm 中断，并更改从通道输出信号的电平。因此从通道输出周期长度为主通道周期两倍的 PWM 波，PWM 的占空比由从通道的 TAUDnCDRm 设置。

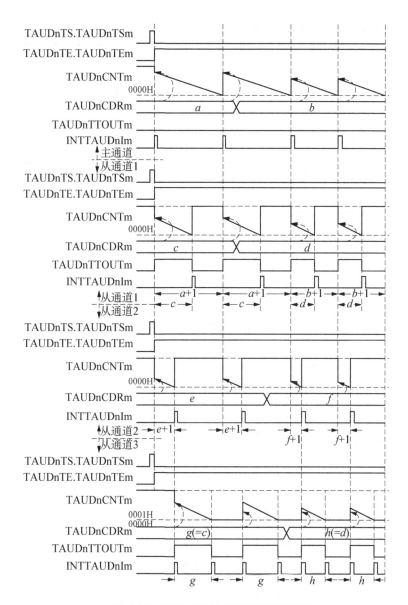

▲ 图 2.77　延迟脉冲输出模式下的时序图

（6）具有死区时间的三角 PWM 输出模式。

该模式通过使用主通道和两个从通道产生多个三角 PWM 输出，使用主通道和从通道分别设置 TAUDnTTOUTm 的 PWM 周期（频率）、占空比与死区时间，如图 2.80 所示。

与前一种模式类似，本输出模式的主通道用于设定周期，从通道 2 用于设置占空比，从通道 3 用于设置死区时间，每当从通道 2 计数器值等于 0 时，从通道 3 开始死区时间计数。当从通道 3 计数器值为 0 时，将不同通道的 PWM 输入置为高电平，因此实现了死区时间设置的功能。

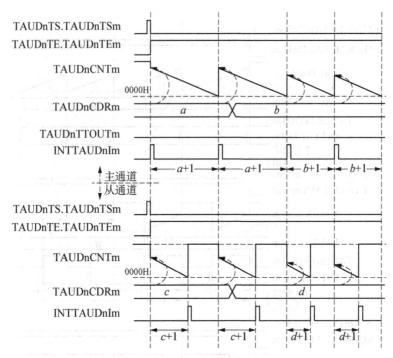

▲ 图 2.78　A/D 转换触发输出模式 1 下的时序图

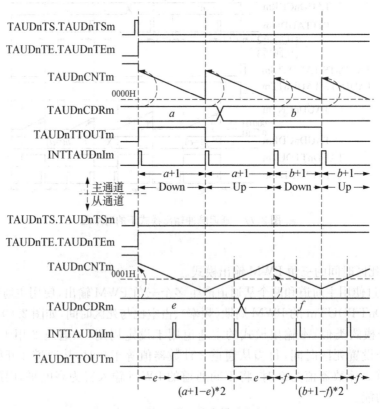

▲ 图 2.79　三角 PWM 输出模式下的时序图

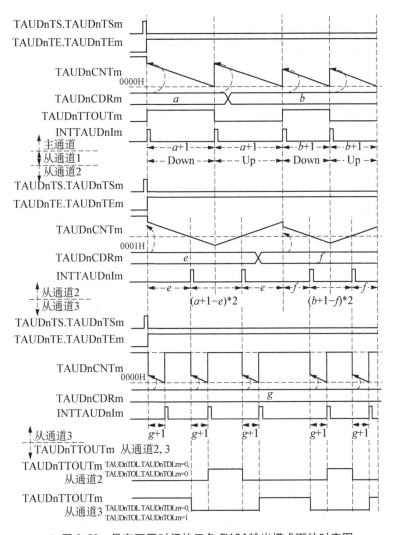

▲ 图 2.80　具有死区时间的三角 PWM 输出模式下的时序图

（7）A/D 转换触发输出模式 2。

此模式与三角 PWM 输出模式相同，但不输出 TAUDnTTOUTm，仅输出对应的 INTTAUDnIm 中断。这是通过将从通道输出模式设置为由软件控制的独立通道输出模式实现的，如图 2.81 所示。

（8）中断请求信号剔除模式。

该模式使用从通道将主通道的中断次数除以规定值。如图 2.82 所示，主通道连续产生间隔为 TAUDnCDRm+1 的 n 次中断，从通道仅响应 n/（从通道 TAUDnCDRm+1）次中断，因此从通道的中断间隔时间为（从通道 TAUDnCDRm+1）×（主通道 TAUDnCDRm+1）。

中断请求信号剔除模式是以下 3 个模式的子模式：

① PWM 输出模式；

② 三角形 PWM 输出模式；

③ 具有死区时间的三角形 PWM 输出模式。

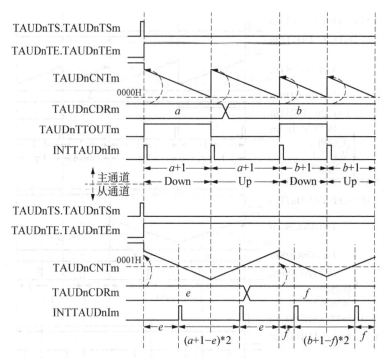

▲ 图 2.81 A/D 转换触发输出模式 2 下的时序图

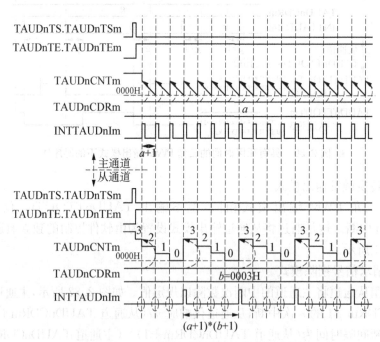

▲ 图 2.82 中断请求信号剔除模式时序图

3) 同步互补和非互补调制输出模式

(1) 非互补调制输出模式 1。

该功能使用 1 个主通道和 7 个从通道输出 PWM，如图 2.83 所示。主通道设置为间隔定时器模式,用于设置 PWM 周期。从通道 2 的定时器用于设置 PWM 高电平的时长。从通道 1 用于触发实时输出,从通道 1 每产生一次中断,从通道 2 中 TAUDnTRO. TAUDnTROm 位的电平改变,从而控制 TAUDnTTOUTm 位能否输出 PWM 信号。

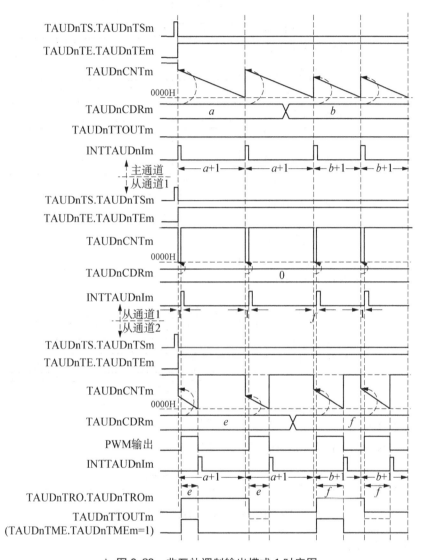

▲ 图 2.83　非互补调制输出模式 1 时序图

(2) 非互补调制输出模式 2。

该功能使用 1 个主通道和 7 个从通道输出三角 PWM,如图 2.84 所示。主通道设置为间隔定时器模式,用于设置 PWM 周期,PWM 周期＝2×时钟周期×(主通道 TAUDnCDRm＋1)。从通道 2 的定时器用于设置 PWM 的高电平时长,高电平时长＝2×时钟周期×(主通道 TAUDnCDRm＋1－从通道 TAUDnCDRm)。从通道 1 用于触发实时输出,从通道 1 每产生一次中断,从通道 2 中 TAUDnTRO. TAUDnTROm 位的电平改变,从而控制 TAUDnTTOUTm 位能否输出 PWM 信号。从通道 3~7 的功能与从通道 2 类似。

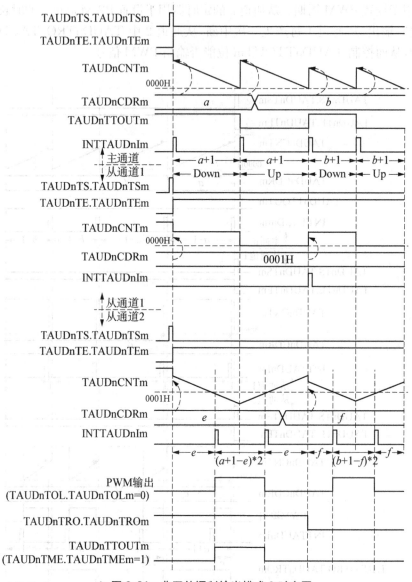

▲ 图 2.84　非互补调制输出模式 2 时序图

（3）互补调制输出模式。

该功能使用 1 个主通道和 7 个从通道输出三角 PWM，时序图如图 2.85 所示。一般三个通道为一组，图中使用主通道与从通道 2、从通道 3 组合，共同控制 PWM 输出。主通道设置为间隔定时器模式，用于设置 PWM 周期，PWM 周期 ＝ 2 × 时钟周期 × （主通道 TAUDnCDRm＋1）。从通道 2 与从通道 3 用于设置 PWM 的高电平时长和死区时间，当从通道 2 计数至 0001H 时，从通道 2 产生一个中断，同时从通道 3 计数器开始递减计数，从通道 3 计数至 0000H 时，从通道 3 产生一个中断，因此从通道 2 控制占空比，而从通道 3 用于控制死区时间，PWM 参数如下：

PWM 高电平时长（正相）＝［主通道 TAUDnCDRm＋1－从通道 2 TAUDnCDRm×2）－（从通道 3 TAUDnCDRm＋1）］×时钟周期；

PWM 高电平时长(反相)＝[主通道 TAUDnCDRm＋1－从通道 2 TAUDnCDRm×2)－(从通道 3 TAUDnCDRm＋1)]×时钟周期。

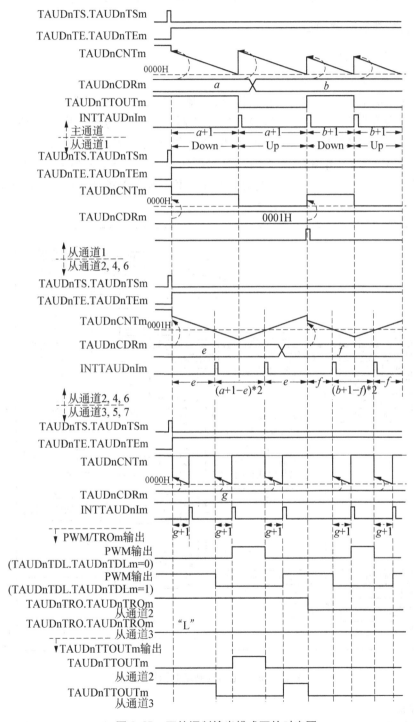

▲ 图 2.85　互补调制输出模式下的时序图

从通道 1 用于触发实时输出,从通道 1 每产生一次中断,从通道 3 中 TAUDnTRO.TAUDnTROm 位的电平改变,从而控制 TAUDnTTOUTm 位能否输出 PWM 信号。从通道 4、5 的功能与从通道 2、3 类似,从通道 6、7 的功能与从通道 2、3 类似。

2.6.5 电机控制定时器(TSG3)

2.6.5.1 定时器电路结构与寄存器设置

1)电机控制定时器电路框图与工作过程

电机控制定时器 TSG3n 是具有各种电机控制功能的 18 位定时器,如图 2.86 所示。定时器包含了比较寄存器和 10 位带死区设置的计数器。定时器的操作模式与功能如下:HT-PWM 模式、120DC 控制、三相编码器功能、故障安全模式。TSG3nTS、TSG3nTT、TSG3nTE、TSG3nCKS 等寄存器用于设置计数器的开启、关闭,设置时钟源以及表示计数器的状态等,120DC 模式下,定时器模块输出 U、V、W 三相 PWM 波用于驱动电机,PWM 波的死区时间可以通过 TSG3nDTCm 来设置。

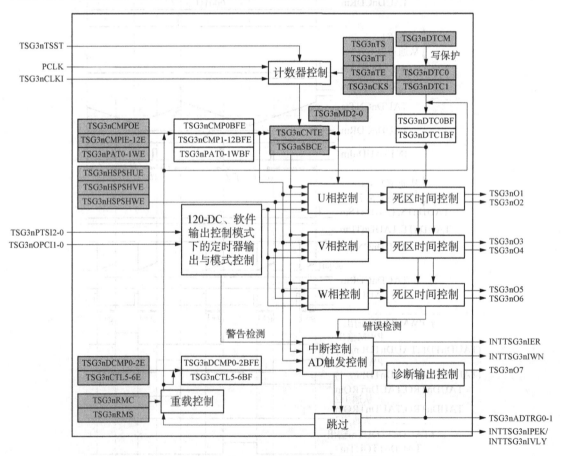

▲ 图 2.86 电机控制定时器模块框图

2)寄存器

控制寄存器有 9 个(TSG3nCTL0~9):控制寄存器 0(TSG3nCTL0)用于设置诊断输出的脉冲宽度和定时器的运行模式;控制寄存器 1(TSG3nCTL1)控制 TSG3 的一些标志位;控制

寄存器 2(TSG3nCTL2)用于选择 TSG3 的时钟;控制寄存器 3(TSG3nCTL3)选择比较寄存器的重写方法;控制寄存器 4(TSG3nCTL4)用于启用或禁用峰值中断、谷值中断及重载定时;控制寄存器 5(TSG3nCTL5)和控制寄存器 6(TSG3nCTL6)控制 A/D 转换触发输出;控制寄存器 7(TSG3nCTL7)在启动(TSG3nTE 从 0 变为 1)时设置 TSG3O1 至 TSG3O6 引脚的 PWM 输出电平,在 SP - PWM 模式下重启时设置输出电平;控制寄存器 8(TSG3nCTL8)指定在 120 - DC 模式下更改输入模式时的定时器输出定时。

I/O 控制寄存器 0(TSG3nIOC0)控制 TSG3nIOC2 的写操作,I/O 控制寄存器 1(TSG3nIOC1)控制边缘检测、错误检测、警告检测、AD 转换信号输出等功能,I/O 控制寄存器 2(TSG3nIOC2)设置输出有效电平和输出缓冲区的有效电平,I/O 控制寄存器 3(TSG3nIOC3)用于控制输出电平。

状态寄存器 0(TSG3nSTR0)控制计数器的技术方向和 TSG3 的工作状态,状态寄存器 1(TSG3nSTR1)指示 TSG3nPTSI0 ～ TSG3nPTSI2 的模式变换顺序,状态寄存器 2(TSG3nSTR2)指示各个输出是否同时处于正/反相活动状态。

状态清零触发寄存器 TSG3nSTC 清除 TSG3 的各种标志。

选项寄存器 0(TSG3nOPT0)和选项寄存器 1(TSG3nOPT1)用于设置包括模式变换顺序在内的各种选项。

触发寄存器 0(TSG3nTRG0)控制定时器的开启,触发寄存器 1(TSG3nTRG1)控制定时器的停止,触发寄存器 2(TSG3nTRG2)触发输出信号的占空比设置。

计数器读缓冲寄存器 TSG3nCNT 是 18 位寄存器 TSG3nCNTE 的 16 位低位。

位扩展计数器读缓冲寄存器 TSG3nCNTE 为完整的计数器值。

子计数器读缓冲寄存器 TSG3nSBC 是 18 位寄存器 TSG3nSBCE 的 16 位低位。

位扩展子计数器读缓冲寄存器 TSG3nSBCE 为完整的子计数器值。

比较寄存器 0(TSG3nCMP0)是 18 位寄存器 TSG3nCMP0E 的 16 位低位。

位扩展比较寄存器 0(TSG3nCMP0E)用于指定所有模式下的 PWM 周期。

同样的,比较寄存器 1 到比较寄存器 12(TSG3nCMP1～TSG3nCMP12)都是相应的 18 位寄存器的低 16 位。比较寄存器(TSG3nCMP1W)是 32 位寄存器,包含了 TSG3nCMP1 和 TSG3nCMP2。同样的,比较寄存器 3,4 TSG3nCMP3W 包含 3 和 4,TSG3nCMP5W 包含 5 和 6,TSG3nCMP7W 包含 7 和 8,TSG3nCMP9W 包含 9 和 10,TSG3nCMP11W 包含 11 和 12。

位扩展比较寄存器 1 到位扩展比较寄存器 12(TSG3nCMP1E～TSG3nCMP12E)用于设置比较值。

诊断输出比较寄存器 0,1(TSG3nDCMP0W),诊断输出比较寄存器 2(TSG3nDCMP2)包含了位扩展诊断输出比较寄存器 0~2(TSG3nDCMP0E～TSG3nDCMP2E)的 16 位低位。位扩展诊断输出比较寄存器 0~2(TSG3nDCMP0E～TSG3nDCMP2E)用于设置比较值。

模式寄存器 0(TSG3nPAT0W)和模式寄存器 1(TSG3nPAT1W)用于设置输出信号的模式。

死区时间控制寄存器 0(TSG3nDTC0W)和死区时间控制寄存器 1(TSG3nDTC1W)用于设置死区时间。

HT - PWM U 相比较寄存器 TSG3nCMPU、HT - PWM V 相位比较寄存器 TSG3nCMPV、HT - PWM W 相位比较寄存器 TSG3nCMPW 为相应的位扩展 HT - PWM U 相比较寄存器 TSG3nCMPUE、位扩展 HT - PWM V 相比较寄存器 TSG3nCMPVE、位扩展 HT - PWM W 相位

比较寄存器 TSG3nCMPWE 的低 16 位，上述的三相位扩展比较寄存器存储了各相的比较值。

SP - PWM U 相有源宽度寄存器 TSG3nUPW、SP - PWM V 相有源宽度寄存器 TSG3NVPW、SP - PWM W 相有源宽度寄存器 TSG3NWPW 分别为位扩展的 SP - PWM U 相有源宽度寄存器 TSG3nUPWE、位扩展的 SP - PWM V 相有源宽度寄存器 TSG3nVPWE、位扩展的 SP - PWM W 相有源宽度寄存器 TSG3nWPWE 的低 16 位。上述的寄存器用于在 SP - PWM 模式下设置 U 相、V 相、W 相的有效宽度。

HSP - PWM U 相移寄存器 TSG3nHSPSHWE 在 HSP - PWM 模式下设置 U 相的 PWM 输出宽度。HSP - PWM V 相移寄存器 TSG3nHSPSHVE 在 HSP - PWM 模式下设置 V 相的 PWM 输出宽度。HSP - PWM W 相移寄存器 TSG3nHSPSHUE 在 HSP - PWM 模式下设置 W 相的 PWM 输出宽度。

HSP - PWM W 相移寄存器 TSG3nHSPCMWE 在 HSP - PWM 模式下设置 W 相的 PWM 移位宽度。HSP - PWM V 相比较寄存器 TSG3nHSPCMVE 在 HSP - PWM 模式下设置 V 相的 PWM 移位宽度。HSP - PWM U 相比较寄存器 TSG3nHSPCMUE 在 HSP - PWM 模式下设置 U 相的 PWM 移位宽度。

死区定时器保护寄存器 TSG3nDTPR 控制对死区时间寄存器的写访问保护。

2.6.5.2　电机控制定时器操作模式与功能

1) PWM 模式

PWM 模式中，TSG3nO1 至 TSG3nO6 引脚用作 PWM 输出。TSG3nCMP0E 寄存器用于设置 PWM 周期，TSG3nCMP1E—TSG3nCMP12E 等寄存器用于设置 PWM 信号的高电平起始和清除时间。图 2.87 展示了 TSG3nO1 引脚的输出，周期由 TSG3nCMP0E 设置，高电平开始时间由 TSG3nCMP2E 设置。同时，在 TSG3nO1 下降沿时将更新的数据载入缓冲区。

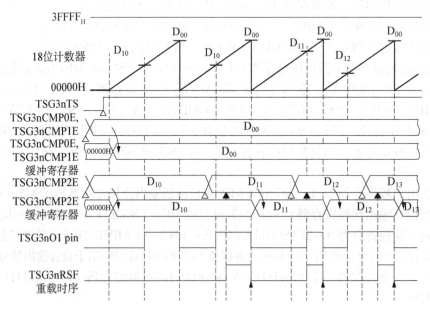

注：△：写使能
　　▲：TSG3nCMP1E 写使能

▲ 图 2.87　PWM 输出时序图

2) HT-PWM 模式(高精度三角 PWM 模式)

在这种模式下,18 位计数器(向上/向下计数±2 位,实际为 17 位)和 18 位比较寄存器(LSB 用于控制附加脉冲)用于产生 TSG3nO1 至 TSG3nO6 引脚的 6 相 PWM 信号输出,如图 2.88 所示。在 13 个比较寄存器(TSG3nCMP0E～TSG3nCMP12E)中设置适当的比较值,用于生成适当的 PWM 信号,同时通过死区时间控制寄存器 TSG3nDTC0W 和 TSG3nDTC1W 设置每一路信号的死区时间长度。

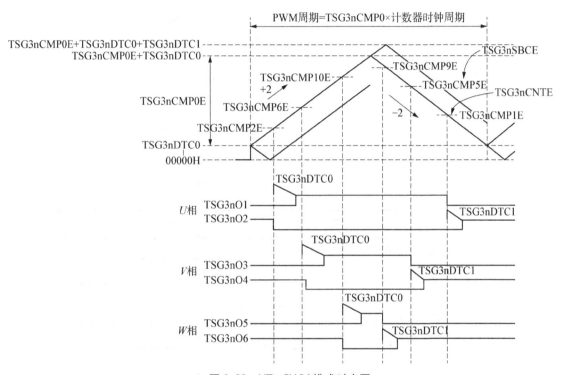

▲ 图 2.88　HT-PWM 模式时序图

3) SP-PWM 模式(移位脉冲 PWM 模式)

在此模式下,可以使用 18 位计数器和 18 位比较寄存器生成 6 相 PWM。同样通过死区时间控制寄存器 TSG3nDTC0W 和 TSG3nDTC1W 设置每一路信号的死区时间长度,如图 2.89 所示。

4) 120-DC 模式

在此模式下,在 TSG3nCMP1E 至 TSG3nCMP12E 中设置的占空比和在 TSG3nCMP0E 中设置的 PWM 输出周期受三种输入方式(包括软件输出控制方式、模式切换方式和触发开关方式)的控制,执行 120-DC 模式控制,如图 2.90 所示,六个引脚按照设定的顺序循环地输出具有特定特征的 PWM 信号。

5) HSP-PWM 模式(高精度移位脉冲 PWM 模式)

在这种模式下,18 位计数器和 18 位比较寄存器用于产生高精度的锯齿波 PWM 信号,如图 2.91 所示。同样通过 TSG3nCMP1E 至 TSG3nCMP12E 设置占空比和起始时间,通过死区时间控制寄存器 TSG3nDTC0W 和 TSG3nDTC1W 设置每一路信号的死区时间长度。

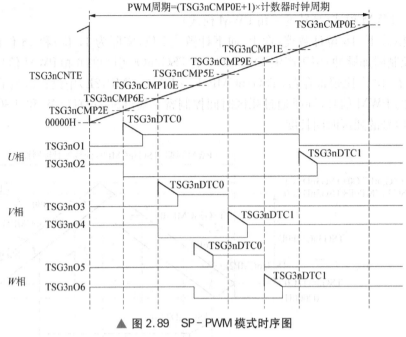

▲ 图 2.89　SP‐PWM 模式时序图

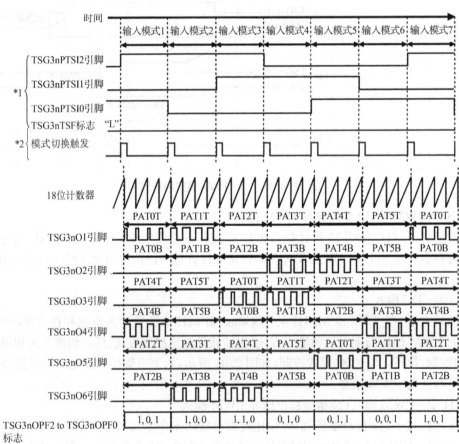

注：*1 模式切换（TSG3nOPT0.TSG3nSTE=1，TSG3nOPT0.TSG3nPOT=0）；
　　*2 触发切换（TSG3nOPT0.TSG3nSTE=1，TSG3nOPT0.TSG3nPOT=1）。

▲ 图 2.90　120‐DC 模式时序图

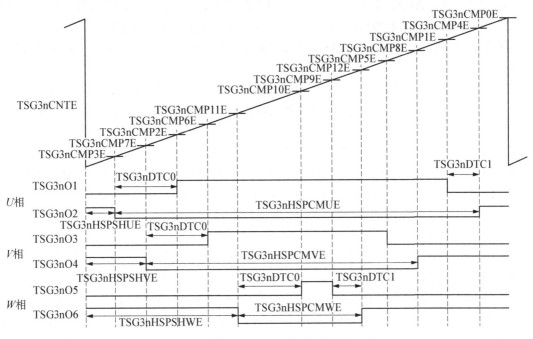

▲ 图 2.91　HSP－PWM 模式时序图

2.6.6　辅助电机控制定时器(TAPA)

2.6.6.1　定时器电路结构与寄存器设置

1) 辅助电机控制定时器电路框图与工作过程

如图 2.92 所示,当检测到 TSG3 控制运行异常时,通过外部信号输入将电机控制模式设置为异步 Hi－Z 模式,由 TAPAnACTS 和 TAPAnACTT 设置 Hi－Z 模式下的启动触发和停止触发,Hi－Z 模式的运行不受 CPU 的影响,Hi－Z 模式输出三路电机控制信号,分别为 TAPAnTHZOUT0、TAPAnTHZOUT1 和 TAPAnTHZOUT2。

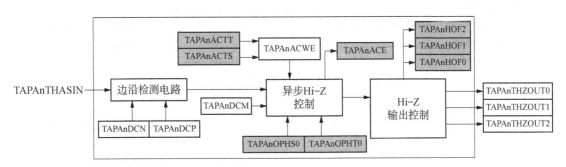

▲ 图 2.92　辅助电机控制定时器框图

2) 寄存器

控制寄存器 0(TAPAnCTL0)用于控制 Hi－Z 模式,包括是否使用 Hi－Z 输出和选择输入信号的有效沿。

标志寄存器(TAPAnFLG)的 10~8 位用于监视 Hi－Z 输出 TAPAnTHZOUTm 的电平,0 和 1 分别代表低电平和高电平,第 0 位为异步 Hi－Z 控制使能控制位。

异步控制写使能寄存器(TAPAnACWE)的第 0 位控制是否允许异步 Hi－Z 控制的写操作,1 表示允许写操作。

异步控制启动触发寄存器(TAPAnACTS)的第 0 位控制异步 Hi－Z 控制的启动触发使能,1 表示使能。异步控制停止触发寄存器(TAPAnACTT)的第 0 位控制异步 Hi－Z 控制的停止触发使能,1 表示使能。

向 Hi－Z 启动触发寄存器(TAPAnOPHS)的第 0 位写入 1,会将 Hi－Z 控制输出信号(TAPAnTHZOUTm)(m 为 0~2)设置为低电平。向 Hi－Z 停止触发寄存器(TAPAnOPHT)的第 0 位写入 1,会将 Hi－Z 控制输出信号(TAPAnTHZOUTm)(m 为 0~2)设置为高电平。

2.6.6.2 辅助电机控制定时器操作模式与功能

若在 CPU 控制下的电机控制定时器运行异常,导致外接电机工作状态异常,在这种情况下,异步 Hi－Z 控制功能将电机控制输出强制设置为 Hi－Z 状态,而不受 CPU 的控制。如时序图 2.93 所示,当电机运行异常时,异步输入信号(TAPAnTHASIN)置 1,电机控制切换到 Hi－Z 状态,运行一段时间后,若向 Hi－Z 停止触发寄存器(TAPAnOPHT)的第 0 位写入 1,会将 Hi－Z 控制输出信号(TAPAnTHZOUTm)(m 为 0~2)强制设置为高电平,从而跳出 Hi－Z 模式,进入正常运行模式。

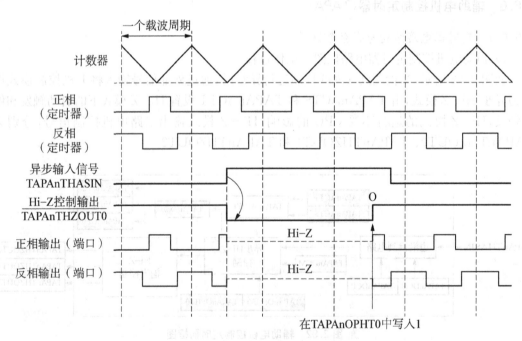

▲ 图 2.93 Hi－Z 状态时序图

2.6.7　PWM 输出单元（TPBA[①]）

2.6.7.1　定时器电路结构与寄存器设置

1）PWM 输出单元电路框图与工作过程

TPBAn 是一个带占空比设置缓冲器的 16 位 PWM 定时器。定时器包含 16 位计数器、16 位占空比寄存器、16 位周期设置寄存器、7 位地址计数器寄存器、7 位模式编号设置寄存器。定时器能够产生的中断包括：周期匹配检测中断、占空比匹配检测中断、模式匹配检测中断数。TPBA 支持软件输出控制。

如图 2.94 所示，PWM 输出首先通过预分频来获得合适的计数时钟频率，其次使用 TPBAnTS、TPBAnTT 来控制计数器的启停，然后通过比较寄存器设置 PWM 输出的周期和占空比，以及 PWM 输出模式。最后通过输出使能来控制输出信号。

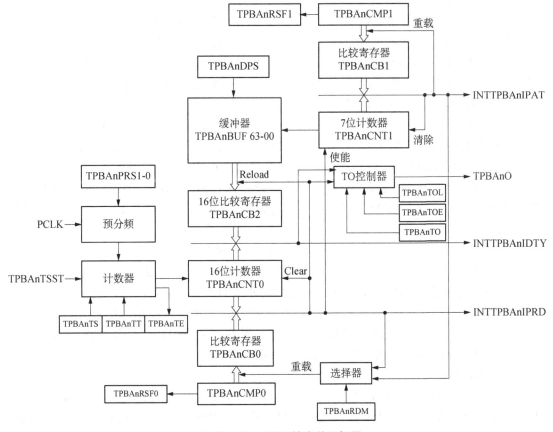

▲ 图 2.94　PWM 输出单元框图

2）寄存器

控制寄存器（TPBAnCTL）用于指定 TPBAn 的运行模式，包括 TPBAn 的时钟分频数和运行模式。第 4、5 位用于指定时钟预分频数，00 表示不分频，01 表示 2 分频，10 表示 4 分频，

---

① TPBA，timer pattern buffer area 的缩写，表示定时器模式缓冲区。

11 表示 8 分频。第 0 位 TPBAnDPS 置为 0 表示采用 16 位×64 模式,置为 1 表示采用 8 位×128 模式。

数据重载模式寄存器(TPBAnRDM)的第 0 位控制 TPBAn 周期设置寄存器和 TPBAn 定时器输出电平寄存器值的重新加载定时。置 0:与模式匹配检测中断(INTTPBAnIPAT)同步重新加载值;置 1:与周期匹配的检测中断(INTTPBAnIPRD)同步重新加载值。

重载状态寄存器(TPBAnRSF)指示是否已经生成来自相应寄存器的重新加载请求。置 0 表示没有生成,置 1 表示有请求生成。

数据重载触发寄存器(TPBAnRDT)的第 1 位用于启用 TPBAnCMP1 值的重新加载,写入 1 启用重载,寄存器值将在下一个重新加载定时同时被更新。第 0 位用于启用 TPBAnCMP0 和 TPBAnTOL 值的重新加载。写入 1 启用重载,寄存器值将在下一个重新加载定时同时被更新。

定时器输出使能寄存器(TPBAnTOE)的第 0 位用于启用或禁用定时器输出(TPBAnO)。置 0:禁止基于计数器运算的定时器输出,置 1:启用基于计数器运算的定时器输出。定时器输出寄存器(TPBAnTO)的第 0 位用于设置或指示 TPBAnO 引脚的输出电平。置 0:低电平,置 1:高电平。定时器输出电平寄存器(TPBAnTOL)的第 0 位用于指定定时器输出的有效电平。置 0:高电平有效,置 1:低电平有效。

周期设置寄存器(TPBAnCMP0)是一个 16 位的比较寄存器,用于设置 PWM 周期,周期为 TPBAnCMP0+1。任务设置寄存器(TPBAnBUFm)是一个 16 位寄存器,用于设置占空比值,通过设置 TPBAnDPS 位,该寄存器可以在 16 位×64 模式(TPBAnDPS = 0)或 8 位×128 模式(TPBAnDPS = 1)下设置占空比值。模式设置寄存器(TPBAnCMP1)的 6～0 位设置 PWM 输出模式的编号,TPBAnDPS = 0 时编号范围是 0～63,TPBAnDPS = 1 时编号范围是 0～127。

定时器计数器寄存器(TPBAnCNT0)是用于产生 PWM 输出的 16 位计数器。地址计数器寄存器(TPBAnCNT1)的 6～0 位是计数器寄存器,指示到占空比设置寄存器的地址指针。

使能状态寄存器(TPBAnTE)的第 0 位指示定时器计数器是运行还是停止。置 0:计数器停止,置 1:计数器正在运行。启动触发寄存器(TPBAnTS)的第 0 位是启用定时器计数器的触发位。写入 1 开始计数(TPBAnTE = 1)。停止触发寄存器(TPBAnTT)的第 0 位是禁用定时器计数器的触发位。写入 1 禁止计数(TPBAnTE = 0)。

2.6.7.2　PWM 输出单元操作模式与功能

TPBAn 模块根据 TPBAnCMP0 寄存器中设置的 PWM 周期和 TPBAnBUF00 到 TPBAnBUF63 寄存器中设置的占空比,从 TPBAnO 引脚输出 PWM 信号,其时序图如图 2.95 与 2.96 所示:

PWM 占空比=(TPBAnBUFm)/(TPBAnCMP0 寄存器值+ 1)

PWM 周期=(TPBAnCMP0 寄存器值+ 1)×(计数时钟周期)

以 16 位×64 模式为例,64 个占空比寄存器中存储着不同的占空比值,当 TPBAnCMP1 将模式设置为 k 时,TPBAnCNT1 计数器从 0 开始计数到 k,每个 PWM 周期计数增加 1,对应着从 0 到 k 共 $k+1$ 个占空比寄存器,因此每个周期的占空比是不同的,当 $k+1$ 个周期输出结束后,若 TPBAnCMP1 的设置更改,则重新按照新的设置输出相应的 PWM 信号。

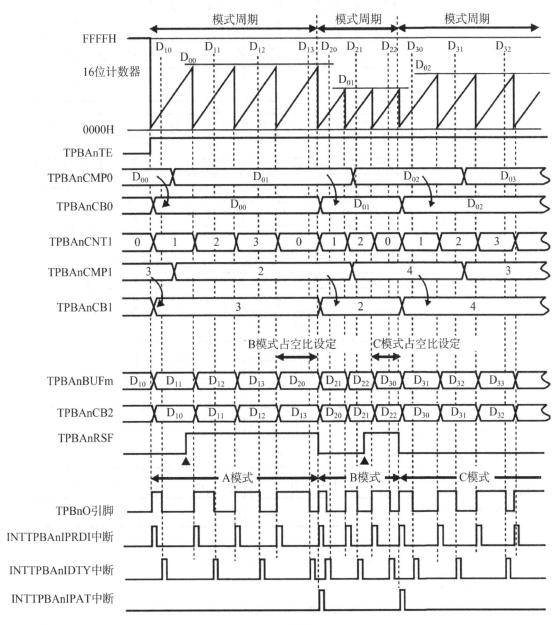

注：① PWM占空比=(TPBAnBUFm)/(TPBAnCMP0寄存器值+1)，
　　 PWM周期=(TPBAnCMP0寄存器值+1)×(计数器时钟周期)；
　② ▲TPBAnRDT写入1。

▲ 图 2.95　PWM 输出时序图 1

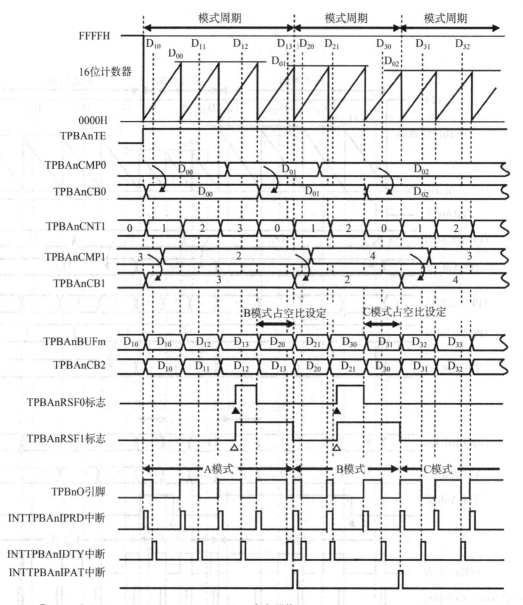

注：① PWM占空比=(TPBAnBUFm)/(TPBAnCMP0寄存器值+1)，
    PWM周期=(TPBAnCMP0寄存器值+1)×(计数器时钟周期)；
　　② ▲TPBAnRDT写入1；
　　③ △TPBAnRDT1写入1。

▲ 图2.96　PWM输出时序图2

2.6.8　编码器定时器(ENCA)

2.6.8.1　定时器电路结构与寄存器设置

1) 编码器定时器电路框图与工作过程

编码器根据输入的信号生成计数器控制信号，并与PCLK同步执行计数操作。编码器可用外部触发信号捕获计数器值，也可用于比较匹配判断与计数器值。ENCA有两个捕捉比较寄存器 ENCAnCCR0 和 ENCAnCCR1,可以单独设置用于捕捉操作和比较操作。ENCA 具有中断屏蔽功能,用于在比较操作期间通过比较匹配判断来屏蔽中断请求信号输出。

　　ENCA 可以检测计数器溢出和下溢以及错误标志和错误中断的输出。ENCA 能够产生 5 个中断,包括 2 个捕捉比较中断、1 个计数器清零中断、1 个溢出中断和 1 个下溢中断。

　　如图 2.97 所示,计数器控制器(Counter Controller)通过检测外部输入的有效沿来产生相应的 16 位计数器控制信号。ENCAnTT、ENCAnTS 用于启用和关闭计数器控制的触发。计数器可以用作外部信号的捕获或比较,通过检测外部信号有效沿并存储或比较计数器值实现。计数器计数过程中可能会发生溢出,此时触发相应的溢出中断。

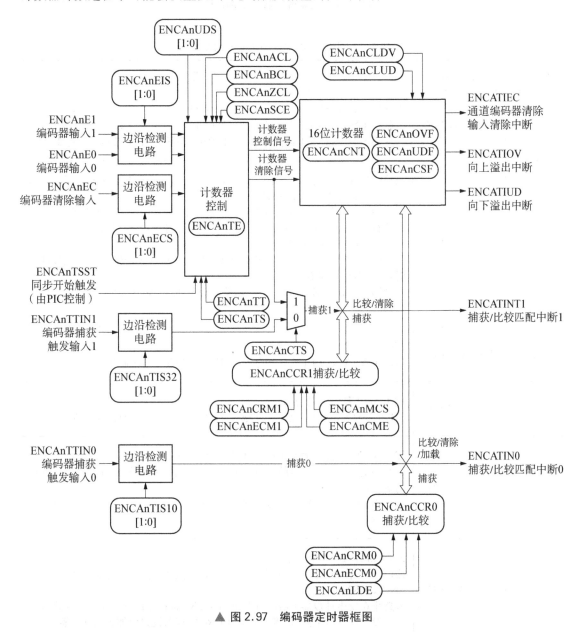

▲ 图 2.97　编码器定时器框图

2) 寄存器

控制寄存器(ENCAnCTL)用于设置编码器定时器的各种运行设置。具体组成与功能分别如图 2.98 与表 2.26 所示。

位	15	14	13	12	11	10	9	8	7	6	5	4	3	2	1	0
	ENCAn CME	ENCAn MCS	—	—	—	—	ENCAn CRM1	ENCAn CRM0	ENCAn CTS	—		ENCAn LDE	ENCAn ECM1	ENCAn ECM0	ENCAnUDS [1:0]	
复位值	0	0	0	0	0	0	0	0	0	0	0	0	0	0	0	0
	R/W	R/W	R/W	R	R	R	R	R	R/W	R/W	R/W	R	R	R/W	R/W	R/W	R/W	R/W

▲ 图 2.98 控制寄存器(ENCAnCTL)

表 2.26 控制寄存器(ENCAnCTL)功能

位地址	位名称	描 述
15	ENCAnCME	当使用比较功能时,该位用于启用/禁用比较匹配中断检测的屏蔽; 0,禁止 ENCAnCCR1 寄存器的比较匹配中断(ENCATINT1)屏蔽功能; 1,使能 ENCAnCCR1 寄存器的比较匹配中断(ENCATINT1)屏蔽功能。
14	ENCAnMCS	当使用比较功能时,该位来选择用于取消比较匹配中断检测的屏蔽的触发。该位仅在 ENCAnCRM1 = 0 时有效: 0,当写入 ENCAnCCR1 寄存器时,比较匹配中断检测的屏蔽被取消; 1,执行以下三个操作之一时,比较匹配中断检测的屏蔽被取消; — 编码器清零输入操作。 — 当 ENCAnECM0 = 1 时 ENCAnCNT 与 ENCAnCCR0 之间的比较匹配时,定时器计数器清零; — 当 ENCAnLDE = 1 时,在下溢检测时从 ENCAnCCR0 加载到定时器计数器。
9	ENCAnCRM1	ENCAnCCR1 寄存器模式: 0,ENCAnCCR1 用作比较寄存器;1,ENCAnCCR1 用作捕获寄存器。
8	ENCAnCRM0	ENCAnCCR0 寄存器模式: 0,ENCAnCCR0 用作比较寄存器;1,ENCAnCCR0 用作捕获寄存器。
7	ENCAnCTS	ENCAnCCR1 捕捉触发选择,该位仅在 ENCAnCRM1 = 1 时有效: 0,使用捕获触发 1 信号的 ENCAnTTIN1 作为捕获到 ENCAnCCR1 寄存器的触发; 1,使用编码器清零输入信号的 ENCAnEC 作为捕获到 ENCAnCCR1 寄存器的触发。
4	ENCAnLDE	ENCAn 计数器加载使能, 该位用于在下溢发生时启用/禁用设置值加载到计数器。该位仅在 ENCAnCRM0 = 0 时有效: 0,禁止在发生计数器下溢时将 ENCAnCCR0 寄存器设置值加载到计数器; 1,在发生计数器下溢时,将 ENCAnCCR0 寄存器设置值加载到计数器。

（续表）

位地址	位名称	描　　述
3	ENCAnECM1	编码器清除模式 1， 该位用于在计数器值和 ENCAnCCR1 设置值匹配时设置计数器清零操作，该位仅在 ENCAnCRM1 = 0 时有效： 0，定时器计数器值和 ENCAnCCR1 设定值匹配时，不清零计数器为 0000H； 1，如果下一个计数是递减计数器，定时器计数器值和 ENCAnCCR1 设置值匹配时，将计数器清零 0000H。
2	ENCAnECM0	编码器清除模式 0， 该位用于在计数器值和 ENCAnCCR0 设置值之间匹配时设置计数器清零操作，该位仅在 ENCAnCRM0 = 0 时有效： 0，定时器计数器值和 ENCAnCCR0 设定值匹配后，不清零计数器为 0000H； 1，如果下一个计数为递增计数，则定时器计数器值和 ENCAnCCR0 设置值匹配时，将计数器清零 0000H。
1，0	ENCAnUDS[1：0]	UP/DOWN 计数选择： 00，检测到 ENCAnE0 的有效边沿时，ENCAnE1 = H 时向下计数，ENCAnE1 = L 时向上计数； 01，检测到 ENCAnE0 的有效边沿时，向上计数，在检测到 ENCAnE1 的有效边沿时，向下计数； 10，在 ENCAnE0 的上升沿，向下计数，在 ENCAnE0 的下降沿，向上计数，但是只有在 ENCAnE1 = L 时才进行计数操作； 11，检测 ENCAnE0 和 ENCAnE1 的两个边。结合检测边缘和级别的计数操作判断。

　　I/O 控制寄存器 0（ENCAnIOC0）用于选择捕捉触发 0（ENCAnTTIN0）和 1（ENCAnTTIN1）的输入有效沿。第 3、2 位用于指定 ENCAnTTIN1 的有效沿，第 1、0 位用于指定 ENCAnTTIN0 的有效沿。00：无边沿检测，01：上升沿检测，10：下降沿检测，11：同时检测上升和下降沿。

　　I/O 控制寄存器 1（ENCAnIOC1）的第 3、2 位用于指定编码器清除输入有效沿，第 1、0 位用于指定编码器输入有效沿，相关设置同 ENCAnIOC0。第 7 用于编码器清除使能，0：检测到 ENCAnEC 有效边沿时清零计数器，1：检测到 ENCAnEC、ENCAnE1 和 ENCAnE0 的输入电平状态时清零计数器。第 6、5、4 位分别为输入 Z 清除条件选择，输入 B 清除条件选择与输入 A 清除条件选择：0 表示低电平时清除，1 表示高电平时清除。

　　状态标志寄存器（ENCAnFLG）保存 ENCAn 定时器计数器的状态标志，第 0 位为计数器向上溢出标志，第 1 位为计数器向下溢出标志，第 2 位为计数器计数状态。0 表示向上计数，1 表示向下计数。

　　状态标志清除寄存器（ENCAnFGC）用于清除 ENCAnFLG 的定时器计数器状态标志的对应位，第 1 位写入 1 用于清除向下溢出标志，第 0 位写入 1 用于清除向上溢出标志。

　　捕获比较寄存器 0（ENCAnCCR0）和捕获比较寄存器 1（ENCAnCCR1）都是 16 位比较寄

存器。计数器寄存器(ENCAnCNT)是一个 16 位计数器。

定时器使能状态寄存器(ENCAnTE)表示 ENCAn 的运行状态:1 表示正在运行,0 表示运行停止。定时器启动触发寄存器(ENCAnTS)的第 0 位启用定时器计数器的触发位,写入 1 开始计数(ENCAnTE = 1)。定时器停止触发寄存器(ENCAnTT)的第 0 位是禁用定时器计数器的触发位,写入 1 禁止计数(ENCAnTE = 0)。

2.6.8.2 编码器定时器操作模式与功能

ENCAn 控制计数器的计数方向(向上/向下计数),并通过编码器输入控制清除操作。ENCAnCCR0 和 ENCAnCCR1 寄存器可用作专用比较寄存器或专用捕获寄存器。

(1) 定时器计数器操作。

ENCAn 的定时器计数器运行如图 2.99 所示,计数器启动后从 0 开始向上计数,到达 FFFFH 时向上溢出,产生向上溢出中断,向上溢出标志位置 1,然后计数器继续从 0 开始向上计数,之后通过更改控制寄存器的设定或是由于检测到外部信号,使得计数方向变为向下计数,计数到 0000H 后产生向下溢出中断,向下溢出标志位置 1。然后从 FFFFH 开始向下计数,直至 ENCAnTT 指令关闭计数器。

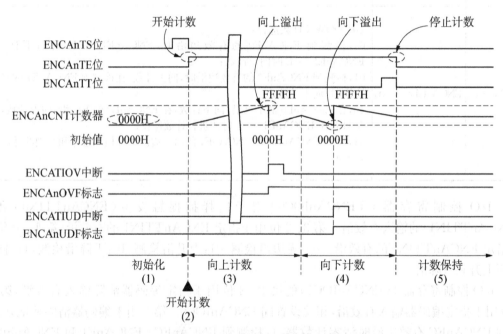

▲ 图 2.99　ENCAn 计数器运行时序图

(2) 计数器计数方向控制。

根据 ENCAnUDS [1:0] 的设置,判断编码器输入(ENCAnE0,ENCAnE1)的相位来执行计数方向的控制。如图 2.100 所示,当 ENCAnUDS[1:0] = 00B 时,检测到 ENCAnE0 的有效沿(上升沿)时,ENCAnE1 = H 时向下计数,ENCAnE1 = L 时向上计数。

(3) 通过编码器输入控制计数器清零。

以下情况将导致定时器计数器清零为 0000H:

① 检测编码器有效沿清除输入信号(ENCAnEC 引脚的信号)。

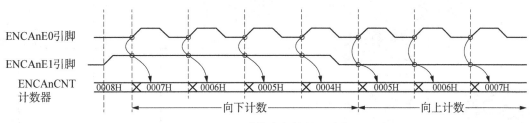

▲ 图2.100 计数方向控制下时序图

② 编码器输入信号与编码器清除输入信号的电平检测（ENCAnE0，ENCAnE1 和 ENCAnEC 引脚的信号）。

③ 可以通过控制 ENCAnIOC1 寄存器的 ENCAnSCE，ENCAnZCL，ENCAnBCL，ENCAnACL，ENCAnECS [1：0]位来选择以上两种清零方法。

④ ENCAnCCR0 的功能，比较功能、捕获功能。

⑤ ENCAnCCR1 的功能，比较功能、捕获功能，在比较寄存器匹配时清零计数器的功能。

2.6.9 定时管理系统在底盘系统电机控制中的综合应用

2.6.9.1 电机控制相关硬件模块

（1）18 位电机定时器 TSG3。

TSG3 产生带死区时间的 PWM 信号，可以用来控制交流异步电机、PMSM 永磁同步电机、BLDC 无刷直流电机等。

（2）12 位 A/D 转换器。

该转换器用来同步测量相电流和电压。

（3）TAPA 高阻控制。

当接收到外部关断信号，或者 A/D 采样值超过电流或电压时，TAPA 控制紧急关断 PWM 输出。

（4）ENCA 编码器。

ENCA 可以检测增量式编码器信号，获得电机的位置。

（5）TPBA 定时器模式缓冲器。

可以用来产生旋变编码器需要的激励信号。

2.6.9.2 电机控制硬件实现

图 2.101 所示为 PMSM 永磁同步电机硬件电路图，TSG3 产生 6 路互补 PWM 波形；TAPA 实现高阻控制，在紧急情况下可以关断 PWM。在使用旋变编码器检测电机位置时，TPBA 可以产生旋变编码器的激励信号，A/D 检测正弦（sin）信号和余弦（cos）信号，通过计算获得电机位置信息。在使用增量式编码器时，可以使用 ENCA 检测 A、B、Z 信号，获得电机位置信息。

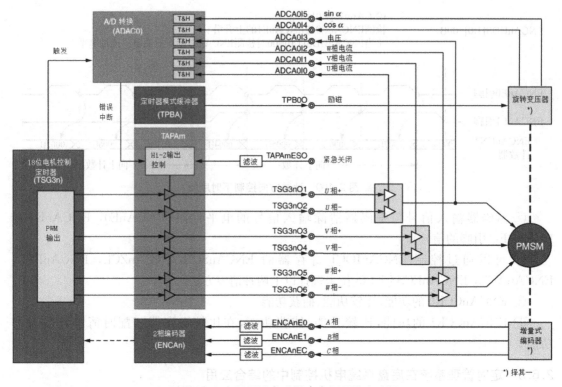

▲ 图 2.101　PMSM 永磁同步电机硬件电路图

2.6.9.3　电机控制软件实现

由于 RH850/P1M 微控制器内部集成了多个电机控制相关的模块，且模块间可以实现同步和触发功能，这为电机控制的软件实现提供了方便，降低了 CPU 负荷。

图 2.102 所示为电机 FOC 控制软件实现框图，关于 FOC 算法的具体实现不在此赘述。

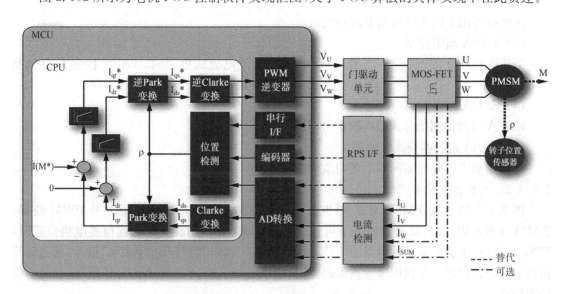

▲ 图 2.102　电机 FOC 控制软件框图

2.7 PIC 外设互联及其应用

RH850/P1x 系列微控制器内部包含了丰富的外设功能和强大的定时器系统以满足各种应用。为了能通过对不同定时器的同步操作或通过连接定时器间的内部 I/O 信号等,实现不同外设间的同步启动、输入/输出控制、触发信号选择等,RH850/P1x 系列微处理器配置了两个外设互联单元 PIC(peripheral interconnection),分别为 PIC1A 和 PIC2B。

2.7.1 PIC1A 的模式寄存器和控制寄存器

(1)同步启动触发控制寄存器(PIC1ASST)。

PIC1ASST 寄存器为 8 位寄存器,用于选择同步启动方式,如图 2.103 所示。地址为 FFDD0004H,初始值 00H,其中 1~7 位保留。0 位为 PIC1ASYNCTRG,当同步触发使能时,为定时器生成一个启动触发器,清零表示不使能,置 1 表示使能。需要注意的是,在读信号时,PIC1ASYNCTRG 通常为 0。

位	7	6	5	4	3	2	1	0
	—	—	—	—	—	—	—	PIC1ASYNCTRG
复位值	0	0	0	0	0	0	0	0
R/W	R	R	R	R	R	R	R	R/W

▲ 图 2.103 同步启动触发控制寄存器(PIC1ASST)

(2)同步启动控制寄存器 0(PIC1ASSER0)、同步启动控制寄存器 1(PIC1ASSER1)。

PIC1ASSER0 和 PIC1ASSER1 为 16 位寄存器,分别为 TAUD0 或 TAUD1 的每一个通道使能一个启动触发器。PIC1ASSER0 寄存器地址为 FFDD0010H,初始值 0000H;PIC1ASSER1 寄存器地址为 FFDD0014H,初始值 0000H。寄存器 15~0 位分别为 TAUDn 定时器的每一个通道 CHm 设定一个同步启动触发器:0 表示不使能,1 表示使能。

(3)同步启动控制寄存器 2(PIC1ASSER2)。

PIC1ASSER2 寄存器为 16 位寄存器,为 TAUJn、TSG3n、TPBAn 和 ENCAn 使能一个启动触发器,其组成和功能分别如图 2.104 与表 2.27 所示。地址为 FFDD0018H,初始值 0000H。

位	15	14	13	12	11	10	9	8	7	6	5	4	3	2	1	0
	—	—	PIC1ASSER213	PIC1ASSER212	PIC1ASSER211	PIC1ASSER210	PIC1ASSER209	PIC1ASSER208	PIC1ASSER207	PIC1ASSER206	PIC1ASSER205	PIC1ASSER204	PIC1ASSER203	PIC1ASSER202	PIC1ASSER201	PIC1ASSER200
复位值	0	0	0	0	0	0	0	0	0	0	0	0	0	0	0	0
R/W	R	R	R/W	R/W	R/W	R/W	R/W	R/W	R/W	R/W	R/W	R/W	R/W	R/W	R/W	R/W

▲ 图 2.104 同步启动控制寄存器 2(PIC1ASSER2)的组成

表 2.27　同步启动控制寄存器 2(PIC1ASSER2)的功能

位地址	位名称	功能	位地址	位名称	功能
13	PIC1ASSER213	为 ENCA1 设置一个同步启动触发器：0,不使能；1,使能。	6	PIC1ASSER206	为 TAUJ1 的 02 通道设置一个同步启动触发器：0,不使能；1,使能。
12	PIC1ASSER212	为 ENCA0 设置一个同步启动触发器：0,不使能；1,使能。	5	PIC1ASSER205	为 TAUJ1 的 01 通道设置一个同步启动触发器：0,不使能；1,使能。
11	PIC1ASSER211	为 TPBA1 设置一个同步启动触发器：0,不使能；1,使能。	4	PIC1ASSER204	为 TAUJ1 的 00 通道设置一个同步启动触发器：0,不使能；1,使能。
10	PIC1ASSER210	为 TPBA0 设置一个同步启动触发器：0,不使能；1,使能。	3	PIC1ASSER203	为 TAUJ0 的 03 通道设置一个同步启动触发器：0,不使能；1,使能。
9	PIC1ASSER209	为 TSG31 设置一个同步启动触发器：0,不使能；1,使能。	2	PIC1ASSER202	为 TAUJ0 的 02 通道设置一个同步启动触发器：0,不使能；1,使能。
8	PIC1ASSER208	为 TSG30 设置一个同步启动触发器：0,不使能；1,使能。	1	PIC1ASSER201	为 TAUJ0 的 01 通道设置一个同步启动触发器：0,不使能；1,使能。
7	PIC1ASSER207	为 TAUJ1 的 03 通道设置一个同步启动触发器：0,不使能；1,使能。	0	PIC1ASSER200	为 TAUJ0 的 00 通道设置一个同步启动触发器：0,不使能；1,使能。

(4) 同步启动控制寄存器 3(PIC1ASSER3)。

PIC1ASSER3 寄存器为 16 位寄存器,其作用是为 OSTMn 的每一个通道使能一个启动触发器,如图 2.105 所示。PIC1ASSER3 寄存器地址为 FFDD001CH,初始值 0000H。其中 2～15 位保留,第 1 位和第 0 位分别为 PIC1ASSER301 和 PIC1ASSER300,作用是为 OSTM1 和 OSTM0 设置一个同步启动触发器,其清零表示不使能,置 1 表示使能。

▲图 2.105　同步启动控制寄存器 3(PIC1ASSER3)

(5) RS 触发电路初始化寄存器 n0(PIC1AINIn0)。

PIC1AINIn0 寄存器为 8 位寄存器,其允许初始化 RS 触发电路(RSn4 到 RSn2),如图 2.106 所示。地址为 FFDD0020H,初始值 00H。其中 7～5 位、1～0 位保留,4～2 位控制 RSn4 到 RSn2 的触发电路是否初始化用于带死区的 PWM 输出功能,其中 0 表示不初始化,

1 表示初始化。

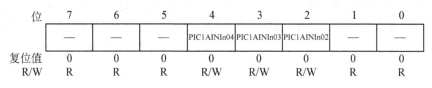

▲ 图 2.106　RS 触发电路初始化寄存器 n0(PIC1AINIn0)

（6）DT 电路初始化寄存器 n1(PIC1AINIn1)。

PIC1AINIn1 寄存器允许初始化 DT 电路,如图 2.107 所示。该寄存器地址为 FFDD0024H($n=0$),FFDD0030H($n=1$),初始值 00H。其中 7～3 位保留,2～0 位表示 PIC1AINIn1[2:0],PIC1AINIn1 的作用是通过 DT 电路是否初始化从而选择是否控制触发脉冲宽度测量功能,其中 0 表示不初始化,1 表示初始化。

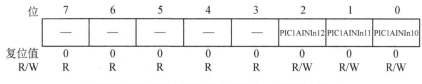

▲ 图 2.107　DT 电路初始化寄存器 n1(PIC1AINIn1)

（7）霍尔传感器输入选择寄存器(PIC1ATSGHALLSEL)。

PIC1ATSGHALLSEL 寄存器通过设置管脚条件从而允许输入外部霍尔传感器信号,如图 2.108 所示。该寄存器地址 FFDD0074H,初始值 00H。其中 7～2 位保留,第 1 位和第 0 位表示 TSG1HALLSEL 和 TSG0HALLSEL。其作用是设置管脚条件从而允许外部霍尔传感器信号输入,其中清零表示信号分开输入,置 1 表示带 ENCA 的选择性输入。需要注意的是,对于 P1x 系列的产品,需要将该寄存器设置为 1,这是因为外部霍尔传感器输入管脚同时也被作为 ENCA 的输入管脚。

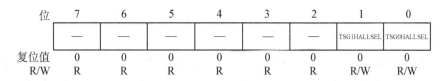

▲ 图 2.108　霍尔传感器输入选择寄存器(PIC1ATSGHALLSEL)

一般按照表 2.28 设置 PIC1AREG50 寄存器和 PIC1AREG51 寄存器的第 0 位。

表 2.28　设置 PIC1AREG50 寄存器和 PIC1AREG51 寄存器功能

TSG1HALLSEL	PIC1AREG5100	功能	TSG0HALLSEL	PIC1AREG5000	功能
1	1	选择输入管脚是 ENCA1E0、ENCA1E1 还是 ENCA1EC	1	0	选择输入管脚是 ENCA0E0、ENCA0E1 还是 ENCA0EC
其余情况	禁用		其余情况	禁用	

（8）TAUD0 输入选择寄存器(PIC1ATAUD0SEL)、TAUD1 输入选择寄存器(PIC1ATAUD1SEL)。

PIC1ATAUD0SEL 和 PIC1ATAUD1SEL 寄存器都是 32 位寄存器，用于选择 TAUDTIN 的输入信号。PIC1ATAUD0SEL 寄存器地址为 FFDD0078H，初始值 00000000H。PIC1ATAUD1SEL 寄存器地址为 FFDD007CH，初始值 00000000H。该寄存器的功能如表 2.29 所示。

表 2.29　TAUD0 输入选择寄存器(PIC1ATAUD0SEL、PIC1ATAUD1SEL)功能

位地址	位名称	功　能
$2m+3$ $2m+2$	PIC1ATAUD0INm32[1:0]	选择输出信号给 TAUD0TIN($m+1$)的输出管脚： 00，TAUD0TIN($m+1$)被选中； 01，TAUD0TIN(m)被选中； 10，TAUD1TIN($m+1$)被选中； 11，TAUD1TIN(m)被选中。
$2m+1$ $2m$	PIC1ATAUD0INm10[1:0]	选择输出信号给 TAUD0TIN(m)的输出管脚： 00，TAUD0TIN(m)被选中； 01，TAUD0TIN($m+1$)被选中； 10，TAUD1TIN(m)被选中； 11，TAUD1TIN($m+1$)被选中。
$2m+3$ $2m+2$	PIC1ATAUD1INm32[1:0]	选择输出信号给 TAUD1TIN($m+1$)的输出管脚： 00，TAUD1TIN($m+1$)被选中； 01，TAUD1TIN(m)被选中； 10，TAUD0TIN($m+1$)被选中； 11，TAUD0TIN(m)被选中。
$2m+1$ $2m$	PIC1ATAUD1INm10[1:0]	选择输出信号给 TAUD1TIN(m)的输出管脚： 00，TAUD1TIN(m)被选中； 01，TAUD1TIN($m+1$)被选中； 10，TAUD0TIN(m)被选中； 11，TAUD0TIN($m+1$)被选中。

注：表中 m 表示 TAUD0、TAUD1 中偶数通道数。

（9）Hi－Z 控制寄存器 0(PIC1AHIZCEN0)、Hi－Z 控制寄存器 1(PIC1AHIZCEN1)。

PIC1AHIZCEN0 和 PIC1AHIZCEN1 寄存器均为 8 位寄存器，其作用是选择 TAUD0 或 TAUD1 的高阻抗控制输入信号。PIC1AHIZCEN0 寄存器地址为 FFDD0080H，初始值 00H。PIC1AHIZCEN1 寄存器地址为 FFDD0084H，初始值 00H。PIC1AHIZCEN0 和 PIC1AHIZCEN1 的相关功能如表 2.30 所示。

表 2.30　Hi－Z 控制寄存器 0(PIC1AHIZCEN0)及 Hi－Z 控制寄存器 1(PIC1AHIZCEN1)功能

位地址	位名称	功　能
7	PIC1AHIZCEN07/PIC1AHIZCEN17	通过 ADCD1 错误中断(INTADCD1ERR)使能或不使能 Hi－Z 控制： 0，不使能；1，使能。

（续表）

位地址	位名称	功　能
6	PIC1AHIZCEN06/PIC1AHIZCEN16	通过 ADCD0 错误中断（INTADCD0ERR）使能或不使能 Hi-Z 控制： 0,不使能；1,使能。
5	PIC1AHIZCEN05/PIC1AHIZCEN15	通过 ERROROUT 信号使能或不使能 Hi-Z 控制： 0,不使能；1,使能。
4~1	保留	
0	PIC1AHIZCEN00/ PIC1AHIZCEN10	通过 TAPA0SEO/TAPA1SEO 管脚输入使能或不使能 Hi-Z 控制： 0,不使能；1,使能。

注：① 在 TAUDn 启用 U/V/W 输出或 UB/VB/WB 输出前需要设置该寄存器；
② 当通过控制 ADCD 错误信号和 ERROROUT 信号来设置高阻抗控制时，需要把 TAPA0CTL0. TAPA0DCN/TAPA1CTL0. TAPA1DCN 设置为 0,同时将 TAPA0CTL0. TAPA0DCP / TAPA1CTL0. TAPA1DCP 设置为 1。

（10）Hi-Z 控制寄存器 2（PIC1AHIZCEN2）、Hi-Z 控制寄存器 3（PIC1AHIZCEN3）。

PIC1AHIZCEN2 和 PIC1AHIZCEN3 寄存器均为 8 位寄存器,作用是选择 TSG30 或 TSG31 的高阻抗控制输入信号。PIC1AHIZCEN2 寄存器地址为 FFDD0088H,初始值 00H。PIC1AHIZCEN3 寄存器地址 FFDD008CH,初始值 00H。寄存器相关功能如表 2.31 所示。

表 2.31　Hi-Z 控制寄存器 2（PIC1AHIZCEN2）/Hi-Z 控制寄存器 3（PIC1AHIZCEN3）功能

位地址	位名称	功　能
7	PIC1AHIZCEN27/ PIC1AHIZCEN37	通过 ADCD1 错误中断（INTADCD1ERR）使能或不使能 Hi-Z 控制： 0,不使能；1,使能。
6	PIC1AHIZCEN26/PIC1AHIZCEN36	通过 ADCD0 错误中断（INTADCD0ERR）使能或不使能 Hi-Z 控制： 0,不使能；1,使能。
5	PIC1AHIZCEN25/PIC1AHIZCEN35	通过 ERROROUT 信号使能或不使能 Hi-Z 控制： 0,不使能；1,使能。
4	保留	
3	PIC1AHIZCEN23/PIC1AHIZCEN33	通过 INTTSG30IER/INTTSG31IER 中断信号使能或不使能 Hi-Z 控制： 0,不使能；1,使能。
2,1	保留	
0	PIC1AHIZCEN20/PIC1AHIZCEN30	通过 TAPA0SEO/TAPA1SEO 管脚输入使能或不使能 Hi-Z 控制： 0,不使能；1,使能。

注：① 启用 TSG30/ TSG31 输出前需要设置该寄存器；
② 当通过控制 ADCD 错误信号、ERROROUT 信号和 TSG30/ TSG31 错误信号来设置高阻抗控制时,需要把 TAPA2CTL0. TAPA2DCN/TAPA3CTL0. TAPA3DCN 设为 0,将 TAPA2CTL0. TAPA2DCP/TAPA3CTL0. TAPA3DCP 设为 1。

（11）ENCATIN1 输入选择寄存器 400（PIC1AENCSEL400）、ENCATIN1 输入选择寄存器 410（PIC1AENCSEL410）。

PIC1AENCSEL400 和 PIC1AENCSEL410 寄存器为 8 位寄存器，用于编码器捕获触发功能。PIC1AENCSEL400 寄存器地址为 FFDD00B8H，初始值 00H。PIC1AENCSEL410 寄存器地址 FFDD00BCH，初始值 00H。上述寄存器相关功能如表 2.32 所示。

表 2.32 ENCATIN1 输入选择寄存器 400（PIC1AENCSEL400）与 ENCATIN1 输入选择寄存器 410（PIC1AENCSEL410）

位地址	位名称	功　　能
7	PIC1AENCSEL4007/ PIC1AENCSEL4107	通过 PIC1AENCSEL400[3：0]/ PIC1AENCSEL410[3：0]启用或禁用 INTTAUD0Im/INTTAUD1Im 输出信号选择功能： 0，不使能；1，使能。
6～4	保留	
3～0	PIC1AENCSEL40030[3：0]/ PIC1AENCSEL41030[3：0]	选择 TAUD0TINTm/TAUD1TINTm 用于捕获 ENCA0 和 ENCA1 的触发信号： 0000，INTTAUDnI0 被选中； 0001，INTTAUDnI1 被选中； …… 1110，INTTAUDnI14 被选中； 1111，INTTAUDnI15 被选中。

注：PIC1AENCSEL400 寄存器时 $n=0$；PIC1AENCSEL410 寄存器时 $n=1$。

（12）定时器输入/输出控制寄存器 200（PIC1AREG200）、定时器输入/输出控制寄存器 210（PIC1AREG210）。

PIC1AREG200 和 PIC1AREG210 寄存器均为 32 位寄存器，用于选择 TAUD0 或 TAUD1 的输入信号。PIC1AREG200 寄存器地址为 FFDD00C0H，初始值 00000000H。PIC1AREG210 寄存器地址为 FFDD00D4H，初始值 00000000H。寄存器相关功能如表 2.33 所示。

表 2.33 定时器输入/输出控制寄存器 200（PIC1AREG200）与定时器输入/输出控制寄存器 210（PIC1AREG210）

位地址	位名称	功　　能
31～12	保留	
11，10	PIC1AREG2001110[1：0]/ PIC1AREG2101110[1：0]	选择 TAUD0/TAUD1 的输入信号作为 TAUDnTIN6，TAUDnTIN7： 10，TS0PTE 的 TSG3n 信号。 除此之外的设置都是禁止的。
9，8	PIC1AREG2000908[1：0]/ PIC1AREG2100908[1：0]	选择 TAUD0/TAUD1 的输入信号作为 TAUDnTIN4，TAUDnTIN5： 10，TS0PTE 的 TSG3n 信号。 除此之外的设置都是禁止的。
7～4	保留	

位地址	位名称	功　能
3	PIC1AREG20003/ PIC1AREG21003	选择 TAUD0/TAUD1 的输入信号作为 TAUDnTIN7： 0，TIN 管脚输入； 1，输入信号由 PIC1AREG20011 和 PIC1AREG20010 两位选择（TS0PTE 信号）。
2	PIC1AREG20002/ PIC1AREG21002	选择 TAUD0/TAUD1 的输入信号作为 TAUDnTIN6： 0，TIN 管脚输入； 1，输入信号由 PIC1AREG2n011 和 PIC1AREG2n010 两位选择（TS0PTE 信号）。
1	PIC1AREG20001/ PIC1AREG21001	选择 TAUD0/TAUD1 的输入信号作为 TAUDnTIN5： 0，TIN 管脚输入； 1，输入信号由 PIC1AREG2n009 和 PIC1AREG2n008 两位选择（TS0PTE 信号）。
0	PIC1AREG20000/ PIC1AREG21000	选择 TAUD0/ TAUD1 的输入信号作为 TAUDnTIN4。 0，TIN 管脚输入； 1，输入信号由 PIC1AREG2n009 和 PIC1AREG2n008 两位选择（TS0PTE 信号）。

注：在使能 PIC(PIC1AEN0＝1)前，确保已经设置了合适取值，当不使用时禁止修改复位后的值。

（13）定时器输入/输出控制寄存器 2n1(PIC1AREG2n1)。

PIC1AREG2n1 寄存器用于选择组合电路 PFN0xx 的逻辑运算。地址为 FFDD00C4H(n＝0)FFDD00D8H(n＝1)，初始值 00000000H。定时器输入/输出控制寄存器的组成与功能分别如图 2.109 与表 2.34 所示。

▲ 图 2.109　定时器输入/输出控制寄存器 2n1(PIC1AREG2n1)的组成

表 2.34　定时器输入/输出控制寄存器 2n1(PIC1AREG2n1)功能

位地址	位名称	功　能
27，26	PIC1AREG2n12726[1：0]	选择 PFN045 WO2 输出： 10，组合电路输出； 11，反向组合电路输出。 除此之外的设置都是禁止的。

（续表）

位地址	位名称	功 能
25，24	PIC1AREG2n12524[1：0]	选择 PFN045 WO1 输出： 10，组合电路输出； 11，反向组合电路输出。 除此之外的设置都是禁止的。
23，22	PIC1AREG2n12322[1：0]	选择 PFCN023 VO2 输出： 10，组合电路输出； 11，反向组合电路输出。 除此之外的设置都是禁止的。
21，20	PIC1AREG2n12120[1：0]	选择 PFN023 VO1 输出 10，组合电路输出； 11，反向组合电路输出。 除此之外的设置都是禁止的。
19，18	PIC1AREG2n11918[1：0]	选择 PFN001 UO2 输出 10，组合电路输出； 11，反向组合电路输出。 除此之外的设置都是禁止的。
17，16	PIC1AREG2n11716[1：0]	选择 PFN001 UO1 输出 10，组合电路输出； 11，反向组合电路输出。 除此之外的设置都是禁止的。

注：① 对于某些功能，寄存器的取值需要依靠 TAUD 的值。

② 在使能 PIC(PIC1AEN0＝1)前确保已经设置了合适取值，当不使用时禁止修改复位后的值。

（14）定时器输入/输出控制寄存器 2n2(PIC1AREG2n2)。

PIC1AREG2n2 寄存器用于选择 TAUDn CHm 的输入信号，其组成与功能如图 2.110 与表 2.35 所示。地址为 FFDD00C8H($n＝0$)FFDD00DCH($n＝1$)，初始值 00000000H。

位	31	30	29	28	27	26	25	24	23	22	21	20	19	18	17	16
	—	—	—	—	PIC1AR EG2n2 27	PIC1AR EG2n2 26	PIC1AR EG2n2 25	PIC1AR EG2n2 24	PIC1AR EG2n2 23	PIC1AR EG2n2 22	PIC1AR EG2n2 21	PIC1AR EG2n2 20	PIC1AR EG2n2 19	PIC1AR EG2n2 18	PIC1AR EG2n2 17	PIC1AR EG2n2 16
复位值	0	0	0	0	0	0	0	0	0	0	0	0	0	0	0	0
R/W	R	R	R	R	R/W	R/W	R/W	R/W	R/W	R/W	R/W	R/W	R/W	R/W	R/W	R/W

位	15	14	13	12	11	10	9	8	7	6	5	4	3	2	1	0
	—	—	—	—	—	—	—	—	—	—	—	PIC1AR EG2n2 04	PIC1AR EG2n2 03	PIC1AR EG2n2 02	—	—
复位值	0	0	0	0	0	0	0	0	0	0	0	0	0	0	0	0
R/W	R	R	R	R	R	R	R	R	R	R	R	R/W	R/W	R/W	R	R

▲ 图 2.110 定时器输入/输出控制寄存器 2n2(PIC1AREG2n2)的组成

表 2.35 定时器输入/输出控制寄存器 2n2(PIC1AREG2n2)功能

位地址	位名称	功　能
31～28	保留	
27, 26	PIC1AREG2n22726[1:0]	选择 TAUDnCH15 的输入信号： 00,管脚输入； 10,PIC1AREG2n204 选择输入信号(TAUDnCH09 的输出)。 除此之外的设置都是禁止的。
25, 24	PIC1AREG2n22524[1:0]	选择 TAUDnCH14 的输入信号： 00,管脚输入； 10,PIC1AREG2n018 选择输入信号(TAUDnCH02 的输出)。 除此之外的设置都是禁止的。
23, 22	PIC1AREG2n22322[1:0]	选择 TAUDnCH13 的输入信号： 00,管脚输入； 10,PIC1AREG2n203 选择输入信号(TAUDnCH07 的输出)。 除此之外的设置都是禁止的。
21, 20	PIC1AREG2n22120[1:0]	选择 TAUDnCH12 的输入信号： 00,管脚输入； 10,PIC1AREG2n018 选择输入信号(TAUDnCH02 的输出)。 除此之外的设置都是禁止的。
19, 18	PIC1AREG2n21918[1:0]	选择 TAUDnCH11 的输入信号： 00,管脚输入； 10,PIC1AREG2n202 选择输入信号(TAUDnCH05 的输出)。 除此之外的设置都是禁止的。
17, 16	PIC1AREG2n21716[1:0]	选择 TAUDnCH10 的输入信号： 00,管脚输入； 10,PIC1AREG2n018 选择输入信号(TAUDnCH02 的输出)。 除此之外的设置都是禁止的。
15～5	保留	—
4	PIC1AREG2n204	选择信号作为 TAUDnCH15 的输入： 0,TAUDnCH09 的输出； 1,通过 TAUDnINT08 和 TAUDnINT09 设置/清除输出。
3	PIC1AREG2n203	选择信号作为 TAUDnCH13 的输入： 0,TAUDnCH07 的输出； 1,通过 TAUDnINT06 和 TAUDnINT07 设置/清除输出。
2	PIC1AREG2n202	选择信号作为 TAUDnCH11 的输入： 0,TAUDnCH05 的输出； 1,通过 TAUDnINT04 和 TAUDnINT05 设置/清除输出。
1, 0	保留	

（15）定时器输入/输出控制寄存器 2n3（PIC1AREG2n3）。

PIC1AREG2n3 寄存器用于选择组合电路 FN0i 的逻辑运算，其组成与功能如图 2.111 与表 2.36 所示。地址为 FFDD00CCH（$n=0$）FFDD00E0H（$n=1$），初始值为 00000000H。

位	31	30	29	28	27	26	25	24	23	22	21	20	19	18	17	16
	—	—	—	—	—	—	—	—	—	PIC1AREG2n3 22	PIC1AREG2n3 21	PIC1AREG2n3 20	—	PIC1AREG2n3 18	PIC1AREG2n3 17	PIC1AREG2n3 16
复位值	0	0	0	0	0	0	0	0	0	0	0	0	0	0	0	0
R/W	R	R	R	R	R	R	R	R	R	R/W	R/W	R/W	R	R/W	R/W	R/W

位	15	14	13	12	11	10	9	8	7	6	5	4	3	2	1	0
	—	PIC1AREG2n3 14	PIC1AREG2n3 13	PIC1AREG2n3 12	—	PIC1AREG2n3 10	PIC1AREG2n3 09	PIC1AREG2n3 08	—	PIC1AREG2n3 06	PIC1AREG2n3 05	PIC1AREG2n3 04	—	PIC1AREG2n3 02	PIC1AREG2n3 01	PIC1AREG2n3 00
复位值	0	0	0	0	0	0	0	0	0	0	0	0	0	0	0	0
R/W	R	R/W	R/W	R/W	R	R/W	R/W	R/W	R	R/W	R/W	R/W	R	R/W	R/W	R/W

▲ 图 2.111 定时器输入/输出控制寄存器 2n3（PIC1AREG2n3）的组成

表 2.36 定时器输入/输出控制寄存器 2n3（PIC1AREG2n3）功能

位地址	位名称	功能
31～23	保留	
22～20	PIC1AREG2n32220[2：0]	选择输入信号 A 和 B 的逻辑运算：000，A；100，A 和 B；101，A 或 B。除此之外的设置均被禁止。
19	保留	
18～16	PIC1AREG2n31816[2：0]	选择输入信号 A 和 B 的逻辑运算：000，A；100，A 和 B；101，A 或 B。除此之外的设置均被禁止。
15	保留	
14～12	PIC1AREG2n31412[2：0]	选择输入信号 A 和 B 的逻辑运算：000，A；100，A 和 B；101，A 或 B。除此之外的设置均被禁止。
11	保留	
10～8	PIC1AREG2n31008[2：0]	选择输入信号 A 和 B 的逻辑运算：000，A；100，A 和 B；101，A 或 B。除此之外的设置均被禁止。
7	保留	
6～4	PIC1AREG2n30604[2：0]	选择输入信号 A 和 B 的逻辑运算：000，A；100，A 和 B；101，A 或 B。除此之外的设置均被禁止。
3	保留	
2～0	PIC1AREG2n30200[2：0]	选择输入信号 A 和 B 的逻辑运算000：A；100：A 和 B；101：A 或 B 除此之外的设置均被禁止

注：① 对于某些功能，寄存器的取值需要依靠 TAUD 的值。

（16）定时器输入/输出控制寄存器 30（PIC1AREG30）。

PIC1AREG30 寄存器用于选择 ENCAn 的输入信号，其组成与功能如图 2.112 与表 2.37 所示。地址 FFDD00E8H，初始值 00000000H。

位	31	30	29	28	27	26	25	24	23	22	21	20	19	18	17	16
	—	—	—	—	—	—	—	—	—	PIC1AREG3022	PIC1AREG3021	PIC1AREG3020	PIC1AREG3019	PIC1AREG3018	PIC1AREG3017	PIC1AREG3016
复位值	0	0	0	0	0	0	0	0	0	0	0	0	0	0	0	0
R/W	R	R	R	R	R	R	R	R	R	R/W	R/W	R/W	R/W	R/W	R/W	R/W

位	15	14	13	12	11	10	9	8	7	6	5	4	3	2	1	0
	PIC1AREG3015	PIC1AREG3014	PIC1AREG3013	PIC1AREG3012	PIC1AREG3011	PIC1AREG3010	PIC1AREG3009	PIC1AREG3008	PIC1AREG3007	PIC1AREG3006	PIC1AREG3005	PIC1AREG3004	PIC1AREG3003	PIC1AREG3002	PIC1AREG3001	PIC1AREG3000
复位值	0	0	0	0	0	0	0	0	0	0	0	0	0	0	0	0
R/W	R/W	R/W	R/W	R/W	R/W	R/W	R/W	R/W	R/W	R/W	R/W	R/W	R/W	R/W	R/W	R/W

▲ 图 2.112 定时器输入/输出控制寄存器 30（PIC1AREG30）的组成

表 2.37 定时器输入/输出控制寄存器 30（PIC1AREG30）功能

位地址	位名称	功　能
31～23	保留	
22	PIC1AREG3022	选择定时器 ENCA0 的输入管脚（ENCA0E0、ENCA0E1、ENCA0EC）： 0，信号由 PIC1AREG3000（ENCA0E0）、PIC1AREG3001（ENCA0E1）和 PIC1AREG3017～16（ENCA0EC）决定； 1，信号由 PIC1AREG3020 和 PIC1AREG3019 决定。
21	PIC1AREG3021	选择信号提供给 PIC1AREG3012～14： 0，ENCA1I1； 1，信号由 PIC1AENCSEL410 寄存器的 PIC1AENCSEL4107 位决定。
20，19	PIC1AREG302019[1∶0]	选择定时器 ENCA1 的输入管脚（ENCA1E0、ENCA1E1、ENCA1EC）： 00，定时器 ENCA1 的 ENCA1E0、ENCA1E1、ENCA1EC 输入管脚。 除此之外的设置均被禁止。
18	PIC1AREG3018	选择信号提供给 PIC1AREG3002～04： 0，ENCA0I1； 1，信号由 PIC1AENCSEL400 寄存器的 PIC1AENCSEL4007 位决定。
17，16	PIC1AREG301716[1∶0]	选择定时器 ENCA0 的输入管脚（ENCA0E0、ENCA0E1、ENCA0EC）： 00，定时器 ENCA0 的 ENCA0E0、ENCA0E1、ENCA0EC 输入管脚。 除此之外的设置均被禁止。

位地址	位名称	功　能
15～12	PIC1AREG301512[3：0]	选择信号作为ENCAT1TIN1信号的输入： 0,由PIC1AREG3021决定信号； 1,由PIC1AREG3018决定信号； 2,ADCD0TRG4； 3,ADCD0TRG3； 4,ADCD0TRG2； 5,ADCD0TRG1； 6,ADCD0TRG0； 7,ADCD1TRG4； 8,ADCD1TRG3； 9,ADCD1TRG2； 10,ADCD1TRG1； 11,ADCD1TRG0。 除此之外的设置均被禁止。
11，10	PIC1AREG301110[1：0]	选择定时器ENCA1的ENCAEC管脚输入： 00,由PIC1AREG3019和PIC1AREG3020决定信号； 10,由PIC1AREG3016和PIC1AREG3017决定信号； 11,ENCA0EQ1信号。 除此之外的设置均被禁止。
9，8	PIC1AREG300908[1：0]	选择定时器ENCA1的ENCA1E1管脚输入： 00,由PIC1AREG3019和PIC1AREG3020决定信号； 01,由PIC1AREG3016和PIC1AREG3017决定信号； 10,TSG31的TS1PUD信号。 除此之外的设置均被禁止。
7，6	PIC1AREG300706[1：0]	选择定时器ENCA1的ENCA1E0管脚输入： 00,由PIC1AREG3019和PIC1AREG3020决定信号； 01,由PIC1AREG3016和PIC1AREG3017决定信号； 10,TSG31的TS1PEC信号。 除此之外的设置均被禁止。
5～2	PIC1AREG300502[3：0]	选择信号作为ENCAT0TIN1信号的输入： 0,由PIC1AREG3018决定信号； 1,由PIC1AREG3021决定信号； 2,ADCD0TRG4； 3,ADCD0TRG3； 4,ADCD0TRG2； 5,ADCD0TRG1； 6,ADCD0TRG0； 7,ADCD1TRG4； 8,ADCD1TRG3； 9,ADCD1TRG2； 10,ADCD1TRG1； 11,ADCD1TRG0。 除此之外的设置均被禁止。

位地址	位名称	功　能
1	PIC1AREG3001	选择信号作为 ENCA0E1 外部信号输入： 0，由 PIC1AREG3017 和 PIC1AREG3016 决定信号； 1，TSG30 的 TS0PUD 信号。
0	PIC1AREG3000	选择信号作为 ENCA0E0 外部信号输入： 0，由 PIC1AREG3017 和 PIC1AREG3016 决定信号； 1，TSG30 的 TS0PEC 信号。

（17）定时器输入/输出控制寄存器 31（PIC1AREG31）。

PIC1AREG31 寄存器用于选择 TAUDn 和 TAUJ0 的输入信号，其组成与功能如图 2.113 与表 2.38 所示。地址为 FFDD00ECH，初始值 00000000H。

位	31	30	29	28	27	26	25	24	23	22	21	20	19	18	17	16
	—	—	—	—	—	—	—	—	—	PIC1AR EG3122	PIC1AR EG3121	PIC1AR EG3120	PIC1AR EG3119	PIC1AR EG3118	PIC1AR EG3117	PIC1AR EG3116
复位值	0	0	0	0	0	0	0	0	0	0	0	0	0	0	0	0
R/W	R	R	R	R	R	R	R	R	R	R/W	R/W	R/W	R/W	R/W	R/W	R/W

位	15	14	13	12	11	10	9	8	7	6	5	4	3	2	1	0
	PIC1AR EG3115	—	PIC1AR EG3113	PIC1AR EG3112	PIC1AR EG3111	PIC1AR EG3110	PIC1AR EG3109	PIC1AR EG3108	PIC1AR EG3107	PIC1AR EG3106	—	PIC1AR EG3104	PIC1AR EG3103	—	PIC1AR EG3101	PIC1AR EG3100
复位值	0	0	0	0	0	0	0	0	0	0	0	0	0	0	0	0
R/W	R/W	R/W	R	R/W	R/W	R/W	R/W	R/W	R/W	R/W	R	R/W	R/W	R	R/W	R/W

▲ 图 2.113　定时器输入/输出控制寄存器 31（PIC1AREG31）的组成

表 2.38　定时器输入/输出控制寄存器 31（PIC1AREG31）功能

位地址	位名称	功　能
31～23	保留	
22，21	PIC1AREG312221[1：0]	选择 TAUD1CH02. 的输入信号： 00，TIN 管脚输入； 10，ENCAT1EQ0 的 DT 输出信号。 除此之外其余设置均被禁止。
20	PIC1AREG3120	选择 TAUD1CH01. 的输入信号： 0，TIN 管脚输入； 1，信号由 PIC1AREG3115 和 PIC1AREG3117 决定。
19，18	PIC1AREG311918[1：0]	选择 TAUD1CH00. 的输入信号： 00，信号由 PIC1AREG3115 和 PIC1AREG3117 决定； 10，ENCAT1EQ0 的 DT 输出信号。 除此之外其余设置均被禁止。
17～15	PIC1AREG311715[2：0]	选择 TAUD1CH00 和 TAUD1CH01 的输入信号： 000，TIN 管脚输入； 001，ENCAT1EQ1 的 DT 输出信号。 除此之外其余设置均被禁止。

位地址	位名称	功　　能
14	保留	
13,12	PIC1AREG311312[1:0]	选择 TAUD0CH02 的输入信号： 00,TIN 管脚输入； 10,ENCAT0EQ0 的 DT 输出信号。 除此之外其余设置均被禁止。
11	PIC1AREG3111	选择 TAUD0CH01 的输入信号： 0,TIN 管脚输入； 1,信号由 PIC1AREG3106 和 PIC1AREG3108 决定。
10,9	PIC1AREG311009[1:0]	选择 TAUD0CH00. 的输入信号： 00,信号由 PIC1AREG3106 和 PIC1AREG3108 决定； 10,ENCAT0EQ0 的 DT 输出信号。 除此之外其余设置均被禁止。
8~6	PIC1AREG310806[2:0]	选择 TAUD0CH00 和 TAUD0CH01 的输入信号： 000,TIN 管脚输入； 001,ENCAT0EQ1 的 DT 输出信号。 除此之外其余设置均被禁止。
5	保留	
4	PIC1AREG3104	选择 TAUJ0CH023 的输入信号： 0,TIN 管脚输入； 1,ENCAT1IEC 的 DT 输出信号。
3	PIC1AREG3103	选择 TAUJ0CH02 的输入信号： 0,TIN 管脚输入； 1,ENCAT1IEC 的 DT 输出信号。
2	保留	
1	PIC1AREG3101	选择 TAUJ0CH01 的输入信号： 0,TIN 管脚输入； 1,ENCAT0IEC 的 DT 输出信号。
0	PIC1AREG3100	选择 TAUJ0CH00 的输入信号： 0,TIN 管脚输入； 1,ENCAT0IEC 的 DT 输出信号。

（18）定时器输入/输出控制寄存器 50（PIC1AREG50）和定时器输入/输出控制寄存器 51（PIC1AREG51）。

PIC1AREG50/PIC1AREG51 寄存器均为 16 位寄存器,用于选择 TSG30 或 TSG31 的输入信号,功能如表 2.39 所示。PIC1AREG50 寄存器地址为 FFDD00F8H,初始值 0000H。PIC1AREG51 寄存器地址为 FFDD00FCH,初始值 0000H。

表 2.39 定时器输入/输出控制寄存器 50(PIC1AREG50)与定时器输入/输出控制寄存器 51(PIC1AREG51)功能

位地址	位名称	功 能
15～11	保留	
10	PIC1AREG5010/PIC1AREG5110	选择信号作为定时器 TSG30/TSG31 的 TSG3nTSTOPC0 输入信号： 0,定时器 ENCA1 的 INTENCA1I1 输入； 1,禁用。
9	保留	
8	PIC1AREG5008/PIC1AREG5108	选择信号作为定时器 TSG30/TSG31 的 TSG3nTSTOPC0 输入信号： 0,定时器 ENCA0 的 INTENCA0I1 输入； 1,禁用。
7	PIC1AREG5007/PIC1AREG5107	选择信号作为定时器 TSG30/TSG31 的 TS0OPCI1 输入信号： 0,TAUDn 的 INTTAUDnI7 输入； 1,禁用。
6,5	PIC1AREG500605[1：0]/ PIC1AREG510605[1：0]	选择信号作为定时器 TSG30/TSG31 的 TSG3nTSTOPS (TSnOPCI0)输入信号： 01,信号由 PIC1AREG5n08 位决定； 10,信号由 PIC1AREG5n10 决定； 11,TAUDn 的 INTTAUDnI5 输出信号。 除此之外的设置均被禁止。
4～1	保留	—
0	PIC1AREG5000/PIC1AREG5100	选择 ENCA 信号还是外部霍尔传感器信号： 0,选择 ENCAnE0，ENCAnE1，ENCAnEC 的输入； 1,禁用。

注:① 在使能 PIC(PIC1AEN0＝1)前确保已经设置了合适取值,当不使用时禁止修改复位后的值。

（19）端口输出监控选择寄存器(POMONSEL)。

POMONSEL 寄存器通过定时器 TAUD2 来选择通道以此监控 TAUD0、TAUD1、TSG30、TSG31、OSTM0 和 OSTM1,其组成如图 2.114 所示。地址为 FFDD7400H,初始值 00H。其中 7～3 位保留,2～0 位代表 POMONSEL[2：0],用于选择监控的输出管脚,可选择的输出管脚,具体设置见表 2.40。

位	7	6	5	4	3	2	1	0
	—	—	—	—	—	POMONSEL2	POMONSEL1	POMONSEL0
复位值	0	0	0	0	0	0	0	0
R/W	R	R	R	R	R	R/W	R/W	R/W

▲ 图 2.114 端口输出监控选择寄存器(POMONSEL)的组成

表 2.40　POMONSEL 可选输入管脚

POMNSEL 设置	000	001	010	011	100
Ch0	TAUD2I0 管口	TAUD0 ch1	TAUD0 ch0	TAUD1 ch0	TSG30 ch1
Ch1	TAUD2I1 管口	TAUD0 ch3	TAUD0 ch1	TAUD1 ch1	TSG30 ch2
Ch2	TAUD2I2 管口	TAUD0 ch5	TAUD0 ch2	TAUD1 ch2	TSG30 ch3
Ch3	TAUD2I3 管口	TAUD0 ch7	TAUD0 ch3	TAUD1 ch3	TSG30 ch4
Ch4	TAUD2I4 管口	TAUD0 ch9	TAUD0 ch4	TAUD1 ch4	TSG30 ch5
Ch5	TAUD2I5 管口	TAUD0 ch11	TAUD0 ch5	TAUD1 ch5	TSG30 ch6
Ch6	TAUD2I6 管口	TAUD0 ch13	TAUD0 ch6	TAUD1 ch6	TSG31 ch1
Ch7	TAUD2I7 管口	TAUD0 ch15	TAUD0 ch7	TAUD1 ch7	TSG31 ch2
Ch8	TAUD2I8 管口	TAUD1 ch1	TAUD0 ch8	TAUD1 ch8	TSG31 ch3
Ch9	TAUD2I9 管口	TAUD1 ch3	TAUD0 ch9	TAUD1 ch9	TSG31 ch4
Ch10	TAUD2I10 管口	TAUD1 ch5	TAUD0 ch10	TAUD1 ch10	TSG31 ch5
Ch11	TAUD2I11 管口	TAUD1 ch7	TAUD0 ch11	TAUD1 ch11	TSG31 ch6
Ch12	TAUD2I12 管口	TAUD1 ch9	TAUD0 ch12	TAUD1 ch12	
Ch13	TAUD2I13 管口	TAUD1 ch11	TAUD0 ch13	TAUD1 ch13	
Ch14	TAUD2I14 管口	TAUD1 ch13	TAUD0 ch14	TAUD1 ch14	OSTM1
Ch15	TAUD2I15 管口	TAUD1 ch15	TAUD0 ch15	TAUD1 ch15	OSTM0

（20）端口输入监控选择寄存器（PIMONSEL）。

PIMONSEL 寄存器监控定时器输入，其组成如图 2.115 所示。地址为 FFDD7000H，初始值 00H。第 7～2 位保留，1～0 位分别表示 PIMONSEL[1：0]，用于选择监控的输入管脚，可选择的输入管脚详见表 2.41。

位	7	6	5	4	3	2	1	0
	—	—	—	—	—	—	PIMONSEL1	PIMONSEL0
复位值	0	0	0	0	0	0	0	0
R/W	R	R	R	R	R	R	R/W	R/W

▲ 图 2.115　端口输入监控选择寄存器（PIMONSEL）

表 2.41　PIMONSEL 可选输入管脚

PIMNSEL 设置	00	01	10
Ch0	TAUJ2I0 管口	TAUJ0 ch0	TAUJ1 ch0
Ch1	TAUJ2I1 管口	TAUJ0 ch1	TAUJ1 ch1
Ch2	TAUJ2I2 管口	TAUJ0 ch2	TAUJ1 ch2
Ch3	TAUJ2I3 管口	TAUJ0 ch3	TAUJ1 ch3

（21）同步启动使能寄存器（SELBSSER）。

同步启动使能寄存器的组成如图 2.116 所示，功能如表 2.42 所示，地址为 FFDD2000H，初始值 00H。

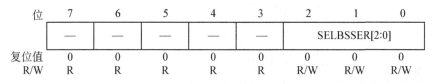

▲ 图 2.116 同步启动使能寄存器（SELBSSER）的组成

表 2.42 同步启动使能寄存器（SELBSSER）

位地址	位名称	功 能	
7～3	保留		
2～0	SELBSSER[2：0]	SELBSSER[2：0]	TSG3 同步启动设置
		000B	TSG30，不使能； TSG31，不使能。
		001B	TSG30，INTTAUD0I14 使能； TSG31，不使能。
		010B	TSG30，不使能； TSG31，INTTAUD0I15 使能。
		011B	TSG30，INTTAUD0I14 使能； TSG31，INTTAUD0I15 使能。
		100B	TSG30，INTTAUD0I15 使能； TSG31，INTTAUD0I15 使能。
		除此之外其余设置	禁用

注：① 不允许同时清除 TSG3 的同步启动位和启动 PIC1 的同步启动位。
② 在计数操作被禁止时，通过以下方式写 SSER 位，除 000$_B$ 外可写其他数值或在计算开始前设置；当 TAUD0 的 14 或 15 通道中断时，写数值。

2.7.2 PIC1A 功能

PIC1A 通过多个定时器同步操作及连接不同定时器间的内部 I/O 信号实现各种不同功能。

2.7.2.1 同步启动触发

该功能允许设置定时器 TAUDn、TAUJn、TSG3n、TPBAn、OSTMn 和 ENCAn 及其组合定时器是否同步启动触发，功能框图如图 2.117 所示。在选择好目标定时器后，将同步启动触发寄存器 PIC1ASST 中的 PIC1ASYNCTRG 位设置为 1，定时器会在有效信号输入后开始动作。其中需要配置的 PIC1A 寄存器包括 PIC1ASST、PIC1ASSER0、PIC1ASSER1、

PIC1ASSER2、PIC1ASSER3。相关功能设置流程图如图 2.118 所示。

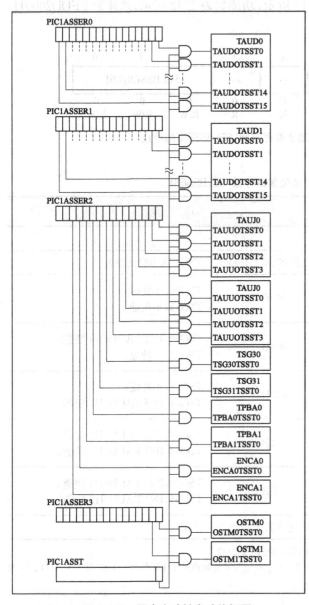

▲ 图 2.117　同步启动触发功能框图

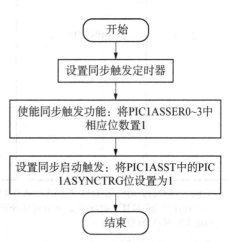

▲ 图 2.118　同步启动触发功能流程图

2.7.2.2　带死区的 PWM 输出

此功能利用 TAUDn 可以生成并输出带死区的 PWM 波，波形输出从单相位到三相位。TAUD 的 PWM 输出功能不仅可以指定占空比，还可以输出更复杂的带死区的波形。单相位 PWM 输出使用了 5 条通道，1 条主通道和 4 条从通道；双相位的 PWM 输出使用了 9 条通道，1 条主通道和 8 条从通道；三相位的 PWM 输出使用了 13 条通道，1 条主通道，12 条从通道。带死区的 PWM 输出流程框图如图 2.119 所示。

（1）PWM 输出功能［TAUDn］：CH02、CH04、CH05 一起使用，用来设置 CDR02、

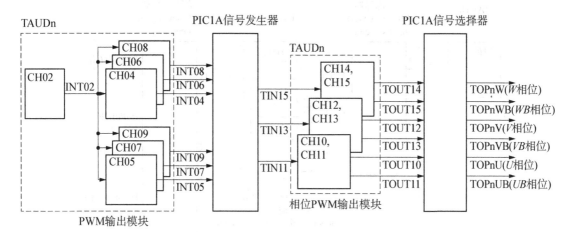

▲ 图2.119 带死区的 PWM 输出功能框图

CDR04、CDR05 的周期、相位值及清除值。分别生成
PWM 信号(INT04 和 INT05)。

（2）RS 触发电路［PIC1A 信号发生器］：选择
INT04 和 INT05 作为输入，以生成 PWM 信号
TIN11。

（3）单相位 PWM 输出功能［TAUDn］：CH10 和
CH11 搭配使用，用来给 CDR11 设置死区时间值，并嵌
入到 PWM 信号 TIN11 中，以此生成 TOUT10 和
TOUT11。

（4）PIC1A 信号选择器：TOUT10 和 TOUT11 作
为输入，分别输出到 TOPnU 和 TOPnB 管脚。

其余相位的输出功能流程类似。功能设置流程如
图 2.120。

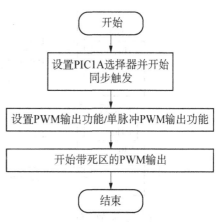

▲ 图2.120 带死区的 PWM 输出功能
流程图

2.7.2.3 带死区的高精度三角波 PWM 输出

该功能可以生成带死区的三角 PWM 输出波，波形输出从单相位到二相变化。相比于
TAUDn 的带死区的三角 PWM 输出波，此功能允许不同的死区时间范围，其占空比可从
100％变化到 0％。单相位 PWM 输出使用 5 条通道，1 条主通道和 4 条从通道；双相位的
PWM 输出使用了 9 条通道，1 条主通道和 8 条从通道；三相位的 PWM 输出使用了 13 条
通道，1 条主通道和 12 条从通道。带死区的高精度三角波 PWM 输出框图如图 2.121
所示。

（1）PIC1A_TAUD 输入选择器：TOUT02 被选择输出给 TIN10。

（2）单脉冲输出功能［TAUDn］：CH10 和 CH11 搭配使用，分别给 CDR10 和 CDR11 设置
延迟值和脉冲宽度，并允许生成单脉冲输出信号 TOUT11。

（3）带死区的三角波 PWM 输出功能［TAUDn］：CH02、CH04 和 CH05 一起使用，分别
给 CDR02、CDR04 和 CDR05 设置周期、占空比和死区时间。并生成带死区的三角波 PWM
输出信号(TOUT04 和 TOUT05)。

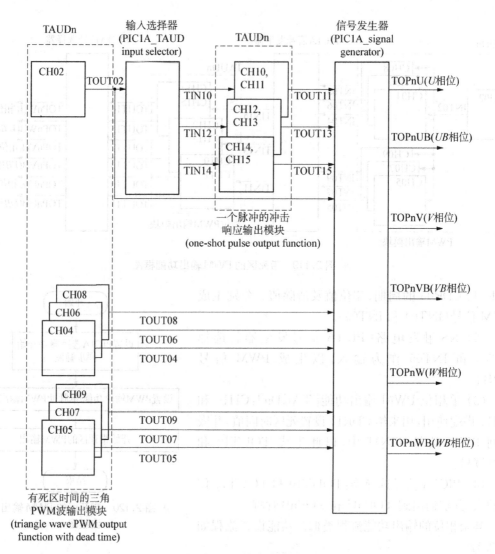

▲ 图2.121　输出功能框图

（4）PIC1A 信号发生器：单脉冲输出信号生成不带死区时间的 UO1 和 UO2。UO1 和 UO2 分别跟 TOUT04 和 TOUT05 合成，并在添加不同死区时间范围后，得到 TOPnU 和 TOPnUB 信号。

其余相位的输出功能流程类似。功能设置流程图如图 2.122 所示。

2.7.2.4　带死区的延迟脉冲输出

该功能允许生成带死区时间的 PWM 输出，也就是说，使用 TAUDn 延迟制定的时间周期。利用此功能，PWM 输出可以在下一时间周期内重置。而不必遵循 2.7.2.3 节所述功能流程。

单相位 PWM 输出使用了 5 条通道，1 条主通道和

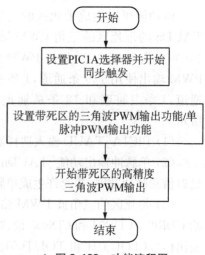

▲ 图2.122　功能流程图

4 条从通道;双相位的 PWM 输出使用了 9 条通道,1 条主通道和 8 条从通道;三相位的 PWM 输出使用了 13 条通道,1 条主通道和 12 条从通道。

　　带死区的延迟脉冲输出功能输出框图如图 2.123 所示。

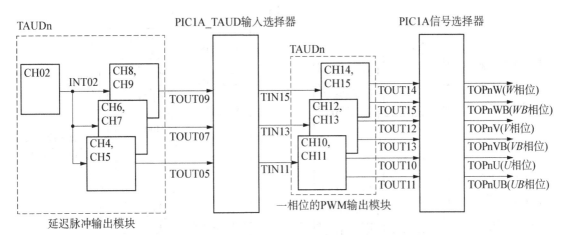

▲ 图 2.123　带死区的延迟脉冲输出功能框图

　　(1) 延迟脉冲输出功能[TAUDn]:CH02、CH04 和 CH05 一起使用,分别给 CDR02、CDR04 和 CDR05 设置周期、延迟值和脉冲宽度。并生成延迟脉冲输出信号 TOUT05。

　　(2) PIC1A_TAUD 输入选择器:TOUT05 被选中作为 TIN11 的输出

　　(3) 单脉冲 PWM 输出功能[TAUDn]:CH10 和 CH11 搭配使用,给 CDR11 设置死区时间值,并嵌入到 PWM 信号 TIN11 中,以此生成 TOUT10 和 TOUT11。

　　(4) PIC1A 信号选择器:TOUT10 和 TOUT11 作为输入,分别输出到 TOPnU 和 TOPnB 管脚。

　　其余相位的流程类似。其功能设置流程图如图 2.124 所示。

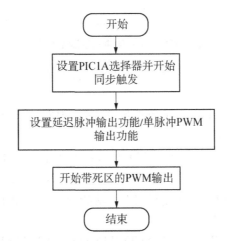

▲ 图 2.124　带死区的延迟脉冲输出功能流程图

2.7.2.5 触发脉冲宽度测量

触发脉冲宽度测量功能允许通过将 ENCAn 中的触发信号输出给 TAUJ0 和 TAUDn 来测量触发周期,如图 2.125 所示。

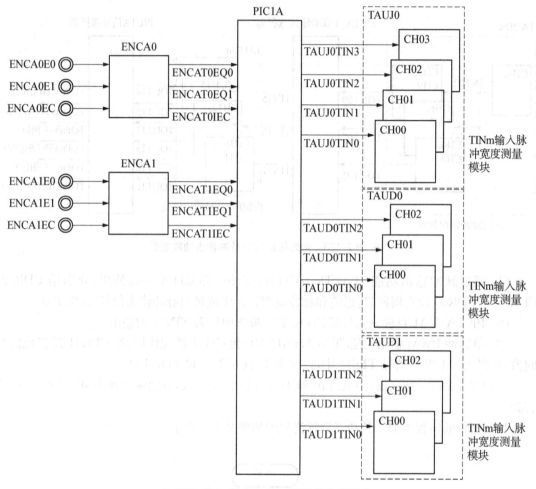

▲ 图 2.125　触发脉冲宽度测量功能框图

(1) ENCA0,当每一次 ENCA0 定时器计数器都被 ENCA0EC 管脚输入信号清零时,便产生 ENCAT0IEC 中断信号。

(2) DT 电路[PIC1A],通过 DT 电路选择,ENCA0IEC 中断触发信号转换为一个敏感的开关信号,并输出给 TAUJTIN0。

(3) TINm 输入脉冲宽度测量功能[TAUJ0],利用 TAUJ0 CH0,当每一次输入信号被触发时 TAUJ0CNT0 便被捕获到,然后计数器清零并重新开始计数。

TAUD0 和 TAUD1 的测量功能流程同上。功能设置流程如图 2.126 所示。

2.7.2.6 编码器捕捉触发选择

此功能用来选择 ADCDnTRGm、TAUDnTINTm 和 ENCAnI1。编码器捕获触发选择功能通过 ADCDnTRGm、TAUDnTINTm、ENCAnI1 和 PIC1A 来实现。相应功能框图如图 2.127 所示:

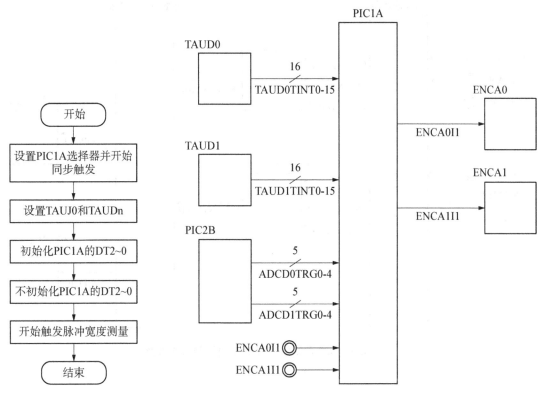

▲ 图 2.126　触发脉冲宽度测量
功能流程图

▲ 图 2.127　编码器捕捉触发选择功能框图

2.7.2.7　两相编码器控制（模式 1）

此功能通过使用两相编码器控制功能（ENCAn）来切换电机控制功能（TSG3n）120 - DC 模式的输出模式，其功能框图如图 2.128 所示。

（1）PIC1A_ENCAn 输入选择器。

ENCAnE0、ENCAnE1 和 ENCAnEC 管脚被选中作为输入，输出为 ENCATnEQ0、ENCATnEQ1 和 ENCATnIEC。

（2）ENCAn。

INTENCAnI1 经过两相编码处理后输出。

（3）PIC1A_TSG3n 外部模式选择器。

INTENCAnI1 被选中作为 TS0OPCI0 或 TS1OPCI0 的输出。

（4）TSG3n。

通过 TSG3nOPCI0，120 - DC 模式被切换。

两相编码器控制功能（模式 1）流程图如图 2.129 左图所示，中断处理后的流程图如图 2.129 右图所示：

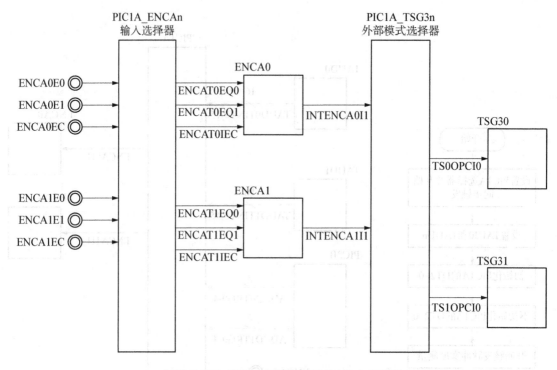

▲ 图 2.128　两相编码器控制功能（模式 1）框图

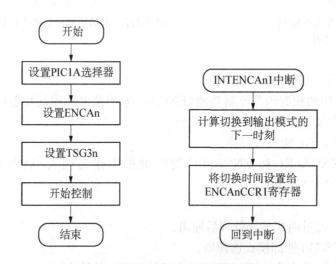

▲ 图 2.129　两相编码器控制功能（模式 1）流程图

2.7.2.8　两相编码器控制（模式 2）

此功能允许通过两相编码器控制功能将电机控制功能切换到预先/延迟控制模式。此模式的配置方式与模式 1 的配置相同，其功能的主流程图如图 2.130 所示。

ENCAnCCR1 重写处理预先控制的流程图如图 2.131 所示。

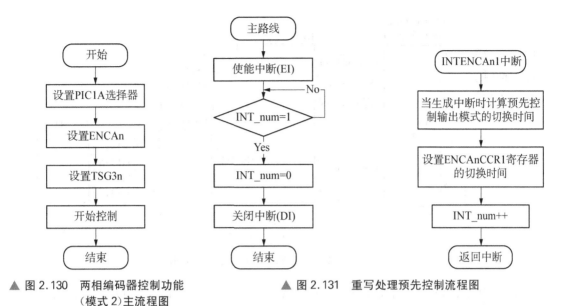

▲ 图 2.130 两相编码器控制功能
（模式 2）主流程图

▲ 图 2.131 重写处理预先控制流程图

ENCAnCCR1 重写处理延迟控制的流程图如图 2.132 所示。

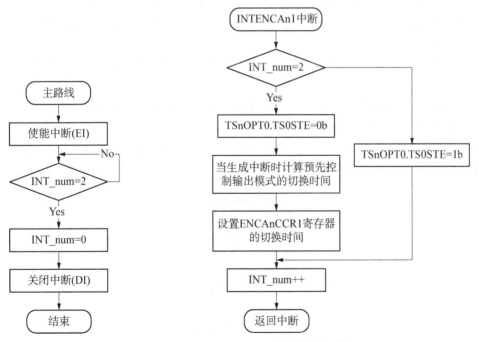

▲ 图 2.132 重写处理延迟控制的流程图

2.7.2.9 三相脉冲输入控制

此功能允许通过 TSG3n 和 TAUDn 控制可变相位的输出模式。该功能的框图如图 2.133 所示。

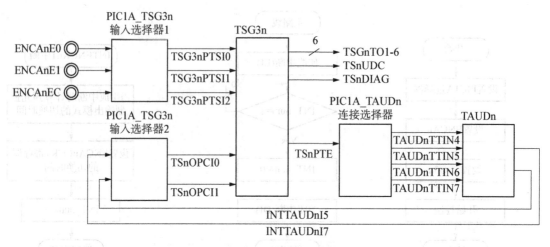

▲ 图2.133 三相脉冲输入控制功能框图

（1）PIC1A_TSG3n 输入选择器 1：ENCAnE0、ENCAnE1、ENCAnEC 被选作为输入，分别输出给 TSG3nPTSI0～TSG3nPTSI2。

（2）TSG3n：TSG3nPTSI0 ～ TSG3nPTSI2 信号作为输入，对应的，TSGnTO1 ～ TSGnTO6 作为输出并设置模式。TSG3nPTE 在每次输出模式切换时改变。

（3）PIC1A_TAUDn 连接选择器：TSG3nPTE 被选择作为输入，输出给 TAUDnTTIN4～TAUDnTTIN7。

（4）TAUDn：带偏移触发模式的中断信号 INTTAUDnI5 和 INTTAUDnI7 生成，并输出。

（5）PIC1A_TSG3n 输入选择器 2：INTTAUDnI5 和 INTTAUDnI7 被选作为输入，输出为 TSG3nOPCI0 和 TSG3nOPCI1。

三相脉冲输入控制功能主流程图如图 2.134 所示，过程中 TAUDnCDR5 和 TAUDnCDR7 的重写操作流程如图 2.135 所示。

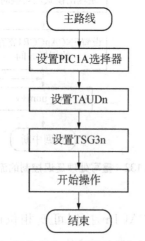

▲ 图2.134 三相脉冲输入控制
功能主流程图

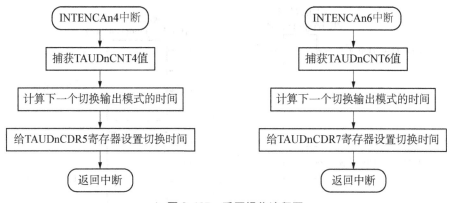

▲ 图 2.135　重写操作流程图

2.7.2.10　三相编码器控制

三相编码器控制功能使用 ENCAn,并以此获得三相外部模式输入(TSG3nPTSI0～TSG3nPTSI2)。该功能框图如如图 2.136 所示:

(1) PIC1A 输入模式选择器:ENCAnE0、ENCAnE1 和 ENCAnEC 作为输入,TSG3nPTSI0～TSG3nPTSI2 作为输出。

(2) TSG3n:TSG3nPTSI0～TSG3nPTSI2 作为输入的回应,TSG3nPEC 作为输出并进行模式配置。TSG3nPUD 为输出则依靠旋转方向是正向还是反向。

(3) PIC1A_ENCAn 输入选择器:TSG3nPEC 被选中输出给 ENCAnE0,TSG3nPUD 被选中输出给 ENCAnE1。

(4) ENCAn:ENCAnE0 和 ENCAnE1 被编码。

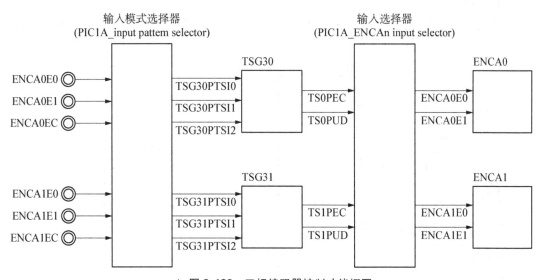

▲ 图 2.136　三相编码器控制功能框图

2.7.2.11　TAUD 输入选择

该功能选择 TAUDn 输入信号作为 TAUDnTIN$m/m+1$ 的输入(m 为偶数值,介于 0～15)。该功能的框图如图 2.137。在启动 TAUDn 定时器前,设置好 PIC1A。

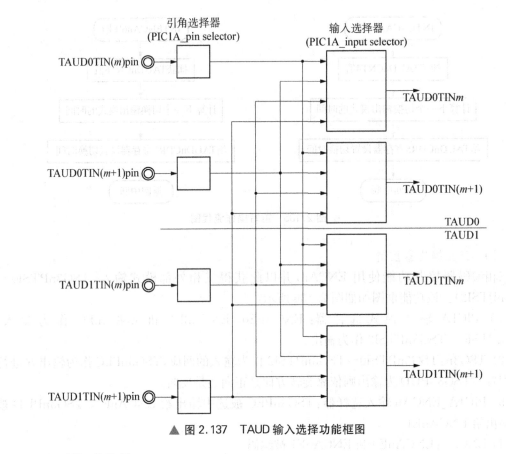

▲ 图 2.137　TAUD 输入选择功能框图

2.7.2.12　Hi-Z 控制

　　该功能断开三相输出信号并转换为高阻抗状态,其功能的框图如图 2.138 所示。在启动 Hi-Z 控制前,先设置好 PIC1A。

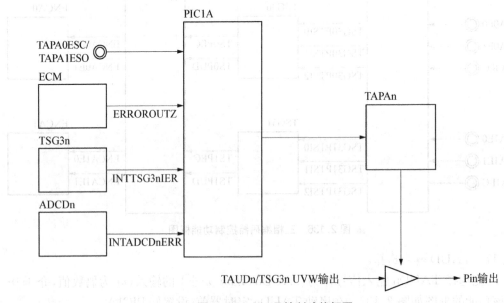

▲ 图 2.138　Hi-Z 控制功能框图

2.7.2.13 定时器输出监控

该功能使用 TAUD2 监控 TAUD0、TAUD1、TSG30、TSG31、OSTM0 和 OSTM1 的输出信号。其功能框图如图 2.139。

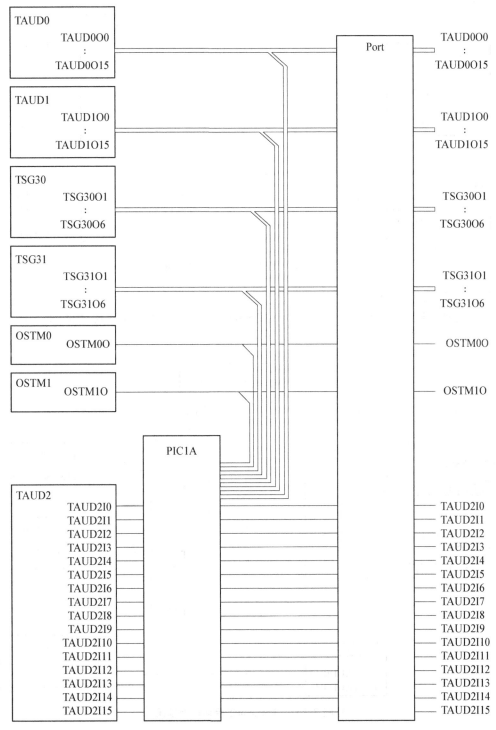

▲ 图 2.139 定时器输出监控功能框图

2.7.2.14 定时器输入监控

使用 TAUD2 可以监控 TAUJ0 和 TAUJ1 的输入信号,其功能的框图如图 2.140 所示。

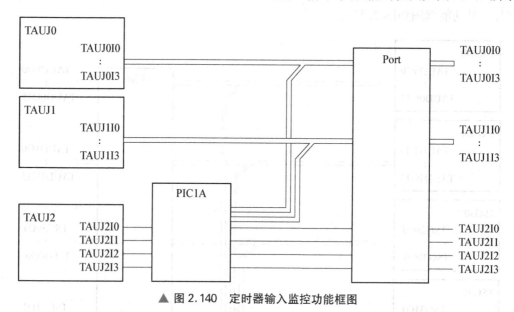

▲ 图 2.140 定时器输入监控功能框图

2.7.2.15 电机控制 TSG3 同步启动

该功能允许同步启动和清除 TAUD0、TSG30 和 TSG31 信号,其功能框图如图 2.141 所示。

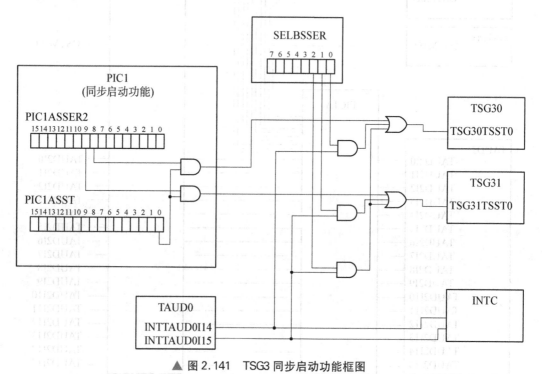

▲ 图 2.141 TSG3 同步启动功能框图

2.7.3　PIC2B 模式寄存器和控制寄存器

PIC2B 允许通过从单独 IP 输出的内部和外部触发信号生成 ADCD 硬件触发信号。

（1）A/D 转换器 n 触发选择控制寄存器 x(PIC2BADCDnTSELx)。

PIC2BADCDnTSELx 寄存器选择 ADCDn 通道触发器(n＝0 或 1,x＝0～4)，其组成与功能分别如图 2.142 与表 2.43 所示。

地址：基础地址 FFDD1000H，

基础地址＋00H(n＝0，x＝0)；基础地址＋04H(n＝0，x＝1)；

基础地址＋08H(n＝0，x＝2)；基础地址＋0CH(n＝0，x＝3)；

基础地址＋10H(n＝0，x＝4)；基础地址＋20H(n＝1，x＝0)；

基础地址＋24H(n＝1，x＝1)；基础地址＋28H(n＝1，x＝2)；

基础地址＋2CH(n＝1，x＝3)；基础地址＋30H(n＝1，x＝0)；

初始值：00000000H。

位	31	30	29	28	27	26	25	24	23	22	21	20	19	18	17	16
	—	—	ADCDn TSELx 29	ADCDn TSELx 28	ADCDn TSELx 27	ADCDn TSELx 26	ADCDn TSELx 25	ADCDn TSELx 24	—	—	ADCDn TSELx 21	ADCDn TSELx 20	ADCDn TSELx 19	ADCDn TSELx 18	ADCDn TSELx 17	ADCDn TSELx 16
复位值 R/W	R	R	R/W	R/W	R/W	R/W	R/W	R/W	R	R	R/W	R/W	R/W	R/W	R/W	R/W

位	15	14	13	12	11	10	9	8	7	6	5	4	3	2	1	0
	—	—	—	—	—	—	—	ADCDn TSELx 08	ADCDn TSELx 07	ADCDn TSELx 06	ADCDn TSELx 05	ADCDn TSELx 04	ADCDn TSELx 03	ADCDn TSELx 02	ADCDn TSELx 01	ADCDn TSELx 00
复位值 R/W	R	R	R	R	R	R	R	R/W	R/W	R/W	R/W	R/W	R/W	R/W	R/W	R/W

▲ 图 2.142　A/D 转换器 n 触发选择控制寄存器 x(PIC2BADCDnTSELx)的组成

表 2.43　A/D 转换器 n 触发选择控制寄存器 x(PIC2BADCDnTSELx)功能

位地址	位名称	功　　能
31，30	保留	
29	ADCDnTSELx29	选择 TSG31 中断信号 INTTSG31I3 作为 ADCDn SGx 的触发源：0,INTTSG31I3 未选中;1,INTTSG31I3 选中。
28	ADCDnTSELx28	选择 TSG31 中断信号 INTTSG31I4 作为 ADCDn SGx 的触发源：0,INTTSG31I4 未选中;1,INTTSG31I4 选中。
27	ADCDnTSELx27	选择 TSG31 中断信号 INTTSG31I7 作为 ADCDn SGx 的触发源：0,INTTSG31I7 未选中;1,INTTSG31I7 选中。
26	ADCDnTSELx26	选择 TSG31 中断信号 INTTSG31I8 作为 ADCDn SGx 的触发源：0,INTTSG31I8 未选中;1,INTTSG31I8 选中。
25	ADCDnTSELx25	选择 TSG31 中断信号 INTTSG31I11 作为 ADCDn SGx 的触发源：0,INTTSG31I11 未选中;1,INTTSG31I11 选中。

位地址	位名称	功　　能
24	ADCDnTSELx24	选择 TSG31 中断信号 INTTSG31I12 作为 ADCDn SGx 的触发源： 0,INTTSG31I12 未选中；1,INTTSG31I12 选中。
23,22	保留	
21	ADCDnTSELx21	选择 TSG30 中断信号 INTTSG31I12 作为 ADCDn SGx 的触发源： 0,INTTSG31I12 未选中；1,INTTSG31I12 选中。
20	ADCDnTSELx20	选择 TSG30 中断信号 INTTSG31I11 作为 ADCDn SGx 的触发源： 0,INTTSG31I11 未选中；1,INTTSG31I11 选中。
19	ADCDnTSELx19	选择 TSG30 中断信号 INTTSG31I18 作为 ADCDn SGx 的触发源： 0,INTTSG31I18 未选中；1,INTTSG31I18 选中。
18	ADCDnTSELx18	选择 TSG30 中断信号 INTTSG31I17 作为 ADCDn SGx 的触发源： 0,INTTSG31I17 未选中；1,INTTSG31I17 选中。
17	ADCDnTSELx17	选择 TSG30 中断信号 INTTSG31I14 作为 ADCDn SGx 的触发源： 0,INTTSG31I14 未选中；1,INTTSG31I14 选中。
16	ADCDnTSELx16	选择 TSG30 中断信号 INTTSG31I13 作为 ADCDn SGx 的触发源： 0,INTTSG31I13 未选中；1,INTTSG31I13 选中。
15～9	保留	
8	ADCDnTSELx08	选择 ADTRGn 作为 ADCDn SGx 的触发源： 0, ADTRGn 未选中；1, ADTRGn 选中。
7	ADCDnTSELx07	选择 TSG31 的 TSG3nADTRG1 信号作为 ADCDn SGx 的触发源： 0,TSG3nADTRG1 未选中；1,TSG3nADTRG1 选中。
6	ADCDnTSELx06	选择 TSG31 的 TSG3nADTRG0 信号作为 ADCDn SGx 的触发源： 0,TSG3nADTRG0 未选中；1,TSG3nADTRG0 选中。
5	ADCDnTSELx05	选择 TSG30 的 TSG3nADTRG1 信号作为 ADCDn SGx 的触发源： 0,TSG3nADTRG1 未选中；1,TSG3nADTRG1 选中。
4	ADCDnTSELx04	选择 TSG30 的 TSG3nADTRG0 信号作为 ADCDn SGx 的触发源： 0,TSG3nADTRG0 未选中；1,TSG3nADTRG0 选中。
3	ADCDnTSELx03	选择 ENCA1 中断信号 INTENCA1I1 信号作为 ADCDn SGx 的触发源： 0,INTENCA1I1 未选中；1,INTENCA1I1 选中。
2	ADCDnTSELx02	选择 ENCA1 中断信号 INTENCA0I1 信号作为 ADCDn SGx 的触发源： 0,INTENCA0I1 未选中；1,INTENCA0I1 选中。

（续表）

位地址	位名称	功　能
1	ADCDnTSELx01	选择寄存器 PIC2BADTEN41x 的 TAUD1 中断信号作为 ADCDn SGx 的触发源： 0，TAUD1 中断信号未选中；1，TAUD1 中断信号选中。
0	ADCDnTSELx00	选择寄存器 PIC2BADTEN40x 的 TAUD0 中断信号作为 ADCDn SGx 的触发源： 0，TAUD0 中断信号未选中；1，TAUD0 中断信号选中。

（2）A/D 转换器触发边缘控制寄存器（PIC2BADCDnEDGSEL）。

PIC2BADCDnEDGSEL 寄存器为单脉冲生成电路选择一个有效的边沿信号，其组成与功能分别如图 2.143 与表 2.44 所示。

地址：基础地址＝FFDD103CH，

基础地址＋10H（$n=0$）；基础地址＋3CH（$n=1$）。

初始值：0000H。

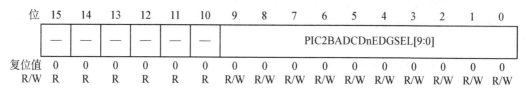

▲ 图 2.143　A/D 转换器触发边缘控制寄存器（PIC2BADCDnEDGSEL）的组成

表 2.44　A/D 转换器触发边缘控制寄存器（PIC2BADCDnEDGSEL）功能

位地址	位名称	功　能
15～10	保留	
9，8	PIC2BADCDnEDGSEL98[1：0]	为 ADCDn 通道 4 选择有效边沿： 00，上升沿；01，下降沿；10，两者皆可；11，禁用。
7，6	PIC2BADCDnEDGSEL76[1：0]	为 ADCDn 通道 3 选择有效边沿： 00，上升沿；01，下降沿；10，两者皆可；11，禁用。
5，4	PIC2BADCDnEDGSEL54[1：0]	为 ADCDn 通道 2 选择有效边沿： 00，上升沿；01，下降沿；10，两者皆可；11，禁用。
3，2	PIC2BADCDnEDGSEL32[1：0]	为 ADCDn 通道 1 选择有效边沿： 00，上升沿；01，下降沿；10，两者皆可；11，禁用。
1，0	PIC2BADCDnEDGSEL10[1：0]	为 ADCDn 通道 0 选择有效边沿： 00，上升沿；01，下降沿；10，两者皆可；11，禁用。

（3）A/D 转换器输出选择控制寄存器（PIC2BADTEN4nx）。

PIC2BADTEN4nx 寄存器使能选择 TAUDn 的通道 m 的触发源作为 ADCD 触发，其定义如图 2.144 所示。

地址：基础地址＝FFD1000H；

基础地址+40H($n=0,x=0$);基础地址+44H($n=0,x=1$);

基础地址+48H($n=0,x=2$);基础地址+4CH($n=0,x=3$);

基础地址+50H($n=0,x=4$);基础地址+60H($n=1,x=0$);

基础地址+64H($n=1,x=1$);基础地址+68H($n=1,x=2$);

基础地址+6CH($n=1,x=3$);基础地址+70H($n=1,x=4$);

初始值:0000H。

位	15	14	13	12	11	10	9	8	7	6	5	4	3	2	1	0
	PIC2BADTEN4nx[15:0]															
复位值	0	0	0	0	0	0	0	0	0	0	0	0	0	0	0	0
	R/W	R/W	R/W	R/W	R/W	R/W	R/W	R/W	R/W	R/W	R/W	R/W	R/W	R/W	R/W	R/W

▲ 图 2.144 A/D 转换器输出选择控制寄存器(PIC2BADTEN4nx)的组成

PIC2BADTEN4nx 的每一位为 TAUD 通道 m 设置一个触发源,清零表示 TAUDn 通道 m 的触发源不被选为 ADCD 触发,置 1 表示 TAUDn 通道 m 的触发源被选中为 ADCD 触发。

(4) A/D 转换器同步启动触发寄存器(ADSYNCTRG)。

ADSYNCTRG 触发器控制 ADCD0 和 ADCD1 的同步启动触发。其组成与功能分别如图 2.145 与表 2.45 所示。

地址:FFF23100H;初始值:00H。

位	7	6	5	4	3	2	1	0
	—	—	—	ADSYNCTRG4	ADSYNCTRG3	ADSYNCTRG2	ADSYNCTRG1	ADSYNCTRG0
复位值	0	0	0	0	0	0	0	0
R/W	R	R	R	R/W	R/W	R/W	R/W	R/W

▲ 图 2.145 A/D 转换器同步启动触发寄存器(ADSYNCTRG)的组成

表 2.45 A/D 转换器同步启动触发寄存器(ADSYNCTRG)功能

位地址	位名称	功 能
7~5	保留	
4	ADSYNCTRG4	AD1 的 SG 同步转换带有可由 AD0 的独立 SG 触发选择的功能: 0,同步启动不使能; 1,同步启动使能。
3	ADSYNCTRG3	
2	ADSYNCTRG2	
1	ADSYNCTRG1	
0	ADSYNCTRG0	

2.7.4 PIC2B 功能—ADCD 触发选择功能

ADCD 触发选择功能允许通过每个 IP 信号为独立扫描通道生成 ADCD 硬件触发信号。IP 可以从 TAUD0、TAUD1、ENCA0、ENCA1、TSG30 和 TSG31 中选择。该触发选择功能的框图如图 2.146 所示。寄存器配置如图 2.147 所示。

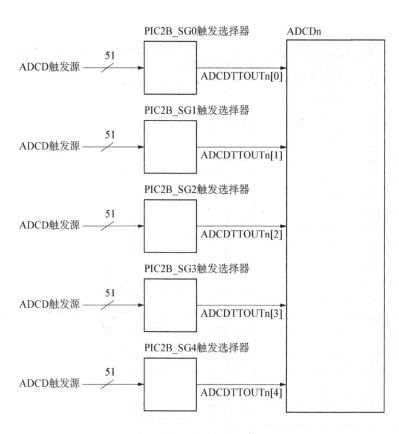

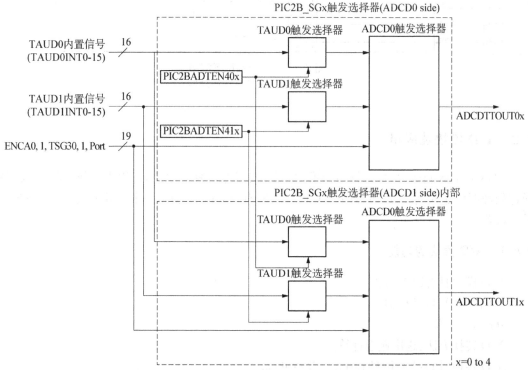

▲ 图 2.146　ADCD 触发选择功能框图

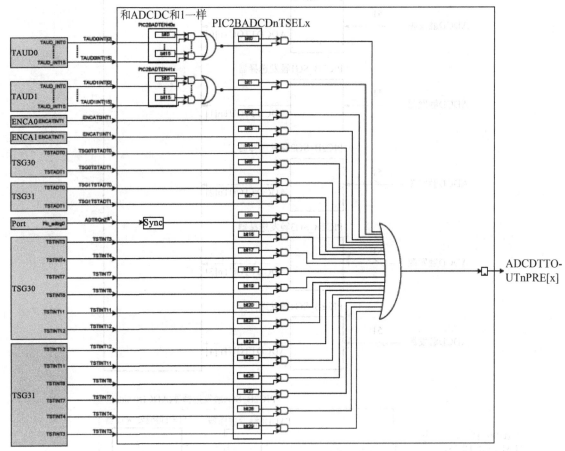

▲ 图 2.147 寄存器配置框图
（在 A/D 转换之前先设置该功能）

2.8 A/D 模块及应用

RH850/P1x 自带 A/D 采样转换模块，无须外部采样保持电路，可以很方便地将模拟信号通过处理即可输入到 A/D 通道中。A/D 模块配有独立的参考电压引脚，电压范围 0～5 V，可灵活设置。

2.8.1 A/D 模块的功能

A/D 模块具有以下功能。

（1）高级 A/D 转换器。

分辨率：12 位。

A/D 转换方法：逐次逼近计算法。

A/D 转换时间：1.0 微秒和 11.3 微秒可选。

（2）两种扫描模式。

每个 ADCD 有如下两种扫描模式。

多循环扫描模式：执行指定的扫描次数。

连续扫描模式：扫描在没有限制的情况下重复执行。

（3）间隔功能。

ADCD 可以使用扫描组 3 和组 4 中装备的 A/D 定时器来进行扫描。这样就可以使用插入的间隔进行扫描。

（4）A/D 转换值添加功能。

ADCD 在一个通道上连续执行了两次或四次的 AD 转换，并存储了在数据寄存器中的添加结果。可以为每个虚拟通道设置添加计数。通过使用该结果，可以获得移动平均滤波器的效果。然而，这个功能不总是保证 A/D 转换精度得到改善。

（5）扩展物理通道。

每个 ADCD 可以通过使用外部模拟多路复用器来扩展物理通道（可用通道是 AN006 和 AN100）。

（6）数据寄存器。

提供了与虚拟通道相对应的数据寄存器。

（7）每个 A/D 扫描组有对应的启动触发器。

硬件触发器和软件触发器可以开始处理每个扫描组。只有扫描组 3 和 4 可以通过 A/D 定时器触发器开始处理。

（8）支持扫描终端中断和 DMA 传输。

每个扫描组都可以向 INTC 生成一个中断请求，并且每次激活 DMAC。一个虚拟通道的处理，由终端虚拟通道指针来结束或虚拟显示通道来结束。

（9）模拟转换电压可调。

A0VREFH 引脚和 A1VREFH 引脚被用来设置模拟转换电压范围。

（10）各种安全功能。

ADCD 具有多种安全功能，包括 AD 转换电路自诊断功能、针级自诊断功能、环断检测、模拟选择的正常检测、数据寄存器的上界/低限检查、数据寄存器的奇偶校验、数据寄存器的覆盖检查、数据寄存器的读取和清除功能。

（11）支持五个扫描组。

每个 ADCD 有 5 个扫描组，扫描设置可以独立于每一个扫描组。扫描组是由多个虚拟信道组成的组。五个扫描组优先级顺序：SG4＞SG3＞SG2＞SG1＞SG0。

SGx 可以组织一系列的虚拟通道。分组是通过使用一个开始指针（ADCDnSGVCSPx 寄存器）和一个结束指针（ADCDnSGVCEPx 寄存器）来设置的。禁用 AD 转换触发器输入任何未使用的扫描组。

2.8.2　A/D 模块的结构

A/D 模块的结构图如图 2.148 所示。

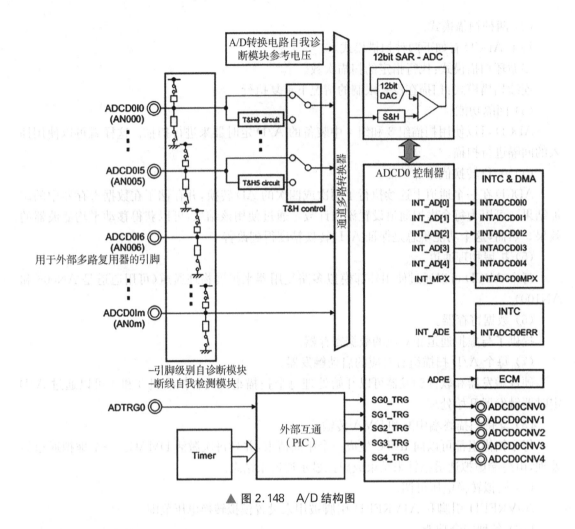

▲ 图2.148 A/D 结构图

2.8.3 A/D 模块的控制寄存器

（1）A/D 同步启动控制寄存器（ADCD0ADSYNSTCR）。

ADCD0ADSYNSTCR 是一个 8 位的只写寄存器，它控制了 ADCD0 和 ADCD1 的每一个扫描组，同时启动 A/D 转换，其组成与功能分别如图 2.149 与表 2.46 所示。寄存器位总是被读取为 0。

存取：此寄存器在 8 位单元中写入。

地址：〈ADCD0_base〉$+300_H$。

初始值：00_H。

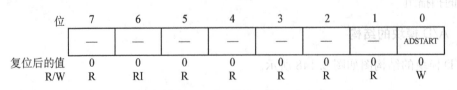

▲ 图2.149 AD 同步启动控制寄存器（ADCD0ADSYNSTCR）的组成

表 2.46 A/D 同步启动控制寄存器（ADCD0ADSYNSTCR）功能

位置	位名	功 能
7~1	保留	读取时，这些位总读为 0；写入时，写为 0
0	ADSTART	通过扫描组 ADCD0 和 ADCD1 启动 AD 转换： 0，无功能（写 0 可忽略）； 1，A/D 转换同时启动。 使能 SG 同步启动使能位（ADCDnSGCRx. ADSTARTER）以同时开始 A/D 转换。

（2）A/D 定时器同步启动控制寄存器（ADCD0ADTSYNSTCR）。

ADCD0ADTSYNSTCR 是一个 8 位的只读寄存器，它控制了 ADCD0 和 ADCD1 的每一个扫描组，同时启动 A/D 转换，其组成与功能分别如图 2.150 与表 2.47 所示。寄存器位总是被读取为 0。

存取：此寄存器在 8 位单元中写入。

地址：〈ADCD0_base〉+304$_H$。

初始值：00$_H$。

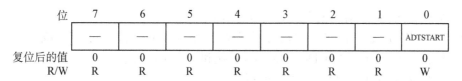

▲ 图 2.150 A/D 定时器同步启动控制寄存器（ADCD0ADTSYNSTCR）的组成

表 2.47 A/D 定时器同步启动控制寄存器（ADCD0ADTSYNSTCR）功能

位置	位名	功 能
7~1	保留	读取时，这些位总读为 0；写入时，写为 0。
0	ADSTART	同步启动 ADCD0 和 ADCD1 的 AD 计时器的计数运行： 0，无功能（写 0 可忽略）； 1，A/D 计时器计数启动。 使能 A/D 计时器同步启动使能位（ADCDnSGCRx. ADTSTARTE）以同时开始 AD 计时器计数操作。

（3）数据寄存器（ADCDnDRj）。

ADCDnDRj 是一个 32 位只读寄存器，存储 A/D 转换的结果，其组成与功能分别如图 2.151 与表 2.48 所示。ADCDnDR(j+1)存储转换结果的高位，ADCDnDRj 存储转换结果的低位。

存取：此寄存器在 32 位单元中只读。

地址：〈ADCDn_base〉+100$_H$+j * 2$_H$。

初始值：0000 0000$_H$。

位	31	30	29	28	27	26	25	24	23	22	21	20	19	18	17	16
							DRj+1[31:16]									
复位后的值	0	0	0	0	0	0	0	0	0	0	0	0	0	0	0	0
R/W	R	R	R	R	R	R	R	R	R	R	R	R	R	R	R	R

位	15	14	13	12	11	10	9	8	7	6	5	4	3	2	1	0
							DRj[15:0]									
复位后的值	0	0	0	0	0	0	0	0	0	0	0	0	0	0	0	0
R/W	R	R	R	R	R	R	R	R	R	R	R	R	R	R	R	R

▲ 图 2.151　数据寄存器(ADCDnDRj)

表 2.48　数据寄存器 j(ADCDnDRj)功能

位置	位名	功　能
31~16	DRj+1[31:16]	DR(j+1)[15:0]存储 A/D 转换的结果数据
15~0	DRj[15:0]	DRj[15:0]存储 A/D 转换的结果数据

(4) A/D 转换时间控制寄存器(ADCDnSMPCR)。

ADCDnSMPCR 是一个 16 位可读可写寄存器,控制 A/D 转换时间,其组成与功能分别如图 2.152 与表 2.49 所示。ADCDn 支持 1 μs 转换和 11.3 μs 转换。

存取:此寄存器在 16 位单元中可读可写。

地址:⟨ADCDn_base⟩+340$_H$。

初始值:0000$_H$。

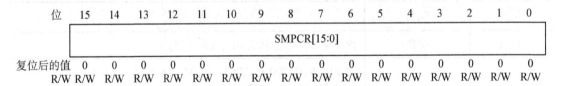

位	15	14	13	12	11	10	9	8	7	6	5	4	3	2	1	0
							SMPCR[15:0]									
复位后的值	0	0	0	0	0	0	0	0	0	0	0	0	0	0	0	0
R/W	R/W	R/W	R/W	R/W	R/W	R/W	R/W	R/W	R/W	R/W	R/W	R/W	R/W	R/W	R/W	R/W

▲ 图 2.152　A/D 转换时间控制寄存器(ADCDnSMPCR)的组成

表 2.49　A/D 转换时间控制寄存器(ADCDnSMPCR)功能

位置	位名	功　能
15~0	SMPCR[15:0]	设置 AD 转换时间: 0000$_H$,1 μs 转换; 90CC$_H$,11.3 μs 转换。 除上述操作外的其他设置被禁止。

(5) A/D 终止寄存器(ADCDnADHALTR)。

ADCDnADHALTR 是一个 8 位只写寄存器,用来终止 ADC,其组成与功能分别如图 2.153 与表 2.50 所示。此寄存器一直被读取为 0。

存取:此寄存器在 8 位单元中只写。

地址:⟨ADCDn_base⟩＋380$_H$。

初始值:00$_H$。

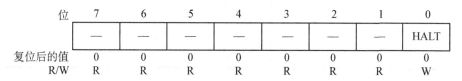

▲ 图 2.153　A/D 终止寄存器(ADCDnADHALTR)的组成

表 2.50　A/D 终止寄存器(ADCDnADHALTR)功能

位置	位名	功　　能
7～1	保留	读取时,这些位总读为 0;写入时,写为 0
0	HALT	所有的扫描组转换和 AD 定时器强行停止: 0,无功能; 1,停止。

(6) MPX 当前控制寄存器(ADCDnMPXCURCR)。

ADCDnMPXCURCR 是一个控制 ADCDnMPXCURR 格式的寄存器,其组成与功能分别如图 2.154 与表 2.51 所示。

存取:此寄存器在 8 位单元中可读可写。

地址:⟨ADCDn_base⟩＋388$_H$。

初始值:00$_H$。

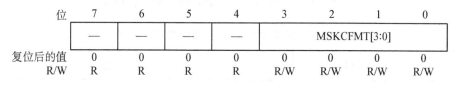

▲ 图 2.154　MPX 当前控制寄存器(ADCDnMPXCURCR)的组成

表 2.51　MPX 当前控制寄存器(ADCDnMPXCURCR)功能

位置	位名	功　　能
7～4	保留	读取时,这些位总读为 0;写入时,写为 0
3～0	MSKCFMT[3:0]	MSKC 格式定义; 指定 ADCDnMPXCURCR 的 MSKC[15:0]格式: MSKCFMT[3]: 0,MSKC[15:12]＝0000; 1,MSKC[15:12]＝1111。 MSKCFMT[2]: 0,MSKC[11:8]＝0000; 1,MSKC[11:8]＝1111。 MSKCFMT[1]:

(续表)

位置	位名	功　能
		0,MSKC[7:4]=0000; 1,MSKC[7:4]=1111。 MSKCFMT[0]: 0,MSKC[3:0]=0000; 1,MSKC[3:0]=1111。

（7）MPX 当前寄存器（ADCDnMPXCURR）。

ADCDnMPXCURR 是一个 32 位寄存器，存储外部模拟多路复用器的 MPX 值，其组成与功能分别如图 2.155 与表 2.52 所示。

存取：此寄存器在 32 位单元中只读。

地址：〈ADCDn_base〉+38C_H。

初始值：0000 0000_H。

位	31	30	29	28	27	26	25	24	23	22	21	20	19	18	17	16
								MSKC[15:0]								
复位后的值	0	0	0	0	0	0	0	0	0	0	0	0	0	0	0	0
R/W	R	R	R	R	R	R	R	R	R	R	R	R	R	R	R	R

位	15	14	13	12	11	10	9	8	7	6	5	4	3	2	1	0
	—	—	—	—	—	—	—	—	—	—	—		MPXCUR[4:0]			
复位后的值	0	0	0	0	0	0	0	0	0	0	0	0	0	0	0	0
R/W	R	R	R	R	R	R	R	R	R	R	R	R	R	R	R	R

▲ 图 2.155　MPX 当前寄存器（ADCDnMPXCURR）

表 2.52　MPX 当前寄存器（ADCDnMPXCURR）功能

位置	位名	功　能
31～16	MSKC[15:0]	屏蔽控制； 格式取决于 ADCDnMPXCURR 的 MSKCFMT[3:0]设置。
15～5	保留	读取时，这些位总读为 0；写入时，写为 0
4～0	MPXCUR[4:0]	当前 MPX 值。 当虚拟通道因 ADCDnVCRj 中的 CNVCLS[2:0]设置成 5_H 或 6_H 而被启动时，ADCDnVCRj 中的 GCTRL[4:0]转移到 MPXCUR[4:0]，此时，一个到 INTC 的中断请求或 DMA 转移请求产生，DMAC 转移； ADCDnMPXCURR 到 I/O 口的 Pn 或 PSRn 或者 CSIH 的 CSIHnTX0H，使能 MPX 值被发送到外部模拟多路转换器： 当 Pn 被使用时，转移低五位； 当 PSRn 被使用时，转移 MPX 作为一个 32 位的值。在 MSKC[15:0]中使用格式控制使能唯一必要端口的重写功能； 当转移值到 CSIHnTX 0_H 时，转移低阶 16 位。

（8）MPX 选择等待寄存器（ADCDnMPXOWR）。

ADCDnMPXOWR 是一个为外部模拟多路复用器指定插入等待时间的寄存器,其组成与功能分别如图 2.156 与表 2.53 所示。

存取:此寄存器在 8 位单元中可读可写。

地址:⟨ADCDn_base⟩＋390$_H$。

初始值:00$_H$。

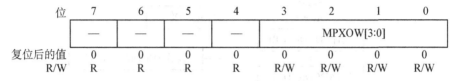

▲ 图 2.156　MPX 选择等待寄存器（ADCDnMPXOWR）的组成

表 2.53　MPX 选择等待寄存器（ADCDnMPXOWR）功能

位置	位名	功　能
7～4	保留	读取时,这些位总读为 0;写入时,写为 0
3～0	MPXOW	MPX 选择等待; 这些位定义被插入的等待时间在 A/D 转换之前,在虚拟通道因 ADCDnVCRj 中的 CNVCLS[2：0]设置成 5$_H$ 或 6$_H$ 而被启动之后: 1$_H$, A/D 转换时间×1; 2$_H$, A/D 转换时间×2; 3$_H$, A/D 转换时间×3; 4$_H$, A/D 转换时间×4; 5$_H$, A/D 转换时间×5; 6$_H$, A/D 转换时间×6; 7$_H$, A/D 转换时间×7; 8$_H$, A/D 转换时间×8; 9$_H$, A/D 转换时间×9; A$_H$, A/D 转换时间×10; B$_H$ 到 F$_H$,禁止设置。

2.8.4　A/D 模块的运行

2.8.4.1　初始化设置

图 2.157 所示为 A/D 模块的初始化设置的流程图。当所有扫描组的触发源都是有效的并且所有扫描组和 T&H 电路都已停止时,才进行初始化设置。如果它们在运行,则设置停止 A/D 转换。

2.8.4.2　启动 A/D 转换的流程

图 2.158 所示为启动 A/D 转换的流程图。该流程图是针对当 T&H 功能使用时采用一个硬件触发来启动 A/D 转换。当使用同步跟踪和控制操作时,设置开始采样,然后在 32 个时钟周期结束后保持电压。

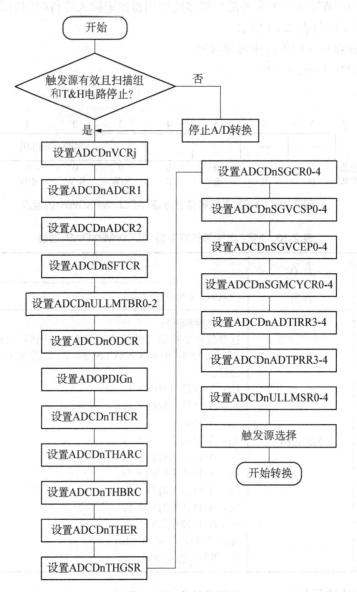

▲ 图 2.157　初始化设置

如图 2.158 所示,在如下条件下启动 AD 转换。

① 选择用于扫描组的硬件触发器输入:$ADCDnSGCRx.\ TRGMD[1:0] = 1_H$;

② T&H 电路自动采样:$ADCDnTHCR.\ ASMPMSK = 0_H$;

③ T&H 保持触发器自动控制:

$ADCDnTHACR.\ HLDCTE = 1_H$ 和 $ADCDnTHACR.\ HLDTE = 1_H$。

(或 $ADCDnTHBCR.\ HLDCTE = 1_H$ 和 $ADCDnTHBCR.\ HLDTE = 1_H$)

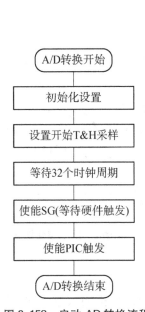

▲ 图 2.158 启动 AD 转换流程图

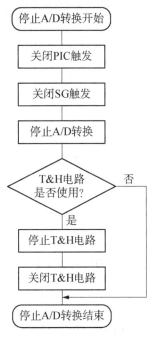

▲ 图 2.159 停止 A/D 转换流程图

2.8.4.3 停止 A/D 转换的流程

图 2.159 所示为停止 AD 转换的流程图,通过禁用所有扫描组的触发信号并停止所有扫描组和所有的 T&H 电路来停止 A/D 转换。

2.8.5 A/D 转换器特性表的阅读方法

本节介绍说明 A/D 转换器特有的专业术语,方便读者对照和学习。

(1)分辨率。

分辨率是 A/D 转换器能分辨的最小模拟输入电压。也就是说,数字输出的每 1 位与模拟输入电压的比率称为 1 LSB(least significant bit)。将对 1 LSB 满刻度的比率表示为%FSR(full scale range)。

当分辨率为 10 位时,1 LSB$=1/2^{10}=1/1024\approx0.098\%$FSR。

精度与分辨率无关而取决于综合误差。

(2)综合误差。

综合误差是指实际测量值和理论值的最大差值,是将零刻度误差、满刻度误差、积分线性误差、微分线性误差以及这些组合所产生的误差综合起来的误差(见图 2.160)。特性表中的综合误差不包含量化误差。

(3)量化误差。

如图 2.161 所示,在将模拟值转换为数字值时,必然会出现±1/2 LSB 的误差。A/D 转换器将±1/2 LSB 范围内的模拟输入电压 转换为相同的数字码,因此不能避免量化误差。

特性表中的综合误差、零刻度误差、满刻度误差、积分线性误差和微分线性误差不包含量化误差。综合误差与量化误差的定义分别如图 2.160 与图 2.161 所示。

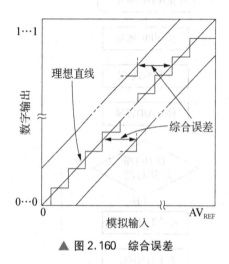

▲ 图 2.160　综合误差

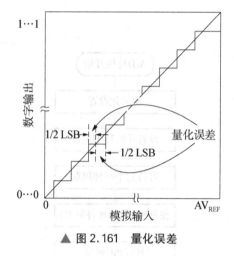

▲ 图 2.161　量化误差

（4）零刻度误差。

零刻度误差是指数字输出从 0…000 变为 0…001 时的模拟输入电压的实际测量值和理论值（1/2 LSB）的差。如图 2.162 所示，如果实际测量值大于理论值，零刻度误差就是指数字输出从 0…001 变为 0…010 时的模拟输入电压的实际测量值和理论值（3/2 LSB）的差。

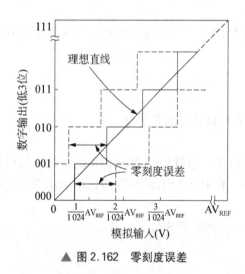

▲ 图 2.162　零刻度误差

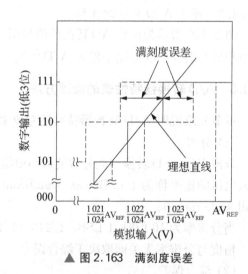

▲ 图 2.163　满刻度误差

（5）满刻度误差。

满刻度误差是指数字输出从 1…110 变为 1…111 时的模拟输入电压的实际测量值和理论值（满刻度－3/2 LSB）的差，如图 2.163 所示。

（6）积分线性误差。

积分线性误差是指转换特性从理想线性关系偏离的程度，是零刻度误差和满刻度误差为

0 时的实际测量值和理想直线差值的最大值,如图 2.164 所示。

（7）微分线性误差。

微分线性误差是指在输出代码的理想宽度为 1 LSB 时某个代码输出宽度的实际测量值和理想值的差值,如图 2.165 所示。

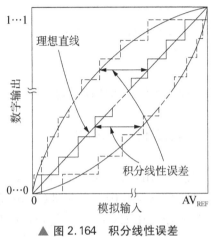

▲ 图 2.164　积分线性误差　　　▲ 图 2.165　微分线性误差

（8）转换时间。

转换时间是指从开始采样到取得数字输出的时间。特性表中的转换时间包含采样时间。

（9）采样时间。

采样时间是指为了将模拟电压取入采样 & 保持电路而使模拟开关 ON 的时间,如图 2.166 所示。

▲ 图 2.166　采样时间

2.9　电源电压监测与温度传感器

微处理器的电源是保证微处理器运行性能以及能否正常运行的基础,温度是影响 MCU 及系统的可靠耐久性和寿命的关键因素。RH850/P1x 系列微处理器通过核电压监视器（CVM）可以在微控制器工作时检测核电源的异常,CVM 还能通过自诊断来保证其对电源电压监测结果的可靠性。并设置有温度传感器功能,可以实时准确监测温度。

2.9.1 电源电压监测

2.9.1.1 核电压监测器

核电压监视器(CVM)可以在微控制器工作时监测 CPU 核电源的异常,其电路结构如图 2.167 所示,该监测器具有如下功能。

(1) 监控核工作的 VDD 电压。

(2) 如果监测到的电源电压高于或低于参考电压,则 CVM 按如下运行:

① 通过设置 CVMREN 寄存器,能复位核电压运行区域;

② 从 $\overline{\text{CVMOUT}}$ 引脚输出低电平;

③ 单独在 CVMF 寄存器中设置标志(高电压错误检测和低电压错误检测)。

(3) 自诊断:

① CVM 可以在不影响核电压的情况下产生高电压错误和低电压错误;

② 可以通过改变参考电压进行 CVM 自诊断。

CVM 支持错误注入功能。通过诊断控制寄存器 CVMDIAG 的位 CVMDIAGL 和位 CVMDIAGH 置 1,可以强制产生 1 个故障。CVM 通过监测 CVM 因子寄存器 CVMF 的故障标志来进行其运行情况的自诊断。自诊断流程根据诊断模式中 $\overline{\text{CVMOUT}}$ 是否被屏蔽而不同,如图 2.168 所示。但无论执行哪个流程,均应首先设置 CVMFC 来清除错误标志,在向 CVM 诊断功能控制寄存器 CVMDIAG 写入 0CH 注入故障,并等待 $12\,\mu s$ 后,当读出的 CVM 因子寄存器 CVMF 的位 CVMOFLG＝0、位 CVMHVFF＝1 且位 CVMLVFF ＝ 1,则说明 CVM 自诊断通过,否则说明 CVM 失效。

注意:CVM 自诊断通过后,须将 CVMDIAG 清零以切换到正常模式,等待 $12\,\mu s$ 后,设置 CVMFC 来清除 CVMF,即,清除错误标志。

因此,读寄存器 CVMF 或 $\overline{\text{CVMOUT}}$ 引脚信号,即可获得是否存在电源电压错误。

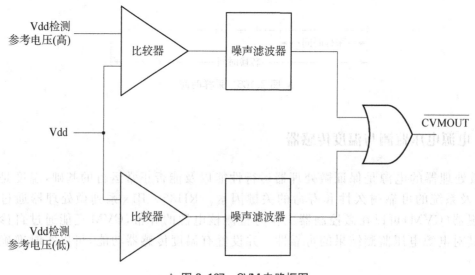

▲ 图 2.167　CVM 电路框图

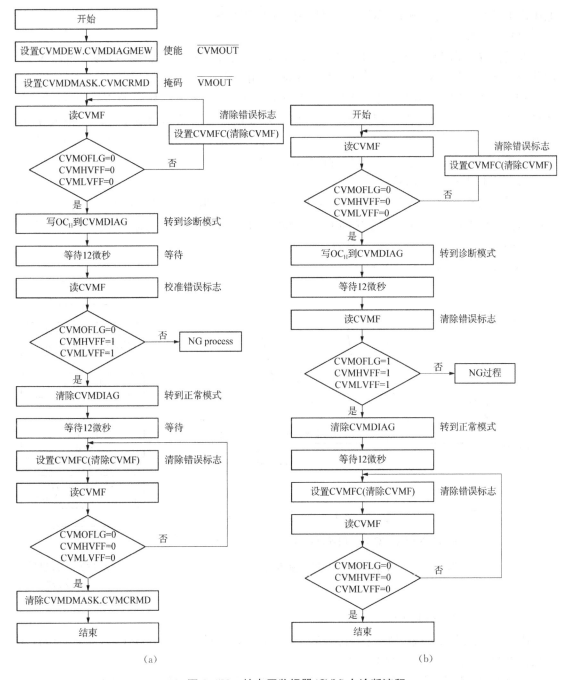

▲ 图 2.168　核电压监视器(CVM)自诊断流程

(a)当诊断模式中 $\overline{CVMOUT}$ 未被屏蔽时；(b)当诊断模式中 $\overline{CVMOUT}$ 被屏蔽时

2.9.1.2　低电压检测(LVI[①])电路

LVI 不断将外部电源电压 VCC 与 LVI 参考电压 V_{LVI} 进行比较。如果 VCC 降低到参考

---

① LVI,即 low voltage inhibition 的缩写,表示低压检测。

电压以下（VCC＜V_{LVI}），则向 ECM 发送错误信号 $\overline{LVIRES}$。

（1）LVI 参考电压。

通过设置 LVICNT 中的 LVICNT[1：0]位，可以从两个级别中选择 LVI 参考电压 V_{LVI}。LVICNT 中的 LVICNT[1：0]位设置为 00B 时，禁用 LVI。

VLVI 通过 LVI 控制寄存器 LVICNT 来设定。其中，LVICNT 为 32 位寄存器，可读/写，详见表 2.54。当 LVICNT.LVIRESMK 置 1 时，LVI 故障被屏蔽，否则，LVI 故障不被屏蔽；检测的 LVI 等级，当 LVICNT[1：0]＝00B 时为不激活，当 LVICNT[1：0]＝01B 时为4.5 V，当 LVICNT[1：0]＝10B 时设置被禁止，当 LVICNT[1：0]＝11B 时为 3.1 V。

（2）LVI 错误信号（LIVRES）。

如果在设置 LVI 检测电压或复位 LVIRESMK 时 VCC 低于参考电压（VCC＜V_{LVI}），则会产生错误信号 $\overline{LVIRES}$ 并将其发送到 ECM，如图 2.169 所示。与此同时，复位源清除寄存器 RESF.RESF1 置 1。

LVI 设置流程如图 2.170 所示。

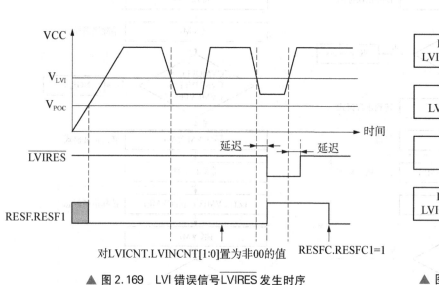

▲ 图 2.169 LVI 错误信号$\overline{LVIRES}$发生时序

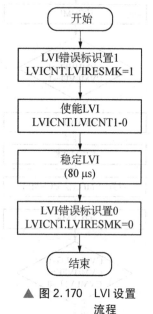

▲ 图 2.170 LVI 设置
流程

2.9.1.3 上电复位（POC①）电路

POC 上电复位电路始终将电源电压 VCC 与内部参考电压 V_{POC} 进行比较，这使得微控制器只在电源电压高于指定电平时工作。

如果 VCC 低于内部参考电压（VCC＜V_{POC}），则产生内部复位信号 POCRES 和系统复位信号 SYSRES。有关内部参考电压电平 V_{POC} 的规格的详细信息，请参见 RH850/P1X 系列微控制器的数据手册。

上电复位清除复位因子寄存器（RESF）。上电复位功能确保微控制器在电源电压低于阈值 VPOC 的时候保持在复位状态。图 2.171 为 POCRES 复位时序图。

---

① POC，即 power on clear 的缩写，表示上电清除。

注意：产生或清除 POCRES 均有一延迟。

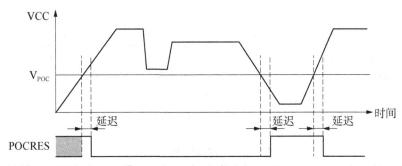

▲ 图 2.171　POCRES 复位时序图

2.9.1.4　寄存器

表 2.54 列出了电源电压检测寄存器的定义，各寄存器的详细说明参见数据手册，现举例说明如下。

表 2.54　电源监测寄存器

寄存器名称	标识符	R/W	复位值	地址	访问大小
核电压监测控制寄存器组：CVM 因子寄存器	CVMF	R	00_H	FFF8 2820$_H$	8
CVM 检测使能寄存器	CVMDE	R	03_H	FFF8 2824$_H$	8
CVM 检测输出屏蔽寄存器	CVMDMASK	R/W	00_H	FFF8 282C$_H$	8
CVM 诊断功能控制寄存器	CVMDIAG	R/W	00_H	FFF8 2830$_H$	8
CVM 监测寄存器	CVMMON	R	未定义	FFF8 2834$_H$	8
CVM 因子清除寄存器	CVMFC	W	00_H	FFF8 2838$_H$	8
CVM 检测使能设置寄存器	CVMDEW	W	00_H	FFF8 283C$_H$	8
CVM 复位使能寄存器	CVMREN	R/W	0000 0000$_H$	FFF8 2840$_H$	32
保护指令寄存器	PROTCMDCVM	W	0000 0000$_H$	FFF8 3010$_H$	32
保护指令状态寄存器	PROTSCVM	R	0000 0000$_H$	FFF8 3014$_H$	32
低压检测复位控制寄存器组：					
LVI 控制寄存器	LVICNT	R/W	0000 0000$_H$	FFF8 2C00$_H$	32
保护指令寄存器	PROT1PHCMD	W	0000 0000$_H$	FFF8 B000$_H$	32
保护指令状态寄存器	PROT1PS	R	0000 0000$_H$	FFF8 B004$_H$	32

（1）CVM 因子寄存器组（CVMF）。

CVM 因子寄存器 CVMF 指示 $\overline{\text{CVMOUT}}$ 信号状态和 CVM 检测到的错误状态。当发生上电复位（POC）或调试复位时，该寄存器会清零。每个位也可以通过 CVM 因子清除寄存器 CVMFC 中的相应位单独清零。

该寄存器仅可以按 8 位读,其地址为 FFF8 2820H,复位值为 00H,如图 2.172 所示,其功能见表 2.55。

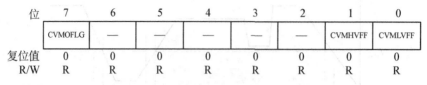

▲ 图 2.172　CVM 因子寄存器(CVMF)的组成

表 2.55　寄存器 CVMF 功能

位地址	位名称	功　　能
7	CVMOFLG	CVMOUT 标志: 0,CVMOUT 未发生; 1,发生 CVMOUT。 该位表示 CVMOUT 状态,一旦该标志设置为 1,它将被保留直到 CPU 指令清零。
6～2	Reserved	读取时,读取复位后的值。
1	CVMHVFF	通过 CVM 对电压进行高电压检测: 0,未检测到高电压冲击; 1,检测到高电压冲击。
0	CVMLVFF	通过 CVM 对电压进行低电压检测: 0,未检测到低电压冲击; 1,检测到低电压冲击。

（2）CVM 因子清除寄存器(CVMFC)。

CVMFC 寄存器清除 CVMF 寄存器中的目标位。为防止操作错误,将数据写入该寄存器由特定序列保护。

该寄存器仅可以按 8 位写,其地址为 FFF8 2838H,复位值为 00H,其组成如图 2.173 所示,其功能见表 2.56。

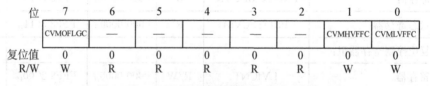

▲ 图 2.173　CVM 因子清除寄存器(CVMFC)的组成

表 2.56　寄存器 CVMFC 功能

位地址	位名称	功　　能
7	CVMOFLGC	CAMOUFLAGE 标志清除: 0,禁用; 1,已清除。

（续表）

位地址	位名称	功 能
6~2	Reserved	写入时,复位后写入值。
1	CVMHVFFC	CVMHVFF 标志清除: 0,禁用; 1,已清除。
0	CVMLVFFC	CVMLVFF 标志清除: 0,禁用; 1,已清除。

（3）CVM 检测输出屏蔽寄存器（CVMDMASK）。

CVMDMASK 寄存器在诊断模式下屏蔽 $\overline{\text{CVMOUT}}$ 控制信号。该寄存器仅在诊断模式下使能。将数据写入该寄存器由特定序列保护。

该寄存器仅可以按 8 位读/写,其地址为 FFF8 282CH,复位值为 00H,其组成如图 2.174 所示,其功能见表 2.57。

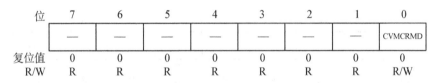

▲ 图 2.174 CVM 检测输出屏蔽寄存器（CVMDMASK）的组成

表 2.57 CVM 检测输出屏蔽寄存器（CVMDMASK）功能

位地址	位名称	功 能
7~1	Reserved	读取时,读取复位后的值;写入时,复位后写入值。
0	CVMCRMD	诊断模式下的 $\overline{\text{CVMOUT}}$ 模式: 0,$\overline{\text{CVMOUT}}$ 控制信号在诊断模式下不被屏蔽; 1,$\overline{\text{CVMOUT}}$ 控制信号在诊断模式下被屏蔽($\overline{\text{CVMOUT}}$=高电平输出)。

（4）CVM 诊断功能控制寄存器（CVMDIAG）。

CVMDIAG 寄存器用于控制 CVM 电路的诊断模式。将数据写入该寄存器由特定序列保护。该寄存器可由任何一种复位源（SYSRES）引起复位。

该寄存器仅可以按 8 位读/写,其地址为 FFF8 2830H,复位值为 00H,其组成如图 2.175 所示,其功能见表 2.58。

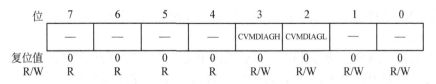

▲ 图 2.175 CVM 诊断功能控制寄存器（CVMDIAG）的组成

表 2.58　CVM 诊断功能控制寄存器(CVMDIAG)功能

位地址	位名称	功　能
7~4	Reserved	读取时,读取复位后的值;写入时,复位后写入值。
3	CVMDIAGH	诊断模式控制: 0,正常模式; 1,诊断模式,强制产生高核电压误差。
2	CVMDIAGL	诊断模式控制: 0,正常模式; 1,诊断模式,强制产生低核电压误差。
1, 0	CVMDIAGL	读取时,读取复位后的值;写入时,重启后写入值。

(5) CVM 监测寄存器(CVMMON)。

CVMMON 寄存器指示 $\overline{\text{CVMOUT}}$ 引脚状态。该寄存器可用于诊断模式。

该寄存器仅可以按 8 位读/写,其地址为 FFF8 2834H,复位值未定义(位 0 表示 $\overline{\text{CVMOUT}}$ 引脚状态),其组成如图 2.176 所示,其功能见表 2.59。

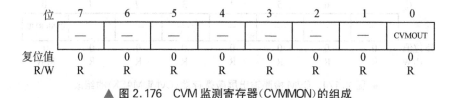

▲ 图 2.176　CVM 监测寄存器(CVMMON)的组成

表 2.59　CVM 监测寄存器(CVMMON)功能

位地址	位名称	功　能
7~1	Reserved	读取时,读取复位后的值。
0	CVMOUT	$\overline{\text{CVMOUT}}$ 引脚值: 0,低级(激活); 1,高级(未激活)。

2.9.2　温度传感器

2.9.2.1　温度传感器概述

RH850/P1x 配置有 1 个温度传感器(TSN0)。TSN0 寄存器基地址〈TNS0_base〉为 FFF2 8000H。TSN0 的寄存器地址作为与基地址的偏移量给出。温度传感器的时钟(PCLK)提供为低速外设时钟 CLK_LSB,其寄存器由复位控制器 SYSRES 复位源复位。TSN0 具有以下功能和特点。

(1) 温度测量:TSN0 通过使用 A/D 转换器单元 1(ADCD1)的模拟通道 12(AN112)来测量温度。温度测量时间为 $4\,\mu s$(A/D 转换时间 $1\,\mu s \times 4$ 次)。稳定时间是 $200\,\mu s$。

(2) 错误通知:当温度达到上限或下限时,温度误差信号被发送到 ECM 模块。

（3）温度测量模式：单次，A/D 转换连续执行四次；连续，为温度传感器设置四个连续虚拟通道，相应的扫描组 4 置于多周期扫描模式。

（4）自诊断：支持通过插入高温错误进行自诊断。

2.9.2.2　寄存器

（1）温度传感器控制寄存器（TSN0CR）。

该寄存器控制温度传感器。当 A/D 转换器停止时，该寄存器被设置。

该寄存器仅可以按 32 位读/写，其地址为〈TSNn_base〉＋000H，复位值为 0000 0000H，其组成如图 2.177 所示，其功能如表 2.60 所示。

位	31	30	29	28	27	26	25	24	23	22	21	20	19	18	17	16
	—	—	—	—	—	—	—	—	—	—	—	—	—	—	—	—
复位值	0	0	0	0	0	0	0	0	0	0	0	0	0	0	0	0
R/W	R	R	R	R	R	R	R	R	R	R	R	R	R	R	R	R

位	15	14	13	12	11	10	9	8	7	6	5	4	3	2	1	0
	—	—	—	—	—	—	—	—	—	—	—	—	—	—	—	TSNEN
复位值	0	0	0	0	0	0	0	0	0	0	0	0	0	0	0	0
R/W	R	R	R	R	R	R	R	R	R	R	R	R	R	R	R	R/W

▲ 图 2.177　TSN0CR-温度传感器控制寄存器的组成

表 2.60　温度传感器控制寄存器 TSN0CR 功能

位地址	位名称	功　能
31~1	Reserved	写入时，复位后写入值
0	TSNEN	该位控制温度传感器： 0，温度传感器被禁用； 1，温度传感器被使能。

（2）温度传感器状态寄存器（TSN0STAT）。

该寄存器指示温度传感器的状态，仅可以按 32 位读操作，其地址为〈TSNn_base〉＋004H，复位值为 0000 0000H，其组成如图 2.178 所示，其功能如表 2.61 所示。

位	31	30	29	28	27	26	25	24	23	22	21	20	19	18	17	16
	—	—	—	—	—	—	—	—	—	—	—	—	—	—	—	—
复位值	0	0	0	0	0	0	0	0	0	0	0	0	0	0	0	0
R/W	R	R	R	R	R	R	R	R	R	R	R	R	R	R	R	R

位	15	14	13	12	11	10	9	8	7	6	5	4	3	2	1	0
	—	—	—	—	—	—	—	—	—	—	—	—	—	—	—	TSNST
复位值	0	0	0	0	0	0	0	0	0	0	0	0	0	0	0	0
R/W	R	R	R	R	R	R	R	R	R	R	R	R	R	R	R	R

▲ 图 2.178　TSN0STAT-温度传感器状态寄存器的组成

表 2.61　温度传感器状态寄存器(TSN0STAT)功能

位地址	位名称	功　能
31～1	Reserved	写入时,复位后写入值
0	TSNST	该位表示温度传感器的状态: 0,温度传感器被禁用(温度传感器稳定时间≤200 μs); 1,温度传感器启用(温度传感器稳定时间＞200 μs)。

(3) 温度传感器诊断控制寄存器(TSN0DIAG)。

该寄存器控制温度传感器的自诊断。当 A/D 转换器停止时可以设置,仅可以按 32 位读/写,其地址为〈TSNn_base〉+008H,复位值为 0000 0000H,如图 2.179 所示,其功能见表 2.62。

位	31	30	29	28	27	26	25	24	23	22	21	20	19	18	17	16
	—	—	—	—	—	—	—	—	—	—	—	—	—	—	—	—
复位值	0	0	0	0	0	0	0	0	0	0	0	0	0	0	0	0
R/W	R	R	R	R	R	R	R	R	R	R	R	R	R	R	R	R

位	15	14	13	12	11	10	9	8	7	6	5	4	3	2	1	0
	—	—	—	—	—	—	—	—	—	—	—	—	—	—	—	TSN SELF DIAG
复位值	0	0	0	0	0	0	0	0	0	0	0	0	0	0	0	0
R/W	R	R	R	R	R	R	R	R	R	R	R	R	R	R	R	R/W

▲ 图 2.179　温度传感器诊断控制寄存器(TSN0DIAG)的组成

表 2.62　温度传感器诊断控制寄存器(TSN0DIAG)功能

位地址	位名称	功　能
31～1	Reserved	写入时,复位后写入值
0	TSNSELFDIAG	该位控制温度传感器的自诊断: 0,温度传感器自诊断被禁用; 1,温度传感器自诊断被启用。

(4) 温度传感器参考温度存储寄存器(TSNREFD)。

在该寄存器中,存储温度测量值。参考温度(AVREF1＝5.0 V, Tj＝150℃)存储在 TSNREFDH 中,参考温度(AVREF1＝5.0 V, 25℃)存储在 TSNREFDL 中。

该寄存器仅可以按 32 位读/写,其地址为 FFCD 019CH,复位值未定义(固定值在发送时设定),如图 2.180 所示,其功能见表 2.63。

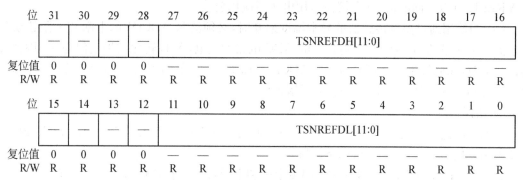

▲ 图 2.180　温度传感器参考温度存储寄存器(TSNREFD)的组成

表 2.63　温度传感器参考温度存储寄存器(TSNREFD)功能

位地址	位名称	功　　能
31～28	Reserved	读取时,这些位总是读为 0;当写入时,写 0
27～16	TSNREFDH[11：0]	在 $T_j = 150℃$ 下测量的参考温度的值
15～12	Reserved	读取时,这些位总是读为 0;当写入时,写 0
11～0	TSNREFDL[11：0]	在 $T_j = 25℃$ 下测量的参考温度的值

2.9.2.3　温度测量功能的实现

1) 温度测量步骤

TSN0 使用 ADCD1 的 AN112 通道测量温度。AN112 是为 ADCD1 的扫描组 4 而设置的,必须设置 4 个连续的虚拟通道来进行温度传感器信号的 AD 转化。通过寄存器设置启动 TSN0 测量温度的步骤如下:

(1) 在扫描组 4 的 4 个连续虚拟通道中,设置 TSN0 专用 AD 转化通道 AN112。

(2) 将寄存器 TSNCR 的位 TSNEN 置 1,使能温度传感器。该步可以先于上述步骤(1)。

(3) 等到 TSN0 启动。在步骤(2)后,等待 $200\mu s$,然后继续步骤(4)。**注意**:$200\mu s$ 是启动温度传感器所要求的时间,因此在该等待时间结束前不得进入下一步操作,可以通过检查寄存器 TSNSTAT 的位 TSNST 来确认时传感器是否已启动。

(4) TSN0 开始测量温度,软件或硬件触发器通过 ADCD1 的扫描组 4 启动 AD 转化。

(5) 检查测量结果。当第 4 虚拟通道的 AD 转化完成时,温度测量被完成。来自温度传感器的测量结果存储在与第 4 虚拟通道相应的数据寄存器中。可使用以下公式将温度测量结果转换为摄氏度:

$$T_{current} = \frac{150 - 25}{R_{150} - R_{25}} \times (R - R_{25}) + 25$$

式中,R 为当前温度下 AD 转换的结果;$T_{current}$ 为当前温度;R_{25} 为 25℃时 AD 转换的参考结果;R_{150} 为 150℃时 AD 转换的参考结果;R_{25} 和 R_{150} 存储在 TSNREFD 中。

注意:当 A1VREFH＝5.0 V 时,存储在 TSNREFD 中的 R_{25} 和 R_{150} 的值适用。如果

A1VREFH 具有不同的值,则在转换适用电压后应用公式。

(6) 当使用通过温度传感器的异常温度通知时,必须清除 ADCD1 的上限和下限错误位。由于温度传测量的第一次 A/D 转化中的 ADC 电路的放电,A/D 转化结果近似为 0。因此,使用该功能时,如同发生了下限错误,故 ADCD1ULER 上/下限错误寄存器会被设置。因此必须在温度测量后清除 ADCD1 的上/下限错误位。

2) 错误通知

当温度超过定义的上/下限时,TCN0 可以使用 ADCD1 上-下限检验功能向 ECM 模块发送超限错误信号。为此,需进行以下设置:

(1) 将 ADCD1ULLMTBR0 中的温度上限和下限,设置到 ADCD1 的 2 个寄存器中。

(2) 为 ADCD1ULLMSR4 寄存器中扫描组 4 选择上限和下限表。

(3) 将 ADCD1SFTCR 安全控制寄存器的 ULIEI 位设置为“1”,来使能上/下限错误中断。设置 OWEIE、PEIE 和 IDEIE 为“0”,以关闭重写错误中断、奇偶校验错误中断以及 ID 错误中断。关闭中断控制器 INTC 的 ADCD1 错误中断 INTADCD1ERR。

3) 自诊断

TSN0 支持插入错误值。通过将 TSN0DIAG 寄存器的 TSNSELFDIAG 位设置为“1”,强制 TSN0 产生错误。TSN0 可以通过比较来自 ADCD1 的 AN112 通道的期望值(0)进行自诊断。TSN0 自诊断的寄存器设置如下:

(1) 通过温度传感器通道设置 AD 转化。

(2) 使能温度传感器。

(3) 在启动 AD 转化前,设置自诊断寄存器,即设置 TSN0DIAG 寄存器的位 TSNSELFDIAG 为“1”。随后,固定 TSOUT 为低电平。

(4) 启动温度测量。

(5) 检验测量结果。

第 3 章

汽车电子嵌入式控制系统的通信

3.1 嵌入式控制系统的通信需求

随着微控制器应用和微控制器网络的发展,微控制器和外界以及微控制器之间的信息交换越来越重要。嵌入式控制系统内部的不同模块之间需要通过串口、CAN、SPI 等方式进行信息交互,控制系统和外部也需要通过 CAN、Ethernet、USB 等方式进行信息单向或双向传输,以实现软件升级等功能。例如,汽车的电动助力转向系统(EPS)需要通过 SENT 接口和扭矩传感器进行通信,以获取方向盘传导的扭矩信号,这是 EPS 内部的通信;同时 EPS 又需要通过 CAN 总线和发动机控制单元等获取汽车转速、车速等信号,这是 EPS 和外部的通信。

3.2 串行通信

通信方式一般分为串行通信和并行通信,本章主要介绍串行通信。

串行通信方式:二进制数据一位一位地依次传送,每一个数据位的传送占据一个固定的时间长度。因它所需传输线的条数极少,故串行通信较广泛地应用于远距离传输以及分级、分层、分布式控制系统的通信之中,相对并行通信而言,串行通信的速度比较慢。

串行通信有三个主要特点:①由于信息在一个方向上传输,只占用一根通信线,因此这根通信线既作数据线又作联络线,也就是说要在一根传输线上既传输数据信息,又传输控制信息;②串行通信的信息格式有固定的要求;③串行通信中对信息的逻辑定义与 TTL 不兼容,因此,需要进行逻辑电平转换。

RH850/P1x 系列微处理器具有 7 种串行通信接口,共 21～24 个发送/接收通道。7 种接口模块如下。

① SCI3(同步/异步 USART):3 通道;

② RS-CAN 控制器:2 通道(1 MB 和 512 KB 内存器件)或 3 通道(2 MB flash 内存的器件);

③ FlexRay 控制器:2 通道(2 MB 与 1 MB 内存器件);

④ PSI5 传感器通信接口:2 通道;

⑤ RSENT 传感器通信接口:5 通道(100-pin 器件)或 6 通道(144-pin 器件);

⑥ RLIN3(LIN 主/从):2 通道;

⑦ 时钟控制串行接口：CSIG（SPI）×1 通道；CSIH（SPI）×4 通道。

本章主要介绍 RS-CAN、FlexRay 和 SENT 接口设计。

3.2.1 串行通信的分类

按照串行数据的同步方式，串行通信可以分为同步通信和异步通信两类。异步通信是一种利用字符的再同步技术的通信方式；同步通信是通过同步字符的识别来实现数据的发送和接收的。

3.2.1.1 同步通信

同步通信是一种连续串行传送数据的通信方式，一次通信只传送一帧信息，其信息帧和异步通信中的字符帧不同，通常含有若干个数据字符。根据控制规程，同步通信分为面向字符型和面向比特型。

（1）面向字符型的数据格式。

面向字符型的同步通信数据格式可采用单同步、双同步和外同步三种数据格式，如图 3.1 所示。

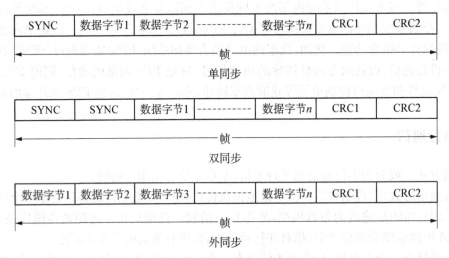

▲ 图 3.1　面向字符型同步通信数据格式

单同步和双同步均由同步字符、数据字符和校验字符（CRC）这三部分组成。单同步是指在传送数据之前先传送一个同步字符"SYNC"，双同步则先传送两个同步字符"SYNC"。其中，同步字符位于帧结构开头，用于确认数据字符的开始（接收端不断对传输线采样，并把采样到的字符和双方约定的同步字符比较，只有比较成功后才会把后面接收到的字符加以存储）；数据字符在同步字符之后，个数不受限制，由所需传输的数据块长度决定；校验字符有 1~2 个，位于帧结构末尾，接收端将对接收到的数据字符的正确性进行校验。外同步通信的数据格式中没有同步字符，而是用一条专用控制线来传送同步字符，使接收方及发送端实现同步。当每一帧信息结束时均用两个字节的循环控制码为结束。

在同步通信中，同步字符可以采用统一标准格式，也可由用户约定。在单同步字符帧结构中，同步字符常采用 ASCII 码中规定的 SYN（即 16H）代码；在双同步字符帧结构中，同步字符一般采用国际通用标准代码 EB90H。

（2）面向比特型的数据格式。

根据同步数据链路控制规程（SDLC），面向比特型的数据以帧为单位传输。每帧由 6 个部分组成：①开始标志"7EH"；②一个字节的地址场；③一个字节的控制场；④需要传送的数据，数据都是位（bit）的集合；⑤两个字节的循环控制码；⑥"7EH"，作为结束标志。面向比特型的数据格式如图 3.2 所示。

开始标志		数据				结束标志
01111110	地址场	控制场	数据	CRC1	CRC2	01111110

▲ 图 3.2　面向比特型同步通信数据格式（外同步）

在 SDLC 规程中不允许在数据段和 CRC 段中出现六个"1"，否则会误认为是结束标志。因此要求在发送端进行检验，当连续出现五个"1"时，则应立即插入一个"0"，直到接收端要将这个插入的"0"去掉，恢复原来的数据，保证通信的正常进行。

同步通信的数据传输速率较高，通常可达 56 Kbps 或更高，因此适用于传送信息量大、要求传送速率很高的系统。同步通信的缺点是要求发送时钟和接收时钟保持严格同步，故发送时钟除应和发送波特率保持一致外，还要求把它同时传送到接收端去。

3.2.1.2　异步通信

在异步通信中，数据通常是以字符（或字节）为单位组成字符帧传送的。字符帧由发送端一帧一帧地发送，接收设备通过传输线一帧一帧地接收。发送端和接收端可以由各自的时钟来控制数据的发送和接收，这两个时钟源彼此独立，互不同步。在异步通信中，两个字符之间的传输间隔是任意的，因此每个字符的前后都要用一些数位来作为分隔位。

发送端和接收端依靠字符帧格式来协调数据的发送和接收，在通信线路空闲时，发送线为高电平（逻辑"1"），每当接收端检测到传输线上发送过来的低电平逻辑"0"（字符帧中的起始位）时就知道发送端已开始发送；每当接收端接收到字符帧中停止位时就知道一帧字符信息已发送完毕。

在异步通信中，字符帧格式和波特率是两个重要指标，可由用户根据实际情况选定。

1）字符帧

字符帧也叫数据帧，由起始位、数据位、奇偶校验位和停止位这四部分组成。现对各部分结构和功能分述如下。

（1）起始位：位于字符帧开头，只占一位，始终为逻辑 0 低电平，用于向接收设备表示发送端将发送一帧信息。

（2）数据位：紧跟起始位之后，用户可根据情况取 5 位、6 位、7 位或 8 位，低位在前，高位在后（即先发送数据的最低位）。若所传输数据为 ASCII 字符，则常取 7 位。

（3）奇偶校验位：位于数据位后，仅占一位，用于表征串行通信中采用奇校验还是偶校验，由用户根据需要决定采取何种校验方式。

（4）停止位：位于字符帧末尾，为逻辑"1"高电平，通常可取 1 位、1.5 位或 2 位，用于向接收端表示一帧字符信息已发送完毕，也为发送下一帧字符做准备。

在串行通信中，发送端一帧一帧地发送信息，接收端一帧一帧地接收信息。两相邻字符帧之间可以无空闲位，也可以有若干空闲位，这由用户根据需要决定。如图3.3所示为有3个空闲位时的字符帧格式。

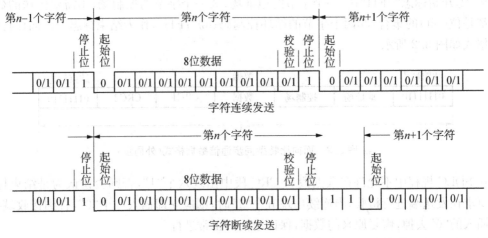

▲ 图3.3　异步通信的字符帧格式

2）波特率

在采用异步通信方式进行通信时，发送端需要用时钟来决定每一位对应的时间长度，接收端需要用一个时钟来测定每一位的时间长度，前一个时钟叫做发送时钟，后一个时钟叫做接收时钟。波特率的定义为每秒钟传送二进制数码的位数（也称比特数），单位通常为bps，即位/秒。波特率是串行通信的重要指标，用于表征数据传输的速度。波特率越高，数据传输速度越快，但它和字符的实际传输速率不同，字符的实际传输速率是指每秒钟内所传输字符帧的帧数，和字符帧格式有关。例如，波特率为1 200 bps的通信系统，若采用11位字符帧（每一字符帧包含数据位11位），则字符的实际传输速率为1200/11＝109.09（帧/秒）；若改用14位字符帧（每一字符帧包含数据位14位），则字符的实际传输速率为1 200/14＝85.71（帧/秒）。

波特率还与信道的频带有关，波特率越高，信道频带越宽。因此，波特率也是衡量通道频宽的重要指标。

异步通信的优点是不需要传送同步脉冲，字符帧长度也不受限制，故所需设备简单。其缺点是字符帧中因包含有起始位和停止位而降低了有效数据的传输速率。

3.2.2　SCI3 串行通信接口

串行通信接口运行模式有两种：异步通信模式和同步通信模式（又称时钟同步通信模式）。异步串行数据通信采用标准异步通信模式，如UART（通用异步接收器/发送器）、ACIA（异步通信接口适配器）。异步通信模式下，支持多处理器串行通信功能。RH850/P1x的串行通信SCI3接口具有如下功能。

（1）可以处理2种串行通信方法：异步通信和时钟同步串行通信。

① 异步通信方式：a. 数据长度，7 位或 8 位；b. 停止位长度，1 位或 2 位；c. 校验，偶数校验、奇数校验或无；d. 数据接收错误检测，校验错误、溢出错误和帧差错；e. 突变检测，通过寄存区的读取来判别突变，以防帧差错。

② 时钟同步通信方式：a. 数据长度，8 位；b. 数据接收错误检测，溢出错误。

（2）可用全双工通信。

（3）使用片上波特率发生器可选择任意位速率。也可选外部时钟作为发送/接收的时钟源。

（4）可选"LSB - first"或"MSB - first"发送（异步 7 - bit 数据除外）。

（5）由发送结束、发送数据空、接收数据满、接收错误组成 4 种中断源。发送数据空、接收数据满中断源可激活 DMAC。

（6）可配置模块"stop - mode"。

（7）位速率调制功能通过校正片上波特率发生器（除时钟同步模式中最大速度外）可以减小误差。

3.2.2.1　SCI3 接口的结构与设置

1）SCI3 接口的组成

RH850/P1x 的 SCI3 接口的结构如图 3.4 所示。无论是 100 引脚还是 144 引脚的 RH850/P1x 系列微处理器，其 SCI3 均有 3 个通道：SCI3n（n 为 0～2）。SCI3n 时钟 PCLK，由高频外部时钟 CLK_HSB 提供。寄存器基址为：⟨SCI30_base⟩＝ FFDF 0000H，⟨SCI31_base⟩ ＝ FFDF 1000H，⟨SCI32_base⟩＝ FFDF 2000H。

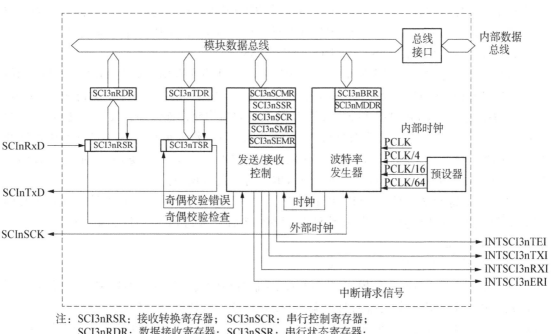

注：SCI3nRSR：接收转换寄存器；　SCI3nSCR：串行控制寄存器；
　　SCI3nRDR：数据接收寄存器；　SCI3nSSR：串行状态寄存器；
　　SCI3nTSR：发送转换寄存器；　SCI3nSCMR：串行传输格式寄存器；
　　SCI3nTDR：数据发送寄存器；　SCI3nSEMR：串行扩展模式寄存器；
　　SCI3nSMR：串行模式寄存器；　SCI3nBRR：比特率寄存器；
　　　　　　　　　　　　　　　　SCI3nMDDR：模块任务寄存器。

▲ 图 3.4　SCI3 串行通信结构

通信时，每通道都会产生中断请求信号。对通道 SCI3n（n 为 0～2）：NTSCI3nERI 为接收错误中断请求，INTSCI3nRXI 为接收数据满中断请求，INTSCI3nTXI 为传输数据空中断请求,INTSCI3nTEI 为传输结束中断请求。SCI3n 外部输入输出信号如表 3.1 所列。

表 3.1　SCI3n(n＝0～2)外部输入输出信号

信号名称	定义	可选引脚	信号名称	定义	可选引脚
SCInSCK	SCI3n 串行时钟输入	SCI3nSCI	SCInRxD	SCI3n 数据输入信号	SCI3nRX
	SCI3n 串行时钟输出	SCI3nSCO	SCInTxD	SCI3n 数据输出信号	SCI3nTX

2) SCI3 接口寄存器及其设置

(1) 数据接收寄存器组(SCI3nRSR,SCI3nRDR)。

数据切换寄存器 SCI3nRSR 用于接收来自 SCInRxD 引脚的串行数据并将其转化为并行数据。当寄存器接收到一帧数据时,将自动发送给 SCI3nRDR。SCI3nRSR 不能直接被 CPU 访问。

数据接收寄存器 SCI3nRDR 是 1 个 8 位寄存器,用于接收数据。复位后,SCI3nRDR 的值为 00H。当接收到一帧数据时,该数据将从 SCI3nRSR 发送到 SCI3nRDR,以便允许 SCI3nRSR 接收下一帧数据。SCI3nRSR 和 SCI3nRDR 起着双缓冲的作用,因而允许连续接收。**注意**:在读 SCI3nRDR 前,一定要先检查确认 SCI3nSSR 中的位 RDRF 被置 1,否则 SCI3nRDR 中原有的数据会丢失。CPU 不能对 SCI3nRDR 进行写操作。当数据长度为 7 位时,接收的数据存储在位 6～0,不管 SCI3nSCMR 中的 SINV 位是什么,位 7 固定为 0。

(2) 数据发送寄存器组(SCI3nTDR,SCI3nTSR)。

数据发送寄存器 SCI3nTDR 是 1 个 8 位寄存器,用于发送数据。复位后,SCI3nTDR 的值为 FFH。当监测到 SCI3nTSR 为空时,写入到 SCI3nTDR 的发送数据将发送到 SCI3nTSR,并启动数据发送。SCI3nTDR 和 SCI3nTSR 的双缓冲结构允许连续串行发送。**注意**:当一帧数据发送时,如果下一个发送数据被写入 SCI3nTDR,发送数据被写入 SCI3nTSR,则可连续发送。CPU 可读写 SCI3nTDR。**注意**:在向 SCI3nTDR 写入发送数据前,一定要检查确认 SCI3nSSR 的位 TDRE 被置 1,否则 SCI3nTDR 中原有的数据会丢失。

发送切换寄存器 SCI3nTSR 用于发送串行数据。为执行串行数据发送,写入到 SCI3nTDR 的发送数据会自动发送到 SCI3nTSR,然后发送到 SCInTxD 引脚。CPU 不能直接访问 SCI3nTSR。

(3) 串行模式寄存器(SCI3nSMR)。

SCI3nSMR 用于选择通信模式、数据长度、奇偶性检验使能及模式、STOP 位长度、多处理器模式以及片上波特率发生器的时钟源,可按 8 位读/写,地址为〈SCI3n_base〉＋ 0000H,复位后值为 00H,如图 3.5 所示。该寄存器仅当 TE ＝ RE ＝ 0 时可写。其功能如表 3.2 所示。

位	7	6	5	4	3	2	1	0
	CM	CHR	PE	PM	STOP	MP	CKS1	CKS0
重置后	0	0	0	0	0	0	0	0
	R/W	R/W	R/W	R/W	R/W	R/W	R/W	R/W

▲ 图 3.5　串行模式寄存器(SCI3nSMR)的组成

表 3.2　串行模式寄存器（SCI3nSMR）功能

位位置	位名称	功　　能
7	CM	通信模式： 0,异步模式; 1,时钟同步模式。
6	CHR	数据长度(仅在异步模式下有效)： 0,选择 8 位作为数据长度; 1,选择 8 位作为数据长度,固定为 LSB - first 且不发送 SCI3nTDR 的 MSB（位 7）。 注意:在时钟同步模式时,发送数据总是使用 8 位数据长度。
5	PE	奇偶性检验使能(仅异步模式时有效) 当设置为 1 时,奇偶校验位被添加到发送数据中,并在接收时被检验。 注意:在多处理器格式中,无论该位是否置 1,都不会添加或检验奇偶校验位。
4	PM	奇偶校验模式（仅在异步模式 PE ＝ 1 时有效）： 0,选择偶校验; 1,选择奇校验。
3	STOP	STOP 位长度(仅在异步模式下有效)： 0,发送 1 个 STOP 位; 1,发送 2 个 STOP 位。 注意:在接收时,不管是否设置该位都仅检验第一个 STOP 位;如果第二个 STOP 位为 0,它将被处理为下一发送帧的起始位。
2	MP	多处理器模式(仅在异步模式下有效)： 1,使能多处理器通信功能。 注意:在多处理器模式,对 PE 和 PM 的设置是无效的。
1,0	CKS[1:0]	时钟选择 1、0,用于为片上波特率发生器选择时钟源： 00,PCLK 时钟($\alpha=0$); 01,PCLK / 4 时钟($\alpha=1$); 10,PCLK / 16 时钟($\alpha=2$); 11,PCLK / 64 时钟($\alpha=3$)。 注意:对于这些位的设置和波特率的关系,以及 α 的含义,参见后续的位波特率寄存器 SCI3nBRR。

（4）串行控制寄存器（SCI3nSCR）。

SCI3nSCR 用于对 SCI3 通信进行发送/接收控制、中断控制以及发送/接收时钟源选择,可以按 8 位读/写,地址为〈SCI3n_base〉＋ 0008H,复位后值为 00H,如图 3.6 所示。其功能如表 3.3 所示。

位	7	6	5	4	3	2	1	0
	TIE	RIE	TE	RE	MPIE	TEIE	CKE1	CKE0
重置后	0	0	0	0	0	0	0	0
R/W	R/W	R/W	R/W[①]	R/W[①]	R/W	R/W	R/W[②]	R/W[②]

注:① 在 SCI3nSMR 的位 CM 为 1 时,仅在 TE＝0 和 RE＝0 情况下可写值如 1,在 TE 或 RE 被置为 1 后,只有 0 可以写到 TE 和 RE。而在 SCI3nSMR 的 CM 为 0 时,随时可写。

② 仅当 TE＝0 和 RE＝0 时才可写;另外,在 TE ＝ 0 和 Re ＝ 0 被写入的同时可写。

▲ 图 3.6　串行控制寄存器（SCI3nSCR）的组成

表 3.3 串行控制寄存器(SCI3nSCR)功能

位位置	位名称	功　能
7	TIE	传输中断(INTSCI3nTXI)使能: 1,使能 INTSCI3nTXI 中断请求; 0,取消 INTSCI3nTXI 中断请求(可 TDRE 标志读 1 后清零,或直接清零)。
6	RIE	接收中断(INTSCI3nRXI 和 INTSCI3nERI)使能: 1,使能中断请求; 0,取消中断请求,可 RDRF、FER、PER 或 ORER flag 标志读 1 后清零,或者直接清零。
5	TE	串行发送使能: 1,发送使能,将发送数据写到 SCI3nTDR 并将 SCI3nSSR 中的位 TDRE 启动串行发送。 在设置位 TE 为 1 前,一定要设置 SCI3nSMR 来确定发送格式。 0,禁止数据发送。此时,SCI3nSSR 的位 TDRE 固定为 1。
4	RE	接收使能: 1,接收启用,一定要在设置 RE 位为 1 之前设置 SCI3nSMR 来确定接收的格式; 0,禁止接收,但 RDRF、FER、PER 或 ORER 标志不会受影响,且以前的值被保留。
3	MPIE	多处理器中断使能(仅当异步模式下 SCI3nSMR 中的 MP =1 时有效): 当此位被设置为 1,且收到带有设置为 0 的多处理器位的数据时,数据不被读,且禁止设置 SCI3nSSR 中的 RDRF、FER 和 ORER 标志为 1。当收到带有设置为 1 的多处理器位的数据时,该位自动清零,且恢复正常接收。当 SCI3nSSR 中接收到的数据包含 MPB = 0 时,接收到的数据不会从 SCI3nRSR 发送到 SCI3nRDR,不会检测到接收错误,而且禁止设置 SCI3nSSR 中的 RDRF、FER 和 ORER 标志为 1。 当 SCI3nSSR 中接收到的数据包含 MPB=1 时,设置 SCI3nSSR 中的 MPB 位为 1,MPIE 位自动清零,INTSCI3nRXI 和 INTSCI3nERI 的中断请求使能(如果 SCI3nSCR.RIE-1),且使能设置 FER 和 ORER 标志为 1。
2	TEIE	发送结束中断使能: 1,INTSCI3nTEI 中断请求使能; 0,取消 INTSCI3nTEI 中断请求,可通过读 TDRE 标志的 1 然清零该标志或直接清 0。
1,0	CKE[1:0]	时钟使能 1,0,选择时钟源与 SCInSCK 引脚功能: 对异步模式: 00,片上波特率发生器(SCInSCK 引脚作为 I/O 端口); 01,片上波特率发生器(从 SCInSCK 引脚输出与位速率一样频率的时钟); 1X,禁止设置。 对时钟同步模式: 0X,内部时钟(SCInSCK 引脚作为时钟输出引脚); 1X,外部时钟(SCInSCK 引脚作为时钟输入引脚)。

(5) 串行状态寄存器(SCI3nSSR)。

SCI3nSSR 由 SCI3 状态标志和传输多处理器位组成,只有其中的 TDRE、RDRF、ORER、PER 和 FER 标志可以清除。该寄存器可以 8 位读/写,地址为〈SCI3n_base〉+ 0010H,复位后为 84H,串行状态寄存器的组成与功能分别如图 3.7 和表 3.4 所示。

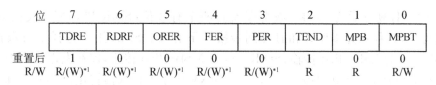

▲ 图 3.7　串行状态寄存器(SCI3nSSR)的组成

表 3.4　串行状态寄存器(SCI3nSSR)功能

位位置	位名称	功　能
7	TDRE	发送数据寄存器空:表明 SCI3nTDR 中是否存在发送数据。 [设置条件]:① SCI3nSCR 的位 TE 为 0 时; ② SCI3nTDR 已经传输到 SCI3nTSR,新的数据可以写入到 SCI3nTDR 时。 [清除条件]:① TDRE = 1 后写 0 到该位; ② 向 SCI3nTDR 写入数据而 TE = 1 时。
6	RDRF	接收数据满:表明 SCI3nRDR 是否存在数据。 [设置条件]:接收成功结束且接收数据从 SCI3nRSR 发送到 SCI3nRDR 时。 [清除条件]:① 在读 RDRF = 1 后向 RDRF 写 0; ② 从 SCI3nRDR 读数据时。 注意:完成下一数据接收,将 RDRF 置 1,会引起溢出错误,导致接收数据的丢失。
5	ORER	溢出错误:表明在接收发生了错误和接收异常终止。 [设置条件]:在接收下一个数据而 SCI3nRDR 的位 RDRF=1 时,接收数据先于溢出错误,接收到的数据在溢出错误发生后丢失;当 ORER 标志置 1 时,接下来的串行传输不能继续;在时钟同步模式,串行传输也不能继续。 [清除条件]:在读 ORER=1 后向 ORER 写入 0。
4	FER	帧错误:表明在异步模式接收过程中发生了帧错误和接收异常终止。 [设置条件]:stop 位为 0;在 2 - stop 位模式,只检测出第一个 stop 位是否为 1,没有检测到第 2 个 stop 位;在帧错误发生时,虽然接收数据传输到了 SCI3nRDR,但 RDRF 标志没有设置;另外,FER 标志置 1,接下来的接收数据不能传输到 SCI3nRDR。 [清除条件]:读 FER=1 后向 FER 写入 0。
3	PER	奇偶校验错误:表明在异步模式接收过程中发生了奇偶校验错误和接收异常终止。 [设置条件]:在奇偶校验错误发生时,虽然接收数据传输到了 SCI3nRDR,但 RDRF 标志没有设置;另外,PER 标志置 1,但接下来的接收数据不能传输到 SCI3nRDR。 [清除条件]:读 PER=1 后向 PER 写入 0。
2	TEND	发送结束 [设置条件]:当 SCI3nSCR. TE 为 0 时;当 TDRE 标志 1 而发送数据的最后位正在发送时。 [清除条件]:读 TDRE =1 后向 TDRE 写入 0;当向 SCI3nTDR 写入发送数据而 TE = 1 时。
1	MPB	多处理器位:在接收帧中保持多处理器位的值。
0	MPBT	多处理器位传输:在发送帧中设置添加多处理器位的值。

(6) 串行通信格式寄存器(SCI3nSCMR)、串行扩展模式寄存器(SCI3nSEMR)。

SCI3nSCMR 用于为异步和时钟同步模式选择通信格式,可以 8 位读/写,地址为〈SCI3n_

base〉＋0018H，复位后为F2H。该寄存器有两个有效位：SDIR和SINV，仅在RE＝0且TE＝0时可写，且仅在异步模式和时钟同步模式下有效。SDIR用于选择串行数据传输的方向：SDIR＝0，为LSB－first传输；SDIR＝1，为MSB－first传输，仅在发送格式为8位数据时有效。对7位数据，使用LSB－first传输。SINV用于串行数据转化：SINV＝0时，接收与传输的数据保持不转化；SINV＝1时，数据在传输前和接收保持前先进行数据逻辑层的转化。

SCI3nSEMR用于选择1位的周期，可以8位读/写，地址为〈SCI3n_base〉＋001CH，复位后为04H。该寄存器的4个有效位中的BRME、MDDRS、ABCS，仅在RE＝0且TE＝0时可写；RXDMON为只读位。将位BRME置1，则可使能位速率调制功能。通过位MDDRS选择可访问的寄存器：0，选择SCI3nBRR；1，选择SCI3nMDDR。位ABCS用于选择异步参考时钟，即为1位周期选择参考时钟：0，选择传输速率16倍频率的参考时钟；1，选择传输速率8倍频率的参考时钟。RXDMON是串行输入数据监视器，反映SCInRxD引脚状态：0，SCInRxD引脚为低电平；1，SCInRxD引脚为高电平。

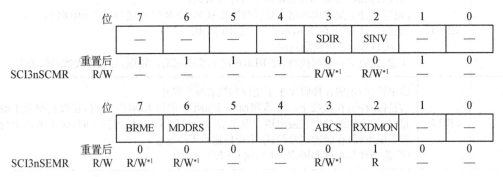

▲ 图3.8　串行通信格式寄存器（SCI3nSCMR）、串行扩展模式寄存器（SCI3nSEMR）

（7）位速率寄存器（SCI3nBRR）。

SCI3nBRR是一个8位可读/写寄存器，用于调节位速率。由于每个SCI3通道都有1个独立的波特率发生器，因此可以为每个通道设置不同的位速率。表3.5显示了在正常异步模式和时钟同步模式下，SCI3nBRR设置的N（0～255）与位速率B（bps）间的关系。复位后SCI3nBRR的值为FFH。SCI3nBRR与SCI3nMDDR被分配在一样的地址（〈SCI3n_base〉＋0004H），并在SCI3nSEMR中的位MDDRS置0时被选择。该寄存器仅在TE＝0且RE＝0时写。利用表3.6中的公式，即可计算出不同设置下的位速率。例如：在异步模式、PCLK为80 MHz时，设置SCI3nSEMR，ABCS为1，α为0、N为0，则计算可得最大串行时钟频率为5 MHz。

表 3.5　在 SCI3nBRR 中设置的 N 与位速率 B 的关系

模式	ABCS 设定	比特率	平均误差
异步	0	$B = \dfrac{PCLK \times 10^6}{64 \times 2^{2a-1} \times (N+1)}$	$Error(\%) = \left\{ \dfrac{PCLK \times 10^6}{B \times 64 \times 2^{2a-1} \times (N+1)} - 1 \right\} \times 100$

模式	ABCS 设定	比特率	平均误差
异步	1	$B = \dfrac{PCLK \times 10^6}{32 \times 2^{2\alpha-1} \times (256/MDDR) \times (N+1)}$	$Error(\%) = \left\{ \dfrac{PCLK \times 10^6}{B \times 32 \times 2^{2\alpha-1} \times (256/MDDR) \times (N+1)} - 1 \right\} \times 100$
同步	—	$B = \dfrac{PCLK \times 10^6}{8 \times 2^{2\alpha-1} \times (N+1)}$	

注：B 为位速率(bps)，N 为 SCI3nBRR 设置值($0 \leqslant N \leqslant 255$)，PCLK 为运行频率(MHz)，$\alpha$ 由 SCI3nSMR 设置值确定（见表 3.2）。

（8）位速率调制寄存器(SCI3nMDDR)。

SCI3nMDDR 是一个 8 位可读/写寄存器，用于调制校准由 SCI3nBRR 调节得到的位速率。复位后，SCI3nMDDR 的值为 FFH。当 SCI3nSEMR 中的位 BRME 置 1 时，将由片上波特率发生器产生的位速率平均校准到 SCI3nMDDR/256。表 3.6 显示了 SCI3nMDDR 设定值与位速率间的关系。SCI3nMDDR 被分配在与 SCI3nBRR 一样的地址(〈SCI3n_base〉+0004H)，且在 SCI3nSEMR 的 MDDRS 为 1 时被选择。该寄存器仅在 TE＝0 且 RE＝0 时可写。位 7 固定为 1，因此 SCI3nMDDR 的设置值范围为 128～255。

表 3.6 使用位速率调制功能时 SCI3nMDDR 设定值与位速率 B 间的关系

模式	ABCS 设定	比特率	平均误差
异步	0	$B = \dfrac{PCLK \times 10^6}{64 \times 2^{2\alpha-1} \times (256/MDDR) \times (N+1)}$	$Error(\%) = \left\{ \dfrac{PCLK \times 10^6}{B \times 64 \times 2^{2\alpha-1} \times (256/MDDR) \times (N+1)} - 1 \right\} \times 100$
	1	$B = \dfrac{PCLK \times 10^6}{32 \times 2^{2\alpha-1} \times (256/MDDR) \times (N+1)}$	$Error(\%) = \left\{ \dfrac{PCLK \times 10^6}{B \times 32 \times 2^{2\alpha-1} \times (256/MDDR) \times (N+1)} - 1 \right\} \times 100$
同步	—	$B = \dfrac{PCLK \times 10^6}{8 \times 2^{2\alpha-1} \times (256/MDDR) \times (N+1)}$	

注：B 为位速率(bps)，N 为 SCI3nBRR 设置值($0 \leqslant N \leqslant 255$)，PCLK 为运行频率(MHz)，$\alpha$ 为由 SCI3nSMR 设置值确定（见表 3.2），MDDR 为 SCI3nMDDR 设置的值($128 \leqslant MDDR \leqslant 255$)

3）发送/接收格式、接收数据采样时序与接收间隔及时钟、双倍速率传输

在 RH850/P1x 系列微处理器中，SCI3 监测通信线并在监测到空状态(低电平)时启动串行通信。SCI3 内部采用独立的发送器和接收器，因此可以进行全双工通信。接收器和发送器的双缓冲结构，也使得在发送或接收过程中数据可被读或被写，从而能进行连续的数据发送与接收。

通过对 SCI3nSMR 中位 CHR、PE、MP 和 STOP 的不同设置，共有 12 种发送/接收格式

可供选择(见表3.7)。在异步通信模式下,SCI3 按频率为 16 倍位速率的参考时钟操作,其数据接收采样时间点如图3.9所示,在接收过程中,SCI3 在参考时钟开始位(低电平)的开始下降沿进行采样(同步采样点),并进行内部同步;通过在接下来的参考时钟的第八个脉冲的上升沿采样接收数据(数据采样点),在每位的中间锁定数据。因此,异步通信模式下的接收间隔为

$$M = \left| \left(0.5 - \frac{1}{2N}\right) - (L - 0.5)F - \frac{|D - 0.5|}{N}(1 + F) \right| \times 100[\%]$$

式中,M 是接收间隔,N 是位速率与时钟的比值(当 SCI3nSEMR 的 ABCS=0 时 $N=16$,当 ABCS=1 时 $N=8$),D 为时钟占空比(0.5~1),L 为帧长度(9~12,见表3.7),F 为时钟频率偏移绝对值。在系统设计中,M 应该在 20% 到 30% 之间。当使用位速率调制功能时,参考时钟频率按平均值校正。

表3.7 串行通信数据发送和接收格式(异步模式)

SMR 设置				串行发送/接收数据格式及长度
CHR	PE	MP	STOP	1 2 3 4 5 6 7 8 9 10 11 12
0	0	0	0	S　8-位数据　STOP
0	0	0	1	S　8-位数据　STOP STOP
0	1	$\overline{0}$	0	S　8-位数据　P STOP
0	1	0	1	S　8-位数据　P STOP STOP
1	0	0	0	S　7-位数据　STOP
1	0	0	1	S　7-位数据　STOP STOP
1	1	0	0	S　7-位数据　P STOP
1	1	0	1	S　7-位数据　P STOP STOP
0	—	1	0	S　8-位数据　MPB STOP
0	—	1	1	S　8-位数据　MPB STOP STOP
1	—	1	0	S　7-位数据　MPB STOP
1	—	1	1	S　7-位数据　MPB STOP STOP

注:S 为起始位;STOP 为停止位;P 为校验位;MPB 为多处理器位。

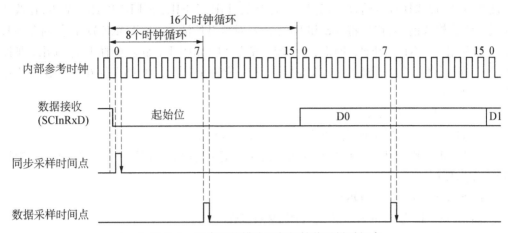

▲ 图 3.9　异步通信模式下数据接收采样时间点

根据对 SCI3nSMR 的位 CM 和 SCI3nSCR 的位 CKE[1∶0]的设置,片上波特率发生器产生的内部时钟和 SCInSCK 引脚输入的外部时钟,均可选择作为 SCI3 发送/接收时钟。当 SCI3 工作在内部时钟时,时钟可从 SCInSCK 引脚输出。在异步通信模式下,输出时钟的频率等于位速率,时钟的上升沿位于数据位的中间,如图 3.10 所示。

通过设置 SCI3nSEMR 中的位 ABCS 使能双倍速率数据传输。在双倍速率传输模式下,在正常操作中按频率为 16 倍位速率的时钟的同样操作可按频率为 8 倍位速率的时钟操作即可,即 SCI3 使用同样的参考时钟按双倍传输速率运行。

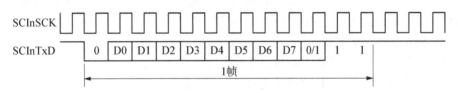

▲ 图 3.10　异步通信模式下输出时钟与传输数据之间的相位关系

3.2.2.2　SCI3 异步串行通信

1) SCI3 初始化

在发送与接收数据前,应首先对 SCI3nSCR 的位 TE 和 RE 清零,然后初始化 SCI3。初始化 SCI3 的参考流程如下:

① 将 SCI3nSCR 的位 TE 和 RE 清零;

② 设置 SCI3nSCR 的位 CKE1 和 CKE0 选择时钟;

③ 通过 SCI3nSMR 和 SCI3nSCMR,设置传输格式;

④ 将 SCI3nSEMR 的位 MDDRS 清零;

⑤ 在 SCI3nBRR 中设置一个与位速率相对应的值;

⑥ 将 SCI3nSEMR 的位 BRME 和 MDDRS 置 1;

⑦ 在 SCI3nMDDR 设置一个位速率错误校正值;

⑧ 将 SCI3nSCR 的位 TE、RE 置 1,并设置位 RIE、TIE、TEIE 和 MPIE。注意:将 TE 和 RE 置 1,才会使 SCInTxD 和 SCInRxD 引脚可用。

注意：在时钟选择设置前，应首先将 TE、RE、TIE、TEIE、MPIE 和 RIE 清零；在改变运行模式或传输格式前，要首先将 TE 和 RE 清零；对位 TE 清零，将 TDRE 置 1，但对位 RE 清零不会初始化 RDRF、PER、FER、ORER 或者 SCI3nRDR；如果选择时钟输出，则设置 SCI3nSCR 后时钟就会立即输出；如果在异步模式下使用外部时钟，则即使在初始化过程中也应提供时钟。

2）异步模式下串行数据发送

在初始化后，SCI3 异步模式下的数据发送参考流程如下：

① SCI3 初始化，SCI3nTxD 自动成为发送数据输出引脚。在将位 TE 置 1 后，对帧输出高电平，发送使能。

② 读 SCI3nSSR 中的 TDRE 标志。

③ 如果 TDRE 为 1，进入步骤④，否则返回步骤②。

④ 将发送数据写入 SCI3nTDR(SCI3nSSR 中的 TDRE 标志自动清零)。

⑤ 是否已发送完所有数据？如否，转入步骤②；如是，则发送结束。

串行发送后停止 SCI3 的参考流程如下：

① 确认数据发送结束。

② 读 SCI3nSSR 中的 TEND 标志。

③ 如果 TEND 为 1，进入步骤④，否则返回步骤②。

④ 暂停输出，设置 SCI3nTxD 引脚相应端口为 0。

⑤ 停止 SCI3，并将 SCI3nSCR 的 TE 和 RE 清零。

注意：将 SCI3nSCR 的 TE 标志位清零，会初始化 SCI3 发送器，并为 SCI3nTxD 引脚提供 I/O 端口功能；要维持其为串行通信线，不要将 TE 位清零。

3）异步模式下串行数据接收

在初始化后，SCI3 异步模式下的数据接收参考流程如下：

① SCI3 初始化，SCI3nRxD 自动成为接收数据引脚；

② 读 SCI3nSSR 中的 ORER、PER 和 FER 标志，确认是否存在任何错误；

③ 如果 ORER 或 PER 或 FER 中有一个为 1，则转入错误处理流程，确定错误处理方式，并在错误处理完成后将 ORER、PER、FER 清零；否则转入步骤④；

④ 读 SCI3nSSR 中的 RDRF 标志，检查 SCI3 状态和读接收数据；

⑤ 如果 RDRF 标志不为 1，转入步骤②；否则转入步骤⑥；

⑥ 读 SCI3nRDR 中的接收数据(SCI3nSSR 中的 RDRF 清零)；

⑦ 是否已接收完所有数据？如否，转入步骤②；如是，则停止 SCI3，并将 SCI3nSCR 中的 RE 清零。

3.2.2.3　SCI3 多处理器串行通信

使用多处理器通信功能，通过在异步串行通信中添加多处理器位，允许多个处理器分享一条通信线进行数据发送与接收。对每一接收站点定义一个特定 ID。串行通信周期由用于确定接收节点的 ID 发送周期和向特定站点发送数据的数据发送周期组成，二者通过多处理器位来区分。当该标志位置 1 时为 ID 发送周期，清零时为数据发送周期。如图 3.11 所示；首先，发送节点发送包含接收节点 ID 码和多处理器位(＝1)的通信数据；其次，发送节点发送包含发送数据和多处理器位(＝0)的通信数据。在接收到包含多处理器位为 1 的通信数据时，接收节点将收到的 ID 与自身的 ID 比较:如果匹配则接收之后的通信数据,否则忽略之后的通信数据,直到接收到包含多处理器位为 1 的通信数据。

SCI3 通过 SCI3nSCR 中的位 MPIE 来实现该功能。当设置 MPIE 为 1 时,从 SCI3nRSR 到 SCI3nRDR 的接收数据传输、接收错误检查以及对 SCI3nSSR 中的 RDRF、FER 和 ORER 标志的设置等,都会被禁止。直到收到多处理器位被置 1 的数据,SCI3nSSR 中的 MPB 位被置 1、MPIE 位会自动清零,从而返回到正常接收模式。当 SCI3nSCR 中的 RIE 位同时被置 1,则会产生 INTSCI3nRXI 中断请求。在 MPIE 被清零时,无论多处理器位的值是多少,都将执行接收操作。处理器位存储在 SCI3nSSR 的位 MPB。定义多处理器格式时,不能进行奇偶校验位的定义。除此之外,多处理器串行通信操作与正常异步模式下的操作没有区别。用于多处理器通信的时钟,也与正常异步模式下的时钟一样。

(1) 多处理器串行数据发送。

在 ID 发送周期,需发送在 SCI3nSSR 中的 MPBT 被置为 1 的 ID。在数据发送周期,需发送在 SCI3nSSR 中的 MPBT 被清为 0 的数据。其他操作与异步模式下的操作一样。

(2) 多处理器串行数据接收。

当设置 SCI3nSCR 中的 MPIE 为 1 时,接收节点在收到包含多处理器位被设置为 1 的通信数据前,将跳过对通信数据的读操作。在接收到包括多处理器位被设置为 1 的通信数据时,接收数据被传送到 SCI3nRDR。同时,产生 INTSCI3nRXI 中断请求。其他操作与异步模式下的操作一样。

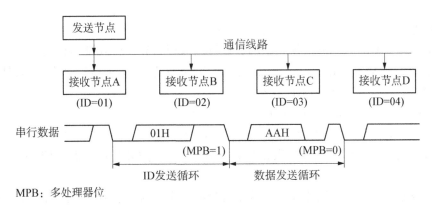

▲ 图 3.11　使用多处理器格式的通信(以传输数据 AAH 到节点 A 为例)

3.2.2.4　SCI3 时钟同步串行通信

如图 3.12 所示,为在时钟同步模式下的数据格式(与时钟脉冲同步发送或接收)。发送数据中的 1 个字符为 8 位数据。在同步时钟输出的数据发送中,SCI3 从同步时钟的 1 个下降沿到下一个下降沿输出数据。而在同步时钟输入的数据发送中,SCI3 在将 SCI3nSSR 中的位 TDRE 清零后立即启动传输并输出第 1 个数据(Bit0),然后 2~3 个 PCLK 时钟周期后从同步时钟的上升沿输出接下来的数据位。在数据接收过程中,SCI3 按与同步时钟的上升沿同步来接收数据。输出 8 位数据后,通信线保持最后一位数据输出的状态。在时钟同步模式下,既不会添加奇偶校验位,也不会添加多处理器位。在 SCI3 中,发送器和接收器是独立的,因此使用共同的时钟就可实现全双工通信。发送器和接收器的双缓冲结构,可确保在发送过程中写入下一个要发送的数据,或在接收过程中读出前一个接收数据,进而可进行连续的数据传输。

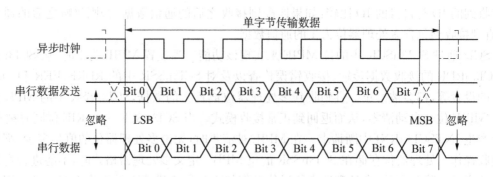

注1：除连续发送/接受外，均保持高电位状态

▲ 图 3.12　时钟同步模式下的数据格式（LSB - First）

（1）时钟的设置。

通过设置 SCI3nSCR 中的 CKE1 和 CKE0，可选用片上波特率发生器产生的内部时钟，也可选用 SCInSCK 引脚输入的外部同步时钟。当 SCI3 工作在内部时钟时，SCInSCK 引脚输出同步时钟。在 1 个字符的传输期间输出同步时钟的 8 个脉冲，并在无数据传输时保持时钟为高电位状态。

（2）时钟同步模式下的初始化操作。

在初始化时，应将 SCI3nSMR 的位 CM 设置为 1，其他与异步模式下的初始化类似，在此不再展开。

（3）时钟同步模式下的串行数据发送。

在初始化后，SCI3 时间同步模式下的数据发送流程与异步模式基本相同。串行发送后停止 SCI3 的流程，也基本与异步模式类似，只是在 TEND 为 1 后，无需暂停输出，而是直接停止 SCI3 后将 SCI3nSCR 的 TE 和 RE 清零。

（4）时钟同步模式下的串行数据接收。

在时钟同步模式下 SCI3 的数据接收过程中，数据接收错误标志位为 1 时，将不能进行后续数据接收和发送，因此，重新开始数据接收与发送前应将 ORER、FER、PER 和 RDRF 标志位置 0。

在初始化后，SCI3 时钟同步模式下数据接收的操作步骤：该操作与异步模式基本相同，只是在时钟同步模式下的数据接收操作中，根据 SCI3nSSR 中的 ORER 标志来判断是否存在任何错误即可。在此不再展开。

3.2.3　时钟控制串行接口 G(CSIG、CSIH)

RH850/P1x 系列微处理器内部有功能强大的时钟控制串行接口（CSI）。CSI 是串行外围接口（SPI），用于与各种外围器件（简单的 TTL 移位寄存器、复杂的 LCD 显示驱动器或 A/D 转换子系统等）进行通信。当 MCU 片内 I/O 功能或存储器不能满足需要时，也可用 CSI 与各种外围器件相连，扩展 I/O 功能。这也是最方便、最简单的扩展 I/O 功能的方法，其突出优点是只需 3～4 根线就可实现 I/O 功能扩展。CSI 主要特性如下：

① 全双工，三线同步传输；

② 主机或从机工作；

③ 编程主机位速率；

④ 可编程串行时钟极性与相位；

⑤ 发送结束中断标志；

⑥ 写冲突保护；

⑦ 总线竞争保护。

CSI 子系统可以在软件控制下构成复杂或简单的系统，例如：一个主 MCU 和几个从 MCU 相连，或者几个 MCU 互连，构成多主机系统以及主 MCU 和一个或多个从外围器件。大多数应用场合是应用一个 MCU 作为主机，由它触发向一个或多个从外围器件传输数据或控制自多个外围器件（从机）向主机传送数据，而这些外围器件则负责接收或提供传输的数据。

单主机 CSI 系统连接方法如图 3.13 所示。这种主从 CSI 可用于 MCU 与外围器件（包括其他 MCU）进行全双工、同步串行通信。CSI 可以同时发出和接收串行数据。当 CSI 工作时，在移位寄存器中的数据逐位从输出引脚输出（高位在前），同时从输入引脚接收的数据逐位移到移位寄存器（高位在前）。发出一个字节后，从另一个外围器件接收的字节数据进入移位寄存器。主 CSI 的时钟信号使传输过程同步。

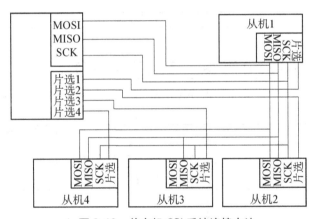

▲ 图 3.13　单主机 CSI 系统连接方法

在 CSI 结构中，4 个 I/O 引脚与 CSI 数据传输有关。这些引脚包括：主机输入/从机输出端 MISO、主机输出/从机输入端 MOSI、串行时钟端 SCK 和从机选择端（I/O 口）。当 CSI 被禁止时，这 4 个引脚可以作为通用输入端；当 CSI 允许时，这 4 个引脚用于 CSI。

MOSI 和 MISO 这两个数据引脚用于接收和发送串行数据，高位 MSB 在先，低位 LSB 在后。当 CSI 设置为主机时，MISO 是主机数据输入端，MOSI 是主机数据输出端；当 CSI 设置为从机时，MISO 是从机数据输出端，MOSI 是从机数据输入端。

SCK 是通过 MISO 和 MOSI 输入或输出数据的同步时钟。当 CSI 设置为主机时，SCK 是主机时钟输出端；当 CSI 设置为从机时，SCK 是从机时钟输入端。

当 CSI 设置为主机时，SCK 信号由内部 MCU 总线时钟获得。当主机启动一次传输时，在 SCK 引脚自动产生 8 个时钟周期。对于主机或从机，都是从一个跳变沿进行采样，在另一个跳变沿移位输出或输入数据。

I/O 用于选择允许接收主器件的时钟和数据的从器件。

RH850/P1x系列微处理器内部的CSI接口包括CSIG和CSIH接口。本节主要阐述CSIG。

3.2.3.1 CSIG接口的结构与设置

RH850/P1x系列微控制器内部的CSIG串行口采用三线串行同步通信,有物理上独立的接收、发送缓冲器,可同时发送、接收数据。

1) CSIG接口的组成

RH850/P1x系列微控制器配置有1个CSIG接口(CSIG0),其电路框图如图3.14所示,由控制寄存器、输入寄存器、输出寄存器等寄存器组和缓冲控制、主控制、环回(loop back)、波特率发生器(BGR)等模块等组成。输入输出信号包括:三个通信信号(串行时钟信号输入/输出CSIGTSCK、数据输入信号CSIGTSI、数据输出信号CSIGTSO)、就绪/忙输入信号CSIGTRYI、就绪/忙输出信号CSIGTRYO。各信号对应的端口引脚信号分别为CSIG0SCI/CSIG0SCO、CSIG0SI、CSIG0SO、CSIG0RYI、CSIG0RYO。时钟PCLK由高速外部时钟CLK_HSB提供,由复位控制器SYSRES复位。在主机模式下,CSIGTSCK由片上波特率发生器产生;在从机模式下,从外部源接收。对接口的配置和操作主要通过对寄存器的设置和操作实现。

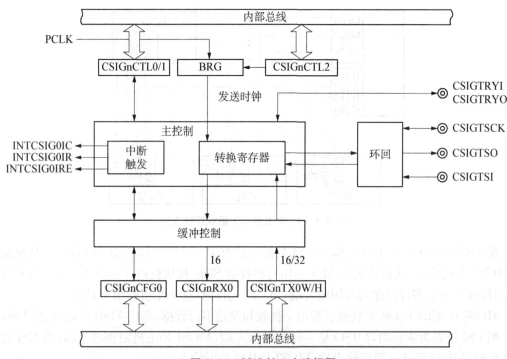

▲ 图3.14 CSIG接口电路框图

2) CSIG接口寄存器及其设置

RH850/P1x系列微控制器的CSIG接口功能强大,可以进行7~16位数据传输,可以通过扩展数据长度(extended data length,EDL)功能传输超过16位的数据,传输时钟频率可调节,时钟(主机模式8 Mbps,从机模式6.6 Mbps)和数据相位可选择,主/从模式可设置,具有单一发送模式、单一接收模式、发送/接收模式可选择,可灵活适应于不同外设的要求。具有握手

(Handshake)功能、错误检测功能、用于自检的 LBM (loop back mode,环回模式) 功能等,以保证通信的可靠。该接口配置有 10 个寄存器,通过配置 CSIG 模块的寄存器,可以对 CSIG 端口进行设置,以适应不同器件与优化接口通信。基地址为〈CSIGn_base〉＝FFD8A000H。下文就 CSIG 寄存器配置进行探讨。

(1) CSIG 控制寄存器 0(CSIGnCTL0)。

CSIG 控制寄存器 0(CSIGnCTL0)($n＝0$)为 8 位寄存器,含有 4 个有效标志位,用于对 CSIG 串行通信时钟的开启、发送/接收的使能或禁止操作进行设置,该寄存器组成及功能分别如图 3.15 和表 3.8 所示。可以对该寄存器进行 8 位读/写操作,其地址为〈CSIGn_base〉＋0000H,复位后其值为 00H。来自任何源的复位均可初始化该寄存器。

位	7	6	5	4	3	2	1	0
	CSIGnPWR	CSIGnTXE	CSIGnRXE	—	—	—	—	CSIGnMBS
重置后	0	0	0	0	0	0	0	0
	R/W	R/W	R/W	R/W	R	R	R	R	R/W

▲ 图 3.15　CSIG 控制寄存器 0(CSIGnCTL0)

表 3.8　CSIG 控制寄存器 0(CSIGnCTL0)功能

标志位	功　能	位位置	标志位	功　能	位位置
CSIGnPWR	控制运行时钟: 0,停止运行时钟; 1,提供运行时钟。	7	CSIGnRXE	使能/禁止接收: 0,禁止接收; 1,使能接收。	5
CSIGnTXE	使能/禁止发送: 0,禁止发送; 1,使能发送。	6	CSIGnMBS	在写操作时,对该位总是写 1(复位后为 0)	0

CSIGnCTL0 使用过程中,必须注意以下几点:

① 将 CSIGnPWR 清零,将复位内部电路、停止运行时钟,并设置 CSIG 到备用(standby)状态,无时钟提供给内部电路;

② 如 CSIGnPWR 在通信过程中被清零,则正在进行的通信将被终止。之后,通信必须重新开始,通信设置必须从头开始进行。

③ 对 CSIGnTXE 和 CSIGnRXE:不要在 CSIGnCTL0.CSIGnPWR ＝ 0 时修改这些位,但这些位可与 CSIGnPWR 同时修改;不要在 CSIGnSTR0.CSIGnTSF ＝ 1 时修改这些位,因为如果正在进行的通信将终止后,特定的操作是不能保证实现的。

④ 对 CSIGnMBS:一定要设置为 1(复位后为 0);要与 CSIGnPWR 位一起修改该位。

(2) CSIG 控制寄存器 1(CSIGnCTL1)。

CSIG 控制寄存器 1(CSIGnCTL1)为 32 位寄存器,含有 7 个有效位,用于定义中断时序与中断延迟模式、使能/禁止扩展数据长度(EDL)控制、数据一致性检测、环回模式(LBM)、握手功能和从机选择功能,该寄存器及其功能如图 3.16 和表 3.9 所示。该寄存器可以 32 位读/写操作,其地址为〈CSIGn_base〉＋ 0010H,复位后为 0000 0000H。来自任何源的复位均可初始化该寄存器。

位	31	30	29	28	27	26	25	24	23	22	21	20	19	18	17	16
	—	—	—	—	—	—	—	—	—	—	—	—	—	—	CSIGn CKR	CSIGn SLIT
重置后	0	0	0	0	0	0	0	0	0	0	0	0	0	0	0	0
R/W	R	R	R	R	R	R	R	R	R	R	R	R	R	R	R/W	R/W

位	15	14	13	12	11	10	9	8	7	6	5	4	3	2	1	0
	—	—	—	—	—	—	—	—	CSIGn EDLE	—	CSIGn DCS	—	CSIGn LBM	CSIGn SIT	CSIGn HSE	—
重置后	0	0	0	0	0	0	0	0	0	0	0	0	0	0	0	0
R/W	R	R	R	R	R	R	R	R	R/W	R	R/W	R	R/W	R/W	R/W	R

▲ 图 3.16　CSIG 控制寄存器 1(CSIGnCTL1)的组成

表 3.9　CSIG 控制寄存器 1(CSIGnCTL1)功能

标志位	功　能	位位置
CSIGnCKR	CSIGTSCK 时钟反相功能: 0,该时钟默认电平为高电平; 1,该时钟默认电平为低电平。 CSIGnCKR 要与 CSIGnCFG0. CSIGnDAP 位组合使用(详见:CSIGn 配置 CSIGnCFG0)	17
CSIGnSLIT	选择中断 INTCSIG0IC 的时序: 0,正常中断时序(在传输后产生中断); 1,当 CSIGnTX0W/H 对下一数据空时产生中断。	16
CSIGnEDLE	使能/禁止扩展数据长度(EDL)模式: 0,禁止 EDL 模式; 1,使能 EDL 模式。	7
CSIGnDCS	使能/禁止数据一致性检验: 0,禁止数据一致性检验; 1,使能数据一致性检验。	5
CSIGnLBM	控制环回模式(LBM)是否激活: 0,不激活 LBM; 1,激活 LBM。注意:LBM 仅在主机模式可设置为1,在从机模式应设为 0。	3
CSIGnSIT	选择中断延迟模式: 0,无延迟; 1,对所有中断,半时钟延迟。注意:该位设置为1仅在主机模式有效。	2
CSIGnHSE	使能/禁止握手功能: 0,禁止握手功能; 1,使能握手功能。	1

CSIGnCTL1 使用过程中,必须注意:对该寄存器的各位只允许在 CSIGnCTL0. CSIGnPWR ＝0 时进行修改。

(3) CSIG 控制寄存器 2(CSIGnCTL2)。

CSIG 控制寄存器 2(CSIGnCTL2)为 16 位寄存器,用于选择通信时钟,该寄存器组成及其功能分别如图 3.17 和表 3.10 所示。该寄存器可以 16 位读/写操作,其地址为〈CSIGn_base〉＋ 0014H,复位后值为 E000H。来自任何源的复位均可初始化该寄存器。

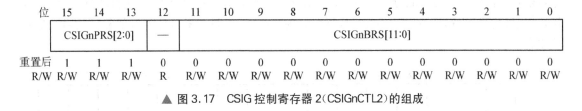

位　| 15 | 14 | 13 | 12 | 11 | 10 | 9 | 8 | 7 | 6 | 5 | 4 | 3 | 2 | 1 | 0

| CSIGnPRS[2:0] | — | CSIGnBRS[11:0] |

重置后　1　1　1　0　0　0　0　0　0　0　0　0　0　0　0　0
R/W　R/W　R/W　R/W　R　R/W　R/W　R/W　R/W　R/W　R/W　R/W　R/W　R/W　R/W　R/W

▲ 图 3.17　CSIG 控制寄存器 2(CSIGnCTL2)的组成

表 3.10　CSIG 控制寄存器 2(CSIGnCTL2)功能

标志位	功　能				位位置
CSIGnPRS[2：0]	选择预分频器的值:				15～13
	CSIGnPRS2	CSIGnPRS1	CSIGnPRS0	预分频器输出(PRSOUT)	
	0	0	0	PCLK(主机模式)	
	0	0	1	PCLK/2(主机模式)	
	0	1	0	PCLK/4(主机模式)	
	0	1	1	PCLK/8(主机模式)	
	1	0	0	PCLK/16(主机模式)	
	1	0	1	PCLK/32(主机模式)	
	1	1	0	PCLK/64(主机模式)	
	1	1	1	通过 CSIGTSCK 的外部时钟(从机模式)	
CSIGnBRS[11：0]	选择波特率。注意:仅在主机模式下有效,从机模式下将被忽略。				11～0
	CSIGnBRS[11：0]		在 CSIGTSCK 的波特率		
	0		停止 BRG		
	2		$PCLK/(2^a \times 1 \times 2)$		
	3		$PCLK/(2^a \times 2 \times 2)$		
	4		$PCLK/(2^a \times 3 \times 2)$		
	5		$PCLK/(2^a \times 4 \times 2)$		
	……		……		
	4 095		$PCLK/(2^a \times 4\,095 \times 2)$		
	注:a 为 0～6(其值由 CSIGnPRS[2：0]确定)				

CSIGnCTL2 使用过程中,必须注意:

① 对 CSIGnPRS[2：0],只允许在 CSIGnCTL0.CSIGnPWR ＝ 0 时修改该位。

② 设置的最大波特率如下:主机模式为 PCLK/4;从机模式为 PCLK/6。

(4) CSIGn 状态寄存器 0(CSIGnSTR0)。

CSIGn 状态寄存器 0(CSIGnSTR0)为 32 位寄存器,有 4 个有效位,用于标识 CSIG 的状态,该寄存器组成及其功能分别如图 3.18 和表 3.11 所示。对该寄存器只能进行 32 位读操作,其地址为〈CSIGn_base〉+ 0004H,复位后为 0000 0010H。来自任何源的复位均可初始化该寄存器。

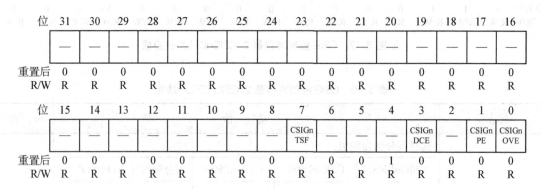

位	31	30	29	28	27	26	25	24	23	22	21	20	19	18	17	16
	—	—	—	—	—	—	—	—	—	—	—	—	—	—	—	—
重置后	0	0	0	0	0	0	0	0	0	0	0	0	0	0	0	0
R/W	R	R	R	R	R	R	R	R	R	R	R	R	R	R	R	R

位	15	14	13	12	11	10	9	8	7	6	5	4	3	2	1	0
	—	—	—	—	—	—	—	—	CSIGn TSF	—	—	—	CSIGn DCE	—	CSIGn PE	CSIGn OVE
重置后	0	0	0	0	0	0	0	0	0	0	0	0	1	0	0	0
R/W	R	R	R	R	R	R	R	R	R	R	R	R	R	R	R	R

▲ 图 3.18　CSIGn 状态寄存器 0(CSIGnSTR0)的组成

表 3.11　CSIGn 状态寄存器 0(CSIGnSTR0)功能

标志位	功　能			位位置
CSIGnTSF	发送状态标识: 0,空闲状态; 1,正在发送或正在准备发送。 该位的设置和清除条件如下:			7
	主机或从机模式	由以下设置	由以下消除	
	Tx 单一模式	向发送寄存器写	从最后的串行时钟沿的 1 个半时钟周期内	
	Tx/Rx 模式			
	Rx 单一模式	主机模式:从接收寄存器读; 从机模式:CSIGTSCK 输入		
CSIGnDCE	数据一致性错误标志: 0,未检测导数据一致性错误; 1,检测导数据一致性错误。 该位通过向 CSIGnSTCR0.CSIGnDCEC 写 1 来清除。如果将该位设置为 1 和通过 CSIGnSTCR0.CSIGnDCEC 来清零该位的操作同时发生,则前者优先。			3
CSIGnPE	奇偶校验错误标志: 0,未检测到奇偶校验错误; 1,检测到奇偶校验错误。 该位通过向 CSIGnSTCR0.CSIGnPEC 写 1 来清除。如果将该位设置为 1 和通过 CSIGnSTCR0.CSIGnPEC 来清零该位的操作同时发生,则后者优先。			1

（续表）

标志位	功　能	位位置
CSIGnOVE	超限错误标志： 0，未检测到超限错误； 1，检测到超限错误。 该位通过向 CSIGnSTCR0. CSIGnOVEC 写 1 来清除。如果该位设置为 1 和通过 CSIGnSTCR0. CSIGnOVEC 来清零该位的操作同时发生，则后者优先。	0

CSIGnSTR0 使用过程中，必须注意：

① 对 CSIGnTSF、CSIGnDCE、CSIGnPE、CSIGnOVE，禁止写，只能读

② CSIGnDCE、CSIGnPE、CSIGnOVE：在 CSIGnCTL0. CSIGnPWR 从 0 变到 1 时被初始化为 0。

（5）CSIGn 状态清除寄存器 0（CSIGnSTCR0）。

CSIGn 状态清除寄存器 0（CSIGnSTCR0）为 16 位寄存器，有 3 个有效位，用于清除 CSIG 状态寄存器 CSIGnSTR0 的状态标志，该寄存器的组成及其功能分别如图 3.19 和表 3.12 所示。该寄存器可进行 16 位读/写操作，读该寄存器的返回值总是 00H。其地址为〈CSIGn_base〉＋ 0008H，复位后为 0000H。来自任何源的复位均可初始化该寄存器。

位	15	14	13	12	11	10	9	8	7	6	5	4	3	2	1	0
	—	—	—	—	—	—	—	—	—	—	—	—	CSIGn DCEC	—	CSIGn PEC	CSIGn OVEC
重置后	0	0	0	0	0	0	0	0	0	0	0	0	0	0	0	0
R/W	R	R	R	R	R	R	R	R	R	R	R	R	R/W	R	R/W	R/W

▲ 图 3.19　CSIGn 状态清除寄存器 0（CSIGnSTCR0）的组成

表 3.12　CSIGn 状态清除寄存器 0（CSIGnSTCR0）功能

标志位	功　能	位位置
CSIGnDCEC	控制数据一致性错误标志的清除指令： 0，无操作； 1，清除数据一致性错误标志。	3
CSIGnPEC	控制奇偶校验错误标志的清除指令： 0，无操作； 1，清除奇偶校验错误标志。	1
CSIGnOVEC	控制数据超限错误标志的清除指令： 0，无操作； 1，清除数据超限错误标志。	0

（6）CSIGn 单一接收模式控制寄存器 0（CSIGnBCTL0）。

CSIGn 单一接收模式控制寄存器 0（CSIGnBCTL0）为 8 位寄存器，只有 1 个有效位，用于

使能/禁止单一接收模式的数据传输。该寄存器可进行 8 位读/写操作,其地址为〈CSIGn_base〉+ 1000H,复位后为 01H。来自任何源的复位均可初始化该寄存器。

该寄存器的有效位在其第 0 位,名称为 CSIGnSCE,其功能是通过读 CSIGnRX0 来禁止/使能下一数据的接收开始:0,禁止下一数据接收;1,使能下一数据接收。

(7) CSIGn 配置寄存器 0(CSIGnCFG0)。

CSIGn 配置寄存器 0(CSIGnCFG0)为 32 位寄存器,其位 15~0 均为备用位,在位 31~16 中有 8 个有效位,用于配置通信协议(数据长度、奇偶性、传输方向、时钟相位和数据相位),该寄存器的高 16 位和寄存器功能分别如图 3.20 和表 3.13 所示。该寄存器可进行 32 位读/写操作,其地址为〈CSIGn_base〉+ 1010H,复位后为 0000 0000H。来自任何源的复位均可初始化该寄存器。

位	31	30	29	28	27	26	25	24	23	22	21	20	19	18	17	16
	—	—	CSIGnPS[1:0]		CSIGnDLS[3:0]				—	—	—	—	—	CSIGn DIR	—	CSIGn DAP
重置后	0	0	0	0	0	0	0	0	0	0	0	0	0	0	0	0
R/W	R	R	R/W	R/W	R/W	R/W	R/W	R/W	R	R	R	R	R	R/W	R	R/W

▲ 图 3.20 CSIGn 配置寄存器 0 的高 16 位(CSIGnCFG0[31:16])

表 3.13 CSIGn 配置寄存器 0(CSIGnCFG0)功能

标志位	功 能				位位置
CSIGnPS [1:0]	定义奇偶位:				29, 28
	CSIGn PS0	CSIGn PS1	发送	接收	
	0	0	不发送奇偶位	不希望接收奇偶位	
	0	1	添加奇偶位但固定为 0	希望接收奇偶位,但不判断	
	1	0	添加奇数奇偶位	希望添加奇数奇偶位	
	1	1	添加偶数奇偶位	希望添加偶数奇偶位	
CSIGnDLS [3:0]	定义数据长度: 0,数据长度为 16 位; 1,数据长度为 1 位; 2,数据长度为 2 位; 2,数据长度为 3 位; …… 15,数据长度为 15 位。		注意: ① 当通过设置 CSIGnCTL1. CSIGnEDLE 为 0 而禁止扩展数据长度功能时,不要设置 CSIGnCFG0. CSIGnDLS[3:0]为 1~6 中的值。 ② 禁止连续发送 2 个长度小于 7 位的数据。			27~24
CSIGnDIR	选择串行数据方向: 0,数据按 MSB-first 发送/接收; 1,数据按 LSB-first 发送/接收。				18

（续表）

标志位	功 能			位位置
CSIGnDAP	选择数据相位： 与 CSIGnCTL1. CSIGnCKR 一起选择数据相位，参照以下时钟相位和数据相位表：			16

CSIGnCTL1. CSIGnCKR	CSIGnDAP	时钟和数据相位选择
0	0	CSIGTSCK CSIGTSO D7 D6 D5 D4 D3 D2 D1 D0 CSIGTSI capture
0	1	CSIGTSCK CSIGTSO D7 D6 D5 D4 D3 D2 D1 D0 CSIGTSI capture
1	0	CSIGTSCK CSIGTSO D7 D6 D5 D4 D3 D2 D1 D0 CSIGTSI capture
1	1	CSIGTSCK CSIGTSO D7 D6 D5 D4 D3 D2 D1 D0 CSIGTSI capture

注：该寄存器的所有有效位只允许在 CSIGnCTL0. CSIGnPWR＝0 时修改。

（8）CSIGn 用于按字访问的发送寄存器 0（CSIGnTX0W）。

CSIGn 用于按字访问的发送寄存器 0（CSIGnTX0W）为 32 位寄存器，用于存放发送数据，也用于定义扩展数据长度。可进行 32 位读/写操作，其地址为〈CSIGn_base〉＋ 1004H，复位后为 0000 0000H。来自任何源的复位均可初始化该寄存器。

该寄存器 CSIGnTX0W 的有效位为位 29、位 $15\sim0$，其他位均为保留位。其中，位 $15\sim0$ 的 CSIGnTX[15：0]（位名称）用于存放要发送的数据；位 29 是标志 CSIGnEDL，其功能为定义扩展数据长度的配置：0，正常操作；1，使能扩展数据长度，相关数据按 16 位发送。

注意：

① CSIGnEDL 位，仅在 CSIGnCTL1. CSIGnEDLE ＝ 1 时可设置和有效。

② 当 CSIGnCTL0. CSIGnTXE ＝CSIGnCTL0. CSIGnRXE ＝ 0，禁止对 CSIGnTX0W 进行写访问。

（9）CSIGn 用于按半字访问的发送寄存器 0（CSIGnTX0H）。

CSIGn 用于按半字访问的发送寄存器 0（CSIGnTX0H）为 16 位寄存器，用于存放发送数据，与寄存器 CSIGnTX0W 的位 $15\sim0$ 相同。CSIGnTX0W 的高 16 位的设置用于数据传输。CSIGnTX0H 寄存器可进行 16 位读/写操作，其地址为〈CSIGn_base〉＋ 1008H，复位后为 0000H。来自任何源的复位均可初始化该寄存器。

注意：当 CSIGnCTL0. CSIGnTXE ＝CSIGnCTL0. CSIGnRXE ＝ 0,禁止对 CSIGnTX0W 进行写访问。

（10）CSIGn 接收寄存器 0(CSIGnRX0)。

CSIGn 接收寄存器 0(CSIGnRX0)为 16 位寄存器,用于存放接收数据。只能进行 16 位的读操作,其地址为〈CSIGn_base〉＋ 100CH,复位后为 0000H。来自任何源的复位均可初始化该寄存器。

注意：① 该寄存器在 CSIGnCTL0. CSIGnPWR 从 0 变到 1 时被初始化为 0。

② 应在中断发生前一个时钟周期读该寄存器。

③ 在 CSIGnCTL0. CSIGnTXE＝CSIGnCTL0. CSIGnRXE ＝ 0 时,禁止读该寄存器。

3）中断源

CSIG 可以产生三个中断：INTCSIG0IC （通信状态中断）、INTCSIG0IR （接收状态中断）、INTCSIG0IRE （通信错误中断）。在主机模式下,主机产生的所有中断都可以通过发送时钟 CSIGTSCK 的一个半周期而延迟,通过 CSIGnCTL1. CSIGnSIT＝1 来设置。由于在从机模式下设置 CSIGnCTL1. CSIGnSIT＝1 是无效的,因此在从机模式下该延迟是不可能的。

INTCSIG0IC 中断在每个数据传输后都会正常产生,可用于触发 DMA,以向寄存器 CSIGnTX0W 或 CSIGnTX0H 写入新的发送数据。参考设置如下：CSIGnCTL1. CSIGnSIT ＝ 0（无中断延迟）,CSIGnCTL1. CSIGnCKR ＝ 0,CSIGnCFG0. CSIGnDAP ＝ 0（正常时钟和数据相位）,CSIGnCFG0. CSIGnDLS［3：0］＝ 1000B （数据长度为 8 位）和 CSIGnCTL1. CSIGnSLIT ＝ 0（正常中断时序）。但更有效的数据传输模式：在下一数据寄存器 CSIGnTX0W/H 空闲时设置 CSIGnCTL1. CSIGnSLIT＝1。

INTCSIG0IR 中断在单一接收模式和发送/接收模式接收数据后产生,且在接收寄存器中可获得,可用于触发 DMA 从寄存器 CSIGnRX0 中读取接收数据。参考设置如下：CSIGnCTL1. CSIGnSIT ＝ 0 （无中断延迟）,CSIGnCTL1. CSIGnCKP ＝ 0,CSIGnCFG0. CSIGnDAP＝0（正常时钟和数据相位）,CSIGnCFG0. CSIGnDLS［3：0］＝1000B（数据长度为 8 位）。

INTCSIG0IRE 中断在每当检测到错误时都会发生。寄存器 CSIGnSTR0 标识了引起 INTCSIG0IRE 的错误类型。

3.2.3.2 CSIG 接口的操作及其运行流程

下文以在与 DMA 结合中按主机模式的发送/接收为例说明 CSIG 接口的操作步骤,其中的指令基于以下假设：

① 发送数据长度为 8 位（CSIGnCFG0. CSIGnDLS［3：0］＝1000B）;

② 首先发送 MSB（CSIGnCFG0. CSIGnDIR ＝ 0）;

③ 传输结束产生 INTCSIG0IC 中断(CSIGnCTL1. CSIGnSLIT ＝ 0);

④ 正常时钟和数据相位（CSIGnCTL1. CSIGnCKR ＝ 0,CSIGnCFG0. CSIGnDAP ＝ 0）;

⑤ 传输 10 个数据(0 到 9)。

推荐的操作步骤及其运行流程如下：

① 在寄存器 CSIGnCFG0 中设置通信协议。通过设置寄存器 CSIGnCTL1 和 CSIGnCTL2 中相应位来定义中断时序、运行模式等。

② 在寄存器 CSIGnCTL0 中,设置位 CSIGnPWR＝1(使能时钟)、CSIGnTXE＝1(使能发

送)、CSIGnRXE＝1(使能接收)。

③ 将要发送的第一个数据写入发送寄存器 CSIGnTX0H。可以通过在写完第一发送数据后立即写入第二个发送数据来消除不必要的延迟。

④ 将第二个数据写入 CSIGnTX0H。可以在写入第一个数据后立即写入第二个数据来避免不必要的延迟。

⑤ 每次发送完或接收完一个数据块,都会产生中断 INTCSIG0IC 或 INTCSIG0IR。其中 INTCSIG0IC 表示可以将下一个数据写入 CSIGnTX0H。

⑥ 在写完数据 8 后,不要再进行写操作。数据 9 (最后 1 个数据)已经提前写入了。然而,在写完数据 8 和 9 后必须读接收寄存器 CSIGnRX0。

⑦ 最后,关闭发送/接收,将 CSIGnCTL0. CSIGnTXE 和 CSIGnCTL0. CSIGnRXE 清零。当不再需要通信发生时,为使 CSIG 的能耗最小,将 CSIGnCTL0. CSIGnPWR 设置为 0。

3.2.3.3　CSIH 接口与 CSIG 接口的功能比较

RH850/P1x 系列微控制器内部的 CSIH 串行口采用三线串行同步通信,有 4 个通道(记为 CSIHn,n 为 0～3),每个通道可有独立的接收、发送缓冲存储器,可同时发送、接收数据。为便于选用 CSIH 和 SCIG 接口,本节首先对它们的功能进行比较。CSIHn 接口不仅具有 CSIG 接口的全部功能,而且还具有 8 个可配置的片选输出信号,支持"多从机结构＋RCB"(用于广播的隐性结构),支持任务(job)概念,具有 126 字的 I/O 缓冲存储器、可选直接访问模式和内存模式(FIFO,双缓冲,单一发送缓冲)、CPU 控制的高优先级通信功能、增强片选空闲设置,提供 RCB 位(用于广播的隐性结构)。CSIG 接口和 CSIH 接口的功能比较如表 3.14 所示。

表 3.14　CSIG 接口和 CSIH 接口的功能比较

CSIHn 接口功能概览	CSIG 接口功能概览
① 三线串行同步数据传输。 ② 主机模式和从机模式可选。 ③ 由于具有 8 个可配置的片选输出信号,支持多"从机结构＋RCB"(用于广播的隐性结构)。 ④ 具有从机选择输入(CSIHTSSI)。 ⑤ 四个内置波特率发生器。 ⑥ 由输入时钟决定,在主机模式和从机模式的传输时钟频率可调。 ⑦ 最大传输时钟频率: 在主机模式,10 MHz; 在从机模式,6.66 MHz。 ⑧ 可选择时钟和数据相位。 ⑨ 可选择 MSB 或 LSB 首先的数据发送。 ⑩ 可按 1 位选择 2～16 位的传输数据长度。 ⑪ 提供片上 EDL(扩展数据长度)功能来传输超过 16 位的数据。 ⑫ 有三种传输模式可选: 单一发送模式, 单一接收模式, 发送/接收模式。	① 三线串行同步数据传输。 ② 可选主机模式和从机模式。 ③ 内置波特率发生器。 ④ 由输入时钟决定,在主机模式和从机模式的传输时钟频率可调。 ⑤ 最大传输时钟频率: 在主机模式,10 MHz; 在从机模式,6.66 MHz(但 PCLK/6 Mbps 或更低)。 ⑥ 时钟和数据相位可选择。 ⑦ 可选择 MSB 或 LSB 首先的数据发送。 ⑧ 可按 1 位选择 7～16 位的传输数据长度。 ⑨ 配置有片上 EDL(扩展数据长度)功能来传输超过 16 位的数据。 ⑩ 有三种传输模式可选: 单一发送模式, 单一接收模式, 发送/接收模式。 ⑪ 内置握手功能。 ⑫ 片上错误检测功能(数据一致性,奇偶、超时、超限)。

（续表）

CSIHn 接口功能概览	CSIG 接口功能概览
⑬ 内置握手功能。 ⑭ 片上错误检测功能（数据一致性、奇偶、超时、溢出、超限）。 ⑮ 支持任务(job)概念。 ⑯ 126 字的 I/O 缓冲存储器。 ⑰ 可选直接访问模式和内存模式（FIFO，双缓冲，单一发送缓冲）。 ⑱ 有四个不同的时钟请求信号（INTCSIHnIC，INTCSIHnIR，INTCSIHnIRE，INTCSIHnIJC）。 ⑲ 提供有用于自检的片上 LBM（loop back mode，环回模式）。 ⑳ CPU 控制的高优先级通信功能。 ㉑ 增强片选空闲设置。 ㉒ 提供 RCB 位（用于广播的隐性结构）。	⑬ 有三个不同的时钟请求信号（INTCSIG0IC，INTCSIG0IR，INTCSIG0IRE）。 ⑭ 提供用于自检的片上 LBM（loop back mode，环回模式）。

3.2.3.4 CSIH 接口的操作及其运行流程

CSIH 具有 4 种存储器模式：直接访问模式、单一发送缓冲器模式、双缓冲器模式和 FIFO 模式。这 4 种存储器模式的操作跟据任务模式使能和任务模式禁止、主机模式和从机模式而有所不同。以下举例阐述。

1）直接访问模式：主机模式的发送/接收（任务模式禁止）操作及其流程

各模式的操作及其流程，与通信要求有关。以下给出 CSIH 直接访问模式下的操作步骤及其流程，其中的指令基于以下假设：

（1）数据长度为 8 位（CSIHnCFGx. CSIHnDLSx[3：0] = 1000B）。
（2）发送方向是 MSB first（CSIHnCFGx. CSIHnDIRx = 0）。
（3）正常时钟和数据相位（CSIHnCFGx. CSIHnCKPx = 0，CSIHnCFGx. CSIHnDAPx = 0）。
（4）无中断延迟（CSIHnCTL1. CSIHnSIT = 0）。
（5）禁止任务模式（CSIHnCTL1. CSIHnJE = 0）。
（6）正常 INTCSIHnIC 中断时序（CSIHnCTL1. CSIHnSLIT = 0）。
（7）直接访问模式（CSIHnCTL0. CSIHnMBS = 1）。

CSIH 操作步骤基于的假设 1

推荐的操作步骤及其运行流程如下：

① 在寄存器 CSIHnCFGx 中配置通信协议，以使用片选信号 CS0～CS3 为例。通过设置 CSIHnCTL1 和 CSIHnCTL2 定义传输模式和任务模式。

② 在寄存器 CSIHnCTL0 中，设置位 CSIHnPWR = 1（使能时钟）、CSIHnTXE = 1（允许发送）、CSIHnRXE = 1（允许接收）和 CSIHnMBS = 1（选择直接访问模式）。

③ 向发送寄存器 CSIHnTX0W 写入第一个发送数据。在同样的写操作里，激活 CS0。发送操作会自动启动。

④ 向寄存器 CSIHnTX0W 写入第二个数据。如果需要，可改变 CS 来寻址不同的器件。在写完第一个数据后立即写入第二个数据，避免数据间不必要的延迟。

⑤ 每次数据被发送和接收时，发生中断 INTCSIHnIC 和 INTCSIHnIR interrupts：

—— INTCSIHnIC 表示可向 CSIHnTX0W 写入下一个数据；

—— INTCSIHnIR 表示必须读接收指针和 CSIHnRX0W。

⑥ 在写完数据 8 后，不要再进行写操作。数据 9（最后 1 个数据）已经提前写入了。然而，在写完数据 8 和 9 后必须读接收寄存器 CSIHnRX0W。

⑦ 最后，将 CSIHnCTL0. CSIHnTXE 和 CSIHnCTL0. CSIHnRXE 清零，关闭发送/接收。在未进行通信时，为使 CSIHn 的能耗最小，将 CSIHnCTL0. CSIHnPWR 设置为 0。

2）单一发送缓冲器模式：主机模式的发送/接收（任务模式使能）操作及其流程

操作步骤的指令假设：同样基于前述的"CSIH 操作步骤基于的假设 1"，但此时为使能任务模式（CSIHnCTL1. CSIHnJE ＝ 1）；数据的个数为 8（CSIHnMCTL2. CSIHnND[7：0] ＝ 08H）；传输开始地址为 10H（CSIHnMCTL2. CSIHnSOP[6：0] ＝ 10H）；单一发送缓冲器模式（CSIHnCTL0. CSIHnMBS ＝ 0，CSIHnMCTL0. CSIHnMMS[1：0]＝10B）。

推荐的操作步骤及其运行流程如下：

① 在寄存器 CSIHnCFGx 中配置通信协议，以使用片选信号 CS1、CS3 和 CS7 为例。通过设置 CSIHnCTL1 和 CSIHnCTL2 定义传输模式和任务模式。通过设置 CSIHnMCTL0. CSIHnMMS[1：0]到 10B 来将存储器模式设置为单一发送缓冲器模式。

② 在寄存器 CSIHnCTL0 中，设置位 CSIHnPWR ＝ 1（使能时钟）、CSIHnTXE ＝ 1（允许发送）、CSIHnRXE ＝ 1（允许接收）。必须清除 CSIHnCTL0. CSIHnMBS 位。

③ 设置 CSIHnMCTL2. CSIHnSOP[6：0] 和 CSIHnMCTL2. CSIHnND[7：0] 来定义发送指针和数据的个数。通过设置 CSIHnMCTL2. CSIHnBTST，启动缓冲器传输。

④ 开始数据发送。每次发送一个数据块，CSIHnMCTL2. CSIHnSOP[6：0]就自动增加，CSIHnMCTL2. CSIHnND[7：0]就自动减小。

⑤ 每次接收一个数据块被，就发生一个 INTCSIHnIR 中断。INTCSIHnIR 表明必须读接收寄存器 CSIHnRX0W。

⑥ 设置 CSIHnTX0W. CSIHnEOJ ＝ 1，表示发送当前任务的最后一个数据。

⑦ 产生中断请求 INTCSIHnIC。INTCSIHnIC 表明当前任务（CSIHnTX0W. CSIHnEOJ ＝ 1）的最后一个数据已与 CSIHnTX0W. CSIHnCIRE ＝ 1 一起发送。

⑧ 由于当前任务（CSIHnTX0W. CHABnEOJ ＝ 1）的最后一个数据已与 CSIHnTX0W. CSIHnCIRE ＝ 0 一起发送，因此，不产生中断请求 INTCSIHnIC。

⑨ 通过设置 CSIHnCTL0. CSIHnJOBE ＝ 1，强制在 JOB3 的终点停止通信。

⑩ 在强制停止通信后，在 job3 的终点产生中断请求 INTCSIHnIJC 和 INTCSIHnIR。

中断请求 INTCSIHnIJC 表明在当前任务终点的一个强制的通信停止。由于产生中断请求 INTCSIHnIJC 代替中断请求 INTCSIHnIC，所以不会产生 INTCSIHnIC，也不发送在寄存器 CSIHnTX0W 中可得到的发送数据。

⑪ 最后，将 CSIHnCTL0. CSIHnTXE 和 CSIHnCTL0. CSIHnRXE 清零，禁止发送/接收工作。在未进行通信时，为使 CSIHn 的能耗最小，将 CSIHnCTL0. CSIHnPWR 设置为 0。

3）双缓冲器模式的操作步骤及其运行流程

双缓冲器模式下，可以有多种进一步细分的运行模式，例如：在主机模式的任务模式禁止的发送/接收、在主机模式的任务模式使能的发送/接收、在从机模式的任务模式禁止的发送/接收。前面已分别在直接访问、单一传输缓冲器等两种存储器模式(分任务使能、任务禁止),给出了在主机模式的发送/接收。作为对主机模式的发送/接收操作及其运行流程的解释,以下将从机模式的发送/接收为例,阐述双缓冲器模式在任务模式禁止下的操作及其运行流程。

双缓冲器模式:从机模式的发送/接收(任务模式禁止)

操作步骤的指令假设:同样基于前述的"CSIH 操作步骤基于的假设 1",但数据个数为 9(CSIHnMCTL2. CSIHnND[7:0] = 09H);发送开始地址是 10H(CSIHnMCTL2. CSIHnSOP[6:0] = 10H);双缓冲器模式(CSIHnCTL0. CSIHnMBS = 0,CSIHnMCTL0. CSIHnMMS[1:0] = 01B);握手功能使能(CSIHnCTL1. CSIHnHSE = 1)。

推荐的操作步骤及其运行流程如下:

① 在寄存器 CSIHnCFGx 中配置通信协议。通过设置 CSIHnCTL1 和 CSIHnCTL2 定义传输模式和运行模式。通过设置 CSIHnMCTL0. CSIHnMMS[1:0]到 01B 将存储器模式设置为双缓冲器模式。

② 在寄存器 CSIHnCTL0 中,设置位 CSIHnPWR = 1(使能时钟)、CSIHnTXE = 1(允许发送)、CSIHnRXE = 1(允许接收)。必须清除 CSIHnCTL0. CSIHnMBS 位。

③ 通过设置 CSIHnMCTL2. CSIHnSOP[6:0]定义传输开始地址;通过设置 CSIHnMCTL2. CSIHnND[7:0]来定义数据的个数。由于发送数据从缓冲器发送,接收到的数据也是存储在缓冲器的,因此不会产生中断请求 INTCSIHnIC 和 INTCSIHnIR。

④ 开始数据发送与接收。每次发送一个数据块,CSIHnMCTL2. CSIHnSOP[6:0]就自动增加,CSIHnMCTL2. CSIHnND[7:0]就自动减小

⑤ 一直重复上述操作直到最后一个数据发送/接收。由于发送数据从缓冲器发送,接收到的数据也是存储在缓冲器的,因此不会产生中断请求 INTCSIHnIC 和 INTCSIHnIR。

⑥ 在最后一个数据发送/接收时,产生中断请求 INTCSIHnIC 和 INTCSIHnIR。

CPU 开始读存储在接收缓冲器中已被接收到的数据,读访问的开始地址定义在 CSIHnMRWP0. CSIHnRRA[6:0]位中,且每读一个数据,这些位增加。

⑦ 最后,将 CSIHnCTL0. CSIHnTXE 和 CSIHnCTL0. CSIHnRXE 清零,禁止发送/接收工作。在未进行通信时,为使 CSIHn 的能耗最小,将 CSIHnCTL0. CSIHnPWR 设置为 0。

4) FIFO 模式的操作步骤及其运行流程

FIFO 模式下,同样可以有多种进一步细分的运行模式。限于篇幅,同时考虑到汽车电子控制对多任务实时管理的要求,以下将以主机模式的发送/接收为例,阐述 FIFO 模式在任务模式使能下的操作及其运行流程。

FIFO 模式:主机模式的发送/接收(任务模式使能)

操作步骤的指令假设:同样基于前述的"CSIH 操作步骤基于的假设 1",但此时为使能任务模式(CSIHnCTL1. CSIHnJE = 1);FIFO 模式(CSIHnCTL0. CSIHnMBS = 0,CSIHnMCTL0. CSIHnMMS[1:0] = 00B);三个任务,JOB1 由 4 个数据组成,JOB2 由 3 个数据组成,JOB3 由 5 个数据组成。

推荐的操作步骤及其运行流程如下:

① 在寄存器 CSIHnCFGx 中配置通信协议,以使用片选信号 CS0～CS7 为例。通过

CSIHnCTL1 和 CSIHnCTL2 的相应位设置任务模式禁止、主机模式，并通过设置 CSIHnMCTL0. CSIHnMMS[1：0]＝00B 将存储器模式设置为 FIFO 模式。

②设置 CSIHnSTCR0. CSIHnPCT 为 1 来清除所有缓冲器指针。

③分别确认 CSIHnSTR0. CSIHnFL 被设置 0，CSIHnSTR0. CSIHnEMF 被设置 1，以及 CSIHnSTR0. CSIHnSPF[7：0]被设置 00H。

④用 CSIHnMCTL1. CSIHnFES[6：0]定义发生 INTCSIHnIC 中断请求的条件；用 CSIHnMCTL1. CSIHnFFS[6：0]定义发生 INTCSIHnIR 中断请求的条件。

⑤在寄存器 CSIHnCTL0 中，设置位 CSIHnPWR ＝ 1（使能时钟）、CSIHnTXE ＝ 1（允许发送）、CSIHnRXE ＝ 1（允许接收）。必须清除 CSIHnCTL0. CSIHnMBS 位。

⑥向发送寄存器 CSIHnTX0W 写入第一个发送数据。当第一个数据成为可用时，发送自动开始。确保 CSIHnSTR0. CSIHnEMF 被设置到 0。

⑦当前发送完成。由于 CSIHnFES[6：0]与 CSIHnSPF[7：0]不同，不会产生中断请求 INTCSIHnIC。

⑧由于当前任务（CSIHnTX0W. CSIHnEOJ ＝ 1）的最后一个数据已与 CSIHnTX0W. CSIHnCIRE ＝ 0 一起发送，不会产生中断请求 INTCSIHnIJC。

⑨由于当前任务（CSIHnTX0W. CSIHnEOJ ＝ 1）的最后一个数据已与 CSIHnTX0W. CSIHnCIRE ＝ 1 一起发送，产生中断请求 INTCSIHnIJC。

⑩由于 CSIHnSTR0. CSIHnSPF[7：0] ＝ CSIHnMCTL1. CSIHnFES[6：0]，产生中断请求 INTCSIHnIC。由于代之以产生中断请求 INTCSIHnIC，不会产生中断请求 INTCSIHnIJC。当 CSIHnMCTL0. CSIHnFFS[6：0]变为 128 － CSIHnSTR0. CSIHnSRP[7：0]时，产生中断请求 INTCSIHnIR，然后，CPU 开始读存储在接收缓冲器中已被接收的数据。

⑪最后，将 CSIHnCTL0. CSIHnTXE 和 CSIHnCTL0. CSIHnRXE 清零，禁止发送/接收工作。在未进行通信时，为使 CSIHn 的能耗最小，将 CSIHnCTL0. CSIHnPWR 设置为 0。

3.3　LIN/UART 通信

LIN(local interconnect network，本地局域网)总线是一种成本较低的串行通信网络总线。在不需要 CAN 网络的环节和地方应用 LIN 总线网络能够大大降低成本。本节主要结合 RH850/P1x 系列微处理器，阐述 LIN/UART 接口：RLIN3 的功能、通信模式、相关寄存器设置以及波特率设置等。

3.3.1　RLIN3 接口

LIN/UART 通信接口是一个 LIN 通信硬件控制器。该控制器支持 LIN 总线的 1.3，2.0，2.1 和 2.2 版本，同时也支持 SAE 的 J2602 版本，并自动执行帧通信和错误检测。LIN/UART 接口具有 UART 模式，也可以作为 UART 使用。根据需要可以为 LIN/UART 通信接口选择相应的模式如 LIN 主机模式或者 UART 模式。

LIN/UART 通信接口电路如图 3.21 所示。其中，RLIN3nTX，RLIN3nRX 为 LIN/

UART 通信接口和 I/O 引脚。LINn 波特率发生器用来生成 LIN/UART 通信接口通信时钟信号。LINn 寄存器为 LIN/UART 通信接口寄存器。LINn 中断控制器电路用来控制 LIN/UART 接口产生中断请求。

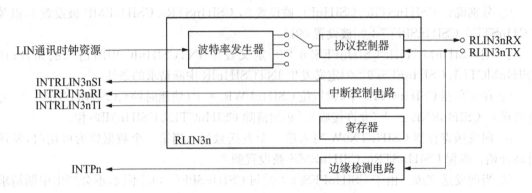

注意：n=0,1

▲ 图 3.21 LIN/UART 通信接口电路

RH850/P1x100pins 型号控制器与 RH850/P1x144pins 型号控制器都拥有 2 个 RLIN3 单元（通道）。为阐述方便，每个 RLIN3 通过索引值"n"来确定，例如：RLN3nLCUC 是代表 LIN 控制寄存器，其中 n=0（代表通道 0）或 1（代表通道 1）。而每个 RLIN3n 的发送和接收数据缓冲器则通过索引值"b"来确定，例如 RLIN3nLDBR1 是第一级数据缓冲寄存器，其中 b 的取值范围为 1～8。

RLIN3 的寄存器地址一般是在基地址上增加一个偏移量构成的。其中，基地址 〈RLIN30_base〉= FFDF 8000H、〈RLIN31_base〉= FFDF 9000。这里采用高速外围时钟 CLK_HSB 作为 LIN 通信时钟源。每个 RLIN3 模块均可产生通信状态中断、接收完成中断和发送中断请求，如表 3.15 所示，由复位控制器 SYSRES 进行初始化。RLIN3 的外部输入、输出信号包括数据接收与发送信号，如表 3.16 所示。

表 3.15　RLIN3 中断请求

单元中断信号	概述	中断号	DMA 触发号
RLIN30			
INTRLIN3nSI ($n=0$)	RLIN30 状态中断	114	——
INTRLIN3nRI ($n=0$)	RLIN30 接收完成中断	115	96
INTRLIN3nTI ($n=0$)	RLIN30 发送中断	116	95
RLIN31			
INTRLIN3nSI ($n=1$)	RLIN31 状态中断	117	——
INTRLIN3nRI ($n=1$)	RLIN31 接收完成中断	118	97
INTRLIN3nTI ($n=1$)	RLIN31 发送中断	119	98

表 3.16 外部输入输出信号

单元信号名称	概述	备用端口引脚信号
RLIN30		
RLIN3nRX ($n=0$)	RLIN30 数据接收	RLIN30RX
RLIN3nTX ($n=0$)	RLIN30 数据发送	RLIN30TX
RLIN31		
RLIN3nRX ($n=1$)	RLIN31 数据接收	RLIN31RX
RLIN3nTX ($n=1$)	RLIN31 数据输出	RLIN31TX

3.3.2 RLIN3 通信模式

LIN/UART 通信接口具有四种通信模式:LIN 复位模式、LIN 模式、UART 模式以及 LIN 自检模式。如图 3.22 所示为各模式转化的逻辑状态机。表 3.17 所示为各模式间的转换条件,是否转换到 LIN 复位模式、LIN 模式或 UART 模式,都可以通过对 RLN3nLMD 寄存器的 LMD 位或 RLN3nLMST 寄存器的 OMM0 位的值来进行验证。例如,将 RLN3nLCUC 寄存器的 OM0 位设置为 0 可以转换到 LIN 复位模式,此时通过读 RLN3nLMST 寄存器的 OMM0 位是否被设置为 0,就可验证是否转换到了 LIN 复位模式。在 LIN 复位模式下,LIN 通信和 UART 通信均被禁止。

在 LIN/UART 通信接口处于 LIN 自检模式下时,LIN/UART 通信接口会将 RLIN3nTX 和 RLIN3nRX 跟外部的引脚断开,两者直接连在一起组成一个自发自收的自检回路来进行自检。LIN 自检模式可以只在 LIN 模式下进行,包含以下两种类型的自检模式:

① LIN 主机自检模式(发送),报头发送以及响应发送。

② LIN 主机自检模式(接收),报头发送以及响应接收

注意:在自检模式时,不管波特率发生器如何设置,通信以最高波特率速度进行发送;除此之外,在 LIN 自检模式时将不支持 LIN 唤醒模式、帧分离模式、多字节响应发送或接收、帧超时或响应超时错误等功能,所以此模式下不要使用上述功能。

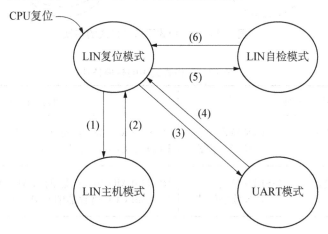

▲ 图 3.22 LIN/UART 接口的模式转换

表 3.17　模式之间的转换条件

	模式转换		转换条件
(1)	LIN 复位模式	→LIN 模式 LIN 主机模式	RLN3nLMD 寄存器的 LMD 位的值为 00B； RLN3nLCUC 寄存器的 OM1 位和 OM0 位的值分别为 01B 和 11B
(2)	LIN 模式	→LIN 复位模式	RLN3nLCUC 寄存器的 OM0 位的值为 0B
(3)	LIN 复位模式	→UART 模式	RLN3nLMD 寄存器的 LMD 位的值为 01B； RLN3nLCUC 寄存器的 OM0 位的值为 1B
(4)	UART 模式	→LIN 复位模式	RLN3nLCUC 寄存器的 OM0 位的值为 0B
(5)	LIN 复位模式	→LIN 自检模式	见 LIN 自检控制寄存器(RLN3nLSTC)
(6)	LIN 自检模式	→LIN 复位模式	RLN3nLCUC 寄存器的 OM0 位的值为 0B

　　LIN 模式下提供两种子模式:LIN 操作模式和 LIN 唤醒模式。图 3.23 所示为 LIN 模式下子模式切换的关系,表 3.18 所示为在 LIN 模式下不同的各子模式及其复位模式之间的转换条件。

　　注意:在 LIN 模式下对两个子模式之间相互转换时,应首先转换到 LIN 复位模式,并对 RLN3nLMD 寄存器的 LMD 位进行修改;当通信正在进行时(RLN3nLTRC.FTS 寄存器的 FTS 位值为 1),LIN 操作模式与唤醒模式之间不能进行转换。

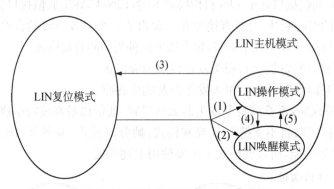

▲ 图 3.23　LIN 模式下各子模式的转换

表 3.18　子模式之间的转换条件

	模式转换		转换条件
(1)	LIN 复位模式	→LIN 模式 LIN 操作模式	RLN3nLMD 寄存器的 LMD 位的值为 00B 且 RLN3nLCUC 寄存器的 OM1 位与 OM0 位的值为 11B
(2)	LIN 复位模式	→LIN 模式 LIN 唤醒模式	RLN3nLMD 寄存器的 LMD 位的值为 00B 且 RLN3nLCUC 寄存器的 OM1 位与 OM0 位的值为 01B

（续表）

模式转换		转换条件
（3）	LIN 模式： 　LIN 操作模式；　→LIN 复位模式 　LIN 唤醒模式	RLN3nLCUC 寄存器的 OM0 位的值为 0B
（4）	LIN 模式：　　→LIN 模式： 　操作模式　　　唤醒模式	RLN3nLCUC 寄存器的 OM1 位与 OM0 位的值为 01B
（5）	LIN 模式：　　→LIN 模式： 　唤醒　　　　　操作模式	RLN3nLCUC 寄存器的 OM1 位与 OM0 位的值为 11B

3.3.3　RLIN3 数据发送与接收

3.3.3.1　LIN 模式

1）数据发送

在 LIN 模式下或者 UART 模式下，每 1 Tbit 发送一位数据。发送的数据会通过 LIN 接收器的输入引脚被采集。接收到的数据和被发送的数据会被逐位检测并将检测结果保存在 RLN3nLEST 寄存器的 BER 标志位上。如图 3.24 所示是一个在 LIN 模式下的数据发送过程。

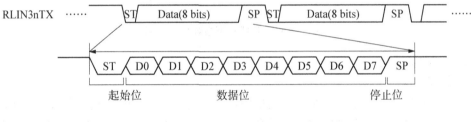

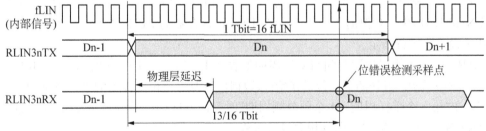

▲ 图 3.24　发送数据示例

发送的数据信息包括起始位、数据位以及停止位。在 LIN 主机模式下 1 Tbit 相当于 16 个时钟周期，由于物理延时的存在，前后字节在发送与接收时在时钟上无法完全保持一致，LIN 主机模式下对采样字节的位错误检测是在第十三个时钟进行的。

2）数据接收

在 LIN 模式下数据的接收是通过使用一个与分频时钟同步的信号 RLIN3nRX（内部信号）完成的。

图 3.25 所示为在 LIN 模式下的数据接收过程。字节域起始字节的下降沿与同步

RLIN3nRX 信号处于同步状态,采样系统采用时钟信号与预分频时钟信号(Prescaler clock)同步,对接收同步 RLIN3nRX 信号进行采样。当其检测到下降沿的 0.5 Tbit 时间后开始进行采样,如果同步 RLIN3nRX 信号是低电平,检测到的下降沿则是开始位。在确定了处于低电平的起始位后,采样系统以 1 Tbit 为单位对后续信息进行采样,后续数据信息依次被读取出来。

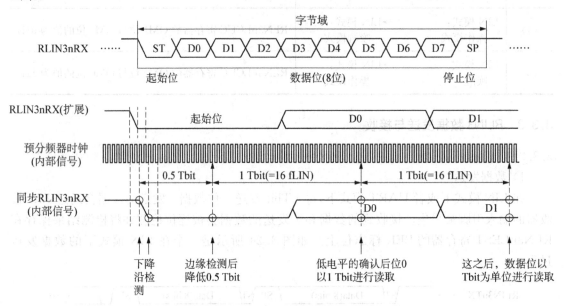

▲ 图 3.25　LIN 模式下接收数据示例

3.3.3.2　UART 模式

1) 数据发送

每 1 Tbit 发送一位数据。在半双工通信中,如果位错误检测功能使能,在数据发送期间发送的数据以及在输入接收引脚接收的信号会被逐位检测,检测结果会被存储在错误状态寄存器(RLN3nLEST)中。检测时钟依据 RLN3nLWBR 寄存器的 LPRS[2:0]位和 NSPB[3:0]位的相关设置来进行指定。

UART 模式下错误检测时间与采样周期如表 3.19 所示。图 3.26 所示为 UART 模式下数据发送时序示例。发送的信息包括起始位、数据位以及停止位。设置的采样宽度为 1 Tbit＝16 fLIN,在"第 8 个采样周期＋1 个预分频周期"时对该位进行错误检测。表 3.20 为通信接口在 UART 模式下进行数据发送的相关设置过程。

表 3.19　UART 模式下错误检测时刻

每位的采样周期计数	位错误检测时序
6 采样数	第 3 个周期＋1 预分频时钟周期
7 采样数	第 4 个周期＋1 预分频时钟周期
8 采样数	第 4 个周期＋1 预分频时钟周期
9 采样数	第 5 个周期＋1 预分频时钟周期

（续表）

每位的采样周期计数	位错误检测时序
10 采样数	第 5 个周期＋1 预分频时钟周期
11 采样数	第 6 个周期＋1 预分频时钟周期
12 采样数	第 6 个周期＋1 预分频时钟周期
13 采样数	第 7 个周期＋1 预分频时钟周期
14 采样数	第 7 个周期＋1 预分频时钟周期
15 采样数	第 8 个周期＋1 预分频时钟周期
16 采样数	第 8 个周期＋1 预分频时钟周期

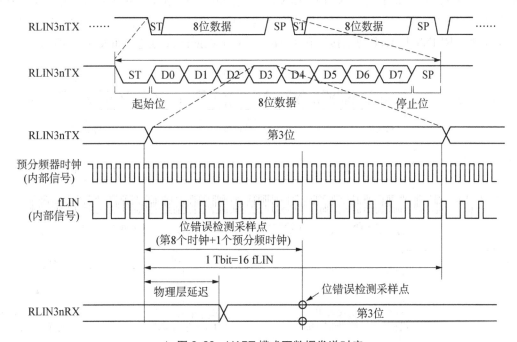

▲ 图 3.26　UART 模式下数据发送时序

表 3.20　LIN/UART 通信接口在 UART 模式下发送数据的过程

	软件程序	通信接口程序
（1）	设置波特率	等待软件的发送信号
	设置数据格式	
	设置中断	
	将 UART 模式清除到复位模式	
	设置发送使能位为 1	

（续表）

	软件程序	通信接口程序
(2)	将所要发送的数据写入到发送寄存器	设置发送状态标志
(3)	等待中断请求	依次发送起始位、数据位、奇偶校验位（若需要校验）以及最后的停止位

2）数据接收

在 UART 模式下数据的接收是通过使用一个与分频时钟同步的信号 RLIN3nRX（内部信号）完成的。图 3.27 所示为一个在 UART 模式下的数据接收的示例。字节场起始字节的下降沿与同步 RLIN3nRX 信号处于同步状态，采样系统采用时钟信号与预分频时钟信号（Prescaler clock）同步，对接收同步 RLIN3nRX 信号进行采样。当其检测到下降沿的 0.5 Tbit 时间后开始进行采样，如果同步 RLIN3nRX 信号是低电平，检测到的下降沿则是开始位。在确定了处于低电平的起始位后，采样系统以 1 Tbit 为单位对后续信息进行采样，后续数据信息依次被读取出来。RLIN3/UART 通信接口在 UART 模式下数据接收的过程如表 3.21 所示。

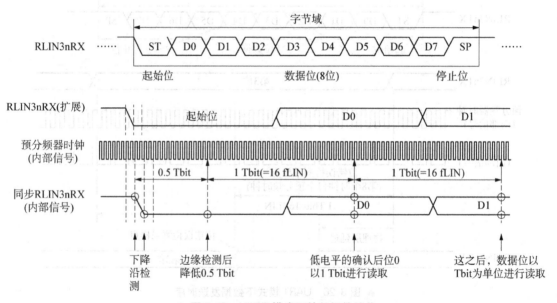

▲ 图 3.27　UART 模式下的数据的接收

表 3.21　LIN/UART 通信接口在 UART 模式下接收数据的过程

	软件程序	通信接口程序
(1)	设置一个波特率	等待软件的接收使能信号；等待起始位的检测
	设置数据格式	
	设置中断	
	将 UART 模式清除到复位模式	
	设置接收使能位为 1	

（续表）

软件程序		通信接口程序
(2)	等待中断请求	等待接收引脚的下降沿信号,确定起始位; 建立一个接收状态标志; 接收数据; 若存在奇偶校验,则接收奇偶检验位; 接收停止位; 发出接收完成中断,清除接收状态位

3.3.4　RLIN3 寄存器设置

RLIN3 寄存器的详细信息（寄存器名称、符号、地址等）如表 3.22 所示。

表 3.22　寄存器列表

模块	寄存器	符号	地址	LIN 主机	UART
RLIN3n	LIN 唤醒波特率选择寄存器	RLN3nLWBR	〈RLIN3n_base〉+ 00H	√	√
RLIN3n	LIN/ UART 波特率预定标器 01 寄存器	RLN3nLBRP01	〈RLIN3n_base〉+ 02H	—	√
RLIN3n	LIN/ UART 波特率预定标器 0 寄存器	RLN3nLBRP0	〈RLIN3n_base〉+ 02H	√	√
RLIN3n	LIN/ UART 波特率预定标器 1 寄存器	RLN3nLBRP1	〈RLIN3n_base〉+ 03H	√	√
RLIN3n	LIN 自检控制寄存器	RLN3nLSTC	〈RLIN3n_base〉+ 04H	√	—
RLIN3n	LIN/ UART 模式寄存器	RLN3nLMD	〈RLIN3n_base〉+ 08H	√	√
RLIN3n	LIN 间隔场配置寄存器/UART 配置寄存器	RLN3nLBFC	〈RLIN3n_base〉+ 09H	√	√
RLIN3n	LIN / UART 空间配置寄存器	RLN3nLSC	〈RLIN3n_base〉+ 0AH	√	√
RLIN3n	LIN 唤醒控制寄存器	RLN3nLWUP	〈RLIN3n_base〉+ 0BH	√	—
RLIN3n	LIN 中断使能寄存器	RLN3nLIE	〈RLIN3n_base〉+ 0CH	√	—
RLIN3n	LIN / UART 错误检测使能寄存器	RLN3nLEDE	〈RLIN3n_base〉+ 0DH	√	√
RLIN3n	LIN/ UART 控制寄存器	RLN3nLCUC	〈RLIN3n_base〉+ 0EH	√	√
RLIN3n	LIN / UART 发送控制寄存器	RLN3nLTRC	〈RLIN3n_base〉+ 10H	√	√
RLIN3n	LIN/ UART 模式状态寄存器	RLN3nLMST	〈RLIN3n_base〉+ 11H	√	√
RLIN3n	LIN / UART 状态寄存器	RLN3nLST	〈RLIN3n_base〉+ 12H	√	√
RLIN3n	LIN/ UART 错误状态寄存器	RLN3nLEST	〈RLIN3n_base〉+ 13H	√	√

（续表）

模块	寄存器		符号	地址	LIN 主机	UART
RLIN3n	LIN 数据字段配置寄存器		RLN3nLDFC	〈RLIN3n_base〉+ 14H	√	√
RLIN3n	LIN / UART ID 缓冲区寄存器		RLN3nLIDB	〈RLIN3n_base〉+ 15H	√	√
RLIN3n	LIN 校验和缓冲区寄存器		RLN3nLCBR	〈RLIN3n_base〉+ 16H	√	—
RLIN3n	UART 数据 0 缓冲寄存器		RLN3nLUDB0	〈RLIN3n_base〉+ 17H	—	√
RLIN3n	LIN / UART 数据缓存器 1 寄存器		RLN3nLDBR1	〈RLIN3n_base〉+ 18H	√	√
RLIN3n	LIN/ UART 数据缓存器 2 寄存器		RLN3nLDBR2	〈RLIN3n_base〉+ 19H	√	√
RLIN3n	LIN/ UART 数据缓存器 3 寄存器		RLN3nLDBR3	〈RLIN3n_base〉+ 1AH	√	√
RLIN3n	LIN / UART 数据缓存器 4 寄存器		RLN3nLDBR4	〈RLIN3n_base〉+ 1BH	√	√
RLIN3n	LIN / UART 数据缓存器 5 寄存器		RLN3nLDBR5	〈RLIN3n_base〉+ 1CH	√	√
RLIN3n	LIN / UART 数据缓存器 6 寄存器		RLN3nLDBR6	〈RLIN3n_base〉+ 1DH	√	√
RLIN3n	LIN / UART 数据缓存器 7 寄存器		RLN3nLDBR7	〈RLIN3n_base〉+ 1EH	√	√
RLIN3n	LIN / UART 数据缓存器 8 寄存器		RLN3nLDBR8	〈RLIN3n_base〉+ 1FH	√	√
RLIN3n	UART 操作使能寄存器		RLN3nLUOER	〈RLIN3n_base〉+ 20H	—	√
RLIN3n	UART 选择寄存器 1		RLN3nLUOR1	〈RLIN3n_base〉+ 21H	—	√
RLIN3n	UART 发送数据寄存器		RLN3nLUTDR	〈RLIN3n_base〉+ 24H	—	√
RLIN3n	UART 发送数据寄存器 L		RLN3nLUTDRL	〈RLIN3n_base〉+ 24H	—	√
RLIN3n	UART 发送数据寄存器 H		RLN3nLUTDRH	〈RLIN3n_base〉+ 25H	—	√
RLIN3n	UART 接收数据寄存器		RLN3nLURDR	〈RLIN3n_base〉+ 26H	—	√
RLIN3n	UART 接收数据寄存器 L		RLN3nLURDRL	〈RLIN3n_base〉+ 26H	—	√
RLIN3n	UART 接收数据寄存器 H		RLN3nLURDRH	〈RLIN3n_base〉+ 27H	—	√
RLIN3n	UART 等待发送数据寄存器		RLN3nLUWTDR	〈RLIN3n_base〉+ 28H	—	√
RLIN3n	UART 等待发送数据寄存器 L		RLN3nLUWTDRL	〈RLIN3n_base〉+ 28H	—	√
RLIN3n	UART 等待发送数据寄存器 H		RLN3nLUWTDRH	〈RLIN3n_base〉+ 29H	—	√

注：√，可用；—，不可用。

3.3.4.1　LIN 主机相关寄存器

LIN 通信功能的实现需要对相关寄存器合理设置。本节主要阐述所需的常用寄存器的功能和设置。

1）LIN 唤醒波特率选择寄存器（RLN3nLWBR）

该寄存器为 8 位寄存器，用于 LIN 使用唤醒模式时对波特率进行选择，其组成和功能分别如图 3.28 和表 3.23 所示。

NSPB[3：0]：这些位用来选择 1 Tbit 的采样数（波特率倒数）。在 LIN 主机模式下，这些位的值应该设置为 0000B 或者 1111B（16 采样数）（具体见表 3.23）。

LPRS[2：0]：这些位用来对预分频器的时钟进行选择。预分频器会对 LIN 总线时钟进行分频，得到相应时钟频率。

该寄存器可以按 8 位读/写入，其地址为〈RLIN3n_base〉＋ 01H，复位后的值为 00H。

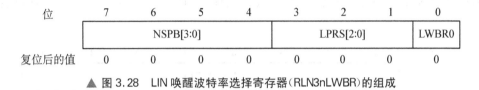

▲ 图 3.28　LIN 唤醒波特率选择寄存器（RLN3nLWBR）的组成

表 3.23　RLIN 唤醒波特率选择寄存器（RLN3nLWBR）功能

位的位置	位的名称	功　能
7～4	NSPB[3：0]	位采样计数选择 b7　b4 0 0 0 0：16 采样数； 1 1 1 1：16 采样数； 除上述外的设置均是禁止的。
3～1	LPRS[2：0]	分频器的时钟选择 b3　b1 0 0 0：1/1； 0 0 1：1/2； 0 1 0：1/4； 0 1 1：1/8； 1 0 0：1/16； 1 0 1：1/32； 1 1 0：1/64； 1 1 1：1/128。
0	LWBR0	唤醒波特率选择 0：在 LIN 唤醒模式，使用的是由 RLN3nLMD 寄存器的 LCKS 位指定的时钟（LIN1.3）； 1：在 LIN 唤醒模式，不管在 RLN3nLMD 寄存器的 LCKS 位如何设定，使用的是时钟 fa。（LIN2. x）。

当使用的 LIN 版本为 1.3 版本时，将 LWBR0 设置为 0，可以检测到 2.5 Tbit 甚至更长宽度的低电平输入信号。当使用的 LIN 版本为 2. x 时，将 LWBR0 设置为 1，这样使得 LIN 系统

以 fa 作为系统时钟,同样可以检测到 2.5 Tbit 甚至更长宽度的低电平输入信号。同时,若是将 fa 作为系统时钟,将波特率设置为 19 200 bps 则可以在 LIN 唤醒模式下使用 130 μs 或者更长的宽度对输入的低电平信号进行检测。

注意:对该寄存器的设置,要在 RLN3nLMST 寄存器的 OMM0 位为 0 时(处于 LIN 复位模式时)进行。

2) LIN 波特率分频 0 寄存器(RLN3nLBRP0)

该寄存器用于对 LIN 波特率分频器 0 进行设置,如图 3.29 所示。LBRP0[7:0] 的值用来控制波特率时钟 fa,fb 以及 fc 的频率,设置范围为 00H~FFH。假设将 LBRP0[7:0] 的值设为 N(0 到 255),则波特率分频器将时钟按照 $N+1$ 进行分频。要在 RLN3nLMST 寄存器的 OMM0 位为 0(在 LIN 复位模式下)时对该寄存器进行设置。假设该寄存器的值设置为 N,则波特率分频器 0 将对由 LPRS 位决定的时钟的频率按照 $N+1$ 进行分频。该寄存器可以以 8 位为单元进行读取和写入。地址为〈RLIN3n_base〉+ 02H,复位后的值为 00H。

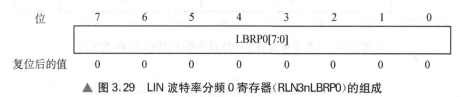

▲ 图 3.29 LIN 波特率分频 0 寄存器(RLN3nLBRP0)的组成

3) LIN 波特率分频 1 寄存器(RLN3nLBRP1)

该寄存器对 LIN 波特率分频器 1 进行设置,如图 3.30 所示。该寄存器中设置的值是用来控制波特率时钟 fd 的频率的,设置范围:00H~FFH。要在 RLN3LMST 寄存器的 OMM0 位为 0B 时(在 LIN 复位模式下),对 RLN3nLBRP1 寄存器进行设置。假设将该位的值设为 M(0 到 255),则波特率分频器将时钟按照 $M+1$ 进行分频。该寄存器可以以 8 位为单元进行读取和写入。地址为〈RLIN3n_base〉+ 03H,复位后的值为 00H。

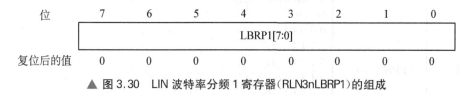

▲ 图 3.30 LIN 波特率分频 1 寄存器(RLN3nLBRP1)的组成

注意:RLN3nLBRP0 和 RLN3nLBRP1 寄存器可以放到同一个 16 位单元 RLN3nLBRP01 中去。

4) LIN 模式寄存器(RLN3nLMD)

该寄存器用来对 LIN 的模式进行选择,其结构和功能分别如图 3.31 和表 3.24 所示。要在 RLN3nLMST 寄存器的 OMM0 位为 0B 时(在 LIN 复位模式下),对 RLN3nLMD 寄存器进行设置。该寄存器主要是对 LIN 模式的一些必要功能进行相关设置,包括噪声过滤和中断功能的启闭、模式选择以及系统时钟选择等。该寄存器可以以 8 位为单元进行读取和写入。地址为〈RLIN3n_base〉+ 08H,复位后的值为 00H。

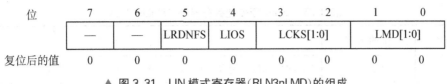

▲ 图 3.31　LIN 模式寄存器(RLN3nLMD)的组成

表 3.24　LIN 模式寄存器(RLN3nLMD)功能

位的位置	位的名称	功　　能
7,6	保留	读取时,读取其复位后的值。写入的时候,写入复位的值。
5	LRDNFS	LIN 接收数据噪声过滤禁用或启用 0,启用噪声滤波器; 1,禁用噪声滤波器。
4	LIOS	LIN 中断输出选择 0,不使用 RLIN3n 中断; 1,RLIN3n 发送中断、RLIN3n 接收成功中断以及 RLIN3n 状态中断。
3,2	LCKS[1:0]	LIN 系统时钟选择 b3 b2 0　0,fa(波特率分频器 0 产生的时钟); 0　1,fb(波特率分频器 0 产生的时钟的 1/2); 1　0,fc(波特率分频器 0 产生的时钟的 1/8); 1　1,fd(波特率分频器 1 产生的时钟的 1/2)。
1,0	LMD[1:0]	LIN/UART 模式选择 b1 b0 0　0：LIN 主机模式。

　　LIN 模式寄存器的最高两位保留,LRDNFS 位是对接收数据时是否进行噪声过滤进行设置。LIOS 位是对是否产生 LIN 相关中断进行设置,其值为 0 时不会产生中断。LIN 系统可以使用 fa、fb、fc 以及 fd 四个时钟作为系统时钟,依据 LCKS 位的值对其进行选择。

　　注意:若 RLN3nLWBR 寄存器的 LWBR0 位设置为 1B,同时 RLN3nLMST 寄存器设置为 01H,则无论 LCKS 位如何设置,协议控制器均使用 fa 作为时钟。

　　5) LIN 中断使能寄存器(RLN3nLIE)

　　该寄存器对 LIN 通信过程中某些中断功能的启用或者关闭进行控制,其组成和功能分别如图 3.32 和表 3.25 所示。要在 RLN3nLMST 寄存器的 OMM0 位设置为 0B 时(在 LIN 复位模式下),对 RLN3nLIE 寄存器进行设置。该寄存器主要是对 LIN 通信过程中的具体功能中断进行使能控制。该寄存器可以以 8 位为单元进行读取和写入。地址为〈RLIN3n_base〉＋0CH,复位后的值为 00H。

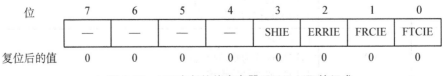

▲ 图 3.32　LIN 中断使能寄存器(RLN3nLIE)的组成

表 3.25 LIN 中断使能寄存器(RLN3nLIE)功能

位的位置	位的名字	功　能
7~4	保留	读取时,读取其复位后的值。写入的时候,写入复位的值。
3	SHIE	报头发送成功中断使能 0,禁用报头发送成功中断; 1,启用报头发送成功中断。
2	ERRIE	错误检测中断使能 0,禁用错误检测中断; 1,启用错误检测中断。
1	FRCIE	成功帧或唤醒接收中断使能 0,禁用成功帧或唤醒接收中断; 1,启用成功帧或唤醒接收中断。
0	FTCIE	成功帧或者唤醒发送中断使能 0,禁用成功帧或唤醒发送中断; 1,启用成功帧或唤醒发送中断。

该寄存器的高四位会被保留。低四位从高到低分别决定是否对报头发送成功、错误检测、成功帧或唤醒接收以及成功帧或唤醒发送进行中断使能。当相应位的值为 0 时,则该对应事件不会触发中断,否则,当相应位值为 1 时,对应事件发生时会触动相应的中断。

6) LIN 控制寄存器(RLN3nLCUC)

该寄存器实现 LIN 模式下的子模式与 LIN 复位模式之间的转换,其组成和功能分别如图 3.33 和表 3.26 所示。在取消 LIN 复位模式后将 RLN3nLCUC 寄存器设置为 01H 使其过渡到 LIN 唤醒模式,或将其设置为 03H 使其过渡到 LIN 操作模式。该寄存器可以以 8 位为单元进行读取和写入。地址为〈RLIN3n_ base〉＋ 0EH,复位后的值为 00H。

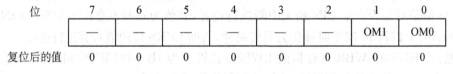

位	7	6	5	4	3	2	1	0
	—	—	—	—	—	—	OM1	OM0
复位后的值	0	0	0	0	0	0	0	0

▲ 图 3.33 LIN 控制寄存器(RLN3nLCUC)的组成

表 3.26 LIN 控制寄存器(RLN3nLCUC)功能

位的位置	位的名称	功　能
7~2	保留	读取时,读取其复位后的值。写入的时候,写入复位的值。
1	OM1	LIN 模式选择 0,LIN 选择为唤醒模式; 1,LIN 选择为操作模式。
0	OM0	LIN 复位 0,LIN 选择为复位模式; 1,LIN 取消复位模式。

该寄存器高六位全都保留。通过对 OM0 位的设置选择或者取消 LIN 的复位模式。当设置为 0 时,选择 LIN 复位模式,当设置为 1 时,取消 LIN 复位模式。在取消 LIN 复位模式后,通过 OM1 位的设置可以选择特定的 LIN 子模式(LIN 唤醒模式或者 LIN 操作模式)。当设置为 0 时,选择的是 LIN 唤醒模式,当设置为 1 时,选择的是 LIN 操作模式。

注意:该位只有在 RLN3nLMST 寄存器的 OMM0 位为 1 时才有效。此外,在过渡到 LIN 自检模式后需要将 RLN3nLCUC 寄存器设置为 03$_H$。

7) LIN 模式状态寄存器(RLN3nLMST)

该寄存器为一个只读寄存器,主要是反馈当前运行的 LIN 模式状态,其组成和功能分别如图 3.34 和表 3.27 所示。该寄存器可以以 8 位为单元进行读取。地址为〈RLIN3n_base〉+ 11H,复位后的值为 00H。

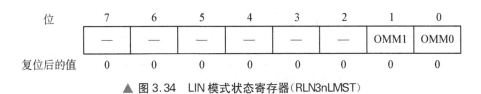

▲ 图 3.34　LIN 模式状态寄存器(RLN3nLMST)

表 3.27　LIN 模式状态寄存器(RLN3nLMST)功能

位的位置	位的名称	功　能
7~2	保留	读取时,读取其复位后的值
1	OM1	LIN 模式状态检测 0,该模块运行在 LIN 唤醒模式下; 1,该模块运行在 LIN 操作模式下。
0	OM0	LIN 复位状态检测 0,该模块处于 LIN 复位模式下; 1,该模块不处于复位模式下。

该寄存器的高六位全部保留。根据 OM0 和 OM1 位的值即可得到当前使用的 LIN 通信的工作模式:LIN 复位模式、LIN 唤醒模式以及 LIN 操作模式。

8) LIN 状态寄存器(RLN3nLST)

该寄存器用来检测通信过程中数据发送与接收状态,以及可能出现的错误情况,其结构和功能分别如图 3.35 和表 3.28 所示。该寄存器可以以 8 位为单元进行读取和写入。地址为〈RLIN3n_base〉+ 12H,复位后的值为 00H。

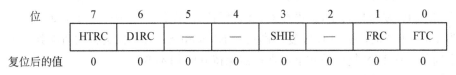

▲ 图 3.35　LIN 状态寄存器(RLN3nLST)的组成

表 3.28　LIN 状态寄存器(RLN3nLST)功能

位的位置	位的名称	功　　能
7	HTRC	报头发送成功标志 0,报头发送没有成功; 1,报头发送成功。
6	D1RC	数据 1 接收成功标志 0,数据 1 接收没有成功; 1,数据 1 接收成功。
5,4	保留	读取时,读取其复位后的值。写入的时候,写入复位的值。
3	ERR	错误检测标志 0,没有检测到错误; 1,检测到错误。
2	保留	读取时,读取其复位后的值。写入的时候,写入复位的值。
1	FRC	帧或者唤醒信号接收完成标志 0,没有接收到完成; 1,接收完成。
0	FTC	帧或者唤醒信号发送完成标志 0,发送没有完成; 1,发送已经完成。

　　HTRC 标志位只能够写入 0 值。当报头发送成功后该标志才被置为 1。若 RLN3nLIE 寄存器的 SHIE 位为 1 则会产生一个 RLIN3n 发送的中断请求。

　　D1RC 标志只能够写入 0 值。当数据 1 接收成功后该标志被置 1。这里不会产生中断请求。下次通信之前,在 LIN 操作模式下对该位写 0。

　　当检测到错误时,ERR 标志位被置为 1。若 RLIN3nLIE 寄存器的 ERRIE 位为 1 则会产生一个 RLIN3n 状态中断请求。

　　FRC 标志位只能写入 0 值。当帧或者唤醒信号接收完成后该标志才被置为 1。若 RLN3nLIE 寄存器的 FRCIE 位为 1 则会产生一个 RLIN3n 接收完成的中断请求。

　　FTC 标志位只能写入 0 值。当帧或者唤醒信号发送完成后该标志才被置为 1。若 RLN3nLIE 寄存器的 FTCIE 位为 1 则会产生一个针对 RLIN3n 发送的中断请求(前提是中断使能)。

　　在开始接收下一个数据包之前在 LIN 操作模式下或者 LIN 唤醒模式下 HTRC、D1RC、FRC 以及 FTC 均是通过写入 0 来实现清零操作,ERR 标志位则是通过向 RLN3nLEST 寄存器的 RPER、CSER、FER、FTER、PBER 和 BER 位写入 0 来实现清零操作。

　　注意:在 LIN 复位模式中,该寄存器无法进行写入操作。当 RLN3nLTRC 寄存器的 FTS 位的值为 1 时,在系统转换到 LIN 复位模式后 RLN3nLST 寄存器会自动清除到 00H,并且开始下一个通信。在 LIN 复位模式下该寄存器保持 00_H 值不变。

　　9) LIN 发送控制寄存器(RLN3nLTRC)

　　该寄存器用来对通信的过程进行使能控制,其组成和功能分别如图 3.36 和表 3.29 所示。

该寄存器可以以 8 位为单元进行读取和写入。地址为〈RLIN3n_base〉＋ 10H，复位后的值为 00H。

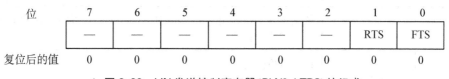

▲ 图 3.36　LIN 发送控制寄存器(RLN3nLTRC)的组成

表 3.29　LIN 发送控制寄存器(RLN3nLTRC)功能

位的位置	位的名称	功　　能
7～2	Reserved	读取时,读取其复位后的值。写入的时候,写入复位的值
1	RTS	响应发送/接收启动 0,响应发送/接收在帧分离模式下停止; 1,响应发送/接收在帧分离模式下开始。
0	FTS	帧发送/唤醒发送/接收启动 0,帧发送/唤醒发送/接收停止; 1,帧发送/唤醒发送/接收开始。

帧分离模式启动报头发送后,将 RTS 位设置为 1(FTS 位为 1),则响应发送数据将会就绪。一旦设置后,在帧通信完成(包括错误检测)或过渡到 LIN 复位模式后这个位将自动清除到 0。这个位只可以写入 1,不能写入 0。通过向 RLN3nLTRC 寄存器写入 02H 的方式来完成向该位写入 1 的操作。

将 FTS 位设置为 1 来启动帧发送。同样将该位设置为 1 也可以启动唤醒发送和接收(计算输入信号的低电平宽度)功能。这个位只可以写入 1,不能写入 0。若检测到帧通信或者唤醒通信过程中出现错误或者当前模式转换到 LIN 复位模式则 FTS 位会被清除到 0。

注意:

① 当 RLN3nLMST 寄存器的位 OMM0 的值为 0B 时(在 LIN 复位模式下),无法向 FTS 位写入值。

② 当 RLN3nLMST 寄存器的位 OMM0 的值为 0B 时(在 LIN 复位模式下)或者 FTS 位为 0 时(帧发送或唤醒发送或接收停止),无法向 RTS 位写入值。

10) LIN 自检控制寄存器(RLN3nLSTC)

该寄存器用来控制 LIN 自检模式的使能,其组成和功能分别如图 3.37 和表 3.30 所示。在 RLN3nLMST 寄存器的 OMM0 位为 0B 时(在 LIN 复位模式下),对 RLN3nLSTC 寄存器进行设置。该寄存器可以以 8 位为单元进行读取和写入。地址为〈RLIN3n_base〉＋ 04H,复位后的值为 00H。

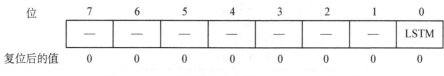

▲ 图 3.37　LIN 自检控制寄存器(RLN3nLSTC)的组成

表 3.30　LIN 自检控制寄存器(RLN3nLSTC)功能

位的位置	位的名称	功　　能
7~0	—	依次将 A7H，58H 和 01H 写入到 RLN3nLSTC 寄存器中，则将该模块置为 LIN 自检模式。
0	LSTM	LIN 自检模式 0，该模块没有处于 LIN 自检模式； 1，该模块处于 LIN 自检模式。

在转化到 LIN 自检模式的过程中时，必须依次执行一个特定的顺序：

① 将 RLN3nLMST 寄存器的 OMM0 位置为 0B，即模式调换到复位模式。

② 向 RLN3nLSTC 寄存器内依次写入 A7H、58H 和 01H。

③ 读取 RLN3nLSTC 寄存器 LSTM 位的值，验证其是否已经转换到自检模式。

注意：在连续写入的过程中不要写入任何其他的内容。

3.3.4.2　UART 相关寄存器

UART 通信功能的实现主要是依靠对相关寄存器的合理设置完成的，包括模式选择、操作使能、波特率设置以及数据发送和接收功能等寄存器。

1) UART 唤醒波特率选择寄存器(RLN3nLWBR)

该寄存器对 UART 通信使用的唤醒模式的波特率进行选择，其组成和功能分别如图 3.38 和表 3.31 所示。在 RLN3nLMST 寄存器的 OMM0 位的值为 0B 时(在 LIN 复位模式下)，对 LN3nLWBR 寄存器进行设置。该寄存器可以以 8 位为单元进行读取和写入。其地址为〈RLIN3n_base〉+ 12H，复位后的值为 00H。

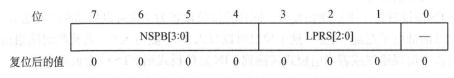

位	7	6	5	4	3	2	1	0
	NSPB[3:0]				LPRS[2:0]			—
复位后的值	0	0	0	0	0	0	0	0

▲ 图 3.38　UART 唤醒波特率选择寄存器(RLN3nLWBR)的组成

表 3.31　UART 唤醒波特率选择寄存器(RLN3nLWBR)功能

位的位置	位的名称	功　　能
7~4	NSPB[3:0]	位采样计数选择 b7~b4 0 0 0 0：16 采样数； 0 1 0 1：6 采样数； 0 1 1 0：7 采样数； 0 1 1 1：8 采样数； 1 0 0 0：9 采样数； 1 0 0 1：10 采样数； 1 0 1 0：11 采样数； 1 0 1 1：12 采样数； 1 1 0 0：13 采样数；

（续表）

位的位置	位的名称	功　能
7～4	NSPB[3：0]	1 1 0 1：14 采样数； 1 1 1 0：15 采样数； 1 1 1 1：16 采样数； 只能进行以上设置，其他设置无效。
3～1	LPRS[2：0]	分频器比例设置 b3～b1 0 0 0：1/1； 0 0 1：1/2； 0 1 0：1/4； 0 1 1：1/8； 1 0 0：1/16； 1 0 1：1/32； 1 1 0：1/64； 1 1 1：1/128。
0	保留	读取时，读取其复位后的值；写入的时候，写入复位的值。

NSPB[3：0]：这些位用来选择 1 Tbit 的采样数（波特率倒数）。在 UART 模式下，这些位的值可以设置 6～16 采样数。

LPRS[2：0]：这些位用来对预分频器的时钟进行选择。预分频器会对 UART 总线时钟进行分频得到相应时钟频率。寄存器的最后一位将会被保留。

2）UART 波特率分频 01 寄存器（RLN3nLBRP01）

该寄存器为 16 位寄存器，分为高 8 位和低 8 位两个区域，其组成如图 3.39 所示。设定范围：0000H 到 FFFFH。在 RLN3nLMST 寄存器的 OMM0 位的值为 0B 时（在 LIN 复位模式下），对 RLN3nLBRP01 寄存器进行设置。假设寄存器的值为 L（0～65 535），则波特率预分频器的分出的频率为时钟频率的 $1/(L+1)$。

该寄存器通过 RLN3nLWBR 寄存器的 LPRS 位来指定分频器时钟。可以以 16 位为单元进行读取和写入，地址为〈RLIN3n_base〉＋02H。其中低 8 位区域为 RLN3nLBRP0 寄存器，可以以 8 位为单元进行读取和写入地址为〈RLIN3n_base〉＋02H。高 8 位区域为 RLN3nLBRP1 寄存器，可以以 8 位为单元进行读取和写入，地址为〈RLIN3n_base〉＋03H。该寄存器复位后的值为 0000H。

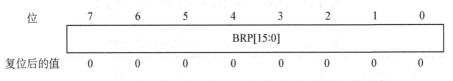

▲ 图 3.39　UART 波特率分频 01 寄存器（RLN3nLBRP01）的组成

3）UART 模式选择寄存器（RLN3nLMD）

该寄存器对 UART 的模式进行选择，其组成和功能分别如图 3.40 和表 3.32 所示。在 RLN3nLMST 寄存器的 OMM0 位的值为 0B 时（在 LIN 复位模式下），对 RLN3nLMD 寄存器进行设置。通过 LMD 位的设置选择 UART 模式,通过对 LRDNFS 位的设置可以对接收数据的噪声过滤功能使能。该寄存器可以以 8 位为单元进行读取和写入,地址为〈RLIN3n_base〉+ 08H,复位后的值为 00H。

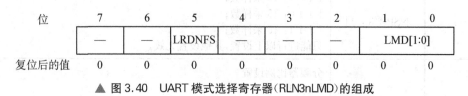

▲ 图 3.40 UART 模式选择寄存器(RLN3nLMD)的组成

表 3.32 UART 模式选择寄存器(RLN3nLMD)功能

位的位置	位的名称	功　能
7,6	保留	读取时,读取其复位后的值。写入的时候,写入复位的值。
5	LRDNFS	UART 接收数据噪声滤波使能 0:噪声滤波开启; 1:噪声滤波关闭。
4,2	保留	读取时,读取其复位后的值。写入的时候,写入复位的值
1,0	LMD[1:0]	LIN/UART 模式选择 b1~b0 0 1:UART 模式。

4) UART 控制寄存器(RLN3nLCUC)

该寄存器主要是对 UART 模式下是否开启复位模式进行控制,其组成和功能分别如图 3.41 和表 3.33 所示。该寄存器的高七位全部保留。通过对最低位的设置来选择是否开启复位模式。该寄存器可以以 8 位为单元进行读取和写入,其地址为〈RLIN3n_base〉+ 0EH,复位后的值为 00H。

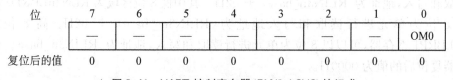

▲ 图 3.41 UART 控制寄存器(RLN3nLCUC)的组成

表 3.33 UART 控制寄存器(RLN3nLCUC)功能

位的位置	位的名称	功　能
7~1	保留	读取时,读取其复位后的值;写入的时候,写入复位的值。
0	OM0	LIN 复位 0:开启 LIN 复位模式; 1:取消 LIN 复位模式。

5) UART 模式状态寄存器(RLN3nLMST)

该寄存器为只读寄存器,对模块是否处于复位模式进行监测,其组成和功能分别如图 3.42 和表 3.34 所示。该寄存器为只读寄存器,高七位全部保留,通过读取最低位的值来判断当前通信是否处于复位模式。可以以 8 位为单元进行读取,地址为〈RLIN3n_base〉+11H,复位后的值为 00H。

▲ 图 3.42　UART 模式状态寄存器(RLN3nLMST)的组成

表 3.34　UART 模式状态寄存器(RLN3nLMST)功能

位的位置	位的名称	功　能
7~1	保留	读取时,读取其复位后的值。
0	OM0	复位状态检测 0:该模块处于复位模式下; 1:该模块不处于复位模式下。

6) UART 状态寄存器(RLN3nLST)

该寄存器用来检测通信过程中数据发送与接收状态以及可能出现的错误情况,其组成和功能分别如图 3.43 和表 3.35 所示。可以以 8 位为单元进行读取和写入,地址为〈RLIN3n_base〉+12H,复位后的值为 00H。

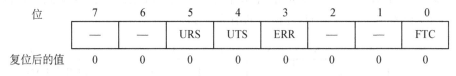

▲ 图 3.43　UART 状态寄存器(RLN3nLST)的组成

表 3.35　UART 状态寄存器(RLN3nLST)功能

位的位置	位的名称	功　能
7,6	保留	读取时,读取其复位后的值;写入的时候,写入复位的值。
5	URS	数据接收状态标志 0:没有处于接收工作状态; 1:处于接收工作状态。
4	UTS	发送状态标志 0:没有处于发送工作状态; 1:处于发送工作状态。
3	ERR	错误检测标志 0:没有检测到错误; 1:检测到错误。

（续表）

位的位置	位的名称	功　能
2,1	保留	读取时,读取其复位后的值;写入的时候,写入复位的值。
0	FTC	UART 缓冲发送成功标志 0:UART 缓冲发送没有成功; 1:UART 缓冲发送成功。

当检测到起始位时 RLN3nLST 开始接收数据,且 URS 标志位被设置为 1。在接收到停止位的第一位后接收结束,结束后该标志被清除为 0 值。

在发送数据开始时,UTS 标志位被设置为 1,并在整个发送过程中始终保持 1。在发送结束后,该标志被清除为 0。

当检测到出现通信错误情况或者检测到扩展位及 ID 匹配异常时 ERR 标志位的值被置为 1。

FTC 标志位只能写入 0 值。不管是否有错误存在,只要缓冲发送完成后该标志位即被设置为 1。

注意:在模式切换到 LIN 复位模式后,RLN3nLST 寄存器会自动被清除到 00H 值,且在 LIN 复位模式中无法向该寄存器写入任何值,其将一直保持 00H 值。

通过向某一位写入 0 值并在其他位写入 1 值来清除寄存器的该指定位。

7) UART 操作使能寄存器(RLN3nLUOER)

该寄存器对数据接收和发送功能的开启与关闭进行控制,其组成和功能分别如图 3.44 和表 3.36 所示。该寄存器的高六位全部被保留,通过对 UROE 位的设置来决定是否允许接收使能,通过对 UTOE 位的设置来决定是否允许发送使能。可以以 8 位为单元进行读取和写入,地址为⟨RLIN3n_base⟩+20H,复位后的值为 00H。

▲ 图 3.44　UART 操作使能寄存器(RLN3nLUOER)的组成

表 3.36　UART 操作使能寄存器(RLN3nLUOER)功能

位的位置	位的名称	功　能
7~2	保留	读取时,读取其复位后的值;写入的时候,写入复位的值。
1	UROE	接收使能 0:不允许接收; 1:允许接收。
0	UTOE	发送使能 0:不允许发送; 1:允许发送。

8) UART 发送数据寄存器(RLN3nLUTDR)

该寄存器为 16 位寄存器,用来保存将要发送的数据,分为高 8 位和低 8 位两个区域,其组成如图 3.45 所示。其中高八位全部保留,低八位全部用来写入将要发送的数据,数据范围:000H～1FFH。

该寄存器可以以 16 位为单元进行读取和写入,地址为〈RLIN3n_base〉＋24H。其中低 8 位区域为 RLN3nLUTDRL 寄存器,地址为〈RLIN3n_base〉＋24H。高 8 位区域为 RLN3nLUTDRH 寄存器,地址为〈RLIN3n_base〉＋25H。该寄存器复位后的值为 0000H。当 RLN3nLUOER 寄存器的 UTOE 位的值为 1 时(允许发送使能),向该寄存器写入数据将会被发送。

▲ 图 3.45 UART 发送数据寄存器(RLN3nLUTDR)的组成

9) UART 接收数据寄存器(RLN3nLURDR)

该寄存器为 16 位寄存器,具有将接收的数据读取出来的功能,分为高 8 位和低 8 位两个区域,其组成如图 3.46 所示。其中高八位全部保留,低八位全部用来读取接收的数据,读取的数据范围:000H～1FFH。

该寄存器可以以 16 位为单元进行读取,地址为〈RLIN3n_base〉＋ 26H。其中低 8 位区域为 RLN3nLURDRL 寄存器,地址为〈RLIN3n_base〉＋ 26H。高 8 位区域为 RLN3nLURDRH 寄存器,地址为〈RLIN3n_base〉＋27H。该寄存器复位后的值为 0000H。

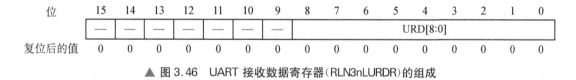

▲ 图 3.46 UART 接收数据寄存器(RLN3nLURDR)的组成

当 RLN3nLUOER 寄存器的 UROE 位值为 1 时(允许接收使能),通信接收到的数据将会被存储到该寄存器中并被读取出来,当接收到停止位时该寄存器将会自动更新。如果在接收下一次数据时没有读取该寄存器,则会产生一个超时错误。

3.3.5 RLIN3 中断资源

LIN/UART 通信接口能够为用户提供三种类型的中断请求:RLIN3n 发送成功中断、RLIN3n 接收成功中断以及 RLIN3n 状态中断。用户可以根据功能设计需要来选择所要产生的相应中断并对其进行设置。当 RLN3nLMD 寄存器的 LIOS 位为 0 时不会产生中断。故当用户有中断需求时,首先需要将 RLN3nLMD 寄存器的 LIOS 位设置为 1 才能产生不同的中断。表 3.37 列出了通信接口可提供的中断资源。在 LIN 模式下,RLN3nLST 寄存器的相应标志以及 RLN3nLIE 寄存器的相应位被置为 1 时,会产生响应中断请求(前提是允许产生中断)。

表 3.37　中断资源

| | | RLN3nLMD 寄存器的 LIOS 位值为 1 | | |
		RLIN3n 发送中断	RLIN3n 接收成功中断	RLIN3n 状态中断
LIN 模式	LIN 主机模式	帧发送成功，唤醒发送成功，报头发送成功	帧接收成功，唤醒接收成功	位错误，帧超时或者响应超时错误，帧错误，物理总线错误，校验和错误，准备响应错误
UART 模式		启动发送或者发送成功	接收成功，扩展位匹配不当	位错误，溢出错误，帧错误，扩展位匹配，ID 匹配，奇偶校验错误

注意：在 LIN 模式下对 LIOS 位的设置是有效的，而在 UART 模式下 LIOS 无需设置。

3.3.6　RLIN3 波特率发生器

分频器的时钟是通过分频器对总线通信时钟资源进行分频得到的。系统时钟($fLIN$)是依靠波特率发生器对分频器时钟进行分频得到的。LIN/UART 通信接口拥有两个波特率发生器，依据使用的模式来选择响应的波特率发生器。下文将分别举例来对 LIN 主机模式和 UART 模式下的波特率计算进行介绍。

1）LIN 主机模式

首先对 RLN3nLBRP0 寄存器进行设置，使得 fa 的频率为 307 200 Hz($=19\,200 \times 16$)，从而使得 fa 的比特率为 $19\,200 \times 16$，fb 的比特率为 $9\,600 \times 16$，fc 的比特率为 $2\,400 \times 16$。通过在位时间发生器中对相应频率进行 16 倍的分频处理后得到相应的 19 200 bps，9 600 bp 以及 2 400 bps 的比特率。通过对 RLN3nLBRP1 寄存器进行设置，使得 fd 的频率为 166 672 Hz（$=10\,417 \times 16$），则 fd 的比特率为 $10\,417 \times 16$。通过在位时间发生器中进行 16 倍的分频处理后得到 10 417 bps 的比特率。

表 3.38　LIN 主机模式下波特率的设置例子（19 200，10 417，9 600 和 2 400 bps）

LIN 通信时钟资源	分频器比例	波特率发生器 0 ($N+1$)	波特率发生器 1 ($N+1$)	系统时钟	波特率	误差
80 MHz	1/2	130	—	fa	19 230.77	+0.16%
	1/1	—	240	fd	10 416.67	−0.003%
	1/2	130		fb	9 615.38	+0.16%
	1/2	130		fc	2 403.85	+0.16%

波特率计算过程如下:

$$= \{\text{LIN 通信时钟频率}\} \times (\text{RLN3nLWBR. LPRS[2:0] 选择的时钟}) \div (\text{RLN3nLBRP0} + 1) \div 16 \, [\text{bps}] \, (\text{当 fLIN 选择 fa 时钟时})$$

$$= \{\text{LIN 通信时钟频率}\} \times (\text{RLN3nLWBR. LPRS[2:0] 选择的时钟}) \div (\text{RLN3nLBRP0} + 1) \div 2 \div 16 \, [\text{bps}] \, (\text{当 fLIN 选择 fb 时钟时})$$

$$= \{\text{LIN 通信时钟频率}\} \times (\text{RLN3nLWBR. LPRS[2:0] 选择的时钟}) \div (\text{RLN3nLBRP0} + 1) \div 8 \div 16 \, [\text{bps}] \, (\text{当 fLIN 选择 fc 时钟时})$$

$$= \{\text{LIN 通信时钟频率}\} \times (\text{RLN3nLWBR. LPRS[2:0] 选择的时钟}) \div (\text{RLN3nLBRP1} + 1) \div 2 \div 16 \, [\text{bps}] \, (\text{当 fLIN 选择 fd 时钟时})$$

2) UART 模式

UART 通信模式下的波特率计算如下:

$\{\text{LIN 通信时钟频率}\} \times (\text{RLN3nLWBR. LPRS[2:0] 选择的时钟}) \div (\text{RLN3nLBRP01} + 1) \div \{\text{RLN3nLWBR. NSPB[3:0]选择数}\} \, [\text{bps}]$

表 3.39 列出了波特率发生器产生的不同 UART 通信时钟频率(38 400,19 200,9 600 和 2 400 bps)以及误差大小。

表 3.39　UART 波特率设置(通信时钟资源为 80 MHz)示例

UART 目标波特率	分频器	波特率发生器 01	波特率	误差
1 200 bps	1/2	2 084	1 199.616	−0.03%
2 400 bps	1/2	1 042	2 399.232	−0.03%
4 800 bps	1/2	520	4 807.692	+0.16%
9 600 bps	1/2	260	9 615.385	+0.16%
19 200 bps	1/2	130	19 230.77	+0.16%
31 250 bps	1/2	80	31 250.00	0.00%
38 400 bps	1/2	66	37 878.79	−1.36%

3.4　RS-CAN 通信

控制器局域网络(controller area network,CAN)属于工业现场总线的范畴。与一般的通信总线相比,CAN 总线的数据通信具有突出的可靠性、实时性和灵活性。由于其良好的性能及独特的设计,CAN 总线已在汽车电子领域得到了最广泛的应用。

3.4.1　RS-CAN 控制器的性能和配置

RH850/P1x 系列微处理器有一个符合 ISO11898-1 规范的 CAN 接口单元(RS-CAN),由 2~3 个通道(CAN0,CAN1,CAN2)组成(内存为 512 KB 和 1 MB 的器件只有 2 个通道:CAN0 和 CAN1,2 MB 的器件有 3 个通道),最大通信速度为 1 Mbps,每通道有 16 个通道缓冲器,还有 128 或 192 个共享缓冲器,具有十分丰富而强大的发送/接收功能和错误监测及处理功能。表 3.40 所示为 RS-CAN 的功能描述。

表 3.40　RS-CAN 功能

功　能	描　述
协议	ISO11898-1
通信速度	最大 1 Mbps 通信速度 (CANm bit time clock) $=\dfrac{1}{CANm\ bit\ time}$, CANm bit time $=$ CANmTq $\times$ Tq count per bit, CANmTq $=\dfrac{(BRP[9:0]\ bits\ in\ the\ RSCAN0CmCFG\ register+1)}{fCAN}$; m$=$0~1(2)[①],Tq 为时间量,fCAN 为 CAN 时钟频率(通过 RSCAN0GCFG 寄存器中的 DCS 位选择)。
缓冲器	共 160(240)[①] 个缓冲器: ① 通道缓冲器:32(48)[①] 个(每通道 16 个); ② 各通道共享缓冲:128(192)[①] 个(含接收缓冲器 0~16×通道数,FIFO 缓冲器); ③ ECC。
接收功能	① 接收数据帧和远程帧; ② 选择接收的 ID 格式(标准 ID、扩展的 ID 或者两者); ③ 为每一个 FIFO 设置中断启用/禁用; ④ 镜像功能(接收从自己节点传送的消息); ⑤ 时间戳功能(将消息接收时间记录为一个 16 位定时器值)。
接收滤波器功能	① 根据 128(192)[①] 接收规则选择接收消息; ② 为每个通道设置(0~128) (192)[①] 个的接收规则数; ③ 验收滤波器处理:为每个接收规则设置 ID 和掩码; ④ DLC 过滤器处理:为每个接受规则使能 DLC 过滤器检查。
接收消息的发送功能	① 路由功能, ② 标签添加功能。
发送功能	① 传送数据帧和远程帧; ② 选择要发送的 ID 格式(标准 ID、扩展 ID 或两者); ③ 为每个发送缓冲和发送/接收 FIFO 缓冲器设置启用/禁用中断; ④ 选择 ID 优先发送或发送缓冲区号优先发送; ⑤ 发送请求可以中止(可标记确认); ⑥ 一次性发送功能。
间隔发送功能	以可配置的间隔发送消息(发送/接收 FIFO 缓冲的发送模式或网关模式)。
发送队列功能	根据 ID 优先级发送所有存储的消息。
发送历史功能	存储发送完成的历史信息。
网关功能	自动传送接收到的消息。

(续表)

功　能	描　　述
选择总线离线的恢复模式	选择从总线离线状态恢复的方法： ① 符合 ISO11898-1 规范； ② 进入离线状态时自动进入通道暂停模式； ③ 结束离线状态时自动进入通道暂停模式； ④ 通过程序请求过渡到通道待机模式； ⑤ 通过程序请求转换到错误主动状态（强行退出离线状态）。
错误状态监测	① 监视 CAN 协议错误； ② 检测错误状态转换； ③ 读取错误计数器； ④ 监视 DLC 错误。
中断源	8(11)[①] 个[全局中断源 2 个,通道专有中断(3 来源/通道)]。
CAN 停止模式	通过停止 RS-CAN 模块时钟源来降低功耗。
CAN 时钟源	选择 clkc 或 clk_xincan。
测试功能	测试功能供用户评估： ① 只听模式； ② 自测模式 0(外部回路)； ③ 自测模式 1(内部回路)； ④ 内存测试(读/写测试)； ⑤ 通道间通信测试。

注：①表示带有 2 MB 器件的情况。

　　RH850／P1x 系列微处理器具有多个不同规格,如按闪存 512 KB、1 MB、2 MB 的器件。不同具体器件的 RS-CAN 通道配置的数量有所不同。为使本章以下内容能适用于不同配置的器件,将该 RS-CAN 接口单元表示 RSCANn(n=0),并定义各通道、寄存器等的索引如下：

索引	含　　义
n	RS-CAN 单元的索引(n=0),例如,RSCANnGCTR 是 RSCANn 单元的全局控制寄存器。
m	RS-CAN 单元的各通道的索引(m 为 0~2),例如,RSCAN0CmSTS 是通道 m 状态寄存器。
j	与接收规则表关联的单个寄存器的索引(j 为 0~15),例如,RSCAN0GAFLIDj 是接收规则 ID 寄存器。
k	单独的发送/接收 FIFO 缓冲区的索引[k 为 0~(通道 m×3+2)],例如,RSCAN0CFCCk 是发送/接收 FIFO 缓冲区配置/控制寄存器。
x	RS-CAN 单元中每个接收 FIFO 缓冲区的单元的索引(x 为 0~7),例如,RSCAN0RFSTSx 是在 RSCAN0 单元中接收 FIFO 缓冲区状态寄存器。
q	各个接收缓冲区的索引[q 为 0~(信道 m×16+15)],例如,RSCAN0RMIDq 是接收缓冲区 ID 寄存器。

（续表）

索引	含　义
p	各个发送缓冲区的索引［p 为 0～（信道 m×16＋15）］，例如，RSCAN0TMCp 是发送缓冲区控制寄存器。
r	单个 RAM 的测试的索引（r 为 0～63），例如，RSCAN0RPGACCr 是 RAM 测试页面访问寄存器。
y	以上未覆盖的寄存器的索引（y 为 0,1）表示，例如，RSCAN0RMNDy 是一个接收缓冲区的新数据寄存器。

对 RSCAN0 的寄存器的寻址一般采用"基地址＋偏移量"的方式。其基地址〈RSCAN0_base〉＝FFD2 0000H。图 3.47 所示为 RS－CAN 的结构框图。RSCAN0 的 CAN 时钟包括 clk_xincan、clkc 和 pclk，相应的时钟源分别为主时钟（main clock）、低速外部时钟 CLK_LSB（low-speed peripheral clock）和高速外部时钟 CLK_LSB（high-speed peripheral clock）。中断请求包括：2 个全局中断信号（全局错误中断 INTRCANGERR、CAN 接收 FIFO 中断 INTRCANGRECC）；3 个通道专有中断/通道（错误中断 INTRCANmERR、发送/接收 FIFO 接收完成中断 INTRCANmREC、发送中断 INTRCANmTRX，m 为 0～2）。复位源为复位控制器 SYSRES。接收数据输入信号 CANmRX 和发送数据输出信号 CANmTX（m 为 0～2）对应引脚分别为 RSCAN0RXm 和 RSCAN0TXm（m 为 0～2）。

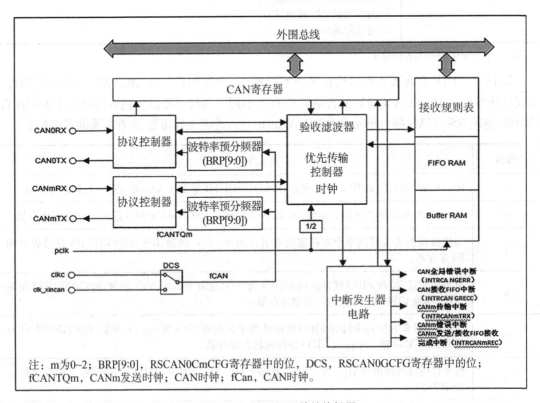

▲ 图 3.47　RS－CAN 的结构框图

3.4.2　RS‑CAN 模式和控制寄存器

3.4.2.1　CAN 模式

RS‑CAN 有四种全局模式来控制整个 RS 模块状态和四种通道模式来控制单个通道状态。主要通过全局控制寄存器 RSCAN0GCTR、通道控制寄存器 RSCAN0CmCTR(m 为 0～2)、通道状态寄存器 RSCAN0CmSTS(m 为 0～2)和通道错误标识寄存器 RSCAN0CmERFL(m 为 0～2)来设置控制。

1) 全局模式

图 3.48 所示为全局模式下各子模式的转换逻辑。

(1) 全局停止模式。

在全局停止模式下,可以不运行时钟,从而降低功耗;可以读取寄存器,但禁止向它们写入数据。寄存器值被保留。在这种模式下,只有 CPU 用来向 RSCAN0GCTR 寄存器的 GSLPR 位写入的时钟运行。

在 MCU 复位后,CAN 模块转换到全局停止模式。在全局复位模式下设置 GSLPR 位为 1(全局停止模式),设置 RSCAN0CmCTR 寄存器中的 CSLPR 位为 1(通道停止模式)。如果所有通道都被迫转换到通道停止模式,那么 CAN 模块将转换到全局停止模式。GSLPR 位不能在全局操作模式或全局测试模式下进行修改。

(2) 全局复位模式。

在全局复位模式下,可以执行 RS‑CAN 模块设置。当 RS‑CAN 模块转换到全局复位模式时,一些寄存器将被初始化。

设置 RSCAN0GCTR 寄存器中的 GMDC[1:0]位为 01B,设置每个 RSCAN0CmCTR 寄存器中的 CHMDC[1:0]位为 01B(通道复位模式)。如果所有通道都被迫转换为通道复位模式,则可以向全局复位模式过渡。已经处于通道复位模式或通道停止模式的通道不会转换(因为 CHMDC[1:0]位已经设置为 01B)。

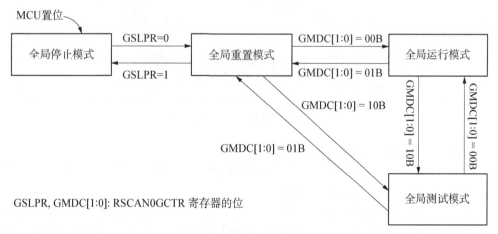

GSLPR, GMDC[1:0]: RSCAN0GCTR 寄存器的位

▲ 图 3.48　全局模式下各子模式的转换逻辑

(3) 全局测试模式。

在全局测试模式下,将执行与测试相关的寄存器的设置。当 CAN 模块转换到全局测试

模式时,所有通信都将被禁用。

设置 RSCAN0GCTR 寄存器中的 GMDC[1:0]位为 10B,设置每个 RSCAN0CmCTR 寄存器中的 CHMDC[1:0]位为 10B(通道暂停模式)。如果所有通道都被迫转换为通道停止模式,则可以向全局测试模式过渡。在通道停止模式、通道复位模式或通道暂停模式下的通道不会转换。

(4) 全局运行模式。

RS-CAN 模块在全局运行模式下运行。当 RSCAN0GCTR 寄存器中的 GMDC[1:0]位设置为 00B 时,RS-CAN 模块转换到全局操作模式。

2) 通道模式

如图 3.49 所示为通道模式的状态转换逻辑。

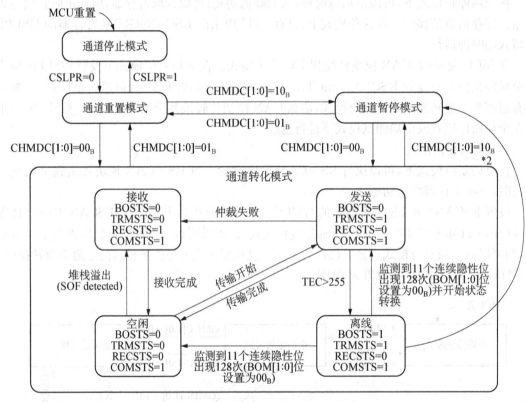

▲ 图 3.49　通道模式的状态转换

(1) 通道停止模式。

在通道停止模式下,时钟没有提供给通道,因此降低了功耗。此模式下可以读取寄存器,但禁止向它们写入数据。寄存器值被保留。

在 MCU 复位后,每个通道进入通道停止模式。当在通道复位模式中时将 RSCAN0CmCTR 寄存器(m 为 0~2)中的 CSLPR 位设置为 1(通道停止模式)时,通道也会转换到通道停止模式。在通道通信模式和通道停止模式下,CSLPR 位不能被修改。

(2) 通道复位模式。

在通道复位模式下进行通道设置。当通道转换为通道复位模式时,一些通道相关的寄存器被初始化。

当在 CAN 通信中,将 RSCAN0CmCTR 寄存器中的 CHMDC[1:0]位设置为 01B(通道复位模式)时,通信将在其完成前终止,通道也会转换为通道复位模式。

(3)通道暂停模式。

通道暂停模式用来进行通道测试相关寄存器的设置。当通道过渡到通道暂停模式时,通道的通信会停止。

(4)通道通信模式。

在通道通信模式下,可以进行通信。每个通道在通信过程中都有以下四种通信状态:空闲状态、接收状态、发送状态和总线离线状态。

当 RSCAN0CmCTR 寄存器中的 CHMDC[1:0]位设置为 00B 时,通道转换为通道通信模式。在此之后,一旦检测到 11 个连续的隐性位,RSCAN0CmSTS 寄存器中的 COMSTS 标志(m 为 0~2)将被设置为 1(通信准备就绪),并且在 CAN 网络上作为活动节点,使能发送和接收。此时,可以启动消息的发送和接收。

(5)总线离线状态。

根据 CAN 规范的发送/接收错误计数器增/减规则,通道转换到总线离线状态。总线离线状态恢复的条件由 RSCAN0CmCTR 寄存器中的 BOM[1:0]位决定。

当 BOM[1:0]=00B,总线离线恢复与 CAN 规范兼容。在 11 个连续的隐性位被检测到 128 次后,一个通道从总线离线的状态返回到 CAN 通信就绪状态(错误活动状态)。在此期间,RSCAN0CmSTS 寄存器中的 TEC[7:0]和 REC[7:0]位被初始化为 00H,RSCAN0CmERFL 寄存器中的 BORF 标志被设置为 1(检测到总线离线恢复),并且产生离线恢复中断请求。当在总线离线状态 RSCAN0CmCTR 寄存器中的 CHMDC[1:0]位被设置为 10B(通道停机模式)时,在总线离线恢复完成后(11 个连续的隐性位已被检测到 128 次),通道转换到通道暂停模式。

当 BOM[1:0]=01B,通道转换到总线离线状态时,CHMDC[1:0]位被设置为 10B,通道转化到通道暂停模式。此时,TEC[7:0]和 REC[7:0]位被初始化为 00H,但 BORF 标志不会被置 1,也不会产生总线离线恢复中断请求。

当 BOM[1:0]=10B,一个通道转换到总线离线状态时,CHMDC[1:0]位将被设置为 10B。当总线离线恢复完成后(11 个连续的隐性位被检测到 128 次),通道转换到通道暂停模式。此时,TEC[7:0]和 REC[7:0]位被初始化为 00H,BORF 标志被置为 1,产生总线离线恢复中断请求。

当 BOM[1:0]=11B:CHMDC[1:0]位在总线离线状态被设置为 10B 时,在总线离线恢复之前通道转换到通道暂停模式。此时,TEC[7:0]和 REC[7:0]位被初始化为 00H,但 BORF 标志不会被置为 1,也不会产生总线离线恢复中断请求。然而,如果在 CHMDC[1:0]位被设置为 10B 之前,一个 CAN 模块转换到错误活动状态(通过检测 11 个连续的隐性位 128 次),则 BORF 标志会变成 1,并且产生总线离线恢复中断请求。

如果 RS-CAN 模块用程序写入 CHMDC[1:0]位,使通道同时向通道暂停模式转化,则程序写入优先。只有当 CHMDC[1:0]位为 00B(通道通信模式),在 BOM[1:0]位被设置为 01B 或 10B 时,才会自动转化到通道暂停模式。

此外,设置 RSCAN0CmCTR 寄存器中的 RTBO 位为 1,会允许从总线离线状态强制返回。一旦 RTBO 位被设置为 1,状态就会变为错误活动状态。在检测到 11 个连续的隐性位后,CAN 模块就可以进行通信了。在这种情况下,BORF 标志不被置 1,TEC[7:0]和 REC[7:0]位初始化为 00H。只有当 BOM[1:0]值为 00B 时,才向 RTBO 位写入 1。在非总线离线状态,向 RTBO 位写 1 的操作将被忽略,而且 RTBO 位会立即被设置为 0。

3.4.2.2 寄存器的设置

1) 通道配置寄存器 RSCAN0CmCFG(m 为 0~2)

该寄存器用于 CAN 通道(m 为 0~2)重新同步跳跃宽度的控制、时间段 2 的控制、时间段 1 的控制以及预分频器的分频比设置,寄存器 RSCAN0CmCFG 的组成和功能分别如图 3.50 和表 3.41 所示。复位后的值为 0000 0000H。访问方法与地址如下:

> 访问:RSCAN0CmCFG,可以以 32 位为单位读取/写入;
>
> RSCAN0CmCFGL 和 RSCAN0CmCFGH 寄存器,可以以 16 位为单位读取/写入;
>
> RSCAN0CmCFGLL、RSCAN0CmCFGLH、RSCAN0CmCFGHL 和 RSCAN0CmCFGHH 寄存器,可以以 8 位为单位读取/写入。
>
> 地址:RSCAN0CmCFG: < RSCAN0_base> + 0000H + (10H × m);
>
> RSCAN0CmCFGL: < RSCAN0_base> + 0000H + (10H × m);
>
> RSCAN0CmCFGH: < RSCAN0_base> + 0002H + (10H × m);
>
> RSCAN0CmCFGLL: < RSCAN0_base> + 0000H + (10H × m);
>
> RSCAN0CmCFGLH: < RSCAN0_base> + 0001H + (10H × m);
>
> RSCAN0CmCFGHL: < RSCAN0_base> + 0002H + (10H × m);
>
> RSCAN0CmCFGHH: < RSCAN0_base> + 0003H + (10H × m)。

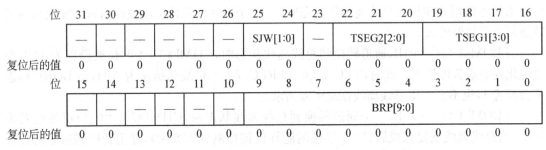

▲ 图 3.50　通道配置寄存器(RSCAN0CmCFG)的组成

表 3.41　通道配置寄存器(RSCAN0CmCFG)功能

位位置	位名称	功　　能
25,24	SJW[1:0]	重新同步跳跃宽度的控制 b25　b24 0　　0:1 Tq 1　　1:2 Tq 2　　0:3 Tq 3　　1:4 Tq
23	保留	读取后,读取复位后的值。在输入的时候,重新写值。

（续表）

位位置	位名称	功　　能
22～20	TSEG2[2：0]	时间段 2 控制 b22　b21　b20 0　　0　　0：设置禁止， 0　　0　　1：2 Tq， 0　　1　　0：3 Tq， 0　　1　　1：4 Tq， 1　　0　　0：5 Tq， 1　　0　　1：6 Tq， 1　　1　　0：7 Tq， 1　　1　　1：8 Tq。
19～16	TSEG1[3：0]	时间段 1 控制 b19　b18　b17　b16 0　　0　　0　　0：设置禁止， 0　　0　　0　　1：设置禁止， 0　　0　　1　　0：设置禁止， 0　　0　　1　　1：4 Tq， 0　　1　　0　　0：5 Tq， 0　　1　　0　　1：6 Tq， 0　　1　　1　　0：7 Tq， 0　　1　　1　　1：8 Tq， 1　　0　　0　　0：9 Tq， 1　　0　　0　　1：10 Tq， 1　　0　　1　　0：11 Tq， 1　　0　　1　　1：12 Tq， 1　　1　　0　　0：13 Tq， 1　　1　　0　　1：14 Tq， 1　　1　　1　　0：15 Tq， 1　　1　　1　　1：16 Tq。
9～0	BRP[9：0]	预分频器的分频比设置：当这些位被设置为 $P(0\sim1\,023)$ 时，波特率的预频器将以 fCAN 除以 $P+1$。

注意：需要在通道复位模式或通道停止模式下修改 RSCAN0CmCFG 寄存器。在切换到通道通信模式或通道等待模式之前，将该寄存器设置为通道复位模式。

2）通道控制寄存器 RSCAN0CmCTR（m 为 0～2）

该寄存器用于 RSCAN0 的通道控制功能设置，包括通信测试模式选择、通信测试模式使能、错误显示模式选择以及各种中断的启闭功能，其组成和功能分别如图 3.51 和表 3.42 所示。复位后的值为 0000 0005H。其访问方法与地址如下。

访问：RSCAN0CmCTR，可以以 32 位为单位读取/写入；
　　　RSCAN0CmCTRL，RSCAN0CmCTRH 寄存器可以以 16 位为单位读取/写入；
　　　RSCAN0CmCTRLL，RSCAN0CmCTRLH，RSCAN0CmCTRHL，and RSCAN0CmCTRHH 寄存器，可以以 8 位为单位读取/写入。

```
地址:RSCAN0CmCTR: < RSCAN0_base> + 0004H + (10H×m);
      RSCAN0CmCTRL: < RSCAN0_base> + 0004H + (10H×m);
      RSCAN0CmCTRH: < RSCAN0_base> + 0006H + (10H×m);
      RSCAN0CmCTRLL: < RSCAN0_base> + 0004H + (10H×m);
      RSCAN0CmCTRLH: < RSCAN0_base> + 0005H + (10H×m);
      RSCAN0CmCTRHL: < RSCAN0_base> + 0006H + (10H×m);
      RSCAN0CmCTRHH: < RSCAN0_base> + 0007H + (10H×m)。
```

位	31	30	29	28	27	26	25	24	23	22	21	20	19	18	17	16
	—	—	—	—	—	CTMS[1:0]		CTME	ERRD	BOM[1:0]		—	—	—	—	TAIE
复位后的值	0	0	0	0	0	0	0	0	0	0	0	0	0	0	0	0
位	15	14	13	12	11	10	9	8	7	6	5	4	3	2	1	0
	ALIE	BLIE	OLIE	BORIE	BOEIE	EPIE	EWIE	BEIE	—	—	—	—	RTBO	CSLPR	CHMDC[1:0]	
复位后的值	0	0	0	0	0	0	0	0	0	0	0	0	0	0	0	0

▲ 图3.51 通道控制寄存器(RSCAN0CmCTR)的组成

表3.42 通道控制寄存器(RSCAN0CmCTR)功能

位位置	位名称	功　能
31~27	保留	读取后,读取复位后的值;在输入的时候,重新写值。
26,25	CTMS[1:0]	通信测试模式选择 b26　b25 0　0:标准测试模式, 0　1:只接收模式, 1　0:自测模式0(外部回路模式), 1　1:自测模式1(内部回路模式)。
24	CTME	通信测试模式支持 0:禁用通信测试模式, 1:启用通信测试模式。
23	ERRD	错误显示模式选择 0:错误标志只显示在RSCAN0CmERFL中第14~8位清零之后的第一个错误信息, 1:错误标志显示所有错误信息。
22,21	BOM[1:0]	总线离线恢复模式选择 b22　b21 0　0:ISO11898-1兼容, 0　1:在离线进入时自动进入通道停止模式, 1　0:在离线结束时自动进入通道停止模式, 1　1:通过程序请求进入通道暂停状态(在离线状态下)。
20~17	保留	读取后,读取复位后的值;在输入的时候,重新写值。

（续表）

位位置	位名称	功　能
16	TAIE	发送中止中断 0：禁用发送中止中断， 1：启用发送中止中断。
15	ALIE	仲裁丢失中断 0：禁用仲裁丢失中断， 1：启用仲裁丢失中断。
14	BLIE	总线锁中断 0：禁用总线锁死中断， 1：启用总线锁死中断。
13	OLIE	启用中断重载帧发送 0：禁用中断重载帧发送， 1：启用中断重载帧发送。
12	BORIE	启用离线恢复中断 0：禁用离线恢复中断， 1：启用离线恢复中断。
11	BOEIE	启用总线关闭进入中断 0：禁用中断总线关闭入口， 1：启用中断总线关闭入口。
10	EPIE	启用中断被动错误 0：禁用中断被动错误， 1：启用中断被动错误。
9	EWIE	启用中断错误警告 0：禁用中断错误警告， 1：启用中断错误警告。
8	BEIE	启用中断总线错误 0：禁用中断总线错误， 1：启用中断总线错误。
7～4	保留	读取后，读取复位后的值；在输入时，重新写值。
3	RTBO	当该位被设置为 1 时，强制从离线状态恢复；这个位读取总是 0。
2	CSLPR	通道停止模式 0：除了通道停止模式的其他模式， 1：通道停止模式。
1,0	CHMDC[1：0]	模式选择 b1　　b0 0　　0：通道通信模式， 0　　1：通道复位模式， 1　　0：通道停止模式， 1　　1：设置禁止。

3) 通道状态寄存器 RSCAN0CmSTS(m 为 0～2)

该寄存器用于反映 RSCAN0 通道的状态,包括错误计数器,发送状态、总线关闭状态以及通道复位状态等状态检测,其组成和功能分别如图 3.52 和表 3.43 所示。复位后的值为 0000 0005H。其访问方法与地址如下。

访问:RSCAN0CmSTS,可以以 32 位为单位读取/写入;

RSCAN0CmSTSL,RSCAN0CmSTSH 寄存器可以用 16 位单位读取/写入;

RSCAN0CmSTSLL,RSCAN0CmSTSLH,RSCAN0CmSTSHL,RSCAN0CmSTSHH 寄存器,可以以 8 位为单位读取/写入。

地址:RSCAN0CmSTS: < RSCAN0_base> + 0008H + (10H×m);

RSCAN0CmSTSL: < RSCAN0_base> + 0008H + (10H×m);

RSCAN0CmSTSH: < RSCAN0_base> + 000AH+ (10H×m);

RSCAN0CmSTSLL: < RSCAN0_base> + 0008H+ (10H×m);

RSCAN0CmSTSLH: < RSCAN0_base> + 0009H+ (10H×m);

RSCAN0CmSTSHL: < RSCAN0_base> + 000AH+ (10H×m);

RSCAN0CmSTSHH: < RSCAN0_base> + 000BH+ (10H×m)。

位	31	30	29	28	27	26	25	24	23	22	21	20	19	18	17	16
	TEC[7:0]								REC[7:0]							
复位后的值	0	0	0	0	0	0	0	0	0	0	0	0	0	0	0	0

位	15	14	13	12	11	10	9	8	7	6	5	4	3	2	1	0
	—	—	—	—	—	—	—	—	COMSTS	RECSTS	TRMSTS	BOSTS	EPSTS	CSLPSTS	CHLTSTS	CRSTSTS
复位后的值	0	0	0	0	0	0	0	0	0	0	0	0	0	0	0	0

▲ 图 3.52 通道状态寄存器(RSCAN0CmSTS)的组成

表 3.43 通道状态寄存器(RSCAN0CmCFG)功能

位位置	位名称	功　能
31～24	TEC[7：0]	发送错误计数器(TEC)可读
23～16	REC[7：0]	接收错误计数器(REC)可读
15～8	保留	读取后,读取复位后的值;在输入的时候,重新写值。
7	COMSTS	通信状态标志 0:通信未准备; 1:通信准备。
6	RECSTS	接收状态标志 0:总线空闲,在发送或总线关闭状态; 1:接收中。
5	TRMSTS	发送状态标志 0:总线空闲或在接收中; 1:在发送或总线关闭状态。

（续表）

位位置	位名称	功　能
4	BOSTS	总线关闭状态标志 0:未在总线关闭状态； 1:在总线关闭状态。
3	EPSTS	错误被动状态标志 0:未在错误被动状态； 1:在错误被动状态。
2	CSLPSTS	信道停止状态标志 0:未在通道停止模式； 1:在通道停止模式。
1	CHLTSTS	通道暂停状态标志:0,未在通道暂停模式;1,在通道暂停模式。
0	CRSTSTS	通道复位状态标志 0:未在通道复位模式； 1:在通道复位模式。

4) 通道错误标识寄存器 RSCAN0CmERFL(m 为 0~2)

该寄存器用于对 RSCAN0 通道的各种错误的检测,包括 CRC 计算数据、显性位、隐性位以及仲裁位丢失,过载错误,总线错误等,其组成和功能如图 3.53 和表 3.44。复位后的值为 0000 0000H。其访问方法与地址如下。

访问:RSCAN0CmERFL,可以以 32 位为单位读取/写入；

　　RSCAN0CmERFLL,RSCAN0CmERFLH 寄存器可以用 16 位单位读取/写入；

　　RSCAN0CmERFLLL,RSCAN0CmERFLLH,RSCAN0CmERFLHL,RSCAN0CmERFLHH 寄存器,可以以 8 位为单位读取/写入。

地址:RSCAN0CmERFL: < RSCAN0_base> + 000CH + (10H × m);

　　RSCAN0CmERFLL: < RSCAN0_base> + 000CH + (10H × m);

　　RSCAN0CmERFLH: < RSCAN0_base> + 000EH + (10H × m);

　　RSCAN0CmERFLLL: < RSCAN0_base> + 000CH + (10H × m);

　　RSCAN0CmERFLLH: < RSCAN0_base> + 000DH + (10H × m);

　　RSCAN0CmERFLHL: < RSCAN0_base> + 000EH + (10H × m);

　　RSCAN0CmERFLHH: < RSCAN0_base> + 000FH + (10H × m)。

▲ 图 3.53　通道错误标识寄存器(RSCAN0CmERFL)的组成

表 3.44　通道错误标识寄存器(RSCAN0CmERFL)功能

位位置	位名称	功　能
31	保留	读取后,读取复位后的值。在输入的时候,重新写值。
30~16	CRCREG[14:0]	CRC 计算数据, 基于传递消息或接收消息计算的 CRC 值。
15	保留	读取后,读取复位后的值;在输入时,重新写值。
14	ADERR	ACK 分隔符错误标志, 0:未检测到 ACK 分隔符错误; 1:检测到 ACK 分隔符错误。
13	B0ERR	显性位错误标志, 0:没有检测到显性位错误; 1:检测到显性位错误。
12	B1ERR	隐性位错误标志, 0:未检测到隐性位错误; 1:检测到隐性位错误。
11	CERR	CRC 错误标志, 0:未检测到 CRC 错误; 1:检测到 CRC 错误。
10	AERR	ACK 的错误标志, 0:未检测到 ACK 错误; 1:检测到 ACK 错误。
9	FERR	形式错误标志, 0:未检测到形式错误; 1:检测到形式错误。
8	SERR	填充错误标志, 0:未检测到填充错误; 1:检测到填充错误。
7	ALF	仲裁丢失标志, 0:无仲裁丢失; 1:仲裁丢失。
6	BLF	总线锁定标志, 0:未检测到通道总线锁定; 1:检测到通道总线锁定。
5	OVLF	过载标志, 0:未检测到过载; 1:检测到过载。
4	BORF	总线关闭恢复标志, 0:未检测到总线关闭恢复; 1:检测到总线关闭恢复。

（续表）

位位置	位名称	功　　能
3	BOEF	总线关闭进入标志， 0：未检测到总线关闭入口； 1：检测到总线关闭入口。
2	EPF	被动错误标志， 0：未检测到被动错误标志； 1：检测到被动错误标志。
1	EWF	错误警告标志， 0：未检测到错误警告标志； 1：检测到错误警告标志。
0	BEF	总线错误标志， 0：未检测到总线错误标志； 1：检测到总线错误标志。

注意：要清除此寄存器的每个标志，程序必须在相应的位写入 0。这些标志不能被程序设置为 1。通道复位模式转换将所有这些标志清除到 0。

5）全局配置寄存器 RSCAN0GCFG

该寄存器用于对 RSCAN0 通道全局进行配置，包括间隔计时器预定标器设置、时钟源选择、时间戳时间选择、DLC 功能以及优先级选择，该寄存器的组成和功能分别如图 3.54 和表 3.45 所示。复位后的值为 0000 0000H。其访问方法与地址如下。

访问：RSCAN0GCFG，可以以 32 位为单位读取/写入；

RSCAN0GCFGL，RSCAN0GCFGH 寄存器可以以 16 位为单位读取/写入；

RSCAN0GCFGLL，RSCAN0GCFGLH，RSCAN0GCFGHL，RSCAN0GCFGHH 寄存器，可以以 8 位为单位读取/写入。

地址：RSCAN0GCFG：< RSCAN0_base> + 0084H；

RSCAN0GCFGL：< RSCAN0_base> + 0084H；

RSCAN0GCFGH：< RSCAN0_base> + 0086H；

RSCAN0GCFGLL：< RSCAN0_base> + 0084H；

RSCAN0GCFGLH：< RSCAN0_base> + 0085H；

RSCAN0GCFGHL：< RSCAN0_base> + 0086H；

RSCAN0GCFGHH：< RSCAN0_base> + 0087H。

位	31	30	29	28	27	26	25	24	23	22	21	20	19	18	17	16
	ITRCP[15:0]															
复位后的值	0	0	0	0	0	0	0	0	0	0	0	0	0	0	0	0
位	15	14	13	12	11	10	9	8	7	6	5	4	3	2	1	0
	TSBTCS[2:0]			TSSS	TSP[3:0]				—	—	—	DCS	MME	DRE	DCE	TPRI
复位后的值	0	0	0	0	0	0	0	0	0	0	0	0	0	0	0	0

▲ 图 3.54　CAN 全局配置寄存器（RSCAN0GCFG）的组成

表 3.45　全局配置寄存器（RSCAN0GCFG）功能

位位置	位名称	功　　能
31～16	ITRCP[15：0]	间隔计时器预定标器设置， 当这些位被设为 M 时，pclk 除以 M； 在使用间隔计时器时禁止设置 0000H。
15～13	TSBTCS[2：0]	时钟源选择 b15　b14　b13 0　　0　　0：通道 0 位时钟； 0　　0　　1：通道 1 位时钟； 0　　1　　0：通道 2 位时钟； 0　　1　　1：设置禁止； 1　　0　　0：设置禁止； 1　　0　　1：设置禁止； 1　　1　　0：设置禁止； 1　　1　　1：设置禁止。
12	TSSS	时间戳时间源选择 0：pclk / 2； 1：位时钟。
11～8	TSP[3：0]	时间戳时钟源分频 b11　b10　b9　b8 0　　0　　0　　0：不除； 0　　0　　0　　1：除以 2； 0　　0　　1　　0：除以 4； 0　　0　　1　　1：除以 8； 0　　1　　0　　0：除以 16； 0　　1　　0　　1：除以 32； 0　　1　　1　　0：除以 64； 0　　1　　1　　1：除以 128； 1　　0　　0　　0：除以 256； 1　　0　　0　　1：除以 512； 1　　0　　1　　0：除以 1024； 1　　0　　1　　1：除以 2048； 1　　1　　0　　0：除以 4096； 1　　1　　0　　1：除以 8192； 1　　1　　1　　0：除以 16 384； 1　　1　　1　　1：除以 32 768。
7～5	保留	读取后，读取复位后的值；在输入的时候，重新写值。
4	DCS	CAN 时钟源选择， 0：clkc； 1：clk_xincan。
3	MME	启用镜像功能， 0：禁用镜像函数； 1：启用镜像功能。

（续表）

位位置	位名称	功　能
2	DRE	启用 DLC 替换， 0：禁用 DLC 替换； 1：启用 DLC 替换。
1	DCE	启用 DLC 检查， 0：禁用 DLC 检查； 1：启用 DLC 检查。
0	TPRI	发送优先级选择， 0：ID 优先； 1：发送缓冲数字优先级。

注意：只有在全局复位模式下才能修改 RSCAN0GCFG 寄存器。当指定 pclk／2 作为时间戳计数器计数源时，设置位 TSBTCS[2：0]为 000B。

6）全局控制寄存器 RSCAN0GCTR

该寄存器用于对 RSCAN0 通道全局控制功能进行选择，包括时间戳计数器复位、发送历史缓冲区溢出中断、DLC 错误中断、FIFO 消息中断以及全局模式的选择、停止和测试等，寄存器的组成和功能分别如图 3.55 和表 3.46 所示。复位后的值为 0000 0005H。其访问方法与地址如下。

访问：RSCAN0GCTR，可以以 32 位为单位读取/写入；

　　RSCAN0GCTRL，RSCAN0GCTRH 寄存器可以以 16 位为单位读取/写入；

　　RSCAN0GCTRLL，RSCAN0GCTRLH，RSCAN0GCTRHL，RSCAN0GCTRHH 寄存器，可以以 8 位为单位读取/写入。

地址：RSCAN0GCTR：＜ RSCAN0_base＞ ＋ 0088H；

　　RSCAN0GCTRL：＜ RSCAN0_base＞ ＋ 0088H；

　　RSCAN0GCTRH：＜ RSCAN0_base＞ ＋ 008AH；

　　RSCAN0GCTRLL：＜ RSCAN0_base＞ ＋ 0088H；

　　RSCAN0GCTRLH：＜ RSCAN0_base＞ ＋ 0089H；

　　RSCAN0GCTRHL：＜ RSCAN0_base＞ ＋ 008AH；

　　RSCAN0GCTRHH：＜ RSCAN0_base＞ ＋ 008BH。

位	31	30	29	28	27	26	25	24	23	22	21	20	19	18	17	16
	—	—	—	—	—	—	—	—	—	—	—	—	—	—	—	TSRST
复位后的值	0	0	0	0	0	0	0	0	0	0	0	0	0	0	0	0

位	15	14	13	12	11	10	9	8	7	6	5	4	3	2	1	0
	—	—	—	—	—	THLEIE	MEIE	DEIE	—	—	—	—	—	GSLPR	GMDC[1:0]	
复位后的值	0	0	0	0	0	0	0	0	0	0	0	0	0	0	0	0

▲ 图 3.55　全局控制寄存器（RSCAN0GCTR）的组成

表 3.46　全局控制寄存器(RSCAN0GCTR)功能

位位置	位名称	功　　能
31～17	保留	读取后,读取复位后的值。在输入时,重新写值。
16	TSRST	时间戳计数器复位: 设置 TSRST 位为 1 复位时间戳计数器,这个位总是 0。
15～11	保留	读取后,读取复位后的值。在输入的时候,重新写值。
10	THLEIE	启用发送历史缓冲区溢出中断: 0,禁用发送历史缓冲区溢出中断; 1,启用发送历史缓冲区溢出中断。
9	MEIE	启用 FIFO 消息丢失中断: 0,禁用 FIFO 消息丢失中断; 1,启用 FIFO 消息丢失中断。
8	DEIE	启用 DLC 错误中断: 0,禁用 DLC 错误中断; 1,启用 DLC 错误中断。
7～3	保留	读取后,读取复位后的值。在输入的时候,重新写值。
2	GSLPR	全局停止模式: 0,除全局停止模式外其他模式; 1,全局停止模式。
1,0	GMDC[1：0]	全局模式选择: b1　　b0 0　　0,全局运行模式; 0　　1,全局复位模式; 1　　0,全局测试模式; 1　　1,设置禁止。

7) 全局状态寄存器 RSCAN0GSTS

该寄存器用于对 RSCAN0 通道全局状态进行检测,检测范围包括:RAM 初始化状态标志以及是否在全局模式的复位、停止和测试等状态,该寄存器的组成和功能分别如图 3.56 和表 3.47 所示。复位后的值为 0000 000DH。其访问方法与地址如下。

访问:RSCAN0GSTS,可以以 32 位为单位读取/写入;
　　　RSCAN0GSTSL,RSCAN0GSTSH 寄存器可以以 16 位为单位读取/写入;
　　　RSCAN0GSTSLL,RSCAN0GSTSLH,RSCAN0GSTSHL,RSCAN0GSTSHH 寄存器,可以以 8 位为
　　　单位读取/写入。
地址:RSCAN0GSTS: < RSCAN0_base> + 008CH;
　　　RSCAN0GSTSL: < RSCAN0_base> + 008CH;
　　　RSCAN0GSTSH: < RSCAN0_base> + 008EH;
　　　RSCAN0GSTSLL: < RSCAN0_base> + 008CH;
　　　RSCAN0GSTSLH: < RSCAN0_base> + 008DH;
　　　RSCAN0GSTSHL: < RSCAN0_base> + 008EH;
　　　RSCAN0GSTSHH: < RSCAN0_base> + 008FH。

位	31	30	29	28	27	26	25	24	23	22	21	20	19	18	17	16
	—	—	—	—	—	—	—	—	—	—	—	—	—	—	—	—
复位后的值	0	0	0	0	0	0	0	0	0	0	0	0	0	0	0	0

位	15	14	13	12	11	10	9	8	7	6	5	4	3	2	1	0
	—	—	—	—	—	—	—	—	—	—	—	—	GRAMINIT	GSLPSTS	GHLTSTS	GRSTSTS
复位后的值	0	0	0	0	0	0	0	0	0	0	0	0	0	0	0	0

▲ 图 3.56　全局状态寄存器(RSCAN0GSTS)的组成

表 3.47　全局状态寄存器(RSCAN0GSTS)功能

位位置	位名称	功　能
31~4	保留	读取后,读取复位后的值。
3	GRAMINIT	CAN RAM 初始化状态标志: 0,CAN RAM 初始化完成; 1,CAN RAM 初始化进行中。
2	GSLPSTS	全局停止状态标志: 0,不在全局停止状态下; 1,在全局停止状态下。
1	GHLTSTS	全局测试状态标志: 0,不在全局测试状态下; 1,在全局测试状态下。
0	GRSTSTS	全局复位状态标志: 0,不在全局复位状态下; 1,在全局复位状态下。

8) 全局错误标志寄存器 RSCAN0GERFL

该寄存器用于对 RSCAN0 通道全局错误标志进行检测,检测范围包括:发送历史缓冲区溢出状态标志、FIFO 消息丢失状态标志以及 DLC 的错误标志等标志,该寄存器组成和功能分别如图 3.57 和表 3.48 所示。复位后的值为 0000 0000H。其访问方法与地址如下:

访问:RSCAN0GERFL,可以以 32 位为单位读取/写入;
　　　RSCAN0GERFLL,RSCAN0GERFLH 寄存器可以以 8 位为单位读取/写入;
　　　RSCAN0GERFLLL,RSCAN0GERFLLH RSCAN0GERFLHL,RSCAN0GERFLHH 寄存器,可以以 8 位为单位读取/写入。
地址:RSCAN0GERFL: < RSCAN0_base> + 0090H;
　　　RSCAN0GERFLL: < RSCAN0_base> + 0090H;
　　　RSCAN0GERFLH: < RSCAN0_base> + 0092H;
　　　RSCAN0GERFLLL: < RSCAN0_base> + 0090H;
　　　RSCAN0GERFLLH: < RSCAN0_base> + 0091H;
　　　RSCAN0GERFLHL: < RSCAN0_base> + 0092H;
　　　RSCAN0GERFLHH: < RSCAN0_base> + 0093H。

位	31	30	29	28	27	26	25	24	23	22	21	20	19	18	17	16
	—	—	—	—	—	—	—	—	—	—	—	—	—	—	—	—
复位后的值	0	0	0	0	0	0	0	0	0	0	0	0	0	0	0	0

位	15	14	13	12	11	10	9	8	7	6	5	4	3	2	1	0
	—	—	—	—	—	—	—	—	—	—	—	—	—	THLES	MES	DEF
复位后的值	0	0	0	0	0	0	0	0	0	0	0	0	0	0	0	0

▲ 图 3.57　全局错误标志寄存器(RSCAN0GERFL)的组成

表 3.48　全局错误标志寄存器(RSCAN0GERFL)功能

位位置	位名称	功　　能
31~3	保留	读取后,读取复位后的值;在输入时,重新写值。
2	THLES	发送历史缓冲区溢出状态标志: 0,未发生发送历史缓冲区溢出; 1,发生发送历史缓冲区溢出。
1	MES	FIFO 消息丢失状态标志: 0,未发生 FIFO 消息丢失错误, 1,一个 FIFO 消息丢失错误已经发生。
0	DEF	DLC 的错误标志: 0,没有发生 DLC 错误, 1,发生 DLC 错误。

9) 全局 TX 中断状态寄存器 0(RSCAN0GTINTSTS0)

该寄存器用于对 RSCAN0 的通道 0、通道 1 和通道 2 的全局 TX 中断状态进行检测,检测范围包括发送历史中断状态标志、发送/接收 FIFO 发送中断状态标志以及发送队列中断状态标志等标志,寄存器的组成和功能分别如图 3.58 和表 3.49 所示。复位后的值为 0000 0000H。其访问方法与地址如下:

访问:RSCAN0GTINTSTS0,可以以 32 位为单位读取/写入;

RSCAN0GTINTSTS0L,RSCAN0GTINTSTS0H 寄存器可以以 16 位为单位读取/写入;

RSCAN0GTINTSTS0LL,RSCAN0GTINTSTS0LH,RSCAN0GTINTSTS0HL,RSCAN0GTINTSTS0HH
寄存器,可以以 8 位为单位读取/写入。

地址:RSCAN0GTINTSTS0: < RSCAN0_base> + 0460H;

RSCAN0GTINTSTS0L: < RSCAN0_base> + 0460H;

RSCAN0GTINTSTS0H: < RSCAN0_base> + 0462H;

RSCAN0GTINTSTS0LL: < RSCAN0_base> + 0460H;

RSCAN0GTINTSTS0LH: < RSCAN0_base> + 0461H;

RSCAN0GTINTSTS0HL: < RSCAN0_base> + 0462H;

RSCAN0GTINTSTS0HH: < RSCAN0_base> + 0463H。

位	31	30	29	28	27	26	25	24	23	22	21	20	19	18	17	16
	—	—	—	—	—	—	—	—	—	—	—	THIF2	CFTIF2	TQIF2	TAIF2	TSIF2
复位后的值	0	0	0	0	0	0	0	0	0	0	0	0	0	0	0	0

位	15	14	13	12	11	10	9	8	7	6	5	4	3	2	1	0
	—	—	—	THIF1	CFTIF1	TQIF1	TAIF1	TSIF1	—	—	—	THIF0	CFTIF0	TQIF0	TAIF0	TSIF0
复位后的值	0	0	0	0	0	0	0	0	0	0	0	0	0	0	0	0

▲ 图 3.58　全局 TX 中断状态寄存器 0(RSCAN0GTINTSTS0)的组成

表 3.49　全局 TX 中断状态寄存器 0(RSCAN0GTINTSTS0)功能

位位置	位名称	功　能
31～21	保留	读取后,读取复位后的值。
20	THIF2	通道 2 发送历史中断状态标志, 0:未请求发送历史中断; 1:请求发送历史中断。
19	CFTIF2	通道 2 发送/接收 FIFO 发送中断状态标志, 0:未请求发送/接收 FIFO 发送中断; 1:请求发送/接收 FIFO 发送中断。
18	TQIF2	通道 2 发送队列中断状态标志, 0:未请求发送队列中断; 1:请求发送队列中断。
17	TAIF2	通道 2 发送缓冲区中止状态标志, 0:未请求发送缓冲区中止; 1:请求发送缓冲区中止。
16	CFTIF2	通道 2 发送缓冲区中断状态标志, 0:未请求发送缓冲区发送完全中断; 1:请求发送缓冲区发送完全中断。
15～13	保留	读取后,读取复位后的值。
12	THIF1	通道 1 发送历史中断状态标志, 0:未请求发送历史中断; 1:请求发送历史中断。
11	CFTIF1	通道 1 发送/接收 FIFO 发送中断状态标志, 0:未请求发送/接收 FIFO 发送中断; 1:请求发送/接收 FIFO 发送中断。
10	TQIF1	通道 1 发送队列中断状态标志, 0:未请求发送队列中断; 1:请求发送队列中断。
9	TAIF1	通道 1 发送缓冲区中止状态标志, 0,未请求缓冲区中止; 1,请求发送缓冲区中止。
8	TSIF1	通道 1 发送缓冲区中断状态标志, 0,未请求发送缓冲区发送完成中断; 1,请求发送缓冲区发送完成中断。

（续表）

位位置	位名称	功　　能
7 到 5	保留	读取后,读取复位后的值。
4	THIF0	通道 0 发送历史中断状态标志, 0,未请求发送历史中断; 1,请求发送历史中断。
3	CFTIF0	通道 0 发送/接收 FIFO 发送中断状态标志, 0,未请求发送/接收 FIFO 发送中断; 1,请求发送/接收 FIFO 发送中断。
2	TQIF0	通道 0 发送队列中断状态标志, 0,未请求发送队列中断; 1,请求发送队列中断。
1	TAIF0	TAIF0 通道 0 发送缓冲区中止中断状态标志, 0,未请求缓冲区中止; 1,请求发送缓冲区中止。
0	TSIF0	通道 0 发送缓冲区中断状态标志, 0,未请求发送缓冲区发送完成中断; 1,请求发送缓冲区发送完成中断。

10）全局时间戳计数器寄存器 RSCAN0GTSC

该寄存器用于读取 RSCAN0 通道在通信过程中的时间戳的值,范围为 0000H～FFFFH,该寄存器组成和功能分别如图 3.59 和表 3.50 所示。复位后的值为 0000 0000$_H$。其访问方法与地址如下:

```
访问：RSCAN0GTSC,可以以 32 位为单位读取/写入;
      RSCAN0GTSCL,RSCAN0GTSCH 寄存器可以以 16 位为单位读取/写入。
地址：RSCAN0GTSC: < RSCAN0_base>  +  0094H;
      RSCAN0GTSCL: < RSCAN0_base>  +  0094H;
      RSCAN0GTSCH: < RSCAN0_base>  +  0096H;
      RSCAN0GTINTSTS0LL: < RSCAN0_base>  +  0460H;
      RSCAN0GTINTSTS0LH: < RSCAN0_base>  +  0461H;
      RSCAN0GTINTSTS0HL: < RSCAN0_base>  +  0462H;
      RSCAN0GTINTSTS0HH: < RSCAN0_base>  +  0463H。
```

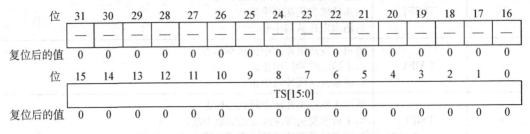

▲ 图 3.59　全局时间戳计数器寄存器（RSCAN0GTSC）的组成

表 3.50　全局时间戳计数器寄存器（RSCAN0GTSC）功能

位位置	位名称	功　能
15～0	TS[15：0]	时间戳值可以读取时间戳计数器的值。 计数器值：0000H～FFFFH

11）接收规则输入控制寄存器 RSCAN0GAFLECTR

该寄存器用于对 RSCAN0 的接收规则输入进行控制，包括接收规则表写入启用和接收规则表页码配置，其组成和功能分别如图 3.60 和表 3.51 所示。复位后的值为 0000 0000H。其访问方法与地址如下。

访问：RSCAN0GAFLECTR，可以以 32 位为单位读取/写入；
RSCAN0GAFLECTRL，RSCAN0GAFLECTRH 寄存器可以以 16 位为单位读取/写入；
RSCAN0GAFLECTRLL，RSCAN0GAFLECTRLH，RSCAN0GAFLECTRHL，RSCAN0GAFLECTRHH 寄存器，可以以 8 位为单位读取/写入。
地址：RSCAN0GAFLECTR: < RSCAN0_base> + 0098H；
RSCAN0GAFLECTRL: < RSCAN0_base> + 0098H；
RSCAN0GAFLECTRH: < RSCAN0_base> + 009AH；
RSCAN0GAFLECTRLL: < RSCAN0_base> + 0098H；
RSCAN0GAFLECTRLH: < RSCAN0_base> + 0099H；
RSCAN0GAFLECTRHL: < RSCAN0_base> + 009AH；
RSCAN0GAFLECTRHH: < RSCAN0_base> + 009BH。

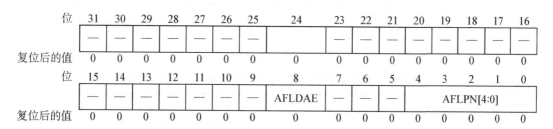

▲ 图 3.60　CAN 接收规则输入控制寄存器（RSCAN0GAFLECTR）的组成

表 3.51　接收规则输入控制寄存器（RSCAN0GAFLECTR）功能

位位置	位名称	功　能
31～9	保留	读取后，读取复位后的值；在输入时，重新写值。
8	AFLDAE	接收规则表写入启用： 0，禁用接收规则表写入； 1，启用接收规则表写入。
7～5	保留	读取后，读取复位后的值；在输入的时候，重新写值。
4～0	AFLPN[4：0]	接收规则表页码配置： 页码可以从 0（00000B）页到第 11 页（01011B）选择。

12）接收规则配置寄存器 0(RSCAN0GAFLCFG0)

该寄存器用于对 RSCAN0 的接收规则进行相关配置,包括通道 0、1 以及 2 的规则数量,其组成和功能分别如图 3.61 和表 3.52。复位后的值为 0000 0000H。其访问方法与地址如下。

访问:RSCAN0GAFLCFG0,可以以 32 位为单位读取/写入;
    RSCAN0GAFLCFG0L,RSCAN0GAFLCFG0H 寄存器可以以 16 位为单位读取/写入;
    RSCAN0GAFLCFG0LL, RSCAN0GAFLCFG0LH, RSCAN0GAFLCFG0HL, RSCAN0GAFLCFG0HH 寄存器,可以以 8 位为单位读取/写入。
地址:RSCAN0GAFLCFG0: < RSCAN0_base> + 009CH;
    RSCAN0GAFLCFG0L: < RSCAN0_base> + 009CH;
    RSCAN0GAFLCFG0H: < RSCAN0_base> + 009EH;
    RSCAN0GAFLCFG0LL: < RSCAN0_base> + 009CH;
    RSCAN0GAFLCFG0LH: < RSCAN0_base> + 009DH;
    RSCAN0GAFLCFG0HL: < RSCAN0_base> + 009EH;
    RSCAN0GAFLCFG0HH: < RSCAN0_base> + 009FH。

位	31	30	29	28	27	26	25	24	23	22	21	20	19	18	17	16
	RNC0[7:0]								RNC1[7:0]							
复位后的值	0	0	0	0	0	0	0	0	0	0	0	0	0	0	0	0

位	15	14	13	12	11	10	9	8	7	6	5	4	3	2	1	0
	RNC2[7:0]								—	—	—	—	—	—	—	—
复位后的值	0	0	0	0	0	0	0	0	0	0	0	0	0	0	0	0

▲ 图 3.61 接收规则配置寄存器 0（RSCAN0GAFLCFG0）的组成

表 3.52 接收规则配置寄存器 0(RSCAN0GAFLCFG0)功能

位位置	位名称	功 能
31～24	RNC0[7：0]	通道 0 的规则数量: 设置专门用于通道 0 的接收规则的数量。
23～16	RNC1[7：0]	通道 1 的规则数量: 设置专用于通道 1 的接收规则的数量。
15～8	RNC2[7：0]	通道 2 的规则数量: 设置专门用于通道 2 的接收规则的数量
7～0	保留	读取后,读取复位后的值;在输入的时候,重新写值。

注意:只有在全局复位模式下才能修改寄存器 RSCAN0GAFLCFG0。其每个通道的最大规则数量是 128。

13）接收规则 ID 寄存器 RSCAN0GAFLIDj（j 为 0～15)

该寄存器用于对 RSCAN0 的接收规则 ID 进行相关配置,包括 IDE 选择、RTR 选择、接收

规则目标消息选择以及设置接收规则的 ID,该寄存器的组成和功能分别如图 3.62 和表 3.53
所示。复位后的值为 0000 0000H。其访问方法与地址如下:

> 访问:RSCAN0GAFLIDj,可以以 32 位为单位读取/写入;
>
> 　RSCAN0GAFLIDjL,RSCAN0GAFLIDjH 寄存器可以以 16 位为单位读取/写入;
>
> 　RSCAN0GAFLIDjLL,RSCAN0GAFLIDjLH,RSCAN0GAFLIDjHL,RSCAN0GAFLIDjHH 寄存器,
>
> 　可以以 8 位为单位读取/写入。
>
> 地址:RSCAN0GAFLIDj: < RSCAN0_base> + 0500H + (10H × j);
>
> 　RSCAN0GAFLIDjL: < RSCAN0_base> + 0500H + (10H × j);
>
> 　RSCAN0GAFLIDjH: < RSCAN0_base> + 0502H + (10H × j);
>
> 　RSCAN0GAFLIDjLL: < RSCAN0_base> + 0500H + (10H × j);
>
> 　RSCAN0GAFLIDjLH: < RSCAN0_base> + 0501H + (10H × j);
>
> 　RSCAN0GAFLIDjHL: < RSCAN0_base> + 0502H + (10H × j);
>
> 　RSCAN0GAFLIDjHH: < RSCAN0_base> + 0503H + (10H × j)。

位	31	30	29	28	27	26	25	24	23	22	21	20	19	18	17	16
	GAFLIDE	GAFLRTR	GAFLLB	GAFLID[28:0]												
复位后的值	0	0	0	0	0	0	0	0	0	0	0	0	0	0	0	0

位	15	14	13	12	11	10	9	8	7	6	5	4	3	2	1	0
	GAFLID[28:0]															
复位后的值	0	0	0	0	0	0	0	0	0	0	0	0	0	0	0	0

▲ 图 3.62　接收规则 ID 寄存器(RSCAN0GAFLIDj)的组成

表 3.53　接收规则 ID 寄存器 RSCAN0GAFLIDj(j 为 0～15)功能

位位置	位名称	功　　能
31	GAFLIDE	IDE 选择: 0,标准 ID; 1,扩展的 ID。
30	GAFLRTR	RTR 选择: 0,数据帧; 1,远程帧。
29	GAFLLB	接收规则目标消息选择 0,从另一个 CAN 节点发送的消息被接收时; 1,收到自己发送的信息时。
28～0	GAFLID[28:0]	ID: 设置接收规则的 ID; 对于标准 ID,将 ID 设置为位 b10 到 b0,并将位 b11～b22 设置为 0。

注意:只有在寄存器 RSCAN0GAFLECTR 中的 AFLDAE 位在全局复位模式下设置为 1
(接收规则表写入)时,才能对寄存器 RSCAN0GAFLIDj 进行修改。

14) 接收规则掩码寄存器 RSCAN0GAFLMj (j 为 0～15)

该寄存器用于决定是否对 RSCAN0 的接收规则有关掩码进行比较的相关配置,包括 IDE 掩码、RTR 掩码以及 ID 掩码的比较,寄存器的组成和功能分别如图 3.63 和表 3.54 所示。复位后的值为 0000 0000H。访问方法与地址如下:

访问:RSCAN0GAFLMj,可以以 32 位为单位读取/写入;

　　　RSCAN0GAFLMjL,RSCAN0GAFLMjH 寄存器可以以 16 位为单位读取/写入;

　　　RSCAN0GAFLMjLL,RSCAN0GAFLMjLH,RSCAN0GAFLMjHL,RSCAN0GAFLMjHH 寄存器,可以

　　　以 8 位为单位读取/写入。

地址:RSCAN0GAFLMj: < RSCAN0_base> + 0504H + (10H × j);

　　　RSCAN0GAFLMjL: < RSCAN0_base> + 0504H + (10H × j);

　　　RSCAN0GAFLMjH: < RSCAN0_base> + 0506H + (10H × j);

　　　RSCAN0GAFLMjLL: < RSCAN0_base> + 0504H + (10H × j);

　　　RSCAN0GAFLMjLH: < RSCAN0_base> + 0505H + (10H × j);

　　　RSCAN0GAFLMjHL: < RSCAN0_base> + 0506H + (10H × j);

　　　RSCAN0GAFLMjHH: < RSCAN0_base> + 0507H + (10H × j)。

位	31	30	29	28	27	26	25	24	23	22	21	20	19	18	17	16
	GAFLIDE	GAFLRTR	—	\multicolumn{13}{GAFLIDM[28:0]}
复位后的值	0	0	0	0	0	0	0	0	0	0	0	0	0	0	0	0
位	15	14	13	12	11	10	9	8	7	6	5	4	3	2	1	0
	\multicolumn{16}{GAFLIDM[28:0]}
复位后的值	0	0	0	0	0	0	0	0	0	0	0	0	0	0	0	0

▲ 图 3.63　接收规则掩码寄存器(RSCAN0GAFLMj)的组成

表 3.54　接收规则掩码寄存器[RSCAN0GAFLMj(j 为 0～15)]功能

位位置	位名称	功　能
31	GAFLIDE	IDE 掩码: 0,未比较 IDE 位; 1,比较了 IDE 位。
30	GAFLRTR	RTR 掩码: 0,未比较 RTR 位; 1,比较了 RTR 位。
29	保留	读取后,读取复位后的值;在输入的时候,重新写值。
28 到 0	GAFLIDM[28:0]	ID 掩码: 0,未比较相应的 ID 位; 1,比较了相应的 ID 位。

注意:只有当寄存器 RSCAN0GAFLECTR 中的 AFLDAE 位在全局复位模式下设置为 1 (接收规则表写入)时,才能对寄存器 RSCAN0GAFLMj 进行修改。

15) 接收规则指针 0 寄存器 RSCAN0GAFLP0j (j 为 0～15)

该寄存器用于决定是否对 RSCAN0 的接收规则指针 0 进行相关配置,包括 DLC 接收规则设置、接收规则标签设置、接收缓冲区的启用以及数量选择等,该寄存器的组成和功能分别如图 3.64 和表 3.55 所示。复位后的值为 0000 0000H。其访问方法与地址如下:

访问:RSCAN0GAFLP0j,可以以 32 位为单位读取/写入;

　　　RSCAN0GAFLP0jL,RSCAN0GAFLP0jH 寄存器可以以 16 位为单位读取/写入;

　　　RSCAN0GAFLP0jLL,RSCAN0GAFLP0jLH,RSCAN0GAFLP0jHL,RSCAN0GAFLP0jHH 寄存器,

　　　可以以 8 位为单位读取/写入。

地址:RSCAN0GAFLP0j: < RSCAN0_base> + 0508H + (10H × j);

　　　RSCAN0GAFLP0jL: < RSCAN0_base> + 0508H + (10H × j);

　　　RSCAN0GAFLP0jH: < RSCAN0_base> + 050AH + (10H × j);

　　　RSCAN0GAFLP0jLL: < RSCAN0_base> + 0508H + (10H × j);

　　　RSCAN0GAFLP0jLH: < RSCAN0_base> + 0509H + (10H × j);

　　　RSCAN0GAFLP0jHL: < RSCAN0_base> + 050AH + (10H × j);

　　　RSCAN0GAFLP0jHH: < RSCAN0_base> + 050BH + (10H × j)。

位	31	30	29	28	27	26	25	24	23	22	21	20	19	18	17	16
	GAFLDLC[3:0]				GAFLPTR[11:0]											
复位后的值	0	0	0	0	0	0	0	0	0	0	0	0	0	0	0	0
位	15	14	13	12	11	10	9	8	7	6	5	4	3	2	1	0
	GAFLRMV	GAFLRMDP[6:0]							—	—	—	—	—	—	—	—
复位后的值	0	0	0	0	0	0	0	0	0	0	0	0	0	0	0	0

▲ 图 3.64　接收规则指针 0 寄存器(RSCAN0GAFLP0j)的组成

表 3.55　接收规则指针 0 寄存器[RSCAN0GAFLP0j(j 为 0～15)]功能

位位置	位名称	功　　能
31～28	GAFLDLC[3：0]	DLC 接收规则 b31　b30　b29　b28 0　　0　　0　　0,禁用 DLC 检查; 0　　0　　0　　1,1 数据字节; 0　　0　　1　　0,2 数据字节; 0　　0　　1　　1,3 数据字节 0　　1　　0　　0,4 数据字节 0　　1　　0　　1,5 数据字节 0　　1　　1　　0,6 数据字节 0　　1　　1　　1,7 数据字节 1　　X　　X　　X,8 数据字节
27～16	GAFLPTR[11：0]	接收规则标签 设置 12 位标签信息。

（续表）

位位置	位名称	功　能
15	GAFLRMV	启用接收缓冲区 0:未使用接收缓冲区, 1:使用接收缓冲区。
14~8	GAFLRMDP[6:0]	接收缓冲区数量选择: 设置接收缓冲区号以存储接收消息。
7~0	保留	读取后,读取复位后的值。在输入的时候,重新写值。

注意:只有当寄存器 RSCAN0GAFLECTR 中的 AFLDAE 位在全局复位模式下设置为 1（接收规则表写入）时,才能对寄存器 RSCAN0GAFLP0j 进行修改。

16）接收规则指针 1 寄存器 RSCAN0GAFLP1j（j 为 0~15）

该寄存器用于决定是否对 RSCAN0 的接收规则指针 1 进行相关配置,包括:发送/接收 FIFO 缓冲器 k 选择以及接收 FIFO 缓冲器 x 选择,其中目标发送/接收 FIFO 缓冲数字 $k=$ 位位置-8,目标接收 FIFO 缓冲区号 $x=$ 位位置。寄存器的组成和功能分别如图 3.65 和表 3.56 所示。复位后的值为 0000 0000H。其访问方法与地址如下:

访问:RSCAN0GAFLP1j,可以以 32 位为单位读取/写入;

RSCAN0GAFLP1jL,RSCAN0GAFLP1jH 寄存器可以以 16 位为单位读取/写入;

RSCAN0GAFLP1jLL,RSCAN0GAFLP1jLH,RSCAN0GAFLP1jHL,RSCAN0GAFLP1jHH 寄存器,

可以以 8 位为单位读取/写入。

地址:RSCAN0GAFLP1j: < RSCAN0_base> + 050CH + (10H × j);

RSCAN0GAFLP1jL: < RSCAN0_base> + 050CH + (10H × j);

RSCAN0GAFLP1jH: < RSCAN0_base> + 050EH + (10H × j);

RSCAN0GAFLP1jLL: < RSCAN0_base> + 050CH + (10H × j);

RSCAN0GAFLP1jLH: < RSCAN0_base> + 050DH + (10H × j);

RSCAN0GAFLP1jHL: < RSCAN0_base> + 050EH + (10H × j);

RSCAN0GAFLP1jHH: < RSCAN0_base> + 050FH + (10H × j)。

位	31	30	29	28	27	26	25	24	23	22	21	20	19	18	17	16
	GAFLFDP [16:8]															GAFLFDP[16:8]
复位后的值	0	0	0	0	0	0	0	0	0	0	0	0	0	0	0	0

位	15	14	13	12	11	10	9	8	7	6	5	4	3	2	1	0
	GAFLFDP [16:8]								GAFLFDP[7:0]							
复位后的值	0	0	0	0	0	0	0	0	0	0	0	0	0	0	0	0

▲ 图 3.65　接收规则指针 1 寄存器（RSCAN0GAFLP1j）的组成

表 3.56　接收规则指针 1 寄存器[RSCAN0GAFLP1j(j 为 0～15)]功能

位位置	位名称	功　能
31～17	保留	读取后，读取复位后的值；在输入时，重新写值。
16～8	GAFLFDP[16:8]	发送/接收 FIFO 缓冲器 k 选择 (位位置－8＝目标发送/接收 FIFO 缓冲数字 k)； 0,未选择发送/接收 FIFO 缓冲器； 1,选择发送/接收 FIFO 缓冲器。
7～0	GAFLFDP[7:0]	接收 FIFO 缓冲器 x 选择： (位位置＝目标接收 FIFO 缓冲区号 x) 0,未选择接收 FIFO 缓冲器； 1,接收 FIFO 缓冲器。

注意：只有当寄存器 RSCAN0GAFLECTR 中的 AFLDAE 位在全局复位模式下设置为 1（接收规则表写入）时，才能对寄存器 RSCAN0GAFLP1j 进行修改。

17) 接收缓冲数量寄存器 RSCAN0RMNB

该寄存器用于决定是否对 RSCAN0 的接收缓冲器数量进行设置，设置范围为 0～48。寄存器的组成和功能分别如图 3.66 和表 3.57 所示。复位后的值为 0000 0000H。其访问方法与地址如下：

访问：RSCAN0RMNB,可以以 32 位为单位读取/写入；

　　　RSCAN0RMNBL,RSCAN0RMNBH 寄存器可以以 16 位单位读取/写入；

　　　RSCAN0RMNBLL,RSCAN0RMNBLH,RSCAN0RMNBHL,RSCAN0RMNBHH 寄存器,可以以 8 位为单位读取/写入。

地址：RSCAN0RMNB: < RSCAN0_base> + 00A4H；

　　　RSCAN0RMNBL: < RSCAN0_base> + 00A4H；

　　　RSCAN0RMNBH: < RSCAN0_base> + 00A6H；

　　　RSCAN0RMNBLL: < RSCAN0_base> + 00A4H；

　　　RSCAN0RMNBLH: < RSCAN0_base> + 00A5H；

　　　RSCAN0RMNBHL: < RSCAN0_base> + 00A6H；

　　　RSCAN0RMNBHH: < RSCAN0_base> + 00A7H。

位	31	30	29	28	27	26	25	24	23	22	21	20	19	18	17	16
	—	—	—													
复位后的值	0	0	0	0	0	0	0	0	0	0	0	0	0	0	0	0

位	15	14	13	12	11	10	9	8	7	6	5	4	3	2	1	0
	—	—	—	—	—	—	—	—	NRXMB[7:0]							
复位后的值	0	0	0	0	0	0	0	0	0	0	0	0	0	0	0	0

▲ 图 3.66　接收缓冲数量寄存器(RSCAN0RMNB)的组成

表 3.57　RSCAN0RMNB(接收缓冲数量寄存器)功能

位位置	位名称	功　能
31～8	保留	读取后,读取复位后的值,在输入时,重新写值。
7～0	NRXMB[7:0]	接收缓冲区数量配置: 设置接收缓冲区的数量; 设置 0～48 的值。

注意:只有在全局复位模式下才能对 RSCAN0RMNB 寄存器进行修改。

18) 接收缓冲区新数据寄存器 RSCAN0RMNDy(y=0,1)

该寄存器用于对 RSCAN0 的接收缓冲器中是否存在新的消息进行检测,其结构和功能分别如图 3.67 和表 3.58。复位后的值为 0000 0000H。访问方法与地址如下。

访问:RSCAN0RMND0,可以以 32 位为单位读取/写入;

RSCAN0RMND0L,RSCAN0RMND0H 寄存器可以用 16 位单位读取/写入;

RSCAN0RMND0LL,RSCAN0RMND0LH,RSCAN0RMND0HL,RSCAN0RMND0HH 寄存器可以以 8 位为单位读取/写入。

地址:RSCAN0RMND0: < RSCAN0_base> + 00A8H + (y × 0004$_H$) ;

RSCAN0RMND0L: < RSCAN0_base> + 00A8H + (y × 0004$_H$) ;

RSCAN0RMND0H: < RSCAN0_base> + 00AAH + (y × 0004$_H$) ;

RSCAN0RMND0LL: < RSCAN0_base> + 00A8H + (y × 0004$_H$) ;

RSCAN0RMND0LH: < RSCAN0_base> + 00A9H + (y × 0004$_H$) ;

RSCAN0RMND0HL: < RSCAN0_base> + 00AAH + (y × 0004$_H$) ;

RSCAN0RMND0HH: < RSCAN0_base> + 00ABH + (y × 0004$_H$) 。

位	31	30	29	28	27	26	25	24	23	22	21	20	19	18	17	16
								RMNSq								
复位后的值	0	0	0	0	0	0	0	0	0	0	0	0	0	0	0	0
位	15	14	13	12	11	10	9	8	7	6	5	4	3	2	1	0
								RMNSq								
复位后的值	0	0	0	0	0	0	0	0	0	0	0	0	0	0	0	0

▲ 图 3.67　接收缓冲区新数据寄存器(RSCAN0RMNDy)的组成

表 3.58　接收缓冲区新数据寄存器 y[RSCAN0RMNDy(y=0,1)]功能

位位置	位名称	功　能
31～16	RMNSq	接收缓冲区接收完成标志 q(q=y×32+31 到 y×32+16) 0:在接收缓冲区 q 中没有新消息; 1:在接收缓冲区 q 中有一个新消息,当 y=1 时,这些位是保留的。读取后,读取复位后的值。在写的时候,重新写值。
15～0	RMNSq	接收缓冲区接收完成标志 q(q=y×32+15 到 y×32+0): 0,在接收缓冲区 q 中没有新消息; 1,接收缓冲区 q 有一个新消息。

通过向该标志位写入"0"的操作来将该标志清零。

注意：只有在全局操作模式或全局测试模式下，才能够将 0 写到寄存器 RSCAN0RMND0。当正在存储消息时这些位无法清零。

19) 接收缓冲 ID 寄存器 RSCAN0RMIDq（q 为 0~47）

该寄存器用于对 RSCAN0 的接收缓冲区 ID 进行读取，包括接收缓冲区 IDE、RTR 以及接收缓冲区 ID 数据，其组成和功能分别如图 3.68 和表 3.59 所示。复位后的值为 0000 0000H。其访问方法与地址如下：

访问：RSCAN0RMIDq，可以以 32 位为单位读取；

　　　RSCAN0RMIDqL，RSCAN0RMIDqH 寄存器可以以 16 位为单位读取；

　　　RSCAN0RMIDqLL，RSCAN0RMIDqLH，RSCAN0RMIDqHL，RSCAN0RMIDqHH 寄存器可以以 8 位为单位读取。

地址：RSCAN0RMIDq: < RSCAN0_base> + 0600H + (10H × q)；

　　　RSCAN0RMIDqL: < RSCAN0_base> + 0600H + (10H × q)；

　　　RSCAN0RMIDqH: < RSCAN0_base> + 0602H + (10H × q)；

　　　RSCAN0RMIDqLL: < RSCAN0_base> + 0600H + (10H × q)；

　　　RSCAN0RMIDqLH: < RSCAN0_base> + 0601H + (10H × q)；

　　　RSCAN0RMIDqHL: < RSCAN0_base> + 0602H + (10H × q)；

　　　RSCAN0RMIDqHH: < RSCAN0_base> + 0603H + (10H × q)。

位	31	30	29	28	27	26	25	24	23	22	21	20	19	18	17	16
	RMIDE	RMRTR	—	RMID[28:0]												
复位后的值	0	0	0	0	0	0	0	0	0	0	0	0	0	0	0	0

位	15	14	13	12	11	10	9	8	7	6	5	4	3	2	1	0
	RMID[28:0]															
复位后的值	0	0	0	0	0	0	0	0	0	0	0	0	0	0	0	0

▲ 图 3.68　CAN 接收缓冲 ID 寄存器（RSCAN0RMIDq）的组成

表 3.59　接收缓冲 ID 寄存器［RSCAN0RMIDq(q 为 0~47)］功能

位位置	位名称	功　　能
31	RMIDE	接收缓冲区 IDE： 0，标准 ID； 1，扩展的 ID。
30	RMRTR	接收缓冲区 RTR： 0，数据帧； 1，远程帧。
29	保留	读取后，读取复位后的值。
28~0	RMID[28：0]	接收缓冲区 ID 数据： 这些位含所接收消息的标准 ID 或扩展 ID，为标准 ID 读取位 b10~b0，b28~b11 的二进制数为 0。

RMIDE 位表示的是缓冲区存储信息的 ID 格式(标准 ID 或者扩展 ID)。RMRTR 位表示的是缓冲区存储信息的帧的格式(数据帧或者远程帧)。RMID 位表示的是缓冲区存储的信息的 ID。

注意:q 为 0~31 针对有两个通道的设备。

20) 接收缓冲指针寄存器 RSCAN0RMPTRq (q 为 0~47)[*]

该寄存器用于对 RSCAN0 的接收缓冲区指针进行读取,包括 DLC 数据接收缓冲区、接收缓冲区标签数据以及时间戳数据,其组成和功能分别如图 3.69 和表 3.60 所示。复位后的值为 0000 0000H。其访问方法与地址如下:

访问:RSCAN0RMPTRq,可以以 32 位为单位读取;

RSCAN0RMPTRqL,RSCAN0RMPTRqH 寄存器可以以 16 位为单位读取;

RSCAN0RMPTRqLL,RSCAN0RMPTRqLH,RSCAN0RMPTRqHL,RSCAN0RMPTRqHH 寄存器可以以 8 位为单位读取。

地址:RSCAN0RMPTRq: < RSCAN0_base> + 0604H + (10H × q);

RSCAN0RMPTRqL: < RSCAN0_base> + 0604H + (10H × q);

RSCAN0RMPTRqH: < RSCAN0_base> + 0606H + (10H × q);

RSCAN0RMPTRqLL: < RSCAN0_base> + 0604H + (10H × q);

RSCAN0RMPTRqLH: < RSCAN0_base> + 0605H + (10H × q);

RSCAN0RMPTRqHL: < RSCAN0_base> + 0606H + (10H × q);

RSCAN0RMPTRqHH: < RSCAN0_base> + 0607H + (10H × q)。

位	31	30	29	28	27	26	25	24	23	22	21	20	19	18	17	16
	RMDLC[3:0]				GAFLPTR[11:0]											
复位后的值	0	0	0	0	0	0	0	0	0	0	0	0	0	0	0	0

位	15	14	13	12	11	10	9	8	7	6	5	4	3	2	1	0
	RMTS[15:0]															
复位后的值	0	0	0	0	0	0	0	0	0	0	0	0	0	0	0	0

▲ 图 3.69 接收缓冲指针寄存器(RSCAN0RMPTRq)的组成

表 3.60 接收缓冲指针寄存器[RSCAN0RMIDq(q 为 0~47)]功能

位位置	位名称	功 能
31~28	RMDLC[3:0]	DLC 数据接收缓冲区 b31 b30 b29 b28 0 0 0 0:无数据字节; 0 0 0 1:1 数据字节; 0 0 1 0:2 数据字节; 0 0 1 1:3 数据字节; 0 1 0 0:4 数据字节; 0 1 0 1:5 数据字节; 0 1 1 0:6 数据字节; 0 1 1 1:7 数据字节; 1 X X X:8 数据字节。

位位置	位名称	功　　能
27～16	GAFLPTR[11：0]	接收缓冲区标签数据： 所接收消息的标签信息。
15～0	RMTS[15：0]	接收缓冲区的时间戳数据： 所接收消息的时间戳值。

注意：q 为 0～31 针对有两个通道的设备。

21）接收缓冲区数据字段 0 寄存器 RSCAN0RMDF0q（q 为 0～47）

该寄存器用于对 RSCAN0 的接收缓冲区数据字段 0 进行读取，通过该寄存器可以读取存储在接收缓冲区中的消息的数据，其组成和功能分别如图 3.70 和表 3.61 所示。复位后的值为 0000 0000H。其访问方法与地址如下：

访问：RSCAN0RMDF0q，可以以 32 位为单位读取；

　　　RSCAN0RMDF0qL，RSCAN0RMDF0qH 寄存器可以以 16 位为单位读取；

　　　RSCAN0RMDF0qLL，RSCAN0RMDF0qLH，RSCAN0RMDF0qHL，RSCAN0RMDF0qHH 寄存器可以以 8 位为单位读取。

地址：RSCAN0RMDF0q：< RSCAN0_base> ＋ 0608H ＋（10H× q）；

　　　RSCAN0RMDF0qL：< RSCAN0_base> ＋ 0608H ＋（10H × q）；

　　　RSCAN0RMDF0qH：< RSCAN0_base> ＋ 060AH ＋（10H × q）；

　　　RSCAN0RMDF0qLL：< RSCAN0_base> ＋ 0608H ＋（10H × q）；

　　　RSCAN0RMDF0qLH：< RSCAN0_base> ＋ 0609H ＋（10H × q）；

　　　RSCAN0RMDF0qHL：< RSCAN0_base> ＋ 060AH ＋（10H × q）；

　　　RSCAN0RMDF0qHH：< RSCAN0_base> ＋ 060BH ＋（10H × q）。

▲ 图 3.70　接收缓冲区数据字段 0 寄存器（RSCAN0RMDF0q）的组成

表 3.61　接收缓冲区数据字段 0 寄存器［RSCAN0RMDF0q（q 为 0～47）］功能

位位置	位名称	功　　能
31～24	RMDB3[7：0]	接收缓冲区数据字节 3； 接收缓冲区数据字节 2； 接收缓冲区数据字节 1； 接收缓冲区数据字节 0； 可以读取存储在接收缓冲区中的消息的数据。
23～16	RMDB2[7：0]	
15～8	RMDB1[7：0]	
7～0	RMDB0[7：0]	

注意：只有当寄存器 RSCAN0RMPTRq 中的 RMDLC[3：0] 值小于 1000B 时，未设置数据的数据字节读取值为 00H。q 为 0～31，针对有两个通道的设备。

22）接收缓冲区数据字段 1 寄存器 RSCAN0RMDF1q（q 为 0～47）

该寄存器用于对 RSCAN0 的接收缓冲区数据字段 1 进行读取，通过该寄存器可以读取存储在接收缓冲区中的消息数据，寄存器组成和功能分别如图 3.71 和表 3.62 所示。复位后的值为 0000 0000H。访问方法与地址如下：

访问：RSCAN0RMDF1q，可以以 32 位为单位读取；
　　　RSCAN0RMDF1qL，RSCAN0RMDF1qH 寄存器可以以 16 位为单位读取；
　　　RSCAN0RMDF1qLL，RSCAN0RMDF1qLH，RSCAN0RMDF1qHL，RSCAN0RMDF1qHH 寄存器可以
　　　以 8 位为单位读取。
地址：RSCAN0RMDF1q：< RSCAN0_base > + 060CH + （10H × q）；
　　　RSCAN0RMDF1qL：< RSCAN0_base > + 060CH + （10H × q）；
　　　RSCAN0RMDF1qH：< RSCAN0_base > + 060EH + （10H × q）；
　　　RSCAN0RMDF1qLL：< RSCAN0_base > + 060CH + （10H × q）；
　　　RSCAN0RMDF1qLH：< RSCAN0_base > + 060DH + （10H × q）；
　　　RSCAN0RMDF1qHL：< RSCAN0_base > + 060EH + （10H × q）；
　　　RSCAN0RMDF1qHH：< RSCAN0_base > + 060FH + （10H × q）。

位	31	30	29	28	27	26	25	24	23	22	21	20	19	18	17	16
	RMDB7[7:0]								RMDB6[7:0]							
复位后的值	0	0	0	0	0	0	0	0	0	0	0	0	0	0	0	0
位	15	14	13	12	11	10	9	8	7	6	5	4	3	2	1	0
	RMDB5[7:0]								RMDB4[7:0]							
复位后的值	0	0	0	0	0	0	0	0	0	0	0	0	0	0	0	0

▲ 图 3.71　接收缓冲区数据字段 1 寄存器（RSCAN0RMDF1q）的组成

表 3.62　接收缓冲区数据字段 1 寄存器［RSCAN0RMDF1q（q 为 0～47）*］功能

位位置	位名称	功　　能
31～24	RMDB7［7：0］	接收缓冲区数据字节 7；
23～16	RMDB6［7：0］	接收缓冲区数据字节 6；
15～8	RMDB5［7：0］	接收缓冲区数据字节 5； 接收缓冲区数据字节 4；
7～0	RMDB4［7：0］	可以读取存储在接收缓冲区中的消息的数据。

注意：只有当 RSCAN0RMPTRq 寄存器中的 RMDLC[3：0] 值小于 1000B 时，未设置数据的数据字节读取值为 00H。q 为 0～31，针对有两个通道的设备。

23）接收 FIFO 缓冲区配置和控制寄存器 RSCAN0RFCCx（x 为 0～7）

该寄存器用于对 RSCAN0 的接收 FIFO 缓冲区进行相关配置和控制，包括接收 FIFO 中断的启闭以及请求定时选择、接收 FIFO 缓冲区深度配置等功能，该寄存器的组成和功能分别

如图 3.72 和表 3.63 所示。复位后的值为 0000 0000H。其访问方法与地址如下：

> 访问：RSCAN0RFCCx，可以以 32 位为单位读取/写入；
> RSCAN0RFCCxL，RSCAN0RFCCxH 寄存器可以以 16 位为单位读取/写入；
> RSCAN0RFCCxLL，RSCAN0RFCCxLH，RSCAN0RFCCxHL，RSCAN0RFCCxHH 寄存器可以以 8 位为单位读取/写入。
> 地址：RSCAN0RFCCx: < RSCAN0_base> + 00B8H + (04H × x)；
> RSCAN0RFCCxL: < RSCAN0_base> + 00B8H + (04H× x)；
> RSCAN0RFCCxH: < RSCAN0_base> + 00BAH + (04H× x)；
> RSCAN0RFCCxLL: < RSCAN0_base> + 00B8H + (04H × x)；
> RSCAN0RFCCxLH: < RSCAN0_base> + 00B9H + (04H× x)；
> RSCAN0RFCCxHL: < RSCAN0_base> + 00BAH + (04H × x)；
> RSCAN0RFCCxHH: < RSCAN0_base> + 00BBH + (04H × x)。

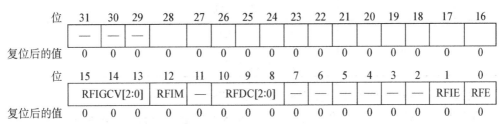

▲ 图 3.72　接收 FIFO 缓冲区配置和控制寄存器（RSCAN0RFCCx）的组成

表 3.63　接收 FIFO 缓冲区配置和控制寄存器［RSCAN0RFCCx（x 为 0～7）］功能

位位置	位名称	功　能
31～16	保留	读取后，读取复位后的值；在输入时，重新写值。
15～13	RFIGCV[2：0]	接收 FIFO 中断请求定时选择 b15　b14　b13 0　　0　　0：当 FIFO 是 1/8 满； 0　　0　　1：当 FIFO 是 2/8 满； 0　　1　　0：当 FIFO 是 3/8 满； 0　　1　　1：当 FIFO 是 4/8 满； 1　　0　　0：当 FIFO 是 5/8 满； 1　　0　　1：当 FIFO 是 6/8 满； 1　　1　　0：当 FIFO 是 8/8 满； 1　　1　　1：当 FIFO 满。
12	RFIM	接收 FIFO 中断源选择， 0：满足 RFIGCV[2：0]位设置的条件时发生中断； 1：每次收到消息时都会发生中断。
11	保留	读取后，读取复位后的值；在输入时，重新写值。

（续表）

位位置	位名称	功　能
10～8	RFDC[2：0]	接收 FIFO 缓冲区深度配置 b10　b9　b8 0　　0　　0：0 信息； 0　　0　　1：4 信息； 0　　1　　0：8 信息； 0　　1　　1：16 信息； 1　　0　　0：32 信息； 1　　0　　1：48 信息； 1　　1　　0：64 信息； 1　　1　　1：128 信息。
7～2	保留	读取后，读取复位后的值；在输入的时候，重新写值。
1	RFIE	启用接收 FIFO 中断， 0：禁用接收 FIFO 中断； 1：启用接收 FIFO 中断。
0	RFE	启用接收 FIFO 缓冲区， 0：禁用接收 FIFO 缓冲区； 1：启用 FIFO 缓冲器。

24）接收 FIFO 缓冲状态寄存器 RSCAN0RFSTSx（x 为 0～7）

该寄存器用于对 RSCAN0 的接收 FIFO 缓冲区的状态进行检测，检测范围包括：未读消息计数器、中断请求标志、消息丢失的标志、满状态标志以及空状态标志，该寄存器的组成和功能分别如图 3.73 和表 3.64 所示。复位后的值为 0000 0001H。其访问方法与地址如下：

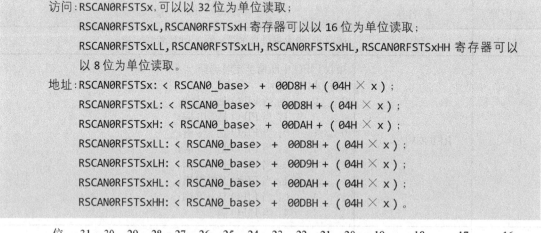

访问：RSCAN0RFSTSx，可以以 32 位为单位读取；
　　　RSCAN0RFSTSxL，RSCAN0RFSTSxH 寄存器可以以 16 位为单位读取；
　　　RSCAN0RFSTSxLL，RSCAN0RFSTSxLH，RSCAN0RFSTSxHL，RSCAN0RFSTSxHH 寄存器可以
　　　以 8 位为单位读取。
地址：RSCAN0RFSTSx：< RSCAN0_base> + 00D8H + （04H × x）；
　　　RSCAN0RFSTSxL：< RSCAN0_base> + 00D8H + （04H × x）；
　　　RSCAN0RFSTSxH：< RSCAN0_base> + 00DAH + （04H × x）；
　　　RSCAN0RFSTSxLL：< RSCAN0_base> + 00D8H + （04H × x）；
　　　RSCAN0RFSTSxLH：< RSCAN0_base> + 00D9H + （04H × x）；
　　　RSCAN0RFSTSxHL：< RSCAN0_base> + 00DAH + （04H × x）；
　　　RSCAN0RFSTSxHH：< RSCAN0_base> + 00DBH + （04H × x）。

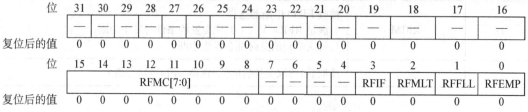

▲ 图 3.73　接收 FIFO 缓冲状态寄存器（RSCAN0RFSTSx）的组成

表 3.64 接收 FIFO 缓冲状态寄存器[RSCAN0RFSTSx(x 为 0~7)]功能

位位置	位名称	功 能
31~16	保留	读取后,读取复位后的值;在输入时,重新写值。
15~8	RFMC[7:0]	接收 FIFO 未读消息计数器: 显示存储在接收 FIFO 缓冲区中的未读消息的数量。
7~4	保留	读取后,读取复位后的值;在输入时,重新写值。
3	RFIF	接收 FIFO 中断请求标志: 0,没有接收 FIFO 中断请求; 1,接收 FIFO 中断请求。
2	RFMLT	接收 FIFO 消息丢失的标志: 0,没有接收 FIFO 消息丢失; 1,接收 FIFO 消息丢失。
1	RFFLL	接收 FIFO 缓冲区的完整状态标志: 0,接收 FIFO 缓冲区未满; 1,接收 FIFO 缓冲区已满。
0	RFEMP	接收 FIFO 缓冲区空状态标志: 0,接收 FIFO 缓冲区包含未读消息; 1,接收 FIFO 缓冲区不包含未读消息(缓冲区为空)。

25) 接收 FIFO 缓冲指针控制寄存器 RSCAN0RFPCTRx（x 为 0~7）

该寄存器用于对 RSCAN0 的接收 FIFO 缓冲指针进行控制,其组成和功能分别如图 3.74 和表 3.65 所示。复位后的值为 0000 0000H。其访问方法与地址如下：

访问：RSCAN0RFPCTRx,可以以 32 位为单位写入；
　　　RSCAN0RFPCTRxL,RSCAN0RFPCTRxH 寄存器可以以 16 位为单位写入；
　　　RSCAN0RFPCTRxLL,RSCAN0RFPCTRxLH,RSCAN0RFPCTRxHL,RSCAN0RFPCTRxHH 寄存器
　　　可以以 8 位为单位写入。
地址：RSCAN0RFPCTRx: < RSCAN0_base> + 00F8H + (04H × x) ;
　　　RSCAN0RFPCTRxL: < RSCAN0_base> + 00F8H + (04H × x) ;
　　　RSCAN0RFPCTRxH: < RSCAN0_base> + 00FAH + (04H × x) ;
　　　RSCAN0RFPCTRxLL: < RSCAN0_base> + 00F8H + (04H × x) ;
　　　RSCAN0RFPCTRxLH: < RSCAN0_base> + 00F9H + (04H × x) ;
　　　RSCAN0RFPCTRxHL: < RSCAN0_base> + 00FAH + (04H × x) ;
　　　RSCAN0RFPCTRxHH: < RSCAN0_base> + 00FBH + (04H × x) 。

位	31	30	29	28	27	26	25	24	23	22	21	20	19	18	17	16
	—	—	—	—	—	—	—	—	—	—	—	—	—	—	—	—
复位后的值	0	0	0	0	0	0	0	0	0	0	0	0	0	0	0	0

位	15	14	13	12	11	10	9	8	7	6	5	4	3	2	1	0
	—	—	—	—	—	—	—	—	RFPC[7:0]							
复位后的值	0	0	0	0	0	0	0	0	0	0	0	0	0	0	0	0

▲ 图 3.74 接收 FIFO 缓冲指针控制寄存器(RSCAN0RFPCTRx)的组成

表 3.65 接收 FIFO 缓冲指针控制寄存器[RSCAN0RFPCTRx(x 为 0~7)]功能

位位置	位名称	功　能
31~8	保留	读取后,读取复位后的值。
7~0	RFPC[7:0]	接收 FIFO 指针控制: 当这些位设置为 FFH 时,读指针将移动到接收 FIFO 缓冲区中的下一个未读消息。

26) 接收 FIFO 缓冲区访问 ID 寄存器 RSCAN0RFIDx (x 为 0~7)

该寄存器用于对 RSCAN0 的接收 FIFO 缓冲区访问 ID 进行读取,包括接收 FIFO 缓冲 IDE、接收 FIFO 缓冲 RTR 以及接收 FIFO 缓冲区 ID 数据,其组成和功能分别如图 3.75 和表 3.66 所示。复位后的值为 0000 0000H。其访问方法与地址如下。

访问:RSCAN0RFIDx,可以以 32 位为单位读取;
　　RSCAN0RFIDxL,RSCAN0RFIDxH 寄存器可以以 16 位为单位读取;
　　RSCAN0RFIDxLL,RSCAN0RFIDxLH,RSCAN0RFIDxHL,RSCAN0RFIDxHH 寄存器可以以 8 位为单位读取。
地址:RSCAN0RFIDx: < RSCAN0_base> + 0E00H + (10H × x);
　　RSCAN0RFIDxL: < RSCAN0_base> + 0E00H + (10H × x);
　　RSCAN0RFIDxH: < RSCAN0_base> + 0E02H + (10H × x);
　　RSCAN0RFIDxLL: < RSCAN0_base> + 0E00H + (10H × x);
　　RSCAN0RFIDxLH: < RSCAN0_base> + 0E01H + (10H × x);
　　RSCAN0RFIDxHL: < RSCAN0_base> + 0E02H + (10H × x);
　　RSCAN0RFIDxHH: < RSCAN0_base> + 0E03H + (10H × x)。

位	31	30	29	28	27	26	25	24	23	22	21	20	19	18	17	16
	RFIDE	RFRTR	—	RFID[28:0]											
复位后的值	0	0	0	0	0	0	0	0	0	0	0	0	0	0	0	0

位	15	14	13	12	11	10	9	8	7	6	5	4	3	2	1	0
	RFID[28:0]															
复位后的值	0	0	0	0	0	0	0	0	0	0	0	0	0	0	0	0

▲ 图 3.75 接收 FIFO 缓冲区访问 ID 寄存器(RSCAN0RFIDx)的组成

表 3.66 接收 FIFO 缓冲区访问 ID 寄存器[RSCAN0RFIDx(x 为 0~7)]功能

位位置	位名称	功　能
31	RFIDE	接收 FIFO 缓冲 IDE: 0,标准 ID; 1,扩展 ID。
30	RFRTR	接收 FIFO 缓冲 RTR: 0,数据帧; 1,远程帧。

（续表）

位位置	位名称	功　　能
29	保留	读取后，读取复位后的值。
28～0	RFID[28：0]	接收 FIFO 缓冲区 ID 数据： 可以读取接收消息的标准 ID 或扩展 ID，标准 ID 为位 b10～b0，读取位 b28～b11 为 0。

3.4.3　RS-CAN 功能介绍

3.4.3.1　接收功能

RS-CAN 有接收缓冲区接收、接收 FIFO 缓冲器和发送/接收 FIFO 缓冲区接收两种接收模式。

（1）接收缓冲区接收：0～48(16×m)接收缓冲区可以由所有通道共享。在每次接收时，一旦存储在接收缓冲区中的消息被重写，最新的接收数据就总是可以被读取。

（2）接收 FIFO 缓冲器和发送/接收 FIFO 缓冲区(接收模式)：8 个接收 FIFO 缓冲区可以被所有通道共享，3 个专用的发送/接收 FIFO 缓冲区用于每个通道。实现由 RFDC[2：0]和 CFDC[2：0]位定义的缓冲数量的消息，可以存储在 FIFO 缓冲区中，并可从最早的数据开始按顺序读取。

① 使用接收规则表进行数据处理。

使用接收规则表的数据处理允许将选定的消息发送到指定的缓冲区。数据处理包括接收过滤器处理、DLC 过滤器处理、路由处理、标签添加处理和镜像功能处理。可以为每个通道设置最多 128 个接收规则，对整个模块最多可设置的规则数为（64×通道数）个。因此，如果模块有两个通道，则最多可设置 128 个接收规则；如果模块有 3 个通道，则最多可设置 192 个接收规则。为每个通道设置的接收规则不能与其他通道共享。如果没有设置接收规则，则不可以接收消息。图 3.76 说明了 RS-CAN 设置接收规则的方法。

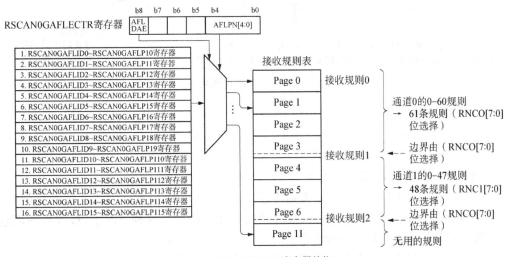

▲ 图 3.76　RS-CAN 接收规则（对通道 0、1 的设置）

每个接收规则由寄存器 RSCAN0GAFLIDj、RSCAN0GAFLMj、RSCAN0GAFLP0j 和 RSCAN0GAFLP1j（j 为 0～15）中的 16 个字节组成。寄存器 RSCAN0GAFLIDj 用于设置 GATLID 位、GADLDE 位、GAFLRTR 位和镜像功能，寄存器 RSCAN0GAFLMj 用于设置掩码，寄存器 RSCAN0GAFLP0j 用于设置添加的标签信息、DLC 值和存储接收缓冲区，寄存器 RSCAN0GAFLP1j 用于设置存储 FIFO 缓冲区。每个页面可以设置多达 16 个接收规则。

② 接收过滤器处理。

在接收过滤器处理中，将接收到的消息中的 ID 数据、IDE 位和 RTR 位与在相应通道的接收规则中设置的 ID 数据、IDE 位和 RTR 位进行比较。当所有这些位都匹配时，消息就通过接收过滤器的处理。但接收过滤器处理对接收到的消息中与寄存器 RSCAN0GAFLMj 中设置为 0 的位（位不被比较）相对应的 ID 数据、IDE 位和 RTR 位不进行比较，而直接被认为是匹配的。对相应通道，用最小数量的接收规则开始检查。当在接收到的消息中所有要比较的位与在接收规则中设置的位相匹配，或当所有的接收规则没有任何匹配时，接收过滤器处理停止。如果没有匹配的接收规则，接收到的消息将不会存储在接收缓冲区或 FIFO 缓冲区中。

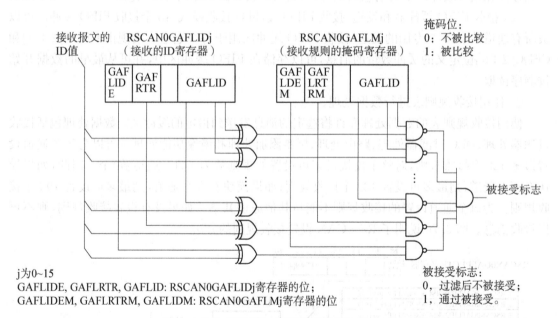

j 为 0~15
GAFLIDE, GAFLRTR, GAFLID: RSCAN0GAFLIDj 寄存器的位；
GAFLIDEM, GAFLRTRM, GAFLIDM: RSCAN0GAFLMj 寄存器的位

▲ 图 3.77　接收过滤功能

③ DLC 过滤器处理。

当寄存器 RSCAN0GCFG 中的 DCE 位被设置为 1（启用了 DLC 检查）时，对通过接收过滤器处理的消息添加 DLC 过滤器处理。当消息中的 DLC 值等于或大于接收规则中设置的 DLC 值时，消息通过 DLC 过滤器处理。

当一条消息通过 DLC 过滤器处理而 RSCAN0GCFG 中的 DRE 位被设置为 0（禁用了 DLC 替换）时，接收消息中的 DLC 值将被存储在缓冲区中。在这种情况下，接收到的消息中的所有数据字节都将被存储在缓冲区中。

当一条消息通过 DLC 过滤器处理而 RSCAN0GCFG 中的 DRE 位被设置为 1（启用了

DLC 替换)时,接收规则中的 DLC 值存储在缓冲区中。在这种情况下,在超过接收规则中 DLC 值代表的字节数的每个数据字节中存储 00H。

当接收到的消息中的 DLC 值小于接收规则的该值时,消息就不通过 DLC 过滤器处理。在这种情况下,消息不会存储在接收缓冲区中或 FIFO 缓冲区,且寄存器 RSCAN0GERFL 中的 DEF 标志将被设置为 1(存在一个 DLC 错误)。

④ 路由处理。

通过接收过滤器处理和 DLC 过滤器处理的消息被存储在接收缓冲区、接收 FIFO 缓冲器或发送/接收 FIFO 缓冲区(设置为接收模式或网关模式),具体由寄存器 RSCAN0GAFLP0j 的 GAFLRMV 和 GAFLRMDP[6:0]位以及寄存器 RSCAN0GAFLP1j 来设置,可以被存储在最多 8 个缓冲区中。

⑤ 标签添加处理。

对通过过滤器处理的消息,可以添加 12 位标签信息,并存储在缓冲区中。该标签信息在 RSCAN0GAFLP0j 的 GAFLPTR[11:0]位的设置。

⑥ 镜像功能处理。

镜像功能允许 CAN 节点接收它自己发送的消息,通过将寄存器 RSCAN0GCFG 的 MME 位设置为 1(使能镜像功能)来获得。

在使用镜像功能时注意:当接收从其他 CAN 节点发送的消息时,使用在寄存器 RSCAN0GAFLIDj 中 GAFLLB 位被设置为 0 的接收规则来进行数据处理;当接收自己发送的消息时,使用 GAFLLB 位被设置为 1 的接收规则来进行数据处理。

⑦ 时间戳计数器。

时间戳计数器是一个 16 位的自由运行计数器,用于记录消息接收时间。时间戳计数器值在消息的开始帧(SOF)定时获取,然后与消息 ID 和数据一起存储在一个接收缓冲区或一个 FIFO 缓冲区。可以使用寄存器 RSCAN0GCFG 的 TSBTCS[2:0]和 TSSS 位,选择 pclk/2 或 CANm 位时钟(m 为 0~2)作为时间戳计数器的时钟源。用寄存器 RSCAN0GCFG 的位 TSP[3:0]的值对所选择的时钟源分频,得时间戳计数器计数源。

在用 CANm 位时钟作时钟源时,当相应的通道转换到通道复位模式或通道暂停模式时,时间戳计数器就会停止。在用 pclk/2 作为时钟源时,时间戳功能不会受到通道模式的影响。

通过设置寄存器 RSCAN0GCTR 的 TSRST 位为 1,将时间戳计数器值来重置为 0000H。

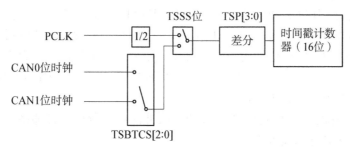

TSBTCS[2:0],TSSS,TSP[3:0]:RSCAN0GCFG寄存器的位
说明:当配置1/2锁相环作为时钟源时, 设置TSBTCS[2:0]为000$_B$

▲ 图3.78 时间戳功能方框图

3.4.3.2　发送功能

RS-CAN 支持三种类型的发送:使用发送缓冲区的发送、使用发送/接收 FIFO 缓冲器(发送模式)、使用发送队列的发送。

(1) 使用发送缓冲区的发送。

每个通道都有 16 个缓冲区。发送过程如下:将发送请求位(RSCAN0TMCp 寄存器中的 TMTR 位)设置为一个发送缓冲(请求发送)允许数据帧或远程帧的发送。发送结果由 TMTRF[1:0]标记在相应的 RSCAN0TMSTSp 寄存器中显示(p 为 0~47)。当发送成功完成时,TMTRF[1:0]标志被设置为 10B,说明发送已经完成,没有发送中止请求;或者 TMTRF[1:0]标志被设置为 11B,说明发送已经完成了,有发送中止请求。

① 发送中止功能。

对于发送缓冲区(RSCAN0TMSTSp 寄存器中的 TMTRM 位被设置为 1,即存在发送请求),当 RSCAN0TMCp 寄存器中的 TMTAR 位被设置为 1(发送中止请求)时,发送请求被取消。当发送中止完成时,RSCAN0TMSTSp 寄存器中的 TMTRF[1:0]标志设置为 01B(发送中止已完成),并取消发送请求(将 TMTRM 位清除到 0)。根据发送优先级的确定,不能中止正在传送或下一个要发送的信息。然而,当一个仲裁丢失或错误发生(TMTAR 位被设置为 1)时,不进行重新发送。

② 单次发送功能(禁止重新发送功能)。

当 RSCAN0TMCp 寄存器中的 TMOM 位设置为 1 时(启用了一帧发送),发送只执行一次。即使一个仲裁丢失或一个错误发生,则重新发送也不执行。发送结果由寄存器 RSCAN0TMSTSp 中的 TMTRF[1:0]标志显示。当发送成功完成时,TMTRF[1:0]标志被设置为 10B 或 11B。当一个仲裁丢失或一个错误发生时,TMTRF[1:0]标志被设置为 01B(发送中止完成)。

(2) 使用发送/接收 FIFO 缓冲器(发送模式)。

每个通道都有三个 FIFO 缓冲区。一个 FIFO 中缓冲区中最多可以包含 128 条消息。每个 FIFO 缓冲区被用于一个发送缓冲区的链接。在 FIFO 缓冲区中发送的数据必须确定发送优先级,消息按先入先出的顺序传送。发送过程如下:

可以将多个消息存储在单个发送/接收 FIFO 缓冲区中,其消息数量是通过 RSCAN0CFCCk(k 为 0~8)寄存器中 CFDC[2:0]位设置的 FIFO 缓冲区深度指定的。消息是按先入先出的顺序发送的。

每个发送/接收 FIFO 缓冲区被用于一个由 CFTML[3:0]的位来选择发送缓冲区的链接。当 RSCAN0CFCCk 寄存器中的 CFE 位被设置为 1(发送/接收 FIFO 缓冲区被使用)时,发送/接收 FIFO 缓冲区中信息将成为发送目标。如果发送中的消息不存在,那么发送/接收 FIFO 缓冲区立即变为空传送或不被传送。发送完成后,发送/接收 FIFO 缓冲区变为空,可以产生总线错误检测,或信息丢失错误。

当 CFE 位被清除为 0 时,发送/接收 FIFO 缓冲区中的所有消息都将丢失。在设置 CFE 位之前,确认 CFEMP 标志设置为 1。

间隔发送功能:

当使用的发送/接收 FIFO 缓冲区被设定为发送模式或网关模式时,可以在 FIFO 缓冲器中设置消息发送间隔时间。当第一个消息从 FIFO 缓冲区中成功地发送之后在

RSCAN0CFCCk 寄存器中的 CFE 位将置为 1,间隔计时器开始计数(在 CAN 协议 EOF7 之后)。当间隔时间到达时,将传递下一条消息。在通道复位模式下或者将 CFE 位清零时,间隔计时器将停止工作。间隔时间由 RSCAN0CFCCk 寄存器中的 CFITT[7:0]位设置。

在 RSCAN0CFCCk 中使用 CFITR 和 CFITSS 位来选择间隔计时的计数源进行间隔计时。当 CFITR 和 CFITSS 位被设置为 00B 时,计数源通过 pclk/2 除以 ITRCP[15:0]位的值获得。当 CFITR 和 CFITSS 位被设置为 10B 时,计数源通过 pclk/2 除以(10 * ITRCP[15:0]位的值)获得。当 CFITR 和 CFITSS 位被设置为 x1B 时,CAN 模块的位时间时钟将被用作一个计数源。间隔时间是由以下公式计算的(其中,M 是 ITRCP[15:0] 的值、N 是 CFITT[7:0]的值):

a. 当 CFITR 和 CFITSS=00B(fPBA 是时钟的频率),$\dfrac{1}{f\text{PBA}} \times 2 \times M \times N$;

b. 当 CFITR 和 CFITSS=10B,$\dfrac{1}{f\text{PBA}} \times 2 \times M \times 10 \times N$;

c. 当 CFITR 和 CFITSS=x1B(fCANBIT 是 CANm 位时钟频率),$\dfrac{1}{f\text{CANBIT}} \times N$。

(3) 使用发送队列的发送。

每个通道上以降序的方式最多可以分配 16 个发送缓冲区给发送队列。发送缓冲区((16 m)+15)被用作对应通道的访问窗口。发送队列的所有消息必须有确定的优先级。

(4) 发送优先级的确定。

如果发送请求是由多个缓冲区或同一通道上的队列发出的,则发送优先级使用以下方法之一确定:

① ID 优先级(TPRI 位=0);

② 发送缓冲区数优先级(TPRI 位=1)。

所有的通道都可以使用 RSCAN0GCFG 寄存器中的 TPRI 位进行设置。当 TPRI 位被设置为 0 时,消息将根据存储消息 ID 的优先级进行发送。ID 优先级符合 CAN 规范中定义的 CAN 总线仲裁规范。

如果使用单个发送队列,则选择 ID 优先级。当发送/接收 FIFO 使用缓冲区,在 FIFO 缓冲区中最老的消息将成为优先级确定的目标。当从发送/接收 FIFO 缓冲区发送消息时,下一条消息将成为 FIFO 缓冲区中优先级确定的发送目标。

当使用一个发送队列时,所有消息在发送队列中都是优先级确定的目标。如果为两个或多个缓冲区设置相同的 ID,具有较小缓冲区数的缓冲区具有更高优先级。当 TPRI 位被设置为 1 时,在发送缓冲区中使用最小缓冲区数的消息在所有具有发送请求的缓冲区中首先发送。

当发送/接收 FIFO 缓冲区时连接到发送缓冲区,发送优先级是根据连接的发送缓冲区数确定的。当由于仲裁丢失或错误而重新发送消息时,无论 TPRI 的位如何设置,其发送优先级将优先确定。

3.4.3.3　网关功能

当一个发送/接收 FIFO 缓冲区被设置为网关模式时,接收到的信息可以从一个没有

CPU 干预的任意通道发送。当 RSCAN0GAFLP1j 寄存器选择的发送/接收 FIFO 缓冲器的 RSCAN0CFCCk 寄存器中的 CFM[1∶0]位设置为 10B(网关模式),通过接收滤波规则的消息存储在指定的发送/接收 FIFO 缓冲区中,自动从缓冲区发送。

存储在发送/接收 FIFO 缓冲区中的消息按先进先出的顺序发送。只有下一个传递的消息将成为发送优先确定的目标。通过在网关模式中设置 RSCAN0CFCCk 寄存器的 CFE 位为 0 来禁用发送/接收 FIFO 缓冲区,CFEMP 标志位将根据下面的时序变为 1。

① 当发送/接收 FIFO 缓冲器的报文没有发送或者不将发送,发送/接收 FIFO 缓冲器立即为空。

② 在发送完成、正在发送报文或即将发送报文时产生错误检测或仲裁丢失后,发送/接收 FIFO 缓冲区变为空。

当 CFE 位被清除为 0 时,发送/接收 FIFO 缓冲区中的所有消息都将丢失和消息不能再存储在发送/接收 FIFO 缓冲器中。在 CFE 位设置为 1 之前确认 CFEMP 标志被设置为 1。

3.4.4 RS‐CAN 模块的操作

3.4.4.1 初始设置

MCU 被复位后,RS‐CAN 模块初始化 CAN RAM。初始化时间是 pclk 的 3 650 个周期。在 RAM 初始化过程中,RSCAN0GSTS 寄存器中的 GRAMINIT 标志被设置为 1(CAN RAM 初始化正在进行);初始化完成时被清除为 0(CAN RAM 初始化完成)。在 GRAMINIT 标志被清除为 0 之后,CAN 可以设置。图 3.78 显示了 MCU 被复位的设置过程。

(1) 时钟设置。

将 CAN 时钟(fCAN)设置为 RS‐CAN 模块的时钟源。在 RSCAN0GCFG 寄存器中使用 DCS 位选择 clk_xincan 或 clkc。

(2) 位时间设置。

在 CAN 协议中,一个通信帧的一位由 SS、TSEG1 和 TSEG2 三个段组成,其中两个段 TSEG1 和 TSEG2 可以由 RSCAN0CmCFG 寄存器来设置每个通道。可以通过设置这两个部分来确定采样点的时间点。这个时间可以在 1 时间长度中进行调整,该时间长度等于一个 CANmTq 时钟周期。通过在 RSCAN0GCFG 寄存器中的 DCS 位选择时钟源,并通过 RSCAN0CmCFG 寄存器中 BRP[9∶0]位选择时钟分频比,可以获得 CANmTq 时钟。

(3) 通信速度设定。

使用 fCAN,设置每个通道的 CAN 通信速度、波特率分频值(BRP[9∶0]位在 RSCAN0CmCFG 寄存器中)、每个位时间的 Tq 计数值。图 3.80 所示为波特率设置。

(4) 接收规则设置。

可以使用接收规则相关的寄存器来设置接收规则。

每个页面最多可以配置 16 个接收规则。在 RSCAN0GAFLECTR 寄存器中使用 AFLPN[4∶0]位指定页面 0~11。使用 AFLDAE 位启用/禁用写接收规则表。接收规则设置过程如图 3.81 所示。

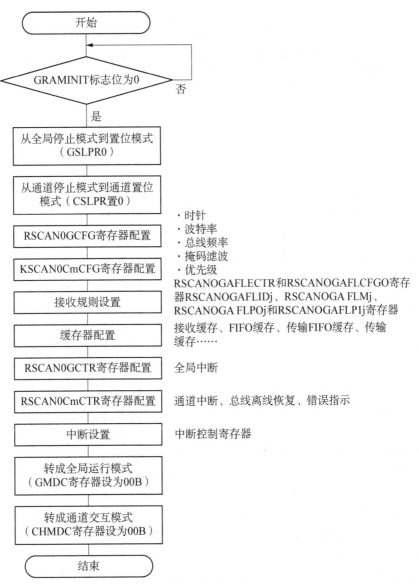

注：m为0，1；
　　j为0~15。

▲ 图 3.79　MCU 被复位后的设置过程

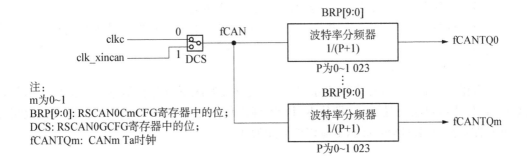

注：
m为0~1
BRP[9:0]: RSCAN0CmCFG寄存器中的位；
DCS: RSCAN0GCFG寄存器中的位；
fCANTQm: CANm Ta时钟

$$波特率 = \frac{fCAN}{分频值 * 位时间数量}$$

传输速率	40 MHz	16 MHz
1 Mbps	8Tq(5) 20Tq(2)	8Tq(2) 16Tq(1)
500 Kbps	8Tq(10) 20Tq(4)	8Tq(4) 16Tq(2)
250 Kbps	8Tq(20) 20Tq(8)	8Tq(8) 16Tq(4)
125 Kbps	8Tq(40) 20Tq(16)	8Tq(16) 16Tq(8)

▲ 图 3.80 波特率设置

（5）缓冲区设置。

设置缓冲区的大小和中断源。当发送/接收 FIFO 缓冲器设置为发送模式,需要设置链接的发送缓冲器。

3.4.4.2 接收设置

接收缓冲区的读取过程如下。

当在接收缓冲区中存储接收到的消息时,RSCAN0RMNDy 寄存器中的 RMNSq 标志(y 为 0,1;q 为 0～47)设置为 1(接收缓冲区 q 包含一个新消息)。可以从 RSCAN0RMIDq、RSCAN0RMPTRq、RSCAN0RMDF0q 和 RSCAN0RMDF1q 寄存器读取消息。如果在接收缓冲区读取当前消息之前就收到了下一个消息,则会覆盖该消息。

（1）当接收到消息中的 ID 字段时,接收过滤器处理开始。

（2）当消息与相应通道的接收规则匹配,并成功接收到消息时,路由处理将消息传递到指定的缓冲区开始。当 RSCAN0GCFG 寄存器中的 DCE 位设置为 1(启用了 DLC 检查)时,DLC 过滤器处理就从此时开始。

（3）当消息通过 DLC 过滤器处理时,消息存储处理在指定的接收缓冲区开始。当消息存储处理开始时,将 RSCAN0RMNDy 寄存器中的 RMNSq 标志设置为 1(接收缓冲区包含一个新消息)。如果其他信道正在执行过滤处理或发送优先级确定处理,则路由处理和存储处理可能会被延迟。

（4）当接收到下一条消息的 ID 字段时,接收过滤器处理开始。

（5）当消息与相应通道的接收规则匹配,并成功接收到消息时,路由处理将消息传递到指定的缓冲区开始。当 RSCAN0GCFG 寄存器中的 DCE 位设置为 1(启用了 DLC 检查)时,DLC 过滤器处理就开始工作。

（6）当相应的 RMNSq 标志被清除为 0 时(接收缓冲区不包含新消息),当消息存储处理开始时,此标志将再次设置为 1。即使 RMNSq 标志仍然是 1,新的消息也被覆盖到接收缓冲区。在存储消息时,RMNSq 标志不应该被清除为 0。

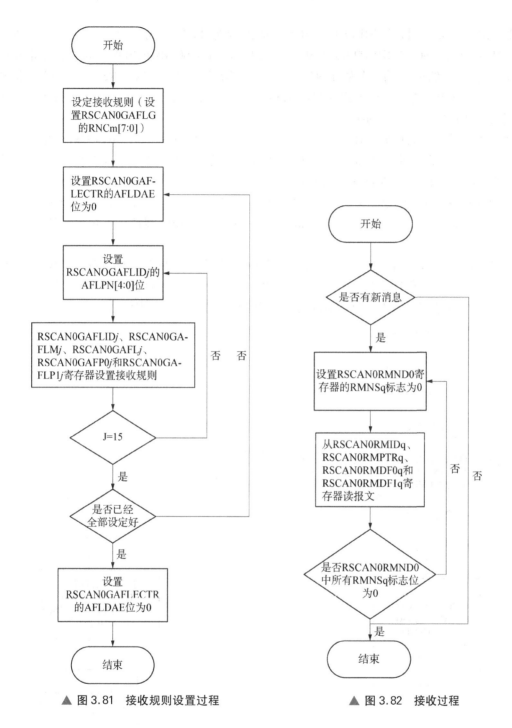

▲ 图 3.81　接收规则设置过程　　　　　▲ 图 3.82　接收过程

FIFO 缓冲读取程序

当接收到的消息存储在一个或多个接收 FIFO 缓冲区或发送/接收 FIFO 缓冲区设置为接收模式或网关模式,则相应的消息计数显示计数器(RFMC 在 RSCAN0RFSTSx[7：0]位寄存器(x 为 0～7 或 RSCAN0CFSTSk 寄存器(k 为 0～8)的 CFMC[7：0]位)是递增的。此时,RSCAN0RFCCx 寄存器中的 RFIE 位(接收 FIFO 中断启用)或在 RSCAN0CFCCk 寄存器中的 CFRXIE 位（发送/接收 FIFO 接收中断）被设置为 1，会生成一个中断请求。可以从 RSCAN0RFIDx、RSCAN0RFPTRx、RSCAN0RFDF0x 和 RSCAN0RFDF1x 寄存器读取接收 FIFO 缓冲区存储的消息，或从 RSCAN0CFIDk、RSCAN0CFPTRk、RSCAN0CFDF0k 和 RSCAN0CFDF1k 寄存器读取发送/接收 FIFO 缓冲器存储的消息（见图 3.83）。按先进先出的顺序读取 FIFO 缓冲区中的报文。

当消息计数显示计数器值与 FIFO 缓冲区深度匹配时（RSCAN0RFCCx 寄存器中的 RFDC[2：0]位值设置的值，RSCAN0CFCCk 寄存器中的 CFDC[2：0]位），RFFLL 或 CFFLL 标志设置为 1（接收 FIFO 缓冲区是满的）。

当从 FIFO 缓冲区读取所有消息时，RSCAN0RFSTSx 寄存器中的 RFEMP 标志或 RSCAN0CFSTSk 寄存器中的 CFEMP 标志设置为 1［接收 FIFO 缓冲区不包含未读消息（缓冲区为空）］。

如果 RFE 位或 CFE 位清零（不使用接收 FIFO 缓冲区）和中断请求标志（RSCAN0RFSTSx 寄存器的 RFIF 标志或 RSCAN0CFSTSk 寄存器的 CFRXIF 标志）设置为 1（接收 FIFO 中断请求存在），中断请求标志不会自动清除为 0。程序必须清除中断请求标志为 0。

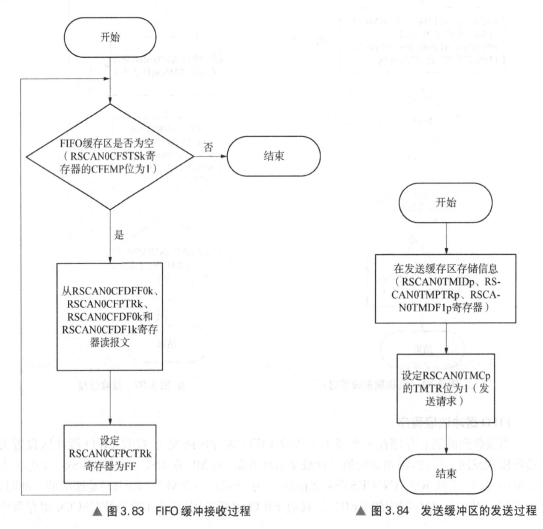

▲ 图 3.83　FIFO 缓冲接收过程　　　　　▲ 图 3.84　发送缓冲区的发送过程

3.4.4.3　发送设置

如图 3.84 显示了发送缓冲区的发送过程。

3.4.4.4　测试设置

自测模式允许在通道基础上进行通信测试,使一个 CAN 节点能够接收自己的发送消息。图 3.85 显示了自测模式设置过程。

3.4.4.5　使用注意事项

在更改全局模式时,请检查 RSCAN0GSTS 寄存器中的 GSLPSTS、GHLTSTS 和 GRSTSTS 标志。在更改通道模式时,请检查 RSCAN0CmSTS 寄存器中的 CSLPSTS、CHLTSTS 和 CRSTSTS 标志(m 为 0～2)。

当将发送缓冲区连接到发送/接收 FIFO 缓冲区或分配发送缓冲区给发送队列时,将相应的发送缓冲区的控制寄存器(RSCAN0TMCp)设置为 00H。被分配的缓冲区相应的发送缓冲区的状态寄存器(RSCAN0TMSTSp)不能处于被使用状态,其他状态寄存器中的标志(寄存器寄存器 RSCAN0TMTRSTS0、RSCAN0TMTRSTS1、RSCAN0TMTARSTS0、RSCAN0TMTARSTS1、RSCAN0TMTCSTS0、RSCAN0TMTCSTS1、RSCAN0TMTCSTS1 和 RSCAN0TMTASTS0、RSCAN0TMTASTS1)可以保持不变。相应的中断启寄存器(RSCAN0TMIEC0,RSCAN0TMIEC1)的启用位设置为 0(发送缓冲区中断是禁用的)。

与发送/接收 FIFO 缓冲区链接的发送缓冲区不能用于发送队列。

只能是一个发送/接收 FIFO 缓冲器链接到一个发送缓冲器,两个或以上的发送/接收 FIFO 缓冲器不能链接到相同的发送缓冲器。

当 CANm 位时钟选为时间戳计数器时钟源,则当相应通道转换到通道复位模式或通道暂停模式时,时间戳计数器停止计数。

当接收 FIFO 缓冲和发送/接收 FIFO 缓冲区满载时,新收到的消息将被丢弃。如果希望在发送/接收 FIFO 缓冲区或发送队列中存储新的发送消息,请检查发送/接收 FIFO 缓冲区或发送队列是否满。

当 RS-CAN 模块从全局复位模式退出后转换为全局操作模式或者测试模式时,未使用的接收缓冲区的寄存器(RSCAN0RMIDq,RSCAN0RMPTRq、RSCAN0RMDF0q RSCAN0RMDF1q 寄存器),接收

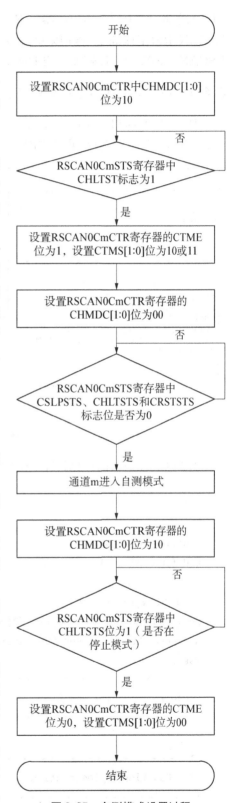

▲ 图 3.85　自测模式设置过程

FIFO 缓 冲 区 访 问 寄 存 器 （RSCAN0RFIDx，RSCAN0RFPTRx、RSCAN0RFDF0x RSCAN0RFDF1x 寄存器）以及发送/接收 FIFO 缓冲区访问寄存器（RSCAN0CFIDk，RSCAN0CFPTRk、RSCAN0CFDF0k RSCAN0CFDF1k 寄存器）的值是处于未定义状态的。

3.4.5　RS-CAN 接口电路与程序示例

RS-CAN 接口电路如图 3.86 所示，为了增加通信的可靠性和 EMC 性能，电路中增加了 CAN 终端电阻电路选择、共模线圈和保护二极管等。

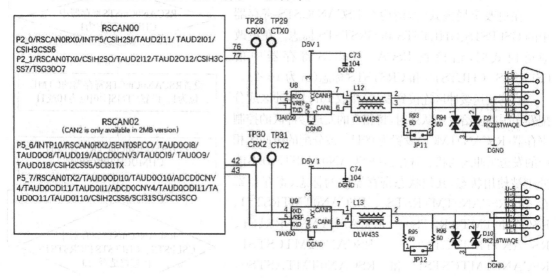

▲ 图 3.86　RS-CAN 接口电路

RS-CAN 通信的样例程序（包括初始化程序、发送和接收程序）如下：

```
# include" global.h"

# define true   0
# define false  1

void RSCAN_Init( void );
unsigned char RSCAN_Send_TxBuf0( uint32_t can_id, uint8_t dlc, uint8_t msg[8] );
unsigned char RSCAN_Receive_RxBuf0( uint32_t * p_can_id, uint8_t * p_dlc, uint8_t
msg[8] );
/**********************************************
  Private variables and functions
  ********************************************* /


/* - - - - - - - - - - - - - - - - - - - - - - - - - - - - - - - - - *
 *   Function Implementation                                         *
 * - - - - - - - - - - - - - - - - - - - - - - - - - - - - - - - - - */
```

```
/**********************************************
 *  Outline              : RSCAN initialization program
 *  Include              :
 *  Declaration          : void RSCAN_Init()
 *  Description          :
 *  Argument             :
 *  Return Value         : None
 *  Calling Functions    :
 ********************************************* /
void RSCAN_Init( void )
{

    //==========================================
    //          RS - CAN port settings( Channel 0 )
    //==========================================
    //P2_0( CAN0RX )
    // Function
    //Alternative input mode 1( ALT-IN1 )
    PORT.PMC2.UINT16 = PORT.PMC2.UINT16 | 0x0001 ;
//  PORT.PIPC2.UINT16 = PORT.PIPC2.UINT16  | 0x0001 ;

    PORT.PFCAE2.UINT16 = PORT.PFCAE2.UINT16&( ~ 0x0001 ) ;
    PORT.PFCE2.UINT16 = PORT.PFCE2.UINT16 &( ~ 0x0001 ) ;
    PORT.PFC2.UINT16  = PORT.PFC2.UINT16  &( ~ 0x0001 ) ;
    PORT.PM2.UINT16  = PORT.PM2.UINT16   | 0x0001 ;


    //P2_1( CAN0TX )
    // Function
    //Alternative output mode 1( ALT-OUT1 )
    PORT.PMC2.UINT16 = PORT.PMC2.UINT16 | 0x0002 ;
//  PORT.PIPC2.UINT16 = PORT.PIPC2.UINT16| 0x0002 ;

    PORT.PFCAE2.UINT16 = PORT.PFCAE2.UINT16&( ~ 0x0002 ) ;
    PORT.PFCE2.UINT16 = PORT.PFCE2.UINT16 &( ~ 0x0002 ) ;
    PORT.PFC2.UINT16 = PORT.PFC2.UINT16 &( ~ 0x0002 ) ;
    PORT.PM2.UINT16 = PORT.PM2.UINT16  &( ~ 0x0002 ) ;

    //1. Is the GRAMINIT flag in the RSCAN0GSTS register 0?
    while(( RSCAN0.GSTS.UINT32 & 0x00000008 ) = = 0x00000008 );     //GRAMINIT: CAN
RAM Initialisation Status Flag
```

```
    //2. Transition from global stop mode to global reset mode
    RSCAN0.GCTR.UINT32 & =( ~ 0x00000004) ;          //GSLPR


    //3. Transition from channel stop mode to channel reset mode
    RSCAN0.C0CTR.UINT32 & =( ~ 0x00000004 ) ;          //CSLPR: Channel 0 reset


    //4. RSCAN0GCFG register setting
    RSCAN0.GCFG.UINT32 = 0x00010010;
/*

    RSCAN0.GCFG.UINT8 |= 0x10;          //DCS: CAN Clock Source Select
                        //0: clkc, 1: clk_xincan


    RSCAN0.GCFG.UINT32 & = ~ 0x00000008;      //MME: Mirror function is disabled
    RSCAN0.GCFG.UINT32 |= 0x00010000;       //ITRCP: Interval Timer Prescaler Set


    RSCAN0.GCFG.UINT32 & = ~ 0x0000E000;      //TSBTCS: Timestamp Clock Source Select
    RSCAN0.GCFG.BIT.TSSS= 0;          //TSSS:Timestamp Source Select
                        //0: pclk/2
                        //1: Bit time clock
    RSCAN0.GCFG.BIT.TSP= 0;           //Timestamp Clock Source Division
    RSCAN0.GCFG.BIT.DCE= 0;           //DLC filter: DLC check is disabled
    RSCAN0.GCFG.BIT.TPRI= 0;          //Transmit  priority:  0:  ID  priority,  1:
Transmit buffer number priority
    RSCAN0.GCFG.BIT.DRE= 0;           //DLC Replacement Enable bit
*/


    //5. RSCAN0CmCFG register setting
    //When fCAN is 16MHz, Bitrate = fCAN/( BRP+ 1 )/( 1+TSEG1+ TSEG2 ) = 16/2/16 =
0.5Mbps(500Kbps)
    RSCAN0.C0CFG.UINT32 = 0x023a0001;    //SJW = 3TQ, TSEG1 = 10TQ, TSEG2 = 4TQ, BRP = 1


    //When fCAN is 20MHz, Bitrate = fCAN/( BRP+ 1 ) /( 1+ TSEG1+ TSEG2 ) = 20/2/20 =
0.5Mbps(500Kbps)
//  RSCAN0C0.CFG.UINT32 = 0x037A0001;
/*
    RSCAN0.C0CFG.BIT.BRP = 1;      //BRP = 1
    RSCAN0C0CFG.BIT.SJW = 3;      //SJW = 4TQ
    RSCAN0C0CFG.BIT.TSEG1 = 10;    //TSEG1 = 11TQ
    RSCAN0C0CFG.BIT.TSEG2 = 7;     //TSEG2 = 8TQ
*/
    //6. Receive rule setting
```

```
    //Set Number of Rules for Channel.
    RSCAN0.GAFLCFG0.UINT32 = 0x01000000;
/*
    RSCAN0.GAFLCFG0.BIT.RNC0 = 1;        //Number of Rules for Channel 0
    RSCAN0.GAFLCFG0.BIT.RNC1 = 0;        //Number of Rules for Channel 1
    RSCAN0.GAFLCFG0.BIT.RNC2 = 0;        //Number of Rules for Channel 2
    RSCAN0.GAFLCFG0.BIT.RNC3 = 0;        //Number of Rules for Channel 3
*/

    //Receive Rule Table Write Enable, and select page 0
    RSCAN0.GAFLECTR.UINT32 = 0x00000100;
//  RSCAN0.GAFLECTR.BIT.AFLDAE = 1;

    // Setting of the reception rule ID
    RSCAN0.GAFLID0.UINT32 = 0x00000000;
/*
    RSCAN0.GAFLID0.BIT.GAFLIDE = 0;
    RSCAN0.GAFLID0.BIT.GAFLRTR = 0;
    RSCAN0.GAFLID0.BIT.GAFLLB = 0;
    RSCAN0.GAFLID0.BIT.GAFLID = 0;
*/
    //Setting of the reception rule mask
    RSCAN0.GAFLM0.UINT32 = 0xC0000000;
/*
    RSCAN0.GAFLM0.BIT.GAFLIDEM = 1;
    RSCAN0.GAFLM0.BIT.GAFLRTRM = 1;
    RSCAN0.GAFLM0.BIT.GAFLIDM = 1;
*/
    //Set Receive Rule Pointer 0
    RSCAN0.GAFLP00.UINT32 = 0x00008000;
/*
    RSCAN0.GAFLP00.BIT.GAFLDLC = 0;        //DLC check is disabled
    RSCAN0.GAFLP00.BIT.GAFLRMV = 1;        //Receive buffer is used
    RSCAN0.GAFLP00.BIT.GAFLRMDP = 0;       //Receive buffer number
*/
    //Set RSCAN0GAFLP1j register.
    RSCAN0.GAFLP10.UINT32 = 0x00000000;
/*
    RSCAN0.GAFLP10.BIT.GAFLFDP = 0;        //Not use Tx/Rx FIFO
    RSCAN0.GAFLP10.BIT.GAFLFDP = 1;        //use Receive FIFO
*/
    //Receive Rule Table Write Disabel
```

```
        RSCAN0.GAFLECTR.UINT32 = 0x00000000;
/*
RSCAN0.GAFLECTR.BIT.AFLDAE = 0;         //Receive Rule Table Write disable
        RSCAN0.GAFLECTR.BIT.AFLPN = 0;     //Receive Rule Table Page Number
*/
    //7. Buffer setting
    RSCAN0.RMNB.UINT32 = 0x00000001;
//  RSCAN0.RMNB.BIT.NRXMB = 1;              //Can_SetGlobalBuffer;
                         //Receive  buffer,  receive  FIFO  buffer,  transmit/
receive FIFO buffer,
                         //transmit buffer, transmit queue, transmit history buffer


    //8. Global interrupt setting

//  RSCAN0. GCTR. BIT. THLEIE = 0;         //Transmit  History  Buffer  Overload
Interrupt Enable
//  RSCAN0.GCTR.BIT.MEIE = 0;               //FIFO Message Lost Interrupt Enable
//  RSCAN0.GCTR.BIT.DEIE = 0;               //DLC Error Interrupt Enable

    //9. Channel interrupt, bus off recovery, error indication
/*
    RSCAN0.C0CTR.BIT.TAIE = 0;              //Transmission Abort Interrupt Enable
    RSCAN0.C0CTR.BIT.ALIE = 0;              //Arbitration Lost Interrupt Enable
    RSCAN0.C0CTR.BIT.BLIE = 0;              //Bus Lock Interrupt Enable
    RSCAN0.C0CTR.BIT.OLIE = 0;              //Overload Frame Transmit Interrupt Enable
    RSCAN0.C0CTR.BIT.BORIE = 0;             //Bus Off Recovery Interrupt Enable
    RSCAN0.C0CTR.BIT.BOEIE = 0;             //Bus Off Entry Interrupt Enable
    RSCAN0.C0CTR.BIT.EPIE = 0;              //Error Passive Interrupt Enable
    RSCAN0.C0CTR.BIT.EWIE = 0;              //Error Warning Interrupt Enable
    RSCAN0.C0CTR.BIT.BEIE = 0;              //Bus Error Interrupt Enable
*/
    //10. Interrupt setting
    //Set interrupt flags


    //11. Transition to global operating mode ( Set GMDC[1 : 0] in the RSCAN0GCTR
register to 00B )
    RSCAN0.GCTR.UINT32 & =( ~ 0x00000003 ) ;
//  RSCAN0GCTR.BIT.GMDC = 0;


    while(( RSCAN0.GSTS.UINT32 & 0x00000001 ) = = 0x00000001 )
//  while( RSCAN0.GSTS.BIT.GRSTSTS !=0 )
```

```
    {

    }
    //12. Transition to channel communication mode ( Set CHMDC [1 : 0] in the
RSCAN0CmCTR register to 00B)
    RSCAN0.C0CTR.UINT32 & =( ~ 0x00000003) ;
//  RSCAN0C0CTR.BIT.CHMDC = 0;

    while(( RSCAN0.C0STS.UINT32 & 0x00000001 ) = = 0x00000001 )
//  while( RSCAN0.C0STS.BIT.CRSTSTS != 0 )
    {

    }
}


/* * * * * * * * * * * * * * * * * * * * * * * * * * * * * * * * * * * * *
* Function Name : RSCAN_Send_TxBuf0
* Description : This function sends the message by Tx buffer 0.
* Argument       : can_id -
*                       can ID( standard ID )
*                dlc -
*                       DLC data
*                msg -
*                       pointer to stored data
* Return Value : true -
*                       Normal completion
*                false -
*                       Failure
* * * * * * * * * * * * * * * * * * * * * * * * * * * * * * * * * * * * * /
unsigned char RSCAN_Send_TxBuf0( uint32_t can_id, uint8_t dlc, uint8_t msg[8] )
{
    unsigned char ret;

    /* Check the Transmit Buffer Transmit Request Status
    RSCAN0TMSTSp  - Transmit Buffer Status Register 0
    b7:b5                - Reserved set to 0
    b4:        TMTARM    - Transmit Buffer Transmit Abort Request Status Flag
    b3:        TMTRM     - Transmit Buffer Transmit Request Status Flag
    b2:b1      TMTRF     - Transmit Buffer Transmit Result Status Flag
    b0:        TMTSTS    - Transmit Buffer Transmit Status Flag * /
```

```
    if(( RSCAN0.TMSTS0.UINT8 & 0x08 ) != 0x08 )
//  if( RSCAN0TMSTS0.BIT.TMTRM = = 0 )
    {
        /*  Clear status. * /
        RSCAN0.TMSTS0.UINT8 = 0;

        /*  Set message data. * /
        /*  Set RSCAN0TMIDp register.
        RSCAN0TMIDp      - Transmit Buffer ID Register 0
        b31             TMIDE   - Transmit Buffer IDE        - Standard ID. set to 0
        b30             TMRTR   - Transmit Buffer RTR        - Data frame. set to 0
        b29             THLEN   - Transmit History Data Store Enable -  Transmit
history data is not stored in the buffer. set to 0
        b28:b0          TMID    - Transmit Buffer ID Data * /
        RSCAN0.TMID0.UINT32        =( can_id & 0x7FFUL) ;

        /*  Set RSCAN0TMIDp register.
        RSCAN0,TMPTRp    - Transmit Buffer Pointer Register 0
        b31:b28          TMDLC   - Transmit Buffer DLC Data
        b27:b24                  - Reserved set to 0
        b23:b16          TMPTR   - Transmit Buffer Label Data
        b15:b 0                  - Reserved set to 0  * /
        RSCAN0.TMPTR0.UINT32       =( dlc & 0xFU ) < < 28;

        /*  Set RSCAN0TMDF0p register.
        RSCAN0,TMDF0p    - Transmit Buffer Data Field 0 Register 0
        b31:b24         TMDB3  - Transmit Buffer Data Byte 3
        b23:b16         TMDB2  - Transmit Buffer Data Byte 2
        b15:b 8         TMDB1  - Transmit Buffer Data Byte 1
        b 7:b 0         TMDB0  - Transmit Buffer Data Byte 0 * /
        RSCAN0.TMDF00.UINT32      = *(( unsigned long int * ) &msg[0] ) ;

        /*  Set RSCAN0TMDF1p register.
        RSCAN0TMDF1p     - Transmit Buffer Data Field 0 Register 1
        b31:b24         TMDB7  - Transmit Buffer Data Byte 7
        b23:b16         TMDB6  - Transmit Buffer Data Byte 6
        b15:b 8         TMDB5  - Transmit Buffer Data Byte 5
        b 7:b 0         TMDB4  - Transmit Buffer Data Byte 4 * /
        RSCAN0.TMDF10.UINT32      = *(( unsigned long int * ) &msg[4] ) ;

        /*  Set transmission request.
```

```
        RSCAN0TMCp      - Transmit Buffer Control Register 0
        b 7:b 3                 - Reserved set to 0
        b 2             TMOM    - One-Shot Transmission Enable       - unused
        b 1             TMTAR   - Transmit Abort Request     - unused
        b 0             TMTR    - Transmit Request               - Transmission is
requested. set to 1 * /
            RSCAN0.TMC0.UINT8 | = 0x01;
//      RSCAN0TMC0.BIT.TMTR = 1;


        /* Normal completion. * /
        ret = true;
    }
    else{


        /* Failure. * /
        ret = false;
    }



# ifdef PrintEnable
    putString(" CAN0 is transfering data!\n") ;
    putString(" - - - - - - - - - - - - - - - - - - - - - - - - - - - - \n") ;
# endif


    return ret;
}


/* * * * * * * * * * * * * * * * * * * * * * * * * * * * * * * * * * * *
* Function Name :RSCAN_Receive_RxBuf0
* Description  :This function receives the message by Rx buffer 0.
* Argument     :can_id -
*                    can ID( standard ID )
*               p_dlc -
*                    pointer to stored DLC data
*               msg -
*                    pointer to stored data
*  Return Value :true -
*                    A frame is successfully read out.
*               false -
*                    No frame is read out.
* * * * * * * * * * * * * * * * * * * * * * * * * * * * * * * * * * * * * /
```

```
        unsigned char RSCAN_Receive_RxBuf( uint32_t *  p_can_id, uint8_t *  p_dlc,
uint8_t msg[8] )
    {
    unsigned char ret;

    /*  Check the Receive Buffer Receive Complete Status
    RSCAN0RMNDy   - Receive Buffer New Data Register 0
    b31:b0      RMNSq  - Receive Buffer Receive Complete Flag * /
    if(( RSCAN0.RMND0.UINT32 & 1UL) != 0UL)
    {
        do
        {
            /*  Clear RMNS0 flag. * /
            RSCAN0.RMND0.UINT32   = 0xFFFFFFFEUL;

            /*  Read message. * /
            /*  Read RSCAN0RMIDq register.
            RSCAN0RMIDq     - Receive Buffer ID Register 0
            b31          RMIDE  - Receive Buffer IDE
            b30          RMRTR  - Receive Buffer RTR
            b29                - Reserved set to 0
            b28:b 0      RMID   - Receive Buffer ID Data * /
            * p_can_id           = RSCAN0.RMID0.UINT32 & 0x7FFUL;

            /*  Read RSCAN0RMPTRq register.
            RSCAN0RMPTRq    - Receive Buffer Pointer Register 0
            b31:b28        RMDLC  - Receive Buffer DLC Data
            b27:b16        RMPTR  - Receive Buffer Label Data
            b15:b 0        RMTS   - Receive Buffer Timestamp Data * /
            * p_dlc          =( uint8_t)( RSCAN0.RMPTR0.UINT32 > > 28 );

            /*  Read RSCAN0RMDF0q register.
            RSCAN0RMDF0q     - Receive Buffer Data Field 0 Register 0
            b31:b24        RMDB3  - Receive Buffer Data Byte 3
            b23:b16        RMDB2  - Receive Buffer Data Byte 2
            b15:b 8        RMDB1  - Receive Buffer Data Byte 1
            b 7:b 0        RMDB0  - Receive Buffer Data Byte 0 * /
            * (( uint32_t *)( &msg[0] ))     = RSCAN0.RMDF00.UINT32;

            /*  Read RSCAN0RMDF1q register.
            RSCAN0RMDF1q     - Receive Buffer Data Field 1 Register 0
```

```
                b31:b24      RMDB7  - Receive Buffer Data Byte 7
                b23:b16      RMDB6  - Receive Buffer Data Byte 6
                b15:b 8      RMDB5  - Receive Buffer Data Byte 5
                b 7:b 0      RMDB4  - Receive Buffer Data Byte 4 * /
            *(( uint32_t * ) &msg[4] )      = RSCAN0.RMDF10.UINT32;
            }
            while(( RSCAN0.RMND0.UINT32 & 1UL) != 0UL) ;


        /*  A frame is successfully read out. * /
        ret = true;
        }
    else
        {
        /*  No frame is read out. * /
        ret = false;
        }


    return ret;
    }
```

3.5 FlexRay 通信

FlexRay 作为新一代车载总线,具备高传输速率、硬实时、安全性和灵活性的特点。FlexRay 是继 CAN 和 LIN 之后的最新研发成果。FlexRay 可以为下一代的车内控制系统提供所需的速度和可靠性。CAN 网络最高性能极限为 1 Mbps,LIN 和 K - LINE 网络最高性能极限为 20 Kbit/s。而 FlexRay 两个信道上的数据速率最大可达到 10 Mbps,总数据速率可达到 20 Mbit/s。因此,应用在车载网络 FlexRay 的网络带宽可能是 CAN 的 20 倍之多。

FlexRay 还能够提供很多 CAN 网络所不具有的可靠性特点,尤其是 FlexRay 具备的冗余通信能力可实现通过硬件完全复制网络配置,并进行进度监测。FlexRay 同时提供灵活的配置,可支持各种拓扑结构,如总线、星型和混合拓扑。设计人员可以通过结合两种或两种以上的该类型拓扑来配置分布式系统。

另外,FlexRay 可以进行同步(实时)和异步的数据传输来满足车辆中各种系统的需求。例如,分布式控制系统通常要求同步数据传输。

为了满足不同的通信需求,FlexRay 在每个通信周期内都提供静态和动态通信段。静态通信段可提供有界延迟,而动态通信段则有助于满足在系统运行时间内出现的不同带宽需求。FlexRay 帧的固定长度静态段用固定时间触发(fixed-time-trigger)的方法来传输信息,而动态段则使用灵活时间触发的方法来传输信息。

FlexRay 不仅可以像 CAN 和 LIN 网络这样的单信道系统一样运行,而且还可以作为一个双信道系统运行。双信道系统可以通过冗余网络传输数据——这也是高可靠系统的一项重要性能。

为了更好的对接 FlexRay，RH850/P1x 配置了 1 个符合 FlexRay 协议 V2.1 通信协议的 FlexRay - IP 模块。使用指定的最大采样时钟，其位速率达到 10 Mbit/s。另外的总线驱动器硬件要连接到物理层。

3.5.1 FlexRay 概述

3.5.1.1 FlexRay 的配置与特性

该微型控制器包含 1 个具有 A、B 两通道的 FlexRay 单元，如表 3.67 所列。

表 3.67　单元数量

FlexRay	RH850/P1x
单元数量	1(A ch，B ch)
名称	FLXAn

所有的 FlexRay 寄存器地址都由基地址〈FLXn_base〉进行偏移后确定。每个 FlexRay 都有 1 个基础地址〈FLXn_base〉，FLXA0 的〈FLXn_base〉为 1002 0000H。FlexRay 提供有一个外部时钟输入，如表 3.68 所示。可以产生 11 个中断请求，见表 3.69。FlexRay 及其寄存器可由复位控制器 SYSRES 复位信号进行初始化。每个 FlexRay 单元具有 7 个 I/O 信号，如表 3.70 所示。FlexRay 引脚和端口的组合如表 3.71 所示。

表 3.68　外部时钟

模块	时钟	时钟名
FLXAn	采样时钟	高频外设时钟 CLK_HS
—	外部总线时钟	—

表 3.69　中断请求

功　能	被连接到
FlexRay0 中断	中断控制器 194（INTFLX0LINE0）
FlexRay1 中断	中断控制器 195（INTFLX0LINE1）
Timer 0 中断	中断控制器 196（INTFLX0TIM0）
Timer 1 中断	中断控制器 197（INTFLX0TIM1）
Timer 2 中断	中断控制器 198（INTFLX0TIM2）
FIFO transfer 中断	中断控制器 199（INTFLX0FDA）
FIFO transfer warning 中断	中断控制器 200（INTFLX0FW）
Output transfer warning 中断	中断控制器 201（INTFLX0OW）
Output transfer end 中断	中断控制器 202（INTFLX0OT）
Input queue full 中断	中断控制器 203（INTFLX0IQF）
Input queue empty 中断	中断控制器 204（INTFLX0IQE）

表 3.70　FlexRay I/O 信号

FlexRay 信号	功　　能	信号源
FLXAn	—	—
rxda_extfxr	Flex Ray0 channel A 接收输入信号	Port FLX0RXDA
fxr_txda	Flex Ray0 channel A 传输数据至输出	Port FLX0TXDA
fxr_txena_n	Flex Ray0 channel A 传输数据使能	Port FLX0TXENA
rxdb_extfxr	Flex Ray0 channel B 接受输入信号	Port FLX0RXDB
fxr_txdb	Flex Ray0 channel B 传输数据至输出	Port FLX0TXDB
fxr_txenb_n	Flex Ray0 channel B 传输数据使能	Port FLX0TXENB
stpwt_extfxr	Flexray0 终止监控触发输入	Port FLX0STPWT

表 3.71　Pin 脚和端口的组合

函数	Pin 名	端口名称	
		组 1	组 2
FLX0	FLX0RXDA	P4_2	P4_8
—	FLX0RXDB	P4_3	P4_11
—	FLX0STPWT	P4_4	P4_14
—	FLX0TXDA	P4_0	P4_9
—	FLX0TXDB	P4_5	P4_12
—	FLX0TXENA	P4_1	P4_10
—	FLX0TXENB	P4_6	P4_13
—	FLX0CLK	P3_14	P4_7

3.5.1.2　FlexRay IP 模块功能

对于 FlexRay 网络上的通信,多达 254 个数据字节的单独数据缓冲区是可配置的。信息缓冲区是一个最多可配置 128 个信息缓冲区的信息 RAM。关于信息处理的所有功能都在信息处理程序中实现。两个 FlexRay 通道协议控制器和信息 RAM 之间的消息传输、维护传输调度以及提供消息状态信息都可以接受过滤处理。

FlexRay IP 模块的寄存器组可以通过外部主机经由模块的主机接口直接访问。这些寄存器用于控制/配置/监视 FlexRay 通道协议控制器、消息处理器、全局时间单元、系统通用控制、帧和符号处理、网络管理、中断控制,通过输入/输出缓冲区访问消息 RAM,并控制消息 RAM 和本地 RAM 之间的数据传输。

FlexRay IP 模块支持表 3.72 中所列的功能。

表 3.72 FlexRay IP 模块功能

项　目	规　格
通信	符合 FlexRay 协议规范 v2.1 版本 A
数据传输率	每个通道高达 10 Mb/ s
数据链路层时钟频率	80 MHz
单个通道输入/输出 Pin 脚	TxD，RxD，TxEN
FlexRay 信号通道	2(通道 A 和 B)
信息缓冲区	高达 128 个可配置缓冲区； 消息缓冲区可配置不同的有效载荷长度； 每个消息缓冲区可以配置为接收缓冲区，传输缓冲区或接收 FIFO 的一部分； 对于槽计数器、循环计数器或通道可滤波处理
信息 RAM	8K 字节的消息 RAM 可以配置如下： ① 128 个缓冲区，最多可以有 48 个字节的数据段； ② 30 个缓冲区，具有 254 字节数据段
FIFO	一个可配置的接收 FIFO
信息缓冲区访问	由主机 CPU 通过输入/输出缓冲区进行访问： 输入缓冲区，保留传送到信息 RAM 的信息； 输出缓冲区，保留从信息 RAM 读取的信息。 通过数据传输功能访问： 输入传输，信息缓冲区的内容从本地传输。 RAM 通过 CPU 的请求到消息 RAM： 输入传输，信息缓冲区的内容自动从信息 RAM 传输到本地 RAM。
网络管理	支持
中断	可屏蔽模块中断
定时器	两个绝对定时器、一个相对定时器、一站式监视定时器

3.5.1.3　FlexRay IP 模块结构

FlexRay IP 模块的结构框图如图 3.87 所示。

输入缓存(IBF)：对于由信息 RAM 配置的信息缓冲区进行写访问，主机可以将特定信息缓冲区的头部和数据部分写入输入缓冲区。然后信息处理器将数据从输入缓冲区传送到信息 RAM 中的所选信息缓冲区。

输出缓存(OBF)：对于读取访问信息 RAM 中配置的信息缓冲区，信息处理程序将所选信息缓冲区传输到输出缓冲区。传输完成后，主机可以从输出缓冲区读取传输的消息缓冲区的头部和数据部分。

消息处理器(MHD)：FlexRay 消息处理程序控制以下组件之间的数据传输：①输入输出缓存和信息 RAM；②两个 FlexRay 协议控制器和信息 RAM 的 TBFRAM。

信息 RAM (MRAM)：由单端口 RAM 存储，最多可存储 128 个 FlexRay 消息缓冲区以

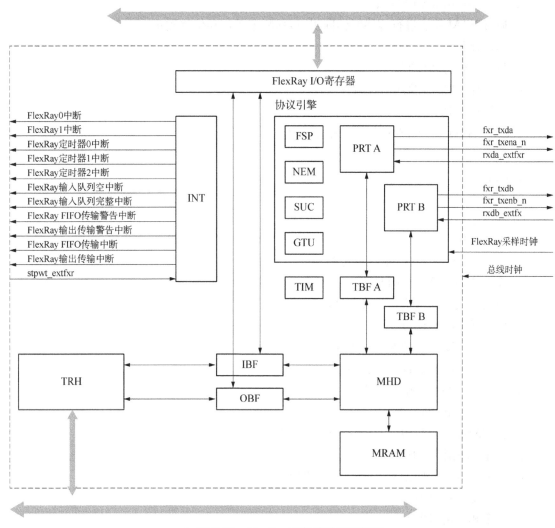

▲ 图 3.87　FlexRay IP 模块的结构框图

及相关的配置数据(标题和数据分区)。

　　TBFRAM(TBF A/B)存储两个完整消息的数据部分。

　　FlexRay 通道协议控制器(PRT A / B)由移位寄存器和 FlexRay 协议 FSM 组成。它们连接到 TBFRAMs 用于中间数据存储,并且通过总线驱动器 BD 连接到物理层。它们执行以下功能:

　　① 控制和检查位时序;

　　② 接收/传输 FlexRay 帧和符号;

　　③ 帧头 CRC 的检查;

　　④ 帧 CRC 的生成/检查;

　　⑤ 连接到总线驱动器。

　　全局时间单元(GTU)执行以下功能:

　　① 产生 microtick(μT);

② 产生 macrotick（MT）；

③ 通过 FTM 算法进行容错时钟同步，包括频率矫正和偏移校正；

④ 循环计数器；

⑤ 静态片段时间控制；

⑥ 动态片段时间控制（小时隙）；

⑦ 支持外部时钟校正。

系统通用控制（SUC）控制以下功能的实现：

① 配置；

② 唤醒；

③ 启动；

④ 常规操作；

⑤ 被动操作。

帧和符号处理（FSP）控制以下功能：

① 检查帧和符号的正确时序；

② 测试接收帧的语法和语义正确性；

③ 设置插槽状态标志。

网络管理（NEM）处理网络管理向量。

中断控制（INT）执行以下功能：

① 提供错误和状态中断标志；

② 启用/禁用中断源；

③ 将中断源分配给两个通用模块中断线之一；

④ 启用/禁用模块中断线。

定时器（TIM）模块包括以下宏标记定时器：

① 一个绝对定时器；

② 一个相对定时器；

③ 一站式监视定时器。

转移处理器（TRH）处理本地 RAM 和 FlexRay 模块之间的数据传输。转移处理程序支持以下传输类型：

① 将缓冲区配置数据从本地 RAM 传输到信息 RAM；

② 将传输缓冲区的有效载荷数据从本地 RAM 传输到信息 RAM；

③ 将传输缓冲区的缓冲区配置数据和有效载荷数据从本地 RAM 传输到信息 RAM；

④ 帧接收时，将有效载荷数据从接收缓冲区自动传输到本地 RAM；

⑤ 帧接收时，有效载荷数据、缓冲器配置数据和信息缓冲器状态数据从接收缓冲区自动传输到本地 RAM；

⑥ 从专用的缓冲区配置数据和信息缓冲区状态数据随着响应时隙状态更新自动传输向本地 RAM 发送/接收缓冲区；

⑦ 将有效载荷数据、缓冲区配置数据和消息缓冲区状态数据从专用发送/接收缓冲区手动传输到本地 RAM。

3.5.2 FlexRay 寄存器

3.5.2.1 寄存器映射

FlexRay 模块分配的地址空间如表 3.73 所示。"复位后的值"是指微控制器的硬件复位。对于地址范围为 0010 H 至 0FFFH 的寄存器,当应用 SW 复位(使用位 FLXAnFROC. OE)时,"复位后的值"也适用。表 3.73 中的地址列出了与基地址的偏移量。因此,基地址〈FLXn_base〉必须添加到地址中。

表 3.73 FlexRay 寄存器映射

寄存器名称	标志	复位值	地址	访问大小
FlexRay 操作控制寄存器	FLXAnFROC	0000 0000H	〈FLXn_base〉+0004H	8,16,32
FlexRay 操作状态寄存器	FLXAnFROS	0000 0000H	〈FLXn_base〉+000CH	8,16,32
FlexRay 锁止寄存器	FLXAnFRLCK	0000 0000H	〈FLXn_base〉+001CH	8,16,32
FlexRay 错误中断寄存器	FLXAnFREIR	0000 0000H	〈FLXn_base〉+0020H	8,16,32
FlexRay 中断状态寄存器	FLXAnFRSIR	0000 0000H	〈FLXn_base〉+0024H	8,16,32
FlexRay 中断错误线路选择寄存器	FLXAnFREILS	0000 0000H	〈FLXn_base〉+0028H	8,16,32
FlexRay 中断状态线路选择寄存器	FLXAnFRSILS	0303 FFFFH	〈FLXn_base〉+002CH	8,16,32
FlexRay 错误中断使能设置寄存器	FLXAnFREIES	0000 0000H	〈FLXn_base〉+0030H	8,16,32
FlexRay 错误中断使能复位寄存器	FLXAnFREIER	0000 0000H	〈FLXn_base〉+0034H	8,16,32
FlexRay 状态中断使能设置寄存器	FLXAnFRSIES	0000 0000H	〈FLXn_base〉+0038H	8,16,32
FlexRay 状态中断使能复位寄存器	FLXAnFRSIER	0000 0000H	〈FLXn_base〉+003CH	8,16,32
FlexRay 中断线路使能寄存器	FLXAnFRILE	0000 0000H	〈FLXn_base〉+0040H	8,16,32
FlexRay 定时器 0 配置寄存器	FLXAnFRT0C	0000 0000H	〈FLXn_base〉+0044H	8,16,32
FlexRay 定时器 1 配置寄存器	FLXAnFRT1C	0002 0000H	〈FLXn_base〉+0048H	8,16,32
FlexRay 停机监控寄存器 1	FLXAnFRSTPW1	0000 0000H	〈FLXn_base〉+004CH	8,16,32
FlexRay 停机监控寄存器 2	FLXAnFRSTPW2	0000 0000H	〈FLXn_base〉+0050H	8,16,32
FlexRay SUC 配置寄存器 1	FLXAnFRSUCC1	0C40 1080H	〈FLXn_base〉+0080H	8,16,32
FlexRay SUC 配置寄存器 2	FLXAnFRSUCC2	0100 0504H	〈FLXn_base〉+0084H	8,16,32

（续表）

寄存器名称	标志	复位值	地址	访问大小
FlexRay SUC 配置寄存器 3	FLXAnFRSUCC3	0000 0011H	⟨FLXn_base⟩+0088H	8,16,32
FlexRay NEM 配置寄存器	FLXAnFRNEMC	0000 0000H	⟨FLXn_base⟩+008CH	8,16,32
FlexRay PRT 配置寄存器 1	FLXAnFRPRTC1	084C 0633H	⟨FLXn_base⟩+0090H	8,16,32
FlexRay PRT 配置寄存器 2	FLXAnFRPRTC2	0F2D 0A0EH	⟨FLXn_base⟩+0094H	8,16,32
FlexRay MHD 配置寄存器	FLXAnFRMHDC	0000 0000H	⟨FLXn_base⟩+0098H	8,16,32
FlexRay GTU 配置寄存器 1	FLXAnFRGTUC1	0000 0280H	⟨FLXn_base⟩+00A0H	8,16,32
FlexRay GTU 配置寄存器 2	FLXAnFRGTUC2	0002 000AH	⟨FLXn_base⟩+00A4H	8,16,32
FlexRay GTU 配置寄存器 3	FLXAnFRGTUC3	0202 0000H	⟨FLXn_base⟩+00A8H	8,16,32
FlexRay GTU 配置寄存器 4	FLXAnFRGTUC4	0008 0007H	⟨FLXn_base⟩+00ACH	8,16,32
FlexRay GTU 配置寄存器 5	FLXAnFRGTUC5	0E00 0000H	⟨FLXn_base⟩+00B0H	8,16,32
FlexRay GTU 配置寄存器 6	FLXAnFRGTUC6	0002 0000H	⟨FLXn_base⟩+00B4H	8,16,32
FlexRay GTU 配置寄存器 7	FLXAnFRGTUC7	0002 0004H	⟨FLXn_base⟩+00B8H	8,16,32
FlexRay GTU 配置寄存器 8	FLXAnFRGTUC8	0000 0002H	⟨FLXn_base⟩+00BCH	8,16,32
FlexRay GTU 配置寄存器 9	FLXAnFRGTUC9	0000 0101H	⟨FLXn_base⟩+00C0H	8,16,32
FlexRay GTU 配置寄存器 10	FLXAnFRGTUC10	0002 0005H	⟨FLXn_base⟩+00C4H	8,16,32
FlexRay GTU 配置寄存器 11	FLXAnFRGTUC11	0000 0000H	⟨FLXn_base⟩+00C8H	8,16,32
FlexRay CC 状态向量寄存器	FLXAnFRCCSV	0010 4000H	⟨FLXn_base⟩+0100H	8,16,32
FlexRay CC 错误向量寄存器	FLXAnFRCCEV	0000 0000H	⟨FLXn_base⟩+0104H	8,16,32
FlexRay 插槽计数器值寄存器	FLXAnFRSCV	0000 0000H	⟨FLXn_base⟩+0110H	8,16,32
FlexRay 宏标记和循环计数器值寄存器	FLXAnFRMTCCV	0000 0000H	⟨FLXn_base⟩+0114H	8,16,32
FlexRay 速率校正值寄存器	FLXAnFRRCV	0000 0000H	⟨FLXn_base⟩+0118H	8,16,32
FlexRay 同步帧状态寄存器	FLXAnFRSFS	0000 0000H	⟨FLXn_base⟩+0120H	8,16,32
FlexRay 符号窗口和 NIT 状态寄存器	FLXAnFRSWNIT	0000 0000H	⟨FLXn_base⟩+0124H	8,16,32
FlexRay 聚合通道状态寄存器	FLXAnFRACS	0000 0000H	⟨FLXn_base⟩+0128H	8,16,32
FlexRay 同步 ID 寄存器 m(m 为 1~15)	FLXAnFRESIDm (m 为 1~15)	0000 0000H	⟨FLXn_base⟩+0130H 到 ⟨FLXn_base⟩+0168H (⟨FLXn_base⟩+0130H +(m−1)*4)	8,16,32

（续表）

寄存器名称	标志	复位值	地址	访问大小
FlexRay 奇数同步 ID 寄存器 m（m 为 1～15）	FLXAnFROSIDm（m 为 1～15）	0000 0000H	〈FLXn_base〉+0170H 到 〈FLXn_base〉+01A8H （〈FLXn_base〉+0170H+(m−1)＊4）	8,16,32
FlexRay 网络管理矢量寄存器 m（m 为 1～3）	FLXAnFRNMVm（m 为 1～3）	0000 0000H	〈FLXn_base〉+01B0H to 〈FLXn_base〉+01B8H （〈FLXn_base〉+01B0H+(m−1)＊4）	8,16,32
FlexRay 消息 RAM 配置寄存器	FLXAnFRMRC	0180 0000H	〈FLXn_base〉+0300H	8,16,32
FlexRay FIFO 禁用过滤器寄存器	FLXAnFRFRF	0180 0000H	〈FLXn_base〉+0304H	8,16,32
FlexRay FIFO 禁用滤波器屏蔽寄存器	FLXAnFRFRFM	0000 0000H	〈FLXn_base〉+0308H	8,16,32
FlexRay FIFO 临界级寄存器	FLXAnFRFCL	0000 0080H	〈FLXn_base〉+030CH	8,16,32
FlexRay 消息处理程序状态寄存器	FLXAnFRMHDS	0000 0080H	〈FLXn_base〉+0310H	8,16,32
FlexRay 动态传输时隙寄存器	FLXAnFRLDTS	0000 0000H	〈FLXn_base〉+0314H	8,16,32
FlexRay FIFO 状态寄存器	FLXAnFRFSR	0000 0000H	〈FLXn_base〉+0318H	8,16,32
FlexRay 消息处理程序约束标志寄存器	FLXAnFRMHDF	0000 0000H	〈FLXn_base〉+031CH	8,16,32
FlexRay 传输寄存器 m（m 为 1～4）	FLXAnFRTXRQi（i 为 1～4）	0000 0000H	〈FLXn_base〉+0320H to 〈FLXn_base〉+032CH （〈FLXn_base〉+0320H+(m−1)＊4）	8,16,32
FlexRay 新数据寄存器 m（m 为 1～4）	FLXAnFRNDATm（m 为 1～4）	0000 0000H	〈FLXn_base〉+0330H to 〈FLXn_base〉+033CH （〈FLXn_base〉+0330H+(m−1)＊4）	8,16,32
FlexRay 消息缓冲区状态更改寄存器 m（m 为 1～4）	FLXAnFRMBSCm（m 为 1～4）	0000 0000H	〈FLXn_base〉+0340H 到 〈FLXn_base〉+034CH （〈FLXn_base〉+0340H +(m−1)＊4）	8,16,32

（续表）

寄存器名称	标志	复位值	地址	访问大小
FlexRay 写入数据段寄存器 m（m 为 1~64）	FLXAnFRWRDSm（m 为 1~64）	0000 0000H	⟨FLXn_base⟩+0400H 到 ⟨FLXn_base⟩+04FCH（⟨FLXn_base⟩+0400H ＋(m−1)∗4)	8,16,32
FlexRay 写入标题部分寄存器 1	FLXAnFRWRHS1	0000 0000H	⟨FLXn_base⟩+0500H	8,16,32
FlexRay 写入标题部分寄存器 2	FLXAnFRWRHS2	0000 0000H	⟨FLXn_base⟩+0504H	8,16,32
FlexRay 写入标题部分寄存器 3	FLXAnFRWRHS3	0000 0000H	⟨FLXn_base⟩+0508H	8,16,32
FlexRay 输入缓冲区命令掩码寄存器	FLXAnFRIBCM	0000 0000H	⟨FLXn_base⟩+0510H	8,16,32
FlexRay 输入缓冲区命令请求寄存器	FLXAnFRIBCR	0000 0000H	⟨FLXn_base⟩+0514H	8,16,32
FlexRay 输出缓冲区命令请求寄存器	FLXAnFROBCR	0000 0000H	⟨FLXn_base⟩+0714H	8,16,32
FlexRay 读取数据段寄存器 m（m 为 1~64）	FLXAnFRRDDSm（m 为 1~64）	0000 0000H	⟨FLXn_base⟩+0600H 到 ⟨FLXn_base⟩+06FCH（⟨FLXn_base⟩+0600H ＋(m−1)∗4)	8,16,32
FlexRay 读取标题部分寄存器 1	FLXAnFRRDHS1	0000 0000H	⟨FLXn_base⟩+0700H	8,16,32
FlexRay 读取标题部分寄存器 2	FLXAnFRRDHS2	0000 0000H	⟨FLXn_base⟩+0704H	8,16,32
FlexRay 读取标题部分寄存器 3	FLXAnFRRDHS3	0000 0000H	⟨FLXn_base⟩+0708H	8,16,32
FlexRay 消息缓冲区状态寄存器	FLXAnFRMBS	0000 0000H	⟨FLXn_base⟩+070CH	8,16,32
FlexRay 输出缓冲区命令掩码寄存器	FLXAnFROBCM	0000 0000H	⟨FLXn_base⟩+0710H	8,16,32
FlexRay 输入传输配置寄存器	FLXAnFRITC	0000 0000H	⟨FLXn_base⟩+0800H	8,16,32
FlexRay 输出传输配置寄存器	FLXAnFROTC	0000 0000H	⟨FLXn_base⟩+0804H	8,16,32
FlexRay 输入指针表基地址寄存器	FLXAnFRIBA	0000 0000H	⟨FLXn_base⟩+0808H	8,16,32

（续表）

寄存器名称	标志	复位值	地址	访问大小
FlexRay FIFO 指针表基地址寄存器	FLXAnFRFBA	0000 0000H	⟨FLXn_base⟩+080CH	8,16,32
FlexRay 输出指针表基地址寄存器	FLXAnFROBA	0000 0000H	⟨FLXn_base⟩+0810H	8,16,32
FlexRay 输入队列控制寄存器	FLXAnFRIQC	0000 0000H	⟨FLXn_base⟩+0814H	8,16,32
FlexRay 用户输入传输请求寄存器	FLXAnFRUIR	0000 0000H	⟨FLXn_base⟩+0818H	8,16,32
FlexRay 用户输出传输请求寄存器	FLXAnFRUOR	0000 0000H	⟨FLXn_base⟩+081CH	8,16,32
FlexRay 输入传输状态寄存器	FLXAnFRITS	0000 0000H	⟨FLXn_base⟩+0820H	8,16,32
FlexRay 输出传输状态寄存器	FLXAnFROTS	0000 0000H	⟨FLXn_base⟩+0824H	8,16,32
FlexRay 访问错误状态寄存器	FLXAnFRAES	0000 0000H	⟨FLXn_base⟩+0828H	8,16,32
FlexRay 访问错误地址寄存器	FLXAnFRAEA	0000 0000H	⟨FLXn_base⟩+082CH	8,16,32
FlexRay 可用信息数据寄存器 m(m 为 0~3)	FLXAnFRDAm （m 为 0~3）	0000 0000H	⟨FLXn_base⟩+0830H 到 ⟨FLXn_base⟩+083CH (⟨FLXn_base⟩+0830H + (m-1)*4)	8,16,32
FlexRayH 总线配置寄存器	FLXAnFRAHBC	0000 0000H	⟨FLXn_base⟩+0840H	8,16,32
FlexRay 定时器 2 配置寄存器	FLXAnFRT2C	0000 0000H	⟨FLXn_base⟩+0844H	8,16,32

3.5.2.2 操作寄存器

（1）FlexRay 操作控制寄存器（FLXAnFROC）。

该寄存器可以 8 位、16 位或 32 位单位读/写，地址为 ⟨FLXn_base⟩+0004H，复位值为 0000 0000II，其构成如图 3.88 所示，其功能见表 3.74。

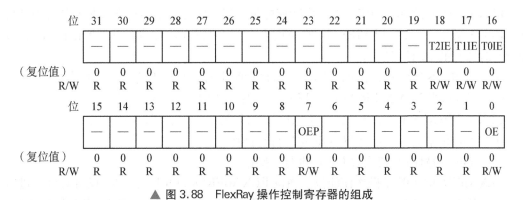

▲ 图 3.88 FlexRay 操作控制寄存器的组成

表 3.74　FLXAnFROC 寄存器功能

位地址	位名称	功　　能
31～19	Reserved	读写时采用复位后的值
18	T2IE	定时器 2 中断使能位 0:禁止;1:允许
17	T1IE	定时器 1 中断使能位 0:禁止;1:允许
16	T0IE	定时器 0 中断使能位 0:禁止;1:允许
15～8	Reserved	读写时采用复位后的值
7	OEP	操作使能位保护位 0:OE 未保护状态 1:OE 保护状态
6～1	Reserved	读写时采用复位后的值
0	OE	操作使能位 0:禁止操作,SW 复位 1:允许操作

注意:

FLXAnFROC. T2IE 是定时器 2 中断使能位,负责控制定时器 2 的中断情况。

① 0:禁止,不会有中断请求产生,而且未设置时定时器 2 的中断线将被释放。

② 1:允许,当 FLXAnFROTS. T2IS 位为 1 时,定时器 2 将显示中断。

FLXAnFROC. T1IE 是定时器 1 中断使能位。当定时器 1 中断在 FlexRay 状态中断使能寄存器中被禁止(FLXAnFRSIES. TI1E 位应为 0),用户仅在该种情况下设置该位为 1。该位控制定时器 1 的中断情况如下。

① 0:禁止,不会有中断请求产生,而且未设置时定时器 1 的中断线将被释放。

② 1:允许,当 FLXAnFROTS. T1IS 位为 1 时,定时器 1 将显示中断。

FLXAnFROC. T0IE 为定时器 0 中断使能位。当定时器 0 中断在 FlexRay 状态中断使能寄存器中被禁止(FLXAnFRSIES. TI0E 位应为 0),用户仅在该种情况下设置该位为 1。该位控制定时器 0 的中断情况如下。

① 0:禁止,不会有中断请求产生,而且未设置时定时器 0 的中断线将被释放。

② 1:允许,当 FLXAnFROTS. T0IS 位为 1 时,定时器 0 将显示中断。

FLXAnFROC. OEP 是操作使能位保护位。该位是防止对 OE 位意外的写操作。

① 0:OE 位未被保护,允许对 OE 位进行写操作。

② 1:OE 位被保护,禁止对 OE 位进行写操作。

FLXAnFROC. OE 是操作使能位。当位 FLXAnFROC. OEP 为 0 时,仅可对该位进行写操作。当位 FLXAnFROS. OS 为 1 时,应仅可对该位进行写 0 操作。当位 FLXAnFROS. OS 为 0 且 FlexRay 采样时钟被使能,应仅对该位进行写 1 操作。该位控制操作状态,并提供

FlexRay 模块的软件复位。操作状态位(FLXAnFROS. OS)指示 FlexRay 模块是否处于复位状态：

① 0,禁止运行,SW 复位。无论 FlexRay 模块的状态如何,强制将 FlexRay 模块移至其复位状态。

② 1,允许操作。FlexRay 模块的复位状态被释放。

（2）FlexRay 操作状态寄存器(FLXAnFROS)。

该寄存器可以进行 8 位、16 位或 32 位单位读/写,其地址为〈FLXn_base〉+000CH,复位值为 0000 0000H,其组成如图 3.89 所示,其功能如表 3.75 所示。

位	31	30	29	28	27	26	25	24	23	22	21	20	19	18	17	16
	—	—	—	—	—	—	—	—	—	—	—	—	—	T2IS	T1IS	T0IS
（复位值）t	0	0	0	0	0	0	0	0	0	0	0	0	0	0	0	0
R/W	R	R	R	R	R	R	R	R	R	R	R	R	R	R/W	R/W	R/W

位	15	14	13	12	11	10	9	8	7	6	5	4	3	2	1	0
	—	—	—	—	—	—	—	—	—	—	—	—	—	—	—	OS
（复位值）t	0	0	0	0	0	0	0	0	0	0	0	0	0	0	0	0
R/W	R	R	R	R	R	R	R	R	R	R	R	R	R	R	R	R

▲ 图 3.89　FlexRay 操作状态寄存器的组成

表 3.75　FLXAnFROS 寄存器功能

位地址	位名称	功　　能
31～19	Reserved	读写时采用复位后的值
18	T2IS	定时器 2 中断状态位： 0,定时器 2 与配置好的 FLXAnFRT2C 寄存器不相符； 1,定时器 2 与配置好的 FLXAnFRT2C 寄存器相符
17	T1IS	定时器 1 中断状态位： 0,定时器 1 与配置好的 FLXAnFRT1C 寄存器不相符； 1,定时器 2 与配置好的 FLXAnFRT1C 寄存器相符
16	T0IS	定时器 0 中断状态位： 0,定时器 0 与配置好的 FLXAnFRT0C 寄存器不相符； 1,定时器 0 与配置好的 FLXAnFRT0C 寄存器相符
15～1	T0IS	读写时采用复位后的值
0	OS	操作状态位： 0,禁止操作,复位后为此状态； 1,允许操作

注意：

FLXAnFROS. T2IS 为定时器 2 中断状态位,写 0 时对位值没有影响。该位表明定时器 2 符合配置好的 FLXAnFRT2C 寄存器状态。当 FLXAnFROC. T2IE 位被使能,而且 FLXAnFROS. T2IS 位被置 1,定时器 2 产生中断。

清除状态：该位可通过设置 FLXAnFROS. T2IS 位为 1 来完成清除。当 FLXAnFROS. OS 位值从 1 变到 0 时，该位会完成清除。

赋值状态：当状态符合在 FLXAnFRT2C 寄存器中配置好的状态，该位被赋值。

FLXAnFROS. T1IS 为定时器 1 中断状态位，其写 0 时对位值没有影响。该位表明定时器 1 符合配置好的 FLXAnFRT1C 寄存器状态。当 FLXAnFROC. T1IE 位被使能，而且 FLXAnFROS. T1IS 位被置 1，定时器 1 产生中断。

清除状态：该位可通过置 FLXAnFROS. T1IS 位为 1 来完成清除。当 FLXAnFROS. OS 位值从 1 变到 0 时，该位会完成清除。

赋值状态：当状态变为在 FLXAnFRT1C 寄存器中配置好的状态，该位被赋值。

FLXAnFROS. T0IS 为定时器 0 中断状态位。写 0 时对位值没有影响，该位表明定时器 0 符合配置好的 FLXAnFRT0C 寄存器状态。当 FLXAnFROC. T0IE 位被使能，而且 FLXAnFROS. T0IS 位被置 1，定时器 0 产生中断。

清除状态：该位可通过置 FLXAnFROS. T0IS 位为 1 来完成清除。当 FLXAnFROS. OS 位值从 1 变到 0 时，该位会完成清除。

赋值状态：当状态变为在 FLXAnFRT0C 寄存器中配置好的状态，该位被赋值。

FLXAnFROS. OS 为操作状态位。该位表示 FlexRay 模块是否处于复位或运行状态。当 FLXAnFROS. OS 位为 0 时，FlexRay 模块被初始化，寄存器映射到地址区域〈FLXn_base〉＋0010H 到〈FLXn_base〉＋0FFFH 不能访问，对这些寄存器的读取访问将返回未定义的数据。当 FLXAnFROS. OS 位为 1 时，可以访问地址区域〈FLXn_base〉＋0010H 到〈FLXn_base〉＋0FFFH，并执行 FlexRay 通信。当 FLXAnFROS. OS 位从 0 变为 1 时，地址范围〈FLXn_base〉＋0010H 至〈FLXn_base〉＋0FFFH 中的所有寄存器都将设置为"复位后的值"。

清除状态：当 FLXAnFROC. OE 位设置为 0 时，到 FLXAnFROS. OS 位设置为 0，最多需要两个外设总线时钟周期。

赋值状态：当 FLXAnFROC. OE 位设置为 1 时，外设总线时钟之间频率较低时，到 FLXAnFROS. OS 位设置为 1 最多需要四个外设时钟周期。

3.5.2.3　特殊寄存器

RH850/P1x 有 1 个特殊寄存器，即 FlexRay 锁定寄存器（FLXAnFRLCK）。该寄存器可以 8 位、16 位或 32 位单位读/写，其地址为〈FLXn_base〉＋001CH，复位值为 0000 0000H，其组成如图 3.90 所示，其中 31～8 位保留，7～0 位为 CLK[7：0]，用于配置锁定键位。

位	31	30	29	28	27	26	25	24	23	22	21	20	19	18	17	16
	—	—	—	—	—	—	—	—	—	—	—	—	—	—	—	—
（复位值）t	0	0	0	0	0	0	0	0	0	0	0	0	0	0	0	0
R/W	R	R	R	R	R	R	R	R	R	R	R	R	R	R	R	R

位	15	14	13	12	11	10	9	8	7	6	5	4	3	2	1	0
	—	—	—	—	—	—	—	—	CLK[7:0]							
（复位值）t	0	0	0	0	0	0	0	0	0	0	0	0	0	0	0	0
R/W	R	R	R	R	R	R	R	R	R/W	R/W	R/W	R/W	R/W	R/W	R/W	R/W

▲ 图 3.90　FlexRay 锁定寄存器的组成

注意：

FLXAnFRLCK.CLK 为配置锁定键位，对锁定寄存器只能进行写操作，读寄存器将返回 0000 0000H。要通过写 FLXAnFRSUCC1.CMD［3：0］(命令 READY)来保留 CONFIG 状态，写操作必须在配置锁定键(解锁序列)之前直接进行两次写入操作。如果下面的写入序列在第二次写入配置锁定键和对 FLXAnFRSUCC1 寄存器的写入访问之间被其他写入访问中断，则 CC 保持在 CONFIG 状态，并且必须重复该序列。

首先写：位 FLXAnFRLCK.CLK［7：0］＝"1100 1110B"(0xCE)

其次写：位 FLXAnFRLCK.CLK［7：0］＝"0011 0001B"(0x31)

最后写：位 FLXAnFRSUCC1.CMD［3：0］

3.5.2.4　中断寄存器

(1) FlexRay 错误中断寄存器(FLXAnFREIR)。

该寄存器可以进行 8 位、16 位或 32 位单位读/写，其地址为〈FLXn_base〉＋0020H，复位值为 0000 0000H，其组成如图 3.91 所示，其功能见表 3.76。

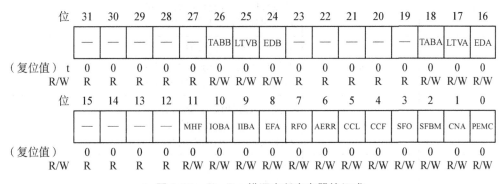

▲ 图 3.91　FlexRay 错误中断寄存器的组成

表 3.76　FLXAnFREIR 寄存器功能

位地址	位名称	功　能
31～27	Reserved	读写时采用复位后的值
26	TABB	跨界通道 B 传输标志： 0,在通道 B 未检测到通过槽边界的传输； 1,在通道 B 检测到通过槽边界的传输。
25	LTVB	最新违规发送通道 B 标志： 0,在通道 B 没有检测到最新的发送违规； 1,在通道 B 检测到最新的发送违规。
24	EDB	通道 B 标志检测到错误： 0,通道 B 没有检测到错误； 1,通道 B 检测到错误。
23～19	Reserved	读写时采用复位后的值

位地址	位名称	功　能
18	TABA	跨越边界通道 A 的传输： 0,在通道 A 未检测到通过槽边界的传输； 1,在通道 A 检测到通过槽边界的传输。
17	LTVA	最新违规发送通道 A 标志： 0,在通道 A 没有检测到最新的发送违规； 1,在通道 A 检测到最新的发送违规。
16	EDA	通道 A 标志检测到错误： 0,通道 A 没有检测到错误； 1,通道 A 检测到错误。
15～12	Reserved	读写时采用复位后的值
11	MHF	消息处理器约束标志： 0,没有检测到消息处理器失败； 1,检测到消息处理器失败。
10	IOBA	非法输出缓冲区访问标志： 0,没有非法主机访问输出缓冲区； 1,发生主机对输出缓冲区的非法访问。
9	IIBA	非法输入缓冲区访问标志： 0,主机没有非法访问输入缓冲区； 1,主机非法访问输入缓冲区。
8	EFA	空 FIFO 访问标志： 0,主机没有访问空 FIFO； 1,主机访问空 FIFO。
7	RFO	接收 FIFO 溢出标志： 0,没有检测到接收 FIFO 溢出； 1,发生接收 FIFO 溢出。
6	AERR	访问错误标志： 0,未检测到访问错误； 1,检测到访问错误。
5	CCL	CHI 命令锁定标志： 0,CHI 指令被接受； 1,CHI 指令未被接受。
4	CCF	时钟校正失败标志： 0,无时钟校正错误； 1,时钟校正失败。
3	SFO	同步帧溢出标志： 0,接收到的同步帧的数量≤FLXAnFRGTUC2.SNM 位； 1,接收的同步帧比 FLXAnFRGTUC2.SNM 位配置的更多。

（续表）

位地址	位名称	功　能
2	SFBM	同步帧低于最小值标记： 0,同步节点:接收到 1 个或多个同步帧； 非同步节点:接收到 2 个或更多个同步帧。 1,小于所接收到的同步帧所需的最小值。
1	CNA	命令未接受标志： 0,接受 CHI 命令； 1,未接受 CHI 命令。
0	PEMC	POC 错误模式更改标志： 0,错误模式未更改； 1,错误模式已更改。

注意：

FLXAnFREIR. TABB 为跨边界通道 B 的传输标志,写入 0 对位值没有影响。当写入 1 时,该位被清零。该标志向主机发出通道 B 发生跨时隙边界传输的信号。

FLXAnFREIR. LTVB 为通道 B 的最新发送违规标志。写入 0 对位值没有影响。当写入 1 时,该位被清除。该标志向主机发出通道 B 发生违规传输的信号。

（2）FlexRay 其他中断寄存器。

除 FlexRay 错误中断寄存器（FLXAnFREIR）外,RH850/P1x 还有其他 8 个中断寄存器,用于 FlexRay 状态中断、错误或状态中断线选择、错误或状态中断使能或复位、中断线使能等,如表 3.77 所列。关于这些寄存器的功能,请参见瑞萨相关手册中的说明。

表 3.77　FlexRay 其他中断寄存器

名　称	简　介
FLXAnFRSIR	FlexRay 状态中断寄存器
FLXAnFREILS	FlexRay 错误中断线选择寄存器
FLXAnFRSILS	FlexRay 状态中断线选择寄存器
FLXAnFREIES	FlexRay 错误中断使能设置寄存器
FLXAnFREIER	FlexRay 错误中断使能复位寄存器
FLXAnFRSIES	FlexRay 状态中断使能设置寄存器
FLXAnFRSIER	FlexRay 状态中断使能复位寄存器
FLXAnFRILE	FlexRay 中断线使能寄存器

3.5.2.5　定时器寄存器

（1）FlexRay 定时器 0 配置寄存器（FLXAnFRT0C）。

该寄存器是绝对定时器。它指定 FlexRay 定时器 0 中断发生时的周期数和宏跳数（MT）。当 FlexRay 定时器 0 通过时,FLXAnFRSIR. TI0 和 FLXAnFROS. T0IS 位被设置为 1。当位 FLXAnFROC. T0IE 有效时,定时器 0 会产生中断。

该寄存器可以进行 8 位、16 位或 32 位单位读/写,其地址为〈FLXn_base〉+0044H,复位值为 0000 0000H,其构成如图 3.92 所示,其功能如表 3.78 所示。

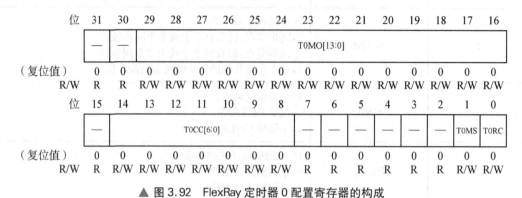

▲ 图 3.92　FlexRay 定时器 0 配置寄存器的构成

表 3.78　FLXAnFRT0C 寄存器功能

位地址	位名称	功　能
31,30	Reserved	读写时采用复位后的值
29~16	T0MO[13:0]	定时器 0 Macrotick 偏移位
15	Reserved	读写时采用复位后的值
14~8	T0CC[6:0]	定时器 0 周期代码位
7~2	Reserved	读写时采用复位后的值
1	T0MS	定时器 0 模式选择位: 0,单次模式; 1,连续模式。
0	T0RC	定时器 0 运行控制位: 0,定时器 0 停止; 1,定时器 0 运行。

注意:

FLXAnFRT0C. T0MO 为定时器 0 Macrotick 偏移位。在重新配置定时器之前,必须先通过将 FLXAnFRT0C. T0RC 位写入 0 来暂停定时器。从发生中断的通信周期开始配置宏标记偏移,对于循环组的每个周期,FlexRay 定时器 0 中断发生在该偏移量处。

FLXAnFRT0C. T0CC 为定时器 0 周期代码位。在重新配置定时器之前,必须先通过将 FLXAnFRT0C. T0RC 位写入 0 来暂停定时器。7 位定时器 0 周期代码决定了用于生成 FlexRay 定时器 0 中断的周期集合。

(2) FlexRay 其他定时器寄存器。

除 FlexRay 定时器 0 中断寄存器(FLXAnFRT0C)外,RH850/P1x 还有其他 4 个定时器寄存器,用于 FlexRay 定时器 1 或 2 的配置及停止监控,如表 3.79 所列。关于这些寄存器的功能,请参见瑞萨相关手册中的说明。

表 3.79　FlexRay 其他定时器寄存器

名　称	简　介
FLXAnFRT1C	FlexRay 定时器 1 配置寄存器
FLXAnFRT2C	FlexRay 定时器 2 配置寄存器
FLXAnFRSTPW1	FlexRay 停止监控寄存器 1
FLXAnFRSTPW2	FlexRay 停止监控寄存器 2

3.5.2.6　CC 控制寄存器

由 CC(通信控制器)提供的寄存器,可以允许主机控制 CC 的操作。FlexRay 协议规范要求主机只将 CONFIG 状态写入应用程序配置数据。注意:在 DEFAULT_CONFIG 状态下,配置寄存器不会被锁定以进行写操作。

当从复位输入 DEFAULT_CONFIG 状态时,配置数据被复位。要将 POC 状态从 DEFAULT_CONFIG 更改为 CONFIG 状态,主机必须应用 CHI 命令 CONFIG。如果主机希望 CC 离开 CONFIG 状态,则主机(Host)必须执行锁定释放序列。

(1) FlexRay SUC 配置寄存器 1(FLXAnFRSUCC1)。

该寄存器可以进行 8 位、16 位或 32 位单位读/写,其地址为〈FLXn_base〉+0080H,复位值为 0C40 1080H,其组成如图 3.93 所示,其功能如表 3.80 所示。

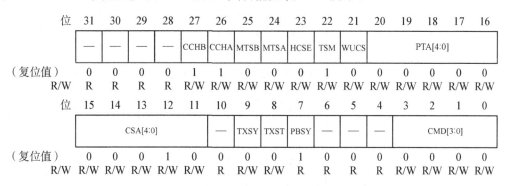

▲ 图 3.93　FlexRay SUC 配置寄存器 1 的组成

表 3.80　FLXAnFRSUCC1 寄存器功能

位地址	位名称	功　　能
31~28	Reserved	读写时采用复位后的值
27	CCHB	连接到通道 B 位,配置渠道: 0,未连接到通道 B; 1,节点连接到通道 B(复位后默认为此值)。
26	CCHA	连接到通道 A 位,配置渠道: 0,未连接到通道 A; 1,节点连接到通道 B(复位后默认为此值)。
25	MTSB	为 MTS 传输位选择通道 B: 0,MTS 传输禁止通道 B; 1,为 MTS 传输选择通道 B。

（续表）

位地址	位名称	功　能
24	MTSA	为 MTS 传输位选择通道 A： 0,MTS 传输禁用通道 A； 1,选择用于 MTS 传输的通道 A。
23	HCSE	由于时钟同步错误位而暂停,配置 pAllowHaltDueToClock： 0,CC 将进入/保持在 NORMAL_PASSIVE 状态； 1,CC 将进入暂停状态。
22	TSM	传输槽模式位,配置 pSingleSlotEnabled： 0,全部插槽模式； 1,单槽模式(硬件复位后的值)。
21	WUCS	唤醒通道选择位,配置 pWakeupChannel： 0,在通道 A 上发送唤醒模式； 1,在通道 B 上发送唤醒模式。
20～16	PTA[4:0]	被动到主动位,配置 pAllowPassiveToActive
15～11	CSA[4:0]	冷启动尝试位,配置 gColdStartAttempts
10	Reserved	读写时采用复位后的值
9	TXSY	键槽位发送同步帧,配置 pKeySlotUsedForSync： 0,键槽中没有同步帧传输,节点既不同步也不是冷启动节点； 1,用于传输同步帧的密钥槽,节点是同步节点。
8	TXST	键槽位发送启动帧,配置 pKeySlotUsedForStartup 0,键槽中没有启动帧传输,节点为非冷启动节点； 1,用于传输启动帧的密钥槽,节点位于冷启动之前或之后。
7	PBSY	POC 忙碌标志： 0,POC 不忙碌,位 FLXAnFRSUCC1. CMD 可写； 1,POC 正忙,位 FLXAnFRSUCC1. CMD 锁定。
6～4	Reserved	读写时采用复位后的值
3～0	CMD[3:0]	CHI 命令向量位： 0000, command_not_accepted； 0001, CONFIG； 0010, READY； 0011, WAKEUP； 0100, RUN； 0101, ALL_SLOTS； 0110, HALT； 0111, FREEZE； 1000, SEND_MTS； 1001, ALLOW_COLDSTART； 1010, RESET_STATUS_INDICATORS； 1011, MONITOR_MODE； 1100, CLEAR_RAMS； others: reserved。

注意：

FLXAnFRSUCC1.CCHB 连接到通道 B 位。当 FLXAnFRCCSV.POCS［5∶0］位为 DEFAULT_CONFIG 或 CONFIG 时，用户只能写入这些位。

FLXAnFRSUCC1.CCHA 连接到通道 A 位。当 FLXAnFRCCSV.POCS［5∶0］位为 DEFAULT_CONFIG 或 CONFIG 时，用户只能写入这些位。

（2）FlexRay 其他控制寄存器。

除 FlexRay SUC 配置寄存器 1(FLXAnFRSUCC1)，RH850/P1x 还有其他 17 个控制寄存器，用于 FlexRay SUC 或 NEM 或 PRT 或 MHD 或 GTU 等的配置，如表 3.81 所列。关于这些寄存器的功能，可以参考瑞萨相关手册中的说明。

表 3.81　FlexRay 其他控制寄存器

名　　称	简　　介
FLXAnFRSUCC2	FlexRay SUC 配置寄存器 2
FLXAnFRSUCC3	FlexRay SUC 配置寄存器 3
FLXAnFRNEMC	FlexRay NEM 配置寄存器
FLXAnFRPRTC1	FlexRay PRT 配置寄存器 1
FLXAnFRPRTC2	FlexRay PRT 配置寄存器 2
FLXAnFRMHDC	FlexRay MHD 配置寄存器
FLXAnFRGTUC1	FlexRay GTU 配置寄存器 1
FLXAnFRGTUC2	FlexRay GTU 配置寄存器 2
FLXAnFRGTUC3	FlexRay GTU 配置寄存器 3
FLXAnFRGTUC4	FlexRay GTU 配置寄存器 4
FLXAnFRGTUC5	FlexRay GTU 配置寄存器 5
FLXAnFRGTUC6	FlexRay GTU 配置寄存器 6
FLXAnFRGTUC7	FlexRay GTU 配置寄存器 7
FLXAnFRGTUC8	FlexRay GTU 配置寄存器 8
FLXAnFRGTUC9	FlexRay GTU 配置寄存器 9
FLXAnFRGTUC10	FlexRay GTU 配置寄存器 10
FLXAnFRGTUC11	FlexRay GTU 配置寄存器 11

3.5.2.7　CC 状态寄存器

在对 8 位/16 位编码的状态变量进行 8/16 位访问期间，可以通过两次访问之间的 CC 更新变量。

（1）FlexRay CC 状态向量寄存器(FLXAnFRCCSV)。

该寄存器可以进行 8 位、16 位或 32 位单位读/写，其地址为〈FLXn_base〉＋0100H，复位值为 0010 4000H，其组成如图 3.94 所示，其功能如表 3.82 所示。

位	31	30	29	28	27	26	25	24	23	22	21	20	19	18	17	16
	—	—			PSL[5:0]						RCA[4:0]				WSV[2:0]	
(复位值)	0	0	0	0	0	0	0	0	0	0	0	1	0	0	0	0
R/W	R	R	R	R	R	R	R	R	R	R	R	R	R	R	R	R

位	15	14	13	12	11	10	9	8	7	6	5	4	3	2	1	0
	—	CSI	CSAI	CSNI	—	—	SLM[1:0]		HRQ	FSI			POCS[5:0]			
(复位值)	0	1	0	0	0	0	0	0	0	0	0	0	0	0	0	0
R/W	R	R	R	R	R	R	R	R	R	R	R	R	R	R	R	R

▲ 图 3.94 FlexRay CC 状态向量寄存器的组成

表 3.82 FLXAnFRCCSV 寄存器功能

位地址	位名称	功　能
31,30	Reserved	读取时,读取复位后的值
29~24	PSL[5:0]	POC 状态日志标志。在进入暂停状态之前,表示 FLXAnFRCCSV. POCS 的状态
23~19	RCA[4:0]	保持尝试冷启动标志,表示 vRemainingColdstartAttempts
18~16	WSV[2:0]	唤醒状态标志,表示 vPOC! WakeupStatus: 000, UNDEFINED; 001, RECEIVED_HEADER; 010, RECEIVED_WUP; 011, COLLISION_HEADER; 100, COLLISION_WUP; 101, COLLISION_UNKNOWN; 110, TRANSMITTED; 111, Reserved.
15	Reserved	读取时,读取复位后的值
14	CSI	冷启动禁止标志,表示 vColdStartInhibit: 0,启用节点冷启动; 1,冷启动节点禁用
13	CSAI	冷启动中止指示标志
12	CSNI	冷启动噪声指示标志,表示 vPOC! ColdstartNoise
11,10	Reserved	读取时,读取复位后的值
9,8	SLM[1:0]	插槽模式标志,表示 vPOC! SlotMode: 00, SINGLE; 01, reserved; 10, ALL_PENDING; 11, ALL.

（续表）

位地址	位名称	功　能
7	HRQ	暂停请求标志，表示 vPOC！CHIHaltRequest
6	FSI	冻结状态指示标志，表示 vPOC！冻结
5～0	POCS[5：0]	协议操作控制状态标志

注意：

FLXAnFRCCSV. PSL 为 POC 状态日志标志。在进入 HALT 状态之前立即设置位 FLXAnFRCCSV. POCS [5：0]的值。在 HALT 状态下使用 FREEZE 命令时，HASH 状态设置为 HALT，FLXAnFRCCSV. FSI 尚未设置，即 FREEZE 命令未达到 HALT 状态。当离开 HALT 状态时，重置为"B'000000"。

FLXAnFRCCSV. RCA 为保持尝试冷启动标志，表示剩余的冷启动尝试次数 （vRemainingColdstartAttempts）。在 CONFIG 和 DEFAULT_CONFIG 状态中复位的值属于位 FLXAnFRSUCC1. CSA [4：0]。RUN 命令将该计数器复位为由 FLXAnFRSUCC1. CSA [4：0]位配置的最大的冷启动次数。

（2）FlexRay 其他 CC 状态寄存器。

除 FlexRay CC 状态向量寄存器（FLXAnFRCCSV）外，RH850/P1x 还有其他 11 个 CC 状态寄存器，用于处理 FlexRay CC 错误或插槽计数器值、速率校正值等，如表 3.83 所列。关于这些寄存器的功能，读者可参考瑞萨相关手册中的说明。

表 3.83　FlexRay 其他 CC 状态寄存器

名　称	简　介
FLXAnFRCCEV	FlexRay CC 错误矢量寄存器
FLXAnFRSCV	FlexRay 插槽计数器值寄存器
FLXAnFRMTCCV	FlexRay Macrotick 和周期计数器值寄存器
FLXAnFRRCV	FlexRay 速率校正值寄存器
FLXAnFROCV	FlexRay 偏移校正值寄存器
FLXAnFRSFS	FlexRay 同步帧状态寄存器
FLXAnFRSWNIT	FlexRay 符号窗口和 NIT 状态寄存器
FLXAnFRACS	FlexRay 聚合通道状态寄存器
FLXAnFRESIDm	FlexRay 即使同步 ID 寄存器 m（m 为 1～15）
FLXAnFROSIDm	FlexRay 奇数同步 ID 寄存器 m（m 为 1～15）
FLXAnFRNMVm	FlexRay 网络管理向量寄存器 m（m 为 1～3）

3.5.2.8　信息缓冲区控制寄存器

（1）FlexRay 信息 RAM 配置寄存器（FLXAnFRMRC）。

信息 RAM 配置寄存器定义分配给静态的信息缓冲区的数量段、动态段和 FIFO。信息

RAM 可以分为三个不同的区域:静态缓冲区、静态和动态缓冲区、FIFO 区。

该寄存器可以进行 8 位、16 位或 32 位单位读/写,其地址为〈FLXn_base〉+0300H,复位值为 0180 0000H,其组成如图 3.95 所示,其功能如表 3.84 所示。

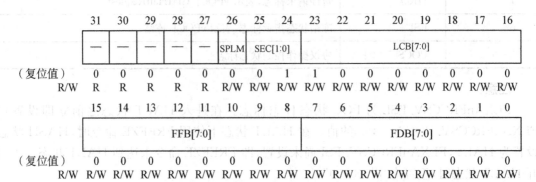

▲ 图 3.95　FlexRay 信息 RAM 配置寄存器的组成

表 3.84　FLXAnFRMRC 寄存器功能

位地址	位名称	功　能
31~27	Reserved	读取时,读取复位后的值;写入时,复位后写入值
26	SPLM	同步帧有效载荷复用位: 0,只有消息缓冲区 0 锁定重新配置; 1,消息缓冲区 0 和 1 都被锁定以防止重新配置。
25,24	SEC[1:0]	安全缓冲位: 00,所有缓冲区解锁; 01,静态缓冲区锁定,FIFO 锁定,传输有限; 10,所有缓冲区锁定; 11,所有缓冲区锁定,传输有限。
23~16	LCB[7:0]	上次配置的缓冲区位: 0~127,消息缓冲区的数量是 FLXAnFRMRF. LCB+1; 128,没有分配给 FIFO 的消息缓冲区。
15~8	FFB[7:0]	FIFO 位的第一个缓冲区: 0,分配给 FIFO 的所有消息缓冲区; 1 ~ 127:从 FLXAnFRMRC. FFB 到分配给 FIFO 的 FLXAnFRMRC. LCB 的消息缓冲区; 128,没有配置消息缓冲区。
7~0	FDB[7:0]	第一个动态缓冲区位: 0,没有配置静态段的消息缓冲区组 1~127,消息缓冲区 0 到 FLXAnFRMRC. FDB−1 为静态段保留; 128,没有配置动态消息缓冲区。

注意:

FLXAnFRMRC. SPLM 为同步帧有效载荷复用位。当 FLXAnFRCCSV. POCS 为 DEFAULT_CONFIG 或 CONFIG 时,用户只能写入这些位。仅当节点配置为同步节点(位

FLXAnFRSUCC1. TXSY = 1)或单时隙模式操作(位 FLXAnFRSUCC1. TSM = 1)时,才会对该位进行评估。当该位设置为 1 个消息缓冲区,0 和 1 专用于通道 A 和 B 上具有不同有效载荷数据的同步帧传输。当该位设置为 0 时,同步帧从配置的所有通道上的相同有效载荷数据的消息缓冲区 0 发送。此外,消息缓冲区 0 的通道过滤器配置消息缓冲区 1 必须根据该位设置进行选择。

FLXAnFRMRC. FDB 为首要动态缓冲区位。当 FLXAnFRCCSV. POCS [5:0]位为 DEFAULT_CONFIG 或 CONFIG 时,用户只能写入这些位。

(2) FlexRay 其他信息缓冲区控制寄存器。

除 FlexRay 信息 RAM 配置寄存器(FLXAnFRMRC),RH850/P1x 还有其他 3 个信息缓冲区控制寄存器,用于 FlexRay FIFO 抑制滤波器或掩码等,如表 3.85 所列。

表 3.85　FlexRay 其他信息缓冲区控制寄存器

名　　称	简　　介
FLXAnFRFRF	FlexRay FIFO 抑制滤波器寄存器
FLXAnFRFRFM	FlexRay FIFO 抑制滤波器掩码寄存器
FLXAnFRFCL	FlexRay FIFO 临界电平寄存器

3.5.2.9　信息缓冲区状态寄存器

(1) FlexRay 消息处理程序状态寄存器(FLXAnFRMHDS)。

该寄存器可以 8 位,16 位或 32 位单位读/写,其地址为⟨FLXn_base⟩+0310H,复位值为 0000 0080H,其构成如图 3.96 所示,其功能如表 3.86 所示。

位	31	30	29	28	27	26	25	24	23	22	21	20	19	18	17	16
	—			MBU[6:0]					—			MBT[6:0]				
(复位值) t	0	0	0	0	0	0	0	0	0	0	0	0	0	0	0	0
R/W	R	R	R	R	R	R	R	R	R	R	R	R	R	R	R	R

位	15	14	13	12	11	10	9	8	7	6	5	4	3	2	1	0
	—			FMB[6:0]					CRAM	MFMB	FMBD	ATBF2	ATBF1	AMR	—	—
(复位值)	0	0	0	0	0	0	0	0	1	0	0	0	0	0	0	0
R/W	R	R	R	R	R	R	R	R	R	R/W	R/W	R/W	R/W	R/W	R	R

▲ 图 3.96　FlexRay 消息处理程序状态寄存器的组成

表 3.86　FLXAnFRMHDS 寄存器功能

位地址	位名称	功　　能
31	Reserved	读取时,读取复位后的值;写入时,复位后写入值
30～24	MBU[6:0]	信息缓存更新标志,信息缓存更新
23	Reserved	读取时,读取复位后的值;写入时,复位后写入值

（续表）

位地址	位名称	功　能
22～16	MBT[6：0]	信息缓存传输标志,信息缓存传输
15	Reserved	读取时,读取复位后的值；写入时,复位后写入值
14～8	FMB[6：0]	错误信息缓冲区号标志
7	CRAM	清除所有内部 RAM 的标志： 0,不执行 CHI 命令 CLEAR_RAMS； 1,正在执行 CHI 命令 CLEAR_RAMS。
6	MFMB	多重错误信息缓冲区检测标志： 0,没有额外的错误消息缓冲区； 1,FMBD 标志设置为 1 时检测到附加的故障信息缓冲区。
5	FMBD	信息缓冲区检测标志错误： 0,没有错误的信息缓冲区； 1,由 FLXAnFRMHDS.FMB 引用的信息缓冲区具有奇偶校验错误的故障数据。
4	ATBF2	TBFRAM B 访问错误标志： 0,无访问错误； 1,读取 RAM B 时出现访问错误。
3	ATBF1	TBFRAM A 访问错误标志： 0,无访问错误； 1,读取 RAM A 时出现访问错误。
2	AMR	信息 RAM 访问错误标志： 0,无访问错误 1,读取信息 RAM 时发生访问错误。
1,0	Reserved	读取时,读取复位后的值；写入时,复位后写入值

注意：

FLXAnFRMHDS.MBU 为消息缓冲区更新标志。显示 CC 最近更新的信息缓冲区数。对于该信息缓冲区,FLXAnFRNDAT1 至 FLXAnFRNDAT4 寄存器中的相应 ND 和/或 MBC 标志,以及 FLXAnFRMBSC1 至 FLXAnFRMBSC4 寄存器也被设置为 1。离开 CONFIG 状态或进入 STARTUP 状态时复位,由 CHI 命令 CLEAR_RAMS 复位。

FLXAnFRMHDS.MBT 为消息缓冲区传输标志。显示上次成功发送的消息缓冲区数。如果消息缓冲区配置为单次模式,则相应的 TXR 标志位 FLXAnFRTXRQ1 到 FLXAnFRTXRQ4 寄存器复位为 0。离开 CONFIG 状态或进入 STARTUP 状态时复位,由 CHI 命令 CLEAR_RAMS 复位。

（2）FlexRay 其他信息缓冲区状态寄存器。

除 FlexRay 消息处理程序状态寄存器（FLXAnFRMHDS)外,RH850/P1x 还有其他 6 个信息缓冲区状态寄存器,如表 3.87 所列。

表 3.87　FlexRay 其他信息缓冲区状态寄存器

名　称	简　介
FLXAnFRLDTS	FlexRay 最后动态发送槽寄存器
FLXAnFRFSR	FlexRay FIFO 状态寄存器
FLXAnFRMHDF	FlexRay 消息处理程序约束标志寄存器
FLXAnFRTXRQm	FlexRay 传输请求 m(m 为 1~4)
FLXAnFRNDATm	FlexRay 新数据寄存器 m(m 为 1~4)
FLXAnFRMBSCm	FlexRay 信息缓冲区状态变更寄存器 m(m 为 1~4)

3.5.2.10　输入缓冲区

双缓冲结构由输入缓冲区主机和输入缓冲区阴影组成。当主机可以写入输入缓冲区主机时,传输到信息 RAM 的数据是从输入缓冲区阴影发出的。输入缓冲区将标题和数据段保存在信息 RAM 中的所选消息缓冲区中。它用于配置信息 RAM 中的信息缓冲区,并更新发送缓冲区的数据部分。

当 CC 处于 DEFAULT_CONFIG 或 CONFIG 状态时,属于接收 FIFO 的消息缓冲区的报头部分只能被重新配置。对于这些消息缓冲区,只有配置的有效负载长度和数据指针需要通过位 FLXAnFRWRHS2.PLC[6:0]和位 FLXAnFRWRHS3.DP[10:0]进行配置。接收过滤所需的所有信息都取自 FIFO 抑制滤波器和 FIFO 拒绝滤波器掩码。

(1) FlexRay 写入数据段寄存器 m(FLXAnFRWRDSm,m 为 1~64)。

该寄存器保存要传送到指定消息缓冲区的数据部分的数据区。写入信息 RAM 的数据字的数量由 FLXAnFRWRHS2.PLC[6:0]中配置的有效负载长度来定义。

该寄存器可以进行 8 位、16 位或 32 位单位读/写,其地址为〈FLXn_base〉+0400H 到〈FLXn_base〉+04FCH(〈FLXn_base〉+0400H+(m-1)*4),复位值为 0000 0080H,如图 3.97 所示,每一位的功能是信息数据位。

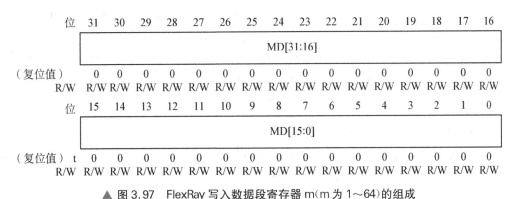

▲ 图 3.97　FlexRay 写入数据段寄存器 m(m 为 1~64)的组成

(2) FlexRay 其他输入缓冲区寄存器。

除 FlexRay 写入数据段寄存器 m(FLXAnFRWRDSm,m 为 1~64)外,RH850/P1x 还有其他 5 个输入缓冲区寄存器,如表 3.88 所列。

表 3.88　FlexRay 其他输入缓冲区寄存器

名　　称	简　　介
FLXAnFRWRHS1	FlexRay 写入标题部分寄存器 1
FLXAnFRWRHS2	FlexRay 写入标题部分寄存器 2
FLXAnFRWRHS3	FlexRay 写入标题部分寄存器 3
FLXAnFRIBCM	FlexRay 输入缓冲区命令掩码寄存器
FLXAnFRIBCR	FlexRay 输入缓冲区命令请求寄存器

3.5.2.11　输出缓冲区

双缓冲结构由输出缓冲区主机和输出缓冲区阴影部分组成,用来从信息 RAM 中读出信息缓冲区。当主机可以从输出缓冲区主机读取数据时,信息处理程序将所选消息缓冲区从信息 RAM 传输到输出缓冲区阴影。当使用输出数据传输功能,且 FLXAnFROTS. OTS 位为 1 时,不能对这些寄存器进行写操作。

(1) FlexRay 读取数据段寄存器 m(FLXAnFRRDDSm,m 为 1~64)。

保存从寻址的信息缓冲区的数据部分读取的数据字。该寄存器保存要传送到指定信息缓冲区的数据部分的数据区。从信息 RAM 读取的数据字数(DWn)由位 FLXAnFRRDHS2. PLC [6:0]中配置的有效负载长度定义。

该寄存器可以 8 位、16 位或 32 位单位读/写,其地址为〈FLXn_base〉+0600H 到〈FLXn_ base〉+06FCH(〈FLXn_base〉+0600H+(m−1) * 4),复位值为 0000 0000H,如图 3.98 所示,其每一位的功能为信息数据位。

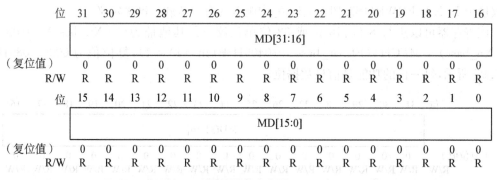

▲ 图 3.98　FlexRay 读取数据段寄存器 m(m 为 1~64)的组成

(2) FlexRay 其他输出缓冲区寄存器。

除 FlexRay 读取数据段寄存器 m(FLXAnFRRDDSm,m 为 1~64)外,RH850/P1x 还有其他 6 个输入缓冲区寄存器,如表 3.89 所列。

表 3.89　FlexRay 其他输出缓冲区寄存器

名　　称	简　　介
FLXAnFRRDHS1	FlexRay 读标题部分寄存器 1
FLXAnFRRDHS2	FlexRay 读标题部分寄存器 2

名　称	简　介
FLXAnFRRDHS3	FlexRay 读标题部分寄存器 3
FLXAnFRMBS	FlexRay 信息缓冲区状态寄存器
FLXAnFROBCM	FlexRay 输出缓冲区命令掩码寄存器
FLXAnFROBCR	FlexRay 输出缓冲区命令请求寄存器

3.5.2.12　数据传输控制寄存器

（1）FlexRay 输入传输配置寄存器（FLXAnFRITC）。

该寄存器可以进行 8 位、16 位或 32 位单位读/写,其地址为〈FLXn_base〉+0800H,复位值为 0000 0000H,其构成如图 3.99 所示,其功能见表 3.90。

▲ 图 3.99　FlexRay 输入传输配置寄存器的组成

表 3.90　FLXAnFRITC 寄存器功能

位地址	位名称	功　能
31~23	Reserved	读取时,读取复位后的值;写入时,复位后写入值
22~16	ITM[6:0]	输入队列表最大位,这些位配置输入缓冲区处理程序能够在输入队列中保持输入指针表中的条目数。
15~10	Reserved	读取时,读取复位后的值;写入时,复位后写入值
9	IQEIE	输入空队列中断使能位: 0,禁止;1,允许。
8	IQFIE	输入全队列中断使能位: 0,禁止;1,允许。
7~2	Reserved	读取时,读取复位后的值。写入时,复位后写入值
1	IQHR	输入队列暂停请求位: 0,输入队列运行请求;1,输入队列暂停请求。
0	ITE	输入传输使能位: 0,操作禁用请求;1,操作启用请求。

注意：

FLXAnFRITC. ITM 为输入队列表最大位。当 FLXAnFRITS. ITS 位为 0 时，用户只能写入该位。这些位配置输入指针表中的条目数。输入缓冲区处理程序能够保持输入队列。有效值为 00H(1 个队列条目)到 7FH(128 个队列条目)。注意，每个条目在输入指针表中都需要两个长字。

FLXAnFRITC. IQEIE 为输入空队列中断使能位。该位控制输入空队列中断：

0，禁用。不会产生中断，输出空队列中断线将被释放。

1，启用。当 FLXAnFRITS. IQEIS 位为 1 时，将产生输入空队列中断。

(2) FlexRay 其他数据传输控制寄存器。

除 FlexRay 输入传输配置寄存器(FLXAnFRITC)外，RH850/P1x 还有其他 8 个数据传输控制寄存器，如表 3.91 所列。

表 3.91　FlexRay 其他数据传输控制寄存器

名　称	简　介
FLXAnFROTC	FlexRay 输出传输配置寄存器
FLXAnFRIBA	FlexRay 输入指针表基地址寄存器
FLXAnFRFBA	FlexRay FIFO 指针表基地址寄存器
FLXAnFROBA	FlexRay 输出指针表基地址寄存器
FLXAnFRIQC	FlexRay 输入队列控制寄存器
FLXAnFRUIR	FlexRay 用户输入传输请求寄存器
FLXAnFRUOR	FlexRay 用户输出传输请求寄存器
FLXAnFRAHBC	FlexRay H 总线配置寄存器

3.5.2.13　数据传输状态寄存器

(1) FlexRay 输入传输状态寄存器(FLXAnFRITS)。

该寄存器可以进行 8 位、16 位或 32 位单位读/写，其地址为〈FLXn_base〉+0820H，复位值为 0000 0000H，其组成如图 3.100 所示，其功能见表 3.92。

位	31	30	29	28	27	26	25	24	23	22	21	20	19	18	17	16
	—	IGIDX[6:0]							—	IPIDX[6:0]						
(复位值) t	0	0	0	0	0	0	0	0	0	0	0	0	0	0	0	0
R/W	R	R	R	R	R	R	R	R	R	R	R	R	R	R	R	R

位	15	14	13	12	11	10	9	8	7	6	5	4	3	2	1	0
	—	—	—	IQFP	—	—	IQEIS	IQFIS	—	—	—	—	—	—	UIRP	IQH	ITS
(复位值)	0	0	0	0	0	0	0	0	0	0	0	0	0	0	0	0
R/W	R	R	R	R	R	R	R/W	R/W	R	R	R	R	R	R	R	R

▲ 图 3.100　FlexRay 输入传输状态寄存器的组成

表 3.92　FLXAnFRITS 寄存器功能

位地址	位名称	功　　能
31	Reserved	读取时,读取复位后的值;写入时,复位后写入值
30 到 24	IGIDX[6:0]	输入队列获取 InDeX 位,表示输入指针表的获取索引
23	Reserved	读取时,读取复位后的值;写入时,复位后写入值
22 到 16	IPIDX[6:0]	输入队列放置 InDeX 位,表示输入指针表的 put 索引
15 到 13	Reserved	读取时,读取复位后的值;写入时,复位后写入值
12	IQFP	输入队列满状态待定位: 0,输入队列中的条目可用;1,输入队列中的所有条目都被占用。
11,10	Reserved	读取时,读取复位后的值;写入时,复位后写入值
9	IQEIS	输入空队列中断状态位: 0,未检测到输入空队列条件;1,检测到输入空队列条件。
8	IQFIS	输入队列全中断状态位: 0,未检测到输入队列满状态;1,检测到输入队列满状态。
7 到 3	Reserved	读取时,读取复位后的值;写入时,复位后写入值
2	UIRP	用户输入传输请求等待位: 0,没有用户输入传输请求挂起;1,用户输入转移请求待处理。
1	IQH	输入队列停止位: 0,输入队列未停止;1,输入队列暂停。
0	ITS	输入传输状态位: 0,禁用;1,启用。

注意:

FLXAnFRITS. IGIDX 为输入队列获取 InDeX 位。这些位仅在 FLXAnFRITS. IQH 位为 1 时有效。这些位表示输入队列处理程序接下来传输的输入指针索引。FLXAnFRITC. ITM 的有效值为 00H。当输入数据结构从本地 RAM 传输时,获取索引递增并且相关的 FLXAnFRDA. DA 标志被清除。当 FLXAnFRITS. ITS 位从 0 变为 1 时,索引设置为 00H。

FLXAnFRITS. IPIDX 为输入队列放置 InDeX 位。这些位表示输入指针表中下一个输入数据结构指针的索引应该存储。FLXAnFRITC. ITM 的有效值为 00H。达到最大值后,放置索引从 00H 继续。写入 FLXAnFRIQC. IMBNR [6:0] 时,索引会递增。当 FLXAnFRITS. ITS 位从 0 变为 1 时,索引设置为 00H。

(2) FlexRay 其他数据传输状态寄存器。

除 FlexRay 输入传输状态寄存器(FLXAnFRITS)外,RH850/P1x 还有其他 4 个数据传输状态寄存器,如表 3.93 所列。

表 3.93　FlexRay 其他数据传输状态寄存器

名　称	简　介
FLXAnFROTS	FlexRay 输出传输状态寄存器
FLXAnFRAES	FlexRay 访问错误状态寄存器
FLXAnFRAEA	FlexRay 访问错误地址寄存器
FLXAnFRDAm	FlexRay 信息数据可用寄存器 $m(m=0\sim3)$

3.5.3　FlexRay 模块操作及功能

本节介绍实现 FlexRay 的模块操作以及相关的 FlexRay 协议功能。有关 FlexRay 协议本身的更多信息,请参见 FlexRay 协议规范。

3.5.3.1　FlexRay 模块操作控制

(1) FlexRay 模块启用。

在硬件复位或 FlexRay 模块被禁用之后(FlexSu 模块禁用),FlexRay 模块处于复位状态(位 FLXAnFROS.OS 为 0),FlexRay 内核模块的时钟被禁用。如图 3.101 所示为 FlexRay 模块的启用流程。

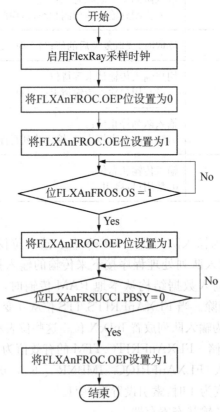

▲ 图 3.101　FlexRay 模块启用流程

(2) FlexRay 模块禁用流程。

FlexRay 模块可以随时被禁用。但是，建议 FlexRay 模块处于 HALT、CONFIG 或 DEFAULT_CONFIG 状态时，使用位 FLXAnFROC. OE 禁用 FlexRay 模块。在其他状态下重置 FlexRay 模块将终止任何正在进行的 FlexRay 通信。FlexRay 模块禁用流程如图 3.102 所示。

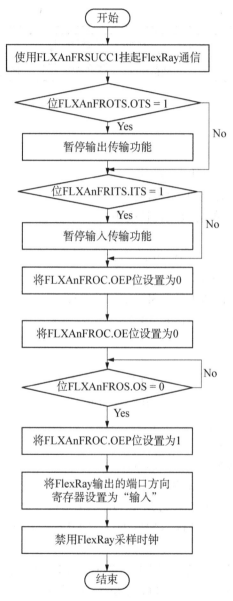

▲ 图 3.102　FlexRay 模块禁用流程

3.5.3.2　通信周期

FlexRay 网络上的通信基于帧和符号。唤醒符号（WUS）和冲突避免符号（CAS）在通信周期之外被传输，以建立时间表。帧和媒体访问测试符号（MTS）在通信周期内传输。

FlexRay 通信周期由以下元素组成：静态段、动态段（可选）、符号窗口（可选）和网络空闲

时间(NIT)

静态段、动态段和符号窗形成网络通信时间(NCT)。对于每个通信通道,时隙计数器从1开始计数,直到达到动态段的结尾。两个通道共享仲裁网格,即它们使用相同的同步宏标记。

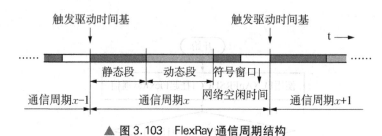

▲ 图3.103　FlexRay通信周期结构

(1) 静态段。

静态段的特征如下:

① 固定长度的时隙(可选择由总线监控保护);

② 在相应静态插槽的动作点开始帧传输;

③ 两个通道上的所有帧的有效载荷长度相同。

静态段的主要参数如下:

① 静态插槽数(FRGTUC7. NSS [9∶0]);

② 静态插槽长度(FRGTUC7. SSL [9∶0]);

③ 有效负载长度静态(FRMHDC. SFDL [6∶0]);

④ 动作点偏移(FRGTUC9. APO [5∶0])。

(2) 动态段。

动态段的特征如下:

① 所有控制器都有总线接入(无法采用总线监控保护);

② 两个通道的时隙的可变负载长度和持续时间;

③ 在小时隙动作点开始传输。

动态段的主要参数如下:

① 小时隙数(FRGTUC8. NMS [12∶0]);

② 小时隙长度(FRGTUC8. MSL [5∶0]);

③ 小时隙动作点偏移(FRGTUC9. MAPO [4∶0]);

④ 最新传输开始(最后一个小时)(FRMHDC. SLT [12∶0])。

(3) 符号窗口。

在符号窗口期间,仅有一个媒体访问测试符号(MTS)可能被传送到每一个通道。在NORMAL_ACTIVE状态下,MTS符号被发送到测试监控总线。

符号窗口的特征如下:

① 发送单个符号;

② MTS符号的传输从符号窗口动作点开始。

符号窗口的主要参数如下:

① 符号窗口动作点偏移(FRGTUC9. APO [4∶0])(与静态插槽相同);

② 网络空闲时间开始(FRGTUC4. NIT [13∶0])。

（4）网络空闲时间（NIT）。

在网络空闲期间，CC 必须执行以下任务：

① 计算时钟校正项（偏移和速率）；

② 在偏移校正开始后，通过多个宏块分配偏移校正；

③ 执行集群循环相关任务。

网络空闲时间的主要参数如下：

① 网络空闲时间起始位（FLXAnFRGTUC4. NIT［13：0］）；

② 偏移校正开始位（FLXAnFRGTUC4. OCS［13：0］）。

3.5.3.3　通信模式

FlexRay 协议规范定义了时间触发分布式（TT-D）模式。在 TT-D 模式下，可以进行以下配置。

① 纯静态：最少 2 个静态插槽＋符号窗口（可选）。

② 混合静态/动态：最少 2 个静态插槽＋动态段＋符号窗口（可选）。

需要为分布式时间触发操作配置至少两个冷启动节点。集群启动需要两个无故障的启动节点。每个启动帧必须是同步帧，因此所有的冷启动节点都是同步节点。

3.5.3.4　时钟同步

在 TT-D 模式下，使用分布式时钟同步。通过观察来自其他节点的接收到的同步帧的定时，每个节点可通过自身将其时钟同步到群集。

（1）全局时间。

对于 FlexRay 节点中的活动，各个节点独立运行。各种操作包括通信，都是基于全局时间的概念。这是时钟同步机制，它将 FlexRay 集群与其他独立时钟机制的节点集合区分开来。全局时间是两个值的向量：循环（循环计数器）和循环时间（宏计数器）。特定集群 Macrotick（MT）等于 FlexRay 网络中基本的时间测量单位。循环长度等于以宏单位为单位的通信周期的持续时间。

（2）局部时间。

在 FlexRay 模块内部，节点用微分辨率解决时间。Microticks 是来自特定节点的振荡器时钟脉冲的时间单位。因此 Microticks 是控制器特定的单元，它们在不同的控制器中可能会有不同的持续时间。具体节点：振荡器时钟→预分频器→微分。μT 等于 CC 中时间测量的基本单位，时钟校正以 Ts 为单位进行，循环计数器＋宏计数器＝全局时间的局部视图节点。

（3）同步过程。

通过同步帧执行时钟同步。只允许预先配置的节点（同步节点）发送同步帧。在双信道群集中，同步节点必须在两个信道上发送其同步帧。为了在 FlexRay 中同步，必须考虑以下约束：

① 最大。在一个通信周期中每个节点有一个同步帧。

② 最大。在一个通信周期内每个群集有 15 个同步帧。

③ 每个节点必须使用预配置数量的同步帧（FLXAnFRGTUC2. SNM［3：0］）进行时钟同步。

④ 时钟同步和启动最少需要两个同步节点。

3.5.3.5　错误处理

实施错误处理的目的是确保在某单个节点中较低层协议错误的情况下,仍可以维护非受影响节点之间的通信。在某些情况下,CC 需要更高层的程序活动才能恢复正常操作。更改错误处理状态需将 FLXAnFREIR. PEMC 设置为 1,如果启用错误处理,可能会触发主机中断。实际的错误模式由 FLXAnFRCCEV. ERRM [1:0]发出。表 3.94 所示为进行错误处理的 POC(降解模型)的误差模式。

表 3.94　POC(降解模型)的误差模式

错误模式	错误现象
ACTIVE	完全操作,状态:NORMAL_ACTIVE。 CC 完全同步,并支持群集宽时钟同步。通过中断(如果启用)或通过从寄存器 FLXAnFREIR 和 FLXAnFRSIR 读取错误和状态中断标志,通知主机发生任何错误条件或状态更改。
PASSIVE	减少操作,状态:NORMAL_PASSIVE,CC 自救。 CC 停止发送帧和符号,但是接收到的帧仍然被处理。基于接收帧继续进行时钟同步机制。对群集宽时钟同步没有积极的贡献。通过中断(如果启用)或通过从寄存器 FLXAnFREIR 和 FLXAnFRSIR 读取错误和状态中断标志,通知主机发生任何错误条件或状态更改。
COMM_HALT	行动停止,状态:HALT,CC 不允许自救。 CC 停止帧和符号处理,时钟同步处理和宏标记生成。通过从寄存器 FLXAnFREIR 和 FLXAnFRSIR 读取错误和状态中断标志,主机仍然可以访问错误和状态信息。总线驱动被禁用。

(1) 时钟校正失败计数器。

当时钟校正失败计数器达到由 FLXAnFRSUCC3. WCP [3:0]定义的"没有时钟校正无源"的最大值时,POC 从 NORMAL_ACTIVE 转换为 NORMAL_PASSIVE 状态。当它达到由 FLXAnFRSUCC3. WCF [3:0]定义的"无时钟修正最大值"限制时,它从 NORMAL_ACTIVE 或 NORMAL_PASSIVE 转换到 HALT 状态。

时钟校正失败计数器(FLXAnFRCCEV. CCFC [3:0])允许主机在 CC 通过协议启动阶段之后监视节点无法计算时钟校正项的持续时间。在任何非正常的通信周期结束时,时钟校正失败计数器将增加 1,在此期间丢失的偏移校正 FLXAnFRSFS. MOCS 或丢失率校正 FLXAnFRSFS. MRCS 标志设置为 1。

(2) 被动到主动的计数器。

被动到主动的计数器控制 POC 从 NORMAL_PASSIVE 到 NORMAL_ACTIVE 状态的转换。FLXAnFRSUCC1. PTA [4:0]定义在允许 CC 从 NORMAL_PASSIVE 传输到 NORMAL_ACTIVE 状态之前必须具有有效时钟校正项的连续有效偶数/奇数周期对的数量。如果 FLXAnFRSUCC1. PTA [4:0]设置为 0,则 CC 不允许从 NORMAL_PASSIVE 转换到 NORMAL_ACTIVE 状态。

(3) 暂停命令。

如果主机想要停止本地节点的 FlexRay 通信,则可以通过维持 HALT 命令使 CC 进入

HALT 状态。这可以通过将 0110 写入 FLXAnFRSUCC1. CMD [3：0] 来完成。为了在整个 FlexRay 网络上关闭通信，需要一个更高层的协议，以确保所有节点同时应用 HALT 命令。可以从标志 FLXAnFRCCSV. PSL [5：0] 读取是否发生从 HALT 状态转换到 POC 状态。

当调用 NORMAL_ACTIVE 或 NORMAL_PASSIVE 状态时，POC 在当前周期结束时转换为 HALT 状态。在任何其他状态下调用时，FLXAnFRSUCC1. CMD [3：0] 位将被复位为 "0000" = command_not_accepted，位 FLXAnFREIR. CNA 设置为 1。如果使能，则会产生主机中断。

（4）FREEZE 命令。

如果主机检测到严重的错误条件，它可以通过判断 FREEZE 命令使 CC 进入 HALT 状态。这可以通过将 0111 写入位 FLXAnFRSUCC1. CMD [3：0] 来完成。FREEZE 命令可立即触发进入 HALT 状态，而不管实际的 POC 状态如何。POC 状态从当前状态转到 HALT 状态发生了，就可以从 FLXAnFRCCSV. PSL[5：0] 读取标志。

3.5.3.6　通信控制器状态

（1）通信控制器状态图。

状态转换由复位 reset、rxda_extfxr、rxdb_extfxr 信号以及 POC 状态机、CHI 命令向量 FLXAnFRSUCC1. CMD [3：0] 控制。应用 FREEZE 命令（FLXAnFRSUCC1. CMD [3：0] ="0111"）后，CC 从所有状态转换到 HALT 状态，如图 3.104 所示。FlexRay 整体状态机的状态转换如表 3.95 所示。

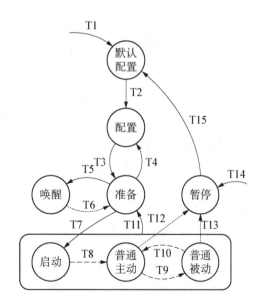

▲ 图 3.104　FlexRay 通信控制器的总体状态图

表 3.95 FlexRay 整体状态机的状态转换

T#	条件	输入	输出
1	重置	All States	DEFAULT_CONFIG
2	命令配置: FLXAnFRSUCC1. CMD [3:0] ="0001"	DEFAULT_CONFIG	CONFIG
3	解锁序列后跟命令 READY: FLXAnFRSUCC1. CMD [3:0] ="0010"	CONFIG	READY
4	命令配置: FLXAnFRSUCC1. CMD [3:0] ="0001"	READY	CONFIG
5	唤醒命令: FLXAnFRSUCC1. CMD [3:0] ="0011"	READY	WAKEUP
6	完整的唤醒模式传输,接收到 WUP 或接收帧头,唤醒碰撞或命令 READY: FLXAnFRSUCC1. CMD [3:0] ="0010"	WAKEUP	READY
7	运行命令: FLXAnFRSUCC1. CMD [3:0] ="0100"	READY	STARTUP
8	成功启动	STARTUP	NORMAL_ACTIVE
9	时钟校正失败计数器达到最大值,没有由 FLXAnFRSUCC3.WCP[3:0]配置的时钟校正被动限制	NORMAL_ACTIVE	NORMAL_PASSIVE
10	有效修正条件的数量达到由 FLXAnFRSUCC1. PTA [4:0]配置的从被动到主动的限制	NORMAL_PASSIVE	NORMAL_ACTIVE
11	准备命令: FLXAnFRSUCC1. CMD[3:0] = "0010"	STARTUP, NORMAL_ACTIVE, NORMAL_PASSIVE	READY
12	时钟校正失败计数器达到最大值。无时钟校正当 FLXAnFRSUCC1. HCSE 位设置为 1 或命令 HALT 时,由 FLXAnFRSUCC3. WCF [3:0]配置的紧急极限值: FLXAnFRSUCC1. CMD [3:0] ="0110"	NORMAL_ACTIVE	HALT
13	时钟校正失败计数器达到最大值。无时钟校正当 FLXAnFRSUCC1. HCSE 位设置为 1 时,或命令 HALT,由 FLXAnFRSUCC3. WCF [3:0]配置的重要极限: FLXAnFRSUCC1. CMD [3:0] ="0110"	NORMAL_PASSIVE	HALT
14	冻结命令: FLXAnFRSUCC1. CMD [3:0] ="0111"	All States	HALT
15	配置命令: FLXAnFRSUCC1. CMD[3:0] = "0001"	HALT	DEFAULT_CONFIG

（2）默认配置状态。

在 DEFAULT_CONFIG 状态下，CC 停止。所有配置寄存器都可访问并且连接到物理层的引脚都处于非激活状态。CC 进入默认配置状态的情景：

① 复位时（硬件复位或软件复位）；

② 从暂停状态退出。

要离开 DEFAULT_CONFIG 状态，主机必须将 0001 写入 FLXAnFRSUCC1. CMD［3：0］位，然后 CC 转移到 CONFIG 状态。

（3）配置状态。

在 CONFIG 状态下，CC 停止。所有配置寄存器都可访问，物理层的引脚处于非活动状态。该状态用于初始化 CC 配置。

CC 进入该状态的情景：

① 退出 DEFAULT_CONFIG 状态时；

② 退出 READY 状态时。

当通过 HALT 和 DEFAULT_CONFIG 输入状态时，主机可以分析状态信息和配置。在离开 CONFIG 状态之前，主机必须确保配置是无故障的。

（4）准备状态。

解锁 CONFIG 状态并将 0010B 写入 FLXAnFRSUCC1. CMD［3：0］后，CC 进入 READY 状态。从该状态，CC 可以转换到 WAKEUP 状态，并执行集群唤醒或者可以转换到 STARTUP 状态来执行冷启动或集成到正在运行的集群中。

CC 进入该状态的情景：

通过将 0010B 写入 FLXAnFRSUCC1. CMD［3：0］（READY）退出 CONFIG、WAKEUP、STARTUP、NORMAL_ACTIVE 或 NORMAL_PASSIVE 状态（准备命令）。

CC 退出该状态的情景如下：

① 通过将 0001B 写入 FLXAnFRSUCC1. CMD［3：0］（CONFIG 命令）达到配置状态；

② 通过将 0011B 写入 FLXAnFRSUCC1. CMD［3：0］（WAKEUP 命令）达到唤醒状态；

③ 通过将 0100B 写入 FLXAnFRSUCC1. CMD［3：0］（RUN 命令）达到启动状态。

当 CC 进入 STARTUP 状态时，内部计数器和 CC 状态标志被复位。

（5）唤醒状态。

CC 进入该状态的情景：

通过将 0011B 写入位 FLXAnFRSUCC1. CMD［3：0］退出 READY 状态（WAKEUP 命令）。

CC 从该状态退出到 READY 状态的主要情景如下：

① 完成非中止传输唤醒模式后；

② WUP 接收后；

③ 检测到 WUP 冲突后；

④ 收到标题帧后；

⑤ 通过将 0010B 写入位 FLXAnFRSUCC1. CMD［3：0］（READY 命令）。

集群唤醒必须在通信启动之前，以此确保集群中的所有节点都处于唤醒状态。集群唤醒的最低要求是所有总线驱动器都提供电源。当总线驱动程序在其通道上接收到唤醒模式时，能够唤醒其节点的其他组件。集群中至少有一个节点需要一个外部唤醒源。

(6) 启动状态。

进入具有冷启动能力的 STARTUP 状态的任何节点应确保在启动冷启动之前已连接的两个通道已被唤醒。

不能假设所有节点和星型节点需要相同的时间来完全唤醒并进行配置。由于启动群集通信至少需要两个节点，所以建议延迟已经启动唤醒的节点的任何潜在的启动尝试所需的最短时间，另一个启动节点要唤醒，被配置和进入启动。在所有节点和星型节点完全唤醒和配置之前，可能需要几百毫秒（取决于使用的硬件）。

启动在所有通道上同步执行。启动期间，节点只发送启动帧。启动帧在启动期间都是同步帧和空帧。

(7) NORMAL_ACTIVE 状态。

一旦发送第一个 CAS 符号的节点（解决潜在的访问冲突并通过冷启动路径进入 STARTUP）和一个附加节点进入 NORMAL_ACTIVE 状态，则集群的启动完成。在 NORMAL_ACTIVE 状态下，所有配置的信息都被调度传输。这包括所有数据帧以及同步帧。速率和偏移测量在所有偶数周期（所需的偶数/奇数周期对）中开始。

在 NORMAL_ACTIVE 状态下，CC 支持常规的通信功能如下：

① CC 根据配置执行 FlexRay 总线上的传输和接收；

② 时钟同步正在运行；

③ 主机接口可操作。

CC 可从该状态退出到如下状态：

① 通过将 0110B 写入 FLXAnFRSUCC1. CMD［3：0］（HALT 命令，在当前周期结束时），进入 HALT 状态。

② 通过将 0111B 写入 FLXAnFRSUCC1. CMD［3：0］（FREEZE 命令，即时）。

③ 由于错误状态从 ACTIVE 更改为 COMM_HALT，进入 HALT 状态。

④ 由于错误状态从 ACTIVE 更改为 PASSIVE，进入 NORMAL_PASSIVE 状态。

⑤ 通过将 0010B 写入位 FLXAnFRSUCC1. CMD［3：0］（READY 命令），进入 READY 状态。

(8) NORMAL_PASSIVE 状态。

当错误状态从 ACTIVE 更改为 PASSIVE 时，会从 NORMAL_ACTIVE 状态进入 NORMAL_PASSIVE 状态。在 NORMAL_PASSIVE 状态下，节点能够接收所有帧（节点完全同步并执行时钟同步）。与 NORMAL_ACTIVE 状态相反，节点不主动参与通信，即既不发送符号也不发送帧。

在 NORMAL_PASSIVE 状态 CC 实现的主要功能如下：

① CC 在 FlexRay 总线上执行接收；

② CC 不会在 FlexRay 总线上传输任何帧或符号；

③ 时钟同步正在运行；

④ 主机接口可操作。

CC 从该状态退出到如下状态：

① 通过将 0110B 写入 FLXAnFRSUCC1. CMD［3：0］（HALT 命令，在当前周期结束

时),进入 HALT 状态。

② 通过将 0111B 写入 FLXAnFRSUCC1. CMD[3:0](FREEZE 命令,即时性),进入 HALT 状态。

③ 由于从 PASSIVE 到 COMM_HALT 的错误状态的改变,进入 HALT 状态。

④ 由于错误状态从 PASSIVE 更改为 ACTIVE,进入 NORMAL_ACTIVE 状态。当 FLXAnFRCCEV. PTAC[4:0]位等于 FLXAnFRSUCC1. PTA[4:0]-1 时,状态转换发生。

⑤ 通过将 0010_B 写入 FLXAnFRSUCC1. CMD[3:0](READY 命令),进入 READY 状态。

(9) HALT 状态。

在这种状态下,所有通信(接收和发送)都被停止。

CC 进入该状态的主要情景如下:

① 当 CC 处于 NORMAL_ACTIVE 或 NORMAL_PASSIVE 状态时,将 0110B 写入位 FLXAnFRSUCC1. CMD[3:0](HALT 命令);

② 在各个状态下,通过将 0111 B 写入 FLXAnFRSUCC1. CMD[3:0](FREEZE 命令);

③ 当退出 NORMAL_ACTIVE 状态时,由于时钟校正失败计数器达到"最大无时钟修正致命"限制,FLXAnFRSUCC1. HCSE 设置为 1;

④ 当退出 NORMAL_PASSIVE 状态时,由于时钟校正失败计数器达到"最大无时钟修正致命"限制,FLXAnFRSUCC1. HCSE 设置为 1。

CC 从该状态退出到 DEFAULT_CONFIG 状态的情景:

通过将 0001B 写入位 FLXAnFRSUCC1. CMD[3:0](CONFIG 命令)。

当 CC 进入 HALT 状态时,维持所有配置和状态数据进行分析。当主机将 0111B 写入 FLXAnFRSUCC1. CMD[3:0](FREEZE 命令)位时,CC 立即进入 HALT 状态,并将标志 FLXAnFRCCSV. FSI 设置为 1。从 POC 状态转变到 HALT 状态可以从 FLXAnFRCCSV. PSL[5:0]中读出。

3.5.3.7　网络管理

累积的网络管理(NM)向量可以从寄存器 FLXAnFRNMV1 到 FLXAnFRNMV3 中读取。在有效负载前导指示符(PPI)位置位所有接收到的有效 NM 帧中,CC 对所有 NM 向量执行逐位或运算。只有静态帧可以配置为保存 NM 信息。CC 在每个周期结束时更新 NM 向量。

NM 向量的长度可以为 0~12 个字节,可通过位 FLXAnFRNEMC. NML[3:0]配置。NM 矢量长度必须在集群的所有节点中相同配置。

配置发送缓冲区以将 PPI 位设置为 1 来发送 FlexRay 帧,则相应发送缓冲区的报头部分中的 PPIT 位必须通过将位 FLXAnFRWRHS1. PPIT 设置为 1。此外,主机必须将 NM 信息写入相应发送缓冲器的数据部分。

NM 矢量的评估必须由在主机上运行的应用程序来完成。

3.5.3.8　传输过程

(1) 静态段。

对于静态段,如果有几个待传送的消息,则消息附带有对应于下一个发送时隙的帧 ID 进行传输。

前一时隙结束之前,分配给静态段的发送缓冲区的数据段都可以被更新。这说明从此刻起,只能通过写入输入缓冲区命令请求寄存器来启动从输入缓冲区的传输工作。

(2) 动态段。

在动态段中,如果有多条消息正在等待,则接下来将选择具有最高优先级(最低帧 ID)的消息。在动态段中,信道 A 和信道 B 上的不同时隙计数器序列是可行的(在两个信道上并发送不同的帧 ID)。

分配给动态段的发送缓冲区的数据段可以被更新,直到前一个时隙的结尾。这意味着从这个时候最后写入输入缓冲区命令请求寄存器必须开始从输入缓冲区传输。

由位 FLXAnFRMHDC.SLT[12:0]配置的最新传送的开始定义了禁止在当前周期的动态段中新的帧传输之前允许的最大时隙值。

(3) 发送缓冲区。

通过 FLXAnFRWRHS1 将相应消息缓冲区的头部分中的位 CFG 编程为 1,将 FlexRay 消息缓冲区配置为发送缓冲区。将发送缓冲区分配给 CC 通道的情形如下。

① 静态段:通道 A 或通道 B,通道 A 和通道 B。

② 动态段:通道 A 或通道 B。

消息缓冲区 0 resp. 1 专用于保存由 FLXAnFRSUCC1. TXST、FLXAnFRSUCC1. TXSY 和 FLXAnFRSUCC1. TSM 配置的启动帧,同步帧或指定的单时隙帧。在这种情况下,只能在 DEFAULT_CONFIG 或 CONFIG 状态下重新配置。这确保了每个通信周期中任何一个节点至多发送一个启动/同步帧,从其他消息缓冲区传输启动帧/同步帧是不可行的。

每个发送缓冲器提供允许主机配置发送缓冲器的发送模式的发送模式标志 TXM。如果该位置为 1,变送器将以单次模式运行。如果该位清零,则变送器工作模式为连续模式。

在单次模式下,传输完成后,CC 会将相应的 TXR 标志复位为 0。此时主机可能更新发送缓冲区。

在连续模式下,成功发送后,CC 不会将相应的发送请求标志 TXR 复位为 0。在该情况下,每次过滤条件匹配时都会发送一个帧。当 FLXAnFRIBCM. STXRH 位设置为 0 时,通过将相应的消息缓冲区号写入 FLXAnFRIBCR 寄存器,主机可将 TXR 标志复位为 0。

如果两个或多个发送缓冲器同时满足滤波器标准,则具有最低消息缓冲器编号的发送缓冲器将在相应的时隙中发送。

(4) 帧传输。

为发送准备信息缓冲区需要以下步骤:

① 通过寄存器 FLXAnFRWRHS1 到 FLXAnFRWRHS3 配置信息 RAM 中的发送缓冲区。通过寄存器 FLXAnFRWRDSm 写入发送缓冲区的数据段。

② 将配置和消息数据从输入缓冲区传送到消息 RAM,其方法是将目标信息缓冲区的编号写入 FLXAnFRIBCR。

③ 如果配置在寄存器 FLXAnFRIBCM 中,则一旦完成传输,相关消息缓冲区的传输请求标志 TXR 将被设置,并且消息缓冲区将准备好进行传输。

④ 通过检查 FLXAnFRTRXQ1 到 FLXAnFRTRXQ4 寄存器中的相应 TXR 位(TXR = 0)来检查消息缓冲区是否已经发送(仅限单次模式)。

传输完成后,在 FLXAnFRTXRQ1 到 FLXAnFRTXRQ4 寄存器中的相应 TXR 标志被复位到 0(单次模式),并且如果消息缓冲区的报头部分的位 MBI 设置为 1,则 FLXAnFRSIR.TXI 位设置为 1。如果使能,则产生中断。

(5) 空帧传输。

如果在静态段中,主机在传输之前没有将传输请求标志设置为 1,则 CC 将空帧指示位设置为 0 并将有效载荷数据设置为零。空帧不在动态段中传输。

在以下情况下,CC 发送一个空帧:

① 如果具有与过滤条件匹配的最低消息缓冲区号的消息缓冲区没有将其发送请求标志(TXR = 0)设置为 1。

② 没有为插槽配置的发送缓冲区具有与当前周期匹配的周期计数器过滤器。在这种情况下,不会更新消息缓冲区状态 FLXAnFRMBS。

3.5.3.9 接收流程

(1) 专用接收缓冲区。

FlexRay 消息缓冲区的一部分可以通过 FLXAnFRWRHS1 将相应消息缓冲区的头部分的位 CFG 编程为 0 来配置为专用接收缓冲区。将接收缓冲区分配给 CC 通道有以下几种可能。

① 静态段:通道 A 或通道 B,通道 A 和通道 B(CC 存储第一个语义有效的帧)。

② 动态段:通道 A 或通道 B。

CC 将接收到的有效信息的有效载荷数据从 FlexRay 通道协议控制器(通道 A 或 B)的移位寄存器传送到具有匹配过滤器配置的接收缓冲区。接收缓冲器可以存储除帧 CRC 之外的所有帧元素。

根据 FLXAnFRMRC.SEC[1:0]位的配置,所有配置用于静态或动态段接收的消息缓冲区都可以在运行时进行重新配置。如果在运行时间内重新配置消息缓冲区(报头部分更新),可能会发生在相应通信周期中丢失已接收到的消息。

如果两个或多个接收缓冲区同时满足过滤条件,则使用接收到的消息更新具有最低消息缓冲区号的接收缓冲区。

(2) 帧接收。

初始化专用的接收缓冲区需要以下步骤:

① 通过寄存器 FLXAnFRWRHS1 到 FLXAnFRWRHS3 配置信息 RAM 中的接收缓冲区。

② 通过把目标消息缓冲区的编号写入寄存器 FLXAnFRIBCR 将配置从输入缓冲区传送到信息 RAM。

一旦执行了上述步骤,消息缓冲器就起着主动接收缓冲器的作用,并且每次 CC 接收到消息时,都参与内部接受过滤的过程。从接收到的消息中更新第一个匹配的接收缓冲区。

如果有效载荷段存储在消息缓冲区的数据段中,FLXAnFRNDAT1 到 FLXAnFRNDAT4 寄存器中的 ND 标志被设置为 1,并且如果该消息缓冲区的报头部分的位 MBI 被设置为 1,则 FLXAnFRSIR.RXI 设置为 1。如果使能,则产生中断。

当消息处理程序更新消息缓冲区时,位 ND 已经设置为 1,则相应消息缓冲区的位 FLXAnFRMBS.MLST 设置为 1,且未处理的消息数据丢失。

（3）空帧接收。

接收的空帧的有效载荷段不被复制到匹配的专用接收缓冲器中。如果已经接收到空帧，则只有匹配消息缓冲区的消息缓冲区状态 FLXAnFRMBS 才会从接收的空帧中更新。匹配消息缓冲区的报头 2 和 3 中的所有位保持不变，它们仅从接收到的数据帧更新。

当信息处理程序将信息缓冲区的报头部分中的信息缓冲区状态 FLXAnFRMBS 更改时，FLXAnFRMBSC1 到 FLXAnFRMBSC4 寄存器中的相应 MBC 标志被设置为 1，并且如果信息缓冲区的报头部分中的位 MBI 被设置为 1，标志 FLXAnFRSIR. MBSI 设置为 1。如果使能，则产生中断。

3.5.3.10 FIFO 功能

1）功能描述

消息缓冲区的一部分可以配置为循环先进先出（FIFO）缓冲区。属于 FIFO 的消息缓冲器组在 FLXAnFRMRC. FFB[7：0]引用的消息缓冲区开始的寄存器映射中是连续的，并以 FLXAnFRMRC. LCB[7：0]引用的消息缓冲区结束。最多可以为 FIFO 分配 127 个消息缓冲区。

每个与任何专用接收缓冲器不匹配的有效输入信息，都通过可编程 FIFO 过滤器存储在 FIFO 中。在这种情况下，被寻址的 FIFO 消息缓冲器的帧 ID、有效负载长度、接收周期计数和消息缓冲器状态 FLXAnFRMBS 会被来自接收到的帧 ID、有效载荷长度、接收周期计数和状态覆盖。当 Flag FLXAnFRSIR. RFNE 设置为 1 时，表示 FIFO 不为空。当 FLXAnFRSIR. RFCL 位设置为 1 时，表示接收 FIFO 填充级别（FLXAnFRFSR. RFFL［7：0］）等于或大于由 FLXAnFRFCL. CL 配置的临界级别。当 FLXAnFREIR. RFO 位设置为 1 时，表示已检测到 FIFO 溢出。如果中断使能，则产生中断请求。

如果空帧不被 FIFO 拒绝滤波器拒绝，当它们被存储到 FIFO 中时，空帧将被视为数据帧。

有两个与 FIFO 关联的索引寄存器：PUT 索引寄存器和 GET 索引寄存器。PUT 索引寄存器（PIDX）是 FIFO 中下一个可用位置的索引。当接收到新的消息时，它被写入由 PIDX 寄存器寻址的消息缓冲区。然后将 PIDX 寄存器递增，并在下一个可用消息缓冲区中寻址。如果 PIDX 寄存器递增超过 FIFO 的最高编号的消息缓冲区，则 PIDX 寄存器将加载 FIFO 链中的第一（最低编号）消息缓冲区的编号。GET 索引寄存器（GIDX）用于寻址要读取的 FIFO 的下一个消息缓冲区。在将属于 FIFO 的消息缓冲区的内容传送到输出缓冲区后，GIDX 寄存器递增。主机不能访问 PUT 索引寄存器和 GET 索引寄存器。

当 PUT 索引（PIDX）达到 GET 索引（GIDX）的值时，FIFO 被完全填满。在最早的消息还没有被读出前，向 FIFO 写入下一消息，PUT 索引达到 GET 索引均会递增，新的消息覆盖 FIFO 中最早的消息，并将 FIFO 溢出标志 FLXAnFREIR. RFO 置 1。

当 PUT 索引（PIDX）与 GET 索引（GIDX）不同时，FIFO 被检测为 FIFO 非空状态。在这种情况下，标志 FLXAnFRSIR. RFNE 将被置 1。这表明 FIFO 中至少有一个接收到的消息。消息缓冲器 FIFO 的 FIFO 空、FIFO 非空和 FIFO 溢出状态如图 3. 105 所示。

可编程 FlexRay FIFO 拒绝滤波器（FLXAnFRFRF）定义一个消息被拒绝的过滤器模式。FIFO 滤波器由通道滤波器、帧 ID 滤波器和循环计数滤波器组成。如果位 FLXAnFRFRF. RSS 被置 1，所有接收在静态段的消息将被 FIFO 拒绝。如果 FLXAnFRFRF. RNF 被置 1，接

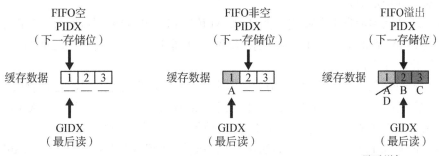

· PIDX最后增加
· 下一个收到的数据将被存入
  缓冲区1
· 如果缓冲区1没有被读取，
  则bufore数据A丢失

▲ 图3.105 FIFO状态：空（empty）、非空（not empty）、溢出（overrun）

收到的空帧将不存储在FIFO。

2）FIFO配置

只有当CC处于DEFAULT_CONFIG或CONFIG状态时，属于FIFO的消息缓冲区的（Re）配置才有可能。当CC处于DEFAULT_CONFIG或CONFIG状态时，FIFO功能不可用。

对于属于FIFO的所有消息缓冲区，配置的有效负载长度应通过位FLXAnFRWRHS2.PLC[6.0]编程为相同的值。必须通过位FLXAnFRWRHS3.DP[10.0]来配置消息RAM中相应消息缓冲区数据部分的第一个32位字的数据指针。

接收过滤所需的所有信息都取自FIFO抑制滤波器和FIFO拒绝滤波器掩码。除了DP和PLC之外，属于FIFO的消息缓冲区的头部分中配置的值是独立的。

3）FIFO访问

当使用输出缓冲区时，对于DEFAULT_CONFIG和CONFIG状态之外的FIFO访问，主机必须通过将FIFO的第一个消息缓冲区的编号写入寄存器FLXAnFROBCR来触发从消息RAM到输出缓冲区的传输。然后消息处理器将由GET索引寄存器（GIDX）寻址的消息缓冲区传送到输出缓冲区。此传输完成后，GET索引寄存器（GIDX）递增。

当使用数据传输功能时，通过使用输出数据传输功能，FIFO中接收到的信息可以传输到本地RAM。

3.5.3.11 模块中断

通常，中断提供了与协议时序紧密的联系。因为当CC检测到错误或状态改变时，几乎立即触发协议定时，接收或发送帧，配置的定时器中断被激活或发生停止监视事件。这使主机能够在特定的错误状态、状态更改或定时器事件上做出非常快速的反应。另一方面，太多的中断可能会导致主机错过应用程序所需的最后期限。因此，CC支持单独为每个中断源启用/禁用控制。

当发生以下情况时，中断被触发：

① 检测到错误；

② 状态标志为1；

③ 定时器达到预定值；

④ 从输入缓冲区到消息 RAM 或从消息 RAM 传输到输出缓冲区的消息已经完成；

⑤ 从本地 RAM 到消息 RAM 或从消息 RAM 到本地 RAM 的消息传输已经完成；

⑥ 发生停止监控事件。

发生状态变化或错误时，跟踪状态和产生中断是两个独立的任务。无论是否启用中断，相应的状态由 CC 跟踪并指示。主机可以通过读取寄存器 FLXAnFREIR、FLXAnFRSIR、FLXAnFROS、FLXAnFROTS 和 FLXAnRITS 来访问实际的状态和错误信息。

FlexRay 中断 0 和 FlexRay 中断 1 的通用主机中断线由 FLXAnFREIES 和 FLXAnFRSIES 寄存器使能的中断控制。另外，通过编程位 FLXAnFRILE.EINT0 和 FLXAnFRILE.EINT1 可以分别启用/禁用两个中断线。

输入数据传输中断线到主机、FlexRay 输入队列空中断、FlexRay 输入队列全中断，由 FLXAnFRITS 中的使能中断控制。此外，通过设置 FLXAnFRITC 中的相关位，可以分别启用或禁用每个输入数据传输中断。

输出数据传输中断线到主机、FlexRay FIFO 传输警告中断、FlexRay 输出传输警告中断、FlexRay FIFO 传输中断、FlexRay 输出传输中断，由 FLXAnFROTS 中的使能中断控制。另外，通过设置 FLXAnFROTC 中的相关位，可分别启用或禁用每个输出数据传输中断。

当 IBF/OBF 和消息 RAM 之间的传输完成时，FLXAnFRSIR.TIBC 或 FLXAnFRSIR.TOBC 位的设置为 1。停止监控事件由 stpwt_extfxr 引脚输入引发。

3.6 RSENT 传感器通信

SENT(single edge nibble transmission protocol)协议是一种点对点的单边半字节传输协议，其广泛应用于汽车及运输行业中，对汽车中传感器和电子控制单元(ECU)之间高清传感器数据的传输起到了良好的作用。

基于 SENT 协议，瑞萨开发了 RSENT 模块。3.6.1 节主要针对 RH850/P1x，介绍具体模块各参数，如通道数量、寄存器基地址和输入/输出信号名称等。3.6.2 节和 3.6.3 节详细介绍不同版本瑞萨单边半字节传输模块的一些共有特征。

3.6.1 RSENT 模块构成

RSENT 模块的结构如图 3.106 所示。RH850/P1x 包含 6 个 RSENT 通道。本章使用"n"(n 为 0~5)区分每个 RESET 通道，例如：RSENT 时间戳寄存器可以表示为 RSENTnTSPC。

RSENT 寄存器基地址参照〈RSENTn_base〉基地址偏移即可。表 3.96 中列出的是 RSENT 模块〈RSENTn_base〉的基地址。

RSENT 模块的输入时钟 Pclk、Clkc 由高速周期时钟 CLK_HSB 提供。其复位信号由复位控制器 SYSRES 提供，初始化也会使用复位信号。

RSENT 模块的中断请求如表 3.97 所示，其外部输入输出信号如表 3.98 所示。RSENTn 的运行由表 3.99 中列出的寄存器控制。

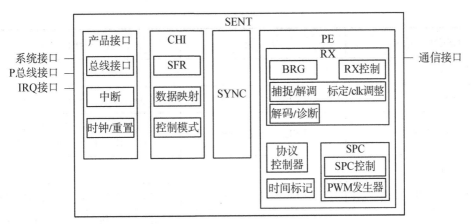

▲ 图 3.106 RSENT 模块结构图

表 3.96 〈RSENTn_base〉寄存器基地址

RSENTn 通道	〈RSENTn_base〉地址
RSENT0	FFE0 5000$_\text{H}$
RSENT1	FFE0 6000$_\text{H}$
RSENT2	FFE0 7000$_\text{H}$
RSENT3	FFE0 8000$_\text{H}$
RSENT4	FFE0 9000$_\text{H}$
RSENT5	FFE0 A000$_\text{H}$

表 3.97 RSENT 中断请求

RSENTn 信号	功 能	连接信号
RSENT0		
INT_SENT_TX	RSENT 状态中断	中断控制器 232(INTSENT0SI)
INT_SENT_RX	RSENT 接收中断	中断控制器 233(INTSENT0RI) DMA/DTS 控制器触发器 119
RSENT1		
INT_SENT_TX	RSENT 状态中断	中断控制器 234(INTSENT1SI)
INT_SENT_RX	RSENT 接收中断	中断控制器 235(INTSENT1RI) DMA/DTS 控制器触发器 120
RSENT2		
INT_SENT_TX	RSENT 状态中断	中断控制器 236(INTSENT2SI)
INT_SENT_RX	RSENT 接收中断	中断控制器 237(INTSENT2RI) DMA/DTS 控制器触发器 121

（续表）

RSENTn 信号	功　　能	连接信号
RSENT3		
INT_SENT_TX	RSENT 状态中断	中断控制器 238（INTSENT3SI）
INT_SENT_RX	RSENT 接收中断	中断控制器 239（INTSENT3RI） DMA/DTS 控制器触发器 122
RSENT4		
INT_SENT_TX	RSENT 状态中断	中断控制器 240（INTSENT4SI）
INT_SENT_RX	RSENT 接收中断	中断控制器 241（INTSENT4RI） DMA/DTS 控制器触发器 123
RSENT5		
INT_SENT_TX	RSENT 状态中断	中断控制器 242（INTSENT5SI）
INT_SENT_RX	RSENT 接收中断	中断控制器 243（INTSENT5RI） DMA/DTS 控制器触发器 124

表 3.98　RTSENTn 外部输入输出信号

RSENTn	功能	连接信号
RSENT0		
sent_rx	RSENT 输入数据	SENT0RX
sent_spc	RSENT 输出数据	SENT0SPCO
RSENT1		
sent_rx	RSENT 输入数据	SENT1RX
sent_spc	RSENT 输出数据	SENT1SPCO
RSENT2		
sent_rx	RSENT 输入数据	SENT2RX
sent_spc	RSENT 输出数据	SENT2SPCO
RSENT3		
sent_rx	RSENT 输入数据	SENT3RX
sent_spc	RSENT 输出数据	SENT3SPCO
RSENT4		
sent_rx	RSENT 输入数据	SENT4RX
sent_spc	RSENT 输出数据	SENT4SPCO

（续表）

RSENTn	功能	连接信号
RSENT5		
sent_rx	RSENT 输入数据	SENT5RX
sent_spc	RSENT 输出数据	SENT5SPCO

表 3.99 RSENTn 寄存器汇总

寄存器名称	缩　写	地　址
RSENT 时间标记寄存器	RSENTnTSPC	〈RSENTn_base〉+0000_H
RSENT 时间标记计数器	RSENTnTSC	〈RSENTn_base〉+0004_H
RSENT 通信配置寄存器	RSENTnCC	〈RSENTn_base〉+0010_H
RSENT 波特率预分频寄存器	RSENTnBRP	〈RSENTn_base〉+0014_H
RSENT 模式控制寄存器	RSENTnDE	〈RSENTn_base〉+0018_H
RSENT SPC 传输寄存器	RSENTnMDC	〈RSENTn_base〉+001C_H
RSENT 模式状态寄存器	RSENTnSPCT	〈RSENTn_base〉+0020_H
RSENT 通信状态寄存器	RSENTnMST	〈RSENTn_base〉+0024_H
RSENT 通信状态清空寄存器	RSENTnCS	〈RSENTn_base〉+0028_H
RSENT 慢速通道接收时间标记寄存器	RSENTnCSC	〈RSENTn_base〉+002C_H
RSENT 慢速通道接收数据寄存器	RSENTnSRTS	〈RSENTn_base〉+0030_H
RSENT 标定脉冲长度寄存器	RSENTnSRXD	〈RSENTn_base〉+0034_H
RSENT 数据长度寄存器	RSENTnCPL	〈RSENTn_base〉+0038_H
RSENT 快速通道接收时间标记寄存器	RSENTnML	〈RSENTn_base〉+003C_H
RSENT 快速通道时间标记寄存器	RSENTnFRTS	〈RSENTn_base〉+0040_H
RSENT 快速通道数据接收寄存器	RSENTnFRXD	〈RSENTn_base〉+0044_H
RSENT 时间标记模式选择寄存器	RSENTnSSEL	〈RSENTn_base〉+A000_H

3.6.2 RSENT 时钟配置

3.6.2.1 时间标记

（1）时间标记时钟配置。

RSENT 内置了时间标记计数器，如图 3.107 所示。用户根据通信频率设定 RSENTnTSPC.TTPV 寄存器，时间标记分辨率为 1 μs，输入频率由预设 RSENTnTSPC.TTPV 寄存器中的时间标记值划分。

分辨率取决于配置的时间段长度，可根据预设在 RSENTnTSPC.TTM 寄存器中的位数降低分辨率。已划分的输入频率仍可由 TSPC.TTM 中位数进行划分。

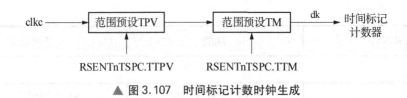

图 3.107　时间标记计数时钟生成

（2）时间标记计数器配置。

只有 RSENT 在配置模式下，时间标记计数器中数值才可以根据 RSENTnTSC 寄存器中数值进行重置。

当时间标记计数器作为主计数器使用时（RSENTnTSPC.TMS＝0），RSENT 处于空载和运行模式下，CPU 可通过在写入 RSENTnTSC.TS 寄存器中 0000 0000H 重置时间标记计数器。

当时间标记计数器作为从计数器使用时（RSENTnTSPC.TMS＝1），RSENT 处于空载和运行模式下，CPU 可通过在写入 RSENTnTSC.TS 寄存器中 0000 0000H 清空时间标记计数器。

当前时间标记计数器中数值可由 RSENTnTSC.TS 寄存器读取。当 RSENT 处于运行模式时，每次数据读取和接收都将保存时间标记，其数值作为快速通道传输和慢速通道传输的判断依据。

3.6.2.2　通信时钟配置

（1）RX BRP 设置。

通信波特率根据 RSENTnBRP.SCMV 和 RSENTnBRP.SCDV 寄存器中数值参照公式（13-1）计算。

$$f_{SAMPLE} = 16\,\text{MHz} = f_{COMMUNICATION} \times \frac{BRP.SCMV}{BRP.SCDV} \tag{13-1}$$

（2）RX 和 SPC 计数设置。

RX 和 SPC 功能中的计数长度根据 RSENTnBRP.TTI 和 RSENTnBRP.TTF 寄存器中数值计算。计数长度处于 $1.0\sim90.0\,\mu s$，分辨率为 $0.1\,\mu s$。

RSENTnBRP.TTI 寄存器中存储计数长度的整数部分，RSENTnBRP.TTF 寄存器存储计数长度的小数部分，计数长度按公式（13-2）计算。

$$T_{TICK} = T_{BRP.TTI} = T_{BRP.TIF} \tag{13-2}$$

3.6.3　RSENT 运行

3.6.3.1　运行模式

RSENT 的运行模式如图 3.108 所示，包括重置模式、配置模式、空载模式、运行模式。

（1）重置模式。

硬件重置时清空配置，RSENT 模块随即进入重置模式。该模式主要功能是为 RSENT 模块清空所有寄存器。

当 RSENTnMDC.OMC 位置 000_B 时，RSENT 也会进入重置模式。在该条件下，所有配置、控制（RSENTnMDC.OMC 寄存器除外）和状态寄存器清空，传输和接收过程将会立刻中断,同时重置 RSENT 接口引脚数据。

重置模式下,所有寄存器中内容仍可读取,写入功能受限于 RSENTnMDC 寄存器中设定。

（2）配置模式。

当 RSENTnMDC. OMC 位置 001_B 时,RSENT 进入配置模式。该模式下,传输和接收过程将会立刻中断,同时重置 RSENT 接口引脚数据。

配置模式下,所有状态寄存器（RSENTnCS）和接收缓冲寄存器（RSENTnSRTS、RSENTnSRXD、RSENTnCPL、RSENTnML、RSENTnFRTS 和 RSENTnFRXD）将会清空。

配置模式下,所有寄存器中内容仍可读取,写入功能受限于时间标记寄存器（RSENTnTSPC 和 RSENTnTSC）和配置寄存器（RSENTnCC、RSENTnBRP、RSENTnIDE 和 RSENTnMDC）中设定。

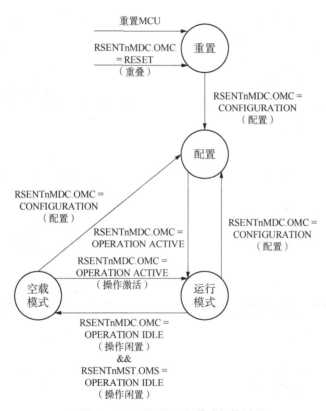

▲ 图 3.108　RSENT 运行模式切换过程

（3）空载模式。

当 RSENTnMDC. OMC 位置 011B 时,RSENT 进入空载模式。该模式下,所有数据接收和发送均已完成。

空载模式下,缓存区中帧数据仍可在运行模式下再被解析,但不会接收新数据进入缓存区。

空载模式下,所有寄存器中内容仍可读取,写入功能仅适用于 RSENTnTSC、RSENTnIDE、RSENTnMDC 和 RSENTnCSC 寄存器。

（4）运行模式。

当 RSENTnMDC. OMC 位置 101B 时，RSENT 进入运行模式。该模式下，数据接收与发送可以同时进行。

运行模式下，所有寄存器中内容仍可读取，写入功能仅适用于 RSENTnTSC、RSENTnIDE、RSENTnMDC、RSENTnSPCT 和 RSENTnCSC 寄存器。

3.6.3.2　改变运行模式

RSENT 重置模式结束后，设定 RSENTnMDC. OMC 后等待 RSENTnMST. OMS 过渡即可进入运行模式，RSENT 随即开始接收数据。

图 3.109 为运行模式转换流程图。

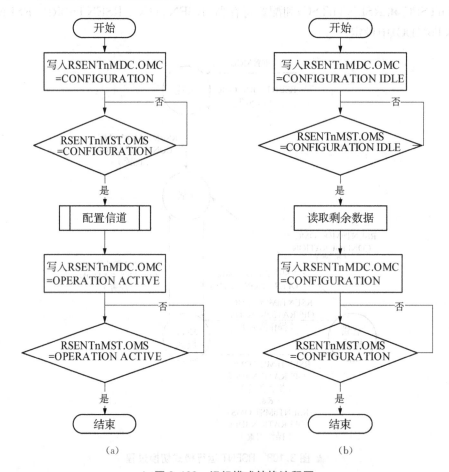

▲ 图 3.109　运行模式转换流程图

(a)重置模式转入运行模式流程图；(b)退出运行模式流程图

3.6.3.3　数据接收

RSENT 数据接收由校正脉冲和半字节数据脉冲组成，其中校正脉冲位于半字节数据脉冲之前，具体数据结构如图 3.110 所示。

（1）校正脉冲接收。

校正脉冲接收过程中，自动生成时钟节点可根据发送时钟速度进行调节。

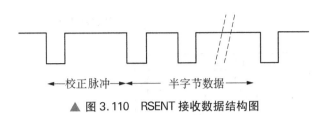

←校正脉冲→←——半字节数据——→

▲ 图 3.110　RSENT 接收数据结构图

此外,校正脉冲作为前一帧数据的结尾,具有诊断作用。RSENT 模块支持不同长度数据传输下(RSENTnCC. PPTC ＝ 0)自适应校正脉冲长度调节功能。为防止校正脉冲校验失效,校正脉冲长度调节错误标志位(RSENTnCS. CVS)应置为 1。

(2) 半字节数据接收。

RSENT 接收功能支持直接截获数据并加以比对,可以接收由两个连续下降沿组成的传感器信号。截获当前数据并加以比对,进而得出实际半字节数据。半字节数据编码格式如表 3.100 所示。

表 3.100　半字节数据编码

半字节周期 (时钟节点数量)	半字节数据值 (二进制)	半字节周期 (时钟节点数量)	半字节数据值 (二进制)
12	0000B	20	1000B
13	0001B	21	1001B
14	0010B	22	1010B
15	0011B	23	1011B
16	0100B	24	1100B
17	0101B	25	1101B
18	0110B	26	1110B
19	0111B	27	1111B

接收的半字节数据将编码成 RSENT 数据帧存储在快速接收通道缓存区,在编码期间,若进行任何其他接收数据编码过程,快速接收通道将出现编码错误。

(3) 快速通道数据接收。

快速通道接收的数据存储在接收缓存区内。缓存区由校正脉冲长度寄存器(RSENTnCPL)、数据长度寄存器(RSENTnML)、快速通道接收时间标记寄存器(RSENTnFRTS)和快速通道数据接收寄存器(RSENTnFRXD)组成。寄存器依次按顺序地址排列,通过 DMA 将寄存器接收数据存储到内存之中。

RSENT 模块采用两个接收缓存架构,允许传输两段包含时间标记和数据长度信息在内的完整数据,在分割的寄存器空间对数据进行解码和组合,如图 3.111 所示。

CPU 可以获取首次缓存区接收的数据,只有读取 RSENTnFRXD. FND 后才能更新缓存区内容。

当新数据存储到缓存区时,设定 RSENTnFRXD. FND 位值。同时,设定 RSENTnCS.

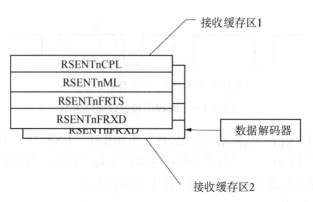

▲ 图 3.111 快速通道数据接收缓存区

FRS位,若有数据中断情况,则触发数据接收中断信号。

当缓存区1存在无法处理数据时,此后接收数据将存储在缓存区2中,并及时更新。防止缓存区2中无法处理数据被覆盖,RSENTnCS.FMS位置1。

当CPU读取RSENTnFRXD.FND位并且缓存区2中存在有效数据时,此时CPU方可读取缓存区2中的数据。若有数据中断情况,则触发数据快速接收通道中断信号并将RSENTnCS.FRS位置1。

当RSENTnFRXD.FND/RSENTnCS.FRS位未设定时,则缓存区数据未定义,此时CPU不能读取缓存区数据。

RSENTnFRXD寄存器中数据列表取决于半字节数据计数(RSENTnCC.NDN寄存器中数值),如表3.101所示。

表 3.101 RSENTnFRXD 寄存器中半字节数据列表

RSENTnCC.NDN	23:20	19:16	15:12	11:8	7:4	3:0
000B	未定义	未定义	未定义	未定义	未定义	半字节1
001B	未定义	未定义	未定义	未定义	半字节1	半字节2
010B	未定义	未定义	未定义	半字节1	半字节2	半字节3
011B	未定义	未定义	半字节1	半字节2	半字节3	半字节4
100B	未定义	半字节1	半字节2	半字节3	半字节4	半字节5
101B	半字节1	半字节2	半字节3	半字节4	半字节5	半字节6

(4)快速通道接收流程。

图3.112所示为快速通道接收缓存区实时更新图,当使用轮询或事件驱动时,CPU仅读取RSENTnCS.FRS位设定值,以检查快速通道是否有新的可用数据。

CPU应严格根据图3.113中流程顺序读取接收缓存区中数据,并保证RSENTnFRXD寄存器作为最后读取的寄存器。

(5)慢速通道数据接收。

RSENT模块支持快速通道提取慢速数据的功能,使用状态标识和通信半字节的第3、2

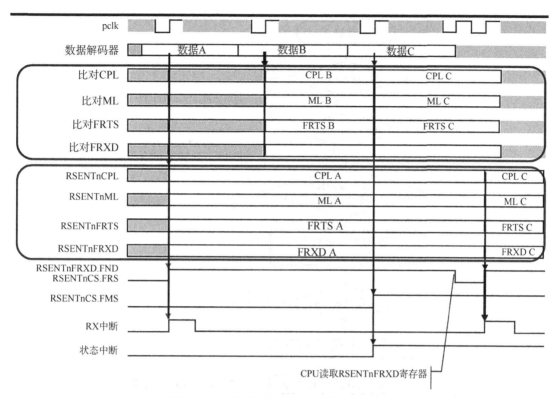

▲ 图 3.112　快速通道数据接收缓存区实时更新图

位即可实现。CPU 只需要将 RSENTnCC.SMF 设置为串行数据格式即可使用慢速通道提取功能。

当未提取串行数据时,RSENTnSRXD 寄存器可作为快速通道接收缓存器使用,同时忽略 RSENTnSRTS 寄存器。通信和状态半字节数据应存储于 RSENTnSRXD.IDD 寄存器中,不生成慢速通道新数据丢失标志位。

为接收慢速通道串行数据,将接收所有用做慢速通道的快速通道寄存器中数据,慢速通道中所有数据须按照已选择的串行数据格式编码。快速通道中的数据丢失不影响慢速通道数据接收。慢速通道接收缓存区由慢速通道接收时间标记缓存器(RSENTnSRTS)和慢速通道数据接收缓存器(RSENTnSRXD)组成(见图 3.114)。

与快速通道数据接收不同的是,慢速通道数据接收缓存区不支持双缓存器结构,只能是单一缓存器结构。数据解码和编码功能将在寄存器不同阶段进行。

慢速接收通道缓存区与快速接收通道缓存区同步更新,此时,快速通道缓存区存储慢速通道上一状态和通信半字节信息,RSENTnSRXD.SND 位置 1。

只有 RSENTnSRXD.SND 位读取后才能进行缓存区数据更新。当接收缓存区存在未处理数据,将无法接收后续数据,同时 RSENTnCS.SMS 位置 1。当 CPU 读取 RSENTnSRXD 寄存器时,RSENTnSRXD.SND 位将自动清空。

RSENTnSRTS 寄存器随当前时间标记进行更新,计数寄存器中数值为慢速通道最后一帧数据计数。

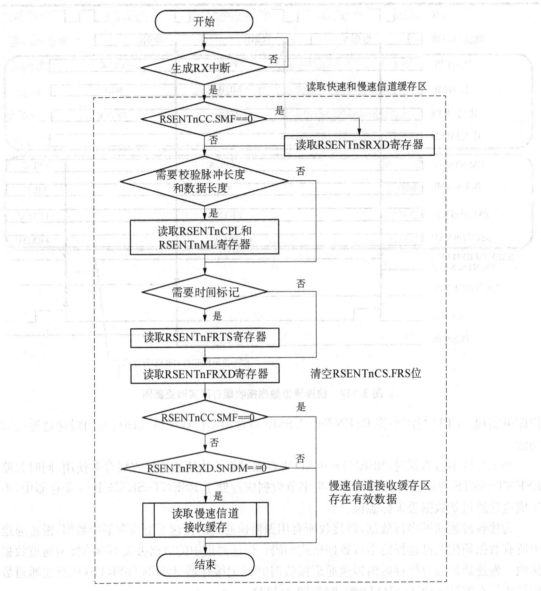

▲ 图 3.113　快速通道数据接收流程图

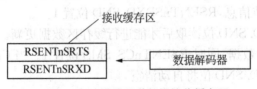

▲ 图 3.114　慢速通道数据接收缓存区

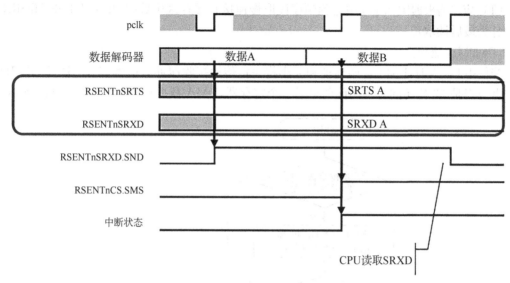

▲ 图 3.115　慢速通道接收缓存即时更新流程图

　　RSENTn. SRXD 寄存器中数据列表取决于慢速通道数据格式（RSENTnCC. SMF）和数据接收配置,如表 3.102 所示。

表 3.102　RSENTn. SRXD 寄存器中数据列表

RSENTnCC. SMF	RSENTnSRXD. SMGC	RSENTnSRXD. IDD[19：16]	RSENTnSRXD. IDD[15：12]	RSENTnSRXD. IDD[11：8]	RSENTnSRXD. IDD[7：4]	RSENTnSRXD. IDD[3：0]
00_B	未定义	未定义	未定义	未定义	未定义	C&S 半字节
01_B	未定义	未定义	未定义	数据 ID[3：0]	数据[7：4]	数据[3：0]
10_B	0	数据 ID[7：4]	数据 ID[3：0]	数据[11：8]	数据[7：4]	数据[3：0]
10_B	1	数据 ID[3：0]	数据[15：12]	数据[11：8]	数据[7：4]	数据[3：0]

　　（6）慢速通道接收流程。

　　图 3.116 为慢速通道数据接收流程图,当需要慢速数据接收时,该流程应当是快速数据接收流程中的一部分。

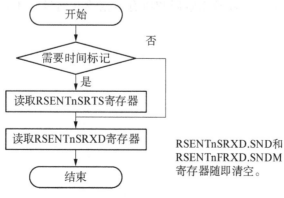

▲ 图 3.116　慢速通道数据接收流程图

CPU 应严格根据图 3.116 中流程顺序读取慢速接收缓存区中数据,并保证 RSENTnSRXD. SND 作为最后读取位。

(7) DMA 流程。

当使用 DMA 时,DMA 起始地址和大小将决定传输接收缓冲区中哪部分。RSENTnFRXD 寄存器应当是 32 位访问方式访问的最后一个寄存器,DMA 数据接收流程如图 3.117 所示。

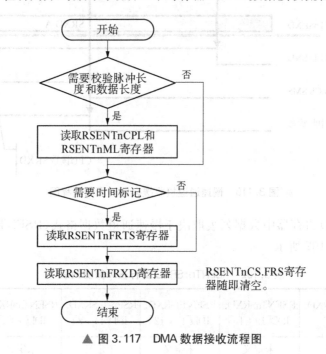

▲ 图 3.117 DMA 数据接收流程图

软件处理过程中,当已设定传输数据时,CPU 应当检查传输标志位 RSENTnFRXD. SNDM,若该标志位置 1,必要情况下需读取慢速通道接收缓存区。

(8) 错误标志。

当校验脉冲错误(RSENTnCS. CVS 或 RSENTnCS. CLS)或解码错误(RSENTnCS. SES, RSENTnCS. SCS, RSENTnCS. FES 或 RSENTnCS. FCS)产生时应当立刻生成标记,当检测到下一校验脉冲时,应当生成半字节计数错误标志位(RSENTnCS. FNS)。

在出现半字节编码错误或检验脉冲长度错误时,数据接收会立即终止,直到有效校验脉冲出现时才能开始数据解码。当新数据解码和所有数据诊断通过时才会生成数据丢失错误标志位。

第4章

汽车电子嵌入式控制系统的功能安全

电子技术集成化的快速发展及其在汽车上的大量应用极大地推动了汽车产业的发展,随着汽车电子系统的普及性和复杂性不断提高,汽车电子产品的系统失效、部件失效等安全问题也日益严峻。国家政府部门、汽车整车及零部件企业和用户越来越关注汽车电子产品的功能安全,从而对汽车电子电气产品在设计、研发、检测试验和生产管理等诸多方面提出全新的功能安全要求。基于此,瑞萨开发了 RH850/P1x 微处理器,从而为汽车电子功能安全提供了基础支持。

4.1 微控制器的功能安全机制与实现

4.1.1 RH850/P1x 功能安全概况

RH850/P1x 微处理器具有增强的安全功能(故障检测功能),能够满足道路汽车功能安全性标准 ISO 26262 的最高安全等级 ASIL - D 标准,具体功能如下。

① 错误检测和校正功能(即 ECC 和 EDC),用于检测内存和数据传输路径的故障;纠正某些类型的错误。

② 锁步模式功能,用于在早期阶段检测 CPU1 的故障。

③ 存储器保护功能,用来检测内存访问错误和外围电路,以保护这些单位中的数据不会受到错误的访问。

④ 时钟监控功能,用来监控时钟操作,以检测异常操作。

⑤ 内置自检功能,即 BIST,用于检测影响故障检测功能本身的故障。

⑥ 误差控制模块功能,即 ECM,用于监控 LSI 中的各种故障检测状态,并定义在故障检测时执行的操作。允许用户管理各种不同模块发出的错误信号。当接收到错误信号后,ECU 将采取多种措施,如管脚输出设置错误、产生中断或复位信号等,以确保系统安全性和可靠性。

⑦ 数据循环冗余校验功能,即 DCRA,用于对数据传输检错,对数据进行多项式计算,并将得到的结果附在帧的后面,接收设备也执行类似的算法,以保证数据传输的正确性和完整性。若 CRC 校验不通过,系统将重复向硬盘复制数据,进而陷入死循环,最终将导致复制过程无法完成。

4.1.2 错误检测和校正功能

4.1.2.1 错误检测概述

RH850/P1x 微处理器集成了 ECC,可用于如表 4.1 所列的存储器。ECC 能够检测和纠正存储器中保留的数据错误。ECC 还能够检测和纠正 ECC 编码器和存储器之间以及存储器和 ECC 解码器之间产生的错误。

表 4.1　ECC 功能概述

可用存储器	可用数据位宽	检测/纠正	通知 ECM	错误状态	地址捕获	故障注入
代码闪存	128	SEC - DED	可能	可能	可能	可能
数据闪存 本地 RAM(CPU1)	32	SEC - DED	可能	可能	可能	可能
指令缓存(数据)	64	SEC - DED	可能	可能	可能	可能
指令缓存(标签)	32	SED - DED	可能	可能	可能	可能
DTS RAM	32	SEC - DED	可能	可能	可能	可能
外设 RAM(32 位)	32	SEC - DED	可能	可能	可能	可能

检测/纠正包括 SEC - DED 和 SED - DED,SEC - DED 表示一位错误能够被检测和纠正,两位错误则仅能被检测;SED - DED 表示一位和两位错误仅能被检测。通知 ECM 表示一个被检测到的错误能被通知给 ECM(错误控制模块)。错误状态指检测到的错误的状态被保留。地址捕获指检测到的错误地址被保留。故障注入指一个 ECC 错误可以被有意地导致 ECC 解码操作的自我诊断。

RH850/P1x 微处理器合并了地址 EDC(奇偶校验),可用于表 4.2 中所列的存储器。地址 EDC 可以在地址解码过程中发现错误。EDC 还能够检测出在奇偶校验和存储器之间的地址产生的错误。RH850/P1x 微处理器合并了数据 EDC(奇偶校验),可用于特定的数据传输。数据 EDC 支持对传输数据的错误进行检测。地址奇偶校验如表 4.2 所示。

表 4.2　地址奇偶校验

可用存储器	校验位	通知 ECM	错误状态	地址捕获	故障注入
代码闪存	1 位	可能	可能	可能	可能

4.1.2.2 代码闪存 ECC 和地址奇偶校验

代码闪存 ECC 的详细总结如表 4.3 所示。

表4.3 代码闪存ECC详细总结

项　目	描　述
ECC错误检测和纠正	ECC错误检测和纠正,使能或禁用。 使能时,如下设置可选: ECC错误检测和纠正执行(2位错误检测和1位错误检测及纠正执行); ECC错误检测执行(2位错误检测和1位错误检测执行)。 禁用时,错误检测及纠正都不执行。 在初始状态,此功能被使能:1位错误检测及纠正和2位错误检测及通告被执行。
地址奇偶校验	地址奇偶校验检查,使能或禁行: 在地址解码期间地址奇偶校验被检查; 在初始状态,此功能被使能。
错误报告	当ECC错误或校验错误发生时,通知给错误控制模块。 ECC错误: 错误报告在检测到2位的ECC错误时使能或禁用; 错误报告在检测到1位的ECC错误时使能或禁用。 在初始状态,错误报告在检测到2位的ECC错误时被使能,在检测到1位ECC错误时被禁用。 奇偶校验错误: 错误报告在检测到地址奇偶校验错误时使能或禁用; 在初始状态,错误报告在检测到地址奇偶校验错误时使能。 错误报告发布给ECM,在ECM处,一个2位的ECC错误和一个地址奇偶校验错误当做一个来源处理,一个1位的ECC错误当做一个来源处理。
错误状态	状态寄存器被用来指示2位ECC错误检测、1位ECC检测和地址奇偶校验错误检测的状态。如果错误发生而没有错误状态设置,则相应的状态被设置。 使用清除寄存器,错误状态能被清除。
地址捕获	如果一个ECC错误或奇偶校验错误发生而没有错误状态设置,相关联的发生错误的地址被捕获。 当一个2位ECC错误、1位ECC错误或者地址奇偶校验错误被检测到,地址被捕获。 错误状态作为捕获地址的使能位。

4.1.2.3　数据闪存ECC

数据闪存ECC的详细总结如表4.4所示。

表4.4 数据闪存ECC的详细总结

项　目	描　述
ECC错误检测和纠正	ECC错误检测和纠正,使能或禁用。 使能时,下面设置可选: ECC错误检测和纠正执行(2位错误检测和1位错误检测及纠正执行); ECC错误检测执行(2位错误检测和1位错误检测执行)。 禁用时,错误检测及纠正都不执行。 在初始状态,此功能被使能:1位错误检测及纠正和2位错误检测及通告被执行。
地址奇偶校验	无

（续表）

项　目	描　述
错误报告	当 ECC 错误或校验错误发生时,通知给错误控制模块。 ECC 错误: 错误报告在检测到 2 位的 ECC 错误时使能或禁用; 错误报告在检测到 1 位的 ECC 错误时使能或禁用。 在初始状态,错误报告在检测到 2 位的 ECC 错误时被使能,在检测到 1 位 ECC 错误时被禁用。
错误状态	状态寄存器被用来指示 2 位 ECC 错误检测、1 位 ECC 错误检测的状态。如果错误发生而没有错误状态设置,则相应的状态被设置。 使用清除寄存器,错误状态能被清除。
地址捕获	如果一个 ECC 错误发生而没有错误状态设置,则相关联的发生错误的地址被捕获。 当一个 2 位 ECC 错误、1 位 ECC 被检测到,地址被捕获。 错误状态作为捕获地址的使能位。

4.1.3　锁步功能

　　RH850/P1x 微处理器将 CPU1 与锁步功能结合在一起,以快速检测 CPU 有没有特殊的软件故障。CPU1 使用两个不同的核来执行程序,即主核和检查核,并不断地比较两个内核的执行结果。当结果不一致时,CPU1 即可确定在一个内核中发生了错误,并将其通知到 ECM。CPU1 的锁步功能具有故障插入功能,可以人为的主动造成"错误",从而实现对锁步操作的自诊断。与锁步功能相关的寄存器如表 4.5 所示。

表 4.5　寄存器列表

地址	符号	寄存器名称	读/写	重置值	访问大小
FFFE ED00H	TESTCOMPREG0	比较器测试寄存器 0	读/写	0000 0000H	8/16/32
FFFE ED04H	TESTCOMPREG1	比较器测试寄存器 1	读/写	0000 0000H	8/16/32
FFC4 CA00H	PDMA_COMP_CNTRL	DMA 控制寄存器	读/写	0000 0000H	32

　　注意:这些寄存器被放置在 CPU1 的 CPU 外设中,只能由 CPU1 访问。

　　1）比较器测试寄存器 0（TESTCOMPREG0）

　　该寄存器与 TESTCOMPREG1 寄存器共同完成锁步自检的功能,其组成和功能分别如图 4.1 和表 4.6 所示。复位后的值为 0000 0000H。

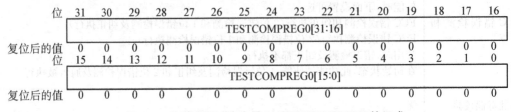

▲ 图 4.1　比较器测试寄存器 0（TESTCOMPREG0）的组成

表 4.6 比较器测试寄存器 0 功能

位 置	位 名	功 能
31～0	TESTCOMPREG0[31：0]	写:数据被写入每个字节 读:PE1,读取 TESTCOMPREG0[31：0]值; PE1C,读取 TESTCOMPREG1[31：0]值。

2)比较器测试寄存器 1(TESTCOMPREG1)

该寄存器与 TESTCOMPREG0 寄存器共同完成锁步自检的功能,其组成和功能分别如图 4.2 和表 4.7 所示。复位后的值为 0000 0000H。

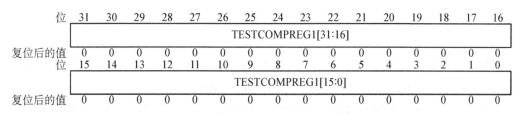

▲ 图 4.2 比较器测试寄存器 1(TESTCOMPREG1)的组成

表 4.7 比较器测试寄存器 1 功能

位 置	位 名	功 能
31～0	TESTCOMPREG1[31：0]	写:数据被写入每个字节。 读:PE1,读取 TESTCOMPREG1[31：0]值; PE1C,读取 TESTCOMPREG0[31：0]值。

下面给出比较器测试寄存器 1 的一个自诊断工程的示例:

① 向 TESTCOMPREG0 中写入任意值;

② 向 TESTCOMPREG1 中写入不同值;

③ 读取 TESTCOMPREG0 的值,不同的值被读取并发送给主核和检查核;

④ 使用读取到的值,运行比较器来进行诊断

3) DMA 控制寄存器 PDMA_COMP_CNTRL

该寄存器可以控制在 DMAC 的检查器端的输出信号,通过设置这个寄存器可以立即生成 DMA 比较错误结果,其组成和功能分别如图 4.3 和表 4.8 所示。复位后的值为 0000 0000H。

▲ 图 4.3 比较器测试寄存器 1(TESTCOMPREG1)的组成

表 4.8　DMA 控制寄存器功能

位　　置	位　　名	功　　能
31～30	PROT[1:0]	保护使能： 10,写使能； 其他值,写禁止。
29～0	DMACMPERR[29:0]	通过同 PROT 位一起向 DMACMPERR 中写入 111111_ 11111111_00000111_00001111,会产生 DMA 比较错误。

4.1.4　存储器保护功能

4.1.4.1　概述

RH850/P1x 微处理器结合了内存保护功能,对外围电路的寄存器进行控制,防止对内存中的数据进行错误访问。RH850/P1x 微处理器同时提供辅助保护功能,使用一个特定的内存防止来自任何总线主机的非法访问。辅助保护包括以下的功能。

① PEG:保护本地 RAM,防止非法访问。但是,包含本地 RAM 的 CPU 的访问被排除在外。例如,在 CPU1 中,从 CPU1 到本地 RAM 的访问不会被 PEG 拒绝。

② IPG:CPU 外设,防止非法访问。

③ PBG:保护在外设电路和内存中的控制寄存器,防止非法访问。

其中 PBG 模块被划分为若干个 PBG 组,每个组最多提供 16 个保护通道。每个单一的 PBG 通道可以指定一个单一存取受到保护的外围电路。每个 PBG 组可以保存已被拒绝的访问信息。表 4.9 列出了辅助保护为每个 PBG 通道提供的寄存器。

表 4.9　为每个 PBG 通道提供的寄存器

寄存器标志符	寄存器名称	读/写	重置值	地址	访问大小
FSGDxxDPROTn	PBGxx 保护寄存器 n	读/写	07FF FFFFH	基地址 0+4 * n	8/16/32

PBGxx 保护寄存器n(FSGDxxDPROTn)

该寄存器指定了针对受到保护的外围电路控制寄存器和 RAM 的可被拒绝的访问,使用任何标识符禁用的任何访问都将被视为非法访问。其组成和功能分别如图 4.4 和表 4.10。复位后的值为 07FF FFFFH。

位	31	30	29	28	27	26	25	24 23 22 21	20	19	18	17	16
	—	—	—	—	—	—	PROTUM	PROTPEID [7:0]					—
复位后的值	0	0	0	0	0	0	0	0 0 0 0	0	0	0	0	0

位	15	14	13	12	11	10	9	8 7 6 5	4	3	2	1	0
	—	—	—	—	—	—	—	PROTSPID [3:0]	PORTDEB	PROTRDPDEF	PROTWRPDEF	PROTRD	PROTWR
复位后的值	0	0	0	0	0	0	0	0 0 0 0	0	0	0	0	0

▲ 图 4.4　PBGxx 保护寄存器n(FSGDxxDPROTn)的组成

表 4.10 PBGxx 保护寄存器 n 功能

位 置	位 名	功 能
31~26	保留	这些位总读为 0;写入值同样应为 0。
25	PROTUM	用户模式访问: 0,允许管理模式访问; 1,允许用户模式和管理模式访问。
24~17	PROTPEID[7:0]	PEID 访问: 0,不允许访问 PEIDn; 1,允许访问 PEIDn。 PROTnPEID 域是一张位列表,里面一位对应一个 PEID 值。设置多个位可以同时启动多个 ID 值。举个例子,设置 PROTnVCID 域为 0101B 使能访问 PEID=0 和 PEID=2。
16~9	保留	这些位总读为 0;写入值同样应为 0。
8~5	PROTSPID[3:0]	SPID 访问: 0,不允许访问 SPIDn; 1,允许访问 SPIDn。
4	PORTDEB	调试访问: 0,禁止从调试主机访问; 1,允许从调试主机访问。
3	PROTRDPDEF	默认读取保护: 0,允许从任何主机读取; 1,仅允许从通过滤波器的主机读取。
2	PROTWRPDEF	默认写保护: 0,允许从任何主机写访问; 1,仅允许从通过滤波器的主机写访问。
1	PROTRD	读取权限: 0,通过访问过滤的总线主机读取被禁止; 1,通过访问过滤的总线主机读取被允许。
0	PROTWR	写入权限: 0,通过访问过滤的总线主机写入被禁止; 1,通过访问过滤的总线主机写入被允许。

4.1.4.2 相关寄存器

表 4.11 列出了辅助保护为每个 PBG 组提供的寄存器。

相关寄存器的具体信息如下。

1) PBGxx 错误控制寄存器 ERRSLVxxCTL

该寄存器能够清除在错误状态寄存器中的状态,其组成和功能分别如图 4.5 和表 4.12 所示。复位后的值为 0000 0000H。

2) PBGxx 错误状态寄存器 ERRSLVxxSTAT

该寄存器可以保持被 PBGxx 视为非法访问的状态,其组成和功能分别如图 4.6 和表 4.13 所示。复位后的值为 0000 0000H。

表 4.11　为每个 PBG 组提供的寄存器

寄存器标志符	寄存器名称	读/写	重置值	地址	访问大小
ERRSLVxxCTL	PBGxx 错误控制寄存器	写	0000 0000H	基地址 1+0H	8/16/32
ERRSLVxxSTAT	PBGxx 错误状态寄存器	读	0000 0000H	基地址 1+4H	8/16/32
ERRSLVxxADDR	PBGxx 错误地址寄存器	读	0000 0000H	基地址 1+8H	32
ERRSLVxxTYPE	PBGxx 错误类型寄存器	读	0000 0000H	基地址 1+CH	16/32

位	31	30	29	28	27	26	25	24	23	22	21	20	19	18	17	16
	—	—	—	—	—	—	—	—	—	—	—	—	—	—	—	—
复位后的值	0	0	0	0	0	0	0	0	0	0	0	0	0	0	0	0

位	15	14	13	12	11	10	9	8	7	6	5	4	3	2	1	0
	—	—	—	—	—	—	—	—	—	—	—	—	—	—	CLRO	CLRE
复位后的值	0	0	0	0	0	0	0	0	0	0	0	0	0	0	0	0

▲ 图 4.5　PBGxx 错误控制寄存器(ERRSLVxxCTL)的组成

表 4.12　PBGxx 错误控制寄存器功能

位置	位名	功　能
31~2	保留	读取时,这些位总读为 0;写入时,写为 0。
1	CLRO	写 1 清除 OVF 标志
0	CLRE	写 1 清除 ERR 标志

位	31	30	29	28	27	26	25	24	23	22	21	20	19	18	17	16
	—	—	—	—	—	—	—	—	—	—	—	—	—	—	—	—
复位后的值	0	0	0	0	0	0	0	0	0	0	0	0	0	0	0	0

位	15	14	13	12	11	10	9	8	7	6	5	4	3	2	1	0
	—	—	—	—	—	—	—	—	—	—	—	—	—	—	OVF	ERR
复位后的值	0	0	0	0	0	0	0	0	0	0	0	0	0	0	0	0

▲ 图 4.6　PBGxx 错误状态寄存器(ERRSLVxxSTAT)的组成

表 4.13　PBGxx 错误状态寄存器功能

位置	位名	功　能
31~2	保留	读取时,这些位总读为 0;写入时,写为 0。
1	OVF	0:ERR=1 时,PBG 保护违例没被检测到; 1:ERR=1 时,PBG 保护违例被检测到。
0	ERR	0:PBG 保护违例没被检测到; 1:PBG 保护违例被检测到。

3）PBGxx 错误地址寄存器 ERRSLVxxADDR

该寄存器可以保持被 PBGxx 视为非法访问的地址，其组成和功能分别如图 4.7 和表 4.14 所示。复位后的值为 0000 0000H。

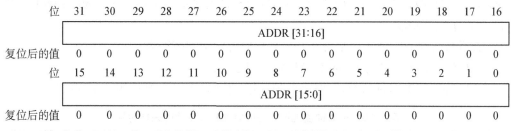

▲ 图 4.7　PBGxx 错误地址寄存器（ERRSLVxxADDR）的组成

表 4.14　PBGxx 错误地址寄存器功能

位置	位名	功　能
31～0	ADDR[31:0]	当 PBG 所保护的地址被访问时，ADDR[1:0]总是固定为 0。

4）PBGxx 错误类型寄存器 ERRSLVxxTYPE

该寄存器可以保持被 PBGxx 视为非法访问的类型，其组成和功能分别如图 4.8 和表 4.15 所示。复位后的值为 0000 0000$_H$。

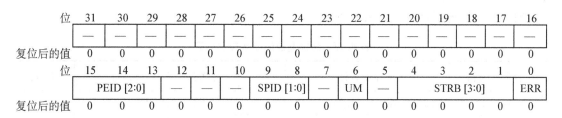

▲ 图 4.8　PBGxx 错误类型寄存器（ERRSLVxxTYPE）的组成

表 4.15　PBGxx 错误类型寄存器功能

位置	位名	功　能
31～16	保留	读取时，这些位总读为 0；写入时，总写为 0。
15～13	PEID[2：0]	来自 PBG 保护违例的访问源 PEID。
12～10	保留	读取时，这些位总读为 0；写入时，总写为 0。
9，8	SPID[1：0]	来自 PBG 保护违例的访问源 SPID。
7	保留	读取时，这些位总读为 0；写入时，总写为 0。
6	UM	来自 PBG 保护违例的访问源 UM。
5	保留	读取时，这些位总读为 0；写入时，总写为 0。
4～1	STRB[3：0]	来自 PBG 保护违例的访问源 STRB。
0	WRITE	当已经产生 PBG 保护违例的访问是写入时，此位置为 1。

4.1.5 时钟监控功能

4.1.5.1 概述

RH850/P1x 微处理器包含时钟监视器,通过检测时钟的异常频率来监视时钟操作。时钟监视器提供了以下功能:

① 查看被监视的时钟频率是否在基于采样时钟的指定范围内;

② 在检测到钟异常状态时,向 ECM 发出错误通知。

表 4.16 显示了被时钟监视器(时钟监控通道)监视的时钟和被使用的采样时钟。

表 4.16　被时钟监视器监视的时钟和被使用的采样时钟

时钟监控通道	监控时钟	采样时钟
CLMA0	主系统时钟	HS IntOSC/4
CLMA1	外设时钟(40 MHz)/2	主系统时钟/8
CLMA2	WDTCLKI=8 MHz; WDTCLKI=250 MHz	主系统时钟/16, 主系统时钟/512
CLMA3	CPU 时钟(160 MHz)	主系统时钟/2

4.1.5.2 相关寄存器

时钟监控通道寄存器如表 4.17 所示。

表 4.17　时钟监控通道寄存器列表

寄存器标志符	寄存器名称	读/写	重置值	地址	访问大小
CLMAnCTL0	CLMAn 控制寄存器 0	读/写	00H	基地址+00H	8
CLMAnCMPL	CLMAn 比较寄存器 L	读/写	0001H	基地址+08H	16
CLMAnCMPH	CLMAn 比较寄存器 H	读/写	03FFH	基地址+0CH	16
CLMAnPCMD	CLMAn 保护命令寄存器	写	00H	基地址+10H	8
CLMAnPS	CLMAn 保护命令状态寄存器	读	00H	基地址+14H	8

时钟监控通道的基地址如表 4.18 所示。

表 4.18　时钟监控通道基地址

时钟监控通道	基地址
CLMA0	FFF8 8400H
CLMA1	FFF8 8420H
CLMA2	FFF8 8440H
CLMA3	FFF8 8460H

共享寄存器如表 4.19 所示。

表 4.19 共享寄存器列表

寄存器标志符	寄存器名称	读/写	重置值	地址	访问大小
CLMATEST	CLMA 自测寄存器	读/写	0000 0000H	FFF8 8204H	32
CLMATESTS	CLMA 自测状态寄存器	读/写	0000 0000H	FFF8 8208H	32

1) CLMAn 控制寄存器 0(CLMAnCTL0)

该寄存器可以控制时钟监视器的运行,同时其也受 CLMAnPCMD 寄存器的保护,其组成和功能分别如图 4.9 和表 4.20 所示。复位后的值为 00H。

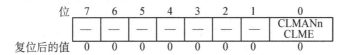

▲ 图 4.9 CLMAn 控制寄存器 0(CLMAnCTL0)的组成

表 4.20 CLMAn 控制寄存器 0 功能

位置	位名	功 能
0	CLMANnCLME	时钟监控运行: 0,禁止运行; 1,使能运行。

注:在 CLMAnCLME 位置 1 后,无法写入 0,它只能通过复位进行清除。

2) CLMAn 比较寄存器 L(CLMAnCMPL)

该寄存器可设置用于比较的正常频率范围的下限,其组成和功能分别如图 4.10 和表 4.21 所示。复位后的值为 0001H。

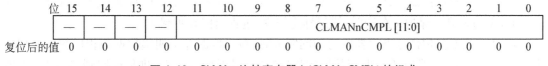

▲ 图 4.10 CLMAn 比较寄存器 L(CLMAnCMPL)的组成

表 4.21 CLMAn 比较寄存器 L 功能

位置	位名	功 能
11~0	CLMANnCMPL[11:0]	正常频率范围下限: 当 CLMAnCTL0. CLMANnCLME 为 0 时,CLMANnCMPL 能够写入; 一旦 CLMAnCTL0. CLMANnCLME 置 1,向 CLMANnCMPL 写入无效。

3) CLMAn 比较寄存器 H(CLMAnCMPH)

该寄存器可设置用于比较的正常频率范围的上限,其组成和功能分别如图 4.11 和表 4.22 所示。复位后的值为 03FFH。

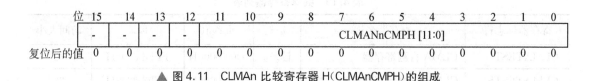

▲ 图 4.11　CLMAn 比较寄存器 H（CLMAnCMPH）的组成

表 4.22　CLMAn 比较寄存器 H 功能

位置	位名	功　　能
11～0	CLMANnCMPH[11：0]	正常频率范围上限： 当 CLMAnCTL0. CLMANnCLME 为 0 时，可以向 CLMANnCMPH 写入； 一旦 CLMAnCTL0. CLMANnCLME 置 1，向 CLMANnCMPH 写入无效。

4）CLMAn 保护命令寄存器（CLMAnPCMD）

该寄存器是一个针对 CLMAnCTL0 的特殊序列寄存器，其组成如图 4.12 所示。复位后的值为 00H。

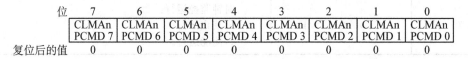

▲ 图 4.12　CLMAn 保护命令寄存器（CLMAnPCMD）的组成

CLMAnPCMD 保护措施基于以下状态机进行。

步骤 1：当对保护命令寄存器的写访问完成时，错误标志将被清除，进程将进入步骤 2。当写入值不是 A5H 时，将设置保护状态寄存器中的错误标志，并且该过程仍在步骤 1 中。

步骤 2：当对保护命令寄存器的写访问完成时（写入数据等于期望数据），进程将进入步骤 3。当数据写入到非保护寄存器时，错误标志树立，进程返回到步骤 1。

步骤 3：当对保护命令寄存器的写访问完成时（写入数据等于期望数据的相反数），进程将进入步骤 4。当写入数据不是期望数据的相反数时，错误标志树立，进程返回到步骤 1。当数据写入到非保护寄存器时，错误标志同样树立，进程返回到步骤 1。

步骤 4：当对保护命令寄存器的写访问完成时（写入数据等于期望数据），受保护寄存器的写信号被激活，因此完成写入操作。当写入数据不是期望数据时，错误标志树立，进程返回到步骤 1。当数据写入到非保护寄存器时，错误标志同样树立，进程返回到步骤 1。

5）CLMAn 保护命令状态寄存器 CLMAnPS

该寄存器是一个针对 CLMAnCTL0 的特殊序列寄存器，用于检测是否产生了保护错误，其组成和功能分别如图 4.13 和表 4.23 所示。复位后的值为 00H。

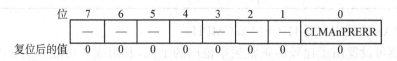

▲ 图 4.13　CLMAn 保护命令状态寄存器（CLMAnPS）的组成

表 4.23 CLMAn 保护命令状态寄存器功能

位置	位名	功 能
0	CLMAnPRERR	保护错误检测: 0:没有产生保护错误; 1:产生保护错误。

6) CLMA 自测寄存器 CLMATEST

该寄存器可用于 CLMA3～CLMA0 的自测,其组成和功能分别如图 4.14 和表 4.24 所示。复位后的值为 0000 0000H。

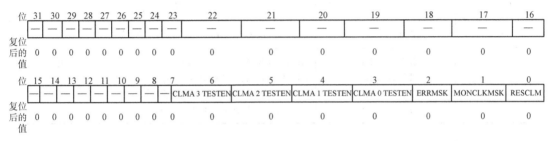

▲ 图 4.14 CLMA 自测寄存器(CLMATEST)的组成

表 4.24 CLMA 自测寄存器功能

位置	位名	功 能
31～7	保留	读取时,这些位总读为 0;写入时,写为 0
6～3	CLMA3TESTEN CLMA2TESTEN CLMA1TESTEN CLMA0TESTEN	使能或禁用 CLMA3～CLMA0 的自我测试: 0,禁用对应的 CLMAn 的自测; 1,使能对应的 CLMAn 的自测。
2	ERRMSK	0,不屏蔽对 ECM 的错误通知; 1,屏蔽对 ECM 的错误通知。
1	MONCLKMSK	0,不将时钟输入给应该被监控到低水平的 CLMAn; 1,将时钟输入给应该被监控到低水平的 CLMAn。
0	RESCLM	0,不初始化 CLMAn; 1,初始化 CLMAn。

7) CLMA 自测状态寄存器 CLMATESTS

该寄存器用于显示 CLMA3～CLMA0 的自测结果,其组成和功能分别如图 4.15 和表 4.25 所示。复位后的值为 0000 0000H。

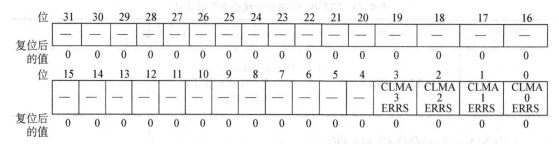

位	31	30	29	28	27	26	25	24	23	22	21	20	19	18	17	16
	—	—	—	—	—	—	—	—	—	—	—	—	—	—	—	—
复位后的值	0	0	0	0	0	0	0	0	0	0	0	0	0	0	0	0

位	15	14	13	12	11	10	9	8	7	6	5	4	3	2	1	0
	—	—	—	—	—	—	—	—	—	—	—	—	CLMA3ERRS	CLMA2ERRS	CLMA1ERRS	CLMA0ERRS
复位后的值	0	0	0	0	0	0	0	0	0	0	0	0	0	0	0	0

▲ 图4.15 CLMA 自测状态寄存器(CLMATESTS)的组成

表4.25 CLMA 自测状态寄存器功能

位置	位名	功 能
31～4	保留	读取时,这些位总读为 0;写入时,写为 0。
3～0	CLMA3ERRS CLMA2ERRS CLMA1ERRS CLMA0ERRS	指示 CLMA3～CLMA0 是否检测到错误。此位不受 CLMATEST.ERRMSK 影响: 0,对应的 CLMAn 没有检测到错误; 1,对应的 CLMAn 检测到错误。

4.1.5.3 自诊断

RH850/P1x 微处理器可以进行时钟监控的自我诊断。自我诊断的时钟监控具体运行过程如下:

① 指定自我诊断的时钟监视器。设置 CLMATEST.CLMAnTESEN 位为 1,使能指定进行自我诊断的时钟监控。

② 为了阻止基于自诊断的错误报告给 ECM,按步骤①进行操作,同时设置 CLMATEST. ERRMSKL。

③ 在自诊断的时钟监控中产生一个错误。因为设置 CLMATEST.MONCLKMSK 为 1,强制将监控的时钟固定到较低的水平,在自诊断的时钟监视器中出现了一个错误。

④ 等待时间足够长,允许出现错误,读取 CLMATESTS 寄存器,查看是否在自我诊断的时钟监视器中生成了错误。从自诊断开始到错误发生的时间取决于 CLMAnCMPL 的设置和采样周期中自诊断的起始点(最多需要两个采样周期)。

⑤ 清除自诊断产生的错误。设置 CLMATEST.RESCLM 为 1,使能初始化自诊断时钟监控。

⑥ 停止自诊断。设置 CLMATEST 所有位为 0,使能终止自诊断。在重启已经自诊断过的时钟监控前,按要求再一次设置寄存器。

4.1.6 内置自检功能

RH850/P1x 微处理器包含了检测故障检测功能自身故障的功能,被称为 BIST。BIST 的执行结果可以通过域 BIST 结果寄存器(BSEQ0ST)来标识。

4.1.6.1 相关寄存器

与 BIST 相关的寄存器如表 4.26 所示。

表 4.26　BIST 寄存器列表

寄存器名称	标识符	地址
现场 BIST 控制寄存器	BSEQ0CTL	FFF8 A440H
逻辑 BIST 签名寄存器 1	LBISTREF1	FFD6 9000H
逻辑 BIST 签名寄存器 2	LBISTREF2	FFD6 9004H
存储器 BIST 签名寄存器	MBISTREF	FFD6 9008H
逻辑 BIST 签名结果寄存器 1	LBISTSIG1	FFD6 900CH
逻辑 BIST 签名结果寄存器 2	LBISTSIG2	FFD6 9010H
存储器 BIST 签名结果寄存器	MBISTSIG	FFD6 9014H
BIST 错误状态寄存器	BSEQ0ST	FFD6 9020H

1) 现场 BIST 控制寄存器(BSEQ0CTL)

该寄存器在复位释放后控制现场 BIST 的执行,且其受到保护命令寄存器(PROT1PHCMD)的保护。其组成和功能分别如图 4.16 和表 4.27 所示。复位后的值为 0000 0001H。该寄存器的访问方法与地址如下:

访问:BSEQ0CTL,可以以 32 位为单位读取/写入;

地址:FFF8 A440H.

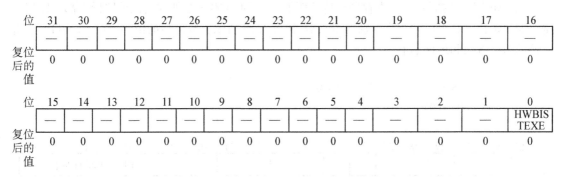

▲ 图 4.16　现场 BIST 控制寄存器(BSEQ0CTL)的组成

表 4.27　现场 BIST 控制寄存器功能

位置	位名	功　能
31~1	保留	总是在复位后写入
0	HWBISTEXE	0:在复位释放后现场 BIST 未执行; 1:在复位释放后现场 BIST 被执行。

注意:该寄存器只能被 POCRES 初始化。

2) 逻辑 BIST 签名寄存器 1(LBISTREF1)

当逻辑 BIST1 执行时,该寄存器保持期望值。除 BISTRES 之外的其他重置操作都可以将该寄存器初始化。其组成和功能分别如图 4.17 和表 4.28 所示。复位后的值为 000a 5a5aH。该寄存器的访问方法与地址如下：

访问：LBISTREF1，可以以 32 位为单位读取/写入；

地址：FFD6 9000H.

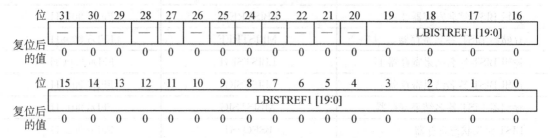

▲ 图 4.17　逻辑 BIST 签名寄存器 1（LBISTREF1）的组成

表 4.28　逻辑 BIST 签名寄存器 1 功能

位置	位名	功　能
31～20	保留	总是在复位后写入
19～0	LBISTREF1[19：0]	这些位保持逻辑 BIST1 的签名值

3）逻辑 BIST 签名寄存器 2（LBISTREF2）

当逻辑 BIST2 执行时，该寄存器保持期望值。除 BISTRES 之外的其他重置操作都可以将该寄存器初始化。其组成和功能分别如图 4.18 和表 4.29 所示。复位后的值为 000a 5a5aH。该寄存器的访问方法和地址如下：

访问：LBISTREF2，可以以 32 位为单位读取/写入；

地址：FFD6 9004H.

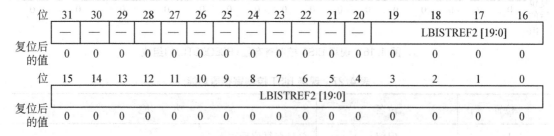

▲ 图 4.18　逻辑 BIST 签名寄存器 2（LBISTREF2）的组成

表 4.29　逻辑 BIST 签名寄存器 2 功能

位置	位名	功　能
31～20	保留	总是在复位后写入
19～0	LBISTREF2[19：0]	这些位保持逻辑 BIST2 的签名值

4) 存储器 BIST 签名寄存器 MBISTREF

当存储器 BIST 执行时,该寄存器保持期望值。除 BISTRES 之外的其他重置操作都可以将该寄存器初始化。其组成和功能分别如图 4.19 和表 4.30 所示。复位后的值为 000a a55aH。该寄存器的访问方法和地址如下:

访问:MBISTREF,可以以 32 位为单位读取/写入;

地址:FFD6 9008_H

位	31	30	29	28	27	26	25	24	23	22	21	20	19	18	17	16
	—	—	—	—	—	—	—	—	—	—	—	—	MBISTREF [19:0]			
复位后的值	0	0	0	0	0	0	0	0	0	0	0	0	0	0	0	0

位	15	14	13	12	11	10	9	8	7	6	5	4	3	2	1	0
	MBISTREF [19:0]															
复位后的值	0	0	0	0	0	0	0	0	0	0	0	0	0	0	0	0

▲ 图 4.19　存储器 BIST 签名寄存器(MBISTREF)的组成

表 4.30　存储器 BIST 签名寄存器功能

位置	位名	功　能
31~20	保留	总是在复位后写入
19~0	MBISTREF[19:0]	这些位保持存储器 BIST 的签名值

5) 逻辑 BIST 签名结果寄存器 1(LBISTSIG1)

该寄存器能够保持逻辑 BIST1 的执行结果。除 BISTRES 之外的其他重置操作都可以将该寄存器初始化。其组成和功能分别如图 4.20 和表 4.31 所示。复位后的值为 0005 a5a5H。该寄存器的访问方法和地址如下:

访问:LBISTSIG1,可以以 32 位为单位读取/写入;

地址:FFD6 900CH.

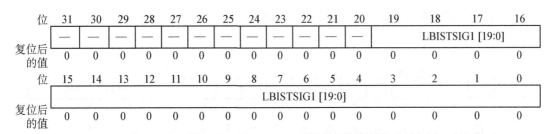

位	31	30	29	28	27	26	25	24	23	22	21	20	19	18	17	16
	—	—	—	—	—	—	—	—	—	—	—	—	LBISTSIG1 [19:0]			
复位后的值	0	0	0	0	0	0	0	0	0	0	0	0	0	0	0	0

位	15	14	13	12	11	10	9	8	7	6	5	4	3	2	1	0
	LBISTSIG1 [19:0]															
复位后的值	0	0	0	0	0	0	0	0	0	0	0	0	0	0	0	0

▲ 图 4.20　逻辑 BIST 签名结果寄存器 1(LBISTSIG1)的组成

表 4.31　逻辑 BIST 签名结果寄存器 1 功能

位置	位名	功　　能
31～20	保留	总是在复位后写入
19～0	LBISTSIG1[19：0]	这些位保持逻辑 BIST1 执行后的结果值

6）逻辑 BIST 签名结果寄存器 2（LBISTSIG2）

该寄存器能够保持逻辑 BIST2 的执行结果。除 BISTRES 之外的其他重置操作都可以将该寄存器初始化。其组成和功能分别如图 4.21 和表 4.32 所示。复位后的值为 000a a5a5H。该寄存器的访问方法和地址如下：

访问：LBISTSIG2,可以以 32 位为单位读取/写入；

地址：FFD6 9010H

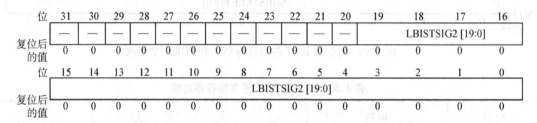

▲ 图 4.21　逻辑 BIST 签名结果寄存器 2（LBISTSIG2）的组成

表 4.32　逻辑 BIST 签名结果寄存器 2 功能

位置	位名	功　　能
31～20	保留	总是在复位后写入
19～0	LBISTSIG2[19：0]	这些位保持逻辑 BIST2 执行后的结果值

7）存储器 BIST 签名结果寄存器（MBISTSIG）

该寄存器能够保存存储器 BIST 执行的结果值。除 BISTRES 之外的其他重置操作都可以将该寄存器初始化。其组成和功能分别如图 4.22 和表 4.33 所示。复位后的值为 0005 5aa5H。该寄存器的访问方法和地址如下：

访问：MBISTSIG,可以以 32 位为单位读取/写入；

地址：FFD6 9014ₕ

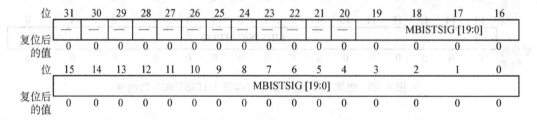

▲ 图 4.22　存储器 BIST 签名结果寄存器（MBISTSIG）的组成

表 4.33　存储器 BIST 签名结果寄存器功能

位置	位名	功　能
31～20	保留	总是在复位后写入
19～0	MBISTSIG [19：0]	这些位保存存储器 BIST 执行后的结果值

8）BIST 错误状态寄存器 BSEQ0ST

该寄存器能够保持 BIST 错误现场的状态。除 BISTRES 之外的其他重置操作都可以将该寄存器初始化。其组成和功能分别如图 4.23 和表 4.34 所示。复位后的值为 0000 0003H。该寄存器的访问方法和地址如下：

访问：BSEQ0ST，可以以 32 位为单位读取/写入；

地址：FFD6 9020H。

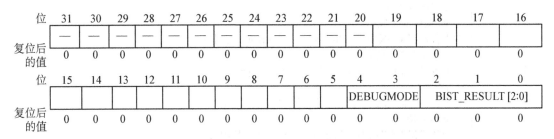

▲ 图 4.23　BIST 错误状态寄存器（BSEQ0ST）的组成

表 4.34　BIST 错误状态寄存器

位置	位名	功　能
31～4	保留	总是在复位后写入
3	DEBUGMODE	0：指示芯片不在调试模式； 1：指示芯片在调试模式。
2～0	BIST_RESULT[2：0]	010：自诊断 BIST 正常结束； 其他情况：自诊断 BIST 非正常结束，未完成或未启动。 注意：当 DEBUGMODE=1 时，这些位设置为 011。

4.1.6.2　确认无检测异常的 BIST 完成

RH850/P1x 微处理器的现场 BIST 的结果可通过以下寄存器完成确认过程。

（1）确认现场 BIST 签名匹配。

存储在逻辑 BIST 签名寄存器 1（或 2）中或者存储在存储器 BIST 签名寄存器中的期望值与存储在逻辑 BIST 签名寄存器 1（或 2）结果寄存器中或者存储在存储器 BIST 签名结果寄存器中的结果值相匹配，则表明没有异常被现场 BIST 检测到。

$$LBISTREF1 = LBISTSIG1$$
$$LBISTREF2 = LBISTSIG2$$
$$MBISTREF = MBISTSIG$$

（2）确认错误状态。

使用 BIST 错误状态寄存器来确认 BIST 序列已经被完成没有检测到异常。

$$BSEQ0ST = 0000\ 0002H$$

4.1.7　错误控制模块功能

4.1.7.1　概述

RH850/P1x 微处理器的误差控制模块（ECM）能够收集来自不同错误源和监控电路的错误信号。ECM 还可以输出错误信号，产生中断和内部复位信号。表 4.35 列出了 ECM 的相关规范概述。

表 4.35　ECM 的规范概述

项　目	描　述
安全处理	ECM 能处理以下过程，响应来自各模块的错误信号输入： ① 错误标志树立， ② EI 级中断生成， 对于各错误 EI 级中断产生能够被控制（使能/禁用）； ③ FE 级中断生成， 对于各错误 FE 级中断产生能够被控制（使能/禁用）； ④ 内部复位生成， 对于各错误内部复位生成能够被控制（使能/禁用）； ⑤ ERROROUT 输出， 对于各错误引脚输出屏蔽能够被控制（使能/禁用）； 输出可以根据定时器输入或在固定的水平上进行切换。
错误状态	ECM 包含了 ECM 主/检查错误源状态寄存器，可以用来确认错误标志的错误状态。错误标志仅由 ECM 错误源状态清除触发寄存器或 POCRES 清除。就其他的复位源而言，错误标志保持并且复位生成源能通过复位后读取 ECM 主/检查错误源状态寄存器被确认。
调试，自诊断	① 对于调试和自诊断，伪错误可能生成。在伪错误注入运行期间被认为有真实错误发生。 　对于 ERROROUT 输出屏蔽、中断和内部复位的所有配置同样适用。 ② ECM 包含 ERROROUT 输出回循环功能，可用来诊断 ERROROUT 引脚的路径。 　ERROROUT 引脚状态被反映给一个内部寄存器，可以通过读取该寄存器来确认。
超时功能	ECM 包含此功能：当延时计时器的计数值与延时计时器比较寄存器相匹配时，会产生 ERROROUT 输出或内部复位。因为在中断请求与启动同时发生后，延迟计时器在中断处理过程中没有停止。
寄存器保护	包含的带有特殊序列的写保护可用来保护寄存器免遭无意写访问。
其他	ECM 是双工的，包含 ERROROUT 引脚。 来自 ECM 主机和 ECM 检查器的 ERROROUT 输出经常被比较。如果它们不匹配，一个 ECM 比较错误会发生。

4.1.7.2　ERROROUT 输出操作

在复位状态释放后，ERROROUT 引脚上的输出会显示一个错误。在使用 ECM 前应清除该错误输出。

ERROROUT 输出信号可以配置为两种不同的操作模式，非动态模式或动态模式。此外，当选择了 ERROROUT 输出，并且输出信号处于动态模式时，则无论在哪个脉冲周期出现的错误,引脚上的输出指示错误都会同步显示。

(1) 动态模式使能:

① 通过 ECMEPCTL 寄存器选择定时器输出;

② 初始化 OSTM1/TAUD1 的通道 15;

③ 通过在 ECM 主/检查错误清除触发寄存器中设置 ECMmECT(m=M/C)位为 1,使 ERROROUT 输出设置为正常输出;

④ 在 ECM 错误脉冲配置寄存器中设置 ECMSL0 位为 1 来指定动态模式;

⑤ 在 OSTM1/TAUD1 中启动通道 15。

(2) 动态模式禁用:

① 通过在 ECM 主/检查错误树立触发寄存器中设置 ECMmEST(m=M/C)位为 1,使 ERROROUT 输出设置为低水平;

② 在 OSTM1/TAUD1 中停止通道 15;

③ 在 ECM 错误脉冲配置寄存器中清零 ECMSL0 位来指定非动态模式。

4.1.7.3　更改保护的寄存器

必须按照以下顺序来对受保护的寄存器进行写入操作:

① 向 ECM 保护命令寄存器或 ECM 主/检查保护命令寄存器中写入固定值 0000 00A5H;

② 向 ECM 寄存器或 ECM 主/检查保护寄存器中写入期望值;

③ 向 ECM 寄存器或 ECM 主/检查保护寄存器中写入期望值的相反数;

④ 通过检查 ECM 保护状态寄存器的 ECMPRERR 位是否为 0,检查期望值是否成功写入受保护寄存器中。

如果在上述序列的①~④之间访问另一个寄存器,则保护机制如下:

① 如果该寄存器属于 ECM,那么对受保护寄存器的写入失败(ECM 保护状态寄存器的 CMPRERR 位变为 1),顺序必须从①重新执行。

② 如果该寄存器不属于 ECM,则顺序不会中断,并成功地执行对受保护寄存器的写入。

如果保护解锁序列被中断,保护机制就会如下(步骤③)执行。

③ 保护序列间中断。如果一个中断在保护序列中被确认,并且中断进程不能访问任何 ECM 寄存器,那么保护序列不会中断,并且在中断进程返回后可以成功地完成对受保护寄存器的写入。

如果在保护解锁序列中出现了中断,保护机制的行为如以下(步骤④)执行。

④ 保护序列中出现中断。如果 CPU 在保护序列中进入中断状态,并且任何 ECM 寄存器都不被访问,则保护序列就不会被中断,从中断恢复回来后向保护寄存器写入能成功完成。

如果 CPU 在保护序列中进入中断状态,并且任何 ECM 寄存器都被访问,则保护序列就不会被中断,并且从中断恢复回来后向保护寄存器写入能成功完成。

4.1.7.4　中断处理的超时功能

ECM 中的延时定时器可以和一个中断请求同时启动。由于在中断处理期间延时定时器不会被终止,所以当 ECM 中的延时定时器的计数值与 ECM 延时定时器比较寄存器的值相匹配时,会产生 ERROROUT 输出或者内部复位。当中断发生时,计时器计数不会停止。

延迟计时器的计数总是从 0 开始,配置内部复位的持续时间或者产生 ERROROUT 输出是通过对 ECM 延迟计时器比较寄存器进行设置实现的。

如果延迟计时器运行期间，由延迟计时器的启动引发其他错误，则延迟计时器所计算的当前值不会重置，但计时器仍在继续运行。

注意：不要设置时钟监视器上限/下限错误的延迟时间。

4.1.7.5　错误控制模块框图

ERROROUT 输出、内部复位和 ERROROUTZ 信号是主动的低信号，而屏蔽中断和 FE 级中断则是主动高信号。ECM 框图如图 4.24 所示，ECM 的具体连接图如图 4.25 所示。

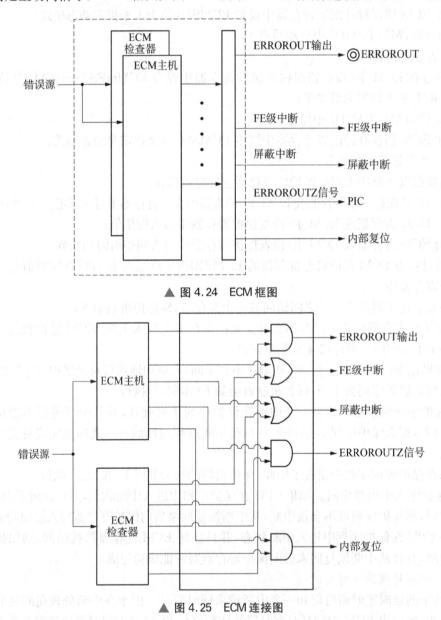

▲ 图 4.24　ECM 框图

▲ 图 4.25　ECM 连接图

4.1.8　数据循环冗余校验功能

RH850/P1x 微处理器同时具备数据循环冗余校验（DCRA）的功能。本章主要介绍

RH850/P1x 微处理器所具有的特殊内容,比如单元数、寄存器基地址等,并对 DCRA 的功能和相关寄存器进行介绍。

4.1.8.1　RH850/P1x DCRA 特性

本节主要从单元数、寄存器基地址和时钟供应三方面介绍 RH850/P1x DCRA 特性。

（1）单元数。

RH850/P1x 微控制器具有如表 4.36 所列数量的 DCRA 单元,详细的 DCRA 单元配置和通道信息如表 4.37 所示。

表 4.36　RH850/P1x 微控制器单元数

产品	RH850/P1x 100 引脚	RH850/P1x 144 引脚
单元数	4	4
名称	DCRAn(n 为 0～3)	DCRAn(n 为 0～3)

表 4.37　DCRA 单元配置和通道

单元名称 （通道名称） DCRAn	每单元通道数	RH850/P1x 100 引脚(4 ch)	RH850/P1x 144 引脚 （4 ch）
DCRA0	1	√	√
DCRA1	1	√	√
DCRA2	1	√	√
DCRA3	1	√	√

注:√.表示可用。

（2）寄存器基地址。

DCRAn 基地址如表 4.38 所列,DCRAn 寄存器地址从基本地址作为偏移量。

表 4.38　寄存器基地址

基地址名称	基地址
⟨DCRA0_base⟩	FFD5 0000H
⟨DCRA1_base⟩	FFD5 1000H
⟨DCRA2_base⟩	FFD5 2000H
⟨DCRA3_base⟩	FFD5 3000H

（3）时钟供应。

DCRAn 的时钟供应如表 4.39 所示。

表 4.39　时钟供应

单元名	单元时钟	内部时钟信号
DCRAn	PCLK	高速外设时钟 CLK_HSB

（4）复位源。

DCRAn 的复位源如表 4.40 所示，DCRAn 依据这些复位源进行初始化。

表 4.40　复位源

单元名	复位源
DCRAn	复位控制器 SYSRES

4.1.8.2　功能概述

RH850/P1x 微处理器的数据循环冗余校验功能可以用来验证或生成任意长度和不同位宽度的 CRC 保护数据流。

① 32 位 Ethernet（以太）CRC：

$(X^{32}+X^{26}+X^{23}+X^{22}+X^{16}+X^{12}+X^{11}+X^{10}+X^8+X^7+X^5+X^4+X^2+X^1+1)$

② 16 位 CCITT CRC：

$(X^{16}+X^{12}+X^5+1)$

③ 8 位 SAE J1850：

$(X^8+X^4+X^3+X^2+1)$

④ 8 位 0x2F：

$(X^8+X^5+X^3+X^2+X^1+1)$

⑤ CRC 生成任意数据块长度。

在 CRC 输入寄存器的初始化之后，每一个对 CRC 数据寄存器的写入访问都会根据所选的多项式生成一个新的 CRC，其结果存储在 CRC 数据寄存器中。

4.1.8.3　DCRA 框图及运行电路

如图 4.26 所示为数据循环冗余校验框图。

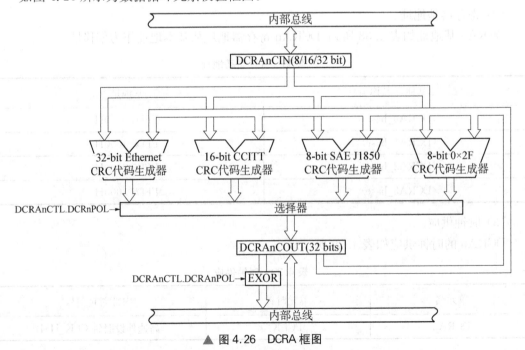

▲ 图 4.26　DCRA 框图

图 4.26 中相关的运行电路介绍如下。

① 32 位 Ethernet（以太）循环冗余校验码(CRC)电路图如图 4.27 所示。

CRC数据寄存器

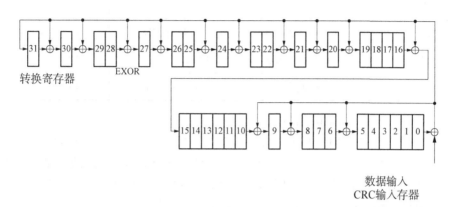

▲ 图 4.27　32 位 Ethernet（以太)CRC 电路图

② 16 位 CCITT 的 CRC 电路图如图 4.28 所示。

CRC数据寄存器

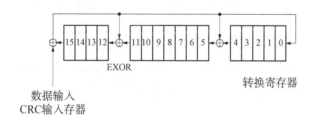

▲ 图 4.28　16 位 CCITT 的 CRC 电路图

③ 8 位 SAE J1850 的 CRC 电路图如图 4.29 所示。

CRC数据寄存器

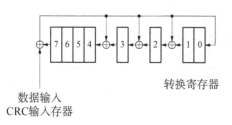

▲ 图 4.29　8 位 SAE J1850 的 CRC 电路图

CRC数据寄存器

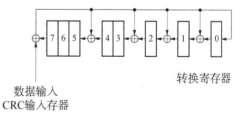

▲ 图 4.30　8 位 0x2F 的 CRC 电路图

④ 8 位 0x2F 的 CRC 电路图如图 4.30 所示。

4.1.8.4 相关寄存器

DCRA 寄存器的详细信息如表 4.41 所示。

表 4.41 DCRA 寄存器

模块	寄存器	标识符	地址
DCRAn	CRC 输入寄存器	DCRAnCIN	〈DCRAn_base〉+00H
DCRAn	CRC 数据寄存器	DCRAnCOUT	〈DCRAn_base〉+04H
DCRAn	CRC 控制寄存器	DCRAnCTL	〈DCRAn_base〉+20H

（1）CRC 输入寄存器 DCRAnCIN。

该寄存器保存用于 CRC 计算的输入的数据。用于 CRC 计算的有效位宽必须通过对 DCRAnCTL. DCRAnISZ[1：0]的设置获得。一旦向该寄存器写入数据，即可生成 CRC 代码。其结构和功能分别如图 4.31 和表 4.42 所示。复位后的值为 0000 0000H。该寄存器能够被任何复位操作初始化。该寄存器的访问方法和地址如下：

访问：DCRAnCIN 可以以 32 位为单位读取/写入；

地址：〈DCRAn_base〉.

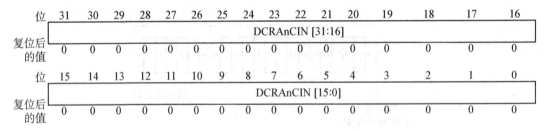

▲ 图 4.31 CRC 输入寄存器（DCRAnCIN）的组成

表 4.42 CRC 输入寄存器功能

位置	位名	功　能
31～0	DCRAnCIN[31：0]	CRC 计算输入数据有效位： 32 位有效位宽，DCRAnCIN[31：0]； 16 位有效位宽，DCRAnCIN[15：0]； 8 位有效位宽，DCRAnCIN[7：0]

注意：在数据被写入寄存器 DCRAnCIN 之前，必须初始化寄存器 DCRAnCOUT 来产生初始启动值。

（2）CRC 数据寄存器 DCRAnCOUT。

该寄存器将会保存由下列任一多项式产生的 CRC 代码结果：

① 32 位 Ethernet CRC；

② 16 位 CCITT CRC；

③ 8 位 SAE J1850；

④ 8 位 0x2F。

DCRAnCOUT 的组成和功能分别如图 4.32 和表 4.43 所示。复位后的值为 0000 0000H。该寄存器能够被任何复位操作初始化。该寄存器的访问方法和地址如下：

> 访问:DCRAnCOUT 可以以 **32 位**为单位读取/写入；
>
> 地址:< DCRAn_base> + **4H**.

位	31	30	29	28	27	26	25	24	23	22	21	20	19	18	17	16
	DCRAnCOUT [31:16]															
复位后的值	0	0	0	0	0	0	0	0	0	0	0	0	0	0	0	0
位	15	14	13	12	11	10	9	8	7	6	5	4	3	2	1	0
	DCRAnCOUT [15:0]															
复位后的值	0	0	0	0	0	0	0	0	0	0	0	0	0	0	0	0

▲ 图 4.32　CRC 数据寄存器（DCRAnCOUT）的组成

表 4.43　CRC 数据寄存器功能

位置	位名	功　　能
31～0	DCRAnCOUT[31：0]	CRC 代码生成结果： 当 16 位 CCITT 多项式使能,15～0 位显示 CRC 结果,31～16 位的值未被定义； 当 8 位 SAE J1850 或 0x2F 多项式使能,7～0 位显示 CRC 结果,31～8 位的值未被定义。 此寄存器的读取值是通过 EXOR 计算获得的,如下： 32 位 Ethernet 多项式,FFFF FFFFH； 16 位 CCITT 多项式,0000H； 8 位 SAE J1850 或 0x2F 多项式,0000 00FFH。

（3）CRC 控制寄存器 DCRAnCTL。

此寄存器控制 CRC 产生的过程。其组成和功能分别如图 4.33 和表 4.44 所示。复位后的值为 00H。该寄存器能够被任何复位操作初始化。该寄存器的访问方法和地址如下：

> 访问:DCRAnCOUT 可以以 **32 位**为单位读取/写入；
>
> 地址:< DCRAn_base> + **20H**.

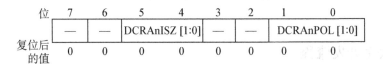

位	7	6	5	4	3	2	1	0
	—	—	DCRAnISZ [1:0]		—	—	DCRAnPOL [1:0]	
复位后的值	0	0	0	0	0	0	0	0

▲ 图 4.33　CRC 控制寄存器（DCRAnCTL）的组成

表 4.44 CRC 控制寄存器功能

位　置	位　名	功　　能
7,6	保留	复位后读取值,复位后写入值。
5,4	DCRAnISZ[1:0]	定义 CRC 输入位宽: 00,32 位(DCRAnCIN[31:0]); 01,16 位(DCRAnCIN[15:0]); 10,8 位(DCRAnCIN[7:0]); 11,禁止设置。
3,2	保留	复位后读取值,复位后写入值。
1,0	DCRAnPOL[1:0]	定义 CRC 生成功能: 00,32 位 Ethernet CRC 多项式; 01,16 位 CCITT CRC 多项式; 10,8 位 SAE J1850 多项式; 11,8 位 0x2F 多项式。

4.1.8.5　操作流程

数据循环冗余校验功能会生成一个任意块长度的 CRC(循环冗余校验)值,CRC 功能的数据会以长度 8、16 或 32 为单位相互转换。CRC 多项式可以从 32 位 Ethernet 的 CRC 或 16 位 CCITT 的 CRC 中选择。在对 CRC 输入寄存器(DCRAnCIN)进行第一次写入操作之前,必须对 DCRAnCOUT 寄存器的初始启动值进行设置。

图 4.34 显示了 CRC 值产生的操作流程。

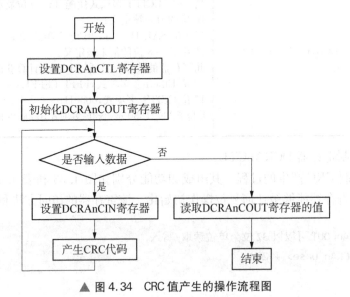

▲ 图 4.34　CRC 值产生的操作流程图

4.2　功能安全开发流程

功能安全的开发流程首先是从项目定义开始的。项目定义就是对所研发项目的一个描述，其包括了项目的功能、接口、环境条件、法规要求、危险等内容，也包括项目的其他相关功能、系统和组件决定的接口、边界条件等。

4.2.1　概念开发

根据项目是新产品研发或既有产品更改决定后续的流程，这称之为安全生命周期初始化。如果是既有产品更改，就要对产品进行影响分析，影响分析的结果决定整个生命周期中的哪些流程可以省略。安全生命周期初始化之后，首先进行危害分析和风险评估。一个项目的 ASIL 等级就是经过这个阶段确定下来的。一旦项目的 ASIL 等级确定下来，项目后续的所有开发流程及开发方法都要按照相应的 ASIL 等级要求进行开发，因此概念开发阶段在功能安全开发的整个流程中至关重要。危害分析和风险评估时，要充分考虑发生危害时汽车所在驾驶情景的暴露率、交通参与者对事故的可控性以及危害对交通参与者造成伤害的严重程度。通过上述 3 个指标确定项目的 ASIL 等级，同时为每一个风险设立安全目标，并根据项目的 ASIL 等级给安全目标确定合适的 ASIL 等级。

接下来的功能安全概念的环节要考虑系统的基本架构，将根据安全目标得到的整体安全需求分配到项目的元素中去，同时具体和细化每个项目元素中的功能安全要求。超出边界条件的系统和其他技术可以作为功能安全概念的一部分来考虑。对其他技术的应用和外部措施的要求不在 ISO 26262 要求考虑的范围之内。

4.2.2　系统级开发模式

有了具体的安全需求之后，就可进行系统级开发。可以根据安全需求得到技术安全要求规范，系统级开发的过程基于 V 模型的开发流程，如图 4.35 所示。

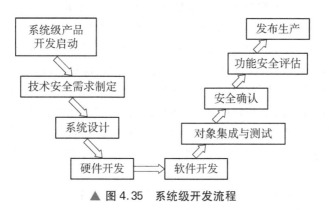

▲ 图 4.35　系统级开发流程

在图 4.35 中 V 模型的左边首先是"系统级产品开发启动"，这个环节主要是依据实际情况更新项目计划和安全计划，还需要创建测试计划、确认计划和评估计划；接下来要明确技术安全需求规范，技术安全需求规范是从功能安全要求和系统或者单元的架构设计中得到的，在这个规范中主要描述了识别和控制系统自身故障，以及其他系统故障的机制、安全状态的达到或保持措施、警示和降级方案的措施等。有了技术安全需求规范之后，就进入系统设计阶段。系统设计阶段主要完成这几项工作：上述各项安全措施如何实现、进一步细化系统架构、借助安全分析的安全设计验证（FMEA、FTA）、明确硬件和软件的接口规范等。系统设计之后就进入具体的硬件设计和软件设计阶段。

系统级开发的 V 模型右边的流程首先是对象集成和测试。其主要是测试所设计的安全功能是否满足技术安全需求，每个安全需求都应该被验证，并且要选用 ASIL 相关的测试方法。项目在集成和测试之后，就要进行安全确认，安全确认可以由公司内部的研发工程师开展，主要是站在整车层面确认系统设计是否能够完全实现最初的安全目标和安全需求。安全确认之后是功能安全评估，安全评估一般是找第三方进行，通过评估来确认是否所有工作都正确、完整地开展了，并且安全等级是否达到了相应 ASIL 的要求。安全评估完成之后，最后一个阶段就是产品发布生产。在这一阶段需要制定生产和操作计划，以及对产品的生产、操作、服务和拆解的相关要求。通过这些相关的计划和要求以及规章制度，保证产品在生产和使用环节满足功能安全的要求。

4.2.3　硬件级开发流程

系统级产品开发之后，硬件级的产品开发也要符合 V 模型概念，如图 4.36 所示。

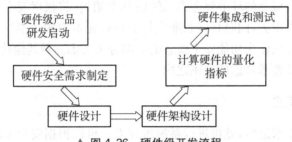

▲ 图 4.36　硬件级开发流程

图 4.36 中 V 模型左边的第 1 个环节是硬件级产品研发启动。这个过程主要是计划活动，根据项目的大小和复杂程度来计划和确定这个阶段的活动和支持过程。然后制定硬件安全需求规范，软、硬件安全需求规范都是由系统阶段的技术安全需求规范拆分得到的。根据硬件安全需求规范，进行硬件设计，硬件设计包括硬件架构设计和硬件详细设计。

硬件架构设计应表示出所有硬件组件及彼此间的关联，并且要实现规定的硬件安全需求。需清楚地描述出硬件安全需求和硬件组件之间的关系，可充分信赖的硬件组件可以考虑复用。在硬件架构设计时，还应考虑安全相关硬件组件失效的非功能因素。比如：振动、水、尘、EMI等。硬件详细设计是指在电气原理图级别上的设计，应表示出硬件组件的零部件间的相互关联。

接下来是计算硬件的量化指标，在功能安全开发的过程中有 3 个指标是可以量化的，分别是单点故障指标、潜在故障指标和随机硬件失效率。前两个指标表示的是衡量所设计的安全功能的能力，也可以简单理解为安全机制的优劣，指标越高，表示所设计的安全机制越好。最后一个指标表示硬件的可靠性，可以简单理解为这个指标越高，安全机制越耐用。对于不同 ASIL 等级的产品，这 3 个指标的要求是不同的，因此在这个阶段需要计算一下量化指标，看看是否满足相应的 ASIL 等级要求。

在硬件设计的最后阶段就是进行硬件集成与测试，主要测试设计的硬件是否能够实现预期的功能。

4.2.4　软件级开发流程

在硬件级的产品开发的同时，软件级的产品开发也应符合 V 模型思想，如图 4.37 所示。

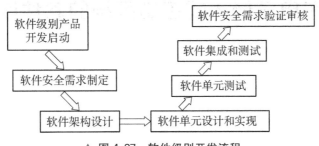

▲ 图 4.37　软件级别开发流程

软件级产品开发流程与传统开发流程相比，多了软件安全需求规范和验证软件安全需求环节。软件安全需求规范也是从技术安全需求规范而来，至于验证软件安全需求这个环节，ISO 26262 规定了硬件在环、搭建电子控制器网络环境和实车测试等严格的测试环境的要求。除此之外，对于软件架构设计、软件单元设计和实现、软件单元测试、软件集成和测试这 4 个环节，ISO 26262 也规定必须要根据具体的 ASIL 等级选用不同的设计和测试方法。

第5章

汽车电子嵌入式控制系统的软件设计

5.1　面向嵌入系统的高级语言程序设计与代码自动生成

5.1.1　C高级语言程序设计概述

C高级语言程序具有设计快、可读性好、可靠性高、可移植性好、可维护性好、代码效率高等优点。因此,汽车电子嵌入式系统越来越多地基于目标微控制器的集成开发环境(含C编译器、调试工具等),采用C高级编程语言进行程序设计。

目前,随着计算机软件技术的发展,为进一步提高软件开发效率,基于MATLAB的可视化软件编程技术得到了大范围推广。这种可视化的软件编程方法使软件设计更快、逻辑更清晰、可读性更好、可维护性更好:一方面易于进行控制模型、控制算法和控制策略的程序设计和测试,另一方面可通过TargetLink、RTW等代码自生成工具将MATLAB程序转化为C程序或目标代码。其中,考虑到对软件的二级维护以及与汇编语言的混合语言编程需要,应用较多的方式是利用自动代码生成工具先将代码转化为C代码,然后再利用集成开发环境生成目标代码。

集成开发环境C编译器针对微控制器一般都提供了一些C语言扩展规范,以便进一步缩短代码长度、提高运行速度等。但是,一方面并非所有扩展规范都是有效的,另一方面,使用扩展规范会降低程序的可移植性。因此,一般建议使用标准C语言进行程序设计。基于此,只需要掌握C语言程序和目标微控制器的链接、引导方法,即可进行微控制器的C高级语言程序设计了。

当使用RH850/P1x系列微控制器进行编程设计时,主要涉及以下几个文件:头文件、链接引导文件、启动引导程序以及主程序。其中,头文件是对变量、寄存器地址以及向量的初始化,链接引导文件则对程序段进行定义,启动引导程序负责从上电到进入主程序之前的初始化,利用主程序可以实现预先设定的功能。

5.1.2　链接引导文件及示例

关于RH850/P1x系列微控制器的编程,链接引导文件必不可少,链接引导文件可以用来定义程序段,并且把不同的程序段内容分配到内存中的指定地址空间,例如数据段放到内存的RAM区、代码段放到内存的ROM区等。

链接引导文件扩展名为". ld"。一个典型的链接引导文件包括:

① memory map,列出了存储程序代码的每一个内存区域的地址和长度;

② section map，列出了所有程序段（program sections），定义将被加载的存储器区域。

链接引导文件也可用于定义链接器在链接和加载可执行目标程序过程中将要使用的常量和特殊符号。链接文件通常包括下面的几个部分：

① OPTION。指定链接时的选项，通常链接器在链接程序段时有很多选项，很多选项是默认的，但有些需要自己添加，例如 OPTION（"－w"）表示链接时不产生警告信息。

② CONSTANTS。设置链接文件中的常量值。

③ MEMORY。定义一个内存分配图表，指定内存区的名字、起始地址、内存区域大小。

④ SECTIONS。定义一个程序段分配图表，指定程序段的名字、属性、地址或程序段的内存分配地址。

链接引导文件样例如下：

```
CONSTANTS
{
  zero_start = 0xffff8000
}
MEMORY
 {
  iROM_0        : ORIGIN = 0x00000000,   LENGTH = 1024k
  iROM_1        : ORIGIN = 0x01000000,   LENGTH = 32k
  iRAM_0        : ORIGIN = 0xFEBE0000,   LENGTH = 128k
 }
SECTIONS
 {
/* Start of internal ROM area( iROM_0 ) */
  .intvect                     :> iROM_0 /* start of interrupt vector */
  .intvect_end  0x0800         :> .    /* end   of interrupt vector */
  .rozdata                     :> .    /* constant datas in ZDA area */
  .robase   align(4)           :> .    /* initialize  textpointer  TP  for  SDA
                                          addressing */
  .rosdata  align(4)           :> .    /* constant datas in SDA area */
  .rodata   align(4)           :> .    /* constant datas in normal area */
  .text     align(4)           :> .    /* program code area */
  .fixaddr  align(4)           :> .    /* ghs internal( compiler ) */
  .fixtype  align(4)           :> .    /* ghs internal( compiler ) */
  .secinfo  align(4)           :> .    /* ghs internal( runtime library ) */
  .syscall  align(4)           :> .    /* ghs internal( linker ) */
  .romdata  ROM(.data )        :> .    /* constant  data  to  initialize  variables
                                          (copied to RAM at startup ) */
  .romzdata ROM( .zdata )      :> .    /* constant data to initialize variables in
                                          ZDA area( copied to RAM at startup ) */
```

```
    .romsdata ROM( .sdata )               :> .      /* constant data to initialize
                                                    variables in SDA area ( copied to
                                                    RAM at startup ) * /
    .romtdata ROM( .tdata )               :> .      /* constant data to initialize
                                                    variables in TDA area ( copied to
                                                    RAM at startup ) * /
    .romsldata ROM( .sldata )             :> .      /* constant data to initialize
                                                    variables in LSDA area ( copied to
                                                    GRAM at startup ) * /
  __top_of_iROM_0 = MEMENDADDR( iROM_0 );
/* Start of internal User- Boot- ROM1 area( iROM_1 ) * /
  .bcode     align(4)                     :> iROM_1 /* user defined segment for executable
                                                    code located in user boot 1 area * /
  .bconst    align(4)                     :> .      /* user defined segment for constant
                                                    data located in user boot 1 area* /
  __top_of_iROM1 = MEMENDADDR( iROM_1 );
/* Start of internal RAM area( iRAM ) * /
  .data                                   :> iRAM_0    /* initialized data * /
  .sldata    align(4)                     :> .      /* user   defined   segment   for
                                                    initialized data * /
  .slbss     align(4)                     :> .      /* user   defined   segment   for
                                                    initialized data * /
  .bss       align(4)                     :> .      /* zero initialized data* /
  .sdabase   align(4)                     :> .      /* initialize globalpointer GP for
                                                    SDA addressing * /
  .sdata     align(4)                     :> .      /* initialized data in SDA area* /
  .sbss      align(4)                     :> .      /* zero initialized data in SDA area* /
  .zdata     align(4)                     :> .      /* initialized data in ZDA area* /
  .zbss      align(4)                     :> .      /* zero initialized data in ZDA area* /
  .tdata     align(4) MAX_SIZE(0x0100 ) .           /* initialized and zero- initialized
                                                    data in TDA area * /
  .stack     align(4) pad( 0x0800 )       :> .      /* definition of stack size * /
  .heapbase align(4)                      :> .
  .heap      align(4)
            pad( endaddr(iRAM_0 ) - addr(.heapbase ) )
            NOCLEAR                        :> .      /* definition of heap size * /
  __top_of_iRAM_0 = MEMENDADDR(iRAM_0 );
/*   Symbols for compiler references * /
  ___ghs_romstart   = MEMADDR(iROM_0 );
  ___ghs_romend     = MEMENDADDR(iROM_0 );
  ___ghs_ramstart   = MEMADDR(iRAM_0 );
```

```
        ___ghs_ramend        = MEMENDADDR(iRAM_0);
}
```

5.1.2.1　常量值设置(CONSTANTS)

常量值设置的语法格式:CONSTANTS｛name＝value｝。

例如,在该文件中加入 CONSTANTS｛foo＝0x2000｝,则定义常量 foo 为 0x2000;CONSTANTS 也可用于定义多个常量,如 CONSTANTS｛foo＝0x2000;bar＝0x4000｝,各常量定义间用分号";"隔开。用这种方法定义的常量,可用于代替 memory 和 section map 中的绝对量。当 CONSTANTS 与链接选项－C 联合使用时,可在链接时,通过使用选项"-C",不改变链接引导文件就改变所定义的常量。

常量值设置示例:

```
CONSTANTS{
heap_reserve =  0K
stack_reserve = 5K
}
```

此段代码把堆栈大小暂定为 5K,其中 stack_reserve 表示堆栈大小。

5.1.2.2　内存分配(MEMORY)

内存分配的语法格式如下:

```
MEMORY
{
...
memname: ORIGIN= origin_expression,LENGTH= length_expression
...
}
```

其中:memname 为内存区域名,Origin_expression 为内存区域起始地址,Length_expression,为内存区域长度。

对每一个内存区域,memname、origin_expression 和 length_expression 都必须分别定义。

内存分配示例:

```
MEMORY{
    sram_memory_self_prg : ORIGIN =  0x03ff0000,LENGTH =  1K
    sram_memory         : ORIGIN =  0x03ff0400,LENGTH =  39K
    sfr_memory          : ORIGIN =  0x03fff000,LENGTH =  4K
    flash_rsvd1         : ORIGIN =  0x00000000,LENGTH =  4K
    flash_memory        : ORIGIN = 0x00001000,LENGTH = 488K
    flash_data           : ORIGIN =  0x0007B000,LENGTH =  20K
}
```

上述示例中,第一条语句表示内存区域的名称 sram_memory_self_prg、起始地址 0x03ff0000、内存区域的长度为 1K;第二条语句表示内存区域的名称 sram_memory、起始地址 0x03ff0400、内存区域的长度为 39K;其他语句则类似。

如果没有指定起始地址或起始地址用一个"."指定,则该段就会紧接着在下一可用的内存区域地址开始定义。

根据该内存定义文件示例,可以得出如图 5.1 所示的一个内存分配表。

```
03FFFFFFH ┌─────────────────────┐
          │    sfr_memory       │
          │       4K            │
03FFF000H ├─────────────────────┤
          │                     │
          │       20K           │
          │                     │
03FF9FFFH ├─────────────────────┤
          │                     │
          │   sram_memory       │
          │       39K           │
          │                     │
03FF03FFH ├─────────────────────┤
          │ sram_memory_self_prg│
          │       1K            │
03FF0000H ├─────────────────────┤
          │                     │
          │                     │
          │   系统预留区        │
          │   不可用            │
          │                     │
          │                     │
0007BFFFH ├─────────────────────┤
          │   flash_data        │
          │       20K           │
0007AFFFH ├─────────────────────┤
          │                     │
          │   flash_memory      │
          │       488K          │
          │                     │
00001000H ├─────────────────────┤
          │   flash_rsvd 1      │
          │       4K            │
00000000H └─────────────────────┘
```

▲ 图 5.1 内存分配表

5.1.2.3 段分配(SECTIONS)

段分配的语法格式如下:

```
SECTIONS
{
...
secname [start_expression] [attributes] : [{ contents}] [> memname]
...
}
```

其中:secname 为段名,常用段名如表 5.1 所示,其他语句的具体含义如下。

start_expression：段的起始地址。如果不定义，则自动从下一个可用的地址开始，通常为前一个段后紧接着的地址。然而，如果定义了内存区域，而又没有足够的空间用于当前内存区域中的段，则将寻找下一个在内存区域中定义的有效内存区域以满足当前段，起始地址可以修改以适合被 contents 项包含的子段。

　　attributes：段的属性的详细信息和功能见表 5.2。

　　{contents}：定义段包含指令和分配，个数可以不受限制。段包含指令的格式：filename（secname），即从文件 filename 包含段 secname。filename 可以使用符号"＊"，则指所有文件。如果没有{contents}，链接器将从所有文件包含段 secname，同{＊(secname)}。特殊变量点"."表示在段中的当前偏移。可以使用"symbol＝.；"分配符号 symbols 为特殊变量点；可以用"."在段内产生一个空洞，如"．＋＝0x100；"将在段内产生 0x100 字节的空洞。

表 5.1　常用段名

段名	含义	数据类型
.sdata	初始化数据段	RAM SDA(Small Data Area)
.sbss	未初始化数据段	RAM SDA(Small Data Area)
.rosdata	常量数据段	RAM SDA(Small Data Area)
.zdata	初始化数据段	RAM ZDA(Zero Data Area)
.zbss	未初始化数据段	RAM ZDA(Zero Data Area)
.rozdata	常量数据段	RAM ZDA(Zero Data Area)
.sdabase	调试用空段	RAM SDA(Small Data Area)
.stack	定义堆栈区域及大小	—
.heap	—	—
.tdata	—	—
.bss	—	—
.data	—	—
.startup	—	—
.text	—	—
.syscall	—	—
.secinfo	—	—
.fixaddr	—	—
.fixtype	—	—
.ROM.data	—	—
.ROM.sdata	—	—
.ROM.tdata	—	—
.ROM.zdata	—	—
.robase	—	—
.rodata	只读数据段	

表5.2　段属性及其功能

段属性	功　　能
ABS	在输出文件中设置标志,表明该段有一个绝对地址,并不可移动。
CLEAR NOCLEAR	设置或移动段的 CLEAR 属性。如果有 CLEAR 属性,则在实时清除表中将产生一个入口,通常被起动代码用于初始化存储区域;COMMON、SMALLCOMMON 或 ZEROCOMMON 段中,. bss,. sbss, and .zbss 分别被缺省包含,则 CLEAR 属性被设为缺省属性。
PAD(value)	将补充值放在段开头,与在段开头指定补充值等价。例如: 以下两个定义等价 . stack pad(0x10000):{} . stack : {. += 0x10000;}
ROM(sect_name) CROM(sect_name)	在链接时将段 sect_name 的内容定位到 ROM,但保留空间用于在起动阶段将数据拷入 RAM。 CROM:将拷贝内容压缩40%~50%,可大大节省 ROM 空间。
MIN_SIZE(size)	必要时,指令链接器 pad,以确保段至少有 size 定义的字节长度。
MIN_ENDADDRESS(address)	必要时,指令链接器 pad,以确保段至少扩展到 address 定义的地址。
MAX_SIZE(size)	如果段超过 size 定义的字节长度,则错误提示。
MAX_ENDADDRESS(address)	如果段超过 address 定义的地址,则错误提示。

➢ memname:定位段到内存区域中定义的内存区域 memname。

1) 程序段分配的程序示例

程序段分配的程序示例如下:

```
SECTIONS
{
  // RAM SECTIONS
    .sdabase            ALIGN(4): >  sram_memory
    .sdata                     : > .
    .sbss                        : > .

    .stack     ALIGN(4)PAD(stack_reserve)      ABS : > .
    .tdata                ABS : > .
    .zdata                ABS : > .
    .zbss                    ABS : > .

  // ROM SECTIONS

    .rozdata                   : >  flash_data
```

```
    .robase                 ALIGN(4): > .
    .rosdata                   : > .
    .rodata                    : > .
    .text                    : > flash_memory
    .syscall                    : > .
    .secinfo               : > .
    .fixaddr               : > .
    .fixtype               : > .
    .CROM.zdata         CROM(.zdata): > .
    .CROM.tdata         CROM(.tdata): > .
    .CROM.data          CROM(.data): > .
    .CROM.sdata          CROM(.sdata): > .


// RAM SECTIONS

    .data                       : > sram_memory
    .bss                  : > .
    .heap      ALIGN(8)PAD(heap_reserve): > .

//
// These special symbols mark the bounds of RAM and ROM memory.
// They are used by the MULTI debugger.
//
    __ghs_ramstart    = MEMADDR(sram_memory_self_prg);
    __ghs_ramend       = MEMENDADDR(sram_memory);
    __ghs_romstart    = MEMADDR(flash_memory);
    __ghs_romend       = MEMENDADDR(flash_data);
//
// These special symbols mark the bounds of RAM and ROM images of boot code.
// They are used by the GHS startup code(_start and __ghs_ind_crt0).
//
    __ghs_rambootcodestart  = 0;
    __ghs_rambootcodeend    = 0;
    __ghs_rombootcodestart  = ADDR(.text);
    __ghs_rombootcodeend    = ENDADDR(.rozdata);
}
```

2) SRAM 数据存储区段定义说明

SRAM 存储区如图 5.2 所示。图 5.2 中,第一个数据段为 sdabase 数据段,指定 SRAM 存储区的起始,4 字节对齐方式,数据类型为 SDA(small data area),sdabase 数据段便于快速存取,且在代码启动时就被初始化;接下来依次是 sdata(有初值数据)、sbss(无初值数据)、堆栈区域 stack 数据段(大小为 5 K 字节,存放绝对地址,不可移,即堆栈大小位置固定)、tdata 数据段(数据类型 TDA,快速存取数据段)、zdata(初始化数据,快速存取)数据段、zbss(初始化数据,快速存取)数据段。同时 SRAM 存储区还包括 data(初始化数据)数据段、bss(未初始化,在程序代码执行时初始化)数据段、heap 数据段。

0x03ff0400

sram_memory (LENGTH = 39K)

- .sdabase
- .sdata
- .sbss
- .stack
- .tdata
- .zdata
- .zbss
- .data
- .bss
- .heap

0x03ff9fff

▲ 图 5.2 SRAM 存储区

0x00091000

flash_data (LENGTH = 0xc000)

- .rozdata
- .robase
- .rosdata
- .rodata

0x0009cfff

▲ 图 5.3 FLASH 数据存储区

3) FLASH 数据存储区段定义说明

如图 5.3 所示,FLASH 数据存储区存放的是常量数据,其在程序运行过程中不可改写。该存储区第一个存储段是 rozdata(快速存取)常量数据存储段,接下来是 robase 数据段、rosdata(快速存取)数据段、rodata(只读)数据段(可存放标定数据)。

4) FLASH 程序代码区段定义说明

如图 5.4 所示,该程序代码区第一段是 text 程序代码段,所有的指令代码都存放在这个段里面。接下来依次是 Green Hills 系统调用代码 syscall 段(编译出的代码需要系统库的支持)、启动代码引导 secinfo 段(引导需要拷贝到 RAM 区的数据、需要在指令执行时初始化的数据)、位置、类型固定的代码或数据 fixaddr 段、fixtype 段(如上面指定 ABS 属性的段)。带 CROM 的段依次是把 zdata 数据段、tdata 数据

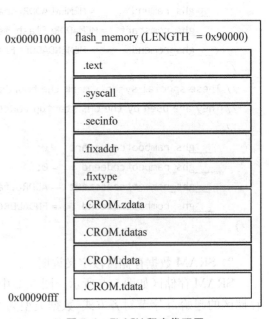

0x00001000

flash_memory (LENGTH = 0x90000)

- .text
- .syscall
- .secinfo
- .fixaddr
- .fixtype
- .CROM.zdata
- .CROM.tdatas
- .CROM.data
- .CROM.tdata

0x00090fff

▲ 图 5.4 FLASH 程序代码区

段、sdata 数据段、data 数据段在链接时拷贝到 ROM 区,以便启动时节省 RAM 区空间,有利于快速启动。

397 页的示例中,最下面的 8 个 Green Hills 扩展命令宏__ghs_＊＊＊分别表示了在调试和烧写程序代码时内存区域的起始点和结束点。

5.1.3　启动引导程序设计及示例

启动文件将程序引导至主程序。启动引导程序包括两个文件:中断向量表程序 vector.s 和启动流程引导程序 start.s。

在高级语言编程中,通常程序都是从一个 main 主函数开始执行。但微控制器在复位后程序计数器指针 PC(program counter)并不会指向 main 主函数,所以启动引导程序的作用就是把程序计数器指针在系统复位后引导到 main 主函数入口地址处,使程序从 main 主函数处开始运行。

系统复位后,程序计数器指针 PC 指向地址 00000000H 处,可以在这里放置一条程序跳转指令"jr_start",引导程序计数器指针 PC 指向 start 标号地址处并从这里取指令执行。"_start"标号处的代码执行一些基本的初始化工作,如初始化 GP(global pointer)、EP(element pointer)、SP(stack pointer)指针,然后执行程序跳转指令"jarl_main,lp",PC 指针指向 main 主函数,程序进入 main 主函数开始运行。

5.1.3.1　中断向量表程序

中断向量表程序"vector.s"的部分代码示意如下(具体请参考《Renesas 汇编语言手册》):

```
----------------------------------------
.file" vector.s"
----------------------------------------
.extern    __RESET    - - INTNMI
.extern    __INTNMI   - - INTNMI
.extern    __TRAP0    - - TRAP0
.extern    __TRAP1    - - TRAP1
----------------------------------------
    .section" .vector",.text > 0x00000000
- - .align   4
        .globl__RESET    - - RESET[ 0x00000000 ]
__RESET:
        jr_start       - - 转向启动入口(start.s)
        .space 12

    .globl   __INTNMI   - - INTNMI[ 0x00000010 ]
__INTNMI:
    jr  _Intnmi
    .space 44

    .globl   __TRAP0    - - TRAP0[ 0x00000040 ]
```

```
    __TRAP0:
      jr    _Trap0
      .space 12


      .globl   __TRAP1     - - TRAP1[ 0x00000050 ]
    __TRAP1:
      jr    _Trap1
      .space 12
```

由上述示例可以看出,中断向量表代码段(text)存放位置起始于00000000H 处。地址00000000H 处存放的是复位中断向量 RESET,系统复位后,程序计数器指针 PC 一定指向地址 00000000H 处,在这里放置一条程序跳转指令"jr_start",引导程序计数器指针 PC 指向"_start"标号地址处并从这里取指令执行。空 12 个字节的位置,再放置一条程序跳转指令"jr_Intnmi",如果有非屏蔽中断(INTNMI)发生,PC 一定指向这里执行跳转指令"jr_Intnmi",进而转到非屏蔽中断处理函数去执行程序。复位向量处的跳转指令占 4 个字节,加上空出的 12 个字节,刚好 16 个字节,正好对应非屏蔽中断的中断向量。

5.1.3.2 启动流程引导程序

启动流程引导程序"start.s"的部分代码如下:

```
    -------------------------------------------------
      .file" start.s"
    -------------------------------------------------
    - - StartUp Routine Label   - -
    -------------------------------------------------
      .globl   _start      - - Startup Routine
    -------------------------------------------------
    - - StartUp Routine- -
    -------------------------------------------------
      .section  .text
      .section       ".startup",>   0x01000  - -" ax"
      .align   4

    _start:                              - - 被 vector.s 调用
    -------------------------------------------------
    - - Set GP( Global Pointer)   - -
    -------------------------------------------------
      movhi hi (__gp),r0,r6
      addilo (__gp),r6,r6
      movr6,gp
```

```
-- Set EP( Element Pointer)  --
------------------------------------------
  movhi hi (__ep),r0,r6
  addilo (__ep),r6,r6
  mov   r6,ep
------------------------------------------
-- Set SP (Stack Pointer )  --
------------------------------------------
-- ==< for 32BH (208pin)> ==
  movhi hi (0xffffc000),r0,sp
  movea lo (0xffffc000),sp,sp
------------------------------------------
-- Call"main" Routine    --
------------------------------------------
  jarl_main,lp
```

上述示例代码从"_start"标号处开始执行,先是执行一些基本的初始化工作,上面示例显示的依次是初始化 GP(global pointer)指针、EP(element pointer)指针、SP(stack pointer)指针,然后执行程序跳转指令"jarl_main,lp",PC 指针指向 main 主函数,程序进入 main 主函数开始运行。至此,程序执行引导流程完毕,此时系统存储区示意图如图 5.5 所示。

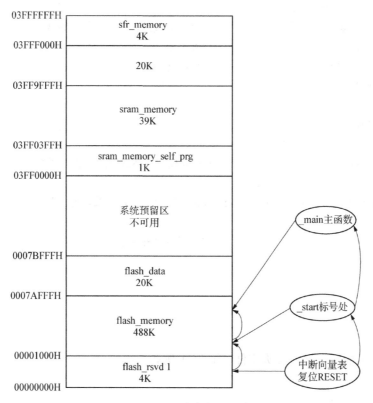

▲ 图 5.5　系统存储区示意图

5.1.4　主程序设计及示例

如前文所述,链接引导文件在编译链接器链接目标代码过程中被载入。在中断向量表程序"vector. s"中,中断向量表代码段(text)存放位置起始于 00000000H 处。系统启动或复位后,程序计数器指针 PC 一定指向地址 00000000H 处,通过放置于此处的程序跳转指令"jr _start",引导程序计数器指针 PC 指向启动流程引导程序"start. s"中的"_start"标号地址,在进行一些基本的初始化工作后,通过"jarl_main,lp"调用主函数 C 语言程序中的 main(void)函数,执行应用系统设计的所有任务。前面已对链接引导文件"standalone_romrun. ld"、中断向量表程序"vector. s"和启动流程引导程序"start. s"等进行了说明,以下给出一个完整的主程序架构,从而形成了 RH850/P1x 微控制器 C 语言高级编程的完整架构:

```
# include" sfr.h"                  //定义特殊功能寄存器
# include" sfr_FCAN.h"             //定义 FCAN 特殊功能寄存器
# include" flib.h"                 //定义 flash 自编程参数
# include" Var.h"                  //定义各类变量
# include" Var_Init.h"             //变量初始化文件
void  main(void)                   //被 start.s 调用
  {
    VSWC =  0x0026;                //设置系统等待控制寄存器
    DMAWC0 =  0x0026;              // DMA 等待控制寄存器 0,1
    DMAWC1 =  0x0005;
    BPC= 0x8200;                   //设置周边区域选择控制寄存器
    DI();                          //关中断
    system_Init();                 //系统初始化
    Var_Init();                    //变量初始化
    EI();                          // 开中断
    while(1)
    {
    Can_Rec_Sen_Set();            //can 模块设置、初始化、接收准备

    Calibration_selfprogram();    //自编程、标定,调用库函数
    .....................
    main_app();                   //调用应用程序的主函数
    .....................
    }
  }
```

其中,特殊功能寄存器定义头文件"sfr. h"示例如下:

```
// PORT
# define P0     * ( volatile unsigned char * )0xfffff400L    //端口 0
# define P1     * ( volatile unsigned char * )0xfffff402L    //端口 1
# define P2     * ( volatile unsigned char * )0xfffff404L    //端口 2
# define P3     * ( volatile unsigned char * )0xfffff406L    //端口 3
# define P4     * ( volatile unsigned char * )0xfffff408L    //端口 4
# define P5     * ( volatile unsigned char * )0xfffff40aL    //端口 5
# define P6     * ( volatile unsigned char * )0xfffff40cL    //端口 6
# define P9     * ( volatile unsigned char * )0xfffff412L    //端口 9
# define P10    * ( volatile unsigned char * )0xfffff414L    //端口 10
# define P11    * ( volatile unsigned char * )0xfffff416L    //端口 11
# define P12    * ( volatile unsigned char * )0xfffff418L    //端口 12
# define P13    * ( volatile unsigned char * )0xfffff41aL    //端口 13
# define P14    * ( volatile unsigned char * )0xfffff41cL    //端口 14
# define P15    * ( volatile unsigned char * )0xfffff41eL    //端口 15
# define P16    * ( volatile unsigned char * )0xfffff700L    //端口 16
# define P17    * ( volatile unsigned char * )0xfffff702L    //端口 17
# define P18    * ( volatile unsigned char * )0xfffff704L    //端口 18
```

5.1.5　基于模型的程序设计与代码自动生成

虽然基于 C 高级语言的控制程序设计,相对于基于汇编语言的程序设计,程序的可读性、可移植性、可维护性和开发效率等均有了极大提高。回顾传统 ECU 控制软件开发流程:①系统的功能定义及软件结构设计;②由控制工程师设计控制方案,并将控制规律用方程的形式描述出来;③由软件人员采用手工编程的方式实现控制规律;④对控制代码进行模块化的软件测试;⑤软硬件集成试验测试;⑥系统试验台架测试及产品化。可见,即使采用 C 高级语言程序设计,传统的开发方法仍然至少存在开发周期长、软件容错及查错性差、工作量大及试验费用高等问题。为改善上述情况,开发了基于模型的程序设计与自动代码生成的现代汽车电子控制软件 V 模式开发流程。

5.1.5.1　控制软件模型的构建

基于模型的程序设计与自动代码生成的现代汽车电子控制软件 V 模式开发流程已在国内外得到越来越广泛的应用。其中,控制模型一般采用 MATLAB/Simulink/Stateflow 来对系统控制算法、控制策略和运行模式逻辑状态及其切换逻辑进行图形化程序语言设计,使设计控制软件模型不仅具有可读性强、可移植性强和便于交流评审的特点,而且可方便地利用 MATLAB 自身提供的模型工具或其他基于 MATLAB 的第三方设计开发的模型工具,对所设计的开发控制模型的 SIL、PIL、HIL 测试。在用 MATLAB 进行程序设计时:最好使用结构化编程思想,即将一个程序分解成若干个相互独立的小问题,将每个问题用各自的模型解决,便于调试和阅读。将利用 MATLAB/Simulink/Stateflow 建立的控制模型应用到实际控制器中的关键环节是代码生成。

5.1.5.2 底层驱动的代码自动生成

MATLAB/Simulink 平台中的"Embedded Coder"功能块可为开发人员修改在系统的底层目标语言编译器(target language compiler,TLC)文件提供服务,并且直接生成用户自定义代码。

但是,在 MATLAB 中并不包含 RH850/P1x 的驱动模块,因此需要通过系统函数 S-Function 设计 RH850/P1x 的驱动模块。采用该系统函数自动生成代码情况下,S-Function 需要通过面向该模块编写的 TLC 文件产生相关的代码和注释。可采用 Inlined S-Function 编写方法设计 RH850/P1x 的驱动模块,为各 S-Function 模块配置一个 TLC 文件,并将模块的底层驱动代码依据相应的规范写入 TLC 文件内。自动代码生成过程中,通过 TLC 文件内的代码替换 C-MEX S-Function 内的代码,确保设计的 S-Function 模块符合汽车电子控制系统设计的需求,并依据用户需求获取自定义底层 C 代码,再通过相应的编译器下载到目标硬件中。用于开发汽车电子控制系统自动代码生成环境的底层文件编写示意图如图 5.6 所示。

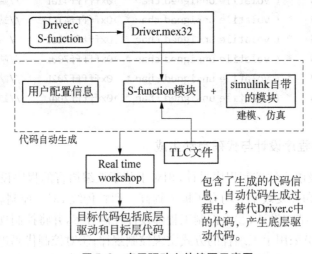

▲ 图 5.6　底层驱动文件编写示意图

5.1.5.3 基于 RTW 的控制软件的代码自动生成

作为 Mathworks 公司自带的自动代码生成工具,RTW 不存在与 MATLAB/Simulink 兼容性的问题。RTW 支持离散时间系统、连续时间系统和混合系统的代码生成,并且支持所有的 MATLAB/Simulink 变量,包括 8 位、16 位、32 位整数(int)型、浮点型和其他自定义数据类型。RTW 生成的代码可准确地表达其相对应的 MATLAB/Simulink 模型,不针对特定的处理器,在 PC 机、DSP、微控制器等平台上均可很好地运行。因此,RTW 可以应用于基于 RH850/P1x 系列微处理器的控制软件的代码自动生成。

首先通过 rebuild 命令编译模型为 rtw 文件,Simulink Coder 中的目标语言编译器(target language compiler)将 rtw 文件转换为一系列的源文件(＊.C 和 ＊.h 文件)。这个过程中 TLC 所使用的文件包括这 3 类:系统目标文件(ert.tle,grt.tlc 等)、模块的目标文件(如与 S 函数配套的 TLC 文件)和支持代码生成的 TLC 函数库等文件。模型的源代码全部生成之后,可以使用 Simulink 提供的模版自动生成 makefile 来编译链接得到目标文件,也可以将生成的源代码加入到目标芯片所使用的编译集成环境 IDE 的工程项目中去,使用 IDE 编译链接,最终通过仿真器下载到目标硬件中。基于 RTW 的代码生成的流程如下图 5.7 所示。

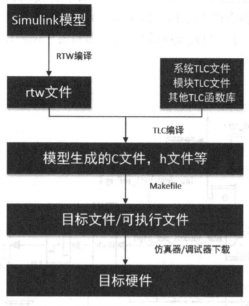

▲ 图 5.7　基于 RTW 的代码自动生成流程

但 RTW 的缺点是生成的代码尺寸较大，代码执行效率并不是很高，因为 RTW 在生成代码时会给每一个模型参数创建变量，这也使模型的变量定标工作变得十分繁琐。在实际应用 RTW 生成的代码时，需要手动编写硬件接口的衔接程序，并且需要巧循一些使用限制，包括：模型必须选择固定仿真步长，不能包含连续模块和 MATLAB 自定义函数等。

5.1.5.4　基于 Targetlink 的控制软件的代码自动生成

与 RTW 相比较，德国 dSPACE 公司的 TargetLink 自动代码生成工具能够从 MATLAB/Simulink/Stateflow 图形开发环境中生成产品级 C 代码，并且可针对特定的处理器生成特定语言的代码，保证代码符合处理器要求。该软件自带在环仿真和代码评估功能，生成代码的每个步骤都可以通过嵌入式仿真进行验证，该产品已通过 IEC61508 和 ISO 26262 认证。TargetLink 支持部分 MATLAB/Simulink 模块，可使用自带工具评估代码尺寸和执行情况，缺点是在 MATLAB/Simulink 的模块支持上有局限性，需要一些特定的方法予以解决。

TargetLink 自动代码生成工具能够实现 MATLAB/Simulink 程序框图至控制系统产品级标准 C 代码的转化，且与 MATLAB/Simulink 软件无缝连接。对于 MATLAB/Simulink 环境下所构建的控制算法模型，利用 Targetlink 自动代码生成工具进行代码生成，一般可按如下步骤操作。

步骤 1：控制算法模型转化

在 TargetLink 环境下，需要首先把 Simulink 环境下的算法模型转化为 TargetLink 环境下的算法仿真模型，在此转化过程中，TargetLink 软件将根据模型数据库中算法以及控制量的数值信息对各个控制量进行默认状态下的数据类型的定义（通常被定义成布尔逻辑量或 8 位、16 位的整型量即 Int8 或 Int16），同时需要保存各个控制量在 Simulink 仿真环境下的参数信息，以便实现 TargetLink 模型至 Simulink 模型的转化，在控制算法的 TargetLink 模型和

Simulink 模型的相互转化过程中,控制模型算法的算法逻辑以及控制精度并没有被改变,且相应模块的不同模型信息被准确保存。如图 5.8 所示为发动机怠速参考转速控制算法的 TargetLink 模型,可见,相应算法模块的 TargetLink 模型并没有改变控制算法的控制逻辑,整个转化过程可以认为是一个工具模块的替换过程,即利用 TargetLink 软件中的相应工具箱替代 Simulink 软件中的对应工具包。

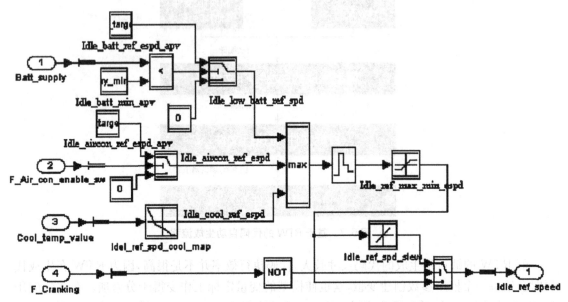

▲ 图 5.8　发动机怠速参考转速控制算法 TargetLink 模型

步骤 2:定标与代码仿真

定标与代码仿真是利用 TargetLink 软件进行自动代码生成过程的最重要的环节,此过程直接影响到控制代码的生成精度和精炼度。在步骤 1 中完成 Simulink 模型至 TargetLink 模型转化后,TargetLink 模型中的所有变量或常量都将被根据其在模型数据库中的数值信息被系统预先进行了数据类型的定义。然而在实际的控制系统中,所有的控制参量以及变量的数据信息(数据类型和数值范围)都可以认为是个已知量,且许多控制参数需要被定义为无符号整型数据类型,另外,许多标定变量需要额外的数据类型的定义。TargetLink 环境下的定标过程就是完成控制系统控制参量的数据类型的定义功能。例如,在控制系统中,主要的数据类型有 Bool、Int8、Int8U、Int16、Int16U、Const、Globle、Struct。所以在定标过程,需要根据控制系统控制参量的数据类型对系统默认的数据类型以及参量名称进行手工修正。此外,TargetLink 软件提供了自动定标功能,定标系统将通过基于系统模型仿真结果或根据系统最恶劣情况下的数值范围,对系统的变量类型进行重新修正,对不合理的数据类型进行报错。

为了确保模型代码的生成精度和有效地校验控制模型变量定标以及算法逻辑的合理性,TargetLink 软件提供了三种仿真环境:模型在环仿真(MILS)、软件在环仿真(SILS)和处理器在环仿真(PILS)。模型在环仿真主要是针对由 Simulink 模型转换来的 TargetLink 模型的仿真,仿真基于浮点运算,因此 TargetLink 环境下的模型在环仿真结果和 Simulink 环境下的模型仿真结果完全相同,并不存在任何数据精度的丢失。在此种仿真模式下,可以对模型进行 Simulink 模型至 TargetLink 模型或 TargetLink 模型至 Simulink 模型的相互转换。软件在环仿真主要是对定标后算法的 TargetLink 模型所生成的定点 C 代码的仿真,所进行的软件仿真过程的计算是完全基于定标后的定点算法的运算。可以说,对于比较复杂的基于浮点数的数值运算,在浮点算法向定点算法的转化过程中,将存在一定的数值舍入误差,然而,如果能够有效地对数值的定标方法进行优化处理,此种运算的误差将得到大幅度的降低。处理器在环仿真主要是基于所生成的 C 代码被下载到控制器硬件中的仿真(需要特定的硬件开发板及工具包)。通过比较控制模型算法的模型在环与软件在环的仿真结果,可以有效地校验 TargetLink 生成代码的精度以及模型算法的合理性。

　　步骤 3:代码生成

　　在完成如上的操作后,则可以进行模型的自动代码生成。在进行代码生成之前,需要对 TargetLink 软件进行适当的设置以有助于软件代码的精炼生成。可以把所有的控制模块一起生成,通过设置"share functions between TargetLink subsysyems",使不同控制模块公用相同的库函数。通过上述操作实现对不同任务算法模块的代码实现,从而通过 RH850/P1x 的集成开发环境(编译器和仿真开发环境)即可实现底层软件、实时多任务内核 OS 以及控制策略代码的编译连接,并下载到控制硬件系统中。从而,整个控制系统被建立。

5.2　FLASH 存储器与编程技术

　　RH850/P1x 集成了最大"2 MB+32 KB"的代码存储器和最多 64 KB 的数据存储器。该存储器可通过如下方式改写。

　　① 使用闪存编程器进行串行编程:能使用专用闪存编程器进行板上或者板外编程。

　　② 自编程:能让用户通过应用程序利用闪存自编程库进行代码闪存的自改写。

　　RH850/P1x 支持通过用户程序重写闪存,利用闪存自编程,可从用户应用程序开始重写闪存。应用 FLASH 自编程,可对相应信息组(FIELD)内的程序升级。

　　FLASH 自编程将用于重写 FLASH 的用户程序,并将用户程序复制到内置 RAM 区域,在 RAM 上执行用于重写 FLASH 的用户程序。

5.2.1　存储器配置

　　RH850/P1x 的代码 FLASH 存储器用户区域被分为如图 5.9 所示的大小为 8 KB 或 32 KB 的块,擦除时是以块为单位进行的。然而,ECC 测试区域不能被编程或擦除。不同型号的 RH850/P1x 的内存容量不同,内存容量大的微处理器的块的编号采用在内存容量小的微处理器的基础上增加的方式;所有 RH850/P1x 微处理器均有 8 个 8K 字节的块,且地址相同,如图 5.10 所示。

　　RH850/P1x 的数据 FLASH 存储器区域被分为若干块,每块大小为 64 字节(见图 5.11),以块为单位进行擦除操作,FLASH 存储区存储容量与数据空间块的关系如图 5.12 所示。

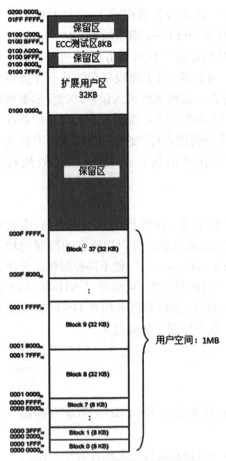

▲ 图 5.9　代码 FLASH 存储器映射
（8K×8＋32KB×30 的配置）

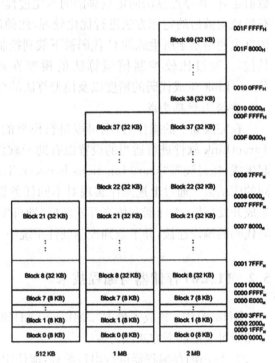

▲ 图 5.10　存储容量与使用空间块的关系

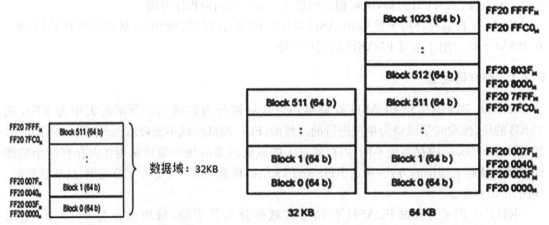

▲ 图 5.11　数据 FLASH 存储器映射
（64bytes×512 的配置）

▲ 图 5.12　存储容量与数据空间块的关系

① Block，表示空间块。

5.2.2　自编程软件架构

　　自编程系统建立在层次分明的功能模块之上,本节着重讲述自编程函数库 FCL(code flash library)的功能和使用。如图 5.13 所示为自编程系统的软件架构,由如下几个模块组成:

　　(1) 应用程序,此功能模块代表由用户编写的执行程序,包括潜在的启动程序。

　　(2) FCL,此功能模块代表 FCL,它提供所有的函数和必要的操作在 C 语言环境下进行自编程。

　　(3) Flash 硬件,此功能模块代表受 FCL 控制的 Flash 编程硬件。

5.2.3　串行编程

　　在串行编程模式中,使用专用的闪存编程器对 Flash 进行编程。微控制器的闪存编程环境如图 5.14 所示。

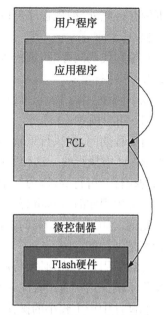

▲ 图 5.13　自编程系统的软件架构

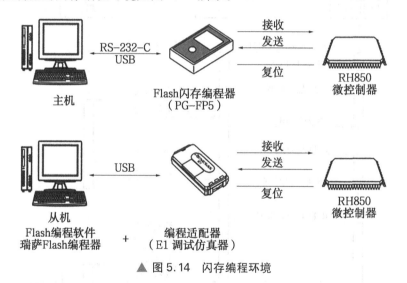

▲ 图 5.14　闪存编程环境

　　通过使用 PG-FP5 闪存编程器,或者结合运行于电脑端的用于烧写闪存的软件和 E1 调试仿真器对微控制器的内部闪存进行数据编程。同时,也可使用专用闪存编程器进行板上或者板外编程。其中板上编程是在将微控制器安装到目标系统后改写闪存的内容,必须在目标系统上安装连接专用闪存编程器的连接器。而板外编程是在将微控制器安装到目标系统前使用专用编程适配器等进行闪存编程。

5.2.4　自编程

　　RH850/P1x 支持用户进行 Flash 闪存自编程。

　　后台操作使以下成为可能:当数据闪存被编程时,会从代码闪存中执行编程程序,以编程数据闪存。此外,编程程序可以在编程操作之前被复制到本地 RAM 中,并从给定的目的地执行编程。

在编程代码闪存时,编程程序可以先被复制到本地 RAM 中,进行代码闪存的编程。

5.2.4.1　运行模式

以下两种主要的场景可以考虑自编程,这些都由库模式反映。

(1) 用户模式。

自编程期间,在执行重新编程控制函数和其他用户代码过程中,自编程库的大部分都是在内部 RAM 中执行的。这种库模式最好用于具有足够 RAM 的设备。在自动编程期间,用户代码的执行是可行的,因为一个 Flash 操作是由 FCL 函数调用发起的。当 FCL 将控制权返回给用户应用程序时,Flash 操作是在后台执行的。用户必须通过状态检查函数来对操作状态进行轮询。如果所有相关的函数和中断向量表都位于 RAM 中,那么中断程序和用户代码的执行都是可行的。

要启用用户模式,必须将库配置为使用用户模式。图 5.15 说明了在用户操作模式下的一个操作示例。用户应用程序必须使用 R_FCL_Handler 函数来推进库操作的进行,使其处理在库和硬件中产生较小的操作。

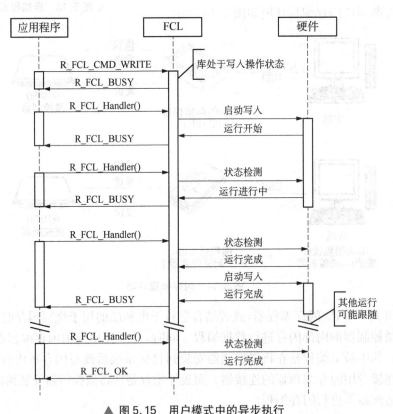

▲ 图 5.15　用户模式中的异步执行

(2) 内部模式。

仅库中的一小部分在 RAM 中执行,余下部分在代码闪存中执行。平常的用户代码在自编程期间不能被执行,因为 FCL 函数是同步执行的,只有操作完成后才会返回。因此在自编程期间只有中断操作是可行的。要启用此模式，必须将库配置为使用内部模式。

5.2.4.2 后台操作

当如表 5.3 所列的闪存写入和读出组合使用时，后台操作可以被使用。

表 5.3 后台操作使用条件

写的范围	读的范围
数据闪存存储器	代码闪存存储器

5.2.4.3 自编程使能及相关寄存器

自动编程功能可以在正常的操作模式下被激活。通过自编程功能对闪存进行的擦除和编程操作的使能：将 FLMD0 引脚电平拉高。如果设备运行不正确，通过擦除操作可避免不必要的程序重写。

通过使用以下方法（之一），FLMD0 引脚可被设为高电平：FLMD0 引脚被外部拉高；FLMD0 引脚被 FLMDCNT 寄存器拉高。

FLMDCNT 寄存器详细介绍如下。

(1) FLMDCNT 寄存器。

此寄存器定义了 FLMD0 pin 内部的拉高拉低。

对该寄存器的写入需要遵从特定的顺序，其中包含对寄存器 FLMDPCMD 的写入。此寄存器能在 32 位单元中写入/读取，地址：FFA0 0000H，复位后的值：0000 0000H。其用户模式中的异步执行和 FLMDCNT 寄存器功能分别如图 5.16 和表 5.4 所示。

位	31	30	29	28	27	26	25	24	23	22	21	20	19	18	17	16
	—	—	—	—	—	—	—	—	—	—	—	—	—	—	—	—
复位后的值	0	0	0	0	0	0	0	0	0	0	0	0	0	0	0	0
R/W	R	R	R	R	R	R	R	R	R	R	R	R	R	R	R	R

位	15	14	13	12	11	10	9	8	7	6	5	4	3	2	1	0
	—	—	—	—	—	—	—	—	—	—	—	—	—	—	—	FLMDPUP
复位后的值	0	0	0	0	0	0	0	0	0	0	0	0	0	0	0	0
R/W	R	R	R	R	R	R	R	R	R	R	R	R	R	R	R	R/W

▲ 图 5.16 用户模式中的异步执行

表 5.4 FLMDCNT 寄存器功能

位置	位名	功　　能
31～1	保留	读取值，读出来的是复位后的值；写入时将复位后的值写入。
0	FLMDPUP	FLMD0 引脚软件控制： 0，下拉选择； 1，上拉选择。

（2）FLMDPCMD 寄存器。

FLMDPCMD：FLMD 写保护命令寄存器。此寄存器只能在 32 位单元中写入，地址：FFA0 0004H，复位后的值：0000 0000H。其用户模式中的异步执行和 FLMDPCMD 寄存器功能分别如图 5.17 和表 5.5 所示。

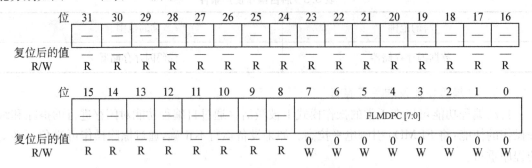

▲ 图 5.17　用户模式中的异步执行

表 5.5　FLMDPCMD 寄存器功能

位置	位名	功　　能
31～8	保留	写入时，写为 0。
7～0	FLMDPC[7：0]	保护命令，使能写入写保护目标寄存器

（3）FLMDPS 寄存器。

此寄存器用于指示写保护目标寄存器的写入序列的状态。此寄存器只能在 32 位单元中读取，地址：FFA0 0008H，复位后的值：0000 0000H。其用户模式中的异步执行和 FLMDPS 寄存器功能分别如图 5.18 和表 5.6 所示。

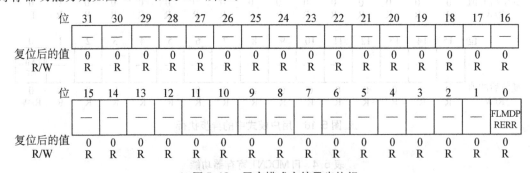

▲ 图 5.18　用户模式中的异步执行

表 5.6　FLMDPS 寄存器功能

位置	位名	功　　能
31～1	保留	读取值，读出来的是复位后的值。
0	FLMDPRERR	写序列错误监控： 0，没有产生保护错误； 1，产生保护错误。

5.2.4.4 向写保护寄存器中写入值的步骤

RH850/P1x写保护过程基于下述状态机。

步骤1:当对保护命令寄存器的写访问完成时,错误标志被清除则转到步骤2,除非写入值是0000 00A5H,在保护状态寄存器中设置了一个错误标志,步骤1的状态被保持。

步骤2:当对受保护的寄存器的写访问完成(写入数据应该是期望的值)后,转移到步骤3。如果访问了未保护的寄存器,将设置一个错误标志返回到步骤1。

步骤3:当对受保护的寄存器的写访问完成(写入数据应该是期望的保留值)后,转移到步骤4。如果写入数据不是保留值,或者如果访问了未保护的寄存器,那么将设置一个错误标志返回到步骤1。

步骤4:当对受保护的寄存器的写访问完成时(写入数据是期望的值),受保护的寄存器的写信号被激活,写入完成。如果写入数据不是期望值,或者如果访问了未保护的寄存器,那么将设置一个错误标志返回到步骤1。

5.2.5 应用程序接口API

5.2.5.1 库编译配置

FCL预编译配置位于文件fcl_cfg.h中,用户必须在该头文件中通过调整相关的常数定义来配置所有的参数和属性,该文件可能也包含设备或应用的具体定义。配置文件包含如表5.7所列的选项,可配置和自定义FCL。

表5.7 预编译选项

选 项	描 述
R_FCL_STATUS_CHECK	定义状态检查是否应该由库内部或用户执行,以便允许在状态检查之间执行用户代码。可能的值是: R_FCL_HANDLER_CALL_INTERNAL R_FCL_HANDLER_CALL_USER 更多的描述见下。
R_FCL_SUPPORT_LOCKBIT	使能或不使能下列命令: R_FCL_CMD_GET_LOCKBIT R_FCL_CMD_SET_LOCKBIT R_FCL_CMD_ENABLE_LOCKBITS R_FCL_CMD_DISABLE_LOCKBITS
R_FCL_SUPPORT_OTP	使能或不使能下列命令: R_FCL_CMD_GET_OTP R_FCL_CMD_SET_OTP
R_FCL_SUPPORT_DEVICENAME	使能或不使能下列命令: R_FCL_CMD_GET_DEVICE_NAME
R_FCL_SUPPORT_BLOCKCNT	使能或不使能下列命令: R_FCL_CMD_GET_BLOCK_CNT

（续表）

选　项	描　述
R_FCL_SUPPORT_BLOCKENDADDR	使能或不使能下列命令： R_FCL_CMD_GET_BLOCK_END_ADDR
R_FCL_SUPPORT_OPB	使能或不使能下列命令： R_FCL_CMD_GET_OPB R_FCL_CMD_SET_OPB
R_FCL_SUPPORT_ID	使能或不使能下列命令： R_FCL_CMD_GET_ID R_FCL_CMD_SET_ID
R_FCL_SUPPORT_RESETVECTOR	使能或不使能下列命令： R_FCL_CMD_GET_RESET_VECTOR R_FCL_CMD_SET_RESET_VECTOR
R_FCL_SUPPORT_SECURITYFLAGS	使能或不使能下列命令： R_FCL_CMD_SET_READ_PROTECT_FLAG R_FCL_CMD_SET_WRITE_PROTECT_FLAG R_FCL_CMD_SET_ERASE_PROTECT_FLAG R_FCL_CMD_SET_SERIAL_PROG_DISABLED R_FCL_CMD_SET_SERIAL_ID_ENABLED

5.2.5.2　数据类型

本节将描述 FCL 所使用和提供的所有数据定义。为了降低用户应用程序中类型不匹配的概率，请严格使用所提供的类型，避免使用标准数据类型。定义类似于标准的 C99 stdint.h 头文件，如果项目中使用其他定义，那么请仔细检查，确保不会有大小和顺序的不匹配。

（1）简单类型定义。

其类型定义如下：

```
typedef unsigned char     uint8_t;
typedef unsigned short    uint16_t;
typedef unsigned long     uint32_t;
```

说明：这些简单类型定义贯穿于整个 API 库，所有库中的简单类型定义都能在文件 r_typedefs.h 中找到，它是库安装包的一部分。

（2）r_fcl_command_t。

其类型定义如下：

```
typedef enum R_FCL_COMMAND_T
{
    R_FCL_CMD_PREPARE_ENV,
    R_FCL_CMD_ERASE,
    R_FCL_CMD_WRITE,
    R_FCL_CMD_SET_LOCKBIT,
    R_FCL_CMD_GET_LOCKBIT,
    R_FCL_CMD_ENABLE_LOCKBITS,
    R_FCL_CMD_DISABLE_LOCKBITS,
    R_FCL_CMD_SET_OTP,
    R_FCL_CMD_GET_OTP,
    R_FCL_CMD_SET_OPB,
    R_FCL_CMD_GET_OPB,
    R_FCL_CMD_SET_ID,
    R_FCL_CMD_GET_ID,
    R_FCL_CMD_SET_READ_PROTECT_FLAG,
    R_FCL_CMD_GET_READ_PROTECT_FLAG,
    R_FCL_CMD_SET_WRITE_PROTECT_FLAG,
    R_FCL_CMD_GET_WRITE_PROTECT_FLAG,
    R_FCL_CMD_SET_ERASE_PROTECT_FLAG,
    R_FCL_CMD_GET_ERASE_PROTECT_FLAG,
    R_FCL_CMD_SET_SERIAL_PROG_DISABLED,
    R_FCL_CMD_GET_SERIAL_PROG_DISABLED,
    R_FCL_CMD_SET_SERIAL_ID_ENABLED,
    R_FCL_CMD_GET_SERIAL_ID_ENABLED,
    R_FCL_CMD_SET_RESET_VECTOR,
    R_FCL_CMD_GET_RESET_VECTOR,
    R_FCL_CMD_GET_BLOCK_CNT,
    R_FCL_CMD_GET_BLOCK_END_ADDR,
    R_FCL_CMD_GET_DEVICE_NAME
} r_fcl_command_t;
```

　　说明：该库提供了一组由库发起和控制的 Flash 操作。所有操作都是通过调用
"R_FCL_Execute"进行初始化，通过库函数"R_FCL_Handler"进行后续的控制操作，管理这
些操作是库的主要目的。

　　（3）枚举类型 r_fcl_status_t。

　　其类型定义如下：

```
typedef enum R_FCL_STATUS_T
{
```

```
    R_FCL_OK,
    R_FCL_BUSY,
    R_FCL_SUSPENDED,
    R_FCL_ERR_FLMD0,
    R_FCL_ERR_PARAMETER,
    R_FCL_ERR_PROTECTION,
    R_FCL_ERR_REJECTED,
    R_FCL_ERR_FLOW,
    R_FCL_ERR_WRITE,
    R_FCL_ERR_ERASE,
    R_FCL_ERR_COMMAND,
    R_FCL_CANCELLED,
    R_FCL_ERR_INTERNAL
} r_fcl_status_t;
```

说明：枚举类型 r_fcl_status_t 定义了 FCL 状态返回值。上面的状态/错误代码由库返回，以指示 FCL 命令的当前状态。

（4）r_fcl_request_t。

其类型定义如下：

```
typedef volatile struct R_FCL_REQUEST_T
{
    r_fcl_command_t        command_enu;
    uint32_t               bufferAdd_u32;
    uint32_t               idx_u32;
    uint16_t               cnt_u16;
    r_fcl_status_t         status_enu;
} r_fcl_request_t;
```

说明：所有用户操作都是由一个名为"R_FCL_Execute"的中心启动函数发起的，执行所需的所有信息都通过请求结构传递给 FCL。

（5）r_fcl_descriptor_t。

其类型定义如下：

```
typedef struct R_FCL_DESCRIPTOR_T
{
    uint32_t    id_au32[4];
    uint32_t    addrRam_u32;
    uint16_t    frequencyCpuMHz_u16;
} r_fcl_descriptor_t;
```

说明:运行时配置被定义在一个单独的数据类型里,在初始化阶段该数据类型的变量被读取,并根据配置设置内部变量。

5.2.5.3　FCL 函数说明

　　为方便理解,将 FCL 每个函数分为以下 5 个项目内容进行说明。

　　函数定义:表示 FCL 函数的表述方法。

　　参数:表示各函数的具体参数。

　　返回值:表示基于各条件的返回值。

　　说明:说明函数的运作及留意事项。

　　示例:函数的使用示例。

　　(1) R_FCL_Init,初始化函数。

　　函数定义:

```
r_fcl_status_t R_FCL_Init( const r_fcl_descriptor_t * descriptor_pstr )
```

　　参数:

参数	类型	访问	描述
descriptor_pstr	r_fcl_descriptor_t	r	FCL 配置符

　　返回值:

类型	描		述
r_fcl_status_t	R_FCL_OK	含义	成功运行完成
		原因	执行中无问题
		措施	无
	R_FCL_ERR_PARAMETER	含义	由于无效参数值导致运行停止
		原因	描述符变量依然未初始化或定义
		措施	设置/纠正描述符变量并重复命令

　　说明:此函数初始化 FCL。在执行 FCL 函数之前必须调用它,它初始化所有内部变量并执行一些参数检查,该函数将从 ROM 执行。

　　示例:

```
/*  Initialize Self-Programming Library * /
r_fcl_status_t status_enu;


status_enu =  R_FCL_Init( &RTConfig_enu ) ;
/*  Error treatment ...* /
```

　　(2) R_FCL_CopySections,将使用的连接器段从 ROM 复制到 RAM 中的新地址。

函数定义：

```
r_fcl_status_t R_FCL_CopySections( void )
```

参数：无。

返回值：

类型	描　述		
r_fcl_status_t	R_FCL_OK	含义	成功运行完成
		原因	执行中无问题
		措施	无
	R_FCL_ERR_FLOW	含义	函数可能未正确执行
		原因	错误库处理流程
		措施	纠正流程
	R_FCL_ERR_INTERNAL	含义	函数可能未正确执行
		原因	在初始化配置描述符中提供错误 RAM 地址
		措施	用正确的配置描述符重新初始化库

说明：该函数用于将一些 FCL 代码段复制到 RAM 中指定的目标地址。当代码 Flash 不可用时，代码可从这个位置执行。

示例：

```
/*  Copy FCL to internal RAM * /
r_fcl_status_t status_enu;

status_enu = R_FCL_CopySections( ) ;
/*  Error treatment * /
```

（3）R_FCL_CalcFctAddr，计算复制操作之后的新地址。

函数定义：

```
uint32_t R_FCL_CalcFctAddr( uint32_t addFct_u32 )
```

参数：

参数	类型	访问	描述
addFct_u32	uint32_t	r	复制函数的 ROM 地址

返回值：

类　型	描　述
uint32_t	函数新的 RAM 地址

说明：此函数计算一个函数从 ROM 复制到 RAM 后的新地址，为了计算该函数的新地址，被复制的函数必须位于 FCL 连接段中的一处。

示例：

```
/*  Calculate new address of user control function fctUserCtrl located in FCL
section R_FCL_CODE_RAM_USR * /
uint32_t( * fpFct ) ( void );

fpFct = ( uint32_t( * ) ()) R_FCL_CalcFctAddr(( void * ) fctUserCtrl );
```

（4）R_FCL_GetVersionString，返回库版本字符串。

函数定义：

```
const uint8_t * R_FCL_GetVersionString( void )
```

参数：无。

返回值：

类　型	描　述
const uint8_t *	库版本是一个如下列格式的字符串："SH850T01xxxxxYZabcD"。

说明：该函数返回指向库版本字符串的指针，版本字符串是识别库的一个零终止字符串，并且它被储存在库代码段中。

示例：

```
/*  Read library version * /
const uint8_t * version_pu08;

version_pu08 = R_FCL_GetVersionString();
```

（5）R_FCL_Execute，初始化一个新的用户命令。

函数定义：

```
void R_FCL_Execute( r_fcl_request_t * request_pstr )
```

参数：

参数	类型	访问	描述
request_pstr	r_fcl_request_t	rw	请求结构体

返回值:无。

说明:该执行函数发起所有的 Flash 修改操作。其操作类型和操作参数通过一个请求结构体传递给 FCL,操作的状态和结果也由该结构体的成员返回给用户应用程序。

示例:

```
/*  Erase blocks 10,11,12 and 13 * /
r_fcl_request_t myRequest;

myRequest.command_enu        = R_FCL_CMD_ERASE
myRequest.idx_u32            = 10
myRequest.cnt_u16            = 4

R_FCL_Execute( &myRequest );

# if R_FCL_COMMAND_EXECUTIOM_MODE = =  R_FCL_HANDLER_CALL_USER
    while( myRequest.status_enu = =  R_FCL_BUSY )
    {
        R_FCL_Handler( );
    }
# endif

if( R_FCL_OK != myRequest.status_enu )
{
    /*  Error treatment ...* /
}
```

(6) R_FCL_Handler,处理 FCL 命令和运行过程。

函数定义:

```
void R_FCL_Handler( void )
```

参数:无。

返回值:无。

说明:此函数为 FCL Flash 操作处理命令过程,在被"R_FCL_Execute"初始化后,此函数需要被频繁调用。当操作完成时,此函数检查运行状态和更新请求结构体变量"status_enu"。函数仅在用户模式中可用。

示例:见 R_FCL_Execute(用户模式)(5.2.5.3 节)。

（7）R_FCL_SuspendRequest，请求暂停正在进行的 Flash 擦除或写操作。

函数定义：

```
r_fcl_status_t R_FCL_SuspendRequest( void )
```

参数：无。

返回值：

类型	描　　述		
r_fcl_status_t	R_FCL_OK	含义	成功运行完成
		原因	执行中无问题
		措施	无
	R_FCL_ERR_FLOW	含义	函数可能未正确暂停
		原因	错误的库处理流程
		措施	纠正流程
	R_FCL_ERR_REJECTED	含义	函数可能未正确暂停
		原因	进行中的命令是不可暂停的（不是擦写命令）
		措施	无，仅仅对擦除和写入命令调用暂停

说明：此函数暂停正在进行的 Flash 擦写操作，此函数仅发出暂停请求，暂停处理则由 "R_FCL_Handler" 函数完成。因此必须执行 "R_FCL_Handler" 直到 Flash 操作被暂停为止，这可通过请求结构体状态返回值是否为 R_FCL_SUSPENDED 来判断暂停操作的完成与否。该函数仅在用户模式下可用。

示例：

```
/* Erase blocks 0, 1, 2 and 3 * /
r_fcl_request_t   myRequest;
r_fcl_status_t    srRes_enu;
uint32_t          i;

myRequest.command_enu     = R_FCL_CMD_ERASE;
myRequest.idx_u32         = 0;
myRequest.cnt_u16         = 4;

R_FCL_Execute( &myRequest ) ;

/* call the handler some time * /
i = 0;
while(( myRequest.status_enu = = R_FCL_BUSY ) &&( i< 10 ))
```

```
{
    R_FCL_Handler();
    i+ + ;
}


/*  Suspend request and wait until suspended * /
srRes_enu =  R_FCL_SuspendRequest();
if( srRes_enu !=  R_FCL_OK )
{
    /*  Error treatment ... * /
}
while( myRequest.status_enu !=  R_FCL_SUSPENDED )
{
    R_FCL_Handler();
}


/*  Now the FCL is suspended and we can read the Flash ... * /

/*  Erase resume * /
srRes_enu =  R_FCL_ResumeRequest();
if( srRes_enu !=  R_FCL_OK )
{
    /*  Error treatment ... * /
}

/*  Finish the erase * /
while( myRequest.status_enu = =  R_FCL_SUSPENDED )
{
    R_FCL_Handler();
}
while( myRequest.status_enu = =  R_FCL_BUSY )
{
    R_FCL_Handler();
}

if( myRequest.status_enu !=  R_FCL_OK )
{
    /*  Error treatment ... * /
}
```

（8）R_FCL_ResumeRequest，请求恢复先前挂起的命令。

函数定义：

r_fcl_status_t R_FCL_ResumeRequest(void)

参数：无。
返回值：

类型	描　述		
r_fcl_status_t	R_FCL_OK	含义	成功运行完成
		原因	执行中无问题
		措施	无
	R_FCL_ERR_FLOW	含义	可能未正确恢复
		原因	错误的库处理流程
		措施	纠正流程

说明：此函数请求恢复之前挂起的 FCL 操作，该函数仅发出恢复请求，恢复处理由 R_FCL_Handler 函数完成。因此必须执行"R_FCL_Handler"直到 Flash 操作被恢复为止，这可通过请求结构体状态返回值来判断。函数仅在用户模式下可用。

示例：见 R_FCL_SuspendRequest(5.2.5.3 节)。

(9) R_FCL_CancelRequest，请求取消正在进行或暂停的擦除或写 Flash 操作。

函数定义：

r_fcl_status_t R_FCL_CancelRequest(void)

参数：无。
返回值：

类型	描　述		
r_fcl_status_t	R_FCL_OK	含义	成功运行完成
		原因	执行中无问题
		措施	无
	R_FCL_ERR_FLOW	含义	函数可能未正确取消
		原因	错误的库处理流程
		措施	纠正流程
	R_FCL_ERR_REJECTED	含义	函数可能未正确取消
		原因	进行中的命令是不可取消的(非擦写命令)
		措施	无，仅对正进行或暂停的擦除和写入命令调用取消

说明：此函数取消正在进行或挂起的 Flash 擦写操作，此函数仅发出取消请求，取消处理由

"R_FCL_Handler"函数完成。因此必须执行"R_FCL_Handler"直到 Flash 操作被取消为止,这可可以通过请求结构体状态返回值是否为 R_FCL_CANCELLED 来判断。此函数仅在用户模式下可用。

示例:

```
/*  Erase block 0, 1, 2 and 3 * /
r_fcl_request_t      myRequest;
r_fcl_status_t       srRes_enu;
uint32_t i;

myRequest.command_enu      =  R_FCL_CMD_ERASE;
myRequest.idx_u32          =  0;
myRequest.cnt_u16          =  4;

R_FCL_Execute( &myRequest ) ;

/*  call the handler some time * /
i = 0;
while(( myRequest.status_enu = =  R_FCL_BUSY ) &&( i< 10 ))
{
    R_FCL_Handler() ;
    i+ + ;
}

/*  Cancel request and wait until cancelled * /
srRes_enu =  R_FCL_CancelRequest() ;
if( R_FCL_OK != srRes_enu )
{
    /*  Error treatment * /
    ...
}

while( R_FCL_CANCELLED != myRequest.status_enu )
{
    R_FCL_Handler() ;
}
```

5.2.6 FCL 库的建立和使用

5.2.6.1 FCL 库的获取

FCL库是由一个安装程序生成出来的,该安装程序从 Renesas 主页(http://www.

renesas. eu/update）获得。

5.2.6.2　文件结构

　　FCL 库是一个完整的可编译的示例项目，它包含了 FCL，并添加了一个应用程序示例来显示在目标应用中库的实现和使用情况。该库包含几个用于包含源文件和头文件的专用目录。

　　图 5.19 所示为库和应用程序相关的文件结构。库代码由以 r_fcl_ 开头的不同源文件组成，这些文件不应被用户接触到。在源代码交付的情况下，必须配置编译该库，文件 fcl_cfg. h 含有对此的定义。由于它包含在库源文件中，故文件内容可能被用户修改，但是文件名不应该被修改。

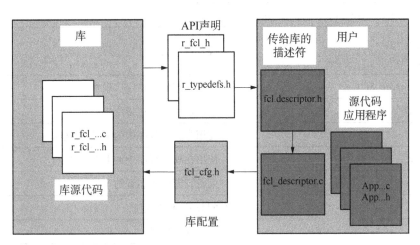

▲ 图 5.19　库和应用程序文件结构

　　表 5.8 列出了由库安装程序安装的所有文件。

表 5.8　FCL 文件结构

文　　件	描　　述
〈installation_folder〉	
Release. txt	库安装包发布注释
Support. txt	支持设备清单
〈installation_folder〉/Make	
GNUPublicLicense. txt	GNU Make 工具执照文件
Readme. txt	GNU Make 源代码额外信息
libiconv2. dll	
libintl3. dll	GNU Make 工具最小安装
make. exe	

文　　件	描　　述
setup. exe	GNU Make 安装包
〈installation_folder〉/〈compiler〉/〈device_name〉	
Build. bat	建立 FCL 样本程序的批处理文件
Clean. bat	清除 FCL 样本程序的批处理文件
Makefile	控制建立和清除过程的文件
〈installation_folder〉/〈compiler〉/〈device_name〉/Sample	
dr7f701035_0. h dr7f701035_irq. h	设备特定头文件
dr7f701035_startup. 850	设备和编译器特定启动代码
dr7f701035. ld	编译器特定连接指令
fcl_descriptor. c	使用在样本程序中的 FCL 描述符
fcl_descriptor. h	使用在样本程序中的 FCL 描述符
icu_feret. h	设备智能密码装置的定义
io_macros_v2. h	RH850 IO 宏定义
main. c	样本程序代码
target. h	目标微控制器初始化代码
〈installation_folder〉/〈compiler〉/FCL	
fcl_cfg. h	用于 FCL 的用户定义配置
r_fcl. h	FCL API 定义
〈installation_folder〉/〈compiler〉/FCL/lib	
r_fcl_hw_access. c r_fcl_user_if. c	FCL 主源程序
r_fcl_env. h	内部 FCL 定义
r_fcl_global. h	自编程中使用的全局变量和设置
r_fcl_types. h	自编程中使用的状态码和用户接口类型定义
r_typedefs. h	FCL 库使用的 C 类型
r_fcl_hw_access_asm. 850 for GHS	内部库编译器特定的源代码

5.2.6.3　自编程操作顺序

本节中介绍的流程图代表了在设备操作期间典型的 FCL 操作顺序,其中包括 API 函数的使用。

（1）用户模式下再编程的典型流程图如图 5.20 所示。

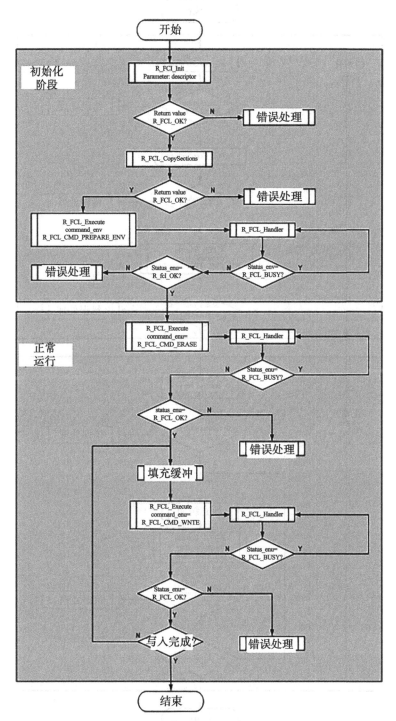

▲ 图 5.20　用户模式下典型再编程流程图

（2）内部模式下再编程的典型流程图（见图 5.21）。

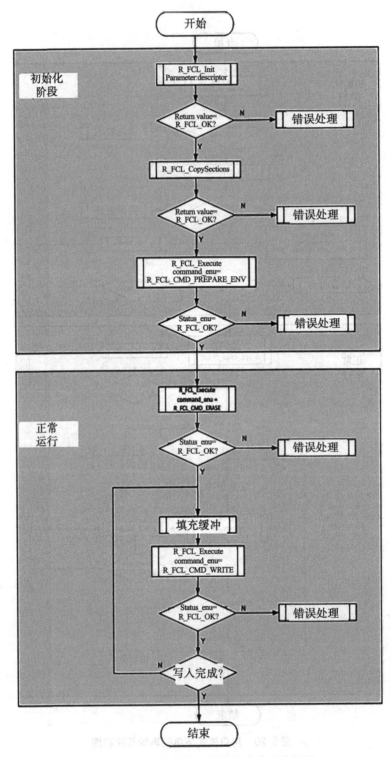

▲ 图 5.21　内部模式下再编程的典型流程图

5.3　基于 AUTOSAR 的汽车嵌入式操作系统设计与实现

汽车开放系统架构（automotive open system architecture，AUTOSAR）由全球汽车制造商、部件供应商及其他电子、半导体和软件系统公司联合建立，其各成员保持开发合作伙伴关系。AUTOSAR 旨在建立一种标准化的汽车电子软件开发平台，使得不同的开发者能够在"在标准上合作，在实现上竞争"。AUTOSAR 促使了汽车电子系统开发过程中软件与硬件的分离，使汽车电子开发从 ECU 硬件驱动转变为应用软件功能驱动，AUTOSAR 与汽车电子软件传统开发模式的对比如图 5.22 所示。

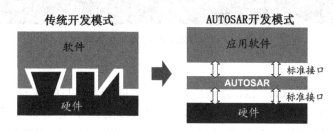

▲ 图 5.22　汽车电子软件传统开发模式与 AUTOSAR 开发模式对比

5.3.1　AUTOSAR 体系架构

为了能够使应用软件能从硬件中抽象出来，AUTOSAR 定义了一个完整的汽车电子软件架构，最上层的软件组件可以部署到不同的 ECU，同时可以在不同的汽车制造商和供应商中进行使用。

5.3.1.1　AUTOSAR 标准的体系构架

为了实现软件功能的复用和标准化，AUTOSAR 采用分层式设计，用于支持完整的软件和硬件模块的独立性，中间 RTE（run-time environment）作为虚拟功能总线 VFB（virtual functional bus）的实现，隔离了上层的应用软件层（application layer）与下层的基础软件（basic software），摆脱了以往 ECU 软件开发与验证时对硬件系统的依赖。AUTOSAR 架构共分为六层：应用软件层（application layer）、运行环境层（runtime environment）、服务层（services layer）、ECU 抽象层（ECU abstraction layer）、微控制器抽象层（microcontroller abstraction layer）、复杂驱动层（complex device drivers），如图 5.23 所示。

（1）应用层。

应用层代表着汽车电子软件中最核心的功能，应用层与微控制器层相隔离，在设计初期，开发者可以根据整车功能需求设计软件架构和通信，而不用关心底层的系统及硬件配置。应用层最基本的组成是软件组件（software component SWC），每个软件组件 SWC 都封装了部分或者全部汽车电子功能，各个软件组件通过相应的接口进行交互，从而形成整个 AUTOSAR 软件架构。应用层通过 RTE 接口调用系统功能以及访问 ECU 硬件资源，而软件组件的相互通信是通过虚拟功能总线 VFB 来实现的。对开发者而言，可以把精力集中在应用软件的功能开发上，而不必关心软件组件在具体 ECU 中的布置形式和通信形式。

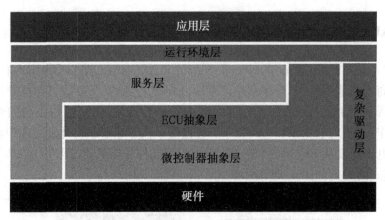

▲ 图 5.23　AUTOSAR 标准的体系架构

（2）运行环境层。

RTE 实现了应用层软件与底层基础软件之间的分离，上层的每个 SWC 都与 RTE 交互，使得数据与事件传递到其他各个模块。RTE 实现了对 I/O、存储和其他基本服务的访问，实现了 AUTOSAR 软件组件独立于特定的 ECU，使得开发人员可以屏蔽底层硬件的实现细节而进行软件组件的开发，并将软件组件移植到任何符合 AUTOSAR 标准的 ECU 中。

（3）服务层。

服务层主要将各种基础软件功能以服务的形式封装起来，供应用层调用。服务层最靠近 RTE，主要包括操作系统服务、存储、通信以及其他服务模块，它为 RTE 之上的应用层和 RTE 之下的其他基础软件模块提供基础服务。

（4）ECU 抽象层。

ECU 抽象层则定义了整个 ECU 硬件的 I/O 驱动接口、内存接口和通信接口，为上层软件提供访问 ECU 外设的统一接口。

（5）微控制器抽象层。

微控制器抽象层与微控制器硬件相连，用于映射微控制器的外围接口和功能，提供微控制器的抽象。

（6）复杂驱动层。

复杂驱动层主要是指一些复杂传感器和执行器的驱动模块，它可以直接访问微控制器，具有特殊的功能和时间要求。

5.3.1.2　AUTOSAR 标准的开发方法

与此同时，AUTOSAR 也为汽车电子软件开发过程定义了一套通用的技术方法，该方法论描述了从系统需求出发，到软件架构设计、硬件资源描述，再到系统配置、ECU 配置，最后生成 ECU 可执行代码的整个开发流程，如图 5.24 所示。

AUTOSAR 开发流程可以分为四个步骤：输入描述、系统配置、ECU 配置和 ECU 软件代码生成。为了保证开发流程的通用性，方便各开发工具之间的无缝连接，AUTOSAR 定义了一种通用的文件格式，即 XML 文件。这样，开发过程中所有的描述文件（SWC 描述、ECU 硬件资源描述、ECU 配置描述等）都可以用统一的文件格式保存。

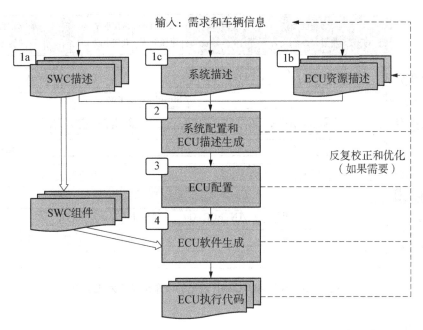

▲ 图 5.24　基于 AUTOSAR 标准的开发流程

开发流程的第一步是输入描述,系统描述包括软件架构描述、ECU 硬件资源描述和系统约束描述;第二步是系统配置,即根据系统的约束条件,把特定功能的软件组件部署到各个 ECU 中,并通过开发工具生成每个 ECU 的系统配置描述文件;第三步是 ECU 配置,主要进行 ECU 底层基础软件的配置,如 RTE 配置、COM 通信配置、OS 任务调度和 SWC 实现列表配置等,将所有配置结果生成标准的 ECU 配置文件;第四步是 ECU 软件代码生成,即将 ECU 上的软件组件、ECU 配置的基础软件以及 AUTOSAR 资源库,通过配置工具一起编译、链接,生成标准的 ECU 可执行代码。最后,将生成的 ECU 软件代码下载到 ECU 硬件中,测试软件功能。

5.3.2　基于 AUTOSAR 的工具链支持

自从 AUTOSAR 的概念提出之后,人们就开始寻找具体实施的方法,涌现出了一批新的开发工具,组成了整条基于 AUTOSAR 规范的开发工具链,如图 5.25 所示。国外很多工具供应商都提出了自己的 AUTOSAR 解决方案,提供从整车软件架构设计、ECU 功能描述、软件组件建模、软件组件代码生成、RTE 代码和 BSW 基础软件配置等一系列服务。比较成功的公司有 Mathworks、MentorGraphics、Vector、ETAS、dSPACE 等。目前,国内应用最多是 Mathworks 公司与 dSPACE 公司的产品,下文将对部分公司做简要介绍。

(1) Mathworks 公司。

主要产品是 Matlab/Simulink,用于软件组件的建模、仿真以及软件代码的生成,位于整个开发流程的核心位置。其主要作用包括以下方面:导入软件组件描述文件、软件组件内部行为建模、软件组件功能仿真、软件组件实现代码的生成。Matlab/Simulink 在整个 AUTOSAR 开发流程中的作用如图 5.26 所示。

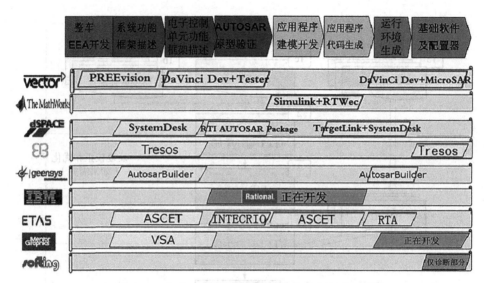

▲ 图5.25　基于 AUTOSAR 规范的汽车电子开发工具链

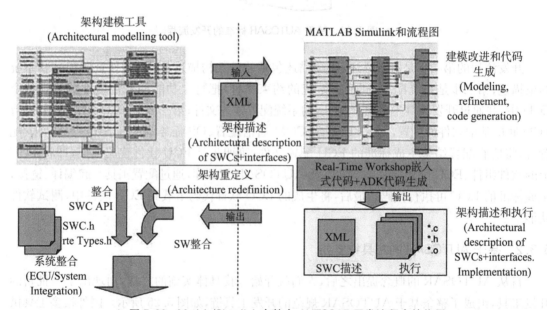

▲ 图5.26　Matlab/Simulink 在整个 AUTOSAR 开发流程中的作用

（2）dSPACE 公司。

dSPACE 是来自德国的一家汽车电控系统开发工具提供商，其产品覆盖了整个电控系统 V 形开发的各个环节。dSPACE 公司提供的 AUTOSAR 解决方案比较全面，主要包括 SystemDesk、RTI AUTOSAR Package 和 TargetLink 三个工具，如图 5.27 所示。SystemDesk 是一种系统架构工具，能够为应用软件的 AUTOSAR 架构和系统的建模提供精密、广泛的支持；RTI AUTOSAR Package 支持基于 AUTOSAR 标准软件组件在 dSPACE 硬件上的快速原型验证；TargetLink 则可从 MATLAB®/Simulink/Stateflow 图形化开发环境中直接生成产品级代码（C 代码），并允许通过内置仿真和测试进行早期验证。

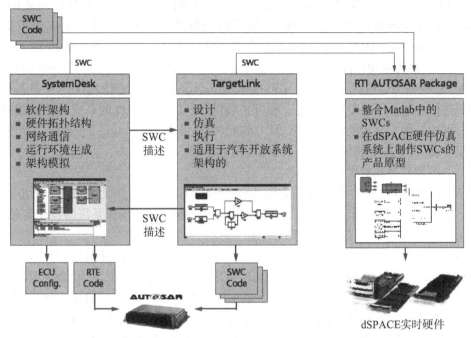

▲ 图 5.27　dSPACE 公司基于 AUTOSAR 开发工具

5.3.3　符合 AUTOSAR 嵌入式代码的开发实现

5.3.3.1　AUTOSAR 的软件模块

图 5.28 所示为根据 AUTOSAR 体系架构所设计出来的软件模块。其中,RTE 是一个标准的运行时环境。符合 AUTOSAR 标准的软件模块可以通过 RTE 实现无缝集成。OS(operation system)是一种抢占式实时多任务操作系统,支持时间监控、内存监控和网络分布式应用。其功能包含调度表、定时保护、全局系统时间同步、测量、内存保护等。SYS(system)

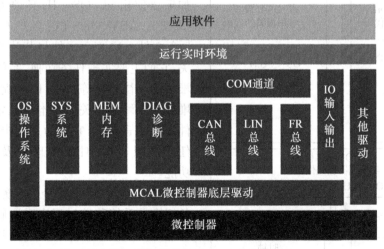

▲ 图 5.28　符合 AUTOSAR 的软件模块

是一个由 ECU 状态管理器、循环冗余校验程序、看门狗管理器和看门狗接口组成的基础软件。MEM(memory)负责处理数据抽象,包括数据管理、检查并重新产生应用数据,访问 Flash 和 EEPROM。DIAG（diagnosis）符合 ISO14229 - 1（UDS）诊断标准。COM (communication)为应用软件提供基于信号的服务。CAN(controller area network)可以实现基于 CAN 总线的 AUTOSAR 通信。LIN(local interconnect network)总线是一种低成本、低速率串行通信总线。FlexRay 总线是一种可扩展的、灵活的、确定性的高速通信总线,能够满足汽车日益增长的安全相关需求。MCAL(microcontroller abstraction layer)包含微控制器的各种底层驱动,可实现和其他外围设备之间的信号通信。

5.3.3.2　OS 操作系统的实现

在 AUTOSAR 嵌入式代码的开发实现中,OS 的开发是其重中之重,本节将结合开源的 uC/OS - II 嵌入式实时操作系统与发动机电控系统简要阐述 OS 操作系统的设计实现。

1) uC/OS - II 嵌入式实时操作系统概述

uC/OS - II 由 Jean J. Labrosse 编写,是著名的、源码公开、内核可剥夺、占先式嵌入式实时内核操作系统,其专为嵌入式应用系统设计,可用于各类 8 位、16 位、32 位微控制器或 DSP,已在诸多领域得到了广泛应用。uC/OS - II 最主要的特点:源码公开的自由软件,该内核在设计之初就充分考虑了可移植性,绝大部分的代码都是用 C 语言来编写的,只有少部分的与处理器硬件相关的代码是用汇编语言来实现的,所以 uC/OS - II 在不同型号的嵌入式处理器上的移植和应用相对来说是比较容易的。但该系统也有缺点,它缺乏必要的支持,没有强大的软件包,用户通常要自己编写驱动程序和相关的移植程序。

uC/OS - II 的内核主要提供进程管理、时间管理、内存管理等服务。系统最多支持 56 个任务,每个任务均有一个独有的优先级。由于其内核为抢占式,所以总是处于运行态最高优先级的任务占用 CPU。该系统提供了丰富的 API 函数,可实现进程之间的通信以及进程状态的转化。要实现 uC/OS - II 的移植,所用的 C 编译器必须支持混合编程。

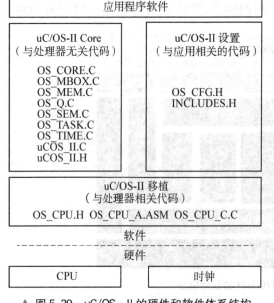

▲ 图 5.29　uC/OS - II 的硬件和软件体系结构

uC/OS - II 系统结构与移植分析 uC/OS - II 体系结构如图 5.29 所示,从图中可以看到,如果要使用 uC/OS - II,必须为其编写 OS.CPU_A. ASM、OS. CPU_C. C、OS. CPU_H 这 3 个文件。这 3 个文件与芯片的硬件特性有关,它们主要实现任务切换、系统时钟和任务堆栈建立初始化等功能,以及提供数据类型、堆栈等与硬件相关的基本信息定义。其他文件用 C 语言写成,它们为系统提供任务管理、任务之间通信、时间管理以及内存管理等功能。

uC/OS - II 作为一个多任务操作系统,任务切换是系统移植过程中需要解决的最主要问题。由于任务切换涉及对芯片寄存器的操作,所以它主要用汇编语言写成。因此,对于不同的微控制器,其任务切换的代码是不同的。多任务系统在运行时每个任务好像独立占用 CPU 一样,因此系统必须为每个任务开辟一块内存空间作为该任务的堆栈,该堆栈的作用是保存任务被切换前 CPU 各寄存器的值。任务切换需要完成的工作步骤如下:

① 将当前任务 CPU 所有的寄存器内容压入任务自己的堆栈;

② 将当前任务的堆栈指针保存到当前任务的 OSTCB 中;

③ 得到下一个处于运行态优先级最高的任务的堆栈指针;

④ 恢复下一个任务的 CPU 寄存器的内容;

⑤ 通过中断返回指令,间接修改 PC 寄存器的值来进行任务切换。

在系统移植过程中另一个较为重要的部分是系统时钟。uC/OS-II 要求系统能产生 10~100 Hz 的时钟节拍,以用于实现时间延时和确认超时。该时钟节拍由硬件定时器产生。

2)基于 uC/OS-II 的发动机电控系统任务划分及实例

(1)控制任务划分方法简介。

在传统的前后台控制程序中,对发动机的各种控制参数如循环喷油量和喷油正时的控制(称上层控制策略算法程序)被定义为后台程序,实际发动机控制信号采样和信号驱动被定义为前台程序。后台程序在系统中被称为主程序,其中有若干个功能模块,且每个模块中有多个子程序(根据不同使能条件进入不同的子程序执行),每个模块计算一次更新一次发动机控制参数。这样整个控制系统可以近似看作一个控制参数单速率更新的控制系统,每个控制参数的更新速率取决于整个主程序的执行周期,并且所有的控制参数具有相同的刷新速率,它会影响发动机控制系统的实时性,使系统存在较大的控制延时。

实时多任务操作系统 uC/OS-II 的引入,要对系统内所实现的功能模块进行划分,各种不同的控制功能模块划分为不同的控制任务。本节采用基于控制系统数据流和控制流相结合的任务划分方法,引入数据流图,通过分析控制软件数据流图,找出并行数据流模块,基于系统控制流中控制参数控制精度和实时性的考虑,实现并行数据流模块的不同时间特性的划分,将控制任务划分为不同的任务模块。在该划分过程中,内聚度和耦合度两个衡量各个模块之间联系紧密程度的标准将贯穿于任务划分过程中。

内聚度又称模块强度,是指一个模块内部各成分之间的联系,内聚度高,则模块的相对独立性高。耦合度又称模块结合度,是模块结构中各模块之间相互联系紧密程度的一种度量,是模块独立性的直接尺度。耦合度越弱,意味着模块的独立性越高,则模块间相互影响就越小。内聚度和耦合度从两个不同的方面说明模块的独立性,模块的高内聚、低耦合必然导致任务间的高内聚、低耦合。在软件设计中,应该追求高内聚、低耦合(即块内要紧,块间要松)的软件系统。

(2)控制任务划分实例。

如果能在发动机控制系统中引入实时多任务操作系统对控制软件进行任务管理,对外界的作用和信号在限定的时间内作出响应,将大大提高控制系统软件的实时性。

① 基于数据流图的多任务划分。

基于数据流图的任务划分过程即为控制系统功能模块的"逐层分解"的过程。图 5.30 所示为共轨柴油机电控系统软件第 1 层数据流图。第 1 层数据流图是一个从传感器信号输入到控制量输出的数据传递处理流程,是控制系统的原理概述,第 1 层数据流图给出了控制系统的基本构成。

▲ 图 5.30　柴油机电控系统软件第 1 层数据流图

图 5.31 是图 5.30 中第 1 层数据流图的再次分解,即第 2 层数据流图。第 2 层数据流图从控制软件策略算法的角度对控制系统软件数据流进行描述,此层的数据流图也可等同于控制系统的控制流图,由传感器以及开关采集来的输入信号经过输入信号模块的处理后被送入输入信号故障诊断处理模块进行信号的合理性校验以及容错处理;主工况状态机模块根据处理后的传感器的信号来进行发动机工作状态判断,从而确定合理的控制系统运行状态;油量控制算法模块根据发动机传感器的信息以及工况状态机所给出的控制系统运行状态来进行不同工况下的油量控制算法计算,喷油正时控制模块根据发动机状态信息和指令油量,实现喷油正时、喷油脉宽的控制,从而形成整个控制系统的控制流程。

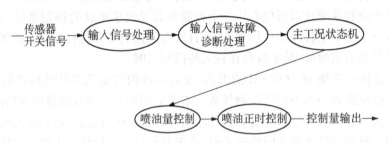

▲ 图 5.31　柴油机电控系统软件第 2 层数据流图

将第 2 层的控制功能模块再次细分,对细分后的功能模块进行输入、输出以及输入、输出间的变换分析。分析的结果又划分成若干更小的功能模块,直到最后细分到每个功能模块都能用简单程序实现为止,找出其中的并行计算控制模块。

控制流结合的模块划分是基于数据流模块划分基础的,主要是从系统功能调用关系(控制流)、控制流的时间特性(控制精度)的角度来对并行计算模块进行任务计算模块划分,即时间结合划分。时间结合的划分法主要是基于控制流的时间特性考虑,把具有相同时间特性的计算模块进行组合,形成具有相同时间属性的任务模块。

基于以上控制流的分析,可以将所有的喷油正时修正系数的计算都拆解成时间同步任务计算模块,将所有基本喷油正时的计算都定义为转速同步任务模块。对转速同步任务模块的划分主要是针对数据流图的输入信号以及控制模块所执行操作的属性决定的;对时间同步任务模块的划分主要是针对数据流的输入、输出信号的时间属性以及各个控制参量的控制精度来考虑的。

在完成所有控制模块数据流图的分解组合和任务类型定义后,则需要进行整个控制系统多任务程序结构的构建,把具有相同任务类型的计算模块重新进行组合,把所有转速同步计算模块组合在一起构成转速同步任务,把具有相同时间特性的计算模块组合在一起,构成相应的时间同步任务。在进行计算模块的任务构建过程中,要遵守控制功能的时序特性。

② 电控柴油机嵌入式操作系统多任务划分结果。

基于上述的任务划分方法对共轨电控柴油机控制软件的任务划分以及相应优先级定义的结果如表5.9所示。任务优先级的定义主要是基于不同任务所执行操作的实时性要求，控制算法实时性要求高则所赋予的任务优先级高。

表5.9　共轨电控柴油机控制软件的多任务划分结果

任务类型	优先级	控制功能模块
转速同步任务	8	起动油量控制模块 怠速油量控制模块 缸平衡油量控制模块 油门油量控制模块 油量输出控制模块 起动拖转喷油正时模块 正常运行喷油正时计算基本模块 喷油延迟计算模块
10 ms 时间同步任务	6	转速计算模块 最高转速油量限制模块 主工况状态机 10 msCAN 通信模块
20 ms 时间同步任务	10	油门踏板信号处理及其故障诊断模块 进气压力信号处理及其故障诊断模块 20 msCAN 通信模块
50 ms 时间同步任务	12	最高转速计算模块 冒烟限制模块 最大扭矩油量限制模块 进气温度信号处理及其故障诊断模块 缸平衡进入条件模块 50 msCAN 通信模块
100 ms 时间同步任务	14	冷却水温信号处理及其故障诊断模块 燃油温度信号处理及其故障诊断模块 大气压力信号处理及其故障诊断模块 怠速参考转速计算模块 怠速超时计算模块 燃油温度供油角度修正 喷油正时进气温度修正系数计算模块 EXB进入条件判断模块 100 msCAN 通信模块
1 000 ms 时间同步任务	80	喷油正时冷却水温修正系数计算模块 喷油正时大气压力修正系数计算模块 1 000 msCAN 通信模块
3 000 ms 时间同步任务	4	系统任务状态管理查询模块
空闲任务	100	发动机系统运行状态记录模块 CPU 资源计算模块

第6章

综合应用例：新能源汽车整车电控单元开发

随着社会的不断发展，中国的汽车保有量节节攀升。至 2022 年底，全国机动车保有量达 4.17 亿辆，其中汽车 3.19 亿辆。由此所造成的能源问题和环境问题日益突出：一方面，交通运输行业消耗了约 60% 的石油，但新探明的石油储量远不及需求量的增长；另一方面，汽车排放的尾气是 PM2.5、全球变暖等环境问题的来源之一。所以，世界各国制定的汽车排放法规和能耗标准的要求都愈加严格，引导各汽车厂商研发更加节能环保的汽车。混合动力汽车（hybrid electric vehicle，HEV）是车辆节能减排技术中的重点之一，受到了众多的关注。HEV 由两种或两种以上的动力源驱动，通过电池容量的增加、制动能量的回收、发动机效率的提升等方式实现良好的燃油经济性。相对于传统的仅以内燃机作为动力源的汽车，HEV 能够减少 25%~55% 的 NO_x，35%~65% 的温室气体排放，减少 40%~80% 的燃油消耗。

本章以装备有新型四模混合动力系统的插电式混合动力客车作为研究对象，介绍新能源汽车整车电控单元开发。

6.1 控制系统功能与结构

6.1.1 四模混合动力系统的结构

本章介绍的插电式混合动力样车如图 6.1 所示，其主要参数如表 6.1 所示。整车底盘装备有自主研发的动力系统，该系统能够以四种模式运行，因此称为四模混合动力系统。

▲ 图6.1 插电式四模混合动力样车

表 6.1 插电式混合动力样车主要参数

项目	参数	项目	参数
整备质量/kg	13 000	后桥速比	6.166
最大质量/kg	18 000	迎风面积/m²	6.5
车轮半径/m	0.512	风阻系数	0.63

6.1.2 四模混合动力系统的工作原理

四模混合动力系统的结构如图 6.2 所示,主要部件:玉柴 6J220 - 42 柴油发动机、盟固利锰系三元锂电池、驱动/发电机 MG1、驱动/发电机 MG2、两挡自动变速箱、齿轮传动系、前行星排、电控离合器等。其动力系统各部件的基本参数如表 6.2 所示。

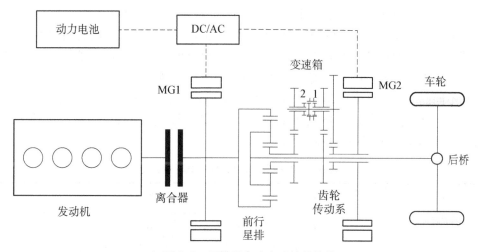

▲ 图 6.2 四模混合动力系统的结构

表 6.2 动力系统部件的基本参数

部件名称	项 目	参 数
发动机	类型	柴油发动机
	最大输出功率/kW	162
	最大扭矩/Nm	800
	额定转速/(r/min)	2500
驱动/发电机 MG1	类型	永磁同步电机
	额定/峰值功率/kW	50/100
	额定/峰值扭矩/Nm	400/800
	额定/峰值转速/(r/min)	1200/2500

部件名称	项　目	参　数
驱动/发电机 MG2	类型	永磁同步电机
	额定/峰值功率/kW	80/125
	额定/峰值扭矩/Nm	400/660
	额定/峰值转速/(r/min)	1 900/7 000
动力电池	类型	锰系三元锂电池
	额定电压/V	510.6
	额定容量/Ah	50

当换挡电机操纵换挡机构使得变速箱处于一挡时，MG2 连接齿轮传动系驱动车辆行驶，发动机通过离合器与 MG1 结合。当存在换挡需求时，首先控制变速箱处于空挡，然后调节MG1 和 MG2 的转速使得换挡机构同步器两端的转速差较小，最后操纵换挡机构使得变速箱处于二挡。二挡行驶时，MG2 连接前行星排的太阳轮，MG1 连接前行星排的内齿圈，发动机通过离合器与 MG1 分离或结合，前行星排的行星架驱动车辆前进。

根据不同的变速箱挡位和 MG1、MG2、发动机等部件的运行状态，四模混合动力系统可以实现四种运行模式：单电机纯电动模式（Gr1Ev）、串联模式（Gr1Hy）、双电机纯电动模式（Gr2Ev）、混联模式（Gr2Hy），具体工作状态如表 6.3 所示。

表 6.3　四模混合动力系统的运行模式

运行模式	挡位	部 件 状 态
单电机纯电动	一挡	MG2 连接齿轮传动系，离合器结合，MG1/发动机不工作
串联	一挡	MG2 连接齿轮传动系，离合器结合，MG1/发动机工作
双电机纯电动	二挡	MG2/MG1 连接前行星排，离合器分离，发动机不工作
混联	二挡	MG2/MG1 连接前行星排，离合器结合，发动机工作

单电机纯电动模式下，四模混合动力系统的部件耦合关系与能量流如图 6.3 所示。此时，MG2 通过齿轮传动系实现单电机驱动、制动能量回收、倒车等功能。MG1 和发动机虽然通过离合器结合，但均保持静止状态，不参与驱动。

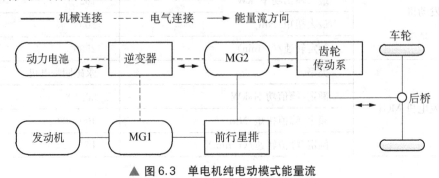

▲ 图 6.3　单电机纯电动模式能量流

串联模式下，四模混合动力系统的部件耦合关系与能量流如图 6.4 所示。此时，依然通过 MG2 实现驱动、制动能量回收等功能。发动机通过离合器与 MG1 结合，将机械能全部转换为电能，既可以直接通过高压母线供 MG2 使用，也可以为动力电池充电，不直接参与动力输出。由于能量转换时存在效率损失，因此一般只有当 SOC 较低时，才采用串联模式运行。

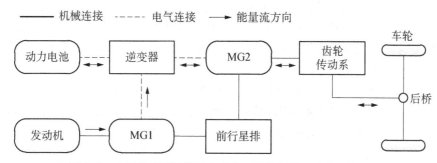

▲ 图 6.4 串联模式下回模混合动力系统的部件耦合关系与能量流

以上两种模式均为变速箱一挡时的运行模式，仅有 MG2 直接参与驱动，通过齿轮传动系实现扭矩的传递，此时传动比较大，所以适合于车辆中低速行驶。

双电机纯电动模式下，四模混合动力系统的部件耦合关系与能量流如图 6.5 所示。此时，MG2 和 MG1 通过前行星排实现双电机驱动、制动能量回收等功能。离合器分离，发动机不参与驱动。

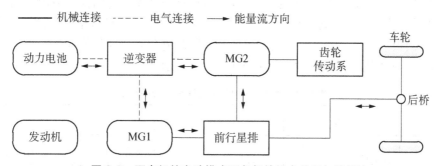

▲ 图 6.5 双电机纯电动模式下各部件耦合关系与能量流

混联模式下，四模混合动力系统的部件耦合关系与能量流如图 6.6 所示。此时，发动机通过离合器同 MG1 结合，与 MG2 通过前行星排共同参与动力输出。驱动过程中，如果 MG1 为正扭矩，则发动机的机械能全部通过内齿圈输出；如果 MG1 为负扭矩，则发动机的机械能一

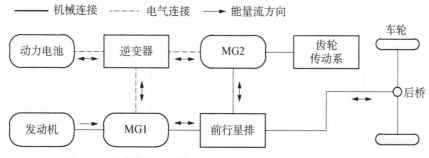

▲ 图 6.6 混联模式下四模混合动力系统的部件耦合关系与能量流

部分直接输出,另一部分通过 MG1 转换成电能供 MG2 使用或为动力电池充电。滑行或制动过程中,离合器可以维持一段时间的结合状态,以避免频繁动作,此时 MG1 需要消耗部分电能来拖动发动机运转,从而会减少能量的回馈。

双电机纯电动和混联两种模式均为变速箱二挡时的运行模式,通过前行星排实现扭矩的传递。此时传动比相对较低,所以适合于车辆中高速行驶。

综合上述对于四种运行模式的分析可见,四模混合动力系统的优点主要如下:

① 利用变速箱一挡时齿轮传动系的减速增矩作用,保证了良好的动力性,同时降低了对 MG2 峰值转矩的要求。

② 系统处于二挡时,通过前行星排可以实现无级变速的功能,从而在混联模式时保证发动机始终能够处于优化工作区间。因此该系统能够适应于各种不同的工况,有效地降低油耗。

③ 行星齿轮系抗冲击和振动的能力较强,传动效率较高,承载能力和传递的功率较大,适合应用于客车的传动系统中。

6.2 整车电控单元模块设计与应用

6.2.1 电控单元硬件接口功能需求分析

控制系统 HCU 的核心功能:感知驾驶员的驾驶意图;通过驱动控制策略、能量管理策略、故障诊断策略等,协调发动机、电机的功率分配、运行点控制和机电耦合控制,实现最佳的能源效益和驾驶平顺性。HCU 驾驶意图识别模块需要采集的车辆信息包括:上电信号、发动机点火信号、加速踏板信号、制动信号、空调开关、空挡开关、离合器结合开关以及一些对继电器、指示灯等的输出控制信号,具体功能需求列表如表 6.4 所示。

表 6.4 电控单元 HCU 硬件接口功能列表

功能模块	类型	信号幅值	用 途
驾驶意图识别	开关信号采样	0～24 V	采集上电、启动、制动、空挡、离合器触点、空调等车辆状态信号
	模拟信号采样	0～5 V	加速踏板油门信号
	频率信号采样	0～500 kHz	车速、动力总成输出轴转速等
油门输出	模拟信号输出	0～5 V	模拟油门直接控制发动机
输出控制	开关控制输出	0～24 V	控制继电器、指示灯等
动力耦合机电执行器	直流电机驱动控制	额定 20 A,峰值 40 A	进挡、退挡,双向电流
	步进电机驱动控制	额定 2 A,峰值 5 A	进挡、退挡,双向电流
	电磁阀控制	额定 2 A,峰值 10 A	控制离合器结合、分离
	模拟信号采样	0～5 V	变速器、离合器位置反馈
	触点开关采样	0～24 V	变速器、离合器位置反馈

（续表）

功能模块	类型	信号幅值	用　途
热管理功能	直流电机驱动控制	0～10 A（随不同转速）	柔性调节冷却风扇转速、电动水泵转速
	温度采样	电阻型,0～10 kΩ	冷却水温度
总线通信	CAN 通信	≤1 Mbps	整车通信
	LIN 通信	≤20 kbps	低压电器系统通信

6.2.2　电控单元 HCU 的设计要求

整车控制器是新能源汽车实现其最佳能源效益的执行载体。其可靠性设计是对整车可靠控制的重要基础前提。控制器的设计不但要实现高可靠性的通信、高效的数据处理,还要有良好的抗干扰能力,因为在新能源汽车上,控制器的电磁干扰环境比较恶劣复杂,控制器不但要实现可靠的控制任务,还要能抵抗得住来自车内外的各种电磁干扰。因此对控制器的功能设计要满足以下要求:

① 电源有较宽的工作电压范围。所有并联在蓄电池两端的电气负载在工作时会造成电源电压的波动或者过冲,这就要求电控单元的电源能接受宽输入电压范围,并能耐受一定高脉冲电压。

② 抗干扰设计。由于混合动力汽车上增加了动力电机、大功率逆变器等负载,其在工作时的瞬变脉冲电压会产生强烈的电磁干扰,因此整车电控单元要具备良好的电磁兼容性和抗干扰能力,确保控制器在强电磁干扰环境中,仍能可靠地采集车辆状态信号和输出控制信号,进行整车通信。

③ 输入输出信号调理。由于车上的开关信号都是 0～24 V 的电平信号,而数字核心电路 MCU 只能接受 0～5 V 的电平信号,因此输入电控单元的信号需要做电平转换和阻抗匹配,以便滤除干扰。同样,MCU 输出的微弱信号不足以驱动汽车上的功率负载,必须要经过功率放大电路将 MCU 输出的弱电信号进行功率放大后才能驱动执行器执行相应的控制功能。

④ 容错设计。电控单元在随车运行过程中,会受到来自车内外环境的各种干扰,电控系统中的控制器、传感器和执行器等难免会发生故障。应当尽量避免一发生故障,汽车的性能就急剧下降或被迫立即停车,甚至发生车毁人亡的严重后果。故电控单元还必须辅以可靠的容错设计,也就是当系统中的某些部件出现故障时,控制器应能及时地发现故障并采取相应的纠正措施,对于某些功能失效的部件,它们的功能可以由系统中的其他部件代替。这样整车电控系统就可以保持其最基本的功能,不至于使汽车半路抛锚。控制器的容错设计不是一个单独的设计环节,要融入设计的整个流程。

根据上述的功能要求,按照电路功能模块化设计的原则,将电控单元的功能设计划分为五大模块来分别进行操作,分别是电源电路设计、微处理器核心电路设计、输入信号调理电路设计、功率放大电路设计、网络通信电路设计,如图 6.7 所示。

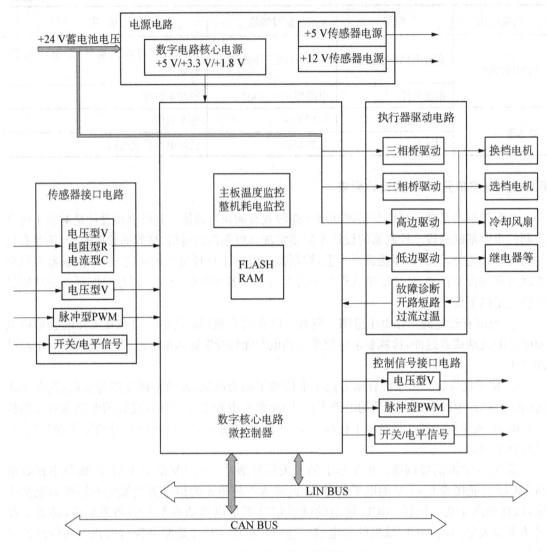

▲ 图6.7　电控单元的功能模块设计

6.2.3　电源电路设计

　　混合动力汽车的供电系统是一个相对独立的局部电网,挂接在电源线上的其他任何一台电子电气设备的开关都会在汽车的局部电网上产生瞬变骚扰,包括感性负载变化、电源供应延迟、抛负载脉冲、或负载切换过程中所产生的瞬间(短暂)的电流或电压脉冲波及供电电压下降等,而装在这个独立电网上的其他电子电气设备在经受这一瞬变骚扰后,都存在一个抗干扰的问题。针对此问题,本混合动力汽车的供电系统电源电路设计如图6.8、6.9所示。

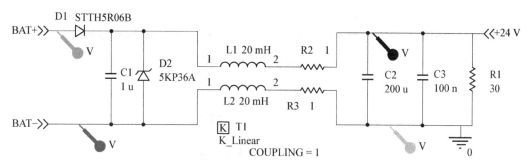

▲ 图 6.8　电控单元的电源滤波器设计

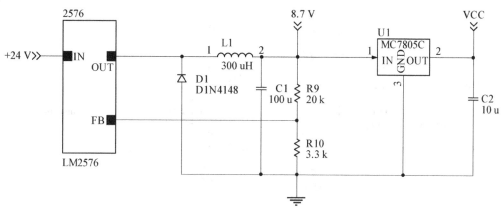

▲ 图 6.9　电控单元的电源电路

6.2.4　输入信号高精度采样电路设计

混合动力汽车上的输入信号可分为开关信号、模拟信号和频率信号。对于模拟信号，信号调理电路的主要功能是实现阻抗匹配、滤除干扰；对于开关信号，由于输入有效开关信号都是 24 V 的高电平，信号调理电路的主要功能是电平转换、电压限幅；对于频率信号，信号调理电路的主要功能是将输入信号的周期还原成标准的方波脉冲信号，以便可以直接输入 MCU 的脉冲输入口。所设计的模拟信号、开关信号和频率信号电路分别如图 6.10、图 6.11、图 6.12 所示。

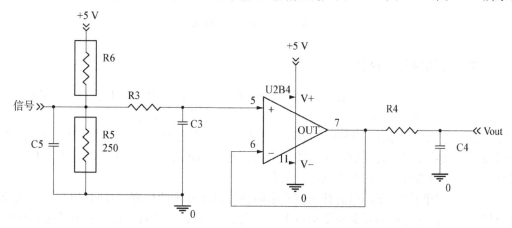

▲ 图 6.10　模拟信号高精度采样电路

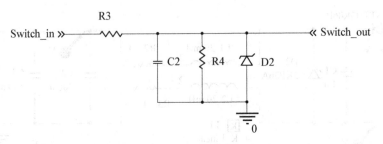

▲ 图 6.11 开关信号采样电路

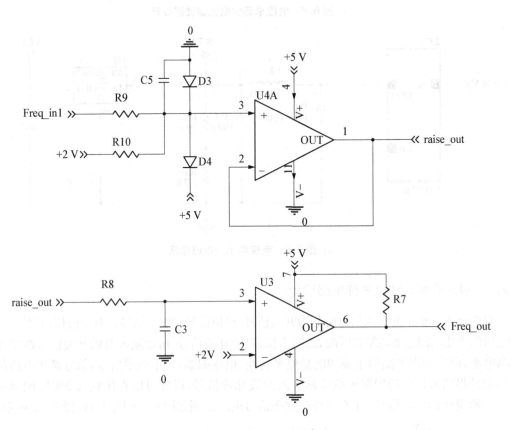

▲ 图 6.12 频率信号采样电路

6.2.5 功率驱动电路与控制

由于微控制器(MCU)输出的都是微弱的控制信号,一般不能直接用于驱动负载执行器,需要经过功率放大电路将 MCU 输出的弱电信号进行功率放大后才能驱动执行器,实现相应的控制功能。汽车上的执行器绝大多数都是一些需要产生力和力矩的感性负载,当电流流过感性负载的电感线圈时,处在磁场中的线圈会受到电磁力的作用而对外输出力矩。其他执行器如指示灯、加热器等都可归类为电阻性负载。

在汽车电控单元中,驱动电感性负载和电阻性负载无外乎两种方式:即高边控制开关或底边控制开关。高、底边控制开关在驱动汽车上的负载时,可以实现持续打开控制或电流闭环脉宽调制型(PWM 型)启闭控制。根据需要控制的负载功率大小不同,控制开关一般选用晶体三极管或金属氧化物场效应晶体管(MOSFET 管),小功率驱动一般都选用晶体管,如驱动继电器、指示灯等之类;中功率、大功率驱动一般都选用 MOSFET 管。对底边控制开关一般可选择 NPN 型晶体管或 N 沟道 MOSFET 管,对应高边控制开关可选择 PNP 型晶体管或 P 沟道 MOSFET 管。由于 N 沟道 MOSFET 管比 P 沟道 MOSFET 管有更加卓越的功率驱动性能,现在高边控制开关驱动负载也广泛采用 N 沟道 MOSFET 管,这时驱动电路就要采用自举浮充升压电路;这种驱动电路结构只能采用 PWM 驱动方式驱动负载,控制开关不能实现持续打开,HCU 电控单元中的功率驱动电路结构类型如表 6.5 所列。

表 6.5　HCU 电控单元中功率驱动电路结构

负载类型	控制开关	功率大小	开关型号	特点
感性负载	底边控制开关	≤1 A	NPN 型晶体管	体积小
		≥1 A	N 沟道 MOSFET 管	可实现持续打开
	高边控制开关	≤1 A	PNP 型晶体管	体积小
		≥1 A	P 沟道 MOSFET 管	可实现持续打开
			N 沟道 MOSFET 管	自举浮充升压电路,PWM 驱动方式,不能实现持续打开
阻性负载	底边控制开关	≤1 A	NPN 型晶体管	体积小
		≥1 A	N 沟道 MOSFET 管	可实现持续打开
	高边控制开关	≤1 A	PNP 型晶体管	体积小
		≥1 A	P 沟道 MOSFET 管	可实现持续打开

6.2.6　通信电路

通信功能是整车分布式控制系统的核心和基础,通信网络的瘫痪可以直接导致整车的瘫痪。电控单元依靠通信电路和其他控制器之间实时交互共享控制信息。如果没有通信电路,现代汽车的这种分散控制方式根本不可能实现。

通信电路最重要的设计就是抗干扰能力的设计,为了在汽车内强电磁干扰环境下可靠地工作,通信电缆需要选用带屏蔽层的电缆线,且 CAN 的两根通信线要能够抑制瞬变差模干扰以及共模干扰,其所设计的通信电路如图 6.13 所示。

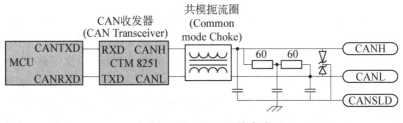

▲ 图 6.13　CAN 通信电路

CANH 和 CANL 线之间为了和通信线路阻抗匹配,两线间并接 120 Ω 电阻,并用瞬变抑制二极管抑制沿通信线的瞬变干扰。通信模块选用集成的 CAN 模块(如 CTM8251、广州致远电子),该模块具有完善的通信故障保护功能,可以隔离 DC2500V 的瞬变冲击电压,并集成了 CAN 通信线对电源、对地短接保护功能。集成的 CAN 模块减小了电路体积也提高了系统可靠性。

6.3　模块化的软件流程与设计

6.3.1　HCU 功能概要

HCU(混合动力整车控制器)负责管理整个混合动力系统,协调电机控制器、发动机控制器等多个零部件工作;实施整车高压电安全管理,决定高压接触器的闭合和断开;负责整车动力控制和能量管理,计算整车需求扭矩,并根据零部件当前的状态和效率计算电机和发动机的分配扭矩。HCU 的软件根据功能可以划分为多能源管理策略(含整车动力控制)和辅助功能模块两部分。其中多能源管理策略包括整车需求扭矩计算、模式调度、扭矩分配等部分,是软件的核心部分。辅助功能包括信号处理、通信和标定、故障诊断、高压电安全管理,上下电控制等。

HCU 主要控制功能模块:整车运行模式控制模块、驱动模式控制模块、制动模式控制模块、滑行模式控制模块、停车模式控制模块、倒车模式控制模块、发动机启停控制模块、电机控制控制模块、电控离合器操作控制模块、换挡机构操作控制模块、整车扭矩分配及限制控制模块、信号采集处理控制模块、高压电安全管理控制、上下电控制模块、故障诊断与保护控制策略和安全处理控制模块等。

由于篇幅所限,本节只介绍整车控制逻辑与整车需求扭矩的计算以及驱动状态的选择。

6.3.2　整车控制逻辑

如图 6.14 所示为四模混合动力汽车的整车控制逻辑流程图,整车上电后,首先进行全局变量的树立,整车需求转矩的计算;然后根据油门踏板、刹车踏板、车速和手柄位置信号进行驱动状态的选择,以满足不同的驾驶需求;随后在选定的驱动状态下,根据车速和整车需求转矩,控制发动机启停、电控离合器和换挡机构的操作,以选择最优的驱动模式,并分配发动机、电机 MG1、电机 MG2 的转速和转矩;最后进行安全保护和故障诊断。

6.3.3　整车需求转矩的计算

整车需求转矩包括整车驱动需求转矩和整车回馈需求转矩,图 6.15 所示为整车需求转矩确定模块的 Simulink 模型。其中整车驱动需求转矩是根据油门踏板开度和车速查二维 map 得到的,当油门踏板开度为 100% 时,输出当前车速下的最大转矩,当油门踏板开度趋向于 0% 时,输出扭矩逐渐减小并趋向于 0。整车回馈需求转矩是根据刹车踏板开度和车速查二维 map 得到的,这个转矩是刹车时用来分配给电动机回馈电能的。注意:这里的整车回馈转矩是指由电机回馈发电而提供的负扭矩,而实际刹车过程中的整车刹车制动转矩不仅包括整车回馈需求转矩,还包括机械刹车制动转矩。查表确定了整车需求转矩之后,要再根据当前车速对整车需求转矩做一定限制,以满足安全行驶的要求。

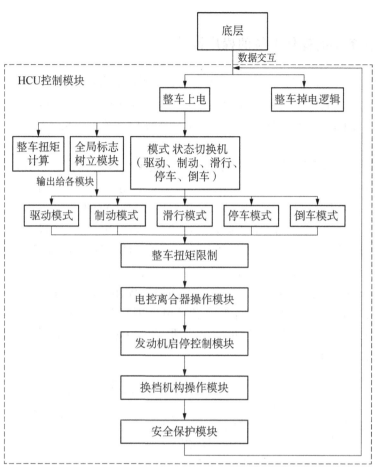

▲ 图 6.14　整车控制逻辑

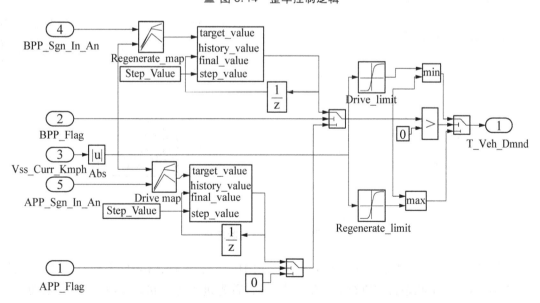

▲ 图 6.15　整车需求转矩模块 Simulink 模型

（图中英文为 Simulink 的函数）

6.4 基于多任务实时操作系统的程序设计

在四模混合动力汽车实时多任务系统的设计过程中,动力系统状态纷繁的多样性是软件设计最大的难点。针对具体系统,软件开发人员只有事先掌握任务流的流动特征,才能有效地使用实时操作系统来达到预期目的,同时合理的任务流设计还可以提高代码的执行效率,减小系统的资源消耗。

实时操作系统对 HEV 电控系统的各个功能模块进行调度和管理,其依据是系统中依工况不断被刷新的就绪表,其调度和管理的结果是产生了一系列的任务流来驱动车辆的运行,何时更新就绪表和怎样更新就绪表应事先规划好,并由车辆运行的状态所定的。所以基于实时操作系统的 HCU 的实质是事件(车辆运行的状态,例如车速、油门踏板开度、制动踏板开度等)驱动系统状态的改变(更新就绪表),决定任务流;实时操作系统通过就绪表控制任务,实现任务流。根据有限状态机理论,可以认为整个 HCU 就是一个有限状态机,它在工作过程中的任一时刻都处于一种确定状态,根据驾驶员的不同驾驶操作,可以分别进入待机状态、停机状态、驱动状态、刹车状态、滑行状态、倒车状态和掉电处理状态,在每个具体状态下再实现各自不同的功能。如图 6.16 所示为 HCU 的主状态机,图中方框表示状态,箭头表示状态改变流向,箭头上条件表示事件。

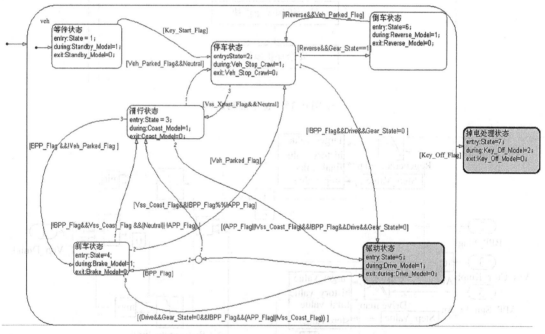

▲ 图 6.16　HCU 主状态机

在图 6.16 中,驱动状态的选择主要是根据油门信号、刹车踏板信号、手柄位置、实际档位和钥匙信号,在逻辑状态机中进行的。整车上电后,首先进入等待状态,进行全局变量初始化等操作;如果有钥匙启动信号,则进入停车状态;随后,如果驾驶员将手柄位置置于驱动档,松开刹车踏板,并且实际档位处于非空档,则切换至驱动状态;在驱动状态下如果驾驶员踩下刹车踏板,则迅速切换至刹车状态,可选择相应的刹车模式并分配电机的回馈转矩,而如果在驱动状态下不踩刹车和油门并且满足一定的车速,则整车进入滑行状态;在滑行状态下如果踩下油门则返回到驱动状态,如果踩下刹车则进入刹车状态;而不管是在滑行状态还是刹车状态下,如果车速降为 0,则返回到停车状态;倒车状态必须是车辆处于停车状态、手柄位置至于倒车挡,且实际档位处于 1 挡,才能够进入;如果关闭钥匙信号,则进入掉电处理状态。

6.5　基于 dSPACE 的 V 模式开发流程

6.5.1　基于 TargetLink 的软件开发流程

dSPACE 实时仿真系统是由德国 dSPACE 公司开发的一套基于 Matlab/Simulink 的控制系统开发及半实物仿真的软硬件工作平台,实现了和 Matlab/Simulink/RTW 的无缝连接。开发者可以在 Simulink 环境下建立仿真模型,并方便地下载到 dSPACE 仿真系统进行调试,另外还可以通过 dSPACE 强大的拓展功能,将其他硬件如油门刹车踏板、高压电路硬件模型等集成到 dSPACE 系统上,并与控制器联合进行仿真。dSPACE 的出现,大大提高了汽车控制系统的开发效率,已经成为进行快速控制原型验证和半实物仿真的首选实时平台。

基于 dSPACE 的开发流程称为 V 循环开发,如图 6.17 所示,其流程主要有以下几个环节。

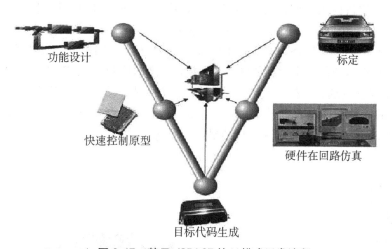

功能设计　　　　　　　　标定

快速控制原型　　　　　　硬件在回路仿真

目标代码生成

▲ 图 6.17　基于 dSPACE 的 V 模式开发流程

① 功能设计:这是进行汽车硬件在环仿真的第一步,即基于线性、非线性方程或者 Matlab/Simulink 中的物理模型建立被控对象的仿真模型及其相应功能,为后面的开发工作打下基础。

② 快速控制原型开发:针对被控对象,设计相应的控制策略,在 Matlab/Simulink 中建立控制策略的模型,并在开发初期将控制模型下载到 dSPACE 中,通过对整个控制系统进行试验来验证控制方案的可行性。

③ 目标代码生成:利用 dSPACE 的 Targetlink 模块,将经过验证的 Matlab/Simulink 控制模型直接转换生成 C 代码,并下载到控制器中。

④ 硬件在环仿真：搭建硬件在环仿真系统，在 PC 端利用 Control Desk 建立监测控制界面；利用 dSPACE 中的被控对象的虚拟仿真模型（如果需要，还可以再结合某些设备）来模拟控制器运行的真实环境；最后对仿真模型的参数进行设置，并将一些实际部件的 I/O 与控制器、dSPACE 进行连接，控制器与 dSPACE 利用 CAN 通信，PC 机与 dSPACE 利用网线通信，并运行试验，对控制器进行仿真测试。

⑤ 标定：利用基于 dSPACE 的硬件在环仿真，不断修正控制系统的主要参数，以便不断提高整车的动力性、经济性和排放性，为后面台架实验的标定和实际运行的标定打下良好基础，提高开发效率。

6.5.2　四模混合动力汽车硬件在环仿真系统总体构架

硬件在环仿真一般在台架测试和道路试验之前进行，主要用来测试整车控制器的性能以及对控制策略进行调整与修改、初步标定一些控制参数。因此，为了构成完整的硬件在环测试平台，需要分别建立被控对象的仿真模型和控制策略模型。

基于 dSPACE 系统，搭建了四模混合动力汽车硬件在环仿真平台，其主要包括以下几个部分：

① 基于 Simulink 的四模混合动力汽车仿真模型。将模型下载到 dSPACE 中，用于模拟控制器的运行环境。

② 四模混合动力汽车整车控制器。控制策略采用整车驱动控制策略，并用 dSPACE 中的 Targetlink 模块将控制模型转换生成相应的 C 代码，并下载到整车控制器 HCU 中。

③ 硬件在环仿真监测控制界面。在 PC 端使用 Control Desk 软件建立监测控制界面，并用双绞通信线实现 PC 机与 dSPACE 的通信基于 dSPACE 的四模混合动力汽车硬件在环仿真系统原理如图 6.18 所示，实物图如图 6.19 所示。整车控制器 HCU 与 dSPACE 之间通过 CAN 总线和硬线进行通信，来模拟整车控制器对四模混合动力汽车的实时控制，装有基于 Control Desk 的监测与控制界面的 PC 机通过双绞通信线与 dSPACE 进行通信，从而使开发者可以通过 PC 机实时、直观的观测仿真结果，并调整仿真参数。

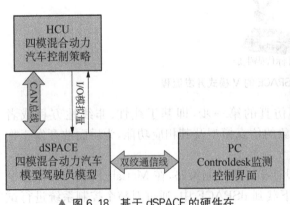

▲ 图6.18　基于 dSPACE 的硬件在环仿真系统原理

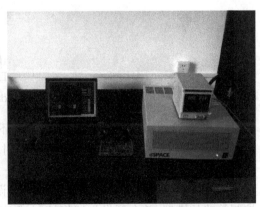

▲ 图6.19　基于 dSPACE 的硬件在环仿真系统实物图

6.5.3　四模混合动力客车硬件在环仿真测试分析

根据前文搭建好的硬件在环仿真平台，进行仿真测试，测试采用中重型商用车辆燃料消耗量测量循环工况（WTVC），该循环工况涵盖了市区路况、公路路况和高速路况，能够较好地反映整车综合性能。本节主要介绍硬件在环仿真系统的功能逻辑的测试，初始电池荷电状态（SOC）选为 0.23，HIL 测试监控界面及其测试结果如图 6.20～图 6.22 所示。

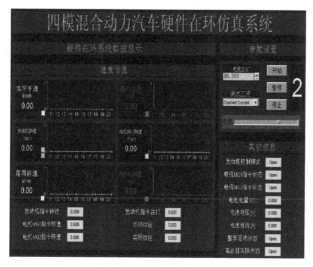

▲ 图 6.20　硬件在环监测控制主界面

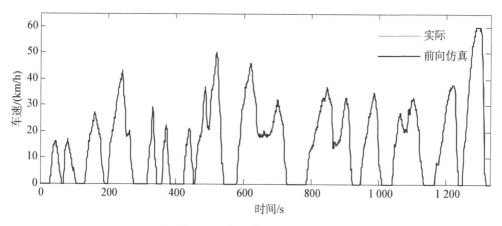

▲ 图 6.21　中国典型城市公交工况

为了验证控制器的功能以及能量管理策略的燃油经济性，基于能量管理控制策略，在 Matlab 和 dSpace 平台上实现 HCU - HIL 模型搭建和连接。为了使仿真结果具有可比性，基于循环工况进行硬件在环实时仿真，控制电池 SOC 平衡的前提下，得到循环过程中电池 SOC 随时间的变化情况如图所示。

本章对硬件在环测试系统的实时硬件和数据通信 I/O 口进行了选型设计，同时对软硬件接口设计和监控界面的搭建进行了介绍。应用搭建的硬件在环仿真测试系统，对插电混合动力客车整车控制器进行了硬件在环测试，测试结果表明搭建的硬件在环测试系统是可行的，可靠的。

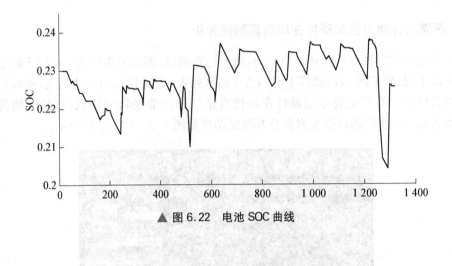

▲ 图 6.22　电池 SOC 曲线

第7章

面向未来的高性能域控单片机

汽车网络进化如图7-1所示。随着无人驾驶和5G网络的发展,汽车的电子电气架构也在迈向新的四个现代化:电动、网联、智能、共享,这给现代汽车业带来软件和硬件的双重变革。在以往的车身电子单元设计中,软硬件皆以模块化为主,功能单一、架构简单,网络也仅支持静态配置,难以满足无人驾驶所要求的多功能和高速通信带来的高带宽需求。因此,诸多主机厂对于老式的电子架构提出了诸多更新意见。

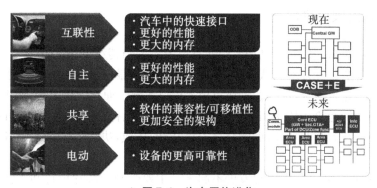

▲ 图7.1 汽车网络进化

新的电子架构下,不再和以往采取同样的静态模块式架构组成,而是基于服务的理念,从上到下进行了重新的功能分配。与以往中央网关不同,新架构下增加了域的概念,域打破了原先单功能单器件的架构,将更多网络和功能集成到同一个ECU电子单元中。这样一来,功能间的互相通信大大简化,系统功能/算力也得以深度整合,同时,在域控基础之上增加了中央处理单元,其扮演整车大脑的角色,担当整车决策,主要功能则面向与云端和部分域功能的担当。这种新的电子架构,与传统网络相比,减少了单元数量,提高了数据交互的带宽,并在成本上,减少了线缆的数量。这种成本/性能的双互利,使得各大主机厂趋之若鹜,积极地完成相关架构的升级。

当然,随着无人驾驶LV路线(见图7.2)的逐渐完善,这种域控制也会进一步升级为区域控制。所谓区域控制,即进一步删除域控制所明确的功能概念,取而代之,建立一个大型中央电脑,类似家庭PC,结合云端,完成所有功能所需的算力运算。而其他ECU则进一步,基于位置,部署在汽车上其他位置,完成起传感/执行功能。这样一来,无论网络还是算力还是线束成本,都可以压缩到一个极致的范围内。同时使得汽车的网络/单元部署更类似于电脑,简单明了且动态可配。当然这只是一种非常理想化的方式,对于中央电脑的算力以及网络稳定性

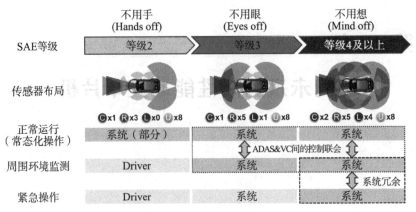

▲ 图7.2　无人驾驶 LV 路线

的要求很高,在现行工艺和芯片设计上,目前还看不到满足上述要求的可能。特别是安全性,这是汽车电子不同于其他电子设计的地方,需要特别注意。中央电脑死机怎么办? 当出现网络卡死的时候,整车如何保证最低功能的运行? 这都是等待未来技术发展来解决的。

7.1　面向未来的域控单片机

　　域控制器是针对新一代车身电子架构的重要节点。与传统的单一功能性的控制器不同,域控制器的功能可谓包罗万象。从表象功能来看,域控制器相当于把对于功能/安全性要求一致的所有功能进行完全融合,让其在一块单板上得以实现。而从内里来说,域控制最终的目标是将传感执行与功能运算等隔离开,子节点统一为传感执行单元,支持动态可配,类似手脚。而域控制器则扮演纯大脑的功能,做融合算力/功能的集成,决策同一域下的各执行单元的统一行动。

　　域控制器本身并不新鲜,但迟迟发展不起来。主要受制于芯片设计和工艺的限制。对于一个标准的多功能集成的域控制器,有以下几点要求:

　　① 高算力,用于融合更多算力和功能;

　　② 大容量代码,用于编写更多应用;

　　③ 高带宽,用于和下层多个传感执行单元进行高效率数据传输。

　　这些功能反映到单片机,就是 ROM 要大,算力要高,同时含有更多丰富的高速网络接口,比如千兆以太网。以往的车规级单片机最高级别不大于 40 nm。在这种工艺基础上,受限于工艺和封装面积等实际因素,以及成本因素,主频往往不会高于 300 MHz,集成好 Flash 后不会大于 8 M,高速带宽鲜见,同时集成的 IP 数量也非常有限。所以,为了满足这样的域控制器的需求,单片机的车规设计,就必须有相应的突破。未来汽车芯片发展趋势如图 7.3 所示。

　　瑞萨 U2A 的产品就是基于上述需求开发的。作为车规级别的 IDM 大厂,瑞萨积累了大量从工艺到设计开发的 KnowHow。U2x 系列就是基于以上场景开发的。U2x 分为两个系列:一个是 U2A 系列,一个是 U2B 系列。两个系列都是诞生于瑞萨新规设计的 28 nm 工艺,这个优化过工艺产线同时具有高性能和低功耗的特点。因为域控制器本质上是对原有功能的集成,所有 U 系列的开发本质上是对原有功能的融合。相对于原来的老工艺上的 MCU,新型的 U 系列 MCU 具有以下几个特点:

市场趋势		用户的关注及我们的方案
底盘系统	自主驾驶系统要求： ·ADAS&VC间联合控制 ·系统冗余	A) 更高性能及功能 ⇒更高性能CPU和更大Flash ROM B) 软件开发成本增加 ⇒可扩展规范、配置 C) BOM和PCB面积增加 ⇒更小封装开发 D) 安全的软件更新 ⇒元等待(安全)DTA E) 通信流量增加 ⇒引入G-位的以太网I/F
底盘—车身间 共性部分	车辆之外的共同要求： ·OTA更新软件 ·安全性增强	
车身系统	E/E架构发展要求： ·ECU集成加速 ·通信协议多样化	
市场需求从单个细分市场到跨细分市场		需要以经济高效的方式提供产品

▲ 图 7.3 汽车芯片发展趋势

（1）高算力。最高 6 核 400 MHz 的 CPU，最高 DMIPS 可达 4.2 DMPIS/MHz。

（2）全系列按照车规最高等级 ASILD 要求设计。

（3）低功耗，深度休眠模式下 50 uA。

（4）代码存储空间最高支持 32 MHz。

（5）支持万兆/千兆以太网接口，同时车身其他种类网络 FlexRay、CANFD 也仍然保持支持。

这些特点可以很好地支持客户域控制器的开发工作。

7.2 瑞萨域控控制器 U2A

瑞萨的 U2x 系列于 2018 年左右立项开发，2021 年开始向市场投放，并达到规模化量产的级别。随着 28 nm 的工艺进步，对于单款芯片的设计广度就得到了更多的扩展。以前受限于工艺，单款芯片的体积/效能以及成本都无法得到有效的提升。所以往往需要在三者之间做出权衡，本书中所介绍的 P 系列虽然单核能力强劲，但缺乏低功耗方面的优化，导致其无法很好适用于低功耗场景要求较高的应用开发。新的 U2x 系列则解锁了相关限制，U2x 系列的开发，不仅仅是基于原来 P 系列的一个能力加强，还沿用了瑞萨低功耗产品 F 系列的相关技术，比如种类丰富的通信接口、针对低功耗的开关模拟量的扫描等。同时 U2x 系列也充分考虑到了域控所需要的一系列新的特性，比如千兆以太网，片上高速 LVDS 口的支持等。同时，一样得益于新的 28 nm 工艺，U2A 可以做到最大片上 16 MB 的 MONOS FLASH 搭载，封装最大支持到 516 pin。这样一来，用户可以自由地在这一代芯片上完成更多的功能和联动和设计。U2A 模块框图如图 7.4 所示。

为了满足高算力应用场景下，对于实时和计算效能的提升，U2x 系列在新的平台上，做了更多的针对域控场景的优化，集成了优化度更高 SIMD、乱序执行、Hypervisor 等类 SOC 的 CPU 技术。在新的 CPU 架构的加持下，U2x 作为 MCU 的单核性能可以达到 4.4 DMIPS/Mhz，同时对于其他特殊场景下的算法，比如最大熵方法有着更好的加速。这也很好地符合域控制器的未来方向，即不仅仅完成域控制方面的功能，同时尽可能地分担中央大脑所需要的算法任务，从而量产适用的性价比的要求。

功能安全方面，U2x 系列和原来的 P 系列保持一致，按照目前 ISO26262 最高规格设计，支持 LockStep、BIST 等相关的功能样件。除此之外，U2x 系列的安全加密模块也支持包括 RSA、SHA 的全硬件加速，支持 secure boot 等目前比较流行的加密技术，可以给用户提供孤立安全的加密保护。用户可以充分信赖并利用瑞萨提供的加密技术，对代码、标定等敏感数据做好保护，防止三方窃取或无意导致的泄漏。

外围模块上，U2x 包容了目前瑞萨针对车身底盘控制的几乎所有模块，并做了进一步优化：

① 最大 3 个通用 12 位 AD 采样模块。支持多通道可配触发采样，单通道采样时间控制在 1 us 左右。

② 最大 16 路 CAN-FD。支持报文硬件过滤转发，多达 2 K 的 Mailbox 可配。

③ 支持外部存储扩展接口。包括 EMMC、SFMA 等外扩接口。

④ 支持片上 LVDS 接口（RHSP），可以将板上数据通信速度最高提至 320 M。

⑤ 支持最大 10 路 SPI 通信接口。同 P 系列一样，可配度高，支持硬件片选，硬件 AUTOSAR 等。

⑥ 支持深度休眠模式和低功耗模块。支持最低 50 uA 休眠电流，休眠期间同样支持总线或者其他开关模拟量的唤醒。

⑦ 支持双路 BLDC 和多路直流电机驱动组合。

⑧ 支持百兆/千兆以太网，支持 RMII/SGMII 接口。

⑨ 支持其他种类繁多的网络接口，比如 FlexRay、LIN 等。

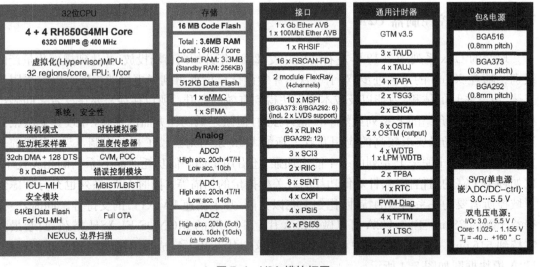

▲ 图 7.4　U2A 模块框图

总的来说，对于域控制器所要求的性能/功耗/多功能，新款 28 nm 的 U2x 完全适用。同时因为 28 nm 工艺设计上的高度概括，U2x 不仅仅可以泛用于一般的车身域控制器，也可以用于特殊功能实现，比如底盘、动力域的融合；更进一步，U2x 还能承担高算力 SOC 下的一般性算法，减轻高算力下对于 SOC 的高负担要求，同时兼顾了安全和加密的需求。可以说，借助 U2x 的平台，不论什么应用，用户都可以在电子单元融合这一块，取得长足的进步，如技术革新还是成本优化。

7.2.1　U2x 的 CPU 架构

基于车规的可靠和实时性的需求,瑞萨一直在车规芯片上设计和优化自有的 CPU 平台,如前所述的 RH850P 系列就是其中之一。在新 28 nm 工艺加持的基础上,U2x 也在原来的 P 系列的基础上,对于经典的 RH850CPU 的架构进行了迭代升级。升级方面不仅仅包括主频的优化,也包含乱序执行、虚拟化等针对多核多应用的一些需求。这些需求都是基于给定场景的,同时也结合了大量瑞萨在车规芯片的设计和使用上的一些经验。反映到实际的计算效能上,作为集成片上 Flash 的 MCU 平台,U2x 可以达到最高每兆 4.4 DMIPS 的计算速度,足以满足现在以及未来对于计算量有着更高要求的域控应用。瑞萨 CPU 研发路线如图 7.5 所示。

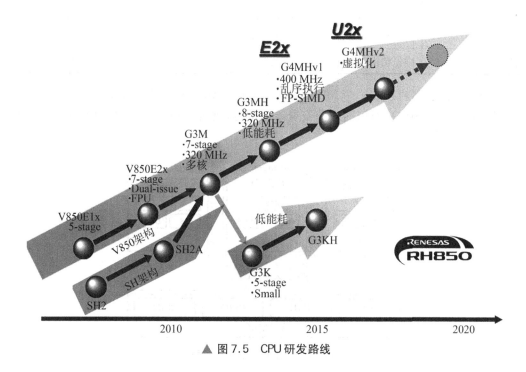

▲ 图 7.5　CPU 研发路线

乱序执行(out of order)指的是将多条指令不按写入顺序,而是根据实际内部单元和上下文使用情况进行优化调序处理,以期达到最好的执行状态。一般来说,在 CPU 里加入乱序执行的功能,可以有效减少因为长指令所带来的延时。中低端单片机因为功能单一、程序量小,出于成本以及安全性考虑,不会加入乱序执行的功能(当然,编译器可以根据具体情况进行表面上的乱序分配)。高端的单片机,比如域控,其本身功能复杂,需要加入这样的 CPU 架构以及额外资源,结合并行的计算单元,以优化效能。

虚拟化(Hypervisor)虚拟化技术(见图 7.6)一般存在于通用 SOC 端,在单片机端比较少。但域控的一大需求就是多功能和场景的融合,故虚拟化技术的加入同样必不可少。但和普通虚拟化技术有所区别的是,车用虚拟化技术在进行实时性控制维护时,也同样需要实现空间和时间的分类。针对这样的特性,U2A 也同样加入了相关的虚拟化功能的支持。可以方便客户进行一些应用和安全功能的互相隔离。U2A 虚拟化技术的功能如表 7.1 所示。

表 7.1　U2A 虚拟化技术的功能

特　性	U2A 虚拟化技术	策略优点
资源隔离	通过系统分区 ID,可以对于整个系统进行管理; 通过从模块的颗粒化防护,实现功能隔离; 通过内嵌的 MPU,对存储区域分区; 通过增加 CPU 操作模式,实现不同等级的用户隔离访问;	空间隔离: 对于复合应用所需的分区机制,有着充分的帮助
调度以及时间保护	通过性能计数器,对虚拟机时间进行测量,从而实现对于执行时间的管理; 通过性能计数器,测量有多少次中断被接受; 针对虚拟机调度/观测,优化过低延时计数器	时间隔离: 通过对时间的实时观测,可以达到不同等级的安全要求
中断	专有的前台虚拟机用的中断模型 转移到后台虚拟机的通知用中断	对于实时操作,高优先的中断模型
虚拟机切换	确保切换时高速的上下文存储/恢复	基于硬件的高速虚拟机切换

　　利用虚拟化技能,可以在一个 MCU 端搭建不同类型的应用,比如注重安全的部分可以独立一块区域,用于 ASILD 设计;对于非安全类的部分,则可以在开辟一块区域,这两块区域存储和模块采取指令和硬件的隔离。

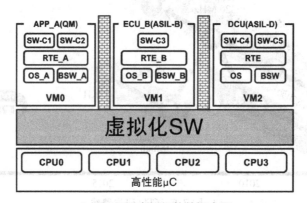

▲ 图 7.6　虚拟机软件概念图

　　除了新加入的虚拟化和乱序执行技术以外,U2A 的 G4MH 核也包含有优化过的分支预测和更为快速的中断处理等,具体可以参考瑞萨的 CPU 手册。

7.2.2　U2x 的安防设计

　　安防(功能安全和网络加密)功能也是域控的一个重要功能。随着车辆对外接口的增多(蓝牙、无线、5G 等),车辆信息与数据暴露给外网的机会也随之增多。考虑到车辆互联网尚处在摇篮期,来自外部的盗窃和侵害都会随着暴露次数而增多。并且,车辆应用和互联网应用目前并无本质区别,这也意味着脆弱的车联网面临着历史更久,专业性更高的盗窃和隐私泄漏等挑战。基于此,独立于互联网,主机厂也可以基于车联网,完善自己的独立加密措施。

　　目前,大部分网络威胁可以归为 4 类:①来源于云端的数据第三方的欺骗或者盗窃;②针对中央网关本身的 Dos,未授权等网络攻击;③ 针对车上内部网络的数据欺骗或者盗窃;④对于车内其他硬件单元的加密数据的窃取或者伪造。具体安防层级分析如图 7.7 所示。

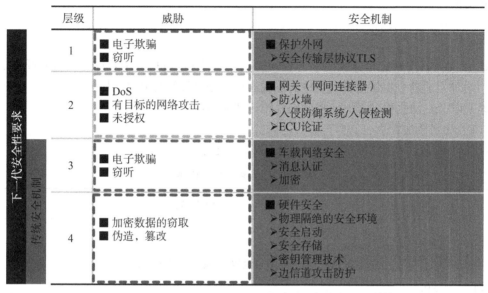

层级	威胁	安全机制
1	■ 电子欺骗 ■ 窃听	■ 保护外网 ➤ 安全传输层协议TLS
2	■ DoS ■ 有目标的网络攻击 ■ 未授权	■ 网关（网间连接器） ➤ 防火墙 ➤ 入侵防御系统/入侵检测 ➤ ECU论证
3	■ 电子欺骗 ■ 窃听	■ 车载网络安全 ➤ 消息认证 ➤ 加密
4	■ 加密数据的窃取 ■ 伪造，篡改	■ 硬件安全 ➤ 物理隔绝的安全环境 ➤ 安全启动 ➤ 安全存储 ➤ 密钥管理技术 ➤ 边信道攻击防护

▲ 图 7.7 安防层级分析

一般来说，对于车身控制器的威胁，大多数发生在第三层还有第四层。具体来说，就是隐私数据的泄漏以及程序的一些欺骗、报文破解等。瑞萨针对这些网络威胁，开发了一些专用的加密模块，来保护客户更好地防范威胁。首先在作为控制域核心的 MCU 区域，增加内置不可见的专用加密引擎，独立存储加密数据和信息，且对车身内部的报文之间的交互进行了硬件上的暗文处理。同时针对整个生命周期的信息安全管理、钥匙数据以及 Boot 程序都做好了相关的隔离管理。

另外，除了泛用的网络安全，瑞萨也沿用了很多以前车载安全策略，针对内部模块做更多有效的防护。这些防护对于实际硬件更具针对性，不仅可以保护电子单元不被破解，也可以应用在防止程序被第三方破译等各类场景当中。

① 模式和连接入口的保护。该保护操作一般通过设置专有的高位数的验证 ID 来进行防范，是对 Flash 的保护，同样通过专有 ID 来进行操作锁定。

② OTP 的保护。OTP 即一次性写入，对于强加密有需求的话，可以对内部代码块设置 OTP，这样可以确保未来不可更改。

U2x 的安防单元及功能如表 7.2 所示。

表 7.2 U2x 的安防单元及功能

安防单元（ID Code）	功　能
OCDID	保护调试连接
Serial Program ID	保护编程模式
Data Flash ID	保护标定数据
Customer ID A，B，C	保护代码以及其他存储区域

另外,U2A 也有内置的强加密单元,这里就不再赘述,有兴趣的读者可以参考关于 EviTa 的一些文献。

7.2.3　U2x 的总线模块

　　U2A 支持目前所有车身所要求的板间通信总线类型,包括 CANFD、LIN、FlexRay、以太网等。同时为了进一步强化板上器件的总线通信速率,U2A 也优化并加强了原有板上总线连接的速率以及自动化程度。下面将分别介绍这些总线的一些特性。

7.2.3.1　板上通信模块

　　U2A 有如表 7.3 所列的基础板上通信模块的支持。

表 7.3　U2A 板上通信模块

	总线	模 块 特 性
MSPI	SPI	三线串行同步数据传输(一般也称 SPI); 主从模式可选; 支持最高 8 路可配的从节点设置,并支持广播通信; 最高可达 40 MHz 串行速率; 每路通道数据/时钟相位可调,传送模式可调,最高每单元支持 8 路串行通道传输; 数据长度从 2～128 bit 可调; 内置独立存储 Buffer,可以配置成多种存储模式,比如 FIFO、Buffer 等,可以明显减少 CPU 负载。
RIIC	I2C	支持 I2C 协议上的时序调整; 根据传输波特率,自动调整建立/保持/空闲等总线时间; 支持自动应答。

　　除表 7.3 中内容之外,U2A 还有一些特殊的板上接口,如 RHSIF,它是瑞萨自有板上点到点的高速通信接口。其特性包括:基于 IEEE1596.3 - 1996 的 LVDS 总线接口;可以作为总线主节点,在经过安全认证后,能访问设备上任意模块;简单易处理的双层四通道数据通信协议。

　　在应用时,U2A 可以用做普通板上数据通信的替代。UART、SPI 等老式总线受限于老式协议,速率较慢,易造成板上芯片通信之间的瓶颈。使用双芯片或者 SOC 时候,可大幅增加板上通信速率,解决带宽瓶颈。

7.2.3.2　板间通信模块

　　汽车上板间的基础通信基本是统一的,包括 CAN、LIN、FlexRay、以太网等。瑞萨对这些模块都做了一些自有的优化和开发,帮助客户更有效、更稳定地应用其协议栈的通信。

表 7.4　板间通信模块

	描述	特　　性
RSCAN	瑞萨自设计的 CAN 总线模块,可支持 CANFD/CAN 等标准总线;和上层协议栈整合,可实现多种基于 CAN - FD/CAN 的通信协议	支持 CAN - FD/CAN 总线,并可以通过接口进行切换; 支持最多 5 120 个邮箱,可配置为接收/发送/FIFO 等各种模式; 支持最多 3 072 报文过滤规则设置; 支持硬件路由转发功能; 支持最大 52 个源中断,涉及邮箱存储,发送接收,各类错误等; 支持深度休眠模式下的自动唤醒。

（续表）

	描　述	特　　性
RLIN3	瑞萨自设计的第三代 LIN 总线模块,可支持 LIN 的标准总线	支持目前最新的 LIN 总线协议,可硬件自动传输 LIN 总线头部报文; 内置波特率发生器,可配置多种仲裁传送波特率; 支持主节点和从节点配置; 支持深度休眠模式下的自动唤醒。
ETNB	瑞萨自设计的以太网模块,可支持千兆/百兆以太网通信	支持 IEEE802.3x 协议; 支持全双工模式,支持 SGMII 和 RMII 接口; 支持 AVB 功能(包括时间同步、实时传输、时间戳等); 支持描述符管理系统; 传输最大 FIFO 是 16 Kbytes,接收用最大 8 K。

7.3　U2A 的应用案例

7.3.1　OTA 实现

近年来,随着软件规模的扩大,软件的出错和需求更新也变得比以前更为频繁。同时随着软件定义汽车的概念推广,主机厂急需一个可以对车内电子单元进行快速便捷更新的方法。传统的单元升级方法,大部分都是要求在 4S 店通过 OBD 诊断端口进行更新。这种更新首先需要驾驶车辆到 4S 店,成本较大。其次更新要通过 OBD 口进行人工操作,更新缓慢且不方便。为了改善这部分更新问题,主机厂引入了 OTA 的概念,希望车辆上的电子单元也能支持此类的在线更新。理想情况下,车主在驾驶的过程中就可以静默完成对后台各电子单元的升级工作。这样可以在很好控制成本的基础上,进行终端上的需求更新,同时及时修正量产后所发现的错误。传统意义的 OTA 仅仅聚焦在车机之上,但当无人驾驶技术深入车身控制域之

OTA(over-the-air)技术

□ 无等待的空中下载技术可以通过多存储体存储器和远程寄存器技术来实现

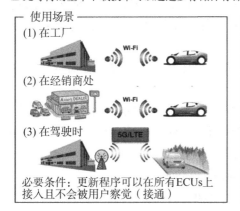

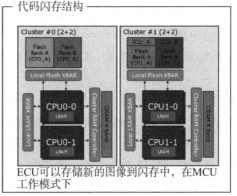

▲ 图 7.8　OTA 技术架构

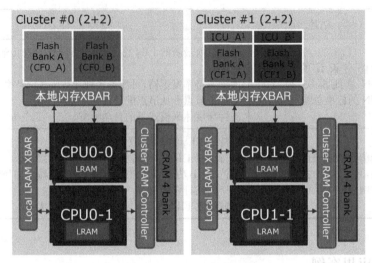

▲ 图7.9　OTA 基础硬件概念图

后，内部电子硬件单元的更新也就有很强的必要性了。

FOTA（即 firmware on the air），意为固件在线更新。其普遍要求电子硬件单元在程序运行的同时可以完成对自身进行更新。传统的车身内部电子单元，往往只有一块物理存储器，技术上限制其在程序运行的时候不可更新；在更新的时候，不可运行。所以沿用之前芯片，则不可能符合 FOTA 的要求。新的芯片平台，为了完成 FOTA 功能，往往需要具备以下几个功能。

存储块交换。要求单片机内部不仅仅集成一块存储器，而是多个存储器。这样可以在对A 块进行编程的时候，B 块仍然可以保持运行，也称 A/B Swap。

地址映射。因为 A/B 程序块需要实时切换，所以单片机内部需要支持地址映射功能，否则可能因为程序编译后，由于地址的固化，导致更新完后的程序不可用。

存储更新后台操作。这样保证后台程序的更新不会大幅影响前台程序的运行。

U2A 可以从不同形式上实现以上 OTA 的硬件特性，相关操作的简单介绍如下。

存储块交换＋地址映射。U2A 可以将存储器（memory）划分为不同的块，并通过安防设定，将不同的 CPU 锁定给不同存储器部分。通过硬件寄存器设定方式，在更新完成以后，进行存储区域的切换。

同时，如果发现切换失败（未更新完成或者程序损坏），可以通过寄存器进行程序版本的退回。

硬件配置区域的替换。U2A 内部有多个硬件配置区域，内含很多启动信息，称为 OPBT。这部分同样包含很多 Page，硬件更新的时候，要伴随着主程序进行更新。U2A 为了保证这部分更新正确，准备了如下一些标志位用于判断是否完成。

配置设置有效页（CVP, configuration setting valid page）；

安全设置有效页（SVP, security setting valid page）；

块保护设置有效页（BVP, block protection setting valid page）；

页面标志位有效（VPF, valid page flag）；

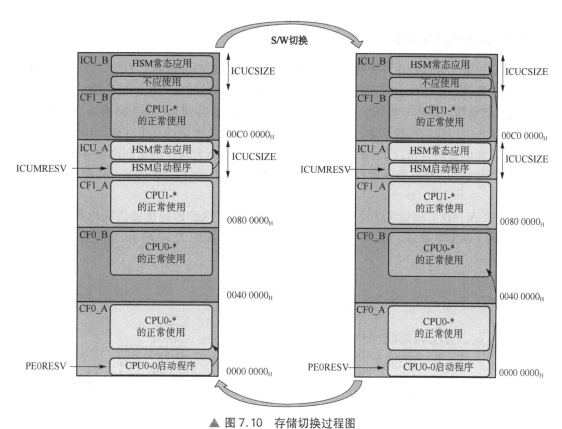

▲ 图 7.10 存储切换过程图

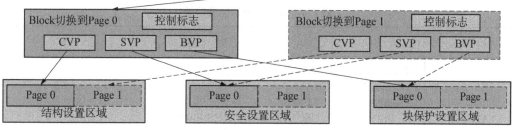

▲ 图 7.11 配置区域切换示意图

VPPC,VPF 程序完成；

由 FACI 设置的不同标志位来判断内容和程序流的有效性（Control Flags,various flag set by FACI to judge validity of content and program flow）。

硬件更新过程比较简单,对各启动区域的配置进行更新,每个区域的更新完成后,都会有相应标志位提示完成,最后再完成总区域块的切换。

7.3.2　U2A 的低功耗实现

功耗是车规芯片设计中一个比较重要的要素,因为与大部分消费品不同,汽车缺乏"随时随地的充电条件",汽车的电来源往往来源于用户启动汽车后的发动机的油转电(或者自带电池)。何时启动难以向用户要求,这就意味着车上汽车单元,特别是有唤醒需求的,必须保持长时待机的状态。以往的高规格芯片,多着重于计算能力以及大量的片上存储。也因此往往忽略了功耗方面的控制。所以车上内部受限于功耗要求,不能大规模的家在高性能芯片。域控其本身的高性能,以及需要保留待机状态下的唤醒,对高性能下的低功耗设计提出了更高的要求。

瑞萨 U2A 在这方面做了优化设计,首先 U2A 沿用了瑞萨传统优势的低功耗设计,将电源域细分成了两个电源域,AWO 和 ISO,其电源区域分配如图 7.12 所示,相应的电源域功能如表 7.5 所示。

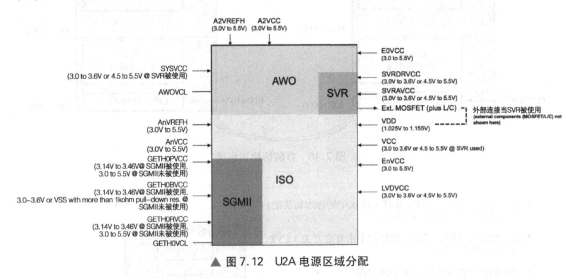

▲ 图 7.12　U2A 电源区域分配

表 7.5　U2A 的电源域及功能

电源域	功　　能
AWO	STBC，Reset controller Retention RAM，ERAM CLMA0，CLMA1，CLMA2 HV IntOSC，Main OSC，LS IntOSC，HS IntOSC WDTBA，RTCA，TAUJ2，TAUJ3，ADCJ2 SVR，LPS AWO Port groups
ISO	CPU subsystem Code flash，Data flash，Local RAM，Cluster RAM PLL，SGMII_PLL，HSIFPLL CLMA3，CLMA4，CLMA5，CLMA6，CLMA7，CLMA8，CLMA9，CLMAS WDTB0，WDTB1，WDTB2，WDTB3

（续表）

电源域	功　　能
ISO	RHSIF,TPBA,GTM TAUD,TAUJ0,TAUJ1,OSTM,PWM－Diag,RS－CANFD,RLIN3,RIIC ADCJ0, ADCJ1, TAPA, TSG3, ENCA, SFMA, FLXA, ETNBn, CXPI, RSENT, MMCA SWDT,ICUM PSI5,PSI5－S,SCI3 MSPI,PIC,KCRC,OTS,ECM ISO Port groups

AWO 电源域保留了对于低功耗唤醒实现所必要的一些功能,比如计数器、CAN/LIN 唤醒信号、开关量和模拟量的扫描等,而把其他的耗电模块保留到 ISO 区域当中。U2A 则利用内部设计的深度休眠模式去管理这两个电源域,通常在运行模式时是全芯片带电的,而在深度休眠模式的时候,则会断掉 ISO 区域的供电,只保留 AWO 区域,这样可以在微安级别的工作电流基础上帮助客户完成最小功能的设计工作。

同时为了满足客户进一步对于休眠模式下的最小功能需求(如要在 CPU 无干预的情况下,完成模拟和数字开关量的扫描),U2A 又进一步加入了低功耗采样模块(LPS)模块,以便可以让客户在更小的 CPU 干预下,完成扫描任务。LPS,全名为 low-power sampler,该模块可以强化内部硬件模块的联动,周期性地进行模拟/数字端口的扫描,并把扫描到的值和预设的值进行对比,一旦发现不同,就在内部产生唤醒信号,把芯片从休眠模式唤醒到主动工作的模式。使用这个模块,可以将类似端口扫描的低功耗应用所需的电流降至最低。

一个完整的 LPS 的功能应用,一般会连动以下几个模块:LPS、Clock Controller -时钟控制器、ADCJ2 - AD 采样模块、TAUJ2,TAUJ3 - 32 位计数器和 STBC -低功耗控制模块(见图 7.13)。

关于这个深度休眠＋低功耗采样模块的联动,以下以一个典型案例为说明。

案例的参数设置:扫描周期,40 ms;测量通道,24 路数字端口和 8 路模拟端口;涉及模块,LPS、TAUJ2、ADCJ2;操作模式,深度休眠。

案例的工作流程如下,LPS 的工作流程时序图如图 7.14 所示。

① 在外部对所要采集的 IO 给电以后,设定 DPO/APO 为 1,启动 LPO。

② LPS 被激活以后,内部会根据配置,分别针对模拟口和数字口开始目标为 50 us/100 us 的周期计时。

③ 在经过 50 us 以后,LPS 会对数字口进行数据采集和比较。

④ 再经过 50 us 以后,LPS 会对模拟口进行数据采集和比较。

⑤ 如果没有发现数字口有比较值不一样的地方,则数字口比较完成。同时对于模拟口的扫描仍然进行中。

⑥ 如果没有发现模拟量有和设定值不一样的地方,则模拟量比较完成。MCU 返回到深度休眠模式,等待下一轮操作的开始。

相关寄存器的设置流程如图 7.15 所示。

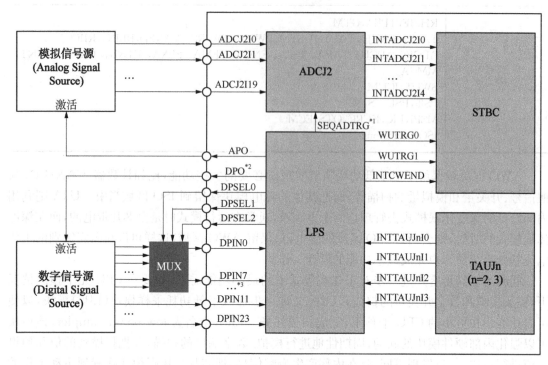

▲ 图 7.13　LPS 联动模块图

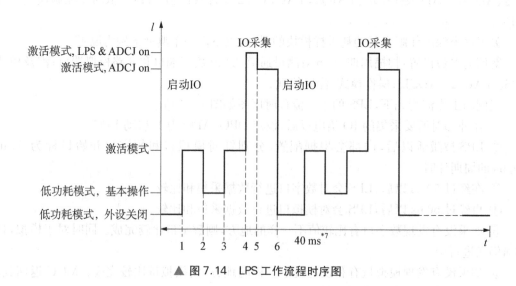

▲ 图 7.14　LPS 工作流程时序图

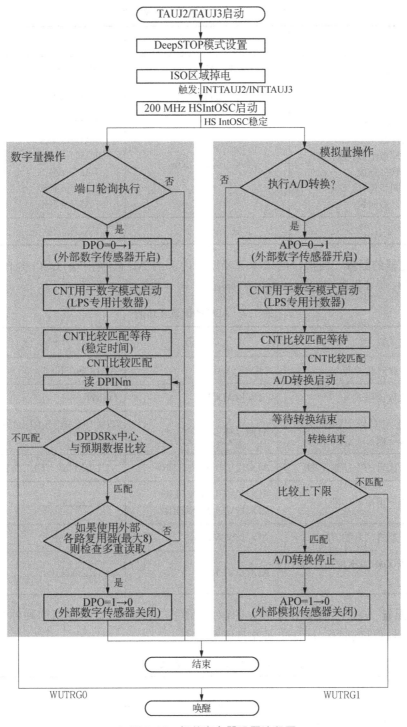

▲ 图 7.15　相关寄存器设置流程图

具体到各硬件模块单元的设置,参考配置罗列如下:

计数器的相关配置。计数器在整个应用中,主要起周期性触发的作用,相关寄存器及功能如表 7.6 所列。

表 7.6　计数器的相关配置及功能

功　能	寄存器	位
选择计数器的时钟源	CKSC_ATAUJC	ATAUJSCSID[1 : 0]
设定内部可选时钟源	TAUJnTPS	TAUJnPRS
指定计数器技术模式： ① 周期计数 ② 内部计数更新周期 ③ 设定软件触发 ④ 设定同步操作 ⑤ 设定计数时钟	TAUJnCMORm	TAUJnMD TAUJnCOS TAUJnSTS TAUJnMAS TAUJnCCS TAUJnCKS
启动计数器工作	TAUJnTS	TAUJnTS03 - 00

AD 转化器的配置。模拟量的采样需要使用内部的 AD 转换模块，LPO 会自动启动模拟转换器。ADC 所要做的预配置如表 7.7 所示。

表 7.7　ADC 的配置及功能

功　能	寄存器	位
选择 AD 转换器的时钟源	CKSC_AADCC	AADCSCSID[1 : 0]
设置转换后的数据格式	ADCJ2ADCR2	DFMT
开启或者关闭 ADC 发生转换错误时的中断(过写、奇偶、ID 错误等)	ADCJ2SFTCR	TOCIE, RDCLRE, OWEIE, PEIE, IDEIE
设置模拟信号比较的电压上下限	ADCJ2VCULLMTBR0	VCULMTB、VCLLMTB
开启关闭检测上下限的中断	ADCJ2VCLMINTER1 ADCJ2VCLMINTER2	ADULxxIE
指定虚拟采样通道的开始/结束番号	ADCJ2SGVCPR0	VCEP、VCSP
指定对应虚拟采样通道的上下限比较参数	ADCJ2VCRn	VCULLMTBS

端口的配置。端口的配置也是独立的，对于数字口和模拟口，有专门的硬件管脚分配（见表 7.8）。设计硬件的时候，同样也对此有所考虑。

表 7.8　端口的配置及功能

功　能	寄存器
指定对应管脚的操作模式	PMCn
指定管脚的控制模式	PIPCn
指定管脚的方向	PMn
指定管脚的功能	PFCn,PFCEn,PFACEn

LPS 的硬件功能设置。LPS 需要设定成自动硬件开关/模拟量的设置,所以有下列相关寄存器需要配置(见表 7.9)

表 7.9　LPS 配置及功能

功　能	寄存器
启动比较功能,设定比较对象管脚	DPSELR0,DPSELRM,DPSELRH
预设比较的期待值	DPDSR0,DPDSRM,DPDSRH
指定等待外部电路的稳定时间	CNTVAL
指定数字量扫描口的读入次数	SCTLR. NUMDP[2:0]
选择 TAUJ2 或者 3 为采样出发通道	SCTLR. TJIS[2:0]
启动数字口扫描模式	SCTLR. DPEN

低功耗控制模块的设定。为了设定成发现数字口不一致时,将 MCU 从深度休眠模式唤醒,需要做如下设置:

① 数字口唤醒源 WUFMSK0_A2;

② 设定 STBC0PSC 以进入深度休眠;

③ 唤醒后,通过置位 WFC0_A2,清除唤醒源;

④ 通过对 IOHOLD0/2 写 0,释放 IO 锁死状态。

以上就是低功耗采样模式的使用案例。

参考文献

［1］ Renesas. RH850/P1x group user's manual：Hardware［R］. Tokyo：Renesas Electronics Corporation，2014.

［2］ Renesas. RH850 family code flash library：Type T01［R］. Tokyo：Renesas Electronics Corporation，2016.

［3］ Renesas. RH850G3M user's manual：Software［R］. Tokyo：Renesas Electronics Corporation，2014.

［4］ Renesas. RH850/P1x-C group user's manual：Hardware［R］. Tokyo：Renesas Electronics Corporation，2017.

［5］ Renesas. RH850/F1K group user's manual：Hardware［R］. Tokyo：Renesas Electronics Corporation，2016.

［6］ Renesas. RL78/ F13，F14，user's manual：Hardware［R］. Tokyo：Renesas Electronics Corporation，2015.

［7］ Renesas，RL78/D1A，user's manual：Hardware［R］. Tokyo：Renesas Electronics Corporation，2015.

［8］ 杨林，陈自强. 汽车电子嵌入式控制系统开发及应用［M］. 北京：现代教育出版社，2009.

［9］ Jurgen R K. Automotive electronics handbook［M］. 2nd ed. New York.：McGraw-Hill Professional，1992.

［10］ 李建秋，赵六奇，韩晓东. 汽车电子学教程［M］. 第2版. 北京：清华大学出版社，2011.

［11］ 魏学哲，等. 汽车嵌入式系统原理、设计与实现［M］. 北京：电子工业出版社，2010.

［12］ Labrosse J J. MicroC OS II：The real time kernel［M］. Boca Raton，Florida：CRC Press，2007.

［13］ Feng T H，Yang L，Qing G，et. al. A supervisory control strategy for plug-in hybrid electric vehicles based on energy demand prediction and route preview［J］. IEEE transactions on vehicular technology，2015，64(5)：1691－1700.

［14］ 孔辉，刘佳熙，于世涛，等. 符合ISO26262的汽车电子功能安全解决方案［J］. 上海汽车，2015(03)：47－50.

［15］ International Electrotechnical Commission(IEC). ISO/DIS 26262 Road vehiclesfunctional safety［S］. Geneva：IEC，2009.